国家级教学成果二等奖系列教材

亚非语言文学国家级特色专业建设点系列教材

东南亚国家
网络信息检索导论

龚晓辉　主编

图书在版编目（CIP）数据

东南亚国家网络信息检索导论／龚晓辉主编. —广
州：世界图书出版广东有限公司，2011.7
　ISBN 978 - 7 - 5100 - 3736 - 8

　Ⅰ．①东…　Ⅱ．①龚…　Ⅲ．①网络检索—高等学校—
教材　Ⅳ．①G354.4

中国版本图书馆CIP数据核字（2011）第140129号

东南亚国家网络信息检索导论

策划编辑：刘正武　　卢家彬
责任编辑：刘国栋
出版发行：世界图书出版广东有限公司
　　　　　　（广州市新港西路大江冲25号　邮编：510300）

电话：020-84451969　84459539

http://www.gdst.com.cn　E-mail:pub@gdst.com.cn

经　　销：各地新华书店
印　　刷：广州市怡升印刷有限公司
版　　次：2011年9月第1版 2011年9月第1次印刷
开　　本：787mm×1092mm　1/16
字　　数：550千
印　　张：29
ISBN 978-7-5100-3736-8/G·0973
定　　价：58.00元

前　言 *Preface*

21世纪以来，随着互联网的飞速发展和广泛应用，信息资源网络化成为信息社会的一大潮流，网络信息资源检索正是在此背景下应运而生的一种新型检索模式。东南亚国家的互联网产业近年来发展迅猛，网络资源的类型和数量都呈现快速增长趋势。对于东南亚语种专业在校学生而言，增强网络信息素养，提高获取和利用相关网络信息资源的能力已成为辅助外语学习的一种技能。因此，在传统的外语教学基础上，开展针对东南亚国家的网络信息资源检索教学是新形势下培养复合型学习和研究能力的客观需要。

《东南亚国家网络信息检索导论》是为东南亚语种专业在校大学生开设的网络信息课配套教材，也是国家级教学成果二等奖系列教材暨亚非语言文学国家级特色专业建设点系列教材之一。本书以网络信息资源检索和利用为主要内容，以网络信息资源整编为教学重点，旨在帮助学生熟悉语种专业对象国家的网络信息资源分类形式和分布特点，熟悉重要网站信息检索和获取的方法，熟练掌握网页浏览、网站分析、信息搜索、文件下载、实时交流等信息检索的技能，提高收集、整理、分析和综合各种信息资源的能力，提高网络信息素养，增强自主学习能力。通过课程的学习，学生能够通过网络信息检索，及时了解语种专业对象国家政治、军事、经济、教育、文化等领域的最新信息，不断完善知识结构，丰富国情知识，促进外语专业的学习。

本书内容分为基础知识和检索应用两大部分。基础知识包括互联网发展概况、网络基础知识、网络信息资源概述、网络信息检索与分析等内容；检索应用包括各类型搜索引擎的使用方法和技巧、专题信息检索、信息分析报告的撰写等内容。由于本书主要针对东南亚国家网络信息资源的检索和利用，因此具有以下两个主要特点：

（1）介绍东南亚国家网络信息资源检索的主要方法。对于东南亚国家广大的互联网用户而言，目前网络信息检索大多是通过Google、Yahoo等通用型搜索引擎完成的。在信息检索中，关键词的正误对搜索结果的准确率有直接的影响。为了使读者能够提高对东南亚国家网络信息资源的检索效率，使检索结果更加贴近检索需求，本书特别提供了信息检索背景知识和关键词的中外文对照。信息检索背景知识主要针对检索的主题和范围，向读者介绍一些基础性的国情、文化和语言知识，使读者在进行网络信息检索时能够在检索目标、检索范围上获得比较具体的指导，利于检索的进一步深入开展。另外，在介绍某类重点网站内容或某领域的网络信息检索方法时，我们提供了一些重要词汇的中外文对照来帮助读者正确掌握常用名词、术语的释义，以便准确使用相关的关键词进行检索。

在强调关键词检索重要性的同时，本书也向读者介绍了一些由东南亚国家自主研发的搜索引擎。这类引擎多为目录型搜索引擎，虽然在网站规模、资源数量上与通用型搜索引擎存在差距，但由于对各种资源进行了比较详细的分类，操作简便，用户可以通过分层目录选择的方式逐级查找资源。如果读者对关键词把握不准，或是对检索目标认识比较模糊，通过各种目录型搜索引擎进行信息检索也不失为一个好的选择。

（2）介绍东南亚国家网络信息资源的主要来源。互联网中的信息资源素以"海量"著称，资源的数量巨大、种类繁多、覆盖面广，因此，资源的质量和有效性成为网络信息检索重点考虑的问题。在进行东南亚国家网络信息资源的检索时，从形形色色的网站和网页资源中选取相对权威的网站是正确检索和利用信息资源的有效途径。这类网站通常是指东南亚国家权威机构和媒体的官方网站，是各类重要信息的主要发布渠道。本书对东南亚国家新闻媒体、政治、军事、经济、贸易、教育、文化领域的一些权威机构网站进行了介绍，旨在帮助读者熟悉各类网络资源的特点和分布状况，掌握正确的信息检索方法。

本书共分10章，第1，2章由童毅见负责编写，张怀杰参与了第1章部分内容的编写；第5章由林丽编写。第3，4，6，7，8，9，10章由其他编写人员共同负责完成，具体为：越南部分，黄健红、曾添翼；老挝部分，程琳；柬埔寨部分，卢军；泰国部分，陈晖、邬桂明；缅甸部分，申展宇；菲律宾部分，谢冰；马来西亚部分，龚晓辉；文莱部分，蒋丽勇；新加坡部分，陈欣；印尼部分，陈扬、张向辉；东帝汶部分，蒋丽勇、曾添翼。龚晓辉负责全书的框架拟定、文章指导、统稿、审稿和修改。本书在编写过程中得到了解放军外国语学院亚非语系主任、博士生导师钟智翔教授的大力支持和帮助，在此表示衷心的感谢。

需要说明的是，由于互联网环境下的信息资源时刻都处于动态变化和发展中，书中介绍的一些网站和网页地址可能发生变化，个别网站会出现无法登陆的现象。对于这类问题，读者可用搜索引擎通过关键词检索的方法查询。东南亚地区的某些国家由于政权交迭、社会动荡和经济不景，导致国内的政治、经济、社会等形势变幻莫测，一些原有的国情背景知识无法指导新的信息检索实践，这就要求读者能够根据新要求，制定新的信息检索策略，包括对检索关键词、检索目标网站重新进行斟酌和筛选，从而找出最能符合自身需求的检索途径。

由于编者水平有限，书中难免有错漏和不足之处，恳请广大读者批评指正。

编　者

二〇一一年四月十日

于解放军外国语学院

目 录 Contents

目　录 Contents

目　录 Contents

第8章　东南亚国家政治与军事类网络信息检索　/259

Contents

目 录 Contents

Contents

8

第1章　互联网概述

　　国际互联网络Internet，也就是平常所指的因特网、互联网或网际网络（本书统称为"互联网"），是由使用公用语言互相通信的计算机连接而成的当今世界最大的电脑网络通讯系统，作为全球信息资源的公共网而受到用户的广泛欢迎。互联网拥有容量巨大的数据库，是海量信息资源的总称，所提供的信息形式包括文字、数据、图像、声音等，信息属性有软件、图书、报纸、杂志、档案等，其门类涉及政治、经济、科学、教育、法律、军事、物理、体育、医学等社会生活的各个领域。同时，互联网也是一个无级网络，不为某个人或某个组织所控制，人人都可参与，人人都可以交换信息，共享网上资源。

▷ 1.1 互联网基础知识

为了使读者更好地了解互联网，为下一步开展网络信息资源检索奠定基础，以下将对互联网发展概况和一些网络的基本概念作简要的介绍。

🌐 1.1.1 互联网简介

Internet是互联网的英文名称，从单词本身来看，可以将之拆成"inter" + "net"。"inter-"有"在……之间"或"一起，相互"之意；而net是"网或网状物"，应用在计算机术语中，则应指network（网络）。所以internet是指两个以上的网络相互连接而形成的网际之间的网络，专指以传输控制通讯协议/网际网络通讯协议（TCP/IP）为联机的网络。

互联网实际上并不是真正的网络，而是各种不同网络的连接。互联网最重要的任务是让各种不同网络连接起来，并提供一致性的网络聚合体（meta-network），而TCP/IP是各网络之间的主要通信协议。在这种架构之下，用户可以跨越网络到不同的主机系统下作业，得到一致性的服务，因此感觉像是只有一个网络。

互联网前身是美国的ARPANET网，该网是美国国防部为地域上相互分离的军事研究机构和大学之间能够共享数据而建立的。20世纪60年代，由于各单位使用计算机硬件与通讯网路设备属于不同的厂牌，如何使资料在这些来自不同厂商的计算机设备中传送无误，是一个相当重要的问题。因此，美国国防部成立了高级研究计划管理局（Advanced Research Project Agency, ARPA）以解决此问题。70年代末期，已经更名为美国国防部高级研究计划署（Defence Advanced Research Projects Agency, DARPA）的ARPA成立了一个委员会来协调、指导网络与网络之间联机的问题，ARPANET在1979年正式建立。此时，TCP/IP的整个架构与大部分的协议皆已完成。1981年，TCP/IP成为ARPANET的标准通信协议。

随着各所大学逐步采用TCP/IP做为计算机间的沟通协议，ARPANET日益扩大，成长非常迅速。由于ARPANET主要用于国防军事用途，整个网络上连接了相当多的军事单位。为顾及国防安全，ARPANET在1983年时被分割为两个网络，一个仍然称为ARPANET，提供给民间研究机构使用，另外一个称为MILNET，专门供军事、国防单位使用。

鉴于ARPANET的成功，1986年，美国国家科学基金会（NSF）以6个为科研教育服务的超级计算机中心为基础，使用TCP/IP通信协议建立了NSFNET并与ARPANET网合并，其目的是为了使学校和全国学术研究单位可以共享信息资源。1990年6月，NSFNET取代ARPANET成为互联网的主干网，互联网迎来真正的发展。

1991年以前，互联网的连接与使用主要局限于科技和教育领域。1991年，经营CERFnet、PSInet、ALTERnet网络的三家美国公司组成商用互联网协会（CIEA），宣布用户可以把他们的互联网子网用于任何商业用途，互联网进入商业化时代。1995年，互联网开始大规模应用在商业领域。当年，美国互联网业务的总营收额为10亿美元。提供联机服务的供应商也从原来的计算机公司如America Online和Prodigy Service等扩展到AT&T、MCI、Pacific Bell等通信运营公司。

随着用户数量的急剧增加，互联网的规模迅速扩大，应用领域也走向多元化，除了科技和教育外，文化、政治、经济、新闻、体育、娱乐、商业及服务业也都加入其中。随着网上商业应用的高速发展和面向社会公众普及性应用的开发，互联网得到迅速普及和发展。经过30多年的发展，互联网已成为目前规模最大的国际性计算机网络，覆盖了社会生活的方方面面，构成了信息社会的一个缩影，影响和改变着人类的工作及生活方式。信息搜索、网络通信、电子政务、网络媒体、数字娱乐、电子商务、网上银行、网上教育等各类资讯和服务已经成为互联网应用的重要组成部分。

1.1.2　互联网基本概念

1. 计算机网络概况

计算机网络是指将分布在不同地理位置的、具有独立功能的多个计算机，通过通信设备和线路连接起来，并利用一些功能完善的网络软件（以及网络通信协议、网络操作系统等）来实现网络中资源共享和信息传输的系统。通过定义我们不难看出，计算机网络涉及三个方面：至少两台具有独立功能的计算机；用于连接计算机的通信设备和线路；网络软件、通信协议和网络操作系统。

计算机网络的功能主要体现在以下几个方面：

（1）数据通信。这是计算机网络最基本的功能，也是实现其他功能的基础。主要完成网络节点直接的系统通信和信息交换。

（2）资源共享。资源共享是计算机网络的主要功能。网络中可共享的资源包括硬件资源、软件资源、数据资源和信道资源等。

（3）分布式处理能力。分布式处理就是把要处理的任务分散到各个独立的计算机上，网络技术的发展使得分布式计算成为可能，同时还可以在分配过程中实现负载平衡。

（4）其他。计算机网络的其他功能包括实现了计算机的集中管理，提高了系统的可靠性，为用户提供各种综合信息服务等。

关于计算机的分类，没有统一的标准。按照网络覆盖的地理范围来分，计算机网络可以分为局域网、城域网和广域网。

（1）局域网（Local Area Network, LAN）的地理覆盖范围一般在10公里以内，其特点是传输速度快、建设费用低、容易管理和维护。

（2）城域网（Metropolitan Area Network, MAN）的规模局限在一个城市范围内，是局域网的延伸，用于局域网之间的连接。

（3）广域网（Wide Area Network, WAN）的作用范围很大，将分布在不同地区的局域网和城域网进行连接，实现远程数据通信。其特点是费用高、传输速度相对较慢。互联网是最大的广域网。

此外，计算机网络按照拓扑结构划分，可以分为总线型拓扑、星型拓扑、树型拓扑、环型拓扑、网状型拓扑和全互连型拓扑等；按照传输介质划分，可分为有线网（通过同轴电缆或双绞线连接）、光纤网（通过光纤连接）、无线网（通过电磁波传输数据）等三种类型；按照网络传输技术划分，则可以分为广播式网络和点到点网络。广播式网络是指所有上网计算机都连到同一个通信信道，当一个计算机发出信息后，所有计算机都要根据通信的目的地址计算该信息是否发给自己；点到点网络，则是直接将信息通过信源发送给信宿。

计算机网络通过网络软件实现了功能共享，从计算机功能实现的角度来看，计算机网络可以划分为通信子网（实现网络通信功能的设备及其软件集合）和资源子网（实现资源共享的设备及其软件集合）。例如，对局域网来说，通信子网包括网卡、线缆、集线器、中继器、网桥、交换机、路由器等，而资源子网则包括服务器、工作站、共享的打印机和其他设备及相关软件等。

自从IBM公司提出了第一个计算机网络体系结构以后，许多公司也纷纷建立了自己的网络体系结构，导致不同体系结构的网络间难以通信。1984年，国际标准化组织公布了开放系统互连参考模型（Open System Interconnection, OSI），该模型目前已经成为计算机网络体系的主要结构模型。

OSI将计算机网络的通信过程分为7个层次，分别是应用层、表示层、会话层、传输层、网络层、数据链路层和物理层。其中第5～7层处理应用程序问题，通常只应用在软件上，第1～4层处理数据传输，主要应用在硬件和软件上。OSI参考模型发送和接收数据的过程如图1-1所示。

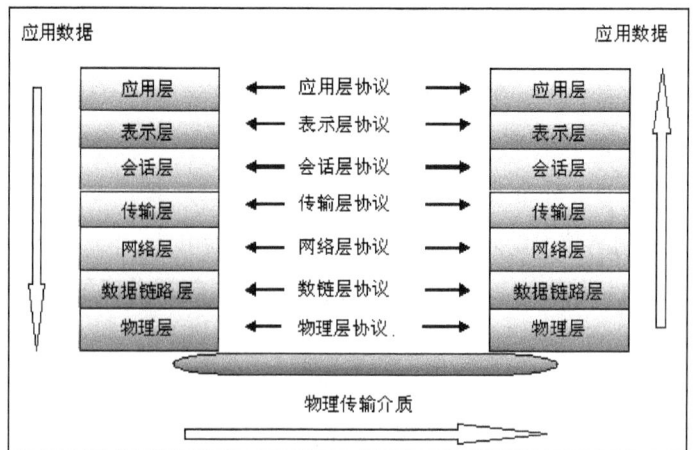

图1-1　OSI参考模型数据的发送与接收过程

2. 计算机网络协议与网络操作系统

不同类型计算机设备间的网络通信是通过协议来实现的。协议（Protocol）是对一系列规则和约定的规范性描述，定义了设备间通信的标准。网络协议主要由三要素组成：语法、语义和同步（又称时序）。语法规定通信双方"如何讲"，是数据与控制信息的结构或格式；语义规定通信双方"讲什么"，是需要发出何种控制信息、完成何种动作，以及做出的响应；同步是事件实现顺序的详细说明。

协议是计算机网络中的一个重要部分，要保证计算机网络中大量计算机之间有条不紊地交换数据，就必须制定一系列的通信协议。OSI体系结构使得协议可以分层次设计。这些有层次的、结构化的协议集合将通信任务划分成不同层次，每个层次都有具体的任务，每个层次的任务由相应层的协议来完成。如果要修改网络协议的某个方面，只需要修改相应层的相关协议即可。

网络操作系统（Network Operate System, NOS）是网络的核心，是网络硬件设备和软件设备之间的接口。NOS工作在计算机操作系统下，使得计算机操作系统具有网络操作的能力。网络操作系统的主要功能是实现整个网络的资源共享和高效、可靠的数据通信，同时能并发控制多个同时发生的事件，及时响应用户请求。目前网络操作系统主要有Windows、Unix、Linux和NetWare等4类。

Windows系列网络操作系统由微软公司设计，是目前发展最快的高性能、多用户、多任务网络操作系统，也是使用较多的网络操作系统，主要有Windows NT 4.0、Windows 2000 Server、Windows 2003 Server、Windows 2008 Server。其中Windows 2003 Server使用较为广泛。

Unix和Linux网络操作系统是互联网服务器上使用最多的操作系统，具有开放源代码、运行稳定、免费提供等三大优点。目前Unix网络操作系统的主要版本有AT&T和SCO的UNIX SVR 3.2、UNIX SVR 4.0、UNIX SVR 4.2；Linux网络操作系统主要包括Fedora、Novell SUSE、Ubuntu等。

NetWare由Novell公司设计，是一款开放的网络操作系统，对网络硬件的要求较低，在无盘工作站的组建方面具有明显优势。目前常用的版本有3.11、3.12、4.10、V4.11、V5.0等中英文版本。

3. TCP/IP协议

由于OSI模型7层结构非常复杂，互联网并没有采用，而是使用TCP/IP（Transmission Control Protocol / Internet Protocol）协议体系。现在人们经常提到的TCP/IP一般不是指TCP、IP这两个具体的协议，而往往是表示互联网所使用的体系结构或整个的TCP/IP协议族（Protocol Suite）。TCP/IP协议体系如图1-2所示。

应用层
（协议包括 Telnet、FTP、SMTP 等）
传输层
（协议包括 TCP、UDP 等）
网络层
（协议包括 IP、ICMP 等）
网络接口层

图1-2　TCP/IP协议体系

TCP/IP协议的应用层组合了OSI模型的应用层和表示层，还有部分会话层的功能，为用户提供各种服务，如远程登陆的Telnet等。其传输层使用了两种不同的协议：TCP和UDP，其功能是利用网络层传输格式化的信息流对发送的信息进行数据包分解，保证可靠传输并按序组合。网络层是整个协议的核心部分，遵循IP协议，负责计算机的直接通信。网络接口层主要是负责从网络上接收和发送物理帧及硬件设备的驱动，无具体协议。

TCP/IP是互联网上流行使用的设备大多遵循的协议，可运行在多种物理网络上，如以太网、令牌环网、ATM等，已经成为事实上的国际标准。

TCP和IP是TCP/IP协议族中的核心协议。TCP协议位于IP协议的上层，通过提供校验和、流控及序列信息来弥补IP协议可靠性方面的缺陷。如果一个应用程序只依靠IP协议发送数据，不检测目标节点是否脱机，或数据是否在发送过程中已被破坏，IP协议将杂乱地发送数据。另一方面，TCP还包括了一些可保证数据可靠性的组件。IP协议提供关于数据应如何传输以及传输到何处的信息，是一种不可靠的、无连接的协议，不保证数据的可靠传输。然而，TCP/IP协议群中更高层协议可使用IP信息确保数据包按正确的地址进行传输。

4. IP地址

众所周知，在电话通信系统中，电话用户是靠电话号码进行识别的。而在互联网中，为了区别不同的计算机，也需要给每台计算机指定一个号码，这个号码就是IP地址。互联网必须为每台主机分配唯一的IP地址，才能保证信息正确传递。

TCP/IP协议的网络层使用的地址标识符叫做IP地址。目前IP协议有两个版本，一个是已经在广泛使用的IPv4协议版本，另外一个是IPv6版本。IP地址不仅标识主机，还标识主机和网络的连接，因此当主机换到另一个网络时需要更改IP地址。

在IPv4版本中，IP地址是一个32位的二进制地址。IP地址采用分层结构来表示，由网络号和主机号两部分组成，网络号用来标识一个子网，主机号用来表示某个子网中的一台主机。

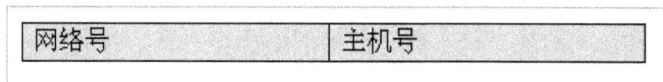

网络号	主机号

图1-3 IP的地址结构

IP地址长度为32位，为了方便理解和记忆，通常采用X.X.X.X的4段格式来表示。X是十进制数，取值范围是0~255，中间用点隔开，称为点分十进制表示法，例如59.66.156.198。

IP地址由国家互联网信息中心（Network Information Center, NIC）统一进行分配。NIC负责分配最高级IP地址，并授权给下一级网络中心，使其在自治系统内再分配IP地址。国内用户可通过电信公司、互联网服务供应商（Internet Service Provider, ISP）或单位局域网管理部门申请IP来访问互联网。对于局域网用户而言，如果该局域网是采用TCP/IP构建的，则可在其内部自行分配IP地址，但是访问互联网时，需要经过代理服务器。

（1）IP地址分类

根据网络地址和主机地址的不同划分，IP地址分为五大类。IP地址的前5位含有IP地址类别的表示，A类地址的第一位为0，B类地址的前两位为10，C类地址的前3位为110，D类地址的前4位为1110，E类地址的前5位是11110。

① A类IP地址

A类IP地址，网络号为7位，主机号长度为24位。理论上A类地址的范围是0.0.0.0~127.255.255.255，但是A类地址中以127开头的地址用于回环地址测试（127. X.X.X），如本地网络测试地址127.0.0.1。另外，网络标识的第一个字节不能为0，实际可用126个A类网络，范围是1.0.0.1~126.255.255.254。A类地址一般分配给特大型网络，由于第1字节为全0或全1时有特殊定义，所以第1字节的有效范围是1~126，可用的A类网络有126个，每个网络最多可连接16，777，214台主机。

② B类IP地址

B类IP地址，网络号为14位，主机号长度为16位，地址的范围是128.0.0.1~191.255.255.254。可用的B类网络有16，382个，每个网络最多可连接65，354台主机。

③ C类IP地址

C类IP地址，网络号为21位，主机号长度为8位，地址范围是192.0.0.1~223.255.255.254。C类网络可达209万余个，每个网络能容纳254个主机。

④ D类IP地址

D类IP地址又称播类地址，不标识网络，其范围是224.0.0.0~239.255.255.255。D类IP地址用于其他特殊的目的，如多播地址。

⑤ E类IP地址

E类IP地址被保留，其范围是240.0.0.0~255.255.255.255。E类IP地址主要用于实验和将来使用。

（2）子网掩码

IP地址分网络地址和主机地址，子网掩码提供了一种区分网络地址位和主机地址位的方法。

子网掩码的作用是识别子网和判断主机属于哪一个网络，子网掩码的长度为32位，左边是网络地址位，用"1"表示，右边是主机地址位，用"0"表示。A，B，C三类IP地址的默认子网掩码分布为：

A类：255.0.0.0.

B类：255.255.0.0

C类：255.255.255.0

对于某个给定的IP，如果采用默认的子网掩码，那么其网络地址位和主机地址位是固定的，因此只能容纳固定数量的主机。如果想要将IP地址划分为多个网络，即改变每个子网的主机地址数，则涉及子网的划分，需要通过改变子网掩码来实现。具体方法，有兴趣的读者可以参考专业的文献资料。

关于IP地址和子网掩码的设置，在Windows XP系统中可点击"控制面板"→"网络连接"→"本地连接"（单击右键）→"属性"→"Internet协议（TCP/IP）"进行设置。

5. 域名系统

IP地址解决了互联网上地址冲突的问题，但是如果每个站点都只能输入一串数字来进行访问，这无疑增加了记忆难度。因此，在互联网上采用了一套与IP地址相对应的域名系统——DNS（Domain Name System），其作用是将人们易于记忆的域名与人们不易于记忆的IP地址进行转换，执行此项功能的主机被称为DNS服务器。

域名是面向用户的互联网主机名，同一主机既有域名又有IP地址，域名到IP地址有一一映射关系。互联网每台主机上都有地址转换请求程序，负责域名与IP地址间的转换（这个过程叫域名解析），整个过程都是自动进行的。域名解析是由域名系统实现的，包括正向解析（从域名到地址）和逆向解析（从地址到域名）。在互联网中，一台主机有唯一的IP地址，而一台主机可以定义多个域名。这通常是一机多用，用一台比较大型的服务器担任几种互联网功能，用户按互联网功能访问时，系统能正确地进行一对一、多对一的双向解析。

通常只有作为服务器的计算机才有域名，例如搜狐站点的域名为www.sohu.com，而其对应的服务器IP地址为61.135.150.74，通过这两个地址都可以访问搜狐主页，显然前者更方便记忆。

为保证域名系统的通用性，互联网设立了一些通用标准。典型的域名结构为：主机名.三级域名.二级域名.顶级域名。这种结构使得整个域名空间呈现出一个树形结构，如图1-4所示。

其中顶级域名的划分有两种方式：一是根据所从事的行业领域；二是以国家或地区代号作为顶级域名。表1-1、1-2、1-3为各类常见的顶级域名。

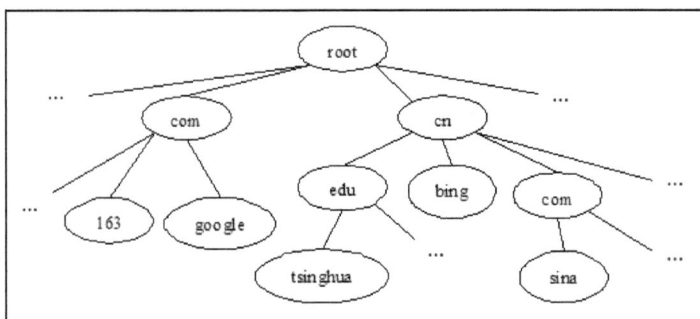

图1-4 域名空间的树形结构

表1-1　东南亚国家顶级域名

国家	越南	老挝	柬埔寨	泰国	缅甸	菲律宾	马来西亚	文莱	新加坡	印尼	东帝汶
域名	.vn	.la	.kh	.th	.mm	.ph	.my	.bn	.sg	.id	.tl（旧：.tp）

表1-2　通用顶级域名

机构	商业机构	网络服务机构	非营利性组织	政府机构	教育机构
域名	.com	.net	.org	.gov	.edu

表1-3　其他顶级域名

域名	使用对象	备注
.mil	军事机构	—
.travel	旅游网站	—
.int	国际机构	—
.post	邮政机构	—
.rec	娱乐机构	—
.asia	亚洲机构	—
.name	个人网站	—
.mobi	专用手机域名	—
.biz	商业机构	JVTeam负责监督
.info	信息提供	Afilias负责管理
.pro	医生、律师等职业	RegistryPro负责监督
.museum	博物馆	博物馆域名管理协会（MDMA）负责监督
.areo	航空机构	比利时国际航空通信技术协会（SITA）负责管理
.coop	商业合作社专用	美国全国合作商业协会（NCBA）负责管理

6. IPv4和IPv6

上文提到，现有的互联网是在IPv4协议基础上运行的。IPv4采用32位长度地址，只能提供232（约43亿）个地址。随着网络的不断发展，IPv4地址已经分配殆尽，并且地址资源分配严重不均，北美就占有整个资源的3/4，约30亿个。为了扩大地址空间以及解决IPv4的技术缺陷，1994年，国际互联网工程任务组选定IPv6作为下一代IP协议。由于牵涉到政治和利益因素，IPv4和IPv6还有一段共存期。IPv6采用128位地址长度，约有2128个地址，地址的使用几乎不受限制。此外，IPv6在设计过程中还考虑到了IPv4中没有很好解决的问题，如服务质量（QoS）、安全性、多播等。当然，IPv4的一些实用特点也被IPv6继承下来，不太重要的部分则被舍去。

与IPv4相比，IPv6主要具有以下优势：

（1）扩大寻址能力。IPv6中的IP地址范围由32位增加到128位，支持更大的可寻址节点、更多的寻址层次、更简单的远程用户地址自动配置。IPv6通过给多点广播增加范围字段位数改进其多点广播路由的伸缩性，并且定义了一种称为"任意地址"的新地址类型。

（2）简化了分组头格式。IPv6删除了一些IPv4分组头字段或置为可选，以减小分组处理的开销，并减少IPv6分组头的宽带。

（3）改善各种扩展与选项的支持。IPv6分组头的特别编码增加了传输的高效性，减少对选项长度的限制，增加将来引入新选项的灵活性。IPv4分组头的一些字段在IPv6中变为可选。

（4）增加标签能力。IPv6增加新的服务质量（QoS）能力，可以对那些属于特殊交通流的分组加上标签，以表示发送者的特别处理，如表示实时服务。

（5）加入审计与保密能力。IPv6支持各种安全选项，如审计、数据完整性、保密性等。

（6）支持即插即用和移动性，同时更好的实现了多播功能。即插即用的实现简化了网络管理，易于支持移动结点。IPv6多播功能中增加了"范围"和"标志"，限定了路由范围，更有利于多播功能的实现。

随着互联网的快速普及，用户对互联网的服务水平要求越来越高，IPv6将会越来越受重视。

7. 客户机/服务器模型

国际互联网的许多服务都采用客户机/服务器（Client/Server）模型，如FTP，TELNET，WWW等。客户机/服务器模型将网上计算机分为两类，提供服务的是SERVER，获得服务的是CLIENT，在服务器和客户机上存在着一个协议，双方根据这个协议进行沟通。

互联网上的客户机与服务器关系并非一成不变，有的节点一方面提供服务，另一方面也从别的节点获得服务，甚至在一次信息交流中，双方的角色也可互换。WWW客户机/服务器模型的工作原理如图1-5所示。

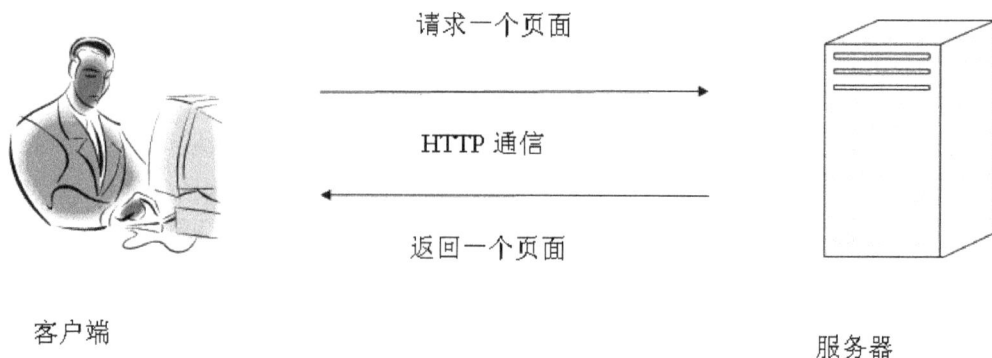

请求一个页面

HTTP 通信

返回一个页面

客户端　　　　　　　　　　　　　　　　　　　服务器

图1-5　WWW客户机/服务器模型的工作原理

在客户端/服务器模型产生之前，计算机局域网中使用较多的是文件服务器技术，当用户需要使用一个文件时，首先要在自己的工作站登陆文件服务器，从服务器上获取文件，将其传送到本地进行处理，处理完后再传送到文件服务器上进行存储。这种方式弥补了早期计算机存储空间小的缺点，但是却浪费了大量的带宽。在客户端/服务器模型中，服务器不仅担负存储大量数据的任务，同时还担负执行某些程序的任务。在客户端，用户发送命令，通过代理程序发送到服务器，服务器通过代理程序接收命令，并返回命令执行结果，在客户端显示出来。这种方式使得网络中所传输的仅仅是服务请求和处理结果的数据，减轻了网络传输负荷，提高了处理速度。

8. 万维网

万维网又称"全球网"，英文全称为"World Wide Web"，通常记作"WWW"。万维网并非某种特殊的计算机网络，而是一个大规模的、联机式的信息储藏所，英文简称Web。万维网本身并不是互联网，而是指在互联网上以超文本为基础形成的信息网，是互联网的一个组成部分和提供的服务之一。万维网为用户提供了一个图形化界面，用户可以通过界面查阅互联网上的信息，我们浏览的网站就是万维网的具体表现形式。

由于万维网的出现，互联网从仅由少数计算机专家使用变为普通百姓也能利用的信息资源。随着互联网技术的发展，开发音乐和视频等娱乐性工具就变成了互联网发展的必然趋势。万维网是一个分布式的超媒体（Hypermedia）系统，是超文本系统的扩充。万维网以客户/服务器（C/S）方式工作，客户程序向服务器发出请求，服务器向客户程序返回客户所要的万维网文档，在一个客户程序主窗口显示出的万维网称为页面（Page）。

（1）超文本

我们平常见到的文件可分为文本文件和非文本文件两大类型。而文本文件中又包括文书文件（如Word格式文件）和非文书文件（如代码文件），超文本文件（Hypertext）实际上涉及文书文件和非文书文件两大类型。对超文本文件的定义如下：超文本文件是一种以叙述某项内容为主题，集成了普通文本和菜单系统，在超文本传输协议支持下可以进行超链接的文本文件。我们所访问的网页就是典型的超文本文件。

超文本标记语言（Hyper Text Markup Language, HTML）是标准化的文本解析语言，是为"网页创建和其他可以在网页浏览器中看到的信息"而设计的结构化语言。在一个HTML文档中，必须包含一些规定标记，如<html>、<title>等。对于在浏览器中显示的HTML文档，我们可以通过点击"查看"→"源码"来获得其具体HTML代码。

超文本传输协议（Hyper Text Transfer Protocol, HTTP）是传送某种信息的协议，而这种信息是超文本链接能够高效率完成的必须条件。从层次角度看，HTTP是面向事务的应用层协议，是互联网上能够可靠交换文件（包括文本、声音、图像等）的重要基础。

HTTP协议是基于请求/响应方式的（相当于客户/服务器）。一个客户机与服务器建立连接后，发送一个请求给服务器，请求方式的格式为：统一资源定位符（URL）、协议版本号，后边是MIME信息（包括请求修饰符、客户机信息和可能的内容）。服务器接到请求后，给予相应的响应信息，其格式为一个状态行，包括信息的协议版本号、一个成功或错误的代码，后边是MIME信息（包括服务器信息、实体信息和可能的内容）。

（2）超链接

超链接（Hyperlink）是指点击链接载体后，系统由正在执行的原超文本文件转移到另一个文件的显示过程。这样一个过程也必须通过HTTP协议来完成。超链接包括两个重要组成部分：链接载体和链接的目标地址。通常链接的载体可以是图片、文本、按钮等，为引起用户注意，超链接文本通常会以与普通文本不一样的格式和颜色显示。链接的目标地址则表示另一个超媒体。

（3）超媒体

我们通常所说的多媒体，包括文字、声音、图像、视频等，通过超链接连接的文件可以是超文本文件，也可以是声音、图像、动画、视频等文件。我们把这种可以通过超链接联系的数据类型称为超媒体。从定义不难看出，超文本也是超媒体的一种类型。

（4）浏览器

浏览器（Browser）是万维网客户端软件，用户使用浏览器与互联网服务器连接并浏览网页。目前主流的浏览器软件是 Internet Explorer，Google Chrome，Firefox，Safari 等。Internet Explorer，简称 IE，是微软公司推出的一款网页浏览器，也是使用最多的网页浏览器。目前市场上有多款浏览器都是以 IE 为内核的。关于浏览器，我们将在 1.2.1 节中进行介绍。

（5）统一资源定位器

统一资源定位器（Universal Resource Locator, URL）是对可以从互联网上得到的资源的位置和访问方法的一种简洁表示。URL给资源的位置提供一种抽象的识别方法，并用这种方法给资源定位。URL的一般访问格式是：<URL的访问方式>://<主机>:<端口>/<路径>。URL的访问方式有FTP，HTTP等。

9. 网站

网站（Website）是指在互联网上，根据一定的规则，使用HTML等工具制定并展示特定内容的相关网页的集合，这些网页通过超链接联系起来。简单地说，网站就是互联网上一块固定的面向互联网用户发布信息的平台，包括网站地址和网站空间两个部分。关于网站的分类，也有不同的标准。根据网页的性质，可以分为静态网站和动态网站。静态网站是没有采用任何脚本程序开发的网站，其网页完全使用HTML语言编写，无法直接在网络上更新内容。动态网站和静态网站相反，在互联网发布以后，动态网站有一个网站管理后台，以管理员的身份登陆后，可以对整个网站的内容进行修改，并在互联网上即时更新。根据网站的功能划分，又可分为门户网站、搜索引擎网站、导航网站等等。

（1）网页

网页（Webpage）是计算机连接网络时，浏览器窗口中显示的一个页面，是网站的基本组成单位。网页是一个实实在在的文件，存放在服务器中，当用户输入访问命令，网页文件通过互联网进行传输，并显示到用户屏幕上。

网页可以分为静态网页和动态网页两种。静态网页通常使用HTML编写，网页扩展名通常为htm、html、shtml、xml等。静态网页中也可以出现动画效果，每个网页都有一个固定的URL，网页内容一旦发布，就保存在网站服务器上，静态网页的浏览器端和服务器端不发生交互。动态网页使用的编写语言较多，如HTML+ASP /PHP/JSP等，其扩展名通常为asp、php、jsp。采用动态网页技术的网站可以实现更多的功能。动态网页实际上并不是独立存在于服务器上的，只有当用户请求访问时，服务器才返回一个完整的网页。

（2）主页

网站的首页被称为主页（Homepage）。一个好的主页是网站成功与否的关键。一般来说，主页包含站点名称、网站标志和主要服务项目等信息。不同类型的网站，其主页风格也不相同。例如导航类网站的主页，按照类别将各种网站的信息整齐排列；门户网站则以丰富的信息量和栏目导航为主；而搜索引擎网站的主页则应该尽量做到简洁明了。

（3）门户网站

门户网站是整合互联网信息资源并且提供信息服务的应用系统。门户网站一般以提供网络资讯为盈利手段，在网站上提供人们生活各方面的信息，比如时事新闻、旅游、娱乐、经济等。最早的门户网站主要提供搜索引擎、目录等服务，目前的门户网站已经包罗万象，可提供新闻、搜索引擎、网络接入、电子邮件服务、影音资讯、网络社区、网络游戏及免费网页空间等。

1.1.3 互联网连接与服务

1. 互联网接入方式

目前，互联网主要有以下几种接入方式。

表1-4 常见互联网接入方式

接入方式	速度/bps	特点	成本	适用对象
电话拨号	56K	方便、速度慢	低	个人用户、临时用户
ISDN	128K	较方便、速度慢	低	个人用户
ADSL	512K～8M	速度较快	较低	个人用户、小企业
Cable Modem	8M～48M	利用有线电视的同轴电缆传送数据、速度快	较低	个人用户、小企业
LAN接入	10M～100M	附近有ISP、速度快	较低	个人用户、小企业
光纤	≥100M	速度快、稳定	高	大中型企业
无线GPRS、CDMA、3G	—	速度较慢	较低	智能手机用户、使用PCMCIA卡的笔记本电脑用户

（1）PSTN

PSTN，全称"Public Switched Telephone Network"，中文名称为公用交换电话网，是最普遍的窄带接入方式，俗称电话线拨号上网。用户只要具备一条能拨通运营商接入号码的电话线、一台计算机、一台调制解调器（Modem），就可以通过拨号的方式连接互联网。拨号上网主要适合于临时性接入或无其他宽带接入场所的使用，缺点是速率低，最高接入速度一般只能达到56kbps，无法实现一些高速率要求的网络服务。

（2）ISDN

ISDN，全称"Integrated Service Digital Network"，中文名称为综合业务数字网，俗称"一线通"。ISDN是20世纪80年代末兴起的一种通信方式，采用数字传输和数字交换技术，将电话、传真、数据、图像等多种业务综合在一个统一的数字网络中进行传输和处理。用户利用一条ISDN用户线路，通过NT转换盒，可以同时使用数个终端，能够在上网的同时拨打电话、收发传真。ISDN基本速率接口包括两个能独立工作的B信道（64Kb）和一个D信道（16Kb），简称2B+D接口。ISDN允许的最大传输速率是128KB/S，是普通调制解调器的3～4倍，适合于普通家庭用户使用，缺点是速率较低，无法实现高速率要求的网络服务。

（3）DSL

DSL，全称"Digital Subscriber Line"，中文名称为数字用户环路，是基于普通电话线的宽带接入技术，通过一根电话线同时传送数据和语音信号，而且数据信号不需要经过电话交换机设备，也不需要通过拨号，属于专线上网方式。DSL包括ADSL、RADSL、HDSL和VDSL等。

ADSL，全称"Asymmetric Digital Subscriber Line"，中文名称为非对称数字用户环路，是运行在原有普通电话线上的一种新的高速宽带技术，为用户提供上、下行非对称的传输速率，具有较高的带宽和安全性，其中上行速率最高640Kbps，下行速率最高8Mbps。ADSL接入互联网有虚拟拨号和专线接入两种方式，采用虚拟拨号方式的用户采用类似调制解调器和ISDN的拨号程序，采用专线接入的用户只要开机即可连接互联网。

VDSL，全称"Very-high-bit-rate Digital Subscriber loop"，中文名称是高速数字用户环路，是ADSL的快速版本，短距离内的最大上行速率可达19.2Mbps，下行速率可达55Mbps。

（4）HFC（Cable Modem）

HFC，全称"Hybrid Fiber-Coaxial"，中文名称为光纤同轴电缆混合网，是基于有线电视网络铜线资源的综合数字服务宽带网接入技术，具有专线上网的连接特点，允许用户通过有线电视网实现高速接入互联网。HFC适用于拥有有线电视网的家庭、个人或中小团体，速率较高，接入方式方便，可实现各类视频服务、高速下载等；缺点是速率受用户数量的影响较大，当用户人数较多时，速率就会下降且不稳定。

（5）LAN

LAN，全称"Local Area Network"，中文名称为局部区域网络或简称局域网。在一个与互联网连接的局域网中，用户可以通过双绞线连接电脑网卡和局域网的信息接口，就可以使用局域网方式高速接入互联网。局域网接入方式具有速率高、抗干扰能力强的优点，适用于家庭，个人或各类企事业团体，可以实现各类高速率要求的互联网服务，缺点是一次性布线成本较高。

（6）OAN

OAN，全称"Optical Access Network"，中文名称为光纤接入网。光线接入网有多种应用形式，其中最主要的三种形式是光纤到大楼（FTTB）、光纤到路边（FTTC）、光纤到户（FTTH）。光纤接入网具有频带宽、容量大、信号质量好、远距离传输能力和抗干扰能力强等优点，被认为是"接入网的发展方向"。主要缺点是成本高，普通用户难以承受。

（7）WLAN

WLAN，全称"Wireless Local Area Network"，中文名称为无线局域网，是一种有线接入的延伸技术，使用无线电波作为数据传送的媒介，传送距离一般为几十米。无线局域网的主干网路通常使用电缆，无线局域网用户通过无线接取器（Wireless Access Points, WAP）接入无线局域网。无线局域网广泛应用在商务区、大学、机场和其他公共区域。

（8）WAP

WAP，全称"Wireless Application Protocol"，中文名称为无线应用协议，即移动通信和互联网的综合。具有WAP功能的移动通信终端可以通过WAP网关接入互联网，随时随地共享互联网的丰富信息资源。

2. 互联网基本服务

互联网向用户提供的基本服务主要有以下几种类型：

（1）E-mail

E-mail，英文全称"Electronic Mail"，中文名称为电子邮件，是一种通过网络实现相互传送和接收信息的现代化通信方式。互联网用户通过提供电子邮件服务的网站申请电子邮箱，由网站主机负责电子邮件的接收，当用户收到邮件时，网站主机会自动把邮件移到用户的电子邮箱内。

常见的电子邮件协议主要有三种，即简单邮件传输协议（Simple Mail Transfer Protocol, SMTP）、邮局协议（Post Office Protocol, POP）、邮件访问协议（Internet Message Access Protocol, IMAP）。SMTP主要负责底层电子邮件在两台机器间的传输；POP的最新版本为POP3，主要负责把邮件从电子箱中传输到本地计算机；IMAP的最新版本为IMAP4，是POP3的一种替代协议，提供邮件检索和邮件处理的新功能。

电子邮件主要由标识部分和信件内容部分组成。标识部分包括发件人、收件人、邮件主题、发件时间等；信息内容为发件人想要表达的意思，通常用文字和符号表示。用户还可以通过附件（Attachment）的形式同时发送一些文件，如文本文件、程序文件、图像文件和音视频文件等，但附件大小通常受到邮箱提供商的限制。

（2）BBS

BBS，全称"Bulletin Board System"，中文名称为电子公告版，通常称为网络论坛，是目前广受欢迎的一种电子服务系统。目前的BBS站点一般都提供WWW和Telnet两种访问方式。其中Telnet访问方式有特别的终端软件（如FTerm）支持，通过输入BBS站点，可以通过匿名或用户登陆的方式，进入到BBS系统中。由于其提供了便捷的快捷键浏览方式，也是目前颇受用户欢迎的一种方式。大部分BBS由教育结构、研究机构或商业机构管理。

论坛一般分为综合类论坛和专题类论坛。综合类论坛包含了各种各样主题的丰富信息，用户群比较广泛；专题类论坛是专门为某类主题而开设，用户主要为对该主题感兴趣的人群，虽然人数不及综合类论坛，但更利于信息的搜集和分类整合。

通过BBS，用户可以阅读他人关于某个主题的看法，也可以将自己对某个问题的看法发布在BBS上。BBS还提供个人聊天模式，在BBS里，人们之间的交流打破了时间、空间和年龄的限制，采用非实名制发布（或匿名发布）的方式，使得大家都无从知道对方的真实社会身份。通过BBS，用户可以找到任何自己感兴趣的话题，还可以查到自己想了解的信息。

（3）Blog

Blog，来源于英文"Weblog"一词，中文名称为网络日志，通常称为博客，是一种提供个人用户管理和不定期发布新文章的网站。用户通过申请开通自己的博客，即可获得一个可编辑内容的网页，通过博客，用户可以发布或长或短的文本文章，还可以插入图片、声音、视频等多媒体内容，以日记、散文、诗歌、甚至连载小说等形式发表或转载。目前，博客大部分都是匿名制的，用户可以在博客上自由的发表自己的想法，很多人将博客当成自己的日志。博客的形式多种多样，现在在网络上流行的以短文本为主的微博，以视频为主的播客等等，都可以看作是传统博客的变体。通过博客，用户也可以检索到不少自己感兴趣的内容。

（4）网络信息检索

网络信息检索一般指互联网检索，是目前互联网应用最多的服务。用户通过网络接口软件，可以在一终端查询各地上网的信息资源。网络信息检索主要是基于互联网的分布式特点而开发的，即：数据分布式存储，大量的数据可以分散存储在不同的服务器上；用户分布式检索，任何地方的终端用户都可以访问存储数据；数据分布式处理，任何数据都可以在网上的任何地方进行处理。

搜索引擎（Search Engine）是用于网络信息检索的检索工具，是指互联网上根据一定策略和运用特定程序搜集各类信息，在对信息进行组织和处理后，为用户提供检索服务的系统。搜索引擎包括三个基本功能模块，即数据采集、数据组织和信息检索，分别负责抓取网页、处理网页和提供检索服务。搜索引擎通常分为索引型搜索引擎、目录型搜索引擎和元搜索引擎三种。Google、Yahoo等是目前使用人数最多的中外文搜索引擎。

▷ 1.2 互联网应用基础

为了使读者进一步熟悉互联网的使用，下面将对常用浏览器的使用、电子箱件服务的使用以及FTP服务的使用进行介绍。

1.2.1 常用浏览器

美国互联网流量监测机构Net Applications发布了2011年2月份最新浏览器市场占有率及排行榜，IE、Chrome、Safari市场份额有所增长，Opera、Firefox浏览器市场份额有所下降。图1-6显示了浏览器的市场占有率。

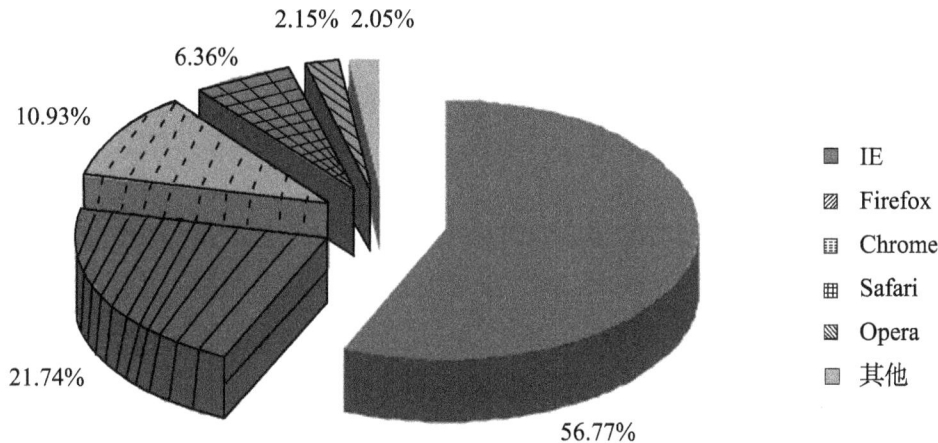

图1-6　2011年2月浏览器市场占有率

1. Internet Explorer（IE）

（1）简介

IE全称"Windows Internet Explorer"，是微软公司推出的一款网页浏览器，是微软系列Windows操作系统的组成部分。在旧版本中，IE是独立且免费的，从Windows 95 OSR2开始，IE成为所有新版本Windows操作系统附带的浏览器。目前市场上有多款浏览器都是以IE为内核的。

IE提供了最宽广的网页浏览和建立在操作系统里的一些特性，由于Windows系列系统在用户群中的较高占有率，使得IE几乎成为系统安装后的首选。其用户友好度较高，在近期的版本增加了弹出式视窗的封锁和分页浏览、RSS等当前主流功能。IE广泛使用了组件对象模型（COM）技术，允许第三方厂商通过浏览器帮助对象（BHO）添加功能，并且允许网站通过ActiveX提供丰富的内容。由于这些对象能拥有与浏览器本身一样的权限，对于安全就有很大的担心。实际上，对IE的大部分批评都集中在其安全架构以及对开放标准的支持程度上。最新版的IE提供了一个加载项管理器以控制ActiveX控件和浏览器帮助对象，以及一个"无加载项"版本。最新版的IE还提供下载监视器和安装监视器，允许用户分两步选择是否下载和安装可执行程序。这可以防止恶意软件被安装。用IE下载的可执行文件如果被操作系统标为潜在的不安全因素，每次都会要求用户确认他们是否想执行该程序，直到用户确认该文件为"安全"为止。

通常来说，网络开发者们在编写代码时应该具有跨平台性，因此能在所有主要浏览器上运行的代码总是必不可少的。IE的技术较为封闭，且只支持少数的CSS、HTML和DOM特性。而其竞争对手Firefox和Opera不仅在这方面领先于IE，而且具备原生的XHTML支持。IE的另一个巨大缺点源自PNG格式，这一问题仅在IE7中得到了解决。尽管如此，IE7在访问含有透明PNG的网页时性能将大大降低。

虽然从2004年以来，IE逐渐开始丢失市场占有率，但仍然是使用最广泛的网页浏览器。从图1-6我们不难看出，IE市场占有率虽然远远领先别的浏览器，但差距已经开始逐步缩小。

（2）IE的属性设置

2009年3月，微软网站发布IE8正式版，并提供免费下载。这也是目前最新的正式版IE。IE8正式版可以安装在Windows Vista和Windows XP系统中，并且被捆绑安装在Windows 7操作系统中。2011年2月，微软发布了IE 9.0 RC版。下面以IE8为例（下面的使用也是以IE8为参考，实际操作上与之前的版本差别不大），对IE的属性设置进行简要的介绍。

IE属性设置包括常规属性、安全属性、内容属性、程序属性和高级属性等的设置。点击鼠标右键单击桌面上的IE图标，在弹出的快捷菜单中选择"属性"选项，或者选择"工具"→"Internet选项"命令，弹出"Internet选项"对话框。

① 常规属性的设置

常规属性的内容比较多，包括主页的设置、临时文件的建立与删除、历史记录的处理以及语言文字等方面的内容。

IE可在用户上网时建立临时文件，把所查看的网页存储在特定的文件夹中，这就可以

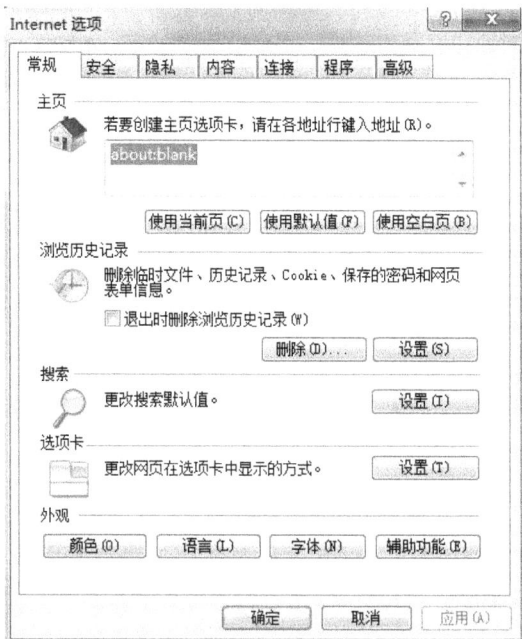

图1-7 Internet 常规选项对话框

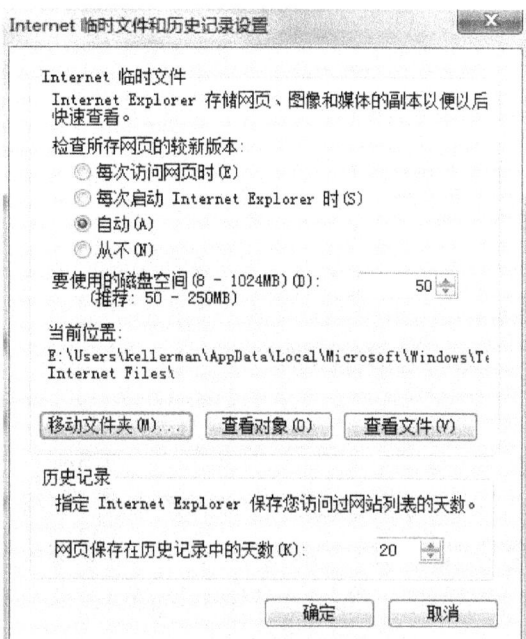

图1-8 Internet 临时文件和历史记录设置对话框

大大提高以后浏览的速度。单击"设置"按钮，弹出"设置"对话框，通过该对话框可进行临时文件管理，例如查看文件、移动文件夹和确定是否检查所存网页的较新版本等。

"主页"设置中可以填入用户在启动IE后最想访问的网站地址，默认为微软公司的主页，用户可以根据需要改为其他的网址，这样每次启动IE时都会自动打开这个主页。

"临时文件"设置可以更改IE的Cache大小，将用来保存IE最近访问过的页面。这样，以后访问同一页面时，IE可以直接从中获取，而不必再从该站点下载，大大提高了浏览速度。当然，必须检查原站点上的Web页是否已经更新。可以在单击"设置"按钮后弹出的对话框中设置如何检查所存网页的较新版本，一般设为"每次启动Internet Explorer时检查"较为合适。另外，也可以在对话框中设置临时文件夹的大小。IE会自动在该文件夹存满并溢出之前根据访问时间先后删除较早的文件，以保证有足够的空间保存最新的文件。用户也可以通过"移动文件夹"来创建自己的临时文件夹。

"历史记录"被用以与"临时文件夹"结合使用。通过设置网页在历史记录中保存的天数，确保用户实现脱机浏览，并防止过期的文件占用大量的磁盘空间。

单击"颜色"、"字体"和"辅助功能"按钮可对所访问的Web页进行颜色、字体和样式等方面的设置。

② 安全属性的设置

在IE中，安全属性的设置是指对安全区域的设置。IE将互联网划分为4个区域，分别是Internet、本地Intranet、受信任的站点和受限制的站点。每个区域都有自己的安全级别，这样用户可以根据不同区域的安全级别来确定区域中的活动内容。其中Intranet区域包含所有未放其他区域中的Web站点，安全级别也为中低级；受信任的站点区域中包含有用户确认不会损坏计算机或数据的Web站点，安全级别为低级；受限制的站点区域中包含可能会损坏用户计算机和数据的Web站点，安全级别最高，但功能最少。

"安全"选项可以用来解决互联网浏览时的安全问题。通过设置不同的安全级别来控制访问过程中可能具有的一些潜在的危险，普通用户设为"安全级 – 中"比较合适。

③ 内容属性的设置

IE支持各种标准的互联网安全协议，使用户的个人信息和隐私的安全性大大提高。在IE中，通过对内容属性的设置可以加强对个人信息和隐私的保护。

a. 内容审查程序。通过分组审查，IE可为用户提供一种控制方式，帮助用户控制自己计算机访问互联网上内容的类型。设置好分级审查功能后，只有满足标准的分级审查内容才能被查看，用户也可根据需要随时调整此项设置。

b. 证书。所谓证书就是保证个人身份或者Web站点安全性的声明，是由证书颁发机构发行的，含有用来保护用户和建立安全网络连接的信息。IE使用两种类型的证书：个人证书和Web站点证书。其中个人证书是对个人身份的一种保证，可以指定自己的个人信息，如用户名、密码和地址等。当访问其他站点时，需要提供这些方面的个人信息。Web站点证书用来表明特定的Web站点是否真实和安全，这可保证其他任何Web站点都无法冒充原安全站点的身份。

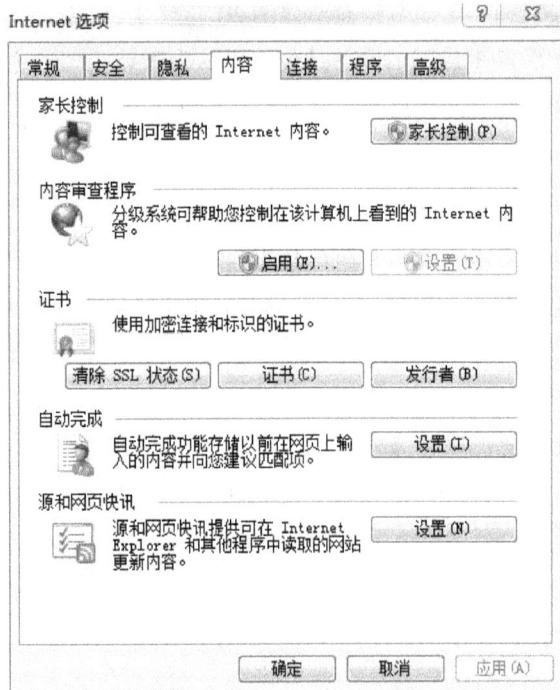

图1-9 Internet 内容选项对话框

④ 高级属性的设置

高级属性设置涉及的东西比较多且难以理解，包括HTML、安全、搜索、打印、多媒体、浏览等方面的内容，通过启用复选框可以选择或取消相应的功能。如果没有特别的需要，建议一般用户不要随便修改里面的设置。因为高级属性包含的内容比较有深度，一般用户可能不完全明白里面的内容，如果用户随便修改后可能更不利于自己使用Web浏览器。

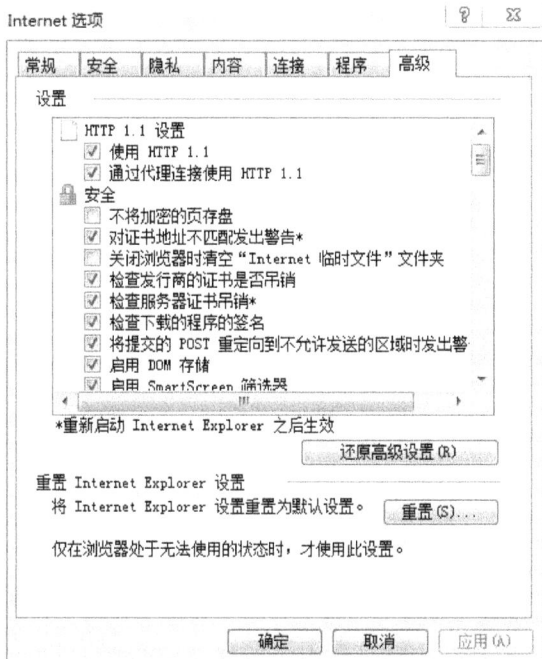

图1-10 Internet 高级选项对话框

2. Mozilla Firefox

（1）简介

Mozilla Firefox（缩写为"Fx"），中文名称为火狐，是由Mozilla基金会（谋智网络）与开源团体共同开发的网页浏览器。Firefox是从Mozilla Application Suite派生出来的网页浏览器。该浏览器专案最初是由 Mozilla 所分出的实验性专案，由Dave Hyatt及Blake Ross所创建。Firefox 1.0于2004年11月9日发行，目前最新稳定版是2010年4月8日发布的3.6.3版。

Firefox包含了许多突出的特点，如分页浏览、即时书签、下载管理器、自定义搜索引擎等等。此外还可以通过由第三方开发者贡献的扩展来加强各种功能，较受欢迎的有专门浏览IE only网页的IE Tab、阻挡网页广告的Adblock Plus、下载在线影片的Video DownloadHelper、对脚本执行进行控制的NoScript等。用户可以通过扩展和布景主题来自定义 Firefox 的功能和外观，在Mozilla维护的附加组件网站addons.mozilla.org中，已经有接近2000种的附加组件可供下载。

Firefox可以在多种操作系统中运行，目前官方版本支持各种版本的Windows操作系统、苹果计算机的Mac OS X、以及以Linux为基础的操作系统（如Ubuntu）。除了上述的操作系统之外，由于Firefox是开放源代码，且代码与操作系统独立，因此Firefox可以在多种平台和操作系统上编译，包括在OS/2、AIX、FreeBSD、Windows XP Professional x64 版上都有可执行的Firefox编译档，在其他比较小型的操作系统，如SkyOS、ZETA等上也有Firefox的踪迹。Firefox使用统一的设置档格式，因此不同操作系统的Firefox可以共享相同的设置，不过在扩展的使用上可能会遇到一定问题。

对于网页开发者，Firefox也提供一个良好的开发平台。网页开发者可以通过错误控制台、DOM观察器等内置工具进行开发工作，此外还可通过扩展Web Developer来拓展开发功能。Firefox支持标签页浏览，即可以在一个窗口开启多个页面。该功能继承自 Mozilla Application Suite，后成为Firefox的显著特色。Firefox允许用户在首页中使用"|"作为分隔符号，在启动时自动在多个分页中开启设置的首页，让用户可以设置多个首页。

从2005年开始，Firefox每年都被PC Magazine选为年度最佳浏览器。根据Net Applications的统计，Firefox在全世界的浏览器中所占市场份额仅次于IE。

Firefox单独为中国用户推出了G-fox火狐中国版，还增加了一系列特色插件。具体可参见G-fox官网：http://g-fox.cn/。

（2）使用介绍

① 火狐浏览器的安装。通过官网下载火狐浏览器的安装程序，在互联网环境下进行安装。在安装过程中，会弹出一个"功能扩展"选项框，用户可以根据自己的需求对扩展功能进行选择。其中上半页"推荐功能扩展"是默认的，用户也可以通过去掉前面的"√"，选择不安装某些功能。这些功能中，"火狐魔镜"增加了电视频道、按钮自定义功能；"火狐捷径"新增用户配置选项；"炫彩换肤"提供了上百种可供选择的皮肤。同时，用户还可以选择"其他扩展功能"进行安装。

② 火狐的功能选项。在火狐浏览器菜单栏中，包括有"文件"、"编辑"、"查看"、"历史"、"书签"、"工具"和"帮助"等选项。这些选项所实现的功能和IE系列浏览器差不多。点击"工具"可以看到火狐提供的另一些功能，例如"网页搜索"、"FlashGet"等。点击"清除隐私数据"选项（或按快捷键"Ctrl + Shift + Del"），会出现一个对话框，用户可以根据自己需要删除隐私数据，对个人上网信息进行保护。

Firefox是一款完全开源的网页浏览器，针对Firefox，还开发了不少功能扩展插件。关于Firefox的具体使用和功能扩展，用户可参考Mozilla Firefox 官方网站"http://www.mozilla.com/firefox"。

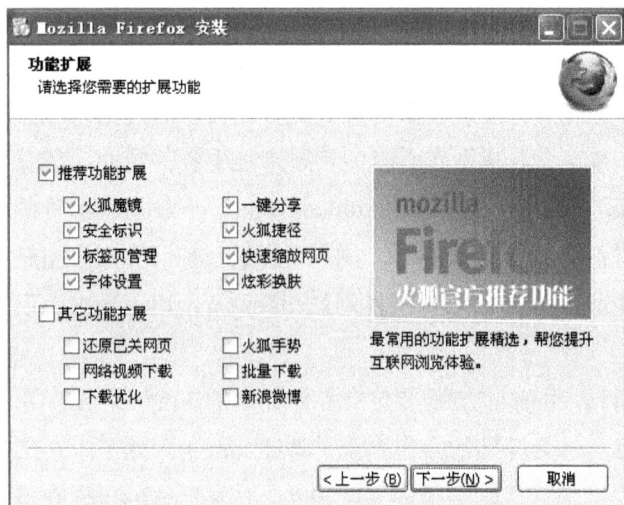

图1-11　Mozilla Firefox　安装界面

3. Google Chrome

（1）简介

Google Chrome，又称Google浏览器，是由Google公司开发的开放原始码的网页浏览器。该浏览器是基于其他开放原始码软件所编写，包括WebKit和Mozilla，目标是提升稳定性、速度和安全性，并创造出简单且有效率的用户界面。软件的名称是来自于称作Chrome的网络浏览器图形用户界面（GUI）。软件的beta测试版本在2008年9月2日发布，提供43种语言版本，有支持Windows平台、Mac OS X和Linux版本提供下载。

互联网用户总结Chrome受欢迎的几条理由：一是不会崩溃，Chrome采用多进程架构，每个标签、窗口和插件都在各自封闭的环境中运行，一个站点出了问题不会影响到其他站点；二是速度快，多进程架构使得一个站点的加载速度不会拖累其他站点的访问，Chrome在速度上领先其他竞争对手；三是界面简洁，屏幕的绝大部分空间都被用来显示用户访问的站点；四是便于搜索，Chrome的标志性功能之一是位于浏览器顶部的一款通用工具条Omnibox，用户可以在Omnibox中输入网站地址或搜索关键词，或者同时输入这两者，Chrome会自动执行用户希望的操作，Omnibox还能了解并记住用户的偏好；五是Chrome为标签式浏览提供了新功能，用户可以"抓住"一个标签，并将其拖放到单独的窗口中，还可以在一个窗口中整合多个标签；六是Chrome多变的主题风格，用户可以使用世界各地的艺术家创作的主题定义自己的浏览器。当然Chrome也有缺陷，例如有时会出现插件崩溃现象，虽然是多标签浏览，但实际上每个标签的打开都会增加一个进程，对内存占用较多。

目前Google Chrome 在Windows 操作系统下的最新正式版为 9.0.597.107。

（2）使用介绍

① Chrome的功能菜单

点击Chrome浏览器的工具选项，会出现如图1-12所示的悬挂框。除了提供基本的操作如"新建标签页"对网页内容进行操作外，Chrome还提供"隐身窗口"模式供用户隐身上网。通过隐身模式上网，浏览器历史记录中将不会记录用户访问过的网站。

② 选项设置

点击图1-12中的"选项"，可以对Chrome进行设置。设置的内容包括"基本设置"、"个人资料"、"高级选项"等。"基本设置"包括对启动页内容的设置、设置主页内容、工具栏是否显示主页按钮、搜索选项以及是否将Chrome设为默认浏览器等。"个人资料"设置包括浏览器数据的同步设置，通过同步设置，Chrome会将用户的浏览数据上传到"Google信息中心"，当用户在其他电脑上打开Chrome时，还可以访问到保存的浏

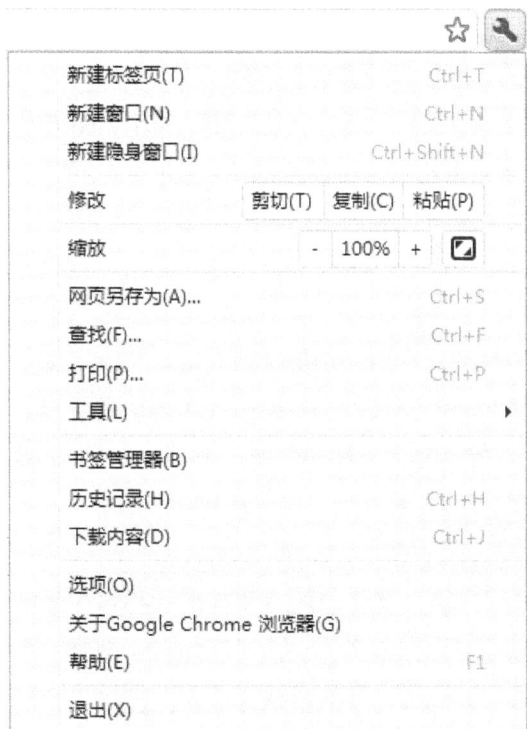

图1-12　Chrome功能菜单对话框

览信息，如需删除，则要通过"Google信息中心"。其他个人资料设置包括是否提示保存密码、表单自动填充功能、是否从其他浏览器导入数据、主题的设置等。"高级选项"包括隐私权设置、网页内容设置、网络设置、是否"对不是用我阅读的语言撰写的页面进行翻译"、下载内容存放的位置、安全协议管理、以及Google Cloud Print（云打印，登陆用户可以随处访问该计算机的打印机）。

4. Opera

（1）简介

Opera是由挪威Opera Software ASA公司开发的一款浏览器。Opera起初是一款支持多页面标签式浏览的网络浏览器，由于新版本的Opera增加了大量网络功能，官方将Opera定义为一个网络套件。Opera适用于各种平台、操作系统和嵌入式网络产品，支持多种操作系统，如Windows、Linux、Mac、FreeBSD、Solaris、BeOS、OS/2等。此外，Opera还有手机用的版本，如在Windows Mobile上的Opera Mobile、JAVA上的Opera Mini以及NDS和Wii游乐器Opera浏览器软件。2006年4月，Opera中国正式成立，致力于建立中国顶尖的浏览器研发团队，向中国用户提供最好的互联网体验，支持opera爱好者的开发和社区活动，为在中国倡导开放的网络标准做出自己贡献。

Opera提供很多方便的特性，包括网络同步、Wand密码管理、会话管理、鼠标手势、键盘快捷键、内置搜索引擎、智能弹出式广告拦截、网址的过滤、浏览器识别伪装和几百种可以方便下载更换的皮肤，其界面也可以在定制模式下通过拖放随意更改。下载一个大约10M的扩展以后，Opera甚至可以允许用户用语音控制以及阅读英文网页。

Opera支持包括SSL 2/3以及TLS在内的各种安全协议，支持256位加密，可以抵御恶意代码攻击、钓鱼攻击等网络攻击，其网页渲染速度也是当今速度最快的。Opera支持W3C标准，还可以通过作者模式和用户模式让有经验的用户控制浏览网页的结构和字体等。目前，最新的正式版Opera是2011年1月发布的Opera 11.01。

（2）使用介绍

① Opera的菜单选项。点击Opera的"菜单"按钮，会出现功能选项对话框。除了浏览器常用功能外，菜单选项中还为用户提供"扩展"功能，可以选择相应的功能选项进行扩展。"Opera Unit"、"Widget"、"笔记"、"邮件和聊天账户"等，都是Opera浏览器所特有的功能。此外，用户还可以通过菜单选项对Opera的外观、工具栏等进行设置。

② Opera的快速拨号和Opera Link。

a. 快速拨号。Opera根据用户的浏览习惯将用户经常登陆的网站和其他一些热门网站进行组合，以框图的形式在页上显示，用户可以通过点击框图，快速访问站点。同时，用户还可以通过移动框图的方式调整网站的排列顺序。点击"什么是快速拨号"按钮，会出现使用快速拨号的提示框。

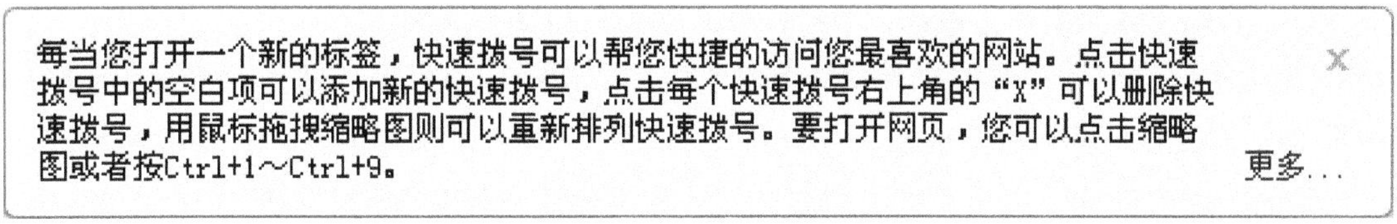

每当您打开一个新的标签，快速拨号可以帮您快捷的访问您最喜欢的网站。点击快速拨号中的空白项可以添加新的快速拨号，点击每个快速拨号右上角的"X"可以删除快速拨号，用鼠标拖拽缩略图则可以重新排列快速拨号。要打开网页，您可以点击缩略图或者按Ctrl+1～Ctrl+9。　　　　　　　　　　　　　　　　　　更多…

图1-13　快速拨号提示框

b. Opera Link。Opera Link是Opera提供的一项免费服务，可以在用户的计算机和设备中贡献数据。首次使用Opera Link，Opera会同步用户的浏览器数据到在线服务器，用第二个Opera浏览器登陆到Opera Link后，所有的浏览器数据都会从服务器整合到本地浏览器。如果用户在第二个浏览器中删除了一个书签，此书签会自动在在线服务器中删除。

5. Maxthon

（1）简介

Maxthon的中文名称为遨游，其历史可以追溯到2000年一位叫Changyou的互联网用户开发的MyIE。2003年，在新加坡从事软件开发工作的Jeff Chen（陈明杰）基于兴趣爱好接手了MyIE的开发工作，将其更名为Maxthon，并创建了Maxthon开发社区。2004年7月，为了树立一个全新的形象，Jeff采用了一位爱尔兰网友的建议，将MyIE2正式更名为Maxthon。

遨游浏览器是一款基于IE内核的浏览器，提供多标签浏览，一个标签代表一个已打开的网页，从而减少浏览器对系统资源的占用率，提高网上冲浪的效率。内置的遨游智能加速功能可以帮助提高日常浏览和前进、后退时的速度。通过状态栏图标开启的超级加速功能更可以大大提高部分网站的浏览速度。

遨游提供广告猎手、网页嗅探器、防假死技术，既能有效防止恶意插件，阻止各种弹出式和浮动式广告，加强网上浏览的安全，又增强了网页的稳定性。通过撤销列表记录近期关闭的所有网页和浏览历史，可以找回意外关闭的重要标签页。具备智能识别功能的智能填表能够帮助用户自动填写网站注册表单，用户还可以保存常用的表单信息，在需要使用时自动填写。此外遨游还支持各种外挂工具及 IE 插件，可以对网页进行命名，支持超级拖放、在线收藏服务等功能，使用户尽享上网冲浪的乐趣。目前遨游最新正式版为Maxthon 3.0.20.4000。

（2）使用介绍

① 用户个性化功能。遨游提供网页命名功能，用户可以通过标签的右键菜单为喜好的网页命名，直接在地址栏输入这个名字即可打开相应的网页，既个性又便捷。通过遨游提供的鼠标手势功能，用户按住鼠标右键移动就可以执行如关闭、前进、后退等常用的操作，大大提高了鼠标的利用率。用户还可以在设置中心里面修改和添加其他想要的动作。此外，用户还可以在遨游浏览器中添加自己最常用的工具和软件的快捷方式，单击即可快

速开启，通过可选的参数，可以让软件随傲游浏览器启动和关闭。

② 工具栏。遨游提供的屏幕截图可以使用户方便截取全屏幕、部分区域、指定窗口和页面中显示的内容到剪贴板中，并通过"选项"设置截图保存的路径和文件类型。通过自带的Feed阅读器，用户无需下载安装其他软件便可订阅和阅读包括RSS 0.9/1.0/2.0和Atom 0.3/1.0格式的Feed。点击地址栏后面的Feed图标，或者将网址拖拽到"我的订阅"侧边栏即可订阅 Feed。

③ 菜单选项。点击浏览器上方的"菜单"按钮，会显示菜单悬挂框。其中提供新建隐私保护窗口和小号窗口功能。遨游的超级代理支持通过HTTP、HTTPS、Socks4、Socks4a、Socks5 等类型的代理连接到互联网，同时支持要求身份验证的代理。通过设置高级代理规则，傲游浏览器能针对不同网站自动切换代理服务器。用户还可以通过"皮肤"选项对使用界面进行修改，美化浏览器。此外，遨游还提供多语言支持，通过菜单可以方便地切换不同语言。关于遨游的更多使用方法，可以参考遨游启动页的"用户使用技巧"。

6. 世界之窗

（1）简介

世界之窗浏览器是2005年出现的一款采用IE内核开发、兼容微软IE浏览器的国产网页浏览器，可运行于微软Windows 98之后的系列操作系统上。不同于常见的IE内核浏览器，世界之窗采用自行封装扁平架构的开发库，功能实现更加直接，便于优化。世界之窗是一款绿色软件，下载方便，无需安装，只要解压缩运行即可，其主程序可独立运行，绝无其他软件捆绑，能有效提高上网效率，功能丰富，用户可以自定义使用习惯。此外，世界之窗能有效地屏蔽广告和防止插件的干扰，节省网络带宽和电脑资源，即便是在低配置机器上也能流畅运行。2010年9月2日发布的世界之窗浏览器3.2正式版是目前最新的版本。

（2）使用介绍

世界之窗浏览器在使用上，与之前提到的浏览器差异不大。点击"工具"按钮可以看到，其功能选项和IE浏览器的选项类似。点击"管理功能组件"，可以选择相关的功能组件。浏览器自带Google搜索框，可以直接进行搜索。

世界之窗含浏览器静音功能，能瞬间关闭网页发出的声音。其智能地址栏会根据用户输入的内容，在下拉列表中智能排序并显示用户经常访问的网址及收藏。世界之窗的标签分组功能可以将同组的标签用相同的颜色显示出来，便于对标签的管理、查看、批量关闭等。此外，世界之窗丰富的起始页为用户提供了导航、搜索、热门新闻和最近关闭的窗口等信息，方便用户使用。

1.2.2 电子邮件

1. 电子邮件的工作原理

电子邮件（E-mail），是指通过电子通信系统进行信件的撰写、发送和接收，是互联网服务中最常用的功能之一。一般来说电子邮件的内容可以是文字、声音、图像或视频，但是通常对文件的大小有一定的限制。通过电子邮件系统和互联网，用户可以足不出户就能快速地和世界任何地方的用户联系。

当使用特定的客户端Outlook Express时，电子邮件采用客户/服务器模式，具体过程如下：用户使用邮件客户程序如Outlook Express等将编辑好的电子邮件发送给SMTP服务器，SMTP服务器把邮件发送到POP3服务器，接收方使用邮件客户程序接收邮件。

在Internet中，电子邮件地址格式为：USER@SERVER.COM，第一部分USER代表用户信箱的账号，对于同一个邮件接收服务器来说，这个账号必须是唯一的；第二部分@是分隔符；第三部分SERVER.COM是用户信箱的邮件接收服务器域名，用以标志其所在的位置，例如：helloasia@gmail.com。

2. Outlook Express使用简介

Outlook Express是Windows操作系统自带的电子邮件收发客户软件。由于Outlook Express本身只是一款用于电子邮件收发的软件，因此不提供电子邮件地址，用户可以通过提供免费邮箱的网站注册一个电子邮件地址，并对其进行相应的设置。Outlook Express可以直接将邮件下载到本机阅读，免去了一般网站的登陆程序，同时还可以对邮件进行分类管理，比较适合在企业内部使用。

下面以helloasia@gmail.com为例，简要介绍Outlook Express的设置和使用。

（1）建立新账户。单击菜单栏中的"工具"→"账户"→"添加"→"邮件"命令。如果是初次运行，可以使用"Internet连接向导"设置电子邮件账户。

（2）发送和接收邮件。单击工具栏上的"发送/接收"按钮，Outlook Express开始从POP3服务器上收取邮件。如果账户设置有误，则无法接收邮件，会弹出错误信息，用户可以根据信息调整设置，然后再点击接收。发送邮件之前需要创建邮件，点击"创建邮件"按钮，在新建邮件对话框中输入接收人地址、主题和邮件内容，邮件可以包含附件。邮件发送不成功时，"发件箱"会保存未发出邮件。

（3）选项设置。单击菜单栏中的"工具"→"选项"命令，可以在打开的选项对话框中，根据用户的使用习惯和实际需要调整相关选项进行设置。

3. 网页邮箱

尽管Outlook Express、Foxmail等邮件客户端提供了简洁方便的邮件服务，但是相对复杂的设置、对邮件大小的限制以及相对较少的功能，使得用户更偏好于使用功能更加丰富的网页邮箱进行邮件的收发。

目前，网页邮箱分为收费和免费两种。一般来说，收费电子邮箱相对免费的而言，在客户服务、邮箱容量、允许发送的邮件大小、安全性以及过滤垃圾邮件等方面更具优势，适合要求较高的企业用户。对于一般用户而言，只要使用免费的邮箱就足以满足基本要求。为了争取更多用户，越来越多的门户网站都开始提供免费邮箱服务。免费电子邮箱的申请很简单，用户只需要根据网页的提示，逐步填写信息，就可以完成在线申请。目前，中国国内用户人数较多的网页邮箱包括网易的126和163邮箱、Google的Gmail邮箱、微软的hotmail邮箱、Yahoo的yahoo邮箱以及QQ邮箱等。网易是中国开始电子邮件服务较早的公司，目前网易邮箱在服务、安全性等方面仍然有一定的优势。Google随着其搜索引擎业务的发展，也开始逐步涉足电子邮件系统，其提供的Gmail邮箱提出了邮件群组的概念，结合Gtalk软件，能实现邮件的快速收发。Hotmail和QQ邮箱则分别附着于MSN和QQ等聊天工具，实现了与好友之间的离线信件发送。由于服务稳定、使用方便，Gmail、hotmail和yahoo邮箱也是东南亚地区使用人数最多的免费电子邮箱。

1.2.3 FTP服务

1. FTP简介

FTP，英文全称"File Transfer Protocol"，中文名称为文件传输协议，是互联网两台电脑间传送文件的最有效的方法。FTP是"客户/服务器"系统，其客户机和服务器之间要利用TCP进行连接。用户通过一个支持FTP协议的客户机程序连接到远程主机上的FTP服务器，实现控制和数据的双重连接。用户通过客户端向服务器发送命令，服务器执行用户命令并将结果返回给客户端。

FTP服务器端的软件有很多，比较有名的有Serv-U，这个软件的安装和使用比较简单。用户也可以通过Windows自带的互联网信息服务开通FTP服务。在Windows系统安装过程中，通常都安装了TCP/IP协议，这其中就包含了FTP客户端程序。打开DOS命令窗口，可以输入FTP命令来进行FTP操作。此外，通过资源管理器或IE的地址栏，输入"ftp://"加上FTP服务器的IP地址，就可以访问服务器。FTP服务器提供匿名或用户登陆两种方式。有的FTP服务器是免费开放的，用户只需要输入站点即可访问；有的服务器需要特定的用户名和密码，这类服务器一般是面向内部人员的。登陆服务器成功后，用户可以浏览服务器中的资源目录，寻找需要下载的文件，选择保存文件的位置，将文件从源目录拖入到目标目录中即可完成文件的下载。此外，用户还可以通过资源管理器中"映射网络驱动器"选项，将ftp服务器直接映射到本地，通过这种方式，用户可以直接查看、搜索、复制FTP资源。

还有一类专业的FTP客户端软件可以帮助用户实现FTP客户端服务，如FlashFXP、FlashGet、CuteFTP、LeapFtp等。现在以FlashFXP为例，介绍FTP客户端的使用方法。

2. FlashFXP使用简介

FlashFXP是由IniCom Networks公司开发的一款功能强大的FTP软件，集成了其他优秀FTP软件的优点，如CuteFTP的目录比较，彩色文字显示；LeapFTP的界面设计等。FlashFXP支持文件、目录的传输，暂存远程目录列表，支持FTP代理，具有避免闲置断线功能，可显示或隐藏具有"隐藏"属性的稳定和目录等。目前最新正式版本为FlashFXP v3.4，其界面如图1-14所示。

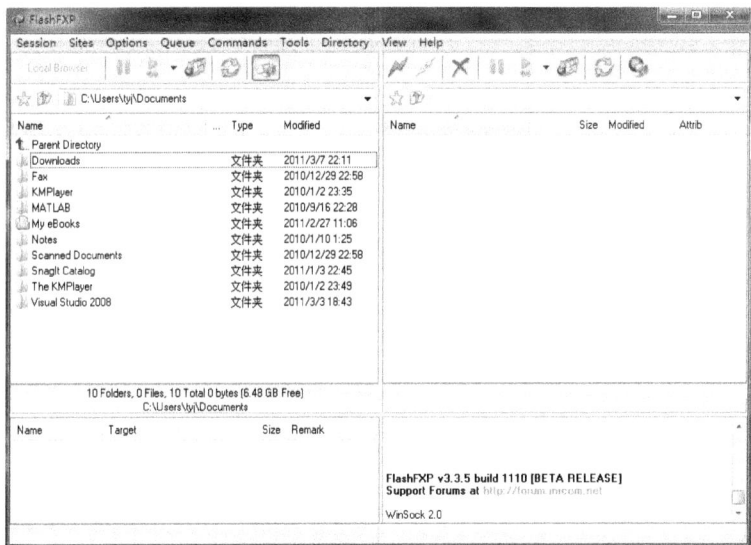

图1-14 FlashFXP v3.4正式版界面

（1）新建站点/站点管理。点击菜单栏中的"Sites"→"Site Manager"，出现站点管理对话框。

（2）连接FTP服务器。当FTP服务器地址、端口、用户名、密码等信息输入完毕后，可以通过下端的"Connect"按钮点击连接，也可以在主界面中选择相应服务器进行连接。在管理站点选项中，还可以设置"Quick Connect"，将常用站点设置为快速连接，在主界面中按F8，即可连接到该站点。

（3）上传和下载文件。在主界面左边，可以打开要上传的文件所在目录或下载文件存放目录；在主界面右边，即服务器资源管理系统中打开要上传文件的目录或要下载文件所在目录。用鼠标拖动所选文件到对应区域，即可实现上传和下载。

（4）其他设置。通过菜单栏中的其他按钮，可以进行文件筛选、查找、队列设置等。

第2章 东南亚国家互联网发展概况

20世纪末以来，在信息技术革命和经济全球化浪潮的推动下，亚太地区的互联网产业经历了持续高速的发展。2008年，亚太地区互联网用户数增长到6.6亿，占全球互联网用户数的42%，成为全球互联网用户最多的地区。其中，东南亚地区互联网用户数达到0.9亿，约占亚太地区的13.5%。2004年至2008年间，东南亚互联网用户数年均增长率达到24.8%，高于亚太地区和世界平均增长水平。但是，由于东南亚各国经济发展水平差异较大，信息与通信技术整体发展水平很不平衡，因此，互联网在东南亚地区的普及率低于亚太地区和世界的平均水平。

▷ 2.1 越南互联网发展概况

越南的互联网建设始于20世纪90年代。经过20多年的发展，越南互联网技术的发展取得了引人瞩目的成就。截至2009年底，越南互联网用户达到2277.9万（在亚洲国家中排名第七，仅次于中国、日本、印度、韩国、印度尼西亚、菲律宾），占全国总人口的26.6%（超过亚洲平均水平8.1个百分点，超过世界平均水平1.9个百分点），占亚洲互联网用户总数的3%。

2.1.1 越南互联网的发展历史

互联网在越南大体经历了两个发展阶段：第一是起步阶段（1993～1997年11月），主要实现电子邮件的收发；第二是实现TCP/IP连接后进入的快速发展阶段（1997年11月以后）。

1. 越南互联网的起步（1993～1997年11月）

这一时期主要是投入大量的资金进行通讯设施的建设，建成了贯穿南北的网络主干线和一些网络系统（这些网络系统只是用于收发电子邮件的连接），同时制定了各项规定以确保互联网在越南的应用。

1993年，用于电子邮件收发的网络在越南开通，即越南信息技术研究院的VARENT网和软件技术中心的TNET网。其后还相继建成了其他一些网络系统，如VINET网，TOOLNET网，VINANET网，NETNAM网，TTVN网，VIETNET网，HCMcnet网以及一些高等院校和大公司的局域网。

（1）VARENET网：越南信息技术研究院IOIT的教学科研网，越南的第一个国内互联网，其主要使用对象是科学工作者和大学教师。VARENET与互联网的连接是90年代初与澳大利亚民族大学（ANU）及该大学的计算中心合作实现的。与澳大利亚民族大学建立的连接最初只是允许通过拨号连接进行有限的邮件交换。1996年，VARENET有近300个节点，跨越了胡志明市、芽庄、顺化，到海防市。到1998年中期，大约有151,000名用户，其中近4000名个人用户。

（2）TNET网：以网上客户的形式使用泰国亚洲技术学院网络来进行电子邮件的收发。

（3）VINET网：由3C公司主办，主要提供越南自1945年以来的各种法律文件、越南当前的各种统计年鉴及《经济时报》等网络资源。

（4）TOOLNET网：越南科技环境部下属的越南国家科技信息中心的网站，通过荷兰与国际互联网连接。

（5）VINANET网：越南贸易部建设的商贸信息网，主要提供从美联社、合众国际社等外国通讯社收集的商贸信息。

（6）NETNAM网：越南信息技术研究院建立的商业网，由越南信息技术研究院在加拿大国际发展研究中心（IDRC）的泛亚网络（PAN）项目的帮助下建立。VIETNET网在1994年开始运营，采用和越南教学科研网VARENET相同的路由与澳大利亚民族大学互联。到1996年，VIETNET网吸引了数百名用户，包括当时越南75个非政府组织中的60个。

（7）TTVN网：EPT公司命名为"越南智慧"的内部网。

（8）VIETNET网：越南庆和-芽庄邮电局的网络。

（9）HCMcnet网：胡志明市科技中心的网络系统，通过新加坡与互联网连接。

由于这一时期越南还未建立国家级的互联网，也没有在互联网上注册，所以暂时还无法直接与国际互联网连接并获取网上信息。基于这种情况，越南邮电总局制定了越南互联网的建设方案：在越南国内建立互联网的主干网，通过越南国内的国际出口与国际互联网连接，并在国际互联网组织驻亚太地区的亚太互联网络信息中心（APNIC）注册，然后将已有网络系统连接起来并对通信进行统一管理。方案分两个步骤实施：1996年把河内和胡志明市的两个节点进行互联，并将这两个节点建设成为国际出口（河内的节点主要是通过电缆连接香港，通过卫星连接澳大利亚。胡志明市的节点则是通过电缆和卫星连接美国）；1997年普及至国内各大城市，增加用于国内、国际信息传输的设备，提高线路传输的速度。

1997年是越南互联网起步的重要时期。2月6日，越南邮政通讯总公司下属的越南数据通信公司（Vietnam Data Communication, VDC）在互联网上展开了越南首宗业务，即越侨委员会主办的《家乡报》上了互联网。3月5日，越南政府总理武文杰签发了136号政府文件，决定成立越南互联网国家指导委员会，负责指导和协调国家有关部委对互联网工作的领导，旨在加强对互联网的领导和管理。指导委员会主任由国家科技环境部部长担任，副主任由越南邮电总局局长担任，委员由越南文化通讯部、内务部、教育培训部、通讯技术国家计划指导委员会及国家自然科学和技术中心的要员组成。考虑到互联网可能带来的消极因素，越南政府于同一天颁布了《关于越南互联网管理、建设和使用暂行规定》，以保证政府对互联网的统一管理和监控。5月21日，越南文化通讯部又签发了关于审批加入互联网的110/BC号决定，对加入互联网的对象、审批手续及对网上违规行为的处罚都作了明确的规定。6月，防病毒软件AV-Online开始进行研发。这是越南第一个网络信息安全保护软件，将被安装在TTVN网的主机上，对通过该网络系统的所有文件进行病毒检查。9月4日，越南信息技术研究院成功实现越南互联网与国际互联网的试接。

2. 越南互联网的发展（1997年11月以后）

1997年11月19日，越南实现与国际互联网的TCP/IP连接，标志着互联网在越南的应用迈上了一个新台阶。此后在越南政府的高度重视以及越南国家互联网指导委员会和相关单位的努力下，互联网在越南呈现出蓬勃发展的态势。

（1）用户情况

越南自1997年11月19日开办互联网业务以来，用户以1500户/月的速度增长，到1998年8月底，越南互联网用户达11,000户。用户的组成情况为：外国公司占48%，国家企业占20%，私人和私人企业占27%，其他成分占5%。用户平均每月上网时间为15小时。相关部门估计越南互联网开通一年后用户将达到2~2.5万名。但是由于入网和上网费用过高以及手续办理时间长，一年后，越南互联网的用户数量与预期相差甚远。越南邮电总局在1997年11月14日颁布的有关互联网各项收费标准的第682号文件中规定，互联网用户入网费为45万越南盾，用户每月交纳ISP服务费5万越南盾，网络使用费为400盾/分钟；64Kbps专线的入网费为50万越南盾，每月租金为450万越南盾。上网费用过高影响了越南互联网的进一步发展。为了提高越南互联网的使用率，促进互联网在越南的应用，自1998年10月起互联网服务商开展了一系列的促销活动并取得了显著成效。

现阶段，越南互联网用户上网方式主要是使用64Kbps专线、宽带（ADSL）、公用交换电话网（PSTN）、综合业务数字网络一线通（ISDNN）等。2003年越南正式开始使用ADSL服务后，VDC、FPT和Viettel占据了ADSL市场的98%的资源。目前的收费标准是：拨号上网（56Kbps）最初5小时网络使用费为150越南盾/分钟，电话费为64越南盾/分钟；ADSL（300Kbps）月租为2.8万越南盾/月。

当前，越南各地对网络倾注了巨大热情，政府机关、企事业单位和教育机构都在实施互联网和电脑化计划。而对所有院校、职业学校和中学，越南也正致力于一项互联网普及和互联网教育计划，越南邮政通讯部与教育培训部把互联网列入了普通中学正式教学内容。这一举措旨在为越南信息技术发展战略培养后备的信息技术专家和编程员。据VNNIC统计，截至2003年11月，越南64个省市中的59个省市实现了省内大学、中学与互联网的连接；全国2057所中学中有1865所实现了与互联网的连接，约占总数的91%；全国235所大学中有179所实现与互联网的连接，约占总数的76%。

（2）互联网服务供应商

在越南互联网开通之初，越南只有1家ISP，即邮电总局越南邮政通讯总公司下属的越南数据通信公司（VDC）。该公司拥有包括全国主干网、地区网在内的多级层次结构的网络体系，其网络主干线贯穿南北，从河内一直延伸到胡志明市。在越南，由于ISP必须是由政府指定的国有企业，同时也因为技术问题，直到2005年底越南才增加了五家ISP：技术投资发展公司（Công ty Đầu tư phát triển công nghệ, FPT）、军队通讯电子公司（Công ty Điện tử viễn thông Quân đội, VIETEL）、西贡邮政通讯业务股份公司（Công ty Cổ phần dịch vụ BC-VT Sài Gòn, SPT）、河内通讯股份公司（Công ty Cổ phần viễn thông Hà Nội, EVN

TELECOM）和电力信息通讯公司（Công ty tin viễn thông điện lực, EVN TELECOM）。由于ISP数量少，很容易形成行业垄断，这也是造成越南网络费用高、手续办理时间长、网络发展缓慢的原因。

在所有ISP当中，VDC公司的实力最强。1998年12月，VDC公司拥有越南互联网用户总数的65%。此后该公司不断加大投入进行基础设施建设和技术更新，用户数量不断增加，2003年10月，拥有注册用户（thể bao quy đổi）450, 217户，约占越南互联网用户总数的70.79%。但由于不断有新的供应商进入市场，VDC公司用户数有所下降，2005年12月，其用户数约占全国总数的50%。尽管如此，VDC公司仍然在越南的互联网服务领域占据主导地位，不仅网络遍布越南各地，而且服务质量和网络性能也被公认为是国内最好的。

（3）网络资源

据统计，截至2002年8月，互联网上共有2500多个越南网站，主要包括越南共产党及政府机构类网站，如越南共产党网站、越南国会、外交部、工业部、商贸部、文化通讯部等网站；教育及院校类网站，如河内国家大学、河内百科大学、胡志明市国家大学、邮电学院、教育通讯等网站；新闻及报刊杂志类网站，如在1998年6月21日首家上网的越文报纸《人民报》，以及此后相继上网的《劳动报》、《经济时报》、《家乡报》、《邮电报》、《越南日报》等21种报刊和2家电子出版社；经贸类网站，如商贸部商贸促进局、经营论坛、商贸市场信息网等网站；此外还有金融、法律、宗教网站及国际组织和外国驻越机构网站等。

（4）服务项目

越南实现与国际互联网的连接后，服务项目由过去单纯的收发电子邮件向全方位的服务发展，如电子邮件服务（E-mail）、文件传输服务（FTP）、WWW信息查询工具、远程登陆服务（Telnet）、域名登记、个人主页注册、主页广告设计、经济信息查询、人才交流信息、电视节目预报、网上贺卡、电子超市等网上常见业务。其中使用较多的是电子邮件服务。每逢重大节日，许多人会选择向他们的亲朋好友发电子邮件互致问候，而不像过去那样花大量的时间和金钱专程上门拜访。

（5）网络管理

1997年3月5日，越南颁布了第21/CP号文件（《关于越南互联网管理、建设和使用问题的暂行规定》）。规定的主要内容有：政府对互联网实施统一管理，各组织、机关、企业单位的计算机网络如要连入互联网必须向政府授权的有关管理部门申请许可证；党政机关、安全机关和国防机关的计算机网络和数据库不得连入互联网，如果需要连接互联网，必须使用单独的计算机网络，并对重要信息进行加密处理。

1997年5月21日，越南文化通讯部签发110/BC号决定（《越南关于与互联网连接的规定》）。决定补充规定，所有的立法、司法、行政、科研、教育机关和国家事业单位的计算机网络以及国家各种数据库一律不得与互联网连接。

2001年8月23日，越南政府颁布55/CP号文件（《关于互联网管理、使用、提供的决定》），替代1997年3月5日颁布的21号文件。决定补充了一些新内容，如改革互联网信息安全检查、监察原则和方式；改革互联网信息内容的管理、提供机制；建立互联网商务和民用信息保密法律体系；制定与互联网相关的行政处罚措施等。

2003年5月26日，越南邮政通讯部签发92/200/QĐ-BBCVT号决定（《关于管理和使用互联网资源的决定》）。决定的内容包括：规定越南互联网信息中心（VNNIC）是越南邮政通讯部直属机关，其职能是对越南互联网资源实施管理、分配并监督网络使用；互联网资源主要包括域名、IP地址、地址空间编号（ASN）等；如何申请使用这些互联网资源和解决纠纷。

制定的一系列规定和采取的有力措施有利于防止泄露国家机密，但同时由于限制过多，在一定程度上也妨碍了越南互联网的发展。

2.1.2 越南互联网发展现状分析

由于越南政府对网络信息持十分谨慎的态度，担心互联网成为国家政治、社会、文化稳定的潜在威胁，因此直到1997年，越南才第一次与国际互联网连接，同东南亚其他国家相比，起步还是比较晚的。进入21世纪以来，特别是2001年"9·11事件"之后，越南政府深刻认识到信息的巨大作用，开始加速发展互联网。

1. 互联网使用人数

越南互联网用户从2000年的20万增长到2009年初的2200多万，约占总人口的25.7%，而且还在不断发展。据越南《投资报》2009年4月3日报道，Yahoo!越南4月2日公布的调查报告显示，42%的越南人使用互联网，日平均使用时间从2006年的22分钟增加到2008年的46分钟，月人均费用为17.4万越盾。2006年，越南政府制订了一项互联网发展规划，预计在2011年前投资63亿美元用于互联网建设，互联网用户将增加到2800万，互联网使用人数将占总人口的35%。在线广告收入将由2008年的281万美元上升到780万美元。

表2-1　2000~2009年越南互联网用户人数统计表

时　间	人　口	使用人数	比　例
2000	78,964,700	200,000	0.25%
2001	79,000,000	1,090,000	1.38%
2002	79,500,000	1,400,000	1.76%
2003	81,526,500	3,098,007	3.80%
2004	82,510,390	6,345,049	7.69%
2005	83,030,853	10,710,980	12.9%

（续上表）

时 间	人 口	使用人数	比 例
2006	83,100,074	14,683,783	17.7%
2007	84,171,553	17,718,112	21.1%
2008	85,386,889	20,834,401	24.4%
2009	85,799,951	22,779,887	26.6%

资源来源：越南互联网信息中心（www.vnnic.vn）

促使越南互联网用户快速增长的主要原因包括：ASDL业务的推出；邮政通讯部关于降低网费的各项决定的出台，以及允许各企业自行制定价格标准。这样，在2004～2005年一年间VNPT用户增长了258%，SPT增长了255%，NetNam增长了227%，Viettel增长了184%，FTP增长了174%；网络服务进一步多样化；用户成分发生变化，主要用户由四年前的国外企业和组织拓展到现在的学生和国家干部；网络质量得到提高。

虽然越南网民总数增长势头强劲，但在全国总人口中的比重仍在30%以下。相比于同区的马来西亚（2008年普及率已达60%以上），越南互联网络的普及程度还很低，发展空间仍非常大。

2. 国际出口带宽数

近年来，越南互联网的带宽数增长也很快，2003年5月仅有255Mbps，到2005年12月，越南互联网国际出口带宽数为3615Mbps，连接的国家和地区有美国、中国、日本、韩国、新加坡、马来西亚、香港、台湾。按运营商划分，VNPT-VDC是2168.0Mbps，VIETE是245.0Mbps，FTP是930.0Mbps，EVN Telecom是200.0Mbps，SPT是72.0Mbps，其中VNPT-VDC公司的出口带宽占总出口带宽近60%，这说明越南电信行业还未建立起完善的竞争机制，垄断状况非常严重。为了解决各ISP之间的连接、减少国际接点租金、增加国内带宽、提高互联网质量、保护用户的利益，越南于2003年10月建立了国家互联网流量中转网络系统（VNIX）。通过VNIX，各个ISP都可以多方向和国际互联网连接，保证了必要的容量。这样，ISP就可以实现一些在线服务，如video、game、báo điện tử等。由于带宽的增加，越南互联网国际容量（dung lượng quốc tế）和国内交流容量（dung lượng trao đổi trong nước）得到增加，如VNPT的国际总容量约1.6G，国内交流容量达400Mbps，占全国总容量的四分之一。

3. 越南VN下域名的发展及分布情况

截至到2005年5月，越南VN下注册的域名数约为11,000个，与上一年同期相比增加了3741个，增长率为52.77%。从整体上看，VN下注册域名总数增长很快。由于在网上提供信息的主要是企业和需要借助互联网发展经济的地区，所以经贸类域名"com.vn"所占比重较大，占总数的84.61%。其次，以"org.cn"结尾的域名占总数的5%；以"edu.cn"结尾的域名占总数的4%；以"gov.cn"结尾的域名占总数的3%；以"net.cn"结尾的英文域名占总数的3%；以行政区域名结尾的域名为60个，占总数的0.4%。目前，越南.vn域名注册商有10家，域名注册使用费一年约合人民币240.30元。

在将近11,000个VN下域名中，只有大约4500个网站在实际使用，约占总数的40%。除了各OSP、ICP、ISP的服务网站之外，通讯技术、银行、旅游、进出口、教育等领域的网站信息量较大。一些地方、部门、行业的免费网站便于互联网用户了解相关信息，但是数量并不多，而且质量也不高，有很多网站的信息发布一年后都不更新。从网站的地域分布可以看出，河内和胡志明市的网站比例为65.2%，其他地区的网站虽略有增长，但所占比例仍非常小。这在一定程度上反映了越南信息化水平的地区差异。

表2-2　2003年-2009年越南VN下域名发展情况统计表

时间	vn下域名总量	比上年同期增长	越南语域名总量	比上年同期增长
2003	5478	—	—	—
2004	9037	164.97%	—	—
2005	14,345	158.74%	—	—
2006	34,924	243.46%	—	—
2007	60,604	173.53%	3379	—
2008	92,992	153.44%	4274	126.49%
2009	133,568	143.63%	4860	131.71%

资料来源：越南互联网信息中心（www.vnnic.vn）

4. 越南IP地址数

IP地址在一定程度上揭示了互联网基础设施的状况和各服务产品的应用程度。VNNIC作为经APNIC认定并由越南邮政通讯部认可的越南国家互联网注册机构（National Internet Registry, NIR），负责越南IP地址的分配。自从宽带在越南应用以来，IP地址增长很快，但是在2005年越南C级IP地址数只有1777个，是韩国的1/6.6、中国的1/40、泰国的1/1.2。越南2007年才开始使用IPv6，2008年的IPv4和IPv6地址数大幅增长，2009年开始进入一个稳定发展时期。

表2-3　2004年-2009年越南IP地址发展情况统计

时　间		2004	2005	2006	2007	2008	2009
IP地址数	IPv4	454,912	755,200	1,862,400	3,830,528	6,589,440	6,898,176
	IPv6	—	—	—	16,295,032,832	42,065,754,112	42,065,885,184

资料来源：越南互联网信息中心（www.vnnic.vn）

从1997年开始连接互联网到现在拥有2200多万网民，越南互联网从起步发展到现在攻破了多项技术难题，经历了曲折和起伏，由快速增长逐步进入稳定发展时期，取得了举世瞩目的成就，互联网使用人数已跃居世界第十七位。

互联网为人们在真实与虚拟之间开辟了一个新的社会空间。现在，越南许多城市的网吧都挤满了打游戏或聊天的年轻人，许多人甚至因此上瘾。尽管如此，互联网也越来越成为人们获取信息的渠道。在越南，互联网不再是只有少数人能够掌握的稀缺工具，而是成为了社会生活的一个普通工具，提高了人们的生活质量。

根据越南2010年互联网发展战略，下一步工作重心是继续降低费用，利用互联网发展农业活动，缩小农村与城市之间的生活差距，为促进农村发展和农业现代化服务。

▷ 2.2 老挝互联网发展概况

老挝是东南亚地区最后一批接入互联网的国家之一，由于经济和科技发展水平滞后等原因，大多数老挝人长期以来无缘接触电脑甚至网络，直到20世纪90年代末，老挝才开始与互联网有初步接触。进入21世纪以后，在信息全球化的冲击下，老挝的互联网有了迅速的普及和发展。截至2009年，老挝互联网用户达到52.7万，占全国总人口7.7%。虽然互联网普及率与同地区其他一些国家无法相提并论，但对于老挝来说，这一数据从2000年到2009年10年间增长了77倍。

2.2.1 老挝互联网的初期发展

1994年，以移居国外的老挝人为主所组成的LaoNet设立了一个电子公告牌（Soc. Culture. Laos），他们的目标是在老挝建立第一个互联网接入。同年12月，LaoNet在万象国立工学院通过拨号连接建立了到华盛顿的E-mail服务。后来由于经济原因，此项服务被迫中止，建立互联网接入的目标也无疾而终。

1996年，加拿大国际开发研究中心（IDRC）与科技和环境部门（Science, Technology and Environment Agency, STEA）合作，利用在新加坡的服务器通过拨号连接为老挝提供E-mail服务。

老挝的电信政策是由交通运输邮政建设部（MCTPC）负责制定的。电信管制机构是邮政管理局，负责电信市场的管制，其中包括管理无线电通信设备和频率许可证的发放以及互联网的管理等等。1997年11月28日，老挝政府颁布了《关于引进、使用和管理互联网络的第116号总理令》，提出必须对互联网的引进和使用进行严格的监督管理，并提出将成立一个专门的机构来管理网络工作。1999年9月、2000年3月老挝总理府办公厅相继出台了《关于国家互联网管理委员会组织及活动的决定》、《关于互联网在老挝的组织、服务、使用的决定》等法律法规，对即将成立的国家互联网管理委员会的组织及活动、互联网在老挝使用等原则进行了详细的规定。2000年4月24日，老挝政府颁布了《关于成立国家互联网管理委员会的决定》，决定正式成立老挝国家互联网管理委员会（LANIC）。该委员会由交通运输邮政建设部、新闻文化部、内政部和外交部以及STEA组成，其任务是对全国的互联网进行管理并制定相关的政策法规。此外，老挝总理府办公厅、老挝国家互联网管理委员会又分别于2000年9月、10月公布了《关于授权国家互联网管理委员会监管互联网传播错误倾向的通告》、《关于在老挝提供互联网服务和禁止在互联网进行传播的内容》等公告，对浏览和制作网页应遵循的原则进行了详细的规定。这些政策法规的出台有助于推动老挝互联网的健康发展。

1998年，一家美国公司Globenet与老挝新闻文化部的合作得到了老挝政府的批准，通过卫星链路建立了到菲律宾的第一个Internet接入。这可以被认为是老挝互联网历史的开端。最初的网络用户是一些通过无线技术系统连接到互联网的机构和网吧。由于接收信号的范围有限，互联网的使用集中在万象市的网吧和酒店。Globenet和Planet Online于1999年1月获得LANIC颁发的ISP许可证。

老挝电信业务主要经营者是国营企业老挝电信有限公司（LTC）。迫于Globenet和Planet Online的压力，1999年8月老挝电信（LTC）建立了连接到新加坡的64Kbps链路的商业服务。老挝电信的容量增长到了512Kbps，使得全国Internet上行链路达到1.244Mbps，下行链路达到1.644Mbps。老挝电信是老挝唯一一家国营电信公司，主要经营业务为电话、通信等，因此，通过使用电话线路连接是其连接到互联网的主要方式。这也扩大了互联网的使用范围，而不再局限于万象市。

老挝互联网的初期发展举步维艰。首先，这个国家缺乏宏观管控机制。虽然政府成立了老挝国家互联网管理委员会，但这个机构并没能针对互联网市场建立一套清晰而有条理的管控标准。其次，低收入和低教育水平限制了互联网的使用。2000年老挝国内3家ISP为大约6000名互联网用户提供服务，占全国总人口的0.1%。此外，STEA还为8个政府部门提供互联网服务，还有一些互联网用户则通过泰国的ISP连接互联网。

🌐 2.2.2 老挝互联网的快速发展

21世纪以来，老挝国内外驱使互联网发展的力量日益增强。首先，老挝年轻人对互联网的需求不断增长。一方面，老挝年轻人对国外的世界怀有强烈的好奇心，在掌握了外语之后，互联网是最快捷的信息窗口；另一方面，大部分老挝的知识青年都有在国外留学的经历，对互联网的接受程度较高。其次，数量不断增长的各种经济成分的企业都希望通过网络宣传产品和接收产品订单。出现的第一个商业网站是以出售老挝工艺品为主的亚洲手工艺品——老挝制造（Asia Handicrafts - the Hand Made in Laos Store）。再者，1997年老挝加入东盟，作为东盟的成员国之一，老挝理所当然地被纳入东盟各国于2001年签署的"电子东盟"（e-ASEAN）框架协议中。东盟一系列的互联网帮扶计划促进了老挝互联网的快速发展。

为了应对互联网的发展，2001年，老挝第一部《电信法》生效实施。老挝通信管理机构制定了2001～2005年发展计划，其主要内容包括：将固定线路扩充到70,036条；将公用电话数扩充到1050部；将互联网用户数扩充到5650个；将微波链路扩展到42个地点；用光缆建设基础传输网络；移动电话普及到每一个省；公用电话扩展到更多的地方；互联网业务扩展到每一个省；将农村通信拓展到所有的行政区；继续发展Lao-Star卫星计划。

初期，每个ISP都有自己的网关，这使各个ISP的站点之间的连通稍显滞后。为了解决这个问题，LANIC、老挝国立大学、各ISP和瑞士皇家科技协会共同参与老挝国家网络交换工程（Lao National Internet Exchange Project 2002-2004），使所有的ISP都能够通过光纤并行而不悖。在LANIC的管控之下，从2002年开始共有两个新网关投入使用：一个是通过泰国的Thaicom卫星，专门为政府部门提供服务；另一个是通过ETL光纤链接，主要为各省市提供服务，也为某些政府部门提供宽带服务。

2003年起，LANIC鼓励政府办公电子化，向万象16个政府部门和学院提供免费互联网服务，上网电脑总数增加到1500台，其中包括老挝国立大学6个实验室中的500台电脑。2004年上半年，据LANIC统计，政府部门37%的电脑接入了互联网，超过21.7%的政府工作人员每个工作日均上网，但60%的时间是用于收发E-Mail，37%的时间用于搜索外国信息，只有2%时间用于搜寻老挝信息。大部分政府部门的网站功能单一，政府官员还是使用雅虎和hotmail的电子邮箱办公。

近几年来，老挝互联网在某些方面的发展速度更是悄悄赶上了东盟的其他国家。2008年4月，Tigo Lao 推出微波存取全球互通（WiMAX）服务。现今，老挝电信（LTC）提供的卫星宽带服务已经覆盖全国，速率已达到2Mbps。2008年10月17日，LTC率先在万象推出3G业务，并在2009年底服务范围扩展到琅勃拉邦、占巴塞、沙湾拿吉等省。LTC还推出WiMAX服务，HSPA下载速率达7Mbps。

目前，老挝共有9家ISP向全国用户提供互联网接入服务，分别是：老挝电信（LTC）、Planet Online、Lanexangnet（LIS）、ETL（Enterprize Telecommunication of Laos）、SkyTel、老挝通讯社（KPL）、老挝国家互联网管理委员会、Tigo和Champala。

老挝电信于1996年11月11日正式营业，通过先进的数位技术提供广泛的电信服务，是老挝最大的电信业务经营商。老挝电信有5年的垄断史，但已在2001年10月结束。LTC提供三种类型的互联网服务：拨号上网、ADSL和无线宽带（WiMAX, WiFi, HSPA）。Planet Online于1999年1月获得ISP资格，是第一个在老挝实现拨号上网的公司，提供最高性价比的拨号上网服务。此外，Planet Online还开展无线上网、网页设计、网页寄存、电脑等业务。2001 年与 ETL 签署合作协议增加 128 条电话线的拨号上网服务。2002 年与 ETL 合作从曼谷引入 CSC 光纤，完善拨号上网服务。Lanexangnet 公司是第一个在老挝采用 VDSL 网际快车接入互联网的公司，旨在提供高品质互联网产品和服务，包括拨号上网、无线连接、iDTH、DVB 和 ADSL 服务以及网页设计等。ETL 公司于 2003 年底涉足老挝网络领域，提供拨号上网、ADSL、高速上网（HIL）、网页寄存等服务。SkyTel 于 2004 年 1 月获得老挝政府准入许可，获许建经营包括无线网络及无线本地环路（WLL）、ISP、网关（IIG）、互联网语音协议（VoIP）、宽带和相关无线电信服务等业务。老挝通讯社创建于 1968 年 1 月 6 日，主要为老挝巴特寨报和老挝爱国阵线机关报提供新闻并通过短波广播向外界播报英语新闻。老挝国家互联网管理委员会是只对政府组织和教育机构提供服务的政府部门。Tigo（Millicom 老挝公司）由 Millicom 公司（MIC）与老挝政府合资组建。2010 年 4 月，俄罗斯第二大移动运营商 VimpelCom 宣布退出收购 Tigo，但他们仍然希望获得 Tigo 74.8% 的股份，以增强在老挝电信行业的竞争力。Champala 已取得 ISP 资格，但是还没有正式提供服务。

2.2.3 老挝互联网发展面临的问题

从 1998 年至今，老挝互联网经历了从无到有的快速发展。但由于老挝总体经济发展及教育水平落后，老挝互联网的发展水平有限，主要面临以下问题：

第一，老挝政府对自身互联网控制力缺乏信心。一方面，由于互联网对于国家发展重要性的提升，老挝政府对本国互联网发展的高度重视将成为老挝网络发展广阔前景中积极的内在因素。另一方面，互联网的发展依然要依靠外资，老挝政府仍然要小心翼翼地控制网络信息以防止来自其他国家特别是泰国的文化污染和文化侵略。至今老挝仍然没有建立一个完整、统一的互联网法制体系和执行机制，因此在实际操作过程中，许多条例和规定形同虚设。

第二，经济落后，基础设施建设滞后。长期以来，老挝一直处于贫穷落后的状态，国民经济发展缓慢，各项基础设施建设十分落后。电信网络方面，除了位于万象市中心的网吧采用光缆专线连接以外，老挝的互联网接入基本上都是通过电话线路或无线连接来实现的。虽然老挝现已建成一个覆盖全国主要城镇的电话线路系统，但由于人民生活普遍比较贫困，因而使用电话的用户仍不是太多；同时由于技术和线路维护方面的不足，各城镇之间的线路连接也是时断时续，从而也影响了互联网的接入。另外无线接入方式上网价格昂贵，这也限制了上网人数。

第三，收入低，个人电脑的普及面临困境。虽然近几年来，个人计算机的数量在老挝有了比较大的增长，但由于计算机价格昂贵以及物源短缺等原因，计算机等硬件设备的拥有率在老挝仍然很低。如在首都万象，仅有少数经济条件比较好或受过良好教育的人才有能力购置电脑，多数人将电脑视为奢侈品，而有机会接触网络的比例则更低。上网人群大多是有国外生活或学习经历的老挝人。

第四，教育水平较低。教育水平的落后也影响了老挝互联网的发展。首先，由于教育水平低下，IT人员十分缺乏，计算机教育在老挝并没有得到良好的实施和发展，只有少数培训机构提供互联网的相关课程。IT人才大多毕业于澳大利亚、法国、日本、新加坡和泰国。1998年，老挝国立大学首次开设了计算机课程，万象的其他学院也陆续开设了计算机预科课程。此外，外语在老挝普及率不高。由于大多数计算机软件为英文或泰文版本，同时老挝语网站也为数不多，这些因素必将影响计算机及网络技术在老挝的进一步普及和发展。另外，改进的语言技术仍是老挝计算机及网络发展不得不面对的问题。

与此同时，老挝的互联网也有着相当的发展潜力。由于固话、网络、宽带和手机的普及率在老挝较低，而GDP增长和城市化水平保持一定速度的增长，老挝人口中相当大的比例是年轻人，因此老挝电信市场具有较大的增长潜力。据估计，到2014年底，老挝的移动电话普及率将达到77%（目前大概50%），网络普及率和宽带普及率也将大幅增长。

▷ 2.3 柬埔寨互联网发展概况

目前，柬埔寨有3种主要通信服务：固定电话、移动电话和互联网。固定电话主要由政府部门控制，但由于连年战乱摧毁了原有的固话网络，而资金匮乏又阻碍了新的网络建设，因此固话的覆盖率仍然很低。柬埔寨政府自1992年向私人资本开放移动电话市场，每年移动电话用户的增长速度都很快，截至2010年5月，柬埔寨已拥有移动用户约640万，普及率为46%。20世纪末，互联网开始进入柬埔寨，但由于受到各种因素的制约，发展比较缓慢。近年来，在政府的大力支持和鼓励下，大量外资和技术不断涌入，信息产业开始快速增长，数据通信业务和无线网络在柬埔寨的发展势头良好。

2.3.1 柬埔寨互联网的起步与发展

1. 柬埔寨互联网的起步

在东南亚诸国中，柬埔寨互联网的发展不仅起步晚，应用范围狭窄，而且价格昂贵。尽管电子邮件在柬埔寨的应用可以追溯到1993年，但直到1997年5月，柬埔寨才在加拿大国际发展研究中心（IDRC）的帮助下通过新加坡实现与国际互联网的连接。当时制约柬埔寨互联网发展的主要因素还包括：国家贫困，网络基础设施薄弱；技术落后，无法培养和维护网络环境；语言复杂，给本地化应用造成障碍；政府限制，互联网服务的供应缺乏。

国际社会在推动柬埔寨互联网的发展上发挥了关键的作用。在加拿大的帮助下，柬埔寨实现了与国际互联网的连接；澳大利亚的投资者首先在柬埔寨提供了商业互联网接入服务；而非政府组织则率先主动地向公众提供了互联网服务。在经济和信息全球化的推动下，柬埔寨政府开始重视本国信息产业的发展，互联网也逐渐地在柬埔寨蓬勃发展起来。

2. 国家政策及监管机构

1998年柬埔寨第二届联合政府成立之后，为促进国内经济发展，尤其是发展信息技术产业，柬埔寨政府鼓励外资进入电信市场，并积极推广互联网服务。2000年8月，柬埔寨政府成立了信息通信技术发展秘书处（NiDA），负责政策的制定以及信息产业的规划和发展。2000年11月，东盟10国领导人签署了"电子东盟"（e-ASEAN）框架协议，使柬埔寨与其他东盟国家在信息科技和电子商务领域的合作迈出了重要的一步。柬埔寨政府2002年5月出台的3~5年国家优先发展计划中，对电信业的发展进行了规划，包括：政企分开、组建国有电信公司、起草和制定电信法、完成网改规划以及建立网络监控体系。政府计划投资约1亿美元，用于发展电信产业的若干项目。柬埔寨第三届王国政府在国家发展《四角战略》施政纲领中规划通过一系列措施，继续发展一个有效率和具有世界水准的、融合先进信息技术、关注成本效益、现代化和覆盖全国的邮政和电信系统，包括：深入推动投资投向信息和电信技术骨干基础设施，特别是高速光缆，这也将有利于农村电信系统的发展；在金边、西哈努克和暹粒建立综合电信网络，同时扩展向中小城镇的电信服务；制定电信设施、服务和信息技术（包括信息技术和互联网使用及运作标准和规范）国家指导投资与合作计划等。

柬埔寨王国政府还承诺将加强执行开放政策，遵守柬埔寨作为WTO成员的承诺和义务，无歧视地促进私人领域参与信息和电信技术建设。近年来，柬埔寨还加大了与韩国、中国、日本等国家的合作力度，大力发展基础设施建设，吸收外资，引进高新技术，进行人员培训，以便消除数字鸿沟，发展本国的信息产业。

柬埔寨电信市场的监管机构是邮政与电信部，该部门主要负责制订电信政策、发放电信、ISP、网吧等各种运营牌照、协调各运营商、调整电信资费等。邮电部在柬埔寨互联网市场中扮演了政策制定者和调整者，以及业务操作者和经营者的角色。同时，邮电部还是柬埔寨最大的固定电话运营商。

3. 互联网服务供应商

柬埔寨的互联网数据通信业务完全向私人资本开放，私人和外资企业是柬埔寨互联网服务的主要供应商。1997年6月，澳大利亚Telstra公司获得了附加的ISP许可证，其麾下的BigPond公司成为柬埔寨第一家商业ISP。柬埔寨邮电部建立的Camnet公司也是一家国有的ISP，1997年在三个月的免费试用结束后，他们开始提供商业服务。在法律上，Camnet公司是邮电部的一部分，作为一个商业运作的实体，Camnet公司受到了政府的约束，由于各种规定必须在政府决议推动下才能执行，因此对市场需求反应很慢，也影响了其竞争力。

直到2001年，柬埔寨只有上述两家ISP。

Bigpond是柬埔寨最大的ISP，从1997年开始提供服务，2001年3月已经拥有2008名用户。当时邮政部与Telstra公司签订的合约有效期至2002年，允许该公司垄断柬埔寨国内的互联网服务，避免其他公司进入互联网市场参与竞争。BigPond公司在2001年6月同意提前终止垄断地位，进一步开放柬埔寨互联网市场。此后，另外两家公司也开始在柬埔寨提供互联网接入服务，它们分别是Camintel公司和Open Forum of Cambodian（柬埔寨开放论坛）。Camintel公司是一家电信运营商，该公司继承了联合国机构在柬埔寨各省的电话网络。Camnet公司向Camintel公司提供了128 kbps的租用线路，Camintel公司则希望依靠该公司拥有的网络和基础设施最终成为独立的ISP。柬埔寨开放论坛从1994年开始提供电子邮件服务，2000年12月已经有了453名用户。柬埔寨开放论坛在其网站上定期发布柬埔寨的相关信息，包括报纸和新闻组，还负责建设和维护部分组织的网站，并在金边的办公室开设了网吧供用户上网。

截至2006年，柬埔寨已拥有7家ISP，其中较大的4家是：

（1）Camnet：隶属柬埔寨邮电部的国有企业，与加拿大研究中心合作，加方提供技术支持。Camnet公司于2000年接管了Telstra公司的国际网络接口。公司拥有客户约2500人，其中有250个客户属于政府部门。Camnet公司提供的接入速率是64KB，在与泰国的Thailandcom公司成为合作伙伴后，推出的卫星宽带互联网接入服务使上网速度提升到1M，价格则减少了75%。

（2）Cogetel-Online：柬埔寨私营企业，在2002年收购了Bigpond公司，获得了可以经营35年的牌照，用户约5000人。Cogetel-Online公司的目标是把业务拓展到除金边以外的柬埔寨其他省份。现在Cogetel-Online已经在暹粒、马德望省、西哈努克市设立了办事处。

（3）Telesurf：是移动电话运营商CamGsm Mobitel集团的下属公司，提供无线宽带上网服务，主要业务在金边和西哈努克市。2000年该公司进入市场以来，降低了柬埔寨上网的费用，提高了上网的速度，并提供了更快捷的上网方式，2003年拥有用户约1800人。

（4）Camintel：由柬埔寨邮电部与印尼Indosat公司合资成立的公司，业务主要分布在除金边之外的省份，提供的服务种类繁多，例如通过预付费卡上网，2003年用户约8000人。

截至2009年底，柬埔寨共有ISP37家，其中16家在运营，比较大的还有AngkorNet、Ezecom，Mfone，Metfone，Neocomisp等公司。

4. 上网方式及场所

互联网最初进入柬埔寨时，主要依靠固定电话拨号连接互联网。2000年末，柬埔寨全国仅拥有22,990部固定电话，拨号接入互联网的潜力十分有限，因为仅仅有0.26%的人口拥有固定电话，而固定电话中又只有四分之一，即4000人使用拨号接入互联网。缺少固定电话线是柬埔寨互联网覆盖率低的原因之一，也极大地限制了互联网在柬埔寨的发展。

由于建设固定电话网络的投资较大，柬埔寨政府积极鼓励无线宽带等其他方式上网。柬埔寨目前的宽带上网方式主要有ADSL，无线宽带（Wireless Internet, WiFi, WiMAX），光纤（Cable Modem, FTTH），卫星终端（Satellite Broadband Internet Access）等。国际互联网出口带宽约950MB，与相邻的越南、老挝和泰国连接。柬埔寨拥有的移动电话用户远远超过固话用户，目前使用手机上网的用户也在迅速增长。截至目前，柬埔寨尚未形成一种主流的互联网接入方式。

由于缺少用于拨号的固定电话，家庭用户较少，人们上网的场所主要集中在政府、公司、非政府组织的办公室，此外，网吧也是柬埔寨人集中上网的主要场所。柬埔寨第一家互联网网吧于1999年在金边开业。近年来，随着人们上网需求的增加，柬埔寨网吧如雨后春笋般涌现，而邮电部也已制定了相关条例，通过向网吧发放牌照来规范这一新兴市场。目前，柬埔寨全国有各类网吧数千家，其中包括一些违法经营的网吧。尽管金边和暹粒的公众上网场所已经广泛分布，但是在柬埔寨其他省市，尤其是偏远地区，公众上网的场所屈指可数。主要城市的网吧一般使用拨号上网，因此速度受到了限制。

在柬埔寨偏远落后的乡村，由于缺乏有线上网的固话拨号设备，人们因地制宜建立起的无线设备Wi-Fi接入基站成为更快捷和方便的互联网接入手段。每周摩托车搭载的发射器会前往村里的学校附近提供信号，村民和学生可以利用学校的电脑收发电子邮件或浏览网页。这也为广大落后地区的用户提供了一个了解和认识外部世界的便利途径。

5. 上网用户及资费

柬埔寨的互联网用户主要集中在首都金边市，而暹粒、西哈努克市、马德望等城市的用户也在逐渐增多。当1997年互联网在柬埔寨刚刚起步时，每6000人中只有1人使用互联网，到了2001年变成了每1200人中有1个用户。

2001年3月，Camnet公司已经拥有1796名拨号用户，其中65%是私人用户，28%是商业用户，3%来自教育部门，4%来自政府部门。Camnet只有1个租借用户，这反映出租借线路费用昂贵，以及柬埔寨互联网市场很不发达。

表2-4　柬埔寨上网人数统计表

年份　　　项目	用户	人口	普及率
2000	6000	12,573,580	0.05%
2007	44,000	15,507,538	0.3%
2009	74,000	14,494,293	0.5%
2010	78,000	14,753,320	0.5%

资料来源：柬埔寨邮政与通信部（www.mptc.gov.kh）

通常，ISP会根据市场情况将客户分成不同的类别，如学生用户、个人用户、办公用户、企业用户等。

表2-5 柬埔寨互联网用户网络使用情况统计表

用户类型	带宽	连接方式	费用
学生用户	64K和128K	拨号，ADSL	10美元/月
个人用户	64K ~ 1024K	拨号，ADSL	35 ~ 260美元/月
办公室用户	128K ~ 2MB	ADSL，卫星	50 ~ 400美元/月
企业用户	512K ~ 2MB	专线接入	价格相对较高

资料来源：柬埔寨邮政与通信部（www.mptc.gov.kh）

市场狭小导致价格昂贵，价格昂贵也影响了市场扩大，这两个因素相互影响，没有广阔的市场，柬埔寨就不能从规模经济中获益，从而降低互联网成本。

表2-6 柬埔寨主要互联网服务供应商ADSL接入价格表

公司 网速	Ankornet	Camnet	CityLink	Ezecom	Online	Metfone
64K	—	20美元	—	35美元	39美元	—
128K	329美元	35美元	99.95美元	69美元	69美元	35美元
256K	399美元	80美元	149美元	89美元	99美元	110美元
512K	639美元	160美元	198美元	149美元	289美元	—
1Mb	1099美元	254美元	—	249美元	469美元	260美元
2Mb	—	—	—	—	—	480美元

资料来源：柬埔寨各互联网服务供应商官方网站

针对无线接入用户，预付费上网业务则更为盛行，充值卡的价格一般在10-50美元，有效期一般在1 ~ 3个月，上网时间一般在10 ~ 55个小时，带宽一般在128K ~ 512K之间。可见，柬埔寨互联网宽带服务的收费十分昂贵，对于还属于世界贫困国家的柬埔寨而言，上网无疑是奢侈的消费。

2.3.2 柬埔寨互联网的应用与现状

1. 柬埔寨互联网的应用

在柬埔寨，互联网覆盖的区域主要集中在金边、暹粒、西哈努克、马德旺等城市，能够在全国范围内提供宽带接入服务的ISP只有Camnet、Viettel、Camintel等为数不多的几家。ISP向用户提供的服务主要包括各种方式的互联网接入、企业邮箱、电子邮件、线路租用、域名注册、主机托管、虚拟主机、VoIP（网络语音电话业务）等等。由于通信资费，特别是国际通信资费非常高，柬埔寨的网吧也在公开经营VoIP业务，虽然政府明确禁止经营，但VoIP业务仍存在一定的市场空间。

柬埔寨对网站的建立没有特别限制。起初，由于柬埔寨语文字的录入繁琐、浏览器显示不能完全支持、会使用电脑的人数很少等原因，网站信息基本是英文和法文，柬文的网页寥寥可数，一般使用Limon或ABC系列字体，这两种字体也无法完全兼容。随着政府对信息产业发展的重视，年轻人计算机水平的提高，以及ISP提供服务的多样化，目前互联网上的柬文网站逐年增多，内容更加丰富，更新更加快速。NiDA和计算机公司合作，从2005年开始大力推广Khmer Unicode字体，即Khmer OS系列字体，微软公司操作系统Windows Vista以上版本也加入了对柬埔寨语的支持，使用的DaunPenh字体与Khmer OS字体可以兼容。目前，柬埔寨各个政府部门都建立了网站，基本上都提供柬文或柬、英双语版本的页面。有些网站，例如外交部网站电子签证申请页面还提供有中、法、日、韩、德、西等多语种页面。柬埔寨政府在2010年初发布的政府网络使用报告中称，通过国家信息基础系统，柬埔寨政府中已有2838名官员在使用互联网，网速达到了21.260Mbps。

在各种类型的网站中，新闻信息类的网站以柬文页面居多，各种商业公司的页面主要以英文为主，也兼有柬文信息，个人网站或者博客也开始大量使用柬文。柬文的门户网站较少，搜索引擎以英文Google为主，使用Khmer OS字体更易于搜索到实用的柬文信息。

2. 互联网发展现状

自2006年柬埔寨政府实行通讯市场开放政策以来，一直欢迎有实力的国内外公司进行投资，并认为一个自由竞争的通讯市场，将为柬埔寨通讯用户带来最大的利益。当前，柬埔寨政府仍然实施通讯市场开放政策，在众多互联网供应商加入市场及竞争下，柬埔寨民众不但可以更轻松地注册使用互联网，而且费用逐渐降低。目前共有10家电讯公司获得邮电部发出的流动通讯执照，其中9家已投入运作；37家公司获得ISP执照，其中16家已提供服务；29家公司获得网络电话（VoIP）执照，其中15家已开始营业。由于柬埔寨固定电话网络基础设施十分落后，因此政府鼓励更多国内外电讯公司，通过引进先进的流动或无线通讯技术，为柬埔寨广大的民众提供移动电话或互联网服务。2010年7月，由中国政府贷款修建的大湄公河次区域信息高速公路柬埔寨至老挝段光纤网络系统正式联通，不仅极大地改善了柬埔寨国内的通信基础设施，还使越来越多的柬埔寨人民享受到信息技术给生活带来的便利，柬埔寨的互联网产业也将继续发展壮大。

▷ 2.4　泰国互联网发展概况

泰国是亚洲国家中较早发展互联网的国家。自20世纪90年代泰国正式开展互联网业务以来，泰国政府和各商业机构都在互联网的开发与利用方面投入了大量的人力、物力和财力。经过20多年的发展，泰国的互联网发展日趋成熟，互联网的带宽、普及率和服务质量不断提高，网络服务的种类日趋多样化，从而在泰国的政治、经济、文化和教育等领域发挥着越来越重要的作用。

2.4.1　泰国互联网的初期发展

1. 泰国互联网的起步阶段

泰国互联网的起步最早可以追溯到20世纪80年代。毕业于澳大利亚墨尔本大学的甘扎娜·甘扎娜素是第一个在泰国使用电子邮件的泰国人。1986年，她利用一根电话线、一台NEC调制解调器和一台NEC计算机，通过电话拨号接入泰国通信局的服务器，并成功连接到了墨尔本大学和东京大学的服务器上，从而组成了一个用于收发电子邮件的初级网络。随后甘扎娜与泰国亚洲科技学院（AIT-Asian Institute of Technology）的诸多学者一道，共同宣传和推广计算机以及电子邮件的使用，并多次组织相关会议与论坛，为后来泰国大学之间校际网的建立铺平了道路。

1987年，泰国国家电子与计算机技术中心（NECTC-National Electronics and Computer Technology Center）正式发起了校际网计划，邀请并鼓励泰国国内各大学加入校际网的建设，得到了包括泰国亚洲科技学院、朱拉隆功大学等多所著名大学的响应与支持。为此，亚洲科技学院还与澳大利亚墨尔本大学计算机科学系共同开发了一套网络邮件服务系统。1988年，泰国亚洲科技学院、朱拉隆功大学和宋卡那卡琳大学等高等学府在澳大利亚政府的帮助下建立了泰国第一个电子邮件网络——泰国计算机科学网，主机置于亚洲科技学院，用于与国外连接。该网络不再需要象过去那样必须使用国外的网络主机，但仍须拨通长途电话才能连接上美国、欧洲和澳大利亚的网络并获取所需的资讯。

随后，泰国亚洲科技学院首次为泰国注册了域名".th"，并一直担负着泰国域名注册的管理工作，其管理部门名为泰国网络信息中心（THNIC-Thai Network Information Center）。自从泰国亚洲科技学院拥有了自己的网络主机与国外连接之后，泰国其他院校也纷纷请求加入成为网络用户的行列。1991年底，泰国亚洲科技学院举办了泰国首次互联网操作方法座谈会，来自各高等院校计算机方面的专家约40人参加了座谈，专家们就泰国互联网的发展问题进行了讨论，一致同意要为互联网在泰国的发展壮大尽一份力。

1992年8月，朱拉隆功大学通过连接租用线路的方式（leased line）与国外网络主机联网，以便能够24小时与国外联系，并把网络协议由UUCP协议向国际上标准的TCP/IP协议升级，这标志着泰国的网络开始与国际网络接轨，成为真正意义上的互联网，同时这也是泰国进入互联网世界的第一步。朱拉隆功大学成为与国外连接的互联网网关，泰国域名主机也迁移安放在朱拉隆功大学，以使与外国的联系更为方便，而受理域名注册的工作从此也由朱拉隆功大学和泰国亚洲科技学院联合进行。同一年法政大学注册成为泰国的一个网络结点，宋卡那卡琳大学加入了该网，亚洲科技学院也租赁了一条与朱拉隆功大学直接相连的网线。至此，泰国校际网的基本框架已经建成。

2. 泰国互联网初期的发展阶段

泰国各主要大学之间校际网的建成为泰国互联网的发展提供了良好的前提条件与发展环境，但是校际网建立的初衷只是用于学术交流，网络所发挥的作用极其有限。特别是由于泰国的电信业一直由泰国电信和泰国通信局两家单位垄断经营，他们只为学术机构和政府部门提供国际互联网的租赁线路，使得网络发展空间十分狭窄。

随着与国际社会的日益接轨，以及互联网在美国、欧洲、澳大利亚和日本等发达国家的日益普及，人们对互联网服务的需求也越来越大，迫切要求政府开放互联网服务，扩大互联网发展的领域与受众范围。特别是一些私人企业与公司大力支持互联网服务向商业化扩展，希望互联网能够在经济、金融、通讯以及服务等多个领域发挥作用。1992年，泰国数码商务公司筹建的"公众网"投入使用，为泰国互联网跨出学术领域，成为大众的网络起了标杆性的作用。

在这种形势下，泰国通信局意识到互联网商业化的趋势已经不可逆转。1994年12月，经过联合专家小组经过长达6个月的可行性论证，泰国通信局和泰国电信批准了泰国国家电子和计算机技术中心的互联网商业化提议，颁布了一系列建立ISP的法规。1994年底，泰国通信局、泰国电信和国家科学与技术发展机构共同创办了泰国首家ISP——泰国互联网有限公司，由该公司负责提供互联网服务的各项业务，该项业务通过使用512Kbps的租凭线路与UUNet连接。这是泰国第一家提供互联网服务的泰国公司。泰国互联网有限公司的成立标志着泰国互联网正式向商业化迈出了第一步。

与此同时，为鼓励互联网的发展，泰国政府宣布把1995年定为泰国的"信息技术年"，并成立了"信息技术委员会"，以指导泰国国内的信息化和互联网建设。当时，校际网已经覆盖了泰国的所有大学，1995年3月，在诗琳通公主的提议下，泰国又开始着手创立"校园网"，通过网络连接泰国众多的中小学，此举对泰国教育事业产生了非常深远的影响。不仅如此，泰国各网络公司、政府部门、学术机构和新闻媒体都积极地在网络方面进行尝试。《曼谷邮报》制作了泰国第一份网上报纸，泰国互联网有限公司在7月举办的"信息技术周"演示会上展示了泰国的第一家网吧，泰国国家电子与计算机技术中心与国家科学信息系统中心联合在网上播发了当年日全食的全过程，等等。一系列的发展成就表明，1995年的"信息技术年"是泰国互联网商业化后取得突破性进展的见证，仅泰国的互联网用户一年之内就由1994年的23,000人增加到45,000人，显示出泰国的互联网产业呈现出跨越式发展的态势。

1996年初，泰国政府公布了"国家2000年信息技术产业政策框架"或称为"IT-

2000"，并批准了42亿泰铢（约合1.6亿美元）的财政预算，用于加强泰国的信息化建设。"IT-2000"为泰国1996至2000年的信息技术产业的发展定下了基调，其目标是建设泰国的信息技术基础设施，开发信息技术的人力资源以及运用网络技术提高政府部门的服务质量。该计划分为三个方面：一是完善国家信息技术基础设施，二是普及信息技术知识，三是建设"政府信息网"。

由于泰国的经济从1996年开始出现衰退，互联网服务产业也因此开始萎缩。泰铢的持续贬值和互联网服务需求的减少使得国内的ISP受到了沉重的打击。虽然泰国政府试图通过降低线路租赁费用来减少ISP的负担，但是1997年亚洲金融危机的爆发给泰国经济带来更为沉重的打击，泰铢的大幅贬值使得此举并未收到成效。

1998年之后，泰国经济出现了复苏的迹象，互联网服务产业也开始随之逐渐好转，网络用户猛增，互联网带宽增加，ISP数量增多。到2000年1月，泰国互联网的国内ISP有15家，国际线路带宽已经升至115Mbps，国内线路带宽达到360 Mbps，互联网用户人数由1996年的7万人迅速攀升至230万人，以".th"结尾的域名也达到4407个，互联网主机15，000多台。同时，有关各方也在积极解决泰国互联网面临的问题。泰国国家电子和计算机技术中心通过进一步扩大"校园网"为学校提供免费上网服务，泰国电信大幅度削减学生和研究人员拨号上网的服务费。此外，泰国国家电子和计算机技术中心拟在全国范围内建立20个POP网站，泰国运输与通信部拟逐步开放泰国的互联网市场。泰国互联网的发展开始进入了一个新的上升通道。

2.4.2 进入21世纪以来泰国互联网的发展

进入21世纪之后，泰国已经逐渐摆脱亚洲金融危机的阴霾，经济也渐渐走出低谷。政府对信息产业，尤其是互联网开发与利用的重视程度与日俱增，投入力度也不断加大。为了实现向知识型和学习型社会转变的长远国家目标，2001年泰国政府决定将国家科研经费年度预算从1.6亿美元增加到4.4亿美元，重点发展信息产业，并把互联网的发展作为重中之重。2001年6月，为加快信息产业发展，泰国成立了以他信总理为首的国家信息科技委员会，并由该委员会与国家科技发展署、国家电子和计算机技术中心、知识产权厅及教育部等有关部门共同制订了泰国"2001～2010年信息技术发展政策框架"，又称"IT-2010"。

"IT-2010"计划秉承了"IT-2000"的基本思路，并根据全球经济和信息化发展的方向与形势，进一步明确了泰国信息技术的发展战略、发展目标和行动步骤，为泰国新世纪信息技术的发展指明了方向。该计划反映了泰国政府在信息产业发展方面的总体战略和构想，目的是建立一个以知识型和学习型为基础的社会，增强经济的发展动力，保持经济的可持续性发展，走出一条经济繁荣、社会安宁的道路。为此，泰国进一步确立了以提高技术成就指数等级、发展知识型劳动力、提高知识型产业比重的发展目标，并决定通过加大人力资源投资、促进创新发展、加大信息技术基础设施与产业的投资来实现该目标，同时确立了以电子政府、电子工业、电子商务、电子教育、电子社会等五个方面为主的努力方向。泰国国家电子和计算机技术中心指出，该计划将重点放在了面向人才开发和知识经济的信息基础设施建设上，着力对信息技术人员进行培养，努力使信息技术人员从当前的两万人增至五万人，并采取向信息技术公司提供贷款和减税等措施，以进一步提高泰国互联网服务的国际竞争力。

根据"IT-2010"计划，2002年9月泰国国家电子和计算机技术中心制定了"国家信息通信技术计划"，并于10月成立了信息通信技术部，主要负责制定并贯彻信息通信技术政策和计划。为缩小同发达国家在通信技术方面的差距，泰国政府还实施了三项重大计划：一是建立乡村网，为农村提供免费的上网服务；二是建立地方产品和旅游远程计算中心，以带动地方经济的发展；三是以普吉府、清迈府和孔敬府为中心建立泰国南、北和西北部的信息通信技术城市，促进电子政府计划的实施及相关软件的发展。同时泰国政府还大力加强通信基础设施建设，大力发展光纤通信、宽带卫星通信等先进技术，提高国内的互联网接入水平。

经过多年的发展，泰国互联网已经取得了巨大成就，在线路带宽、用户数量以及主机数量等重要指标上都取得了长足的发展。截至到2010年6月，泰国互联网用户已经达到近1800万人，约占全国总人口的26.3%。泰国国内的互联网ISP公司20家，分别是ADC、A-Net、BEENETS、CAT、CS-LOXINFO、FAR EAST、IIR-NECTEC、INTERNET THAILAND、ISSP、JI-NET、KIRZ、KSC、OTARO、PACNET、PROEN、SAMART、TIG、TOT、TRUE INTERNET、TT AND T。泰国国际线路带宽为158680Mbps，国内线路带宽为721217Mbps，已经有40,000多家泰国单位在"泰国网络信息中心"注册了".th"域名，其中以"co.th"结尾的商业机构域名为数最多，达22,923家；其次是以"ac.th"结尾的教育机构域名为4243家；不以赢利为目的以"or.th"结尾的单位域名为908家；以"go.th"结尾的政府部门域名4219家。

▷ 2.5 缅甸互联网发展概况

缅甸的互联网起点很低，还处于低水平发展阶段，缅甸国情特殊，国内政局一直不太稳定，在互联网建设方面资金投入不足，政府对互联网管制又一向比较严厉，这些因素都制约了缅甸互联网的发展。目前，缅甸的互联网普及率仍不足1%。

2.5.1 缅甸互联网的初期发展

1979年，缅甸第一台计算机（IBM公司的PDB-11/70）在缅甸高校计算机中心投入使用。1989年，缅甸第一家计算机公司成立，为软件使用提供培训业务。1992年，出现第一个Windows平台上的缅语字体。1994年，缅甸政府推出官方网站"www.myanmar.com"。为了加快缅甸通信技术发展，缅甸计算机科学发展委员会（MCSDC）在1996年成立，缅甸计算机学会也于1997年成立。1998年，政府启动有限的拨号IP连接服务，从该年起，政府组织的ISP提供的拨号上网服务最高速度是56Kbps。但是，由于电话线路连接状况不良，在用户端提供的最高速度仅有32Kbps。从1998年5月5日起，缅甸邮政和电信企业（MPTE）通过最初容量400B/s的拨号线路向一些政府机构和私营企业提供互联网服务。2000年起，普通民众可以通过拨号服务连接到互联网，在此之前，已经有一个政府组织提供电子邮件服务，但主要对象是政府部门和外国使团。同年，缅甸还成立另外一个ISP——"蒲甘网络"（Bagan Cyber Tech, BCT），它是一个半政府的组织。2000年，在新加坡举行的东盟地区首脑会议上，缅甸签署了"电子东盟"框架协议，成立国家电子工作队，以支持IT发展。同年，"缅甸信息和通信技术公园"（MICT）揭幕，旨在促进信息和通信技术的发展。2002年3月，互联网和电子邮件服务被正式引进缅甸。

2005年，通过缅甸邮电部（MPT）的互联网和电子邮件用户总数约5000户。2006年，缅甸政府计划在全国100多个镇区增设互联网服务中心（Public Access Centers, PAC），为商业和教育等部门的通信提供便利。2006年初，缅甸政府在仰光、曼德勒、毛淡棉、蒙育瓦、东枝、东吁、彬马那等12个地区开设了PAC，并计划在不久之后使同样的服务中心可覆盖到全国的326个镇区。与此同时，缅甸Ahaed公司和加拿大的信息和通信技术公司达成了一项谅解备忘录，争取在缅甸扩大互联网服务，与缅甸信息和通信技术公司和香港SS8网络公司合作为ISP运行提供安全保障。为了改善缅甸的互联网接入状况，政府还进一步加大力将ADSL连接到每个乡镇，在仰光和新首都内比都等地区都安装了宽带。根据政府规划，全国将更换现有电话线路，新增7000多个ADSL连接，计划将目前4KB/s的电话线路容量增加到2MB/s，互联网连接速度在现有的基础上将提升500倍。2007年2月，缅甸全国共有91,450个互联网用户，其中，拨号上网占71.25%，ADSL占12.64%，无线宽带占6.73%，卫星终端占5.66%，光纤电缆线路占2.9%，其他占0.82%。

2007年，缅甸的信息和通信技术获得迅速发展。缅甸邮政和电信企业为提高缅甸国内与国外在通信领域的沟通，不仅建立了卫星通信连接，而且还建立了国际光纤传输系统。Yatanarpon数码城市第一阶段完成，建成电讯枢纽，全国所有的骨干大城市可通过光纤连接。至2007年底，缅甸共运作1628条电话线路，与11个国家有卫星通信联系，也可通过国际光纤电缆线路与次湄公河区域国家连接，清除了制约缅甸信息和通信技术产业发展的一大障碍。2008年，缅甸国内互联网带宽为198Mbps，2009年全年新增宽带用户1万户，较上年增长6%。目前，由于政府对互联网接入控制严厉，造成地下网吧异常活跃。在缅甸的最大城市仰光，开设在隐蔽居民住所中的低级网吧越来越多，这些网吧均设置了境外代理网站或代理服务器，在网吧管理员的帮助下，用户可轻松避开政府的网络防火墙，自由连接国际互联网。

表2-7　1999～2009年缅甸互联网发展概况

年份	人口（百万人）	电脑总数	互联网用户
1999	——	50,000	500
2000	49.008	100,000	7,000
2001	——	150,000	10,000
2002	——	250,000	25,000
2003	52.400	300,000	28,002
2004	——	325,000	63,688
2005	——	——	78,000
2006	55.400	——	——
2007	56.500	400,000	——
2008	57.504	——	88,500
2009	——	——	108,900

资料来源：缅甸邮电通讯部（www.mpt.net.mm）

2.5.2　缅甸互联网的快速发展

1. 缅甸邮电部与蒲甘网络

缅甸目前有两个ISP，第一个是缅甸邮电部，是缅甸全国唯一的电话网络运营商，保持着对缅甸电信业的垄断地位，提供电子邮件、网站管理、网页浏览、主机托管、FTP和内联网服务。第二个是蒲甘网络，成立于2000年9月，2001年12月建成电讯站，其互联网数据中心和远程传输设施从2002年1月开始向公众提供服务。这些设施包括虚拟的国内银行、政府部门、私人公司和VIP专用网络服务。为了确保数据传输的可靠性和覆盖的广面性，蒲甘网络利用"泰星2号"卫星，推出了甚小孔径终端服务。初始带宽为4MB/s，最大容量速率45Mbps，远程上传数据速率是128Kbps，不仅可处理数据，还可同时进行语音、传真、网络和视频的传输。蒲甘网络提供的互联网服务包括拨号上网、无线宽带（仰光和曼德勒）、卫星系统IP宽带及ADSL（仰光和曼德勒）等。

缅甸的互联网用户主要依靠拨号、ADSL和宽带等途径连接互联网。以前大多数的用户是政府机构和军事官员，但现在的普通公民用户也逐渐增多。在仰光、曼德勒及其他一些城镇共有350多家网吧。由于PAC的出现和增多，现在民众开始利用互联网收发电子邮件。

2．基础设施建设总体规划

信息和通信技术基础设施是基础的电信服务手段，是电子商务、电子政府和电子教育的必要先决条件。缅甸的电信基础设施可分为接入网络、交换、传输和国际连接。与其他东盟国家相比，缅甸的接入网络比较薄弱。电话密度在1%以下，移动电话和互联网用户的数量很少，电话的供应量不能满足国内日益增长的需要。为改善缅甸极为落后的信息和通信技术基础设施状况，邮电部制定了信息和通信技术基础设施建设总体规划。短期规划是到2010年，安装新电话线路10万条，固定电话密度达到3.2%。在主要的大城市部署移动基站和交换系统，使移动用户比例达到3.5%，在农村地区安装"乡村电话"。长期目标是到2025年，固定电话密度达到30%，移动电话用户比例达到25%，并使每个政府的办公室和村庄享受到电话和互联网服务。

3．信息和通信技术发展规划

2001年，缅甸计算机科学发展委员会制定了第一个信息和通信技术总体规划。随后制定第二个计划（2006～2010年），被称为缅甸信息通信技术发展总体规划和行动计划。这两个计划指导着缅甸的信息和通信技术的发展目标和方向。总体规划包括以下内容：广泛应用IT技术，为公众提供更好的服务，提高效率，并降低成本；利用IT技术打造低成本的基础通信设施以利于社会经济顺利运行；在商业机构广泛应用IT技术，以提高生产力和提供更好的服务；发展IT产业，使之成为主要的经济部门；开发IT人力资源；广泛应用IT技术，以提高整个人口的教育水平；促进电子商务增长；减小数字化差距。

4．主要机构和组织

（1）科学技术部

科学技术部成立于1997年，负责信息和通信技术人力资源开发。2007年1月19日，缅甸科学技术部将24所政府计算机学院升级为大学，目前共有26所高校致力于信息和通信技术专业教育。

（2）缅甸信息和通信技术发展局

缅甸信息和通信技术发展局是缅甸信息和通信技术的最高机构，由政府总理担任主席。发展局下设的电子国家工作队成立于2000年，由交通部部长主持。

（3）缅甸邮电企业

缅甸邮电企业提供所有的电信服务，包括：固定和移动接入，本地、国内及国际长途电话，租用线路等。

（4）缅甸计算机科学发展委员会

缅甸计算机科学发展委员会成立于1996年，是缅甸现有的信息和通信技术研发机构。

（5）缅甸计算机联盟

缅甸计算机联盟（MCF）成立于1998年，下设三个协会，即：缅甸计算机专业人员协会（MCPA）、缅甸计算机行业协会（MCIA）和缅甸计算机爱好者协会（MCEA）。

2.5.3 缅甸互联网的发展前景

1. 发展机遇

（1）起点低，发展潜力大

缅甸互联网的发展虽然极为落后，但是机遇颇多。缅甸的接入网络较东盟其他国家相对较弱，电话密度（包括移动电话）仅有1.32%，在东盟国家中最低。互联网用户几乎可以忽略不计，但是对电话服务的需求旺盛，较高的收益也就意味着投资网络有着高回报率。

（2）政府扶持

在缅甸，信息和通信技术产业是优先发展产业。政府历来重视互联网发展，缅甸的官方媒体呼吁本国青年积极参与资讯科技，运用先进的IT技术争取对其国家经济发展多做贡献。为使缅甸将能够跟上信息和通信技术的最新发展，缅甸采取一系列的措施以吸引本地区和国际伙伴投资，促进了集群通信技术相关业务信息和通信技术产业的发展。政府还致力于改善公共互联网服务，推动信息和通信技术的发展。政府鼓励那些依托互联网进行商业操作的公司将业务扩展至全国，并表示将投入更多的努力来改善现有的连接状况。到目前为止，缅甸政府已推出包括电子签证、电子护照、电子政府采购管理在内的政务系统。2001年初，缅甸政府引进电子教育系统，在仰光成立一个信息和通讯技术园（Info-Tech），并决定在曼德勒成立另外一个信息和通信技术园区（Yadanabon数码公司），旨在为该国信息和通信技术的发展提供服务。随着公共互联网服务质量的改善，缅甸的信息和通信技术显现出良好的发展势头。

2. 面临的挑战

（1）基础设施建设薄弱，缺乏IT人才

缅甸邮电部是由国家主导的国有垄断电话服务供应商，也是唯一的全国电话网络运营商，自成立时起就一直保持着对该国电信业的垄断。邮电部曾起草了一份20年（1990～2010年）的电话网络发展计划，目标是使缅甸的固定电话用户数量从7.6万增至约80万。然而，到2009年，全国的固定电话普及率仍然不到2%。

缅甸的基础网络设施建设极不均衡，严重偏向仰光、曼德勒这样的大城市。尽管如此，这两个城市的电话普及率也仅为6%和4%。新安装电话的服务通常要等数年，且费用高昂。据邮电部估计，至少需要投资6亿美元、新安装50多万的电话线路才能满足目前的需求，但资金短缺是制约发展的最主要原因。由于目前的政局、整体经济状况和电信业结构等诸多原因，缅甸电信业所吸引的外资处于低水平，每年电信行业的投资仅600万美元。2005年，超过6000多个村庄没有电话线，2008年，缅甸边远农村地区仍没有固定线路电话服务。

除了基础设施落后，缅甸还缺乏发展互联网的高素质IT人员，而且人才流失严重，这也不利于缅甸国内的信息和通信技术的发展。

（2）个人互联网用户接入成本高且相当不便

缅甸的互联网普及率相当低。首先，上网价格不菲。缅甸近些年来经济虽有所发展，但人均GDP仅为300美元左右。不仅电脑对于普通的民众来说过于昂贵，而且拨号上网费用更加昂贵，约需1300美元。2002年，缅甸的一些大城市出现网吧，增加了公众互联网用户数量，大多数用户通过在仰光、曼德勒的网吧接入国际互联网，每小时要花费1.5美元。其次，信息下载不方便。用户只有提供了由ISP签发的、确认使用者"于政治无害"的文件，才可以接入互联网。

（3）政府对互联网进行严厉管制

缅甸是世界上对互联网管制最严厉的国家之一，政府使用的过滤软件技术购自美国Fortinet公司，互联网过滤大大限制了缅甸公民在线访问。缅甸的大多数拨号上网账户仅能提供国内网络，而不是互联网，就连最受欢迎的Gmail与Hotmail等电子邮件服务也被禁止。

虽然存在许多困难和障碍，缅甸互联网的发展仍然有巨大的机会。首先，内比都成为新首都，但仰光仍是全缅的商业中心，这有利于实现有效的日常贸易和管理，为信息和通信技术以及电子政务在未来的广泛应用提供了良机。其次，位于上缅甸曼德勒附近的缅甸的第一大信息和通信技术园区——Yadanarbon数码城市正迅速发展，将成为缅甸的IT中心，拥有吸引外国直接投资的潜力。再者，缅甸地理位置优越，与中国、印度相邻，可从这两个大国迅速发展的成果中受益。如今，技术和人力资源的前瞻性准备工作正在进行，私营技术部门发展加速，缅甸可发挥的后发优势空间巨大。

▷2.6 菲律宾互联网发展概况

菲律宾的互联网历史始于1994年，在相对较长的一段时期，由于技术和资金的缺乏以及上网费用不菲，菲律宾互联网呈现低速增长的特征。近几年来，由于政府的立法支持和网络设施的日益完善，菲律宾互联网产业发展迅速，截至2009年7月，菲律宾互联网用户总数已达2400万人，约占全国总人口的24.5%。

2.6.1 菲律宾互联网发展历史

菲律宾互联网诞生于1994年3月，由菲律宾网络基金会（the Philippine Network Foundation, PHNet）建立。菲律宾网络基金会是一家由政府和私人机构联合组成的机构，通过一个64Kbps的连接与设在美国的Sprint通信公司相连。这也被认为是菲律宾连接互联网的唯一公共路径。1986年之前，爱好者们运行的是电子公告牌系统（Bulletin Board System, BBS）；之后，系统之间相互连接起来，形成了区域性快速拨号网络（Local Dial-up Network）。因为区域性快速拨号网络可以让有技术头脑的人们接触到更多的网络技术，并且能够训练他们的网上礼仪和在线生活方式，所以它为网络空间的快速发展做出了突出贡献。后来，系统如Fidonet等都与国际BBS网络建立了连接，这就使得它们能够接收邮件，下载共享程序和信息文件。1995年3月，菲律宾《公共电信法案》出台，取代了对保证权益的附加价值服务提供商（Added Value Service Provider）的需求，这为其他组织与互联网建立连接铺平了道路。比如，它们可以建立网站，拥有自己的互联网服务或提供互联网服务以及访问其他组织和个人的权限。

所有这些发展组成了菲律宾互联网的发展历史，但是菲律宾互联网的发展是充满曲折的，也曾遭遇过丑闻和危机。尽管如此，还是有人对互联网抱着积极乐观的态度，并决心把它发展下去，正如一位作家所言，"最初的不一定都是最好的，但是我们的网络历史就是由那些带有希望并且不断努力的人们创造的"。

互联网在菲律宾的发展越来越受到人们的重视，是因为很多门外汉和非技术人员也可以连接到互联网，并且发现互联网对满足他们的个人需求是非常有用的。日益增长的需求对互联网提出了很多的挑战，尤其是在技术、基础设施、功能、人类资源和对政府监管力度的需求等方面。最重要的是，菲律宾互联网的历史永远不能与国家的政治、经济和文化分割开来。一个ISP必须对各种因素有一个全面的了解才能建立与世界的有效连接。在一般公民可以使用互联网之前，只有拥有私有网络的公司的高层人员才能运用他们的权限享受现时互联网连接。这样的互联网使用经历为局域网的应用奠定了基础。此外，政府政策在菲律宾互联网发展中起到了关键作用。政府政策总是影响互联网的发展，它决定了互联网发展的总方向。

互联网的商业化有很多选择，只需决定想要卖什么东西，卖给谁；想要买什么，向谁买。但是，一个人不能把所有东西卖给所有人。为了在市场上保持竞争力，就必须让自己的服务升级。考虑到这一点，ISP需要通过成为团体的一部分与团体相连。这意味着，提供商不仅知道这个群体需要什么，而且可以提供更多的服务。尽管有限制，但满足用户的需求是很重要的。另外，ISP应当通晓当前的潮流，并且愿意尝试新的方式。尽管对客户的争夺越来越激烈，需要控制更多的区域，但是ISP之间的合作还是在增加的。第一个正式ISP合作的标志是菲律宾ISP邮件发送清单的建立。最初，用户可以在这个清单上讨论公众所关心的事情，后来逐渐演变成技术论坛，一个政治问题的发言板，也是一个供那些推动菲律宾网络发展的人员交流的平台。

与此相关的是，当菲律宾互联网服务组织（the Philippine Internet Service Organization,

PISO）在1996年上半年的建立带来了菲律宾互联网的第二次发展。它解决了大家共同关心的问题，并且成为了互联网产业的代言。但是这一次发展又遇到了很大的障碍。一个问题是国家缺乏集中的互联网连接导致了地区ISP之间缺乏联系，另一个问题是没有宽带。此外，如何让技术人员清楚应该怎样保持互联网使用的增长度和先进性也是个问题。

今天，菲律宾国内有100多个ISP。尽管如此，大多数ISP还是要通过美国的主干网络才能相互连接。互联网快速拨号连接收费是每小时2美元（或者每月33美元60小时），这个费用比美国要高出80%。因为菲律宾人均国民生产总值只有美国的12%，所以在菲律宾只有那些比较富裕的个人和公司才能使用互联网。在2000年，互联网用户接近200万人，占总人口比例的2.6%；2003年，这一数字增长到350万。网吧是网络游戏的驱动力，使得2004年1月到6月的网络用户增长了38%，马尼拉登记在册的用户增长了41%，其中Central Luzon地区占17%。据市场调研公司AC-Nielsen称，2004年菲律宾网络用户达到400万，其中四分之一经常上网，网民多为男性，年龄在20岁至39岁之间，月收入在700-1000美元，但在总量为8400万的菲律宾人口中，互联网普及率仍不到6%。因为菲律宾的个人微机普及率还不及10%，人们多选择网吧作为上网和玩网络游戏的场所。

虽然互联网在菲律宾的普及率在亚洲来说也是属于偏低的，但由于菲律宾互联网市场没有太多管制，政府对IT发展大力支持，还有热爱互联网的人数正在逐渐增加，菲律宾互联网还是处于快速发展的阶段。最近几年，随着菲律宾新法律的出台和有线网络设施的健全，菲律宾网络用户呈爆炸式的增长，截至2009年7月，菲律宾互联网用户已占总人口比例的24.5%，达到2400万人，达到了中国2000年网络用户水平。可以看出，菲律宾互联网市场发生了非常大的变化，互联网宽带也迅速扩展。

2.6.2　菲律宾宽带互联网发展现状

在菲律宾，宽带互联网通过两种方式与用户相连：一是电缆线（cable），二是数字用户线（Digital Subscriber Line, DSL）。有线网络通常从64Kbps的传输速度开始，提供有线网络的公司有ZPDee有线网络公司，Destiny Cable公司，帕萨特"Cable 21"，Caceres公司的"C3"，天际公司的"Cheetah"，USATV1，Viacomm，Aeronet，KwikNET等。ComClark公司（位于潘帕加）通常从384Kbps的速度开始。数字用户线网络由PLDT公司，Bayan Tel公司，Globe公司和东电信公司（Eastern Telecom）提供，从128Kbps开始到5Mbps。宽带互联网在公共网吧和互联网办公室中广泛应用，特别在主要城市中更是如此。无线宽带网络（Wi-Fi）正逐步在咖啡馆、商场和国家主要机场普及。2005年，Smart Communication公司将"Smart Wi-Fi"投产。"Smart Wi-Fi"与它的名字不同，它并不是利用Wi-Fi，而是通过它的网状结构与无线互联网实现连接。这项服务运用了摩托罗拉公司（Motorola）的Canopy设备，提供无线固定宽带业务。2006年4月，这项服务被重新冠名为"Smart BRO"。

固定宽带公司，如众所周知的Destiny Cable公司，是第一家通过其有线网络提供住宅型宽带的公司。这些公司也提供DSL服务，其传输速度达到1.5Mbps。Bayan电信公司通过其数字用户线（以前是天际数字用户线）提供ADSL，速度从768Kbps到2.5Mbps。它们也通过ZPDee公司提供速度从64Kbps到1 Mbps的有线传输网络。天际（Sky）宽带线也提供速度为12 Mbps的传输网络。ETPI公司提供速度从256Kbps到2 Mbps的SDSL。Globe Telecom公司通过其附属Innove公司提供速度从512Kbps到4 Mbps的ADSL。PLDT公司提供速度从384Kbps到5 Mbps的ADSL服务。PT&T公司提供速度从384Kbps到2Mbps的ADSL和SDSL。

Smart Communications公司为在线企业提供速度为384Kbps、512Kbps和4 Mbps的无线固定宽带服务。2008年，通过使用一个USB调制解调器就可以经预付费的方式使用这项服务，用户每年可以在不同的手机下载中心购买、下载和预存话费。ComClark网络与技术公司提供Surestream有线网络、WiFi无线网络和极限无线（Extreme Wireless）等服务。Mozcom Communications公司提供各类快速拨号服务，如Nitro卡等。USATV1公司有一项速度为1Mb/s的服务，但仅限于一个月服务900人。

菲律宾互联网产业的发展大部分归功于那些有远见并且有动力做到最好的企业。它们可以将问题转化为机遇，并且继续争取更多的创造性增长和发展，这将继续推动余下的IT产业、经济、地区和世界的发展，同时互联网也将面临更多的机遇和挑战。

▷ 2.7　马来西亚互联网发展概况

马来西亚是亚洲地区较早重视和发展互联网的国家，在马来西亚第五至第九个发展计划的20多年里，马来西亚政府高度重视互联网的发展，并把普及互联网当作一项重点工程向全国推广和实施。截至2008年，马来西亚互联网用户达到1586.8万，占全国总人口的62.8%。

2.7.1　马来西亚互联网的初期发展

1．马来西亚互联网的起步

马来西亚互联网的发展始于1983年。当时的马来亚大学电学与电子学系专家穆罕默德•阿旺拉（Mohamed Awang-Lah）博士尝试在实验室通过计算机网络使马来西亚与世界对接，迈出了马来西亚互联网发展的第一步，他也被称为马来西亚的第一位网民。随后，穆罕默德•阿旺拉博士加入了马来西亚政府建立的旨在促进网络连接的马来西亚微电子系统研究所（the Malaysian Institute of Microelectronic Systems, MIMOS）（以下简称"微电子系统研究所"）。

1989年，穆罕默德·阿旺拉博士建立具备国际连接设备的马来西亚计算机网络（Rangkaian Komputer Malaysia, RangKoM），各所大学成为该网络的第一批用户。虽然马来西亚计算机网络具备通信和资源共享的功能，并可以通过电话线拨号上网的方式连接澳大利亚、美国、荷兰和韩国等国的计算机网络，但初期用途主要集中在邮件和电子论坛方面。

马来西亚计算机网络的建立为马来西亚互联网的进一步发展提供了借鉴，1991年，联合高级综合网络（Joint Advanced Integrated Networking, JARING）（以下简称"联合网络"）计划正式展开。该计划是马来西亚计算机网络的扩展和延伸，融入了此前所有的努力和经验，目标是建设规范全面的通信网络。在马来西亚第五个发展计划（1986～1990年）中，微电子系统研究所把联合网络作为发展重点，与许多学术研究以及政府、私人机构建立了连接，并与国际互联网实现对接，以促进各种教育、研究和商业活动。联合网络初期主要包括四项发展计划：（1）与国家图书馆合作开发知识网络（Jaringan Ilmu）；（2）与国家教育研究机构合作开发研究网络（Jaringan Penyelidikan）；（3）创建连接马来西亚各所中学的教育网络（Jaringan Pendidikan）；（4）创建向公众提供信息设备的公众网络（Jaringan Awam）。四个计划包含四个阶段的发展步骤，分别是计划阶段、建立一个实验点进行测试阶段、定向联机组网试验阶段和最后的应用阶段。

1992年11月14日，连接美国的速率为64Kbps的国际专线正式投入使用，使马来西亚互联网服务在提高效率、节约成本、扩大容量方面有了改进。1994年11月，在美国主要通讯公司斯普林特（Sprint）的帮助下，联合网络使用光纤技术，采用信息传输速率达到1.544Mbps的T1线路，使马来西亚与美国的专线速率提高了24倍。通过分布在马来西亚全国16个主要城市的接入点，用户可以通过本地电话拨号的方式接入联合网络并连接互联网。联合网络的注册用户数量在同期也有了较大增长，1992年初有29家组织和政府部门成为联合网络的注册用户，到年底时，包括个人和组织在内的注册用户数量已经超过了200个。1994年，联合网络的个人用户到达1693人，公司数量达到254家。个人用户主要通过电话拨号的方式连接互联网，机构用户则可以通过电话拨号或专线连接的方式接入互联网。

2. 马来西亚互联网初期的快速发展

（1）微电子系统研究所与联合网络

联合网络在1995年完成了两项重大发展，分别是设备升级和增加新的网络连接方式。

为了适应用户数量的增长，联合网络在1995年进行了升级，通过增加接入点、接入点互连电缆、提高租用线路网速和增加拨号线路数量的方式来加强基础设施建设，减少网络堵塞的发生。在此次升级中，槟城和新山的接入点互边电缆速率从64Kbps提高到2.048Mbps，拨号上网用户的专用线路提高到1000条，新增接入点40个。

信息传输速率高达2.048Mbps的E1线路的安装和使用则是联合网络在1995年取得的另一重大发展。作为T1线路的重要补充，E1线路的使用使联合网络的容量大辐增加，1995年，联合网络用户月平均增长率高达22%。

1995年9月，微电子系统研究所向马来西亚国内有兴趣加盟联合网络并成为联合网络接入服务提供商（JARING Access Service Provider, JASP）的公司发出邀请，意味着私营机构或组织将被允许提供互联网接入服务，这也标志着马来西亚互联网服务即将迈入商业化。1996年3月，微电子系统研究所宣称已从106家作出积极回应的公司中选取了8家公司作为联合网络的备选供应商。经过数月的谈判和磋商，1996年8月1日，纳良卫星系统（Binariang）、新海峡时报集团（the New Straits Times Press）、时代卫视（Time Media）、马来西亚前锋报（Utusan Malaysia）和硅谷通信（Silicon Communication）5家公司成为马来西亚第一批联合网络供应商，向马来西亚全国提供互联网接入服务。1996年11月9日，微电子系统研究所与日本的亚州互联网控股（AIH）签订协议，合作开发JARING-A-Bone网络，为马来西亚和亚太地区用户提供快速和便捷的互联网接入服务。

1996年11月，微电子系统研究所改组为微电子系统研究有限公司，成为财政部下属的一家集研发、国家科技政策制定和商业发展为一体的国有公司，以促进本地互联网服务与芯片研发技术的发展，总部也随之迁往马来西亚科技园。1999年5月，联合网络开始提供针对150多个国家的全球检索服务。1999年6月，联合网络架设的速率为45Mbps的国际线路安装成功，成为亚洲地区除日本以外第二个达到这一传输速率的国家，同年，联合网络的注册用户数量也超过10万人，用户超过30万人。

（2）马来西亚电讯（Telekom Malaysia, TM）与马来西亚电讯网络（TM net）

1996年7月，马来西亚电讯成为继微电子系统研究所后马来西亚国内第二家获得提供互联网服务供应许可证的机构。虽然马来西亚电讯最初只作为联合网络接入服务提供商，但是在此后的数月里，马来西亚电讯一直为成为独立的ISP进行着不懈的努力，并很快宣布了一项高达一亿令吉的投资计划，用于建设互联网的基础设施。1996年11月1日，马来西亚电讯经营的马来西亚电讯网络正式向公众提供互联网接入服务。电讯网的在线注册业务为新用户的注册登记提供了极大的便利。新用户在向当地电信部门缴纳一定的费用后，便可以通过安装相关软件进行在线注册。在电讯网刚推出的前三个星期，它的注册用户就多达5000多人。在20世纪90年代后期，马来西亚电讯网络建立了以共同信息高速公路（Corporate Information Superhighway, COINS）为枢纽的国内用户互联网接入系统，在全国各大城市建立了数十个互联网接入服务提供点，并与美国和日本建立了国际宽带网络连接。

（3）多媒体超级走廊

为迎接21世纪信息革命的挑战，加快产业结构的升级，推动马来西亚经济向知识型经济的转变，1995年8月马来西亚宣布建立多媒体超级走廊（Multimedia Super Corridor, MSC）的宏伟计划，并于1996年8月开始实施。多媒体超级走廊位于首都吉隆坡以南30公里，从吉隆坡北部的国油双峰塔延伸至南部的新国际机场，长50公里，宽15公里，总面积750平方公里。该地区涵盖4项大型国家计划：吉隆坡城市中心（KLCC）、东南亚地区最大的国际机场新吉隆坡国际机场（KLIA）、"电子化行政中心"布城（Putrajaya）和电子信息城赛城（Cyberjaya）。

多媒体超级走廊的建造是实现马来西亚"2020年宏愿"的重要步骤之一，从1996年到2020年分为3个阶段：第一阶段完成多媒体超级走廊的建设；第二阶段在马来西亚其他地区建立类似的多媒体超级走廊并构建互联的网络，完成制定电子信息法令的框架，实现4～5个智能城市与全球信息高速公路互联；第三阶段在马来西亚全国实现多媒体超级走廊模式化，建立国际网络仲裁法庭，使12个智能城市连上全球信息高速公路。以电子政府、电子商务、智能学校、远程医疗、研发群组和智能卡为发展重点的多媒体超级走廊将推动马来西亚信息产业的快速发展。

2.7.2　进入21世纪以来马来西亚互联网的发展

1. 国家宽带计划（National Broadband Plan, NBP）

2002年，马来西亚的通讯和多媒体产业的发展取得了令人振奋的成果。虽然经历了1997年和1998年的亚洲金融危机，马来西亚能源、水务与通讯部（以下简称"能讯部"）主导的通讯和多媒体产业却连续3年实现了增长。为了对未来10年国家的基础设施做出规划，特别是考虑到逐渐下降的固定电话普及率，以及宽带将成为下一步马来西亚互联网服务发展的关键，马来西亚政府成立专门小组开始着手制定一项有序地发展马来西亚宽带供应的国家宽带计划（NBP），并明确了最初的4个目标：通过各种现有技术在2008年前实现宽带基础设施的充量供应；通过适当的内容和应用服务来刺激需求，确保宽带服务的有效运行；研究各种筹资机制为宽带计划提供资金支持；查找现有立法空白，必要时推出新的法规以推动宽带的部署。2004年10月，在经过十几个政府机构、非政府组织长达2年的审议和磋商后，马来西亚内阁批准了这项历时超过10年的宽带发展计划。除了既有的直属主要行政规划部门通讯与多媒体委员会（Malaysian Communications and Multimedia Commission, MCMC），能讯部还成立了专门的国家宽带秘书处，以推动国家宽带计划的实施。

国家宽带计划步入实施阶段后，前两年主要致力于公共部门互联网业务的发展，使信息可以更快速地进入政府网络。2006年后，私营部门互联网业务的发展也日益受到重视。

国家宽带计划使马来西亚互联网产业步入高速发展的轨道，廉价、快速的互联网接入服务逐步进入马来西亚普通家庭，成为马来西亚数以百万互联网用户的必需品。政府部门和商业公司也加大投入，大力发展互联网业务。马来西亚政府也加快建设电子政务系统，除在网上提供政务信息服务外，还准备在100多个政府网站内建立电子支付系统，以提高政府公共服务的效率。

近年来，马来西亚政府一直致力于提高国内的宽带普及率。2008年，马来西亚的宽带覆盖率为18%，比2007年15.5%的宽带覆盖率略为提高。2008年5月19日，马来西亚前总理巴达维在吉隆坡举行的第16届世界信息技术大会上宣布，马来西亚计划到2010年实现50%的宽带覆盖率，使更多的家庭享受网络宽带服务。2009年，马来西亚的宽带覆盖率上升到31.4%，超过政府30%的覆盖率目标。2010年，马来西亚将在全国新建1000多个信号发射塔，并进一步下调互联网的资费标准，以推动互联网在全国的普及。

2. 马来西亚信息、通讯与多媒体服务886战略（Malaysian Information, Communications and Multimedia Services 886, MyICMS 886）

马来西亚信息、通讯与多媒体服务886战略（以下简称"886战略"）是马来西亚政府制定的针对2006年至2010年的国家信息通讯技术蓝图。在886战略规划下，马来西亚无论是移动或是固定的用户都将在任何时间和地点享受到高速的互联网连接服务，而互联网上丰富的多媒体内容和应用服务将成为高速宽带服务发展的主要推动力。

886战略主要包括三方面的内容：提供8项新业务、建设8个核心基础设施、发展6个成长领域。马来西亚政府希望通过886战略中8项新业务的推出来加快8个核心基础设施（硬件和软件）的建设，进而发展6个成长领域，以此改善马来西亚民众的生活质量，强化马来西亚信息通讯技术的全球竞争力。

8项新业务分别是高速宽带业务、3G业务、移动电视业务、数字多媒体广播业务、数字家庭业务、短程通讯业务、互联网语音协议和网络电话业务和普遍性服务提供业务。高速宽带业务主要围绕最后一英里有线和无线接入服务，为移动或固定用户提供高速和高容量便携式互联网服务。随着数字用户线路（xDSL）技术和光纤接入技术的应用，光纤到户（FTTH）将提供更多的最后一英里连接，马来西亚光纤用户从2006年的130万增加到2008年的280万，到2010年，光纤接入将贡献10%的宽带覆盖率。

8个核心基础设施包括多业务综合网络、3G蜂窝网络、卫星网络、下一代互联网协议（IPv6）、家庭互联网普及、信息和网络安全、能力发展以及产品设计与制造。消费者电子控制家庭设备的普及将带动更多IP地址的需求，下一代互联网协议将在推进互联网服务和数字化家庭中扮演重要角色。2006年，马来西亚开始着手下一代互联网协议的试验，并成立国家下一代互联网协议委员会来规范下一代互联网协议的发展方向和市场需求。2006年末ISP首先开始向下一代互联网协议过渡，政府部门则在2008年开始类似过渡。预计

2010年下一代互联网协议将在全国范围推广并获得国家网络支持。

6个成长领域涵盖内容开发、信息通讯技术教育枢纽、数字多媒体接收器、通讯设备、插入式元件和设备以及外国风险投资。为满足持续快速增长的通讯市场，多种新的移动和固定接入服务将陆续面世。从服务的前景分析，终端用户会倾向选择先进的设备以满足他们对方便、可靠和安全的需求。基于此，886战略将充分考虑终端用户的需求，在控制成本的前提下提供相应的通讯设备，使用户能在任何时间和地点使用价格合理、质量上乘的通讯设备，本国制造的通讯设备也有望在2010年占领马来西亚国内市场。

3. 马来西亚宽带的普及进程

2008年5月15日，马来西亚政府宣布将实行提高全国宽带普及的策略，主要包括两类：一是在某些区域实现速率为10Mbps的高速宽带；二是面向公众的宽带速率将提高到2Mbps。2008年9月16日，马来西亚电讯有限公司与政府签订协议，共同合作开发价值113亿令吉、历时10年的高速宽带计划。政府在前三年将投入24亿令吉，马来西亚电讯则将在十年内投入89亿令吉。该计划将覆盖马来西亚全国的工业地区，通过高速宽带网络连接近133万座商用和民用楼房。合作双方将通过固定收益分享或剩余收益分享的方式获得回报。马来西亚全国上下都将从这一以公共—私人共享为途径的高速宽带服务中获益，互联网将向社会提供包括电子教育、电子商务、电子健康、电子政府、网络电视和电子支付在内的更多更先进的服务，而宽带服务的普及也将有力促进马来西亚社会经济发展。

为了实现2010年末达到50%的家庭宽带覆盖率，除由副总理直接领导的宽带内阁委员会（CCB）外，马来西亚政府还成立了多个工作委员会以敦促和监督高速宽带计划的实施。国家宽带实施指导委员会是首批成立的工作委员会，隶属宽带内阁委员会，其下属还有四个工作委员会，分别是州一级宽带实施和协调委员会、高速宽带获取监督委员会、技术监督委员会和宽带订购委员会。为解决宽带在全国普及过程中与各行业间产生的问题，还成立了行业顾问委员会专职处理相关事宜。上述工作委员会直接向联合计划管理办公厅（IPMO）汇报工作情况，由能讯部、通讯与多媒体委员会和马来西亚电讯专家组成的该办公厅将直接领导宽带普及计划的运行。

4. 互联网新技术的应用与发展

随着马来西亚互联网业务的普及式发展，马来西亚国内ISP的数量也呈增长趋势，主要有微电子系统研究有限公司、马来西亚电讯、天地通—亚通有限公司（Celcom Axiata Berhad）、DiGi有限公司（DiGi Telecommunications Sdn Bhd）、明讯通讯有限公司（Maxis Communications Berhad）、绿驰通讯有限公司（Green Packet Berhad）旗下的P1有限公司（Packet One Networks (Malaysia) Sdn Bhd）、PrismaNET 有限公司（PrismaNET Malaysia Sdn Bhd）、槟城光纤网络（PenangFON）、NasionCom有限公司（NasionCom Holdings Bhd）、杨忠礼电子（YTL e-Solutions Bhd）、Asiaspace Dotcom有限公司

（Asiaspace Dotcom Sdn Bhd）和立通国际有限公司（REDtone International Bhd）等多家ISP。进入2010年，马来西亚固定宽带网络和无线宽带运营商争相推出或准备推出多种新的宽带上网服务，马来西亚的宽带市场将迎来更大发展。

2007年3月，通讯与多媒体委员会颁发微波存取全球互通（WiMAX）执照给杨忠礼电子附属公司Bizsurf（Bizsurf (M) Sdn Bhd）、P1有限公司、Asiaspace Dotcom有限公司和立通国际有限公司4家电讯公司。2008年2月英特尔公司对P1有限公司投资5000万令吉，共同发展WiMAX网络。2008年8月21日，P1有限公司正式向社会提供以P1 W1MAX为品牌的WiMAX服务。P1 W1MAX使用30MHz频谱中的2.3GHz频段，网络覆盖西马来西亚的30多个主要城市，并将在2010年覆盖东马来西亚的沙巴和砂拉越地区，为马来西亚提供强大、灵活的无线宽带网络，在改善宽带市场分布状况的同时，也将为实现马来西亚国家宽带计划和886战略目标奠定基础。除P1有限公司外，另外三家获得执照的公司也在加速部属WiMAX网络。Asiaspace Dotcom有限公司推出了Amax为品牌的WiMAX服务；立通国际有限公司的运营区域为东马来西亚的沙巴州和砂拉越州，该公司的WiMAX网络已经覆盖东马来西亚25%的地区；杨忠礼电子已经计划投资6.887亿美元建设一个全国性的WiMAX网络，在2010年内正式推出商用服务，2015年内发展1400万名用户。在WiMAX网络蓬勃发展的同时，马来西亚最大的移动通信运营商明讯通讯有限公司也已在马来西亚部分地区推出了3G高速移动宽带服务。无线宽带网络新技术的发展和普及将进一步提高马来西亚的互联网覆盖率，使更多的用户享受到方便快捷的互联网接入服务，成为马来西亚互联网发展新的中坚力量。

▷ 2.8 文莱互联网发展概况

作为人均GDP在东南亚各国中数一数二的国家，互联网在文莱的出现并不算很早，直到20世纪90年代中期，互联网才被引入文莱。1995年10月10日，文莱网络（BruNet）在电讯局的支持之下正式启动，标志着文莱互联网时代的开始。文莱网络是文莱网络工程的先驱，也是文莱在1999年之前全国唯一的ISP。在投入运营之初，网速为14.4Kbps，互联网用户为816名，仅占当时人口总数的0.3%。2000年，DST多媒体私人有限公司（DST Sdn Bhd）成功取得文莱ISP执照，其下属的Simpurnet成为继文莱网络之后的第二家ISP，也是文莱第一家私营ISP，这也成为文莱互联网飞速发展的起点，拉开了ISP竞争的帷幕。2001年又有三家私人企业取得互联网服务执照，但至今尚未向民众提供相关服务。2000年12月8日，文莱电讯局（JTB）采用ADSL技术，开始向用户提供一种名为E-speed的网络服务。E-speed根据用户选择的价格档次不同，分别提供128Kbps、256Kbps、384Kbps以及

512Kbps网速服务。多名网民可以通过电话线同时连接互联网。相比从前，E-speed以更为合理的价格向网民提供了更专业的互联网服务。

由于引入了竞争，在这段时期文莱互联网服务在质量上有很大的进步，价格也更为合理，更容易为人们所接受。文莱政府对于国内电讯尤其是互联网的发展一直持支持态度，2000年，政府曾斥资200万以拓展和优化文莱电讯系统，同时花费1.13亿为全国的国民学校提供电脑设备。这两项工程使更多的文莱人有机会接触互联网，缩小了人们之间的数字鸿沟。此外，政府还把成立文莱技术园以及电子政府（E-government）纳入日程。

截至2001年11月份，文莱上下已经有将近15,000名文莱电信网络用户，其中14,000名通过拨号上网，而另外1000名是E-speed的享用者。到2002年，网民总数已经上升至15,540人，占人口总数的4.6%，其中有近8000个账户即2.3%的比例来自DST多媒体私人有限公司旗下的Spimur。当然，仅仅根据文莱电信和Spimur的网络用户总数还不足以推测文莱实际的网民总数，在文莱还存在很多通过购买上网卡来实现网络连接的用户。文莱两大ISP都推出了相关服务，如网民可以购买各公司推出的上网卡实现互联网连接，而不用专门购买一个固定的帐号。

互联网的迅速发展也逐渐扩展到商业领域。2001年，文莱部分商业银行如伊斯兰发展银行、佰都里银行就开始将互联网理念引入工作领域。此外，还有相当一部分公司开始引入电子商务，这也意味着网络开始真正在文莱普及，慢慢渗透到人们的生产和生活当中来。到2003年，文莱上网人数的比例已经上升到总人口的16%左右。

2004~2005年，文莱互联网延续了之前快速发展的步伐，并且在2006年迎来了另一个重要的历史节点。文莱电讯局（JTB）于2006年4月1日正式企业化，易名为文莱电讯有限公司（TELBRU）。电讯局企业化后被一分为二，文莱电讯有限公司负责提供电讯服务，文莱信息通讯技术产业局（AiTi）负责监督和管理文莱国内所有的信息与通讯产业，包括执照发放和推动国内信息与通讯业发展。文莱电讯局的企业化为文莱塑造了一个良性的竞争环境，推动了国内资讯与通讯业的发展。广大网民成为激烈市场竞争的最大受益者。为吸引网民，各电讯公司不断升级自己的服务。如近期文莱电信已经对其核心网络系统进行了升级，同时运用最新科技刷新了主要的数据中心。在文莱电信新数据中心的支持下，网络用户可以更容易实现更复杂的网络操作。文莱电信还成立了一个网络呼叫中心（121），专门为各个用户提供支持和指导。截至2006年5月，仅通过宽带连接互联网的人数为8528人，而拨号上网的人数已达8613人，几乎两倍于2003年的统计数据。至2007年，文莱互联网用户的人数已达199,532人，而2008年该国互联网主机数达14950台。

但是文莱互联网发展仍然有其问题所在，宽带的普及率依然不高。高昂的使用费用是其最大的障碍。从2000~2004年，网民在文莱人口总数中所占的比重有很大的提高，但宽带用户比例的增长相对来说却显得有些迟缓。直到2004年，仅有30.45%的网民正在使用宽带。实际上文莱在几年前就已经开始运用ADSL技术为民众提供宽带服务，其网络速度也由最先开始的512Kbps提升至1Mbps。1Mbps从2006年开始向大众推广，价格为每月128文莱币，在新加坡和中国香港却能以同样的价格享受30Mbps的下载速度。文莱互联网的使用费用可谓是全球高价电信网络的指标之一。截至2009年，文莱约有11,000人使用宽带，约占总人口的1/40。

近期，针对文莱互联网服务方面存在的问题，文莱信息通讯技术产业局邀请了全球电信软件市场研究公司Analysys Mason的专家对该国的宽带设备以及互联网市场进行调研。文莱信息通讯技术产业局联合战略部首席执行官助理朱丽安娜（AiTi Assistant Chief Executive of Corporate Strategy Julianah Hj Ali Ahmad）承认文莱现有的宽带服务无法满足民众的需求。她强调，Analysys Mason 公司的专家将深入研究文莱宽带服务的质量问题，并将对文莱未来采用何种网络技术提供建议。文莱一直采用的是铜质电缆，这是影响网速的重要因素。在未来的计划当中，光纤将取代铜质电缆，而专家也将就如何实现光纤的全部进驻，政府将如何在这项昂贵的科技工程中实现最合理的投资提供建议。

在过去的几年，宽带网络在文莱有了很大的发展，宽带已经成为人们经济和社会生活中不可缺少的一部分，文莱正朝着知识经济的方向迈进，而一个高度发达的信息技术平台将在此进程中发挥关键作用。有关方面对互联网发展的支持和强大投入，意味着一个高速的宽带网络时代和全民的宽带网络时代即将在文莱出现。

▷ 2.9 新加坡互联网发展概况

新加坡政府长期致力于提高宽带互联网的使用，因此，新加坡的宽带互联网覆盖率几乎达到了99%。截至2009年7月，新加坡已拥有超过521万互联网用户。在新加坡有四个主要的互联网供应商，它们分别是SingNet、StarHub、Pacnet和MobileOne。可以说，新加坡互联网发展的历史并不是很长，但是通过结合自身国情和互联网发展潮流，新加坡政府稳步推进新加坡互联网建设，取得了引人瞩目的成果。

2.9.1 新加坡互联网的起步与发展

1. 新加坡互联网发展的背景

在互联网到来之前，新加坡是世界上第一个对公众采用交互式服务的国家，电视传真是由新加坡电信局和英国的GEC-Marconi联合开发的。1987年，通过使用特殊设计的终端进行服务实验。这项服务在1989年扩大了服务范围，并且随着个人电脑功能的扩展，作为软硬件配套功能加入了个人电脑中。早期的服务提供商为新加坡媒体集团、住房建设委员会和新加坡股票交易所提供服务，服务内容包括一般新闻、商业新闻、住房信息和实时的股票价格更新。随着新加坡电信在1992年成立，电视传真终于开始为普通民众提供服务。用户通过新加坡电信连接电视传真，从最初的1200～2400bit到后来的9600～14400kbit/s，速率稳步上升，但是由于这种服务是基于拨号的，所以在宽带网络迅速兴起后，电视传真便逐渐衰落。

2. 20世纪90年代新加坡互联网的发展

早在20世纪90年代，新加坡政府便决定大力发展信息技术，致力于把新加坡建设成一个信息化的"智慧岛"，以提高国家的竞争力。1990年，新加坡政府宣布"The Next Lap"发展计划，通过发展资讯科技以提高新加坡人生活素质、加强竞争力。1992年3月，国家电脑局公布《IT2000发展蓝图》，蓝图的其中一个重点是建立世界级的全国资讯科技基础设施。这也促成了新加坡全国宽频网络的建立。1996年6月，当时的交通部长马宝山正式宣布设立新加坡综合网。同年9月，负责管理、操作新加坡综合网骨干网络的财团1-Net成立。1997年1月，14个大型跨国公司签署协定，为"新加坡综合网"提供应用程序和服务。1997年4月，17家新加坡及跨国公司签署谅解备忘录，发展支援宽频的技术。1997年6月总理吴作栋为新加坡综合网试验计划举行启用仪式。1997年11月，新加坡和加拿大签署资讯与通讯科技协议，双方联合发展科技产品和服务，使两国都能受惠。1998年2月，"新加坡综合网"在金文泰住宅区设立一个"宽频网络住家单位"，示范宽频基础设施如何惠及人们的住家生活。同年4月，国家电脑局同美国@Home Network建立合作关系，@Home Network将转载新加坡综合网的内容，让北美的55,000名Cable Modem订户都能连接新加坡综合网。1998年6月，新加坡综合网正式推出，为超过1万名用户提供120种以上的应用程序。

1997年11月，新加坡电信集团推出Magix ADSL宽带接入服务，Magix成为新加坡第一家宽带服务商，并在随后的两年里占据着市场的统治地位。直到1999年12月，新加坡有线电视（SCV）才推出Cable Modem宽带接入服务，成为新加坡的第二家宽带接入服务商，与Magix一争高下。至今，两家供应商的用户总数大约为42,000户，其中Magix的用户为30,000户，另外12,000户为SCV用户。新加坡的互联网用户大约为184万，也就是说，在新加坡，大约有2%的互联网用户使用宽带接入上网，这个比例与美国相差无几。新加坡交通及信息科技部部长姚照东在为亚洲Comdex展主持开幕仪式时宣布，政府将拨出1.5亿元用于全面推动宽带网络的发展。除了利用这笔拨款降低新加坡人连接宽带的基础设施及硬件成本之外，新加坡政府也会承担部分国际租用线路费用，以期能降低宽带网络高昂的服务费。随着市场的开放，更多服务商将会加入新加坡宽带接入市场，竞争必然会越来越激烈，相信宽带接入的服务费也会相应下调。在内容服务方面，很多用户都开始把内容搬到宽带网上来。在这种情况下，人们逐渐会放弃"窄带"网，转移到宽带网中来。

2.9.2 新加坡互联网的发展现状

1. 21世纪以来新加坡互联网的发展

进入21世纪以来，新加坡在"智慧国2015计划"（iN2015）的框架下，信息通信技术广泛渗透到社会的各个领域。新加坡政府还计划兴建下一代国家网络和覆盖全国的无线热点。自2006年实施以来，"智慧国2015计划"在新加坡的信息通信业发展上起到了巨大的推动作用，对于新加坡电信业的繁荣可谓功不可没。简单而言，"智慧国2015计划"是一个为期10年的计划，总投资约40亿新元。其规划愿景可以用一句话来形容，就是"利用无处不在的信息通信技术将新加坡打造成一个智慧的国家，一个全球化的城市"。"智慧国2015计划"所期望达到的成果，可以概括为"旨在通过信息通信技术的发展，为国民带来更丰富更便利的生活，加强国家经济的竞争力，以及提高产业的发展水平和实力"。"智慧国2015计划"的目标具体是：到2015年，新加坡基于信息通信技术所发展起来的经济和社会价值高居全球之首，并实现行业价值的两倍增长，以及出口收入的三倍增长。而2008年，新加坡的信息通信行业增长了12.4%，达到581亿新元。这个目标还是相当具有挑战性的，但也显示了新加坡发展资讯通信的决心。"智慧国2015计划"其他社会发展方面的目标还包括：新增工作岗位8万个；新增支持岗位25,000个，如行业内的会计和律师；到2015年，至少90%的家庭使用宽带，电脑在拥有学龄儿童家庭中的普及率达到100%。为了实现以上目标，新加坡政府前期投入了40亿新元用于规划项目的初期建设，主要包括建立超高速、广覆盖、智能化的通信基础设施；开发具有全球竞争实力的信息通信业，以及发展普通从业人员的信息通信技术能力等方面。如今，"智慧国2015计划"已经取得了阶段性的成果。截至2009年4月，新加坡80%的家庭至少可以使用一台计算机，家庭宽带普及率达到99%，移动普及率高达100%。尽管全球经济动荡，信息通信业仍然是新加坡经济中一个重要的增长行业，并肩负着改造主要经济领域及政府部门的重任。新加坡政府将继续进行投资，鼓励创新，以使该行业为经济好转做好准备。

"智慧国2015计划"的一个战略要点就是发展完善的基础设施，为经济增长和社会发展打好基础。其目标是到2012年，新加坡将建成下一代的全国信息通信基础设施，其中包括建设超高速的有线和无线两种宽带网络。

在有线宽带网络部分，新加坡已经开始实施下一代全国宽带网络计划（NBN）。NBN是一种全国性的超高速光纤到户（FTTH）网络，采用GPON技术，最高连接速度可达1Gbps。预计到2010年，下一代NBN将可提供一系列新服务，例如高清视频会议、远程医疗、虚拟学习资源和随机网格运算等。为了建设下一代NBN，新加坡政府拨款总额达到10亿新元，确保提供有效的开放式接入，以促进形成一个有竞争力的活跃的服务市场。值得特别强调的是，新加坡政府对于下一代NBN的投资，不仅是通过铺设光纤来提升电信网络，而且还包括进行必要的行业和规章制度改革，以提升长期发展的竞争力。新加坡通讯发展管理局采取的策略是把下一代NBN价值链上不同层之间实行严格分离，这为该行业中传统的垂直整合运营模式带来重大转变。也就是说将下一代NBN的无源基础设施的建筑商（NetCo）、有源设备的运营产业层（OpCo）和零售服务提供商产业层（RSP）相互分离，以避免自然垄断或不公平竞争的局面。

2. 无线宽带网络的发展

在无线宽带网络方面，新加坡于2006年底开始启用全国无线网络－无线@新加坡（Wireless@SG）。该计划基于Wi-Fi技术，旨在激发无线宽带服务的需求与供给，从而创建一个活跃的无线宽带市场。此网络将对当前在家庭、办公室和学校可用的宽带接入进行补充，并扩展至公共区域。据介绍，Wireless@SG的目标是到2008年12月实现5000个热点和25万名用户。如今，这些目标已超额完成。截至2008年4月，Wireless@SG已经有7550个热点，相当于在新加坡每平方公里有10个公共热点，实际用户数达到130万。Wireless@SG下一阶段的工作将主要是加强用户体验，整个无线网络的接入速度也将从2009年9月起增加一倍至1Mbps，并且免费服务期将延长到2013年3月31日。此外，Wireless@SG的网络运营商将从2010年1月起，推出安全与无线接入（SSA），以促成网络的安全自动化登陆（与手机在开机时自动登陆手机网络十分相似）。这将显著改善使用Wireless@SG的用户体验，尤其是使用带Wi-Fi功能手机上网的用户。SSA还将推进创新服务的部署及使用，例如网络电话、即时短信、实时反馈等。

目前，新加坡三大移动运营商Singtel、Starhub和M1都已经开通了3G服务。其中，Starhub已将3G网络的下行速率由7.2Mbps提升至21Mbps。值得注意的是，虽然有三家电信运营商运营3G移动网络，但是三家运营商所建设的3G网络却都是WCDMA制式，这意味着除了在网络设备建设时会造成重复浪费外，三家运营商在移动网络方面的技术也难以避免同质化的趋势。不过，这些问题在新加坡的3G发展中却并不突出。据了解，在新加坡的三家电信运营商中，Singtel和Starhub属于全业务运营商，即两家公司同时运营固定电话、移动电话和固定宽带等业务，而M1则以移动电话为主，三家运营商各有优势业务。在发展3G用户上，三家采取了类似的策略，利用业务捆绑优惠来吸引用户主动迁移到3G网络上。以Starhub为例，选择无线宽带的该公司固定网络用户可享受固定网络资费50%的优惠，而针对手机用户和有线电视用户的业务捆绑，资费的大幅优惠也长期存在。此外，与其他国家3G网络成功吸引用户的相似优惠策略也被保留：在新加坡，用户与运营商签订两年的手机入网协议即可以优惠价格购买手机，其中，中低价位的手机大部分可以零元"购买"。

在新加坡，固定电话的资费标准为每3分钟0.1新元，而入门级的手机包月套餐则在56新元左右。相较于新加坡2000新元左右的人均月收入，资费可谓相当便宜。而国际电信联盟（ITU）公布的《2009年信息社会考察报告》也显示，2008年，新加坡通信资费（包括固定电话、移动电话和固定宽带），按占人均国民总收入的百分比来计算是全球最低的。据了解，新加坡在3G服务的发展上主要采取了政府示范应用的引导方式，并没有如固网宽带那样进行直接的投资或是补贴运营。新加坡政府将更多的应用开发交给运营商自行运作，而事实也证明，这样充分让市场自由竞争的做法更能够激发运营商的动力，并推动资费不断降低。

综上所述，通过"智慧国2015计划"，新加坡政府紧跟世界互联网发展潮流，不断推出新的网络发展计划，把新加坡逐渐建成一个现代化的国家。

▷ 2.10 印尼互联网发展概况

印尼的互联网起步于20世纪80年代初，印尼大学和万隆工学院在互联网初期发展中扮演了重要的角色。90年代以来，随着互联网产业向商业化的迈进，ISP数目增长迅速，与此形成正比的则是互联网用户人数的增长。截至2009年，印尼全国互联网用户总人数达2000万，约占全国总人口的8.7%。

2.10.1 印尼互联网的诞生

印尼的互联网最初只供非盈利性研究机构和爱好团体使用。1983 年，约瑟夫·卢虎凯（Joseph Luhukay）在雅加达印尼大学计算机科学系建立了印尼第一个互联网的连接，通过一个 UUCP 连接与美国的 UUNet 相连。一年之后，约瑟夫·卢虎凯建立了印尼大学网（UINET）并正式加入到 UUnet，也使得印尼成为东南亚地区最早接入国际互联网的国家。但 UINET 毕竟还是一个校园网络，约瑟夫·卢虎凯在世界银行的资助下，试图扩展其研究计划，建立连接印尼主要大学（包括印尼大学、万隆工学院、茂物农业学院、泗水工学院、查加·玛达大学、哈山努丁大学）的印尼校际网（UNINET）。印尼校际网使用存储和转发系统（a store and forwad system）的 UUCP 通过国际长途线路拨号连接美国的 UUNet。由于其他大学网络基础设施不完善，而且拨号费用不菲，印尼校际网被迫停滞下来。

1986年，印尼科技"沙皇"——哈比比（Baharudin Jusuf Habibie）在美国参加完一个互联网发展会议回国后，受到启发并提出建设一个印尼科学技术网（IPTEKNET）的设想，这是一个模仿美国国家科学基金会网络（NSFNET）的研究网络。1991年，印尼科学技术网正式启动，哈比比利用其兼任研究和技术应用委员会（BPPT）主席的便利，利用世界银行贷款资助该项目。但这个印尼科学技术网还只是一个连接BPPT内部的局域网。直到1994年5月，哈比比再次利用其个人关系，将印尼科学技术网接入互联网，自此印尼才有了稳定的互联网连接。这个互联网连接使用美国的Global One 14.4Kbps的租借线路，网速缓慢且不稳定。按照计划，印尼科学技术网为各研究机构和大学提供免费带宽，但要求合作者必须自己解决设备和基础设施。最终，除万隆工学院等印尼最大的几所大学外，大多数大学因缺少基础都没有成功连接。

万隆工学院也在印尼早期互联网发展中扮演了重要角色，主要代表人物是昂诺·布尔博（Onno Purbo）和他的电脑网络研究小组，但他们没有获得学院高层的支持。1994年，昂诺·布尔博等人通过Telkom捐助的租用线路连接到科学技术网，使得万隆工学院校园网的扩展十分迅速，特别是电子工程技术系的黄线计划（Yellow Cable Project）基本上连接了一半的校园。1996年，万隆工学院已经独立在校园里建立了自己的校园网络，而且有可能成为印尼其他大学连接到互联网的集线器。结果，万隆工学院在与印尼大学、研究和技术应用委员会等研究和学术机构的竞争中脱颖而出，被有"日本互联网之父"之称的村井纯（Jun Murai）和日本AI3主席山口英（Suguru Yamaguchi）挑选成为"广泛整合分布式环境"（Widely Integrated Distributed Environment AI3, WIDE AI3）项目中印尼唯一的合作伙伴，因此，万隆工学院得到日本卫星公司（Jsat）免费提供的1.5M的带宽，并在2000年拓展到2Mbps。

在连接到日本卫星公司JCSat3卫星后，万隆工学院在印尼抛出名为AI3-Net的网络。昂诺·布尔博等人身先士卒，通过讲座和演讲唤起人们对互联网的兴趣，鼓励并帮助他们通过AI3-Net接入互联网。1997年万隆工学院成为印尼首个全面接入国际互联网的校园。初步的成功让昂诺·布尔博继续拓展视野，吸引了印尼的大学通过万隆工学院接入互联网，建立一个印尼国家教育网。昂诺·布尔博等人为各大学提供低成本的连接，利用分组数据交换通信技术连到AI3-Net，费用比长途拨号便宜得多。到2001年，已经有27所大学通过AI3-Net网络接入国际互联网。

🌐 2.10.2　印尼互联网的商业化发展

印尼互联网的发展离不开互联网的商业化和ISP的出现。最早出现的是私营ISP。第一家是1994年9月在雅加达成立的IndoNet公司（PT Indo Internet），公司创始人山查亚（Sanjaya）曾是IBM公司的工程师。IndoNet公司背景十分深厚，既有印尼国有的两大电信公司Telkom和Indosat的支持，也有苏哈托领导的"3·11命令书基金会"（Yayasan Supersemar）的赞助，因此虽然没有相关政策，IndoNet公司仍然被允许经营互联网业务，并成为苏哈托家族垄断印尼互联网行业的工具。IndoNet公司在前两年发展十分顺利，但当ISP之间竞争升温时，其市场份额出现了显著的下滑。

第二家私营ISP是RadNet公司（PT Rahajasa Media Internet）。该公司虽然早在1994年7月已经成立，但是当时印尼政府还没有管理互联网产业的部门，也不清楚如何申请ISP执照，结果直到1995年RadNet公司才在雅加达开展业务，并迅速占领市场，赢得比老对手

IndoNet更庞大的客户基础。

1995年12月在万隆成立的Melsa-i-Net公司是第三家ISP，其创始人是鲁力•哈尔巴尼（Rully Harbani）。1992年，毕业于万隆工学院电子工程专业的鲁力•哈尔巴尼建立了万隆交换网（BIN）。三年后，他在家庭的资助下，与另外同样来自上流社会的万隆工学院校友合作经营Melsa-i-Net公司，2004年改名为Melsa公司。与前两家ISP有所不同，Melsa-i-Net是由年轻一代创立的，开创了高智商年轻技术爱好者在富有的父母或大投资商资助下创业的先河。印尼的许多的ISP和网络公司的发展基本遵循这种模式。

国营ISP出现稍晚，但发展迅猛。1996年初，印尼邮政公司（PT Pos Indonesia）建立了W-Net（Wasantara Network），作为国家信息基础设施建设的一部分，在4个大城市开始运营。为了更为有效地管理W-Net，印尼邮政公司管理层决定成立子公司PT Bhakti Wasantara Net专门经营互联网业务。W-Net的互联网服务通过各省会城市和大城市的邮政网点，使得服务遍及全国各地，成为印尼最大的ISP网络。尽管规模庞大，但是W-Net还是因连接不畅和线路有限遭到诟病。

印尼卫星公司（Indosat）也是一个国家电信服务供应商，在1996年建立了IndosatNet。它的线路比较充足，网速也较其他供应商快。通过其电信商业网络，IndosatNet成功地吸引了企业用户。为了保持与印尼卫星公司的关系，合作伙伴和客户们也倾向使用IndosatNet。Indosat的技术服务好，公关能力强，两年内就成为印尼著名的ISP。

印尼国家电信公司——印尼电信公司（PT Telekomunikasi Indonesia Tbk, Telkom）终于在1998年投身到ISP行业中，建立了TelkomNet。印尼电信公司在国内电话服务中处于垄断地位，除了一般的互联网订购服务外，TelkomNet也提供固定电话拨号上网业务，叫做TelkomNet Instant。TelkomNet Instant服务不需要专门申请，只需加拨特殊号码"080989999"，使用公用用户名"TelkomNet@instan"和公用密码"telkom"即可登入互联网。网费将计入当月的电话账单。开通这项服务后，TelkomNet成功地吸引了其他ISP的客户。

到1995年底，印尼全国共拥有16家ISP（其中5家是商业ISP，其余为研究和院校ISP），2万用户和640Kbps的国际互联网连接速率。1996年5月，ISP数量增至22家。这时印尼的ISP们感到有必要成立自己的组织，一方面代表各家ISP与政策制定者进行讨论和磋商，另一方面协调各家ISP内部的利益，创造一个健康的运营环境。1996年5月15日，在山查亚等人的积极努力下，印尼互联网服务供应商协会（Asosiasi Penyelenggara Jasa Internet Indonesia, APJII）正式成立，有12家创始会员，其第一个商业规范就是制定费率指导价格。

1997年前，印尼政府为了促进中小企业的发展，不允许很多大公司进入ISP市场，但是由于效果不理想，才修改了相关的法律，允许大公司进入，印尼的ISP取得飞速发展。

尽管ISP数量增加，但也存在一些问题：一是很多ISP虽获得经营执照，但不能提供具体服务，例如在2001年初，印尼政府共颁发了155个ISP执照，但实际投入使用的只有60个；二是政府缺乏有效的管理和规划，导致发展极不平衡，互联网接入服务高度集中爪哇、巴厘和苏门答腊岛的城市和其他岛屿的大城市，很多乡村地区根本就没有任何ISP服务。互联网用户必须通过长途电话线连接省城，再接入ISP，有时即使电话线能用，质量也很差。

随着ISP数量的不断增多，他们之间的竞争也异常激烈。举个例子，2000年4月，LinkNet因其免费业务异军突起，短时间内订户（pelanggan）达到19.7万户，一度成为全国最大的ISP。这时，合作伙伴Telkom拒绝与LinkNet分摊电话使用费，LinkNet将盈利寄托于广告及电子商务交易费，但这种模式未能维持太久，只得于2001年3月被迫中断免费业务，订户严重流失。

表2-8 印尼ISP发展趋势表

年份	1999	2000	2001	2002	2003	2004	2005	2006	2007
获得执照的ISP数	50	139	172	180	190	228	253	271	298
加入APJII的ISP数	39	74	104	121	117	119	132	150	176

资料来源：印尼互联网服务供应商协会（www.apjii.or.id）

目前，印尼的互联网服务市场基本上还是被少数几家公司垄断，主要是TelkomNet、LinkNet、IndosatNet、CBN。他们的服务基本上依托于印尼的三大电信运营商：印尼电信公司、印尼卫星公司和印尼帕拉帕卫星公司（PT Satelit Palapa Indonesia, Satelindo）。各大ISP提供的互联网接入服务大部分类似，但也各具特色。例如TelkomNet依托其固定电话线路，覆盖范围最广，且提供公共拨号上网业务；IndosatNet不仅提供注册拨号上网，还凭借其移动网络覆盖，提供较好的3.5G手机上网服务；CBN业务较为全面；LinkNet资费较低等等。

🌏 2.10.3 印尼互联网的管理

在苏哈托时代，印尼政府严格控制互联网的发展。最早对互联网发展制定的国家计划是1996年的《21世纪群岛景象》（Visi Nusantara 21），由担任国有Indosat公司领导的乔纳丹•帕拉帕（Jonathan Parapak）提出。该计划提出要模仿美国，建设国家信息基础设施，并寻求世界银行的贷款。1998年，印尼政府成立了信息通信协调小组（Tim Koordinasi Telematika Indonesia），并在2000年4月重组，由时任副总统梅加瓦蒂领导，包括相关部门的部长和专家学者，主要目的是制定信息通信政策，监管信息通信活动，并协调基础设施建设和人力资源发展，但最终由于成效不大而被瓦希德总统解散。

随着民主化时代的到来，很多学者和民众不希望政府过多干预互联网的发展，政府对互联网监管能力也变得越来越弱。印尼的恐怖组织则抓住这一机会，时常利用互联网传播极端思想、散布网络谣言、训练恐怖分子、组织恐怖活动。有效监管互联网成为了印尼政府无法回避的问题。目前，规范互联网发展的法律法规有：1999年第36号《电信法》、2000年第52号《关于电信经营的政府法令》和2008年第11号《电子信息和电子交易法》，但是仍然很难适应互联网的飞速发展。

印尼互联网行业的行政管理机构是邮政电信总司（Ditjen Postel）。邮政电信总司曾受交通部管理，现隶属于通讯信息部，主要负责制定政策标准、发放经营执照，监督和控制互联网活动等。其具体的执行部门是电信司（Dittel），下设5个职能处：费率和基础设施处、电信服务处、电信运营处、特殊电信和普遍责任处和互联网协议准入处。

印尼互联网服务供应商协会在很大程度上是互联网技术管理机构。1997年，APJII成立了印尼网络信息中心（IDNIC）负责管理印尼的互联网地址资源。同年，APJII还设立了印尼互联网交换点（Indonesia Internet Exchange, IIX）。IIX没有端口费和流量费，ISP只需支付连接IIX的费用就可以将彼此的服务器连接起来，极大提高了国内网站的访问速度。1999年，APJII加入亚太互联网络信息中心（APNIC），2002年获得国家互联网注册机构（NIR）资格。作为国家互联网注册机构，APJII致力于互联网的推广工作，开展了"学校2000项目"（Program Sekolah2000）、"千禧年互联网巡讲"（Millenium Internet Roadshow）等活动。APJII还与APNIC、ISC、Autonomica等机构合作，分别于2004年和2005年在IIX上建立F根服务器镜像和I根服务器镜像。

2.10.4 印尼互联网的普及

随着互联网商业化的不断发展，互联网在印尼也逐步得以普及，主要表现为三多：网站多、网民多和网吧多。

1. 印尼互联网站的发展

2007年之前，印尼的网站数量基本上呈现增长趋势，只是在1998年由于经济危机，导致增速放缓。2008年数量下滑的主要原因是《电子信息和电子交易法》颁布之后，印尼互联网域名管理机构根据法律取消了1万个互联网域名，因为使用这些域名的网站没有按时提交备忘录。根据2008年5月印尼互联网域名管理机构公布的数据，在28,184个".id"域名中，".co.id"域名最多，占一半以上，而".mil.id."最少，只有36个。".co.id"和".net.id"每年需向印尼互联网域名管理机构缴纳10万盾域名使用费，".web.id"则缴纳2.5万盾。

2. 印尼网民数量的增加

印尼网民数量增加的速度丝毫不逊于印尼互联网站的发展。1995年，印尼的互联网网民约为2万人，普及率只占总人口数的0.01%，而到2009年，网民人数已达2000万人，15年增长了1000倍。

表2-9 印尼互联网订户、网民、宽带发展统计表

年份	互联网订户数		网民数		宽带订户数	
	单位：万人	普及率	单位：万人	普及率	单位：万人	普及率
1995	—	—	2	0.01%	—	—
1996	—	—	10	0.06%	—	—
1997	—	—	38	0.19%	—	—
1998	13.4	0.07%	51	0.26%	—	—
1999	25.6	0.13%	90	0.44%	—	—
2000	38.4	0.19%	190	0.93%	0.4	—
2001	58.1	0.28%	420	2.02%	1.5	0.01%
2002	66.7	0.32%	450	2.13%	3.83	0.02%
2003	86.57	0.41%	510	2.39%	6.16	0.03%
2004	134.63	0.62%	562.81	2.60%	8.49	0.04%
2005	185.3	0.85%	789.6	3.60%	10.82	0.05%
2006	254.36	1.15%	1057.57	4.76%	19.44	0.09%
2007	312.6	1.39%	1300	5.79%	29.45	0.13%
2008	312.6	1.39%	1800	7.92%	40	0.18%
2009	—	—	2000	8.70%	170	0.74%

资料来源：国际电信联盟（www.itu.int）

在东盟十国中，印尼的网民人数虽然占第二位，仅次于越南，但是普及率只能排在第七位上下。因此，印尼的互联网普及工作依然繁重。

根据Pacific Rekanprima公司在印尼10个大城市的1500名网民的调查结果（I2BC，2002），印尼网民年龄大部分介于14至45岁之间，2/3是男性。大部分受访者是私企职员和学生。在学历水平上，高中毕业者占34.5%，拥有学士学位者占39.6%，拥有硕士博士学位者仅占5.7%。大部分受访者有家用电脑（63.5%），每个月的花费在一百万至两百万印尼盾（70.4%）之间。

该调查还表明，70.4%的网民在工作日使用互联网，25%左右的网民在周末使用。41%在办公室上网，而在网吧上网的则占42%。大部分人在上班或上课时间（8时至17时）上网，约占总数的54.3%；其次是晚9点到24点，约占32.3%。大部分受访者一周上网2~3次，大约一半的人每次访问1~2个小时。上网时，有一半的人既工作又处理私人事务，仅有9%的人完全为了工作而上网。网民愿意每次花5000至2万印尼盾来上网。

3. 印尼网吧的特殊作用

从上面印尼订户数和网民人数的对比以及调查结果可以看出，大部分网民还负担不起

高昂互联网接入费用和购买个人电脑，更多的是通过办公室、网吧上网。ISP的互联网订户增长也始终不容乐观。网吧则在印尼互联网的普及中发挥了重要作用。

网吧在印尼语里叫warnet，是warung internet的缩写。一般认为，印尼第一家网吧出现在茂物。1996年，一位名叫迈克·松吉亚尔迪（Michael Sunggiardi）的IT业者将他的电脑租借店改造成网吧。由于当时共享连接的路由技术还没有出现，这家网吧只有一台电脑可以上网。起初，迈克·松吉亚尔迪把他的网吧取名为"Bonet Café"，"Bonet"是网吧ISP的名字。除上网之外，Bonet Café还提供炸香蕉等免费的小点心。后来，迈克·松吉亚尔迪觉得Café这个词听上去太奢华了，可能会吓跑一些中低阶层，就干脆使用更为大众接受的warung，随即将网吧改名为"Waroeng BoNet"，生意越做越大。1996年下半年，印尼的主要城市又出现了好几家网吧。1996年7月，泗水的CCF网吧在法国文化中心开业。1996年底，首都雅加达至少开设了3家网吧。

印尼邮政公司的W-Net也较早涉猎网吧产业，推出Warposnet（warung pos internet）业务，即在邮局开设网吧。1996年Warposnet开始试点，1997年在27个省府和51个城市的所有主要邮局架设了W-Net线路。可是，由于W-Net糟糕的网络，Warposnet不能和爪哇岛城市的其他网吧竞争，其业务只是在外岛缓慢推广。到2002年初，由于印尼邮政公司大规模改组，很多Warposnet都关闭了。

由于上网成本低廉，网吧在印尼遍地开花，并深入底层社会。在昂诺·布尔博等人互联网技术元老的热心推动之下，一个名为Pointer（Pojok Internet）的网吧连锁店在爪哇岛和巴厘岛迅速发展。在1997年，印尼大约有100家网吧，到2001年底就增至2500家。

印尼传统的网吧如同Warung一样简单朴实，上网电脑依次排开，只是通过布帘或是竹帘（krepyak）隔开。甚至有的网吧只是蒙了一张塑料雨布的临时性小棚子，电脑就依次摆在长桌上，上网的人席地而坐（lesehan），体现了现代科技和传统思想的结合。当然，豪华网吧在大城市也屡见不鲜，到处都是霓虹灯和金属外观装饰，充满了现代感。

▷ 2.11 东帝汶互联网发展概况

互联网发展水平被视为衡量一个国家是否属于全球信息社会的重要指标之一，而东帝汶的互联网发展水平仍然偏低。在东帝汶，一个互联网域名通常由几个人共享，特别是政府、非政府机构和公司账户，只有少数居民在自己的私人住宅中连接互联网。东帝汶互联网发展主要受经济水平的影响，电脑、电话线路的价格相对较高，ISP费用比较昂贵。互联网用户中至少80%是帝力市民，尽管帝力拥有可靠的电信设施和ISP，但是电力不稳定、联网费用过高、计算机及其技能的缺乏等因素限制了首都以外地区的互联网使用。在帝力，网吧和一些比较好的酒店为客人提供上网服务。已经建立TT的8个社区电信中心均为提供电话服务和上网服务的网吧，资费约为3美元/小时。

".tp"是在之前的ISO 3166-1代码基础上发展起来的东帝汶互联网顶级域名代码。2005年起，东帝汶互联网域名从".tp"改为".tl"。目前，东帝汶有两家ISP，它们都主要在帝力开展业务。东帝汶电信就是其中一家ISP，自带一个iNet下游供应商。iNet的服务范围仅限于首都帝力地区。双向卫星互联网只存在理论上的可能，原因是该国虽然位于卫星服务覆盖的澳大利亚和亚洲地区的边缘，但实际上使用非东帝汶电信服务是不被许可的。因此，互联网服务只限于安装了固定电话或DSL基础设施的地点，WiMAX和GPRS网络连接是不可用的。

截至2004年10月，东帝汶通过拨号上网的互联网用户约2100名，宽带用户约50名。

第3章　网络信息资源检索概述

　　随着网络化时代的到来，信息资源网络化成为一大潮流。网络信息资源是通过计算机网络可以检索和利用的各种信息资源的总和，包括互联网上的网站、网页、电子图书、电子期刊、电子报纸、数据库等一切可以获取的资源。与传统信息资源相比，网络信息资源在数量、结构、分布和传播范围等方面都显示出新的特点。对于信息用户来说，了解互联网各类信息资源的分布特点，掌握一定的信息检索技术和方法，是高效获取和合理利用信息资源的重要基础。

▶ 3.1 信息检索概述

信息检索，顾名思义就是用户在大量的信息资源中通过某种途径或方法获得自己想要的信息资源。在谈到信息检索时，我们首先需要了解一下检索的对象 – 信息资源。

3.1.1 信息资源

1. 信息、知识与文献

在学习和学术研究过程中，我们通常会遇到信息、知识、情报、文献等相关概念。在讨论信息资源检索时，我们有必要对这些概念加以区分，理解这些概念，有助于我们信息资源检索意识和观念的形成，并在一定程度上会影响我们的检索行为。

（1）信息和信息资源的概念

信息是自然界、人类社会以及思维活动中普遍存在的现象，是一切事物自身存在方式以及它们之间相互关系的表达形式。从学术角度来看，信息论创始人香农（Shannon）在《通信的数学理论》中提到，"信息是用来消除不确定性的东西"。一般来说，信息具有意义性、内涵性、可传递性、可存储性、可加工性、时效性等文化特征。信息和材料、能源一样，是一种重要的资源，但是材料和能源提供的是具体的物质，而信息提供的是知识和智慧。那什么是资源呢？

《辞海》中是这样解释资源的，"资财之源，一般指天然的财源"。在科学研究领域，资源通常分为广义和狭义两种：广义的资源不仅指人类生存发展和享受所需要的一切物质和非物质的要素，包括人类生活所需要的一切自然物；而狭义的资源仅指自然资源。信息作为一种资源，即信息资源，当然是一种广义的资源。而信息资源本身也有广义和狭义之分，广义的信息资源指的是信息活动中各种要素的总称，既包含信息本身，也包含和信息相关的人员、设备、资金、技术等因素；而狭义的信息资源只限于信息本身，是指各种载体和形式的信息集合，包括文字、音像、数据库等等。

在学习和学术研究中，我们会经常和信息资源打交道。因此，它的概念和文化表现性应该引起高度关注。

（2）知识

我们还是首先来看看《辞海》的解释，"知识是人类认识的成果和结晶，包括经验知识和理论知识；知识借助一定的语言形式，或物化为某种劳动产品的形式，可以交流和传递给下一代，成为人类共同的精神财富"。实际上，知识就是人类在改造客观世界的实践过程中获得的对客观事物和事物运动规律的认识和总结，是人的大脑通过思维重新组合的系统化的信息集合。

人类既要通过信息感知世界、认识世界和改造世界，又要根据所获得的信息组成新的知识。信息可以分为正确信息和虚假信息、有用信息和无用信息，而知识是在实践中获取并经过实践检验的正确的、有用的信息。从这一点可以看出，知识是信息的一部分，是一种特定的人类信息。

（3）文献

"文献"一词自古就有，在我国古代，文献是指文字资料和言论资料，以及贡献这些资料的贤人。随着历史的发展，文献逐渐演化为专指有价值的各学术领域的图书档案资料。随着科技的发展，文献的概念不断扩大。《文献著录总则》对文献定义为："文献是记录有知识的一切载体"。从定义可以看出，文献包括下面三个属性：一是知识性，即要有一定的知识内容；二是记录性，即要有以保存和传递知识的记录方式；三是实体性，即要有记录知识的物质载体。

总之，文献必须包含知识内容，而知识内容只有记录在物质载体上，才能构成文献。

2. 文献信息资源的类型

对文献信息资源的类型划分并非是整齐划一的。由于参照的标准不一样，所以其类型的划分表现出较大的差异性。

（1）按加工程度划分

这种划分方法是建立在知识论基础上的。英国哲学家波普尔认为世界可以分为三个部分：即世界一，它是知识存在的本真状态；世界二，它是主观精神世界；世界三，它是离开人的主体而客观存在的知识。按照这个三世界理论，人们将文献信息资源分为零次文献、一次文献、二次文献和三次文献等4种不同的类型。

① 零次文献

零次文献是指未经记录，未形成文字材料，直接作用于人的感觉器官的非文献型的信息，或者是未公开于社会即未经正式发布的原始文献，没正式出版的各种书刊资料。例如书信、手稿、笔记等。其优点是具有信息的原始性，传递速度快，缺点是不成熟、分散、难以获得和检索。

② 一次文献

一次文献又称原始文献，它反映最原始的信息资源，是人们研究或创造性的活动的直接记录。一次文献在整个文献中，数量最大，种类最多，影响最大，是被检索信息资源的重要组成部分，例如期刊文献、科技报告、学位论文、公开发表的著作等。一次文献的优点是内容新颖、详实、具体，参考和使用的价值高，但一次文献记载的信息还是显得比较分散和无序。

③ 二次文献

二次文献是指通过科学的方法将分散、无序的一次文献经过筛选、分析、整理，按照其内容特征和外部特征，进行信息抽取、提炼、分类而编成的系统性文献。从这个意义来看，二次文献可以看成是检索工具，它包括目录、文摘、索引等，常见的如《PQDT博硕士学位论文全文检索系统》等。二次文献具有汇聚性、有序性和系统性等特点，易于存储、检索、传递和使用，具有较高的使用价值。

④ 三次文献

三次文献是系统的组织、综合研究和分析一次和二次文献的结果，它通常围绕某个专题，利用二次文献检索搜集的大量相关文献，对其内容进行分析、整理、综合研究等深度加工而成。常见的三次文献有百科全书、专题报告、年鉴、字典等。三次文献具有资料性和实用性，其针对性强，文献内容更加集中，但是由于存在一个浓缩、提炼和深加工的过程，使得三次文献较之一次文献而言，内容上变化较大，有的甚至不能反应或一定程度上曲解了一次文献作者的观点。

（2）按照信息源的载体形式分类

为了方便信息的存储和传播，人类发明了各种各样的物质材料来记录信息。从原始社会的结绳示数，到甲骨文、楔形文字的记录，人类记录信息的材料在不断发生变化，纸张和印刷术发明后，知识主要是以纸张为介质进行存储和传播。但是，随着信息技术的发展，信息存储的介质已经不仅限于纸张这种单一的形式，光盘、磁带等存储介质不断产生和发展。从知识信息存储的方式来看，目前的文献主要分为纸张型、微缩型、音像型和电子型4类。

① 纸张型文献

纸张，是一种较为常见的传统信息载体。人们通过手写、打印、印刷等记录手段，将信息记载在纸张上形成文献。其优点是易于人们携带，而且符合人们长久以来建立的阅读习惯，缺点是存储密度小，往往一本书所包含的信息量不大，但书本本身的体积却很大，并且由于纸张这种材料的原因，纸张型文献不便于长期保存和流通管理。

② 微缩型文献

微缩文献是利用光学技术将信息记载在感光材料上形成文献，常见的如微缩胶卷和微缩胶片等。相比纸张型文献，微缩型文献的存储密度更大，且易于保存和传递，但是对机器依赖性很强，必须通过专业的机器才能进行阅读。

③ 音像型文献

音像型文献是通过一定的机器，采取录音、录像、摄影和摄像等方式，将信息记录在光学材料和磁性材料上形成的文献，常见的如磁带，唱片等。其优点是比较直观的表现出信息的内容，且存储密度较大，但是阅读它，也需要特定的设备。

④ 电子型文献

电子文献是以二进制形式在计算机上存储的文件，可以通过计算机读取文献的内容。其优点是种类多、数量大、内容丰富，存储密度非常大，并且易于更新，而且通过现有的互联网技术，可以很方便的进行信息传递。电子型文献是文献存储的发展趋势。随着信息科学技术的发展，很多微缩型和音像型文献，都随着其记录方式的改变，逐渐演化为数字化信息，并且同时可以在计算机、照相机和摄像机上进行阅读和存储。针对这些信息，不断发展的计算机检索技术也基本实现了对这些资源的检索，随着一系列知识库的建立和文本信息电子化的推进，人们将会体验到搜索自己想要的信息资源会越来越容易。

（3）按照出版标准形式分类

依照国际上流行的有关文献资源的通用出版标准，文献资源可以分成图书、连续出版物和特种文献三类。

① 图书

根据联合国教科文组织《关于印刷品统计》文件的规定：图书是指篇幅达到49页以上的订装成册的印刷品。图书的著作类型包括著述、编撰、翻译和注释四种类型。图书反映的信息内容系统，论述全面，是一种成熟度很高的文献。具有较强的学术价值和知识价值的专业性图书对于读者了解和掌握一门学科的系统知识有重要的参考价值。图书的缺点是时效性差，不能反应最新的信息。

② 连续出版物

连续出版物包括期刊、报纸、年鉴、连续出版的专著丛书等具有连续发布特征的印刷品，但值得注意的是，在某段较短时间内连续出版的作品不属于连续出版物，连续出版物的各期封面、刊头设计以及编辑出版单位都相对固定。每一期的内容多由多篇文献汇集而成，原始性、新颖性和学术性较强，概括起来，连续出版物具有连续性、稳定性和及时性等特点，是我们进行学习和学术研究的重要信息来源。

③ 特种文献

特种文献是指普通图书、连续出版物之外的如会议论文、科技包括、专利文献、标准文献、产品样本等文献。这些文献是专业研究人员最为看重的文献信息资源。下面我们介绍一下会议论文和专利文献：会议文献是指在各种会议上发表的文献，是报道最新科技动态的一次文献，其特点是信息传递及时，出版形式多样，专题涉及较为深入；专利文献是指和专利活动有关的文献，集技术性、经济性和法律性于一体，内容新颖，实用性强，著作格式统一，文字简练，是研究专项领域最新技术的重要参考文献资源。

3.1.2 信息检索语言

信息检索语言又称标引语言，或是索引语言、概念标识系统、检索标识系统等，是信息检索系统存储和检索文献信息资源时，共同使用的约定俗成的一种语言。

信息检索语言在信息标引人员、检索人员和用户之间架起了一座桥梁，用户根据标引人员的标引规范，构造出一种检索人员能够理解的语言，检索人员根据这种语言，对照规范的标引，从信息资源库中调出用户需要的资源。总之，检索语言有助于提高检索效率以及检索系统的查全率和查准率。

检索语言根据不同的划分标准，可以有不同的类型。按照描述文献的不同特征，检索语言可分为描述文献外部特征和描述文献内容特征两方面。描述文献内容特征则可以按照规范化程度划分为人工语言和自然语言；人工语言继续划分，可以分为主题语言、分类语言和代码语言。实际上，检索语言还可以按照适用范围划分为综合性语言、专业性语言和多学科语言；按照组配方式划分，分为先组式语言和后组式语言等等。

1. 分类语言

分类语言被广泛地用于图书馆书目检索。分类语言是以符号为基本字符、用分类号及相应的分类款目名称来表达文献主题概念的检索语言。这种语言的特点是利用分类号来区分和表达不同的文献主题概念，然后根据这些概念之间的关系，将其组织成一个逻辑体系。分类语言的这种特性，使得同一学科、专业的文献集中在各自的类目下，方便按学科门类进行族性查询。

根据分类号的构成原理，分类语言可以进一步细分为等级体系分类语言和组配分类语言。

等级体系分类语言是一种直接体现知识分类等级制概念标识系统的分类语言，其类条目是按照等级层层展开并详细列举的，主要特点是按照学科和专业汇集文献，从知识的角度和文献内容的层次对文献进行区别和联系，从而提供族性查询，优点是分类体系严谨，标识符号易于识别和记忆，应用范围比较广泛。等级体系分类语言也有其局限性，比如目前使用的列举式分类方法和类目的单线排列方式，使其不能无限容纳概念。一旦某个概念内的文献较为集中，或是总的概念数增长较快，这种方法都会体现出它的局限性。

组配分类语言又称分析－综合分类标识语言，它将一个复杂的概念分解成若干个简单概念（或概念因素），多个简单概念也可以组合成一个复杂概念。标引的时候，两个或多个简单概念的分类号组合搭配在一起表示复杂的概念。组配分类语言克服了等级体系分类语言的局限性，但相对而言不容易识别和记忆。

根据等级体系分类语言制作成的体系分类表对图书馆和信息管理人员来说至关重要。一部完整的分类体系表大体上可以分为以下几个组成部分：编制说明、基本部类、基本大类（或称大纲）、简表、详表、辅助表、索引和附表等。目前中国通用的分类体系为《中国图书馆图书分类法》，该分类方法广为全国公共图书馆和信息研究所等机构采用，是我国通用的综合性图书资料分类方法。

表3-1　《中国图书馆图书分类法》（第四版）基本部类和基本大类

基本部类	基本大类
1. 马克思主义、列宁主义、毛泽东思想、邓小平理论	A. 马克思主义、列宁主义、毛泽东思想、邓小平理论
2. 哲学	B. 哲学、宗教
3. 社会科学	C. 社会科学总论，D. 政治、法律，E. 军事，F．经济，G. 文化、科学、教育、体育，H. 语言、文字，I. 文学，J. 艺术，K. 历史、地理
4. 自然科学	N. 自然科学总论，O. 数理科学和化学，P. 天文学、地球科学，Q. 生物科学，R. 医药、卫生，S. 农业科学，T. 工业技术，U. 交通运输，V. 航空、航天，X. 环境科学、安全科学
5. 综合性图书	Z．综合性图书

此外，还有中国科学院系统和部分高等院校使用较多的《中国科学院图书馆图书分类法》、在20世纪50年代至60年代广泛使用的《中国人民大学图书馆图书分类法》以及古代的《四库全书总目》等。国际上用得比较多的图书分类法有《杜威十进制分类法》（Decimal Classification, DC）、《国际十进制分类法》（Universal Decimal Classification, UDC）、《美国国会图书馆图书分类法》（Library of Congress Classification, LC）以及《冒号分类法》（Colon Classification, CC）等等。

表3-2　《杜威十进制分类法》类表结构

000 总论	500 纯粹科学
100 哲学	600 技术科学
200 宗教	700 美术
300 社会科学	800 文学
400 语言学	900 历史

2. 主题语言

主题语言是指用自然语言中的名词、名词性词组或句子描述文献主要讨论或研究的内容，也就是主题。主题语言通过对词汇进行规范，然后将规范化的词汇进行概念组配用以表达任何专指的概念。与分类语言不同，主题语言能直接用词语来表达各种概念，而不管这些概念之间的相互关系。使用主题语言检索，检索者不需要知道其所需文献属于什么学科、专业。从这个角度来看，主题语言可以为检索者研究提供多学科综合的信息，开阔视野。一般来说，同一篇文献可以用多个不同的主题词来标引，从而扩大了检索的途径。通常来说，主题语言的具体形式是主题词表，主题词表是主题词参照某种排序方式形成的字顺体系表，其作用主要是用来核对主题词。

主题语言按照主题性质的不同，又分为标题词语言、单元词语言、叙词语言、关键词语言等。

（1）标题词语言

所谓标题词，是指从自然语言中选取的，经过规范化处理后用来表示事物概念的完整名词术语。标题词语言是最早出现的按主题来标引和检索文献的传统检索语言。为了保证标题词语言的明确性，要求一个概念只能用一个标题词来表达，同时对于多义词的情况，还需要加上限定词和注释。标题词语言将全部标识按照字顺序编排形成标题词表，标题词表一般由主表、副表和编制说明三部分组成。主表是标题词表的正文部分，包括标题词和非标题词，参照和注释等；副表也叫标题细分类，有通用副表和专用副表两种；编制说明一般在标题表的最前面，指出标题表的制作方法和相关属性。

（2）单元词语言

单元词语言产生于20世纪50年代。所谓单元词，是指在概念上不能再分的最小单元名词。例如"太空"不能再分成"太"和"空"，所以可称为单元词。但是"生态环境"还可以继续划分为"生态"加"环境"，所以它不是单元词。单元词法的原理是任何一个复杂的概念都可以划分为多个最简单的概念，而这些简单的概念也可以组合成一个复杂的概念。将代表最基本的不可再分割的单元词作为单独标引文献的单位，并将所有含该单元词的文献号列于其下。查询的时候，再将这些单元词进行组配，筛选出共同的文献号，是单元词语言的使用方法。单元词法局限于分词过程中带来的概念变化，这种概念的转变常常会影响用户的检索效果。

（3）叙词语言

叙词语言产生于20世纪50～60年代。叙词是指从文献题目、正文、摘要中抽取出来的，用以表达文献内容的经过优选和规范化处理的名词术语。它吸收了单元词语言的组配原理和在它之前出现的众多检索语言的原理方法，如组配分类法的概念组配原理和适当预先组配方法、以及标题词中采用的复合词、复合词组表示主题概念的方法等，并在参照系统中吸取了体系分类法的逻辑方法等等，使得叙词语言成为一种性能较好的检索语言。

（4）关键词语言

关键词语言是为了适应目录编制自动化的需要而产生的一种检索语言。所谓关键词，是指出现在文献中，对表征文献主题内容具有实质意义的自然语言，通常在文中出现的频率较高。使用关键词语言可以迅速标引，方法简便容易掌握，但是关键词未经过规范化处理，其同义词、近义词，多义词等均未加以规范统一，这样容易造成标引和检索之间的误差，从而造成误检、漏检。值得注意的是，与其他主题语言不同，关键词语言不编制关键词表。

3. 代码语言

代码语言是用某种符号代码系统来标引信息特征、排列组织和检索信息的语言。在分类时，有些文献倾向于不将代码语言列入其中。然而常见的符合代码如化合物的分子式、专利号等，在各自的专业领域都具有显著的检索价值，用其作为标引和检索的标识，对于专业领域的检索具有重要意义，在某种程度上它使得我们能更快更准的定位到我们所需要的文献，为特定专业的行家提供了一条简洁的检索途径。当然，它的使用受到很大的局限性，并且也会造成一定的漏检。

3.1.3 信息资源检索工具、技术与方法

信息资源检索工具的使用方法是技术，不同的信息检索工具有相应的检索技术。

1. 信息资源检索的工具

信息资源检索工具（以下简称检索工具）是人们用来报道、存储和查找各类信息资源的工具。一般来说检索工具都具有存储和检索的职能，它对自身收录的文献有详细的描述，并为用户检索所需信息提供服务。与之前的文献及检索语言一样，检索工具的分类方法和所依照的标准也有多种。如：按照检索方式划分，检索工具可以分为手工文献检索工具和计算机文献检索工具（另一种说法是按此分类方法还可以划分出机械检索系统）；按出版和载体形式划分，则可分为印刷、光盘、磁带、卡片、微缩制品、数据库等不同形式；按照收录范围划分，检索工具包含综合性文献检索工具、专业性文献检索工具和单一性文献检索工具3种；按照收录文献的对象和揭示方式，又可划分为目录、索引和文摘形式。我们重点介绍第一种分类形式划分出的手工文献检索工具和计算机文献检索工具。

（1）手工检索工具

手工检索工具是指依靠人工来查找信息的检索工具，是传统的检索方式。在计算机发明之前，人们采用的检索工具都是手工检索工具，即使是计算机发展到今天，手工检索工具依然在某些方面发挥着重要的作用。手工检索工具的主要类型包括书本式的目录、题录、文摘和各种参考工具书等。

① 目录（Catalogue）

目录是对出版物进行报道和对图书资料进行科学管理的工具。对于我们常用的科技文献检索而言，我们有必要了解一些常用的目录。比如：为记录国家出版的全部图书而出版的国家书目，对中国而言有《全国总书目》和《全国新书目》；图书馆、资料室等藏书部分的藏书目录以及汇集若干个图书馆和信息部门馆藏信息的联合目录等。

② 题录（Title）

题录是报道和揭示单篇文献的外表特征（如作者、题目等），从目录基础上发展起来的检索工具。和目录不同，题录的著录对象是文献中的论文或部分内容，而目录的著录对

象是整部文献。比较有名的题录如美国《化学题录》、《中文科技期刊题录数据库》等。

③ 文摘（abstract）

文摘是系统报道、积累和检索文献的主要工具，是二次文献的核心。它和题录相似，只是在题录的基础上增加内容摘要，这就使得文摘揭示的不只是文献的外表特征，还包括该文献的内容特征。文摘的目的在于使用户花费较少的时间和精力掌握有关文献的现状及其基本内容，了解所研究事物的发展水平，从而吸取别人已有的工作成果，避免重复劳动。对于没有能力阅读外文全文文献的人来说，文摘成了其掌握外文文献的重要途径。

④ 参考工具书（reference book）

参考工具书是一种特殊类型的图书，它收录了某一范围内的有关资料，为用户提供了基本知识和文献线索。根据图书的功用可以将工具书划分为检索类工具书、词语类工具书、资料类工具书、表谱内工具书、图录类工具书和边缘类工具书6种类型。他们都是检索信息的重要工具。

我们使用手工检索，一般是为了查找已知文献外部特征的文献或者是根据某个主题，查找与之有关的文献。根据目的的不同，其检索途径也不一样。要查找已知文献外部特征的文献，只需要根据用户已知的外部文献特征如责任人（编者、著者、译者等）、题名、文献代码、出版地等信息进行查找；而对于围绕某个主题查找文献，则需要通过文献的内容特征，这个时候就可以使用上一小节我们介绍的描述文献内容特征的检索语言即可。

手工检索的优点在于检索方便，检索人员可以随时根据自己的需求修改策略，这样查到的文献一般是检索人员需要的文献，即查准率高。当然，手工检索的缺点也很明显，全靠人工进行检索，检索效率和速度都不高，而且检索人员的工作量相对较大。然而，手工检索系统在我们现实生活中，还在发挥重要的作用。

（2）计算机检索系统

随着计算机的发明，通过计算机来进行信息资源检索开始取代手工检索系统的主导地位。系统的工作流程大致是先将各种信息通过一定的形式存储在计算机系统中，然后进行加工处理，形成可供检索的数据库。检索时，用户输入自己想要的资源相关信息（通常是自然语言、提问式输入），并且选定所选数据库，计算机通过一些特定软件的内置算法，实现检索提问与数据库文件之间的匹配，并通过用户界面显示出结果。

一个计算机检索系统主要是由计算机硬件、计算机软件、数据库等3个部分按照设备之间的关系、软件的算法等联系在一起。计算机检索可以分为光盘检索、联机检索和网络检索。

① 光盘检索

光盘检索系统主要由光盘数据库、光盘驱动器、计算机等组成，可以在单机上进行检索的称为单机光盘检索，通过联网方式获取光盘数据库文献的检索方式称为光盘网络检索。

② 联机检索

联机检索是指用户利用终端设备（如调制解调器、打印机、检索终端等），通过国际通信网络，与本地计算机检索系统或远程的计算机检索系统的主机连接，从而检索世界各地存储在计算机数据库中的信息。一个联机检索系统主要由计算机、检索终端、通信网络、数据库4个部分组成，其特点是收录信息内容广泛、报道及时、查找迅速、资源能实现共享以及检索途径多、检索方便等。一般来说它包括回溯检索、定题检索、联机订购、电子邮件4种服务方式。目前美国的DIALOG联机检索系统是世界上规模最大的一个联机检索服务机构。

③ 网络检索

网络检索系统就是用户连接互联网的计算机，通过用户终端输入检索条件，然后从互联网提供的网络数据库、出版物等网络信息资源中提取符合用户所需信息的检索系统。在第一章中，我们介绍了网络的概念和原理、网络发展初期，网络检索系统的主要工具是基于传输和下载网络信息的，例如FTP、BBS、e-mail等等。现在，网络信息检索系统已经成为人们进行学术活动不可缺少的一部分，其主要优点是搜索效率高、查全率较高等等。随着检索算法的不断改进，网络检索系统的综合效率和效果也在不断提高。关于互联网信息检索，我们将在本章的第二节中详细介绍，这里就不赘述。

2. 信息资源检索技术

信息检索技术针对不同的文献检索系统有很大的区别。此处，我们讲的信息检索技术主要是针对计算机检索系统所采用的技术。

（1）传统的信息检索技术

传统的信息检索技术主要有布尔逻辑检索、位置检索（或词位检索）、截词检索、限制检索等。

① 布尔逻辑检索

布尔逻辑检索是较早开发出来的、在信息检索系统中应用广泛的比较成熟的检索技术，它利用布尔逻辑运算符进行检索词的逻辑组配。常用的布尔逻辑运算符有逻辑"与"（AND）、逻辑"或"（OR）、逻辑"非"（NOT）等三种。下面，我们将举例说明这三种运算符对检索词的组配所代表的新的检索概念。

例：马来西亚 AND 旅游

原概念之间具有交叉关系。所表示的新的概念是所需要的文献中既要包含"马来西亚"，也要包含"旅游"。使用逻辑与，缩小了检索范围，增强了专指性，从而可以在一定程度上提高查准率。

马来西亚 OR 旅游

原概念之间具有并列关系。表示的新的概念是所需的文献中或者包含"马来西亚"，或者包含"旅游"（当然二者都有的文献也被包含进去）。使用逻辑或，扩大了检索范围，但能提高检索信息的查全率。

马来西亚 NOT 旅游

原概念之间具有概念排除关系。所表示的新的概念是所需的文献中只包含"马来西亚"，而不包含"旅游"（二者都包含的被排除在外）。使用逻辑非，缩小了检索范围，增加了准确性，但是也容易将有关信息剔除，影响了检索信息的查全率。

布尔检索在光盘检索、联机检索和网络检索中都有着广泛的应用，但是不同的检索工具中布尔逻辑技术有所差异。使用时我们要注意区分不同的检索工具中布尔逻辑检索的不同表现形式和规则。此外我们还要注意运算符的执行顺序，一般是先括号，然后依次为 NOT、AND、OR。

② 截词检索

截词检索是指在检索词的合适位置利用截词符将其截断，而后进行检索的技术。大部分检索系统都提供截词检索。这种技术比较适合当用户不能完整的记起所需文献的某个外部特征（如题目），或者需要检索一类具有相近外部特征的文献时使用。他可以预防漏检，提高查全率。

截词的方式有多种，根据截断的字符数量来划分，可以分成有限截断和无限截断，有限截断是指通过截断符"？"的个数来具体指定截断的字符个数；而无限截断不需要具体说明截断的个数，通常只需要使用"*"来代替被截断的字符。按照截断的位置划分，可以分为前截断、中截断和后截断。下面分别举例说名这三种截断技术。

例：a. 前截断

输入"？s"，可以查到包含"as, is, CS …"（如果默认不区分大小写）等词的文献。

输入"*s"，则可查到更多的包含如"his, this, is …"等词的文献。目前windows系统下提供此类搜索。例如在资源管理器查询中输入"*.jpg"可以查到当前目录下的所有JPG格式的图片。

b. 中截断

输入"c?p"，可以查到包含"cap, cup …"等词的文献。

输入"h*t"，可以查到包含"hit, hurt, heat, hot …"等词的文献。

c. 后截断

输入"pos*"，可以查到包含"position, possible, pose, posada …"等词的文献。

③ 位置检索

位置检索是以数据库原始记录中检索词之间的特定位置关系为对象的运算。采用具有限制检索词之间的位置关系功能的位置逻辑运算符进行组合运算，可以弥补逻辑布尔检索中未考虑检索词词间关系而容易造成误检的缺点。在不同的检索系统中，位置逻辑运算符的种类和表达式会有差别，使用的时候，需要针对所用的系统选择逻辑运算符。下面以著名的联机检索系统DIALOG中的位置逻辑运算符为例，来说明位置逻辑运算符的运算机理。

在词位置检索中，常用的位置运算符有（W）与（nW）、（N）与（nN）等，其作用是使检索语句发生概念改变。具体如下：

（W）是指在两侧检索词之间最多只能插入一个空格、标点、连接符，并且两侧检索词的次序不能发生颠倒。例如：儿童（W）文学，可以检出含"儿童文学"、"儿童，文学"、"儿童—文学"等文献；而（nW）是指两侧检索词词序不发生变化，但是允许在两个词之间加入n个单元词。例如：儿童（2W）文学，可命中"儿童文学"、"儿童童话文学"、"儿童诗歌文学"等等。

（N）表示两次检索词之间不能插入单词或字母，但是词序可以颠倒。（nN）表示两端的检索词顺序可以颠倒，并且可以插入n个单词。例如：控制（N）系统，能命中"控制系统"、"系统控制"；而控制（2N）系统，能命中"控制线性系统"、"系统姿态控制"、"系统自动控制"等等。

实际上还有（X）和（nX）这类，不过其作用与（W）与（nW）相似，只不过要求两侧的检索词相同，原则上可以认为是（W）与（nW）的一种特殊情况。

子字段包括文摘字段中的一个句子或标题字段的副标题。子字段检索使用的位置运算符为（S）。它表示两个检索词必须同时出现在记录的同一子字段中，不限制其在子字段中的次序和中间允许插入的词数。例如：儿童（S）文学，可以检索到题名为"文学对儿童智力发展的影响"的文献。

④ 限制检索

限制检索是通过限制检索范围来达到提高检索准确率的技术。限制检索的方式有很多，常用的限制检索方式是字段限制检索。

数据库记录是由若干个字段组成的，字段检索是把检索词限定在数据库记录的特定字段中，如果记录的相应字段中有输入的检索词，则为命中记录。数据库提供的可供检索的字段通常有基本索引字段和辅助索引字段两大类。基本索引字段用来表示文献的内容特征，如TI（篇名、题目）、AB（摘要）、DE（叙词）等；辅助索引通常用来表示文献的外部特征，如AU（作者）、JN（刊物名称）、PY（出版年份）等。在检索提问式中，还可以利用"/"对基本索引字段进行限制。例如"（童话/TI OR 儿童文学/AB）AND PY = 2000"表示要查找一篇2000年出版发行的篇名（或题目）中包含"童话"一词或者摘要中包含"儿童文学"一词的文献。

（2）新型的网络资源检索技术

随着网络技术的不断发展，互联网已经逐渐成为人们生活中重要的组成部分。同时，也让我们面临着一个难题：如何在海量的网络信息中找到自己需要的资源。近年来，随着人工智能的发展，语言学和计算机的融合，网络信息检索技术有了较大发展。这里我们简要介绍基于文本的全文检索技术、基于图像的检索技术和基于视频的检索技术。

① 基于文本的全文检索技术

这种检索技术应用比较普遍。传统的检索技术中，只是根据文献的外部特征或比较简单的文献内部特征来进行检索。全文检索技术，是对文献全文的信息进行扫描，来匹配用户的检索词（或语句）。通常来说，它包括以下几个步骤：一是提取文本，从网站资源、数据库资源等提取出文本；二是文本预处理，它涉及的技术有停用词删除、词干提取、索引词选择、建立词典等等，通过文本的预处理，使得文本在保持相当信息量的同时，减小了处理难度；三是建立索引，根据预处理中选择的索引词集合，建立基于索引词的索引，一般是倒排索引；四是完成检索，采用一定的文本检索模型，如布尔模型、向量空间模型、概论论模型等，与检索词（语句）进行匹配，并返回命中结果，模型选择的不同，直接决定了检索效果的好坏。

② 基于图像的检索技术

网络上的文献形式越来越多样化，如何实现对没有文字信息的图像检索具有一定的挑战。目前，关于图像的检索技术主要是基于内容的图像检索。按照不同层次来划分，基于内容的图像检索可以分成基于视觉特征的图像检索、基于对象类型的图像检索和基于抽象属性的图像检索。后两个层次通常被称为基于语义的图像检索。在基于视觉特征的图像检索中，通常选择具有代表性的一幅示例图像或草图来构造查询，然后由系统超找与视觉内容上比较相似的图像，这就是所谓的基于图像实例的检索。基于对象类型的图像检索查找图像中所包含的特定类型的对象，通常需要对图像中所描述的内容进行一定程度的逻辑推理。基于抽象属性的图像检索则涉及对图片的整体理解，根据图像中的对象和情景抽象出图像所表达的内容，需要复合知识和复杂的推理，把图像的内容和抽象的概念描述联系起来，这类检索还很少见到，研究工作和系统大多在基于对象类型的图像检索这个层次。

③ 基于内容的视频检索技术

随着数字视频技术和存储技术的发展，网络上的视频资源也在不断膨胀。如何使用户搜索到自己爱看的电影、视频片段等，是摆在研究者面前的一道难题。目前的做法大都是基于视频标题的检索，这种检索方式对于确切知道标题的检索来说很有效，但是即便这样，仍会使很多视频信息被漏检。目前，网络对上传视频进行审阅的工作，大都是人工完成的。试想如果我们发展了基于内容的视频检索技术将会在很多方面带来方便。基于内容的视频检索技术的研究主要分为基于原数据、基于文本、基于关键帧、基于语义特征、基于对象和基于多种技术综合等方向。由于大部分技术都还不成熟，这里不做详细说明，但是基于内容的视频检索技术对普通用户来说还是有很大的诱惑力。相信不久的将来，这种技术能够逐渐成熟，进而实际运用起来。

关于新型的网络资源检索技术还有很多，比如基于本体的智能检索技术、数据挖掘技术、自动标引和分类技术等等。需要说明的是，对于不同的计算机检索系统需要采用不同的检索技术。有些技术是联机检索、光盘检索、网络检索都支持的，而有些则是网络检索系统所特有的。掌握计算机检索技术是提高检索效率的关键。

3. 信息检索的方法

有了检索工具和检索技术，还需要通过一定的检索方法来提高检索的效率。所谓检索方法，是指根据现有条件，能够尽可能地省时省力并且获得最佳检索效果而采用的方法。根据检索要求的不同，检索方法可以分为常规法、追溯法和交替法3种。

（1）常规法

常规法又叫工具法，它利用文摘、索引、题录等各种文献检索工具查找文献或者通过计算机检索系统直接查找文献。常规法是文献检索中最常用的方法，按照课题对时限的要求，它可以分为顺查、倒查和抽查3种方式。

顺查是以课题研究开始年代为起点，按照时间的发展顺序，利用文献检索工具逐年查找的方法。顺查法的优点是可以通过检索来系统地了解课题的发展历程，有助于从宏观上对课题进行掌控，并且查准率和查全率都比较高，但检索的工作量比较大。该方法适用于有较强理论性和学术性的科学研究。

倒查和顺查相反，是指按时间顺序由近及远查找，直到找到符合自己需要的文献为止。该方法的优点是既可以减小检索的工作量，又能找到课题最新的研究状况。查找效率比较高。这种检索方法比较适合有一定课题基础的情况下，进行检索。

抽查是指选择与课题有关的文献信息最可能出现的时间段进行重点检索。其优点是能在较短的时间内检索出较多的关于课题的文献，但前提是必须要对课题有一定程度的了解，能够判断相关文献最可能出现在哪个时间段，否则很可能会查找不到需要的文献。

（2）追溯法

追溯法可以分为向前追溯法和向后追溯法。向前追溯法是指利用已有文献中的参考文献、注释和相关说明等线索进行追溯查找的方法。利用向前追溯法进行检索是一种方便可靠的方法，在检索工具较为贫乏的时候，这种方法很有效。由于文献中列出的参考文献条数有限，并且多数参考文献与该文献不处于同一年代，这种方法不利于找到最新的文献。向后追溯法是利用文献之间的引用和被引用关系，进行文献的追溯查找。在这种方法中，一般要利用引文索引。某篇文献的引文索引中所列出的文献内容必定比该文献更新，某些观点更有创新性。采用这种方法，有助于查到一些比原文献更能满足检索者需要的有创新性观点的文献。同时，对于边缘学科和交叉学科，这种方法也比较有效。

（3）交替法

交替法又称综合法、循环法，它是对常规法和追溯法的综合。根据结合的不同，交替法可以分为复合交替法和间隔交替法。复合交替法可以是先常规法后追溯法，指先利用文献检索工具检索出一些满足需要的文献，然后利用追溯法，扩大检索范围；或者是先追溯法后常规法，即先利用已掌握的文献资料，分析查找这些文件所适宜的检索途径，而后利用检索工具进行查找。间隔交替法是先利用常规法找出一批文献，然后用所附参考文献扩大检索范围，用抽查法跳过几年查找。交替法对提高检索效率有很大帮助。

▷ 3.2　网络信息资源检索

随着计算机技术和网络通信技术的发展，互联网开始逐渐普及，并发展成为世界上规模最大、资源最丰富的系统，为信息检索提供了一个广阔的平台。为了有效的利用互联网的资源，网络信息资源检索应运而生。目前，它在我们生活、学习、工作等各方面正在发挥着重要的作用。

3.2.1　网络信息资源检索概述

1．网络信息资源

网络信息资源是指以数字化方式记录并存储在网络计算机的存储介质和其他通信介质上，通过计算机网络进行传递的所有信息的总和。它是通过网络生产和传播的一类电子型信息资源。随着计算机技术的发展，许多原来以纸介质存储的文献，都通过录入或扫描的方式形成电子文件，供用户使用。这使得网络信息资源的可利用性越来越高，也逐渐成为人们获取信息资源的首选。

由于网络技术的快速发展，网络信息资源相对传统信息资源而言，除了保持传统的信息组织方式之外，还在数量、结构、分布、传递手段等方面呈现出很多独特之处。了解并掌握网络信息资源的特点和类型，有助于我们更好地利用网络信息资源检索系统。

（1）网络信息资源的特点

① 信息量大、种类丰富

互联网的开放性结构和信息发布的自由性，使得全世界各地的用户，只要能连上互联网就能在互联网上制造信息。从一定程度上，这也导致了互联网信息的爆炸式增长。网络信息资源从内容上来看，几乎覆盖了各行各业的知识，并且表现形式多样，有文本、图像、视频、表格以及它们的多种组合等。从存储形式上来看有文件、数据库、超文本等，从文件格式上来看就更是数不胜数。大信息量和丰富的种类使得网络信息资源几乎可以满足网络用户的各种需求，但这也给网络资源检索制造了更大的困难，对计算机技术、网络技术、检索技术等也都提出了更高的要求。

② 信息时效性高、传播范围广

网络信息资源更新的速度很快、时效性很强，这一点我们可以直观地感觉到。例如刚刚结束的体育赛事，我们可以在几分钟内（甚至更短）通过互联网得知其比赛结果。而如果从电视新闻渠道获得比赛结果，则要相对滞后一些。这一点对于了解时事动态、股市信息等显得尤为重要。另外，网络的互联，使得这些信息资源能在很短的时间内传播到世界各地，真正做到了"秀才不出屋，能知天下事"。

③ 信息分散、难于管理

网络信息资源存储在联网的计算机上，这使得信息十分分散。尽管可以通过超链接将信息关联在一起，但是随着超链接的增多，其本身的混乱性就体现了出来。另外，网络信息的发布有很大的随意性，缺乏有效的审核机制，这就使得网络信息资源的价值差异很大，大量垃圾文件渗入其中，难于管理，也增加了信息获取的难度。

（2）网络信息资源的分类

根据网络传输协议划分，网络应用层的协议主要有TELNET（远程登陆协议）、FTP（文件传输协议）、HTTP（超文本传输协议）等。

① 基于HTTP的网络信息资源

基于HTTP的网络信息资源是网络信息资源中应用最广泛、最为常见的一种。目前还有一种基于安全模式的HTTP协议，即HTTPS协议，其访问方式和HTTP方式相同，此处将他们视为一种协议。WWW或WEB信息资源是基于HTTP的网络信息资源中最主要的一种形式，它是建立在超文本、超媒体技术的基础上，将文字、图像、视频和声音等元素集中在一起，以网页的形式存在。用户通过在浏览器中输入网址，登陆到相关网站，然后通过搜索引擎进行相关信息的检索。以"Google Vietnam"为例，网址的输入格式为"http://www.google.com.vn"。

② 基于TELNET的信息资源

通过TELNET访问服务器获取的信息资源，即为基于TELNET的信息资源。TELNET的访问方式多种多样，可以直接通过命令行实现远程登陆，也可以通过集成了TELNET登陆方式的客户端软件进行登陆（例如前面提到的BBS的登陆方式之一）。

通过TELNET方式提供的信息资源主要是一些政府机构和研究机构提供的对外开放的数据库，此外，主要的商用联机检索系统如DIALOG等也提供TELNET登陆形式。对于开放式远程服务的计算机可以公开访问，对于需要用户名和口令的计算机，则需要获取其用户名和密码，才能对其资源进行访问。登陆成功后，用户可以按照计算机给定的权限访问远程计算机的硬件、软件和数据库等。

③ 基于FTP的网络信息资源

FTP的主要功能是利用网络在本地和远程计算机之间建立通信，从而实现计算机之间的文件传递。由于WWW浏览器一般内置FTP功能，所以也可以在WWW浏览器中直接使用这些服务。此外还可以通过在资源管理器的导航栏中输入FTP服务器的地址来访问FTP资源，或通过FlashFXP等客户端软件登陆FTP服务器。

④ 其他网络信息资源形式

除了上述三种常见的网络信息资源形式，还有基于WAIS的信息资源、基于Gopher的信息资源，以及Usenet网络新闻组信息资源和电子邮件信息资源等。

WAIS（广域信息服务器）是一种双层客户机/服务器结构的网络全文信息资源和检索体系，它允许用户在远程数据库中进行信息传输和信息检索，而这些数据库的结构可以不同。登陆匿名服务器，可以获取用户所需了解主题所在的WAIS服务器，然后再登陆这个服务器进行资源访问。

Gopher是一种基于菜单的网络服务程序，曾经以其简单的界面、丰富的资源和易用的操作构成互联网的一种重要资源类型。然而随着互联网技术的发展，只能提供文本信息的Gopher服务器开始逐步被WEB服务器取代。Gopher可以跨越多个计算机系统，只需要运行本地的Gopher服务器就可以和任一个Gopher服务器通信。用户在各级菜单的指引下，逐层展开菜单，在菜单中选择和浏览相关内容就实现了对远程服务器上信息系统的访问。此外，Gopher还带有工具转换接口，可以直接调用如WWW、FTP、TELNET类型的服务器，并访问其资源。

2. 网络信息检索的特点

网络信息资源与传统信息资源有着较大的区别，使得网络信息检索呈现出许多与传统的信息检索方式不同的特点。具体表现为以下几个方面：

（1）检索范围大、效率高

网络信息检索的范围涉及各个领域、学科和专业，涉及各种类型的资源，远远超过了联机检索和光盘检索的检索范围。可以利用的资源多使得检索能返回用户所需文献的可能性大且更加全面。随着检索算法的不断改进，网络信息检索能在很短的时间内返回用户所需信息。用户只需要简单地点击鼠标，即可随意浏览或者直接阅读和利用网络信息资源。

（2）界面友好，与用户有交互

目前网络信息检索工具一般采用图形界面，并提供导航和多种检索途径，检索用户无需再了解复杂的检索语言，而只需要输入关键词或自然语言，就可以得到返回结果。此外，用户还可以根据检索结果，及时调整检索词或检索语句，以获得更好的查询结果。还有一些搜索引擎提供打分功能，用户可以根据返回结果来给搜索引擎的结果进行评价，搜索引擎通过评价结果及时进行调整和改进。这种交互式的友好界面为信息检索带来了方便。

（3）信息冗余大

网络信息资源由于缺乏管理而混入了很多垃圾信息。目前的检索技术还无法达到能很好的辨识垃圾网页的程度，这就导致检索的返回结果中有很多无用信息，影响了检索的准确率。随着人工智能技术的不断发展，各种智能检索技术开始不断被开发和利用，网络信息检索对无效信息的过滤也越来越有效。

网络信息资源的检索方法主要是针对网络信息资源检索的不同类型，最直接的检索方法是通过网页的超链接不断点击浏览相关主题的网页。这种方法不需要特定的检索工具，其目的性不强。目前网络信息资源检索工具一般有目录型、索引型和二者综合型3种。针对目录型的信息检索，我们可以选择所关注的主题，逐级展开目录，直到获取相关信息为止。针对索引型的信息检索，可以直接在搜索框中输入检索词或语句，后台运行相关的检索程序，将结果以列表的形式返回给用户。对于综合型的信息检索，我们可以先进入相关子目录，然后在子目录下进行查询。

3.2.2 搜索引擎

随着网络信息资源爆炸式的增长，如何在浩瀚的信息海洋中找到有价值的信息成为信息检索亟需解决的问题。在这种背景下，搜索引擎应运而生。

1. 搜索引擎概述

（1）概念

搜索引擎实际上是个专用的WWW服务器，它根据一定的策略搜集网络信息资源，然后对这些信息进行加工处理，存储于一个可供查询的大型数据库中，最后根据用户输入的检索条件，通过一定的检索算法，返回结果到用户界面的网络检索系统。

从用户的角度来看，最简洁的典型搜索引擎提供一个检索输入框，用户通过在框里输入如关键词、词组、短语甚至自然语句，然后通过浏览器交给搜索引擎。在较短的时间内，搜索引擎会通过浏览器页面返回搜索结果，并提供快照、链接等信息。

（2）工作原理

通常一个搜索引擎系统由搜索器、索引器、检索器和用户端界面等四个部分组成。其中搜索器和索引器是独立于用户活动工作的。

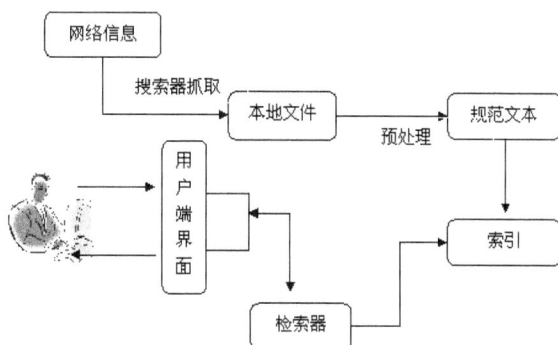

图3-1 搜索引擎工作原理图

① 搜索器

搜索器是获取网络信息资源的工具。一般来说，给定搜索引擎一个种子URL列表（通常这些URL所指向的都是比较重要的网站）。这些URL列表的制定，可以由网络用户通过一个特定格式主动向搜索引擎提交注册，也可以通过搜索引擎自身来制定相关的采集策略。大部分搜索引擎同时使用这两种方法。搜索器从这些列表出发，利用标准协议遍历WWW空间。其遍历的过程一般是每读取一个网页，将其内容镜像到服务器，并通过提交标引模块进行自动标引。如果该网页还包含有别的链接，则根据这个链接再读取下一个网页。一般来说，搜索器所采集的网页信息包括WWW超文本的所有文件、题名、摘要、关键词和URL等。有的搜索器还会采集基于FTP的信息资源。

从搜索器的工作方式不难看出，实际上我们使用的搜索引擎都有一定的时间滞后性。对于大型搜索引擎来说，其搜索的网页信息通常数量较大，所以更新的方式一般是增量式更新，即每次只需对新产生的网页或更新较快的一类网页的信息进行搜索。即便如此，搜索器的工作量依然很大。作为后台程序的搜索器一般是不间断工作的。而对于针对局域网的小型搜索引擎而言，由于其抓取的网页数量有限，所以每一次更新都可以从头再搜索，这样的好处是能够保证每次都将更新的信息反馈给用户。目前常用的网络搜索软件通常称为Web spider、crawler、robots等。

② 索引器

索引器的作用主要是对网络搜索器所采集的网页信息进行自动标引，建立可供检索的WEB索引数据库。

通常来说，采集的网页信息还需要一定程度的加工。对文本文件的预处理过程包括：停用词删除、词干提取、索引词选择、建立词典等。停用词删除是指删除一些在文本中出现频率很高，但是对检索过程根本起不到作用的词语，冠词、介词、连词等都是停用词。删除停用词可以大大缩小索引空间的大小而且不会影响检索的性能。词干提取是针对英语这种词汇带有形式变化的语言检索的操作。例如：将"work"的变形，"works"、"worker"、"working"、"worked"等都提取为同一个词干"work"。在构建索引的时候直接可以用词干来代替词干的所有变形。词干提取大大减少了构建索引的词数量和索引空间，同时也提高了召回率。对于全文索引来说，为了节省索引空间，我们通常要选择一些比较重要的词作为索引词。索引中的词典是指同义词典或分类词汇编。词典的主要作用是提供索引和检索的标准词，帮助用户使用合适的查询词，提供分类层次结构以及对查询进行纠正或扩展等等。

经过预处理后的结果，将被用来构建索引。这也是搜索引擎的核心所在。一般来说常见的索引数据结构有倒排文档、后缀树、签名数等等。通过这些数据结构，将所有文本信息组织起来。索引一般包括索引词、索引词出现的位置、文档列表、URL等等信息。

③ 检索器

检索器是半独立于用户操作的，原因在于其检索模型和匹配算法是内置的，但是又必须有用户检索词、词组或短语的参与。传统的文本检索模型有布尔模型、向量空间模型和概率论模型。互联网中WEB页面的文本检索模型有PageRank模型等等。

关于布尔模型，我们在第一节检索技术中也提到了逻辑布尔检索技术，二者比较相近。布尔模型的优点是模型表达的形式化和简单性，缺点则是不能很好的反应用户的需求。

向量空间模型是将文本和查询看成是两个向量，查询向量中的词可以被赋予不同的权重。通过计算两个向量之间的相似度来返回用户所需信息及其排序。向量空间模型相比于布尔模型来说，检索性能有所改善，并且能够对检索结果进行排序。但是向量空间模型假设词与词之间彼此独立，忽视了相关性，损害了文本检索的整体性能。

概率论模型的基本原则是文本按照与查询的概率相关性排序，排在前面的文本最有可能被获取。概率论模型比布尔模型的检索效果要好，但是不如向量空间模型。然而，该模型适合于超文本系统，在超文本信息成为当前信息获取的主流信息背景下，该模型的应用越来越广泛。

PageRank模型在Google实践中使用，并取得了很好的效果。该模型基于这样一个假设：如果从其他网页链接到一个网页的数量越多，那么这个网页就越重要；越是重要的网页链接到一个网页，这个网页的重要性就越高。其重要性通过PageRank的公式来计算其PageRank值来衡量，值越大在搜索结果中的排名越靠前。

④ 用户端界面

用户端通常为用户提供一个友好的索引界面。用户可以根据界面的提示进行检索。通常来说，检索过程是交互式的，用户可以根据搜索引擎给出的结果动态更改自己的检索方式，而这些互动方式由用户端界面给出。总而言之，用户端界面是为了方便检索而设计的，现在我们所用的搜索引擎界面也变得越来越友好。

（3）搜索引擎的分类

搜索引擎根据不同的分类标准可以分为不同类别。按索引方式不同，搜索引擎可以分为索引型搜索引擎、目录型搜索引擎和元搜索引擎3种。

① 索引型搜索引擎

全文搜索引擎是最典型的索引型搜索引擎。它通过网络爬虫工具获取互联网网页信息，并通过建立索引的方式将这些信息存入数据库，或者是直接利用其他搜索引擎数据库的方式，为用户提供全文检索。全文检索真正记录了网页的大部分文字信息，并通过预处理，将这些信息有效地通过索引存储起来。当用户从检索界面输入关键词、词组或逻辑组配的检索式时，其后台的检索代理软件会通过一定的算法找出与检索式相关的信息，并以超链接的形式反馈给用户。

索引型搜索引擎的优点是数据库容量大，信息的来源范围广、速度快，能及时向用户提供最新的消息。但是由于受限于标引、建立索引、检索等算法，使得检索的结果误差较大，有时候用户会得不到所需信息。索引型搜索引擎比较适合检索那些不知具体类别、较偏的学科知识或知道具体名称的问题。常见的索引型搜索引擎有Google，Baidu等。

② 目录型搜索引擎

目录式的搜索引擎是浏览式的搜索引擎。它由专业信息人员将网络信息资源按照一定的分类以人工或半自动的方式组织起来，用户只需要按照目录，逐级展开，直到找到自己所需资源为止。目录型搜索引擎的优点是层次结构清晰，易于查找，导航质量高。由于其采用了人工组织的方式，由专业信息人员对信息进行筛选加工，信息资源的质量和检索精度都比较高。但是其信息数据库规模相对较小，某些分类主题下收录的内容不全面，影响了系统的查全率，而且其更新速度与工作人员的工作时间挂钩。目录型搜索引擎比较适合查找概括性的、综合性的主题概念。常见的目录型搜索引擎有Yahoo，Sina，Sohu等。

③ 元搜索引擎

元搜索引擎将多个独立的搜索引擎集中到一起，提供统一的查询界面。当用户输入检索式后，元搜索引擎将它分别提交给这些独立搜索引擎，这些独立的搜索引擎有自身独立的资源库和内部算法。元搜索引擎将各个搜索引擎得到的结果通过聚合、去重、排序等处理，将最终的结果返回给用户。元搜索引擎的实质是利用网站链接技术形成的搜索引擎集合，它不需要研发相关的支持技术，也无法控制和优化检索结果。常见的元搜索引擎有Ixquick，Vivisimo等。

（4）搜索引擎的效果评测

目前采用的最为普遍的搜索引擎效果评测指标包括召回率和正确率。召回率（R）又称查全率，正确率（P）又称查准率。它们可以通过下列量化数据进行定义。

表3-3　检索效果量化评价指标

用户 系统	相关文献	非相关文献	总计
被检出文献	a	b	a + b
未检出文献	c	d	c + d
合计	a + c	b + d	a + b + c + d

$$R= \frac{a}{a+c} \times 100\%$$

$$R= \frac{a}{a+b} \times 100\%$$

一般来说召回率和正确率存在一定的矛盾关系。为了提高召回率，必定要扩大检索范围，这在一定程度上会影响系统的正确率。如果要进一步提高正确率，则可能需要在检索词上更精确些，这就导致查出的相关文档数有所降低，因此要将召回率和正确率调到一个合适的平衡状态。

对于搜索引擎来说，数据库收录的网页信息不全面，对索引词的选取出现偏差，标引不够详尽以及自然语言本身的歧义现象都会影响到召回率和正确率。所以要提高搜索引擎的效果，需要在一定程度上控制数据库收录范围，并且对网页信息进行预处理和索引词抽取过程中，需要考虑到语言的因素。随着语言信息处理技术的发展，语言自动排歧技术也有了一定的发展，随着这些技术的应用，相信搜索引擎的检索效果会不断得到提高。

对于用户来说，检索要求不明确、选择不同的搜索引擎、检索途径和方法单一等，都会影响到检索的效果。所以，我们更需要通过学习信息检索知识，了解不同搜索引擎的特点，灵活运用各种检索技术、检索方法和检索途径，针对不同的检索目标，合理选择搜索引擎，兼顾和调整对召回率和准确率的要求。

2. 常用中文搜索引擎

（1）百度（http://www.baidu.com）

① 百度概况

百度是由李彦宏和徐勇于1999年在美国硅谷首先创建，2000年1月成立于北京中关村，并于2001年10月22日正式发布。百度是国内最早商业化的索引型搜索引擎，也是目前全球最大的中文搜索引擎。"百度"一词源于辛弃疾的"众里寻他千百度"，这一名称也表明了百度对中文信息检索技术的不懈追求。

百度搜索引擎把超链接分析技术、内容相关度评价技术结合起来，使得百度在检索效果和检索效率方面有自己独到的优势。此外，百度还为主要的门户网站提供最先进的中文搜索引擎技术，加上其数量庞大的搜索联盟会员，将百度搜索通过各种方式结合到自己的网站，使得用户无须上百度，就能进行百度搜索。同时，百度还提供WAP和PDA搜索服务，使得用户可以通过手机和掌上电脑通过无线平台进行百度搜索。

② 界面、检索功能及检索方法介绍

在检索框的上方显示了百度提供的几个常用的搜索服务，包括新闻、网页、贴吧、知道、MP3、图片、视频以及地图等，默认的搜索服务是网页。除了这些常规的搜索服务，百度还提供一些导航、社区等网络服务。点击界面上的"更多"，显示百度提供的更多服务。

百度提供基于关键词的简单检索和高级检索两种检索方式。对于简单检索，用户只需要在检索框中输入关键词，点击"百度一下"按钮就可以得到搜索引擎返回的结果。简单检索除了支持运用AND、OR、NOT和括号进行布尔逻辑组配构成的检索式，还支持各类检索限制，如"inurl"表示在指定的URL中检索。百度的高级检索提供相关检索和限定检索功能，能对关键词的匹配方式、文档格式和特定的网站等方面进行限定。此外还可以通过点击主界面的"搜索设置"，对界面和结果显示进行设置。

百度的结果显示以分页的形式给出，每条结果包括摘要、百度快照、URL等信息，并通过高亮的方式显示检索词。

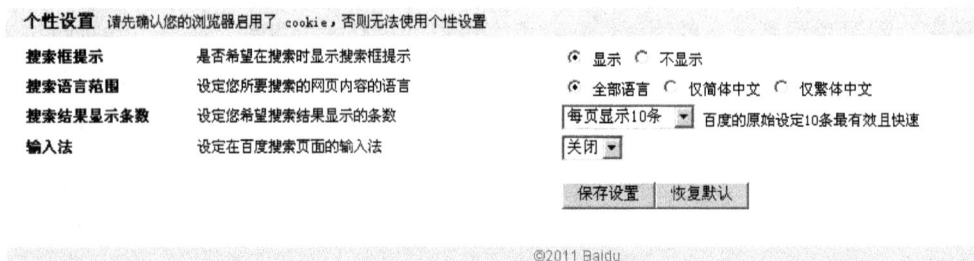

图3-2　百度搜索设置页面

（2）天网（http://www.e.pku.edu.cn）

① 天网概况

天网搜索引擎是由北京大学计算机系网络与分布式系统实验室开发的，它提供全文检索、新闻组检索、FTP检索，包括简体中文、繁体中文和英文三个版本，目前收集了大约100万个WWW页面和14万篇Newsgroup文章。同时，天网还是目前国内最大的FTP资源搜索引擎，搜索文件数据量超过了1000万，日访问量超过40万次。

② 界面、检索功能及检索方法介绍

天网搜索提供"搜索网页"和"搜索文件"两个功能。点击上图中的"天网Maze"或在浏览器网址中输入"http://www.tianwang.com"都能跳转进入天网Maze界面。

图3-3　天网Maze页面

天网Maze提供Maze资源、FTP资源和网页资源的检索，也可以通过下载Maze客户端软件进行资源下载。天网的文件搜索还提供对限定文件类型的检索。用户在输入框中输入要查询的文件名（可以包括"*"、"？"和空格等），选择所需资源类型，然后点击"天网搜索"就可以获得相应的返回结果。结果显示包括文件类型图标、文件名、资源大小、日期、资源位置、资源类型等信息。单击文件名链接或资源位置链接可以获取FTP服务器上相应文件的信息。

（3）新浪（http://search.sina.com.cn）

① 新浪网概述

新浪网创建于1998年12月，它提供包括地区性门户网站、移动增值服务、搜索引擎及其目录索引、免费及收费邮箱、博客、网络游戏以及电子商务等多种网络服务。新浪搜索引擎收录各类中英文网络资源，是一款目录型搜索引擎。

② 检索功能

新浪的分类目录将所有的资源分成娱乐休闲、求职与招聘、艺术、生活服务、文学、计算机与互联网、教育就业、体育健身、医疗健康、社会文化、科学技术、社会科学、政法军事、新闻媒体、参考资料、个人主页、商业经济及少儿搜索等18个大类和1万多个细目。在浏览器网址栏中输入"http://www.dir.iask.com"即可进入分类界面。

新浪提供分类目录检索和关键词检索两种方式。分类目录检索就是按照分类目录所列出的目录，逐层点击，来获取所需的信息资源。关键词检索就是在界面中的检索框内输入相关关键词，然后选择资源类型，包括网页、图片、MP3、新闻标题、新闻全文、企业等，单击"搜索"后即可得到检索结果。

（4）其他常用中文搜索引擎

① 搜狗：www.sogou.com；

② 易搜：www.yisou.com；

③ 有道搜索：www.yodao.com；

④ 中国搜索：www.zhongsou.com；

⑤ 索天下（元搜索引擎）：www.suotianxia.com；

⑥ 万纬搜索（元搜索引擎）：widewaysearch.com；

⑦ 聚合搜索（元搜索引擎）：lsoso.com；

⑧ 元搜索（元搜索引擎）：www.seekle.cn；

⑨ 星空（基于FTP的搜索引擎）：sheenk.com；

⑩ 天狼（基于FTP的中英文搜索引擎）：search.ustc.edu.cn。

图3-4 新浪分类目录页面

3. 常用英文搜索引擎

（1）Yahoo（http://www.yahoo.com）

①Yahoo概况

Yahoo成立于1995年，是世界上最著名的网络资源目录，20世纪末互联网奇迹的创造者之一，其业务遍及24个国家和地区，为全球超过5亿的独立用户提供多元化的网络服务。Yahoo中国网站（即雅虎http://cn.yahoo.com）于1999年9月开通。此外，Yahoo公司还利用其全球领先的YST技术，在中国推出了独立的搜索门户——易搜。

Yahoo提供类目、网站及全文检索功能。其分类目录比较合理，层次深，类目设置好，网站提要严格清楚，是目录型搜索引擎的典型代表。Yahoo主要采用人工的方式采集和处理网络资源，并由信息专家编制主题目录，保证了Yahoo的目录编制质量。Yahoo以其精心挑选的站点、广泛的内容成为广大用户上网查询的首选工具。其收录范围包括网站、新闻组资源、FTP资源等，并按内容划分为14大类，包括艺术与人文、商业与经济等等。

②检索功能

Yahoo主要提供主题分类目录浏览检索和关键词检索两种方式。从界面上可以看到Yahoo清晰的分类站点，并且对于每一个

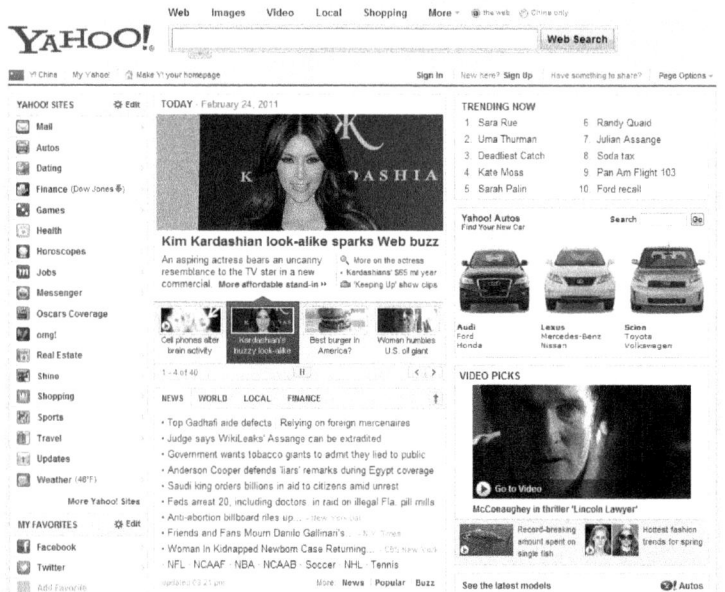

图3-5 Yahoo!主页

分类网站都提供关键词搜索。Yahoo提供的关键词检索是采用Web索引程序Yahoo Slurp从Internet上采集信息而建成的一个网页索引系统。Yahoo的搜索结果以记录的形式显示，包含网页标题、出处、发布网站、时间等信息。用户可以通过相关搜索链接看到和网页内容相关的其他内容，也可以在检索结果中进行二次检索。

（2）Google（http://www.google.com）

① Google概况

Google公司组建于1998年9月，2000年开始商业运作。"Google"一词源自数学术语"Googol"，表示一个1后面跟着100个0，体现了Google对于整合海量信息的远大目标。在短短几年的时间里，Google成长为全球规模最大和最优秀的支持多语种（Google支持57种语言）的搜索引擎。

Google的成功源于其强大的功能和技术支持。Google拥有全世界最大的搜索引擎数据库，收录资源包括网页、图像、多媒体、新闻组、FTP资源及其他各类资源。它采用超文本链接结构分析技术和大规模的数据挖掘技术，能对相关网址进行自动分类。

除了提供Web检索服务外，Google还推出了如检索器、天气查询、电子邮件等许多优秀的服务，其开发的GoogleEarth还提供3D地图搜索功能，深受用户欢迎。

② 检索功能

目前，Google在中国的服务器转移到中国香港，国内用户输入"google.com"，浏览器会自动出现Google的中文简体版界面。

Google提供网页、图片、视频、新闻等多种检索服务，点击上图的"更多"还能显示更多的网络服务。

Google的检索方式包括简单查询和高级搜索，基本方式和实现与百度类似。单击界面右上方的"搜索设置"，可以根据用户自身的爱好进行设置，包括对语言、文件格式、搜索特定网页等等进行限定。此外，Google还提供"iGoogle个性化首页"的功能，点击后，会出现个性化界面，用户可以根据自身的偏好，添加不同的版块，修改主题，选择位置等等。

图3-6 谷歌搜索主页

（3）AltaVista（http://www.altavista.com）

① AltaVista概况

AltaVista是美国DEC（Digital Equipment Corporation）公司于1995年开发的能对整个网络信息资源进行检索的工具。AltaVista第一个支持使用自然语言进行检索，第一个实现高级搜索语法，同时还提供新闻组、图片、音视频文件的检索。2003年，AltaVista被Yahoo旗下的子公司Overture收购。

AltaVista以其检索速度快、用户界面友好、优秀的过滤功能和强大的高级搜索功能而被认为是世界上功能最完善、搜索精度较高的优秀搜索引擎之一。AltaVista的网页资源丰富，提供包括中、英等25种文字的网页。

② 检索功能

AltaVista提供简单搜索、高级搜索和分类目录浏览检索。其简单检索提供针对网页标题、网页地址或特定域名进行的搜索，同时还可使用通配符"*"进行截断检索，当以检索词组方式出现的时候，词间默认关系是"OR"。点击主页中的"Advanced Search"，进入高级检索页界面，可以对搜索范围、文件过滤类型、语种、显示结果等进行设置。此外，点击主页上的"Directory"，还可以进入分类目录检索界面。其分类目录是根据Yahoo的分类目录体系构建的。AltaVista检索结果中的每条记录包括篇名、文件内容的前两行和URL等，鼠标点击带有下划线的链接，可以进入相应的网页。

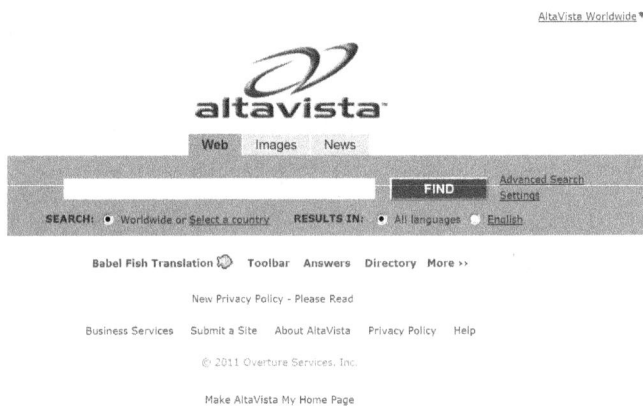

图3-7　AltaVista搜索页面

（4）其他常用英文搜索引擎

① 常见的基于HTTP资源的目录型搜索引擎

● About.com：about.com；

● AOL Search：search.aol.com；

● BUBL LINK：bubl.ac.uk；

● Cmasia.com：www.cmasia.com；

● Dmoz：dmoz.org；

● InfoSeek：go.com；

● Open Dictionary：w3k.org。

② 常见的基于HTTP协议的索引型搜索引擎

- Alltheweb：www.alltheweb.com；
- ASK Jeeves：www.ask.com；
- Bing：www.bing.com；
- Excite：www.excite.com；
- Hotbot：www.hotbot.com；
- LookSmart：www.looksmart.com；
- Lycos：www.lycos.com；
- Oingo：www.oingo.com。

③ 常见的元搜索引擎

- ArboSearch：www.arbosearch.com；
- ByteSearch：bytesearch.com；
- Dogpile：www.dogpile.com；
- InfoGrid：infogrid.com；
- Ithaki：ithaki.net/dir.html；
- Ixquick：ixquick.com；
- Kartoo：www.kartoo.com；
- Mamma：www.mamma.com；
- MetaCrawler：www.metacrawler.com；
- One2Seek：one2seek.com；
- Search.com：www.search.com；
- SurfWax：surfwax.com；
- Vivisimo：vivisimo.com，clusty.com；
- WebCrawler：www.webcrawler.com。

④ 常见的基于FTP资源的外文搜索引擎

- Archie：www.archie.com；
- Filesearching：www.filesearching.com；
- FileZ：filez.com；
- Philes：www.philes.com；
- Tile.net：tile.net。

3.2.3 电子图书系统

1. 电子图书和数字图书馆

（1）电子图书概述

电子图书（e-book）是随着计算机技术、网络技术、多媒体及超文本技术发展而产生的一种图书形式。它不仅是印刷图书的数字化，更是图书的一种更新形态。

从信息来源的角度来看，电子图书包括两种类型：一种是将印刷型的书籍，通过扫描的方式，转化为电子图书。这种图书经过文字识别和人工修正以后，可以转换为可编辑的文本；另一种是原生的电子图书，即从一开始就在电脑上，通过文本编辑软件进行创作的图书。电子图书常见的格式有hlp，chm，exe，pdf，txt等等。

与传统图书相比，电子图书具有很多独特的特点：从形式上来看，电子图书是无形的，需要通过计算机（或手机等）中的特定软件进行读取和显示，可以包含文字、图片、声音、动画等内容，图文声像样样具备，信息量更丰富；从存储方式来看，电子图书以数字化形式进行存储，能大大节省藏书空间和成本。同时电子图书可以通过网络进行传播和扩散，实现资源的共享；从读者使用的角度来看，电子图书软件一般都带有搜索功能，读者可以迅速定位到自己想要的内容，大大提高了文献检索的效率，降低了工作量。此外，可编辑的电子图书还提供复制、粘贴功能，读者可以将对其有用的信息迅速保存下来，大大节省了抄写的时间和精力。

电子图书有不同的阅读方式：一是利用计算机（或手机等）上安装的针对不同格式的电子图书阅览软件在本地进行浏览；二是通过互联网，以超文本的方式进行浏览；三是利用电子图书阅览器进行浏览。前两种方式是目前使用较多的电子书阅览方式。电子图书阅览器（有一种叫法称之为"电纸书"）不同于电子图书阅览软件，它是一种新型的阅读方式。电子图书阅览器又称手持电子图书阅览器，它集成了各种阅读软件，方便携带，容量大，阅读界面明显优于计算机，不伤眼睛，阅读舒适、方便，移动性强。此外，它还可以采用分章节、加书签的阅读格式进行阅读。

电子图书的出现，改变了人们传统的读书习惯，也推动了信息科技和网络出版事业的发展。伴随着国内外电子图书市场的迅猛发展，各种电子图书系统应运而生。随着计算机技术的发展、网络技术的提高，在不久的将来，电子阅读将成为人们一种重要的生活方式。

（2）数字图书馆概述

关于数字图书馆的定义，目前学术界还缺乏一个共同的规范和界定基础。或许我们可以通过和其他常被提及的一些概念如电子图书馆、虚拟图书馆、无墙图书馆和虚拟现实图书馆进行比对，来探讨数字图书馆的概念。

电子图书馆在含义上和数字图书馆最为接近，一般认为电子图书馆是数字图书馆的前称。在许多场合下，二者可以等同使用。虚拟图书馆和数字图书馆都强调信息传输的网络化，资源的广泛化。从图书馆的角度来看，虚拟图书馆仅仅强调外部信息资源的网络化和电子化，馆藏查找工具电子化和网络化虽然是必要的，但却不是充分的。从这个意义上来讲，虚拟图书馆强调的是一种用户感觉。无墙图书馆的概念主要是从用户感觉的角度来刻画图书馆的网络化特征，但它并不能代表数字图书馆的全部特征，所以这两个概念不能等同。虚拟现实图书馆和数字图书馆是完全不同的概念，虚拟现实图书馆是利用特定装置由计算机创造一个模拟真实图书馆的环境。

然而，无论从哪个角度去认识数字图书馆，它都具有以下本质特征：一是具有分布式数据库和知识库；二是它是基于互联的计算机网络的；三是没有地理时空和信息类型的局限；四是以用户为中心的服务模式。数字图书馆与传统图书馆之间既有区别又有联系。数字图书馆是传统图书馆的继承和发展，传统图书馆是数字图书馆信息资源建设的基础。从未来的发展趋势来看，传统图书馆将和数字图书馆长期共存，优势互补。

数字图书馆利用互联网优势，可以为读者提供更多的优质服务，目前常见的数字图书馆信息服务包括馆际互借服务和虚拟参考咨询服务等。随着电子图书的迅速发展，国内外电子图书系统也不断的发展壮大，人们的信息生活也更加方便、快捷。

2. 中文电子图书系统

（1）超星数字图书馆（http://www.ssreader.com）

① 超星数字图书馆概况

超星数字图书馆由北京时代超星信息技术发展有限公司与中山图书馆合作研发，于2000年1月正式开通，是最大的中文数字图书馆。

超星图书馆资源丰富，收录了各种图书160多万种。使用超星图书馆之前必须先下载安装SSreader阅读器软件来阅读其PDG格式的数字图书。超星数字图书馆的全文资源是有偿的，可以通过单位用户购买，在一定IP范围内免费使用其资源，或采用镜像的方式使用其资源；也可以通过个人直接购买超星读书卡，并在图书馆主页完成注册后，使用全文资源。目前，许多高校都购买了超星图书馆的使用权。

② 超星数字图书资源检索

直接登陆"http://www.ssreader.com"，会得到超星图书馆的用户登陆界面。通过其在某个大学的镜像站点的网址，可以进入超星数字图书数据库。

超星数字图书馆的检索方式有分类检索、简单检索和高级检索三种。分类检索就是根据检索主页上的分类目录进行检索。超星收录的分类目录是根据中图法进行分类的，共分为经典理论，哲学、宗教，社会科学总论等21个大类。逐级展开目录，可以得到相关主题下的所有书目记录。简单检索就是利用检索界面左上角的搜索框，首先选择检索字段，检索字段包括书名、作者、索书号、出版日期等，然后输入对应的检索词并选择图书分类（若不选，则默认在所有图书中检索），点击"查询"按钮即可。点击"高级检索"按钮即可体验超星的高级检索功能，它提供四个检索字段的逻辑"与"组配。

超星的检索结果的每条记录包括书名、作者、索书号、出版日期、页数等信息，以及"阅读"、"下载"、"发表评论"和"添加个人书签"等功能按钮。

（2）其他常用的中文电子图书系统

① 书生之家数字图书馆

书生之家数字图书馆创办于2000年。该图书馆主要提供1999年以来的图书、期刊、报纸、论文和CD等各种资源，其中以收录图书为主。此外，北京书生科技有限公司还开办了另一个门户网站书生读吧（http://www.du8.com），是全球最大的电子书门户网站。

书生之家数字图书馆目前以镜像服务为主，使用前需下载和安装"书生阅读器"软件，可以浏览到2000年以来的相关类目下的所有图书信息。第三代书生数字图书馆的检索界面中提供模糊检索、图书分类检索、图书全文检索、组合检索、高级全文检索5种检索方式，用户可以按照图书名称、作者、主题、摘要等途径进行检索。

② 圣典E-BOOK数字图书馆

"圣典E-BOOK"是由北京时代圣典科技有限公司与中国大学出版社协会联合推出的数字图书系统。它涵盖了中国数百家著名出版社的最新图书、最具价值图书和最专业图书，是教学、科研、工作、生活必不可少的知识资源中心。

使用圣典 E-BOOK，必须先下载"圣典阅读器"，注册登陆后才能浏览和检索。圣典的图书全部为文本格式，阅读效果好，支持文字复制功能，可在线阅读，有较好的用户友好度。圣典E-BOOK提供初级检索和高级检索两种方式，用户可以按图书、视频、音频、论文四个检索入口进行检索。高级检索则主要是对检索结果的显示进行设定。

其他一些常用的中文数字图书馆还有爱读爱看（原方正Apabi）数字图书馆、中国数字图书馆等。

3. 外文电子图书系统

（1）NetLibrary电子图书系统

① NetLibrary概况

NetLibrary成立于1999年，是世界上最主要的电子提供商之一，其总部设在美国。2002年，NetLibrary被国际联合图书馆中心（OCLC）收购，成为其下属部门。目前，NetLibrary提供约400多家出版社的10万余册电子图书，并且这个数字还在每月递增。

NetLibrary模仿传统图书的借阅流通方式来提供电子图书的浏览和借阅功能。其图书一般采用HTML和pdf格式。NetLibrary约有80%的图书是面向大学程度的读者，这使得其主要的服务对象是公共图书馆、学术图书馆、企业及政府组织机构等。对于没有订购的个体用户，NetLibrary还提供一些无版权的图书供免费阅读。

② NetLibrary的检索

NetLibrary的网址为"www.netlibrary.com"。用户需要免费注册后才能进入检索界面，NetLibrary提供中、法、德、西班牙文等多种界面语言。

NetLibrary的检索包括基本检索和高级检索两种方式。基本检索提供全文检索、关键词检索、书名检索、作者检索和主题检索5种检索途径，并且还支持布尔运算符（OR, AND, NOT）对检索词进行逻辑组配，可以用通配符"*"来表示通配，用"**"来表示某个检索词的所有形式，用双引号来表示精确查找等。高级检索除了提供基本检索的5种检索途径外，还提供出版商检索、国际书号检索、限制检索、显示选项4种高级检索途径。其中限制检索可以针对出版年份、格式、语种进行限制。显示选项则提供相关性、书名、作者、新的在前、老的在前5种结果排序方式。检索的结果显示了图书的封面、书名、作者、出版商及正文的部分内容，并带有"添加到我的书单"、"阅读电子书"等功能按钮。

（2）其他常用的外文电子图书系统

① Oklahoma数字图书馆

Oklahoma数字图书馆是一个面向公众开放的电子图书系统，其网址为"digital.library.okstate.edu/OAS"。该系统将Oklahoma的大部分馆藏资料转化成电子资源，并按照年代进行系统整理。用户可以直接单击其中的某一卷进行阅读，也可以通过"search"按钮检索自己需要的文章。

② Nap数字图书系统

Nap（the National Academies Press）是美国国家科学院下属的学术出版机构，主要出版美国国家科学院、国家工程院、医学研究所和国家研究委员会的报告，网址为"www.nap.edu"。Nap提供的电子图书覆盖环境科学、生物与生命科学、健康科学等诸多领域，还开放一部分电子图书供读者免费阅读。Nap在线阅读界面提供分类目录检索和全文检索两种检索方式。

此外，常用的外文电子图书系统还有：Safari数字图书系统：proquest.safaribooksonline.com；Wiley数字图书馆及参考工具书：www3.interscience.wiley.com；Knovel电子工具书：www.knovel.com；美国宾州大学在线图书馆：onlinebooks.library.upenn.edu。

3.2.4 报刊、期刊、论文资源检索

1. 常用中文报刊、期刊、论文资源检索

（1）中国知网CNKI

① CNKI概况

CNKI（中国知识基础工程）是以实现全社会知识资源传播共享为目标的国家信息化重点工程。工程的内容主要包括知识信息资源数字化建设及挖掘、网络数据存储与知识网络传播体系、知识信息组织整合平台、知识仓库建库管理和发布系统、知识信息计量评价系统和数据库生产基地建设等方面。该项目由清华大学、清华同方首先发起，于1995年正式立项，1996年始建。经过十几年的发展，CNKI采用自主开发并具有国际领先水平的数字图书馆技术，建成了世界上信息规模最大的"CNKI数字图书馆"，并开发建设了《中国知识资源总库》以及CNKI网络资源共享平台。

CNKI系列数据库内容丰富，涵盖了中国学术文献网络总库、国际学术文献总库、中国高等教育文献总库、中国政报公报报文文献总库、中国大众文化文献总库、中国基础教育文献总库等十多个专业数据库。浏览中国知网网上资源有两个途径：一是以用户身份登陆到数据库进行检索，以付费的形式获得相关文献资源；二是以游客的方式登陆，只能看到具体文献的题录信息，无法下载文件。

② 检索功能

在浏览器网址栏中输入"http://www.cnki.net"即可登陆中国知网主页。主页提供了多种数据库选项，用户可以选择相应的数据库进行查询。也可以点击"学术文献总库"进入到检索界面。

CNKI提供了多种检索方式，在左侧一栏中显示了不同的分类类目，用户可以根据自己的需要选择相关条目下的文章进行阅读。CNKI还提供有简单检索、标准检索、高级检索、专业检索、引文检索、学者检索、科研基金检索、句子检索、工具书及知识元检索以及文献出版来源检索等。简单检索只需输入关键词即可；标准检索可以选择检索范围，并通过目标文献内容特征进行检索，形式多样，可以使用类似组配逻辑，精确或模糊检索等；高级检索可以选择发表时间、检索途径、组配逻辑、模糊或精确等。点击"文献出版来源"还可以选择来自期刊、博硕士论文、报纸等的文献。

检索的结果以列表形式显示，点击文章名称，可以浏览文章的摘要以及其他数据库中的相关文章。付费用户还可以点击下载相关文献。用户安装全文浏览器CAJViewer后可以阅读所有知网提供的文献，AdobeReader则可以阅读CNKI提供的pdf格式文件。用户可以选择下载pdf格式或是其他如caj格式的文件。

（2）维普资讯网

① 维普概况

"维普资讯网：www.cqvip.com"由重庆维普资讯有限公司开发研制。目前包含《中文科技期刊数据库》、《中文科技期刊数据库（引文版）》、《中国科技经济新闻数据库》3个大的资源库，系统默认的是中文科技期刊数据库。中文科技期刊全文数据库始建于1989年，是国内最大的综合性文献数据库，该数据库收录了1989年至今12,000多种期刊上的2300余万篇文献，并且这个数据还在递增。所有文献被分成社会科学、自然科学、工程技术等8个大的类目。维普的大部分资源需要付费进行浏览和下载，游客只能看到相关文献的摘录。

② 检索功能

维普提供快速检索、高级检索、传统检索和分类检索4种方式。进入传统检索界面后，首先要在检索页上方对同义词、同名作者、检索入口、检索式、检索的年限和期刊范围进行选择，然后根据专辑或分类导航找到要查的学科分类，再点击检索即可。传统检索还提供二次检索，可以通过"在结果中检索"、"在结果中添加"、"在结果中去除"对检索结果进行二次选择。

维普还提供期刊导航。导航功能包括按字母顺序查找、按学科分类导航、国外收录数据库导航以及期刊地区分布导航等途径。维普提供的电子文献为pdf格式，需要安装AdobeReader进行阅读。

其他常见的中文报刊、期刊、论文资源数据库还有：万方数据资源系统：www.wanfang.com；中国高等教育文献保障系统（CALIS）：www.calis.edu.cn；人大复印报刊资料全文数据库：http://202.199.163.12:8080/cgrs/index.jsp；龙源期刊网：www.qikan.com.cn。

2. 常用外文报刊、期刊、论文资源检索

（1）PQDT博硕士学位论文全文检索系统

① PQDT概况

PQDT是ProQuest Dissertations and theses的简称，是美国Bell & Howell Information Learning公司出版的博硕士论文数据库，是目前世界上最大的、使用最广泛的、最具权威性的国际性博硕士学位论文数据库。它收录了1861年以来，源自美国、加拿大和欧洲1000多所大学的博硕士论文，学科范围覆盖了这些院校研究的所有领域，包括理、工、农、医、文等。

该数据库中1980年以来的博士论文均含有350字的摘要，对于1988年以来的硕士论文均含有150字的摘要，对于1997年以后出版的学位论文，读者可以免费浏览原文的前24页内容。如果需要阅读全文，可通过付费方式下载，也可直接向ProQuest订购。PQDT使用的检索平台和其他ProQuest的数据库之间可以进行交叉检索。

② 检索功能

国内若干图书馆、文献收藏单位每年联合购买一定数量的PQDT论文，建立了多个镜像，读者可以通过中国科学技术信息研究所镜像网站的网站"http://168.160.16.198/umi/index.jsp"登陆到检索界面。

PQDT提供基本检索、高级检索以及学科分类检索三种检索方式。基本检索可以对摘要、作者、论文名称进行逻辑组配，还可以限定论文时间。高级检索则可以利用"（ ）"、布尔逻辑运算符以及通配符"?"等实现较复杂的检索式。此外还可以通过"学科分类"和"论文分类"进行浏览。

（2）SpringerLink检索系统

① SpringerLink概况

SpringerLink是德国Springer Science + Business Media GmbH & Co.KG集团下的子公司Springer所创建的网络信息服务系统，是全球第一个电子期刊权威数据库。SpringerLink收录的期刊多为高质量的学术期刊，是科研人员重要的信息源。2005年，Springer与Kluwer Academic Publishers（KAP）学术出版社合作，通过SpringerLink可以检索与KAP的所有电子期刊、电子书等。

SpringerLink系统对外开放，任何人都可以免费检索、浏览并订阅目次与摘要。有时还可以免费阅读全文，不能全文浏览的数据也常可以浏览首页，如需下载全文则需付费。

② 检索功能

输入网址"http://www.springerlink.com/home/main.mpx"可以进入到SpringerLink的主界面。SpringerLink系统提供浏览和检索两种使用方式，可以按照内容类型、特殊图书馆和学科分类逐级进行浏览，检索则提供了快速检索和高级检索两种选择。快速检索提供模糊或精确检索方式，可选择题名、摘要、作者、数字符件索引号等字段进行检索，同时还支持组配逻辑检索以及部分通配符参与的检索。高级检索与快速检索所提供的选择项目基本相同，高级检索可以对检索结果的排序进行设定，如按相关性或日期进行排序等。SpringerLink上的文献大都以PDF和html格式呈现。

此外，常见的外文报刊、期刊、论文资源数据库还有：SDOL全文文献数据库：www.sciencedirect.com；剑桥大学出版社电子期刊数据库：journals.cambridge.org；新加坡世界科技期刊网：www.worldscinet.com；HighWire Press：highwire.stanford.edu；Directory of Open Acess Journals：www.doaj.org。

第4章 东南亚国家互联网搜索引擎的使用

　　随着互联网产业的迅速发展，东南亚各国网站数目急剧增加，网上资源日新月异，从海量资源中寻找到所需要的信息成为亟待解决的问题。Google、Yahoo等通用型搜索引擎向东南亚地区的业务拓展和使用普及使它们成为东南亚地区互联网用户在检索信息资源时最常使用的搜索引擎。尽管在资金、技术等方面存在着劣势，一些东南亚国家也纷纷推出立足本国资源检索、各具特色的搜索引擎，大到对国内互联网资源进行搜索的全文搜索引擎，小到为网站论坛、资料库提供的搜索栏，均是为了让用户能够快速寻找所需信息。由于互联网在东南亚各国发展的不平衡性，各国的互联网搜索引擎数量和质量也不一样，某些国家甚至没有本土化的搜索引擎。

▷ 4.1 通用型搜索引擎

4.1.1 Google东南亚

作为世界上最大的搜索引擎，Google在东南亚多个国家设立了分站，提供使用本国语言作为载体、支持本地检索功能的搜索引擎。

表4-1 Google东南亚分站点搜索引擎列表

国别	名称	网址	语言
越南	Google Vietnam	www.google.com.vn	越、英、中、法
老挝	Google Laos	www.google.la	老挝、英
泰国	Google Thailand	www.google.com.th	泰、英
菲律宾	Google Pilipinas	www.google.com.ph	菲律宾、英
马来西亚	Google Malaysia	www.google.com.my	马来、英
文莱	Google Brunei	www.google.com.bn	马来、英、中
新加坡	Google Singapore	www.google.com.sg	马来、英、中、泰米尔
印尼	Google Indonesia	www.google.com.id	印尼、英、爪哇
东帝汶	Goole Timor-Leste	www.google.tl	葡萄牙

Google主要提供基本搜索和高级搜索两种搜索方式。下面，我们将结合"Google Malaysia"的英文版本，详细介绍Google的搜索方法和技巧。

1. 基本搜索方法

在浏览器地址栏中输入网址"www.google.com.my"，打开"Google Malaysia"首页，浏览器会自动出现Google的简体中文版界面。由于此版本不便于对马来西亚本地信息进行检索，点击主页下方的"English"选项，页面变为英文版界面。

关键词搜索是Google的基本搜索方式。在搜索框内输入所需要搜索的内容，按"回车"键或点击"Google Search"按钮，Google就会在网络上搜索与该搜索关键词相关的内容。对于输入的关键词，Google并不区分大小写，搜索"Malaysia Today"与搜索"malaysia today"获得的结果相同；对于关键词中出现的标点符号和其他特殊字符，Google会自动忽略。

Google具有自己的关键词语法结构，自动带有逻辑"与"功能。如果关键词是两个或以上的单词，Google自动默认为单词之间为"与"的逻辑关系。如想搜索马来西亚关于"tourism"和"shopping"的网站，只需输入"Malaysia tourism shopping"即可完成搜索。

由于Google要求输入完整和准确的关键词才能得到最准确的信息，因此，可以通过增加关键词数量、在单词前加"-"号使用逻辑"非"的方法逐步缩小检索范围。如输入"Malaysia tourism -shopping",可查询包含"Malaysia tourism"但不含"shopping"的网页。

如果搜索的关键词是整个短语或句子,为保证信息的完整性,可以在短语或句子上加标英文引号,这样可以避免单词间的空格被当作"与"操作符。如输入"Datuk Seri Najib Tun Razak"可以精确搜索所有包含马来西亚总理纳吉的信息。

为提高搜索效率,Google在对英文关键词的搜索过程中还会自动忽略to、by、with、the等助词或冠词。选择页面左侧的"Pages from Malaysia"选项后,还可以专门针对马来西亚本地的网络信息进行搜索。

2. 高级搜索方法

Google的高级搜索主要通过两种途径:一是进入高级搜索页面进行搜索;二是利用高级搜索语法进行搜索。

(1)高级搜索页面

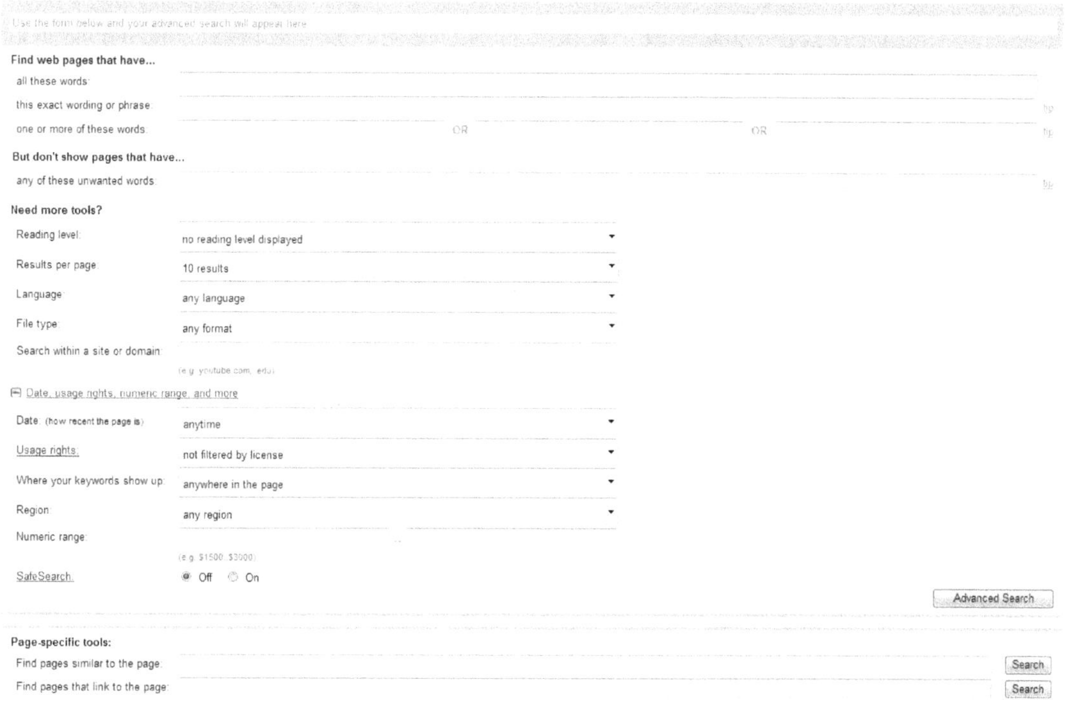

图4-1 "Google Malaysia"高级搜索页面

单击"Google Malaysia"英文主页中的"Advanced search"(高级搜索)链接,进入高级搜索页面。利用高级搜索,用户可以通过搜索文本框和下拉列表来确定搜索条件,除了对关键词的内容和匹配方式进行限制外,还可以从语言、文件格式、日期、网站、使用权限、字词位置、区域、数字范围等方面进行搜索条件和搜索范围的限定。

①Language（语言）

语言选项中可以选择搜索结果页面的语言，共有46种语言的网页供用户选择。

②File type（文件格式）

文件格式选项相当于特殊语法结构"filetype:"，用户可以选择搜索结果包含pdf、ps、dwf、kml、kmz、xls、ppt、doc、rtf、swf中某一格式文件的网页。

③Date（日期）

日期选项可以选择搜索结果页面产生的时间，如"过去一周内"、"过去一个月内"以及"过去一年内"，对用户查找最新网页非常有用。

④Search within a site or domain（网站）

网站选项与搜索页面所属的域有关，相当于特殊语法结构"site:"语法。该选项还支持否定逻辑，可以排除搜索结果中位于域的页面。

⑤Usage rights（使用权限）

使用权限选项包括"可随意使用或共享"，"可随意使用或共享，可用于商业目的"，"可随意使用、共享或修改"以及"可随意使用、共享或修改，可用于商业目的"，可以对搜索结果页面的知识产权信息进行过滤，在论文写作查找引用资料时非常有用。

⑥Where your keywords show up（字词位置）

字词位置选项可以选择关键词在网页中出现的位置，包括"网页内的任何地方"、"网页的标题"、"网页的正文"以及"网页的网址"，对应特殊语法结构的"intitle:"、"intext:"和"inurl:"。

⑦Region（区域）

区域选项可以选择搜索网页的位置位于哪个国家或者地区，如仅搜索马来西亚本地网络信息，可以选择"Malaysia"。同时该选项支持否定逻辑，可以在搜索结果中排除位于某个国家或者地区的页面。

⑧Numeric range（数字范围）

数字范围可以设置日期、重量、尺寸、价格等范围，查询某个特定数字范围内的相关信息。数字范围通过两个数字以及中间的两个英文句点表示，比如"Mahathir Mohamad 2001..2002"可以搜索马来西亚前总理马哈蒂尔在2001～2002年的相关信息。

（2）高级搜索语法

为了提高搜索的效率和准确率，Google提供了许多搜索语法和技巧，以下将对一些比较常用的高级搜索语法及其使用进行介绍。

① inurl:keyword

限制第一个搜索关键词包含在URL链接中，后面的关键词出现在链接中或者网页文档中。"inurl:"后面不能有空格，链接中的符号"/"不会被搜索，而是当成空格处理。如想搜索马来女歌星Siti Nurhaliza的mp3格式歌曲，可以输入"inurl:mp3 siti nurhaliza"进行搜索。

② allinurl:keyword1 keyword2

限制搜索的关键词（可使用多个关键词）包含在URL链接中。

③ intitle:keyword

限制搜索关键词包含在网页标题中，如输入"intitle:culture"，可以搜索标题包含"culture"的网页。

④ allintitle:keyword1 keyword2

限制一个或多个搜索关键词包含在网页的标题中。

⑤ intext:keyword

限制搜索关键词包含在网页正文中，忽略文本链接、URL和标题。该语法在搜索一些在链接或者URL中经常出现的关键词时非常有用，如搜索"intext:google.com.my"。

⑥ allintext:keyword1 keyword2

限制一个或多个搜索关键词包含在网页文体中。

⑦ inanchor:keyword

限制搜索关键词包含在网页的"锚"（anchor）链点内。

⑧ allinanchor:keyword1 keyword2

限制一个或多个搜索关键词包含在网页的"锚"（anchor）链点内。

⑨ define:keyword

搜索与关键词定义相关的网页。

⑩ site:domain

限制搜索结果局限于某个网站或者顶级域名中，"site:"后不能有空格，否则"site:"将被作为一个搜索的关键词。网站域名不能有"http://"前缀，也不能有任何"/"的目录后缀。输入"batu caves site:tourismselangor.gov.my"，可以搜索雪兰莪旅游网中关于黑风洞的信息。

⑪ filetype:extension

限制搜索的文件为特定的格式，支持搜索的文档包括Office文档（如.xls、.ppt、.doc、.rtf）、WordPerfect文档、Lotus1-2-3文档、Adobe的.pdf文档、ShockWave的.swf文档（Flash动画）等。如输入"Malaysia Prime Minister speech filetype:pdf OR filetype:doc"，可以搜索pdf或doc格式的马来西亚总理讲话文件。

⑫ link:url

搜索所有链接到某个URL地址的网页。由于"link:"不能与其他语法混合使用，所以后面即使有空格也将被Google忽略。

⑬ related:url

搜索与特定页面结构内容方面相似的网页。如想搜索与"前锋报在线"主页相似的网页，可以输入"related:www.utusan.com.my"。

⑭ cache:url

限制搜索Google服务器上的缓存。

⑮ info:url

显示与某URL链接相关的一系列搜索。

⑯ daterange:time1-time2

限制搜索在特定时间段内的网页。

3. 搜索结果

用户提交搜索后，Google会根据搜索关键词和搜索选项返回搜索结果。在搜索结果页面的搜索文本框下方显示搜索结果命中记录数量和耗时，每个搜索结果记录包括网页标题、网页内容摘要、网页快照、相似网页等内容。搜索结果左侧为搜索选项栏，用户可以在选择网页归属地、网页产生时间等选项后对搜索结果进行二次检索，提高搜索结果的准确率。为便于用户浏览，检索关键词在搜索结果页面中以红色字体显示。用户还可以自定义每页显示的搜索结果数量（10、20、30、50或100），并选择搜索结果链接的网站在当前或是新的浏览器窗口中打开。

4. 特色服务

根据用户的不同需要，Google还提供了一些特色的功能，如手气不错、网页快照、类似网页、网页翻译、Google图书、Google学术搜索。

① I'm Feeling Lucky（手气不错）

用户在输入检索关键词后选择"手气不错"按钮，Google将直接登陆它所推荐的网页（搜索结果页中排名第一的网页链接），从而省去察看其他搜索结果的麻烦。

② Cached（网页快照）

Google在数据库缓存中为网页保存了一份索引快照，用户通过"网页快照"功能，无需登陆网页即可以直接查看网页的存档快照。

③ Similar（类似网页）

用户对搜索结果中的某一网页内容很感兴趣，但网页资源有限，无法满足用户的需求。通过点击"类似网页"，Google会向用户提供与这一网页相关的网页和资料。

④ Google Scholar（学术搜索）

"Google学术搜索：scholar.google.com"主要向用户提供学术文献搜索。用户可以从一个位置搜索众多学科和资料来源，包括来自学术著作出版商、专业性社团、预印本、各大学及其他学术组织的经同行评论的文章、论文、图书、摘要和文章。Google排名技术会根据每篇文章的完整文本、作者、刊登文章的出版物以及文章被其他学术文献引用的频率，按相关性对搜索结果进行排序，帮助用户在整个学术领域中确定相关性最强的研究。Google学术搜索允许用户使用的搜索选项有"作者搜索"、"出版物限制"、"日期限制"以及Google网页搜索中的一些语法结构，如"+"、"-"、"词组搜索"、"布尔逻辑或（OR）"以及"intitle:"语法等。

⑤ Google Books（图书）

"Google图书：books.google.com"界面提供超过35种的语言支持，可供用户搜索所需图书以及相关领域图书的最新信息。根据图书相应的版权保护信息，用户可以在线查看图书的部分预览或全文预览，可以免费下载公众领域图书的PDF副本。Google图书搜索实行"合作商计划"以及"图书馆计划"，截至2007年底，来自100多个国家和地区的一万多个出版商和作者参与了图书搜索合作商计划，参与图书馆计划的合作商数达到28个，其中包括7个国际图书馆合作商。用户在查询到相关图书信息的同时，还可以得到该图书的购买信息以及其在图书馆的馆藏信息，从而方便购买或者借阅该图书。

4.1.2　Yahoo!东南亚

Yahoo是美国著名的互联网门户网站，在全球共有24个站点，提供英、中、日、韩、德、法等12种语言版本，并且各个版本的内容互不相同。Yahoo引擎服务是Yahoo的老牌业务之一，在2004年2月18日与Google的合作终止之后，Yahoo陆续收购Inktomi和Overture等互联网搜索公司，决心发展自己的互联网搜索技术，抢占市场份额。目前Yahoo在东南亚地区的6个国家拥有站点，提供适合本国用户使用的信息搜索服务。

表4-2　Yahoo!东南亚分站列表

国别	名称	网址	语言
越南	Yahoo! Vietnam	vn.yahoo.com	越
泰国	Yahoo! Thailand	th.yahoo.com	泰
菲律宾	Yahoo! Pilippines	ph.yahoo.com	英
马来西亚	Yahoo! Malaysia	malaysia.yahoo.com	英
新加坡	Yahoo! Singapore	sg.yahoo.com	英
印尼	Yahoo! Indonesia	id.yahoo.com	印尼

下面结合"Yahoo! Indonesia"，重点介绍Yahoo的搜索引擎。

1. 网页基本搜索

在浏览器地址栏中输入网址"http://id.yahoo.com"打开"Yahoo! Indonesia"的主页。在页面上方的显著位置有搜索栏，通过单选框选择全网搜索（Web）还是仅在印尼网页搜索（Indonesia saja），然后输入搜索内容，就可以获得搜索结果。例如，全网搜索有关"Istana Merdeka"（印尼独立宫）的网页，在搜索栏输入关键词"Istana Merdeka"，点击右侧的"Cari Web"按钮，即可得到图4-2的页面。

页面正中部分是搜索结果，每条结果的地址后有网页快照（Salinan）。包含关键词的新闻链接也会出现在结果中，此外还自动提示近似的关键词。由于Yahoo与维基百科合作密切，因此维基百科的网页往往排序靠前。页面上端为搜索栏，仍然保留有刚才的关键词。点击搜索栏下方的下拉框箭头，将会出现最近的搜索历史记录。而点击"Cari"右侧的"Opsi"（选项）下拉箭头将出现"Pencarian Canggih"（高级搜索）、"Preferensi"（使用偏好）、"Y!Dial-UP"（低网速入口）或"Y!Broadband"（宽带入口）。考虑到拨号用户网速较慢，Yahoo特别设立"低网速入口"，如果点击进入，在搜索网页中只出现文字，没有图片、下拉框或弹出页面，提高效率。

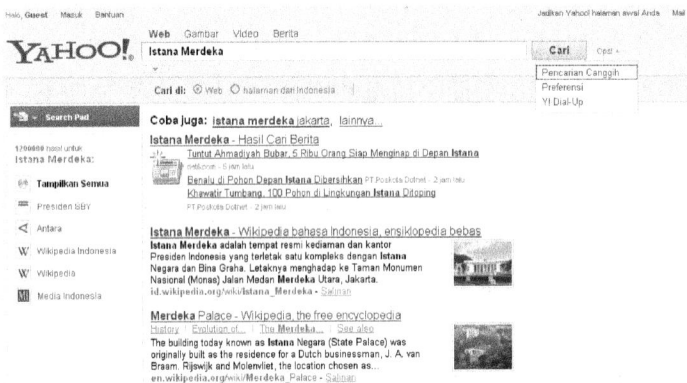

图4-2 "Yahoo! Indonesia"关键词搜索结果页面

除了搜索结果之外，在页面右侧还有"Search Pad"（搜索记事本）。点击"Search Pad"，将弹出记事本页面。如果用户使用Yahoo账户登入，即可为搜索结果添加注释并储存至其Yahoo账户，也可将搜索结果发送电子邮件或进行打印，以便日后管理搜索结果或追踪相关网页的更新情况。

"搜索记事本"下方的搜索统计结果不仅显示所含关键词网页的数量，还按特定网站将结果分类。Yahoo搜索引擎默认是显示全部结果，但是也自动列出拥有较多关键词的网站。如果点击某网站的按钮，页面中将只出现该网站里含有关键词的网页结果，其他网页则被过滤掉了。

2. 网页高级搜索

点击"Cari"右侧的"Opsi"→"Pencarian Canggih"，进入高级搜索页面。用户可以自行设置一系列搜索条件，来缩小结果范围。

（1）Tampilkan hasil dengan（搜索结果）：包括"包含全部字词"、"包含完整字词"（相当于引号功能）、"至少包含一词"、"不包含一词（相当于"-"功能）"

等，还可以将这些字词限制在 bagian dari halaman（网页）或是 dalam judul di halaman（在网页标题中）。

（2）Diperbarui（网页更新时间）：有任何时候、三个月内、六个月内、一年内供选择。

（3）Situs/Domain（网站或域名）：用户可以选择"Sembarang Domain"（任意域名）、仅"·com"域名等单选框，也可直接输入域名或网址。

（4）（Format File）文件格

图4-3 "Yahoo! Indonesia"高级搜索页面

式：可以将结果限定在htm、xls、ppt、doc、xml、txt格式，默认为全部格式。

（5）（Negara）国家：可以将结果限定在36个国家或地区的网页中，默认为任意国家。

（6）（Bahasa）语言：可以将结果限定在36种语言的网页中，默认为全部语言。

（7）（Jumlah）结果数量：可以选择每页结果显示的数量，默认为每页10个。

值得一提的是，Yahoo与Google一样支持高级搜索语法，如"inurl:"、"intext:"、"intitle:"、"define:"、"site:"、"filetype:"、"daterange:"等。

3. 使用偏好

点击"Cari"右侧的"Opsi"→"Preferensi"进入使用偏好页面，用户可以点击"Edit"设置搜索助手、搜索记事本、搜索语言和显示结果，设置完成后可以点击"Selesai"保存设置。

（1）搜索助手：设置当用户登入后助手出现与否，默认为当需要时出现。

（2）搜索记事本：设置记事本有效与否，默认为生效。

（3）语言：设置结果出现的页面语言，默认为全部。

（4）显示结果：设置是否在新窗口显示结果、每页结果数、是否显示类似结果。

4. 图片、视频和新闻搜索

除网页之外，"Yahoo! Indonesia"还提供Gambar（图片）、Vedio（视频）和Berita（新闻）的搜索。例如，需要继续搜索有关独立宫的图片，只需点击搜索栏上方的图片类别，即可得到图片的链接，图片可以根据尺寸大小和彩色黑白进行筛选。视频和新闻的搜索可按照同样的方法进行。

▷ 4.2 自主型搜索引擎

4.2.1 越南互联网搜索引擎及其使用

越南于20世纪90年代开始本国的互联网建设，并于1997年底实现与互联网的ICP/IP的连接。越南互联网在最初的几年发展迅速，越南的IT行业也开始关注本地搜索引擎的研发。到目前为至，互联网上的越文搜索引擎不多，主要是由于越语的组词造句与英语有很大的差别，因此越文搜索引擎的建设和使用都难于英文搜索引擎。

越南Tinh Vân通讯技术公司于2000年投入运行了第一个越文搜索引擎vinaseek.com，同年还出现了由Netnam公司研发的panvietnam.com，它们主要用于信息检索。2001年10月投入使用的hoatieu.com增加了图片检索功能。在此阶段，由于越南各网站使用的编码不统一，20多种编码同时存在，而世界各大著名搜索引擎如Altavista或Yahoo等都不支持越文编码，所以这三个越文搜索引擎得以独占越南市场。后来越南大部分网站统一使用Unicode编码后，Google开始进驻越南市场，并以其雄厚的经济实力和成功的市场经验快速占领了越南搜索市场的大部分份额，而上述三个越南本土的搜索引擎渐渐被人们遗忘了。2006年2月，Yahoo越文版开始在越南试行，并于同年3月正式投入使用。从这两大著名搜索引擎进入越南到2007年，越南本土的IT行业一直在Google、Yahoo强大的压力下寻找生存的空间，他们明白Google的界面友好，搜索分类齐全，搜索速度快，但由于越南的市场小，赢利少，所以Google的关心程度和投入力度相对较小，自然就存在着缺陷。如"Google Vietnam"现拥有3千万个越文网页的信息，而越文网页有1.5亿～2亿个；网上的越文信息还有不少非Unicode编码的网页，这部分信息Google没法搜索到；因为语言本身有其深刻的文化内涵，所以Google不可能完全本地化等。近年来，越南IT行业致力于研发Google所不具备的功能，2007年开始，越南自主研发搜索引擎进入蓬勃发展的阶段。

越南互联网的搜索引擎主要分为索引型搜索引擎和目录型搜索引擎，这些搜索引擎可以同时针对越文和英文资源进行检索。此外还有Baamboo和zing mp3等音乐专业搜索引擎，以及Ttim1s等行业搜索引擎。

1. 常用索引型搜索引擎

（1）Xalo（http://xalo.vn）

① 概述

2008年初，由越南Tinh Vân通讯技术公司投资2百万美元研发的beta版本xalo.vn正式运行，它也是目前越南检索功能最齐全的搜索引擎，收录网页数量超过1亿，支持Unicode、TCVN-5712、VNI、Vietware、VIQR、BKHCM1、BKHCM2、VISCII、VPS编码。

Xalo在越南的网站流量排名第33，搜索服务占该网站总服务71%，主要提供网页、新闻、照片、音乐、博客、影像等检索，同时还提供天气预报、证券、汇率、万年历、彩票、电视节目单、电话查询、行业查询等服务。

②检索方法

Xalo查询界面分为简单检索和复杂检索：

a. 简单检索。在简单检索界面中含有一个文本输入框和一个按钮。用户只需在文本框内输入想要检索的关键词，然后按下"tìm"（查询）按钮即可。如果对返回的检索结果不满意，可以再加入一些限制性单词，如字段限制等。Xalo采用了字段限制检索的功能，字段包括link、site、url、title等。通过加入限制符号对检索结果范围加以限定，如使用""（半角）的作用是将单词连为词组，可以使检索结果更加精确；使用"*"（通配符）可以帮助扩大检索结果，比如按"nông *"进行检索，检索内容将包含"nông nghiệp"、"nông thôn"、"nông dân"等。此外，Xalo还采用了逻辑算符AND、OR、NOT及其等价符号"+"、"-"、"（空格）"进行检索。

b. 复杂检索。利用复杂检索提供的列表式选项可以对检索进行控制，使检索结果符合以下要求：包含键入的所有检索的关键字词、包含键入的完整词组、包含其中的一个字词、不包含键入的字词、特定的文件格式、特定的时间限制、信息的大小、包含特定的人物或组织、关键词所处的位置、位于特定的网域或网站内等。

③检索结果显示

检索结果主要包含以下内容：有效的关键词，系统可识别的关键词、找到的网页数目、网页的标题、摘要、URL地址、文件的大小、搜索引擎抓获该页面的时间、结果相关性评估。

（2）Panvietnam（http://www.panvietnam.com）

①概述

Panvietnam搜索引擎由NetNam公司的阮世荣、黄青松和黎红研发，于

图4-4　Xalo网站主页

2000年运行V0.1版本，2001年9月升级为V0.2版本，目前使用的是2002年1月升级后的3.0版，它同时支持Unicode、VNI、TCVN编码，收录的范围包括各个网页和各数据库的数据，主要提供网页检索功能。

②检索方法

进入Panvietnam后，在页面上有一个文本输入框和一个"search"按钮。检索便从这里开始。它提供了简单（Tìm kiếm mặc định）和复杂（Tìm kiếm nâng cao）两种检索方

式。简单检索支持自然语言检索形式，检索结果多而乱，复杂检索选项可以使检索结果更加精确。

在简单检索中，Pavietnam使用了一些限制字段符等限制项。如："" 限制符，anchor、applet、domain、link、image、title、url、host等字段符。

此外，复杂检索还增加了若干对检索进行控制的列表式选项。单击主页"search"按钮左边的"Tìm kiếm nâng cao"进入Pavietnam控制选项页面。

a. 逻辑操作。"与"，文章必须同时包含用户的所有关键词才能满足要求；"或"，文章包含用户的任意一个关键词就满足要求；"非"，文章不包含某一关键词。

b. 检索范围。关键词出现在某一种材料中，出现在材料的某个位置或出现在域名里。

c. 限定材料的格式。Pavietnam可对特定格式的资源进行检索，支持检索的格式包括pdf、ps、doc、xls、ppt、rtf等。

为了提高检索结果的准确率，Panvietnam增加了"deep search"功能，通过它系统再次选择相关性更高的结果。使用Pavietnam时，如果希望检索准确率高，应尽少使用出现频率比较高和比较普遍的词，如"tiêu chuẩn"等。

③ 检索结果显示

用户提交检索后，系统将根据用户的关键词和检索选项返回检索结果。检索结果按网页相关性进行排序，每页显示10条列表信息，显示内容包括网页数目、序号、标题、摘要、网址等相关信息。

（3）Socbay（http//:www. socbay.com）

2007年8月，由5个刚走出大学校门的年轻人研发的Socbay.com投入试运行，主要提供网页信息、音乐、电影、书籍和地图的搜索。这几个年轻人雄心壮志，希望能把Socbay建设成能与Google抗衡的本土搜索引擎，就像中国的Baidu或韩国的Naver。Google曾在2009年想收购Socbay，但未能成功。

Socbay是一款针对越南国内网页进行搜索的索引型搜索引擎，可以使用越文或英文关键词对信息资源进行检索。Socbay的主页页面简单干净，使用非常方便，虽然结果所显示的信息量没有Google的多，但是仍然深受越南用户的喜爱。除了网页检索，Socbay还提供mp3检索和词典查询等。

（4）检索示例

【例4-1】利用越南Xalo 搜索引擎，查找越南电视小品栏目Góc cười的节目视频。

具体搜索步骤如下：

① 通过网址"http://xalo.vn"，进入Xalo 搜索引擎主页。

② 点击主页上方导航栏的"Video"标题，进入视频专项检索页。

③ 在搜索框内输入"Góc cười"，单击"Tìm"按钮进行搜索。勾选搜索框下方的复

选框还可以对视频的来源进行限定，来源网站包括Clip.vn，Youtube.com，Zing.vn等。

④ 搜索结果显示为视频截图和小品名称，点击截图或名称可打开播放页在线观看。

2. 常用目录型搜索引擎

（1）Vnnsearch（http://www.vnnsearch.com）

① 概述

Vnnsearch是一群自由编程员建立的目录型搜索引擎，于2006年10月20日问世。网站目前共收集了超过2.5万个网址。Vnnsearch将自己搜集到的数据分门别类加以整理，共有181个详细分类。它主要提供网站分类检索、网站检索和关键词检索方法。

② 主页介绍

Vnnsearch网站的主页上方是Banner。网站的Banner包括网站的名称和网址、7个导航栏、由Google支持的一个文本输入框和一个按钮。Banner的下方是导航栏，有trang chủ（主页）、thêm mới website（添加网站）、danh bạ website（网站目录）、lời bài hát（歌词）、tin tức（新闻）、công cụ web（web工具）、blog（博客）、lấy link nhạc（音乐连线）等。左边的导航栏主要是liên kết được tài trợ（资助网站的链接）、danh mục（按字母排序的25个网站目录）、Âm nhạc phim ảnh（音乐、视频）、Báo điện tử, Trang tin tức（报纸、新闻）、Công ty, Tập đoàn（公司、集团）、Dịch vụ, Du lịch, Ẩm thực（服务、旅游、饮食）、Dịch vụ Web, Internet（网络服务）、Diễn đàn, Blog, Web2.0（论坛、博客）、Điện tử, Viễn thông（电子、通讯）、Game, Trò chơi（游戏）、Giải trí nói chung（娱乐）、Giáo dục, Đào tạo（教育培训）、Khoa học Công nghệ（科学技术）、Kinh tế, Tài chính, thương mại（经济、财政、贸易）、Kiến trúc, Xây dựng, Nội thất（建筑、装修）、Lĩnh vực khác（其他领域）、Máy tính, Tin học, Phần mềm（计算机、网络、软件）、Ô tô, Xe máy, Máy bay（汽车、摩托车、飞机）、Pháp luật, Chính trị,（法律、政治）、Thể thao, Bóng đá（体育、足球）、Thời trang, Mỹ phẩm, làm đẹp（服饰、美容）、Thủ công mỹ nghệ（手工艺术）、Tổ chức nhà nước, Hiệp hội（国家组织、协会）、Văn hóa, Nghệ thuật（文化、艺术）、Việc làm, tuyển dụng（就业）、Xã hội, Con người（社会、个人）、Y tế, Sức khỏe（医疗、健康）、website mới cập nhật（最新添加的网站）。页面中间是主页的主体部分，上方是重点网站，下方是我们点击导航栏后发生切换的页面。

③ 检索功能

Vnnsearch提供分类目录浏览和关键词检索功能。

a. 分类目录浏览。Vnnsearch把收集到的信息分成上述的25大类，每个分类下包括具体的子目录，如在音乐、视频下的子目录包括：在线影院、音乐、歌手、演员、MP3、粉丝俱乐部、在线音乐等。用户可以根据想要查找的信息所属类别，进行层级点击，查找所需网站地址。

b. 关键词检索。Vnnsearch和Google合作，关键词检索默认采用Google提供的搜索工具，其检索参照越文Google的检索方法。由于不提供高级检索，更多需要使用字段符和逻辑算符等来提高检索的效率。

c. 结果显示。显示的网站按照收录时间的先后进行排序，内容包括网站或机构名称、收录时间、Alexa的排名、Google的网站PR值、网站的价值、浏览次数和网址等。通过Google搜索显示的网页内容包括标题、摘要、网页类别、网址等信息，并按照网页相关性进行排序。

（2）Vinatop（http://www.vinatop.com）

① 概述

Vinatop网站目前共收集了12类近1.6万个网址，主要提供网站分类检索和站内关键词检索功能。

② 主页介绍

Vinatop网站的主页上方是Banner，包括网站的名称和网址，6个导航栏和关键词搜索文本输入框。导航栏包括trang chủ（主页）、đăng ký（注册）、web mới（新网站）、gửi bài viết（寄信）、bài viết（文章）、web hay（好网站）。

主页中间是网站的目录分类，主要有Giáo dục - Đào tạo（教育、培训）、Máy tính - Internet（计算机、互联网）、Giải trí - Âm nhạc（娱乐、音乐）、Nhà nước - Tổ chức（国家、组织）、Văn hóa - Nghệ thuật（文化、艺术）、Khoa học - Công nghiệp（科学、工业）、Thể dục - Thể thao（体育）、Xã hội - Con người（社会、个人）、Kinh tế - Thương mại（经济、贸易）、Tin tức - Thời sự（时事、新闻）、Y tế - Sức khỏe（医疗、健康）。

主页的右边是导航栏，内容包括上述12类目录、信息、有用的链接、文章、搜索引擎优化工具、注册新网站等。

③ 检索功能

Vinatop提供分类目录浏览和关键词站内检索功能。

a. 分类目录浏览。Vinatop把收集到的信息分成上述12大类，每一类别下还有子目录。如教育培训下就分为俱乐部、教育相关服务、普通教育、学生会、科学工业、经济、教育资源、教育组织、信息、大学学院、就业培训、信息技术培训、在线培训、留学、奖学金等。这是由目录和子目录构成的目录等级结构，可以逐层进行检索，也可以通过关键词在某一分类下进行检索。

b. 关键词站内检索。Vinatop提供的关键词检索主要针对站内与该关键词相关的网站进行检索，关键词检索分为简单检索和某一目录下检索。

c. 结果显示。显示网站按照相关性或字母顺序进行排序，内容包括网站或机构名称、简介、网址等。

（3）Vietnamwebsite（http://www2.vietnamwebsite.net）

① 概述

Vietnamwebsite是直属MT科学技术部和越南信息协会VINALINK公司的网站，目前共收集了5000多个网址，是第一个采用CDRom形式的网站目录，属于目录型搜索引擎，检索功能主要有分类检索、网站检索和关键词检索。Vietnamwebsite和Google合作，默认采用Google提供的网页搜索。

② 主页介绍

Vietnamwebsite将自己搜集到的数据分门别类加以整理，对某些有联系的信息进行归类，组成分类索引数据库，方便人们在检索时可以很快找到符合自己需求的信息。Vietnamwebsite将它所有的信息分为28大类：địa danh - vùng miền（地名、地区）、bán hàng - rao vặt（买卖、生意）、cá nhân - sở thích（个人、喜好）、công nghiệp - sản xuất（工业、生产）、dịch vụ các loại（服务）、du lịch - thắng cảnh（旅游、名胜）、giải trí - âm nhạc（娱乐、音乐）、giải trí - thư giãn（娱乐、消遣）、Giáo dục - Đào tạo（教育、培训）、giao thông - vận tải（交通、运输）、khoa học - kỹ thuật（科学、技术）、Kinh tế - Thương mại（经济、贸易）、máy tính - Internet（计算机、网络）、nhà nước - tổ chức（国家、组织）、nông lâm ngư nghiệp（农、林、渔业）、phổ biến kiến thức（普及知识）、tư liệu - tra cứu（资料、查询）、tổ chức - đoàn thể（组织、团体）、tổ chức quốc tế（国际组织）、tài chính - ngân hàng（财政、银行）、tài nguyên môi trường（环境资源）、thể thao（体育）、tin tức - thời sự（时事、新闻）、văn hóa - nghệ thuật（文化、艺术）、xã hội - con người（社会、个人）、xây dựng - BĐS（建筑、不动产）、xuất nhập khẩu（进出口）、Y tế - Sức khỏe（医疗、健康）。这些类目录下包括具体的子目录，用户查找时，可以根据要查找信息所属的类目，从首页开始，然后点击相关的类目录、子目录查找所需网站地址。

③ 检索功能

Vietnamwebsite提供分类目录浏览和站内关键词检索功能。

a. 分类目录浏览。Vietnamwebsite的组织形式是一种按层次逐级分类的类目体系，即把收集到的信息分成上述的28大类，每一类别下还有子目录。用户检索时首先要确定搜索课题的属性，然后逐层进行检索，最后在子目录下显示的一系列网站中选择所需的网站，点击该网站地址进入网站进行浏览。

b. 站内关键词检索。Vietnamwebsite的关键词检索分为简单检索和某一目录下检索，可以通过关键词检索站内相关的网站地址。

c. 结果显示。显示结果包括网站或机构名称、简单介绍、网址和归属目录，按照相关性或字母顺序进行排序。

（4）Danhbawebsite（http://www.danhbawebsite.com）

Danhbawebsite是PA Vietnam有限公司在2002年推出的目录型搜索引擎，主要提供分类信息查询和关键词检索。Danhbawebsite 将它所有的信息分为12大类，即教育培训、消闲音乐、科学技术、经济贸易、计算机网络、国家组织、体育、时事新闻、资料查询、文化艺术、社会人文、医疗健康，每一大类下又细分几个类目。对于互联网的初级用户而言，通过对分类信息的检索和浏览，可以对该搜索引擎的索引数据库内容有一个总体认识，便于在以后的信息查询过程中选择一个合适的搜索引擎。Danhbawebsite还提供关键词检索功能，具有Danhbawebsite网站检索功能（搜索站内分类数据库中收录的网站）和由panvietnam.com支持的网页检索功能。

（5）Timnhanh（http://www.timnhanh.com）

2007年初，由VinaCapital投资200万美元、越南在线网络股份有限公司研发的www.timnhanh.com投入运行。Timnhanh模仿Yahoo的模式，提供了很多相似的服务，共有25种，现在使用Web 2.0技术便于用户使用这些服务所提供的信息。它主要提供的搜索服务有：网页搜索、图片搜索、音乐搜索、新闻搜索、视频搜索和就业搜索。

（6）检索示例

【例4-2】利用Vnnsearch网站的分类目录查找能够在线观看电影的越南网站。

具体检索步骤如下：

① 通过网址"http://www.vnnsearch.com"进入Vnnsearch网站的主页，下拉页面至分类目录位置。

② 分类目录位于网页的左侧，点击排在最前面的"Âm nhạc, Phim ảnh"选项。

③ 分类目录右侧显示该目录下的子目录，点击选择"Xem phim trực tuyến"选项。

④ 本次检索共获得74个相关记录，每页显示12个记录，都是越南在线观看电影的网站链接和缩略图，并按照访问量大小顺序依次排列，单击其中任一记录中的网站名称链接，可以访问该网站并在线欣赏电影。

3. 其他搜索引擎

（1）Baamboo（http://www.baambaool.com）

经过两年的建设，2008年3月，专门针对音乐搜索的Baamboo投入运行。其界面和显示结果简单明了，主要搜索范围包括MP3和Video。用户可以选择歌曲名称或歌词内容的方式来搜索自己需要的音乐。结果显示包括歌唱者、专辑、大小、时长和来源。

（2）zing mp3（http://www.mp3.zing.com）

2007年11月，VinaGame运行了专业音乐搜索引擎zing mp3，主要提供MP3文件的检索。用户可以通过限制关键词的范围，如歌词、演唱者、专辑、视频等来提高搜索效率，尽快找到自己需要的音乐。结果显示包括歌曲名、体裁、大小、时长等。

（3）Thư viện.net（http:// www.thuvien.net）

Thư viện.net是一个图书馆在线服务网站，便于各图书馆之间相互学习和交流，进而提高自己的业务水平。Thư viện.net提供关键词搜索服务，使用搜索引擎bookilook、worldcat搜索图书；使用搜索引擎xalo.vn搜索网页；使用từ điển chuyên ngành查询行业知识；使用webdict进行英越、俄越翻译。Thư viện. net还提供数据库检索（tra cứu CSDL trực tuyến）。通过对具体信息如书名、作者、出版社、出版时间、关键词等的检索或通过网站提供相关可下载的网站来获取所需的书或杂志。

（4）Tim1s（http://www.tim1s.vn）

Tim1s的意思是"一秒钟搜索"，它是在越南加入WTO后，为了适应快速发展的电子商务而研发的，专用于搜索越南商业贸易信息的行业搜索引擎。Tim1s的界面简单清淅，主要提供关键词搜索，可以通过一些限制选项来搜索与关键词相关的网站、新闻事件、照片和博客，并可对搜索结果进行地域（从省市到道路名）的选择。

4.2.2　柬埔寨互联网搜索引擎及其使用

柬埔寨互联网的搜索引擎分为目录型搜索引擎和索引型搜索引擎两类，通常以英文为媒介语言，支持英文的关键词搜索。随着柬埔寨政府对Unicode编码的推广，面向柬文网页的搜索引擎正逐步发展，部分搜索引擎也具备了柬文关键词搜索的功能。

柬埔寨常用的互联网搜索引擎主要有柬埔寨信息中心、柬埔寨黄页网和GoCambodia网站。

1. 柬埔寨信息中心（http://www.cambodia.org）

（1）概述

柬埔寨信息中心（មជ្ឈមណ្ឌលព័ត៌មានខ្មែរ）建立于1995年，是较早提供目录型检索的网站之一，目的是向用户提供各类有价值的信息，如柬埔寨国内最新的新闻和事件的相关链接，同时通过在线讨论组成为一个在线交流的媒介。

柬埔寨信息中心网站内容以英文为主，提供部分标题的柬文与英文对照，方便不懂英文的柬埔寨用户使用。网站提供三个主要栏目，分别为：网页搜索，提供Google搜索引擎的关键词搜索服务；新闻，提供柬埔寨的最新新闻；网站目录，提供18个门类共600余个网站的信息。

（2）主页介绍

柬埔寨信息中心网站主页上部是信息搜索部分，提供关键词搜索和目录检索两种服务。主页左侧是主要栏目、广告、新闻组、其他网站的链接；中间部分包括In the News（重点新闻）、Web Directory（网站目录）、Camdisc & Camnews（新闻讨论组）、Watch Video-Doc（视频、文档新闻）、Websites Related to Cambodia（与柬埔寨相关的链接）、

World View At-A-Glance（世界纵览）、右侧包括Cambodians Known to the World（闻名于世的柬埔寨人）、Cambodian Music（柬埔寨音乐）、Cambodia Tycoons（柬埔寨大亨）、Exclusive（独家新闻）等栏目。

（3）检索功能

在网站上部点击"Directory"；左侧点击"Yellow Pages"；中部点击"Web Directory"都可以进入目录检索页面，检索功能通过分类目录实现。如果用户无法确认某个网站属于哪一类项目，可以通过目录检索页面上部的"Search Directory"进行搜索。

柬埔寨信息中心分类目录共分为Arts（艺术）、Business（商务）、Cambodia（柬埔寨）、Computers（计算机）、Financial Services（金融服务）、Games（游戏）、Government（政府）、Health（健康）、Home（居家）、Kids and Teens（儿童与青少年）、News（新闻）、Recreation（娱乐）、Reference（参考）、Regional（地区）、Science（科学）Shopping（购物）、Society（社会）、Sports（体育）和Travel & Tourism（旅游）19个大项，每个项目之下还包括若干子项目。

例如，点击Government条目进入政府类别，显示包含的Embassy（使馆）子项目1个，政府类别的网站共32个。网站可以依照网页排名、点击率或者字母进行排序。所列的第1个网站名称为Royal Government of Cambodia，网址是"www.cambodia.gov.kh"，并提供网站的简介，柬埔寨政府的官方网站，包括领导人信息、任命、国家数据和部门等信息，点击"Read more"可以浏览更多信息。第2个网站名为Ministry of Commerce，网址是"www.moc.gov.kh"，并提供部长和国务秘书的姓名，点击"Read more"还可以进一步了解详细内容。

柬埔寨信息中心为检索柬埔寨网站和浏览柬埔寨新闻提供了便捷的途径。由于网站所包含的目录类别和网站数量都比较少，仅有少数重点网站，因此网站允许用户向其提供网站和网页地址，以进一步增加收录网站的数量。

2. 柬埔寨黄页网（http://www.yellowpages-cambodia.com）

（1）概述

柬埔寨黄页网（យេលឡូវ្រជេចស់）提供了柬埔寨国内各种公司、企业、机构、部门的联系方式，作为传统黄页的网络版，黄页网更利于查找最新的联系信息、个人资料、广告、电子邮件和网页地址，还包括柬埔寨地图和住宅电话号码等项目的搜索。

（2）主页介绍

柬埔寨黄页网主页的主要栏目包括ស្វែងរក（搜索）、រកមើល（浏览）、ស្វែងរកលំដាប់ខ្ពស់（高级搜索）和Create New Listing（创建新列表）。在搜索框内输入柬文、英文关键词，点击"ស្វែងរក"键，即可进行站内搜索操作。搜索框下方是搜索的地区范围，右上角提供了多种语言的选择列表，以方便不同国家用户的使用。

（3）检索功能

柬埔寨黄页网提供关键词站内搜索、目录浏览和高级搜索三种检索方式。

①关键词检索。当用户无法确认检索内容属于哪一个分类目录，或者为了节约时间，可以首先使用关键词检索进行信息搜索。例如，用户计划搜索金边皇家大学的网址，但无法确认院校属于哪一个目录，可以在搜索栏中输入金边皇家大学的名称"សាកលវិទ្យាល័យភូមិន្ទភ្នំពេញ"并点击搜索，结果以黄色高亮显示。点击学校名称可以查看详细信息，包括学校名称、学校属性、地址、电话号码、传真号码、电子邮件地址、网址、邮政信箱等，还使用Google地图展示了学校所在位置。右侧则显示了该大学所在的目录属于培训机构、大学和学院。

②目录浏览。目录分类按照柬文字母表排序，依次为：娱乐，美容，体育与游戏，贸易与进出口公司，银行与金融，技术与通信，书店与办公文具，饭店与舞厅，运输代理，饮食，旅游，教育，工业、农业与工厂，社团、环境与政府，建筑，健康与医疗，商业服务，特别服务，自动化，广告服务，家具，商店共24个目录。

③高级搜索。用户选择高级搜索后可以通过搜索条件对搜索范围进行限定，限定条件包括ឈ្មោះក្រុមហ៊ុន（输入检索对象名称）、គ្រប់តំបន់（选择对象所在区域）、ក្រុមសេវាកម្ម（输入检索对象所属行业）、អាស័យដ្ឋាន（输入检索对象地址）、ទូរស័ព្ទ（输入检索对象电话）。

柬埔寨黄页网依托信息技术将政府机关、企业公司、组织机构、学校医院等单位的主要信息和联系方式展示在互联网平台，为用户检索相关网站提供了便利。但由于内容繁多，目录分类不够细致，检索速度和效率受到了一定的影响。

3. GoCambodia网（http://www.gocambodia.com）

GoCambodia是一款目录型搜索引擎，主要提供分类目录浏览以及关键词站内检索两种检索方式。GoCambodia目前共提供27个种类目录约670个网站的检索。目录种类包括Accommodation（住宿）、Arts & Humanities（艺术与人文）、Automotive（汽车）、Business & Economy（商务与经济）、Careers & Jobs（职业与就业）、Downloads（下载）、Education & Research（教育与研究）、Entertainment & Media（娱乐与媒体）、Food & Drink（饮食）、Government, Law & Politics（政府、法律与政治）、Health & Fitness（健康与健身）、Home & Family（居家）、House & Garden（住宅与花园）、Internet & Computer（互联网与计算机）、Kids & Teens（儿童与青少年）、Lifestyle & Relationship（时尚与休闲）、Local & Regional（本地与地区）、Money & Finance（货币与金融）、News & Issues（新闻与议题）、Organizations（组织）、Real Estate（房地产）、Reference & Resources（参考与资源）、Shopping（购物）、Society & Culture（社会与文化）、Sports & Recreation（体育与休闲）、Transportation（运输）、Travel,

Tourism & Vacation（旅行、旅游与度假）。例如，用户想搜索柬埔寨旅游部的网址，可以通过如下步骤：（1）打开分页目录，确认柬埔寨旅游部属于政府、法律与政治类目；（2）点击进入该类目，显示该类目下所有网站，以字母顺序排列；（3）检索到旅游部标题，点击进入，显示详细信息。

GoCambodia网目录页上部为搜索框，可以进行站内关键词搜索。关键词选择对搜索结果的命中率有直接的影响。以搜索柬埔寨旅游部为例，在搜索栏中输入关键词"Ministry"，显示出24个相关搜索结果，仍需从结果中进一步检索；输入关键词"Ministry of Cambodia"，显示搜索结果为零，说明输入关键词不正确；输入关键词"Ministry of Tourism"，直接显示柬埔寨旅游部的相关信息。因此，正确选择关键词是提高检索效率的最重要因素。

GoCambodia网罗列的目录比较齐全，收录网站比较丰富，同时提供了大量的柬埔寨国情信息，为用户了解、学习、研究柬埔寨国情提供了比较丰富的信息资源。

4. 检索示例

【例4-3】利用柬埔寨信息中心网站的分类目录，查找能够提供柬埔寨旅游信息的网站。

具体检索步骤如下：

（1）通过网址"http://www.cambodia.org"进入柬埔寨信息中心网站的主页，点击"Directory"，进入"http://www.cambodia.org/dir"页面至分类目录位置。

（2）在分类目录中选择"Travel & Tourism"选项，进入相关网页。

（3）本次检索共获得31条相关记录，分为5小类，即客房（4条）、主题公园（1条）、旅游机构（9条）、宾馆与度假村（17条）、交通运输（0条）。单击记录中的网站名称链接，可以直接进入该网站并浏览网站的详细信息。

4.2.3　缅甸互联网搜索引擎及其使用

缅甸黄页（မြန်မာ အဝါရောင်စီးပွားရေးလမ်းညွှန်）是IMEX（缅甸）公司经缅甸联邦政府授权于1995年开始出版，提供政府机构、酒店、旅游、商业企业、缅甸驻外使团及工业商会等信息。"缅甸黄页网：www.myanmaryellowpages.biz"是缅甸常用的目录型搜索引擎，可以搜索缅甸国内的缅文和英文资源。

缅甸黄页网主页显示有The most Popular Categories（热门分类），包括：Airlines（航空公司）、Banks（银行）、Cinema Halls（电影院）、Fitness Clubs（健身俱乐部）、Hotels（旅馆）、Meditation Centre（禅修中心）、Real Estate（房地产）、Restaurants（餐厅）、Trademark Agents（商标代理）、Travel Agencies（旅行社）等。

缅甸黄页网的检索功能分为分类目录检索和关键词检索。分类目录检索包括五大类：

Government Offices（政府部门）、Visitors' Guide（旅客指南）、Business & Trade（商务及贸易）、Useful Hotlines（实用热线）、Life Guides（生活指南）。资源目录按首字母顺序排列，方便用户进行检索。在"Browse Categories"（浏览分类）栏中，分农业、娱乐、教育、医疗、银行和金融等21大类。关键词检索功能由Google搜索引擎提供。用户可在"Search"栏输入关键词以检索相关资源的详细信息。

缅甸黄页网的检索结果以记录形式显示，显示内容一般包括网站名称和网址、具体的实体机构（如公司、部门等）以及公司产品（或服务信息）、通讯地址、电话、电子邮箱等信息。

4.2.4　菲律宾互联网搜索引擎及其使用

菲律宾国内的搜索引擎覆盖面非常广，既有综合性搜索引擎，也有专业性搜索引擎，基本覆盖了菲律宾人对信息需求的各个方面。菲律宾互联网的搜索引擎主要分为两类：目录型搜索引擎和索引型搜索引擎。由于菲律宾通用英语和菲律宾语，因此大部分搜索引擎是针对这两种语言的资源进行搜索的。

1. 常用目录型搜索引擎

（1）E-Yellow pages（http://www.eyp.ph）

① 概述

E-Yellow pages（菲律宾黄页）与各国的黄页网站类似，是在线的黄页字典和最全面的电话和商业搜索网站，成为了分类广告媒体的代名词。黄页的发展，使菲律宾国内的商家和消费者习惯了从黄页上迅速、便捷地查找所需要的产品和服务信息。同样，黄页也已经成为商家推销产品和服务、促进商务交流的有力手段。商家既可以通过菲律宾黄页提供自己从事的商业信息以进行宣传，也可以通过菲律宾黄页搜索别人的商业信息并进行联络等。

② 主页介绍

菲律宾黄页网站主页上有两个索引条，第一个索引条输入商业类型，第二个索引条输入商业地点，通过这两个索引可以查寻菲律宾境内的商业信息。在这两个索引条下面是两类目录搜索：综合类别，如日常生活类、汽车类、科技类、出行旅游类、店铺类等；流行类别，如旅游类、食品派送类、旅馆类、餐饮类、学校类等。通过这些目录类型的索引，用户可以方便查询到需要的商业信息。

（2）Pinoy Sites（http://www.pinoysites.org）

① 概述

Pinoy Sites是一个基于菲律宾国内网站资源进行检索的搜索引擎，目的在于使人们熟悉菲律宾和马尼拉，同时为那些对菲律宾感兴趣的人提供帮助。网站允许用户提交与之相关的网站地址，虽然不接受广告，但接受关于产品的介绍，或是用户认为可通过网络查询到的任何信息。

②主页介绍

该网站的主页分为四个版块：索引型搜索，可输入关键词；地区目录搜索；主题分类搜索；博客导航。索引栏位于最上方，其余三个版块从左至右依次排列。其中，地区目录搜索是各地地名的链接，主题分类搜索包括人文科学、教育、娱乐、政府、菲律宾、大规模通讯、自然科学、社会科学、运动和食品等。

③检索功能

Pinoy Sites提供分类目录浏览和关键词检索方式。

a. 分类目录浏览。Pinoy Sites以主题分类目录的形式链接菲律宾国内互联网上的各类站点，用户可直接点击主页上的条目获得所有相关的网站链接。

b. 关键词检索。用户在文本输入框中输入关键词后，可得到站内和站外的检索内容。通过点击链接，可以进入相应的站内或站外网页。

检索结果以记录的形式显示，通常包含网站名称和网址等信息。

（3）Tanikalang Ginto（http://www.filipinolinks.com）

①概述

Tanikalang Ginto是菲律宾最大最全面的人工编辑互联网搜索，同时用户可以在该网站自己的博客里谈论自己的生活。Tanikalang Ginto创办于1994年，最初是从Ken Ilio aka Manong的博客开始创办的。当时，Ken从大量关于菲律宾的网页中搜索相关信息，并将这些信息放在自己的博客上。

Tanikalang Ginto网站的链接资源基本都来自于Google，Yahoo，Thunderstone等搜索引擎，包含关于菲律宾的47类网站链接，涵盖菲律宾概况、经济、人文、教育等领域。

②主页介绍

Tanikalang Ginto主页上有四个版块的内容，分别是广告、索引文本框、各类链接和Tanikalang Ginto介绍。在主页的标题栏中，有查找、添加链接、修饰链接、随机、新列表、流行列表、博客和登陆，另外几个比较热门的链接则置于主页的最顶端。

③检索功能

Tanikalang Ginto提供目录浏览、关键词的本站内容检索和站外内容检索三种检索方式。

a. 分类目录浏览。Tanikalang Ginto以主题分类目录的形式链接菲律宾国内互联网上的各类站点。主页含有主要资源目录的分类总目，包括各类资源的详细罗列。资源目录按字母顺序排列，单击后可查看该类资源所包含的网站名称和对应的网址链接列表。

b. 关键词检索。用户通过在文本输入框中输入关键词，可以对站内和站外的内容进行搜索。"Search this site"表示搜索站内信息；"Search the web"表示搜索站外信息。

检索结果以记录的形式显示，记录中通常包含网站名称和网址等信息。

（4）其他目录型搜索引擎

除上述3个常用的目录型搜索引擎外，菲律宾还有以下一些目录型搜索引擎：

① Alleba：www.alleba.com/dir.html；

② Asiaco - Philippines：philippines.asiabot.com；

③ Love Pinoy：www.lovepinoy.com；

④ Philippine Directories：www.philippine-directory.com；

⑤ Philippine Information：www.marsman-tours.com.ph；

⑥ Philstart：www.philstart.com；

⑦ Pinoy Showcase：www.pinoyshowcase.com；

（5）检索示例

【例4-4】利用Tanikalang Ginto网站的分类目录，查找能够提供菲律宾各类商业信息的网站。

具体检索步骤如下：

① 通过网址"http://www.filipinolinks.com"进入Tanikalang Ginto网站的主页。

② 在主页上找到并点击"Business & Economy"选项。

③ 检索结果会出现更多的子链接，涉及到各种商业类型，用户可以根据需要进一步精确自己要查的范围。

2. 常用索引型搜索引擎

（1）Yehey!（http://www.yehey.com）

① 概述

Yehey!搜索引擎是菲律宾最著名的索引型搜索引擎，使用该引擎可以查找关于菲律宾的工作、产品、新文章和博客等各种类型的信息。只需在文本输入框中输入关键词，就可以获得相关网站的链接。

② 主页介绍

Yehey!主页有一个文本输入框，输入想要查找信息的关键词后点击搜索即可对相关信息进行搜索。在文本输入框下有几个类型的条目检索，都是最基本和最流行的检索内容，如Web、工作、新闻、产品、博客、人民等。在页面右下端有4个链接，分别是登陆链接、注册链接、获取密码链接和成员说明。

③ 检索功能

在文本框中输入关键词后，其显示的结果页面主要有左右两个版块。左边版块是分类目录浏览，按Web类、工作类、新闻类、产品类、博客类将搜索结果分类，形成子类查询；右边版块是搜索获取的其他网站和搜索引擎的链接列表，这些链接按网站的相关度排列，方便用户查询。

（2）Business in the Philippines（http://www.business-in-philippine.com/philippines.html）

Business in the Philippines（菲律宾商贸）是专门针对菲律宾境内商业信息的搜索引擎，提供9种语言显示页面，包括英文、中文、西班牙文、法文、日文等。网站主页的左边有一个文本输入框，输入所需查询的关键词，可以搜索到相关的信息链接；主页右边是赞助商提供的链接。搜索结果分为两类，左边一类是子目录，可以使查询的结果更精确；右边是排序靠前的网站链接，可以直接点击链接进入这些网站。

（3）Whitepages（http://www.whitepages.ph）

Whitepages（白页）主要功能是查询他人电话号码和电子邮件地址。与属于目录型搜索引擎的黄页网站不同，白页是索引型搜索引擎。在主页上有两个文本输入框，第一个输入被查询人的姓，这是必须填写的；第二个输入被查询人的名，这是可选填的。最右边是Google添加的链接，这些链接也是关于电话号码查询的索引链接。

（4）检索示例

【例4-5】利用Yehey!搜索引擎，查询菲律宾国内2010年7月1日的重要新闻。

具体的搜索步骤如下：

① 通过网址"http://www.yehey.com"进入Yehey!搜索引擎的主页；

② 在文本输入框中输入检索关键词"July 1st 2010 news"，点击"Search"键后即可获得相关的网站链接。这些链接是按相关度进行排列的。

③ 选择其中一个网页标题"News from Thursday July 1st, 2010: News Archive: Abilene Reporter ..."，点击后链接进入"http://www.reporternews.com/news/today"网页，即可在网页上查询到所需要的相关信息。

4.2.5 马来西亚互联网搜索引擎及其使用

马来西亚互联网的搜索引擎主要分为两类：目录型搜索引擎和索引型搜索引擎。由于马来西亚通用马来语和英语，因此大部分搜索引擎都是同时针对马来语和英语资源进行搜索。又因为汉语在马来西亚的广泛使用，所以也存在一些中文搜索引擎，可以检索马来西亚国内包括中文信息在内的网络资源。

1. 常用目录型搜索引擎

（1）Malaysia Central（http://www.mycen.com.my）

① 概述

Malaysia Central是吉隆坡TV Smith公司在1999年11月16日创立的马来西亚信息门户网

站，目前由该公司运营和维护，每日进行数据更新，是一家没有任何政治和党派背景的独立信息检索网站，提供基于WWW资源的马来西亚信息服务目录型检索功能。

Malaysia Central采用人工编制目录的方式，网站管理员对每个URL地址进行访问和审查后才会纳入其检索系统，有效保证了目录分类的规范和收录资源的质量。用户无需注册或登陆便可通过最新和最全面的在线资源以及马来西亚中心网址目录进行检索或浏览。

Malaysia Central使用独有的Labahman检索技术建立自己的数据库，并实现了智能人为干预与自动蜘蛛机器人技术的相结合。Malaysia Central将记录和分析用户的检索词和检索结果，并针对马来语的特点、变化、习惯性拼写错误和术语采取相应的对策，使用户获得更快速、准确、直观和可靠的搜索结果。

Malaysia Central收录的网络信息资源有网站、网页、新闻、域名、机构名录等，详细分为208类，包括Arts&Culture（艺术、文化）、Associations（社团）、Education（教育）、Entertainment（娱乐）、Government（政府）、Jobs（职业）、Manufacturers（制造商）、Nature（自然）、Newspapers（报纸）、Online Shopping（在线购物）、Radio&TV（广播、电视）、Retailers（零售商）、Sports（体育）、Tourism&Travel（旅游）、Trade&Finance（贸易、财经）、Universities（大学）等。

图4-5 Malaysia Central网站主页

② 主页介绍

Malaysia Central网站主页由Popular（热门）、Categories（分类）、Check（查询）和Feeds（订阅）四大版块内容组成，从上至下平行顺序排列。"热门"版块内容标题包括Holidays（节假日）、Flights（航班）、Directions（方位）、News（新闻）、Tech（技术）、Buzz（传言）、Videos（视频）、Sightings（目击）、Events（活动）、Blogs（博客）、Gaming Results（比赛结果）等分类热门信息的查询；"分类"版块主要包含资源的分类目录索引；"查询"版块主要包括Flight Info（航班信息）、Time Difference（时差）、KLSE（吉隆坡证券交易所）、Waktu Solat（祈祷时间）、Weather（天气）、Traffic Cams: DBKL/Highways（电子警察：吉隆坡市政厅/高速公路）等信息的查询；"订阅"版块主要提供新闻、视频等内容的订阅服务。

③ 检索功能

Malaysia Central提供分类目录浏览、关键词的本站内容检索和站外内容检索三种检索方式。

a. 分类目录浏览。Malaysia Central以主题分类目录的形式链接马来西亚国内互联网上的各类站点。其主页面为主要资源目录的分类总目，单击More链接，可进入包括全部208类资源目录总目的详细目录页面。所有条目按照首字母顺序排列，单击链接后可查看该类资源所包含的网站名称和对应的网址链接列表，用户在选择点击列表中的网站后可直接进入该网站进行浏览。

b. 关键词检索。通过Google搜索引擎在主面中的文本输入框，用户可输入检索关键词对网站内或网站外的内容进行检索。其中，选择"This Site"进行站内关键词检索，用户可以通过关键词检索网站所包含的所有相关资源的目录列表链接，单击链接即可获得详细的资源介绍或网址列表。

c. 结果显示。Malaysia Central的检索结果按机构或网站名称的首字母顺序排列，对实体机构除显示网址外，还显示通讯地址、传真电话、实拍照片等详细信息。

（2）Mesra.net（http://www.mesra.net）

① 概述

Mesra.net是马来西亚多系统资源和网络私人有限公司旗下的官方网站，1998年1月建立，总部位于雪兰莪州梳邦再也，主要向用户提供互联网服务、网络主机、网络顾问、电缆铺设等与互联网相关的服务，其系统集成技术可以为用户提供基于最新客户端或服务器环境、各种计算机平台以及广域和局域网络的解决方案。

Mesra.net网站全称为马来西亚目录和信息，是Mesra.net提供针对马来西亚网站的自主网页目录和搜索引擎的门户网站。同时，该网站还向用户提供各种设施、信息和娱乐，包括每日更新的本地和世界新闻、网络游戏、免费电子邮件账户、马来西亚网页目录、吉隆坡证券交易所在线股票查询、当前天气、电视节目、影院影视等。

Mesra.net的目录检索以网站为主，内容分成14大类，包括Art and Entertainment（艺术与娱乐）、Business（商业）、Computers（计算机）、Education（教育）、Government（政府）、Health and Medicine（健康与医药）、Internet（互联网）、News and Media（新闻与媒体）、Personal HomePage（个人主页）、Reference（参考资源）、Science and Technology（科学与技术）、Society and Culture（社会与文化）、Sports and Recreations（体育与休闲）和Travel（旅行）。

② 主页介绍

Mesra.net主页内容丰富，主菜单标题包括电子邮件、论坛、网站之友、活动、聊天、股票、分类信息、天气、旅游、货币兑换、电视指南、体育、贺卡、游戏、目录、无线上网、新闻、菜谱、铃声、网站托管、电影、星座、交友、漫画、健康、故事、软件27项。其他主要版块内容分别是：Email@mesra.net，提供后缀名为"mesra.net"的免费电子邮箱申请以及邮箱用户登陆服务；Mesra.net Directories，提供分类网站目录检索服务；Latest MesraHosting.net Promotion，提供最新Mesra.net网站托管服务促销信息；Cooking & Recipes，提供各类菜谱信息。

③ 检索功能

Mesra.net提供主题分类目录浏览检索、关键词的简单检索和高级检索三种检索方式。

a. 分类目录浏览。Mesra.net以等级式分类目录的形式链接马来西亚互联网上的各类站点，分类总目在主页面上显示，每一总目标题下方排列有3个子目录。对于包含分类目录的子目录，单击该子目录标题，可进入子目录的分类目录页面，点击具体分类目录后进入该目录收录的网站列表页面。对于不包含分类目录的子目录，点击子目录标题后直接进入该子目录收录的网站列表页面，点击网站标题后可直接进入该网站进行浏览。

b. 关键词检索。在Mesra.net主页中的搜索框中输入检索的关键词，并在其后的资源列表中选择查找的资源类型，单击Search按钮即可进行检索。资源列表中的资源包括Directories（网站目录）、Friends（交友）、Recipes（菜谱）和Ringtones（手机铃声）。

c. 高级检索。单击Mesra.net主面上的More Search Options，进入高级检索页面。用户可以在Search文本框中输入关键词，然后在Results must contain all words（搜索结果必须包含所有关键词）、Results can contain any of the words（搜索结果可以包含任意一个关键词）、Find similar words（查找相似关键词）、Find exact words（查找精确关键词）、Numbers of Results（搜索结果数目）5个选项中选择对搜索结果进行限定。

d. 结果显示。Mesra.net的检索结果按网站名称的首字母顺序排列，显示格式为网站名称、网站简介、网站地址、点击数量、连接速率、投票数目。用户还可以对该网站进行评论、评级，并报告错误链接。

（3）Network Malaysia（http://www.networkmalaysia.com）

① 概述

Network Malaysia是由Netquist Solutions公司在2005年7月创立的一个搜索门户和目录网站，总部位于雪兰莪州蒲种金銮区，主要向用户提供准确、相关和可靠的信息，以"连接消费者和商务"为目标，为各行各业提供各种广告机会。除了提供检索目录、在线广告等业务，Network Malaysia网站还提供各种实用资源，如精选故事和百业信息、电视真人秀节目的获奖查询、在线报纸和杂志的链接，以及马来西亚证券交易所和货币汇率等最新的信息。

Network Malaysia的收录范围主要是以商业类资源为主的网站，按内容细分成90类，包括Airline（航空公司）、Bookstores（书店）、Car Rental（汽车租赁）、Courier

（快递公司）、Exhibition（展览）、Food（食品）、Furniture（家具）、Hotel（酒店）、Insurance（保险）、International School（国际学校）、Library（图书馆）、Medical Supply（药材供应）、Office Equipment（办公室设备）、Shopping（购物）、Transportation（运输）等。此外，分类目录还专门提供了The Apprentice、Explorace、Mentor、Anugerah AIM、Miss Malaysia、Superstar、1 in a million、Blast off、Akademi Fantasia等马来西亚国内电视真人秀节目的主页链接。

② 主页介绍

Network Malaysia网站主页由Categories（分类）和Facts of Malaysia（真实马来西亚）两大版块内容构成。"分类"版块内容标题包括Navigation（导航）、Categories（目录）、Newspaper（报纸）和Magazine（杂志）；"真实马来西亚"版块内容标题则包括Malaysian Business Links（马来西亚商务链接）、Travel Places（旅行地点）、Featured Story&Jokes&Articles&Facts（精选故事、笑话、真相）、Malaysian Artist（马来西亚艺术家）、Government（政府）和Blogs（博客）。用户可点击某一内容标题后进入该内容的详细分类目录。

③ 检索功能

Network Malaysia主要提供主题分类目录浏览检索和关键词检索两种检索方式。

a. 分类目录浏览。Network Malaysia提供依据主题分类的目录浏览检索服务。点击主页左侧Categories（目录）条目的More链接，进入包含全部90类资源目录的页面。由于Network Malaysia已经对资源作出比较详细的分类，所以大部分资源类目是直接显示相关的网站名称和网址。但也有些类目会再下分2至3个子类目，并按子类目排列显示相关网站，如Law&Legal（法律）类目下分Law Firm（律师事务所）和Judiciary&Legal Resources（司法及法律资源）两个子类目；Tourism（旅游）类目下分Travel Agents（旅行社）和Travel Guide（旅行指南）两个子类目。对于网页所列的网站，用户点击网址后即可直接进入该网站进行浏览。

b. 关键词检索。Network Malaysia的关键词检索功能是通过"Zoom Search Engine"开发的搜索引擎实现的。它主要检索网站内的网页信息，并透过预览索引快速显示搜索结果。点击任一搜索结果的标题进入该网页，可获得相关资源的详细介绍。在键入关键词时，还可以在下方的Match（匹配）选项中选择"any search words"（匹配其中任意一个关键词）或"all search words"（匹配所有关键词）对关键词范围进行限定。

c. 结果显示。检索结果以记录的形式显示，记录中通常包含网站名称和网址等信息。对具体的公司等实体机构，还会显示通讯地址、传真电话、电子邮件等信息。

（4）One Stop Malaysia（http://www.onestopmalaysia.com）

① 概述

One Stop Malaysia是马来西亚国内常用的目录型搜索引擎之一，主要提供马来西亚国内网站和商业信息的分类目录索引。其他的特色功能还包括：旅游、饮食和活动评论，通过不断更新的评论文章向游客介绍他们所需的关于马来西亚的信息；新闻和RSS订阅，提供马来西亚主要报纸和热门网站的RSS订阅服务；槟城大桥网络摄像机实时画面，使用户随时掌握槟城大桥的交通状况；天气预报，提供马来西亚各大城市的天气预报查询和订制服务；活动日程表，提供马来西亚举行的各项活动的日程安排；节假日安排，可以查询2010年和2011年马来西亚所有节假日情况和放假安排。

One Stop Malaysia收录范围包括网站和新闻组资源等，并按内容分成16大类，包括Accommodation（食宿）、Arts（艺术）、Blogs（博客）、Business（商业）、Computers&Electronics（计算机与电子产品）、Education（教育）、Entertainment（娱乐）、Food（美食）、Government（政府）、Health（健康）、Internet（互联网）、News（新闻）、Organizations（组织）、Shopping（购物）、Sports（体育）、Travel（旅游）。

② 主页介绍

One Stop Malaysia网站主页内容丰富，可以划分为左中右三个版块。左边版块主要提供网站主菜单链接和最新收录网站链接；中间版块内容主要包括美食评论、旅游资讯、活动安排和分类网站目录；右边版块提供星报、Google新闻、今日马来西亚的主要新闻标题和链接以及RSS定制服务。

③ 检索功能

One Stop Malaysia提供主题分类目录浏览检索和关键词检索两种检索方式。

a. 主题分类目录浏览。One Stop Malaysia提供的主题分类信息的组织方式是一种按层次逐级分类的类目体系，16个基本类目中的每一类都细分成不同层次的子类目，层次越深，主题专指性越强，最后与网站等相链接，形成由类目、子类目构成的可供浏览的目录等级结构。用户检索时，首先确定搜索课题的主题属性，逐层进入进行检索，找到与检索课题相符合的分类目录，并根据该目录下显示的一系列以字母排序的网站选择所需的网站，然后单击网站名称进入该网站的详细介绍，或点击悬浮框中的网址直接进入该网站进行浏览。

b. 关键词检索。与其他马来西亚国内目录型搜索引擎网站一样，One Stop Malaysia的关键词检索功能也由Google搜索引擎提供。在主页正上方的Google搜索框中输入关键词，并选择"Web"（网页搜索）或"onestopmalaysia.com"（One Stop Malaysia站内搜索），即可对关键词内容进行检索。在选择站内搜索时，检索的结果为站内所有与关键词内容相关的网页时，主要以介绍和评论为主；检索结果为分类网站时，则以主题分类目录中收录的网站和网址为主。用户既可以在输入用户名和电子邮件地址后对网页内容进行评论，也可以通过查看其他用户的相关评论来加强对网页内容的判断和取舍。

c. 结果显示。One Stop Malaysia的检索结果以列表和记录的形式显示。其中主题分类目录检索的结果以网站列表的形式显示，格式通常为网站名称、悬浮框触发器、网站简介、点击数量、网站主页快照。其中将鼠标箭头移至悬浮框触发器时，无需点击，悬浮框会自动弹出，框里内容包括网址链接和主页快照等。关键词检索的结果则以记录的形式显示，记录中包含网页的标题、网页的内容介绍、网页点击数量、网页地址、相似网页等，用户可以点击链接直接查看网页的内容。

（5）其他目录型搜索引擎

以上我们主要介绍了马来西亚国内4个常用目录型搜索引擎的特点和使用方法。在马来西亚，互联网用户常用的本国目录型搜索引擎还有以下几个，它们的网站结构和功能都与上述4个搜索引擎类似。

① Malaysia Yellow Pages（http://www.yellowpages.com.my）

Malaysia Yellow Pages（马来西亚黄页）是马来西亚电讯公司为国内用户提供的一站式搜索引擎，具有全面的、多频道的搜索功能。网站提供有马来文和英文两个版面，通过搜索栏可对站内资源进行检索。分类目录包括艺术与娱乐、商业与专业服务、服装与饰品、计算机与电子产品、建筑与承建商、教育、媒体与通讯、食品与饮料、健康与医药、家居与园艺、工业与农业、法律与金融、办公用品、个人护理及服务、保安服务、购物、旅游与运输。只要点击其一，网站即搜索出相关查寻。此外，网站还将搜索结果列表按首字母排列，方便用户进行检索。

② Webportal Malaysia（http://www.webportal.com.my）

Webportal Malaysia网站提供的分类目录包括艺术与人文、商业与经济、计算机与互联网、教育、娱乐、政府与政治、健康与医疗、酒店、信息、制造商、个人主页、宗教、科学、购物、体育、旅游16大类。在网站主页最上方是菜单按钮，有主页、搜索、拍卖、分类广告、聊天、论坛、电子邮件与电子贺卡8类服务。除直接点击分类目录进行检索外，还可点击搜索按钮进入关键词搜索页面。默认搜索是使用Google引擎对站内资源进行搜索，同时还可以在Lycos、Dmoz、Yahoo、Alta Vista、MSN这几个搜索引擎中选择一个引擎进行搜索。当搜索效果不理想时，网站还会列出Alta Vista、Catcha、Cari、Dmoz、Google、Hotbot、Lycos、Yahoo 8个搜索引擎供用户选择使用，这也增强了该网站的搜索功能。

③ Malaysia Directory（http://www.malaysiadirectory.com）

Malaysia Directory网站提供资源分类目录索引，加挂有Google搜索引擎，可对网站内或站外资源进行搜索。此外，Malaysia Directory网站还与网上招聘网站链接，为用户提供就业服务。Malaysia Directory网站提供的分类目录包括艺术、公司、计算机、教育、娱乐、政府、健康、业余爱好、互联网、新闻与媒体、机构、个人理财、房地产、休闲、参考资源、人际关系、科学、购物、社会、体育、旅行21大类。关键词搜索仅限于对英文和马来文资源的搜索。

（6）检索示例

【例4-6】利用Malaysia Directory网站的分类目录，查找能够提供马来西亚各类教育信息的网站。

具体检索步骤如下：

① 通过网址"http://www.malaysiadirectory.com"进入Malaysia Directory网站的主页，下拉页面至分类目录位置。

② 在分类目录中依次选择"Education"→"Information"选项。

③ 本次检索共获得26个相关记录，都是与马来西亚教育信息相关的网站链接，单击其中任一记录中的网站名称链接，可以链接进入该网站并浏览网站的详细信息。

2. 其他搜索引擎

（1）索引型搜索引擎

索引型搜索引擎在马来西亚互联网中数量非常少，常用的只有Malaysia Search Engine和Saja Search。

① Malaysia Search Engine（http://www.searching.com.my）

Malaysia Search Engine是马来西亚互联网用户使用最多的本国搜索引擎，是专门针对国内网络信息资源检索的索引型搜索引擎。Malaysia Search Engine收录的资源包括网页、图像、视频、音频（包括MP3、WAV等类型的文件）和其他各类资源。除了HTML文件外，还支持PDF、DOC、XLS、PPT、RTF等其他13种非HTML文件的搜索。通过网址"http://www.searching.com.my/more.html"进入搜索主页面，用户还可以根所检索课题的需要选择更为具体的搜索工具，包括Audio Search（音频搜索）、Chinese Search Engine（中文搜索引擎）、Directory（目录）、English Search Engine（英文搜索引擎）、Hotel Booking（酒店预定）、Images Search（图像搜索）、Info Search Malaysia（Info Search Malaysia搜索引擎）、Lottery Results（彩票开奖结果）、Malay Search Engine（马来文搜索引擎）、Searching Commens（评论搜索）、Searching Dictionary（字典搜索）、Searching Forum（论坛搜索）、Searching MP3 Search（MP3文件搜索）、Searching News Search（新闻搜索）、Searching Personals（在线用户搜索）、Searching Wiki（维基搜索）、Streamyx Agent / Resellers Wanted（全国的Streamyx代理/经销商征求）、Toolbar（工具条）、Weather Reports（天气报告）、Youtube Video Search（Youtube视频搜索）等

针对20类信息的搜索引擎。

② Saja Search（http://www.sajasearch.com）

Saja Search网站建于1999年12月3日，是一款专门针对马来西亚国内网站和网页进行搜索的索引型搜索引擎，可以使用英文或马来文关键词对相关语言的信息资源进行搜索，但不能使用中文关键词和检索中文类网络信息。Saja Search主页界面简单明了，使用方便，虽然搜索结果的信息量和网页数量要远少于Google等大型搜索引擎，但由于搜索结果中不会出现网页重复现象，因而给用户在检索信息时减少了很多不必要的麻烦，受到马来西亚互联网用户的青睐。

（2）行业搜索引擎

马来西亚互联网行业搜索引擎的搜索对象主要是国内的商业贸易信息和市场行情信息，常用的行业搜索引擎有以下几个。

① 亚洲电子市场网站（http://www.asiaep.com）

亚洲电子市场网站在1996年建立，主要为外国进口商与马来西亚本土出口商搭建沟通的桥梁，提供一个开放的平台为各地经销商、批发商、出口商和中小型企业从马来西亚寻找新的合作伙伴。产品包括汽车零配件、医药健康、生物化学、家具、食品饮料、橡胶塑料、电子机械、办公用品、家居产品、五金、纺织品、珠宝、鞋类等，相关产品均能在网站上搜索其生产厂家，方便供求双方的互通联系。网站加挂Google搜索栏，可对站内资源进行搜索。

② 商业信息搜索引擎（http://www.infomug.com）

商业信息搜索引擎网站可对马来西亚国内商业贸易信息进行检索。搜索时首先选择具体区域，可同时选择马来西亚13个州或其中的某一个州，然后选择搜索种类，包括产品和服务的具体类别，并键入马来文或英文的关键词进行搜索。

③ 电子指南网站（http://www.eguide.com.my）

电子指南网站可对商业公司、品牌商标、产品及服务行业信息进行搜索，可选择地域限制，有亚洲、马来西亚、印度尼西亚、新加坡、泰国、越南等选项。

④ 开放资源商业方案（http://www.sumberterbuka.com.my）

开放资源商业方案网站建于2003年，致力于以信息工业为基础的马来西亚"宏愿2020"建设，提供关于开放资源应用、源代码及各种软件系统的在线教程，为用户提供网站主机等网络服务，并可对科技工业和互联网领域信息进行检索。

⑤ 信息科技电子图书馆（http://jejak-it.com）

信息科技电子图书馆网站主要提供IT类领域的信息检索，其高级搜索功能的默认搜索类型为电子图书，但用户在搜索时可自行选择搜索类型。

（3）检索示例

【例4-7】利用Malaysia Search Engine搜索引擎，查找马来西亚2009年度财政预算文件。搜索的具体步骤如下：

① 通过网址"http://www.searching.com.my"，进入Malaysia Search Engine搜索引擎主页。

② 在主页搜索框中输入"bajet 2009 filetype:pdf"，单击"search"按钮进行搜索。Malaysia Search Engine支持对Office文档（包括Word、Excel、Powerpoint）、RTF格式文档、Adobe Acrobat PDF文档进行全文搜索。搜索时，在关键词前方或后方加上文档类型限定参数"filetype:"，并在冒号后输入文件类型对搜索范围进行限定。由于马来西亚的官方文件等资源多以PDF文档的形式在互联网中出现，所以在此次搜索中我们着重查找PDF文档，以提高搜索的命中率。

③ 搜索结果以网页列表形式返回，网页内容均为PDF文档。单击对应文档结果的标题链接，可以直接在浏览器中浏览PDF格式的文档，也可以右键单击标题后在对话框中选择"目标另存为"选项，将PDF文档保存到电脑后再打开浏览。

4.2.6　新加坡互联网搜索引擎及其使用

由于新加坡通用英语和汉语，因此大部分搜索引擎是针对英文和中文的网络信息资源进行搜索。新加坡互联网常用搜索引擎有Search Singapore、Rednano、Findouter、Internet YellowPages、thegreenbook、SingaporeMirror等。

1. Search Singapore（http://www.search.com.sg）

（1）概述

Search Singapore为众多新加坡领域提供信息接口，比如说教育、商业、健康等诸多方面，每个主目录下面列出很多次级目录以供选择。Search Singapore提供一个超过10万家公司的数据库，主要是在产品和服务方面为用户提供查询服务。此外，它还在以下方面为用户提供搜索服务：Flowers（Flower.com.sg），提供花店的索引；Schools（Schools.com.sg），提供公立和私立学校信息的索引；Healthcare（Healthcare.com.sg），提供健康咨询服务的索引；Jobs（Jobseeker.com.sg），提供工作咨询介绍的索引；Teaching（Teach.com.sg），提供教师和课程辅导信息的索引。

（2）主页介绍

Search Singapore网站主页主要由Search By Categories（分类查询）、Our Search Engine（搜索引擎）、Quick Access（快速查看）等几大版块组成。"分类查询"版块内容标题包括Leisure and Entertainment（休闲娱乐）、Services（服务）、Healthcare（健康保健）、Government Organizations（政府组织）、Education（教育）等热门信息的分类及

目录索引；"搜索引擎"版块主要包括Business and Finance（商业金融）、Computers and IT（计算机）、Food（食品）、Travel（旅游）、Public Affairs（公共事务）等信息的查询；"快速查看"主要是对公交、地铁车站、银行网点等内容的查询。

（3）检索功能

Search Singapore提供主题分类目录浏览检索、关键词的简单检索和高级检索三种检索方式。

① 分类目录检索。Search Singapore以等级式分类目录的形式链接新加坡互联网上的各类站点，分类总目以黑体字标出，每一总目录下列出相关子标题，找到总目录后点击相关的子标题进入该子标题收录的网站列表页面，点击网站标题后查看相关内容。

② 关键词检索。在Search Singapore主页的搜索框中输入检索的关键词，并在其下方的资源列表中选择查找的资源类型，单击"Search"按钮即可进行检索。资源列表中的资源包括Agricuture（农业）、Career（职业）等诸多资源。

③ 高级检索。单击Search Singapore主页上的"Advanced Search"，进入高级检索页面，用户可以在文本框中输入关键词，然后在Websites（网页）、Products/Services（产品和服务）Company Name（公司名称）、Description（描述）4个选项中选择对搜索结果进行限定。

④ 结果显示。Search Singapore的检索结果可以按名称的首字母排列，显示格式为名称、所属类别。

2. Rednano（http://www.rednano.sg）

（1）概述

Rednano是新加坡第一个自主互联网搜索引擎，隶属于新加坡报业，搜索结果偏重于本地的网站及内容，同时也具有联合搜寻功能。

（2）主页介绍

Rednano网站主页主要由Directory（指南）、Maps（地图）、People（人物）、Web（网站）、News（新闻报道）、Images（图片）及手机（Mobile）七个版块构成，在主页上方由左至右顺序排列。"指南"版块内容包括New Featured Companies（新公司）、Popular Searches（热门搜索）、Most Viewed Companies（最受关注的公司）等信息的查询；在"地图"版块，可通过点击地区的名称进行查询；"人物"版块内容是最流行的人物查询，可通过点击任务的图片获得人物的信息；"网站"版块内容包括Top Web Searches（热门网络词汇搜索）、Rednanao Top Searches（Rednanao热门词汇搜索）、Top Directory Searches（热门指南搜索）等信息的查询；"新闻"版块主要包括Breaking News（即时新闻）、SPH News Archive（SPH新闻搜索）等内容；"图片"版块包括近期的热门图片，可通过点击图片获取和该图片相关的信息；"手机"版块包括和收集相关的各类内容的查询。

（3）检索功能

Rednano网站主要提供关键词检索。

① 关键词检索。通过主页面上的文本输入框，用户可输入检索关键词对互联网的内容进行检索从而得到所有相关资源的目录列表链接，单击链接即可获得详细的资源介绍或网址列表。

② 结果显示。Rednano的检索结果包括实体机构的名称、图片、电话、通讯地址等详细信息。

3. Findouter.com（http://www.findouter.com/Singapore）

（1）概述

Findouter.com是由Findouter科技有限公司开发的新加坡站点，使用自动蜘蛛人技术，检索结果按网页重要性进行排序。

（2）主页介绍

Findouter.com主要由Search（搜索）、Web Directory for Singapore（新加坡网络指南）两大版块组成，其中"新加坡网络指南"版块主要包括Business & Economy（商业金融）、Computers & Internet（计算机互联网）、News & Media（新闻媒体）、Entertainment（娱乐）、Travel & Tourism（旅游）、Recreation & Sports（休闲体育）、Education（教育）、Health（健康）、Government（政府）、Society & Culture（社会、文化）、Science & Social Science（科学和社会科学）、Reference（参考）、Shopping（购物）、Religion & Philosophy（宗教与哲学）等信息的查询。

（3）检索功能

Findouter提供分类目录浏览和关键词检索两种检索方式。

① 分类目录浏览。Findouter以主题分类目录的形式链接新加坡互联网的各类站点。其主页为主要资源目录的分类，单击链接后可进入下一层次的目录，直至最后一层即是该资源所包含的网站名称和对应的网址链接，用户可点击进入该网站进行浏览。

② 关键词检索。通过主页面的文本输入框，用户可输入检索关键词进行检索。之后，单击链接即可获得详细的资源介绍。

③ 结果显示。Findouter的检索结果除列出实体机构的网址外，还显示通讯地址、电话、简介等详细信息。

4. Internet Yellow Pages（http://www.yellowpages.com.sg）

（1）概述

全球黄页公司成立于1967年，是世界上最大的互联网索引公司，主要负责获取、发展和更新商业方面的信息。1989年，新加坡信息服务公司成立后，两家公司紧密合作，新加坡黄页发展越来越快。

（2）主页介绍

新加坡黄页网站主要由Login（登陆）、Yellow Pages eShopping（黄页电子购物）、Bussiness Hub（商务中心）、Web Express（网页展示）、Trade Enquiry（贸易咨询）、Related Sites（相关网页）、Help（帮助）等7大版块组成，从左到右依次排列。"登陆"版块包括会员注册及会员登陆的相关服务；"黄页电子购物"版块链接到yelllowshop.sg网站，可进行电子购物的相关操作；"网页展示"版块主要内容是用户的个性网站设计，用户可按其操作指示制作出属于自己的个性网站；"贸易咨询"版块主要内容是帮助用户找出符合要求的贸易对象；"相关网页"版块内容是向用户提供与新加坡黄页网站相关的网站。"帮助"版块主要是对网站的介绍。

（3）检索功能

新加坡黄页网站提供分类目录浏览的检索方式。

① 分类目录浏览。在新加坡黄页网站的Products&Services（产品和服务）版块中，可通过键入关键词和地区名称进行检索，在Find A Business（找到商业）和Find A Person（找人）版块中，可检索特定地区的公司名称、姓名、电话等内容。在搜索版块中，还有中文切换窗口，通过点击可切换至中文页面。

② 结果显示。新加坡黄页的检索结果按机构或人物名称的首字母排列，对实体机构还显示通讯地址、传真电话等详细信息。

5．The Green Book（http://www.thegreenbook.com）

The Green Book（新加坡行业指南）网站主页主要分成Search（搜索）、Browse Categories（搜索分类）、Featured Product Showcase（新产品展示）、Featured Product News（新产品新闻）4大版块，按从上到下的顺序排列。"搜索"版块主要包括Products&Services（产品和服务）、Brand Name（品牌名称）、Company Name（公司名称）、Telphone&Fax（电话和传真）等信息的查询；"搜索分类"版块主要包括Industrial Guides（工业导航）、Commercial Guides（商业导航）、Consumer Guides（客户导航）等信息的查询；"新产品展示"和"新产品新闻"版块主要是一些新产品信息和图片的查询。

在检索功能方面，新加坡行业指南网站提供分类目录浏览、关键词检索两种检索方式。首先，在分类目录浏览方面，新加坡行业指南网站以主题分类目录的形式链接新加坡互联网上的站点，其主页是主要资源目录的分类总目，所有条目按首字母顺序排列，单击链接后可查看该类资源所包含的网站名称和链接列表，用户点击后可得到详细信息；其次，在关键词检索方面，通过主页面的文本输入框，用户可输入检索关键词对相关内容进行检索，获得相关链接列表后单击链接即可获得详细的资源介绍或网址列表。

新加坡行业指南网站的检索结果按机构或网站名称的首字母排列，对实体机构除显示网址外，还显示通讯地址、传真电话等详细信息。

6. SingaporeMirror（http://www.singaporemirror.com.sg）

Singaporemirror网站主页由"检索"、"新产品"、"文章介绍"、"注册"版块组成，由上至下依次排列。"检索"版块内容标题包括About Singapore（关于新加坡）、Banks（银行）、Education（教育）、Newspapers（报纸）、Post Office（邮局）、Shopping（购物）等信息的查询；"新产品、文章介绍"版块主要是一些新注册上传的产品、文章等信息查询；"注册"版块主要提供用户注册及相关资料的上传。

在检索功能方面，Singaporemirror提供分类目录浏览和关键词内容检索两种检索方式。Singaporemirror以主题分类目录的形式链接新加坡国内的各类站点，其主页为主要资源的分类总目。所有条目按首字母顺序排列，单击链接后可查看该类资源所包含的网站名称和相应信息，用户在选择点击链接后可查看该内容的详细信息。通过主页的搜索文本输入框，用户可输入关键词检索网站所包含的相关资源目录列表链接，单击链接即可获得详细的资源介绍。

Singaporemirror的检索结果按机构或网站的名称首字母顺序排列，对实体机构除显示名称外，还显示通讯地址、传真电话等详细信息。

7. 检索示例

【例4-8】利用新加坡行业指南网站的分类目录，查找新加坡银行金融投资的信息。

具体检索步骤如下：

（1）通过网址"http://www.thegreenbook.com"进入新加坡行业指南网站主页。

（2）在分类目录中点击"Banking, Finance & Investment"选项。

（3）本次检索共获得56条相关记录，都是与新加坡银行金融投资相关的链接。选择并点击记录标题，可进一步浏览详细的信息。

第5章 网络信息资源的分析与利用

　　互联网信息时代的一个突出特点就是海量的网络信息资源逐渐成为人们获取信息的主要来源。特别是对于广大科技工作者来说，互联网已经超过纸质"学术著作和学术刊物"，成为获取学术信息最主要的途径。掌握网络信息资源检索、收集、整理和分析的基本方法，是提高网络信息素养、充分利用网络信息资源的必备基础；掌握信息引用的规范和规则，则是合理、合法使用网络信息资源的必要前提。

▷ 5.1 学习网络信息检索的意义

在互联网背景下的信息社会，知识创造、知识更新速度大大加快，这就要求培养不断学习新知识、掌握新信息的能力。具备良好的网络信息素养，掌握网络信息检索的理论、方法和技能，是利用信息资源实现自主学习的必要前提。同时，随着自主学习的开展和深入，通过新知识、新技术的积累，网络信息素养也会得到提高。

🌑 5.1.1 培养网络信息素养

1. 信息素养

信息素养（Information Literacy, IL）或信息素质的概念最早是由美国信息产业协会主席保罗·车可斯基（Paul Zurkowski）于1974年提出的。他在给美国图书馆与信息委员会的报告中提到"信息素养是利用大量的信息工具及主要信息资源使问题得到解答的技能，在未来十年中信息素养将是国家发展的目标"，后来他又将信息素养定义为"人们在解答问题时利用信息的技术和技能"。

此后，针对信息素养出现了一系列的定义：信息素养是指为了某种目的而寻找、处理和利用信息的能力；信息素养是个体能够认识到何时需要信息，能够检索、评估和有效地利用信息的综合能力；信息素养是利用信息技术进行信息检索和交流的能力；信息素养是在信息资源中寻找所需信息的能力；信息素养是了解信息资源和访问这些信息资源的能力；信息素养是执行一个获取信息、利用信息及信息处理过程的能力；信息素养是控制信息的能力；要成为一个有信息素养的人，必须能够确定何时需要信息，并已具有检索、评价和有效使用所需信息能力等等。

1998年，美国学校图书馆协会（AASL）和美国教育传播与技术学会（AECT）在《信息能力：创建学习的伙伴》一书中，从信息素养、独立学习和社会责任三方面制定了学生学习的九条信息素养标准。

标准1：具有信息素养的学生能够有效地获取信息。

标准2：具有信息素养的学生能够批判地和全面地评价信息。

标准3：具有信息素养的学生能够准确和创造性地使用信息。

标准4：具有独立学习能力的学生具有信息素养，并能根据个人兴趣寻找信息。

标准5：具有独立学习能力的学生具有信息素养，并能欣赏文学作品和创造性地表达信息的形式。

标准6：具有独立学习能力的学生具有信息素养，并能在信息的探索上追求卓越和创造新知识。

标准7：能够对学习型集体和社会作出积极贡献的学生具有信息素养，而且能够认识到信息对民主社会的重要性。

标准8：能够对学习型集体和社会作出积极贡献的学生具有信息素养，并在有关信息和信息技术的问题上表现出自己的道德修养。

标准9：能够对学习型集体和社会作出积极贡献的学生具有信息素养，并能有效地参加集体活动，创造新的信息。

与美国等发达国家相比，我国信息素养评价标准的制定还处于起步阶段，还没有专门的标准体系。2005年，清华大学孙平教授发布了由其主持研究的北京地区高校信息素质能力指标体系，其中包含7个对信息素养能力进行评价的一级指标：

指标1：具备信息素质的学生能够了解信息以及信息素质能力在现代社会中的作用、价值与力量。

指标2：具备信息素质的学生能够确定所需信息的性质与范围。

指标3：具备信息素质的学生能够有效地获取所需要的信息。

指标4：具备信息素质的学生能够正确地评价信息及其信息源，并且把选择的信息融入自身的知识体系中，重构新的知识体系。

指标5：具备信息素质的学生能够有效地管理、组织与交流信息。

指标6：具备信息素质的学生作为个人或群体的一员能够有效地利用信息来完成一项具体的任务。

指标7：具备信息素质的学生了解与信息检索利用相关的法律、伦理和社会问题，能够合理、合法地检索和利用信息。

归纳起来，信息素养包括八个方面的能力：运用信息工具能力、获取信息能力、处理信息能力、生成信息能力、创造信息能力、发挥信息的效益能力、信息协作能力和信息免疫能力。

2．网络信息素养

对在校学生而言，网络信息素养是指学生在网络环境中所必须具备的信息素养，主要表现为运用网络信息工具进行信息识别、信息获取、信息表达、信息共享以及协同工作等的能力。通过互联网为主的网络媒体，学生能够获取与学习目标一致的网络信息，并对所获取信息进行综合、分析、加工、评价乃至创新，利用网络信息解决问题。

具体来说，网络信息素养的内涵主要包括以下几个方面。

（1）网络信息基础知识

网络信息基础知识是学生掌握的基础网络知识和具备的基本外语技能。与网络相关的基础知识包括计算机的组成和原理、网络信息技术、计算机通信技术等。外语技能是指学生检索目标信息所必须具备的外语条件，如检索马来西亚的网络信息必须具备一定的马来语和英语基础。

（2）网络信息意识

网络信息意识是指学生能够认识网络信息在信息时代的重要性，包括网络信息对学习生活和科研学术的重要性、网络信息资源是完成工作和解决问题的有效途径等。

（3）网络信息技能

网络信息技能主要包括四种：信息需求表达能力、信息获取能力、信息评价能力、信息组织与交流能力。

① 信息需求表达能力是指能够使用简洁的概念和术语对需要搜索的信息进行描述的能力，需要了解网络信息资源的组织方式、传播方式、使用价值和获取条件等。

② 信息获取能力是指能够通过使用网络信息工具，实施有效的检索策略获取所需要的信息的能力。网络信息工具的使用能力主要指使用文字处理工具、浏览器、搜索引擎、网络数据库、网页制作工具、电子邮件等现代网络工具的能力。

③ 信息评价能力是指对所获取网络信息的有用性和相关性进行评价的能力，包括对信息检索结果的质量、数量和相关性进行判断，对信息的可信性、有效性、准确性、权威性和时效性进行评价，以决定下一步的检索策略的能力。

④ 信息组织与交流能力是指能够选择支持交流目的的媒介和适合于交流对象的网络信息服务平台进行信息交流的能力。

（4）网络信息的应用与创新

网络信息的应用与创新是指能够对所获取的网络信息进行加工处理和组织创新，使其融合到自己的知识体系中，从而获得新的信息。

（5）网络信息的安全与道德

网络信息的安全与道德是指在进行网络信息检索时能够遵循法律规定，符合伦理道德，充分认识网络中存在的计算机病毒、电脑黑客、网络安全和知识产权等问题，抵制信息污染，规范信息行为，合理、合法地检索和利用网络信息。

通过信息检索知识的系统学习，学习者能够学会获取各类信息和新知识的方法，掌握信息检索的方法，在海量的互联网信息资源中迅速找到自己需要的信息。在全球化信息时代的背景下，这种能力显得尤为重要，对于网络信息素养的提高也大有帮助。

5.1.2　增强自主学习能力

自主学习能力是信息素养的重要指标。自主学习就是指学习者能够对自己的学习负责，包括确定学习目标、决定学习内容和进度、选择学习方法和技巧、监控学习过程以及评估学习效果。具备自主学习能力的学习者应当具有进行客观的评判性反思的能力、做出决策的能力以及采取独立行动的能力。基于互联网背景下的自主学习，是指学习者在确定学习目标后，能够通过检索和利用互联网信息资源完成既定的目标，解决相关的问题。

互联网以海量的资源、广阔的覆盖面、多样的交互性和全新的沟通机制提供了全新的学习场所。与传统学习模式相比，以互联网为途径的学习更能够激发学习兴趣，更利于进行协作式学习和实现个性化学习。学习资源是进行自主学习的前提，互联网则是满足这一前提条件的最佳媒介。对于东南亚国家方向的非通用语专业学生来说，在具备了一定的网络信息检索基础后，互联网将是课堂学习的有效延伸和扩展，成为实现自主学习的有效途径。

1. 丰富的信息资源可以增强学生的学习兴趣

互联网信息资源具有突出的多样性和全面性。以马来语专业为例，互联网犹如一座"取之不尽，用之不竭"的多媒体资源宝库，可以为该专业的学生提供大量包括文字、声音、图像形式的语言信息资源，是专业书籍无法媲美的。静态信息包括马来语历史、语法、文学等相对固定的内容，动态信息则包括时事、新闻、科研成果等不断更新的内容。马来语资源有来自马来西亚国内的网站，也有来自印尼、文莱、新加坡等使用马来语的国家。

通过互联网，学生可以方便快速检索任何与马来西亚有关的感兴趣的信息。这不仅满足了马来语自主学习者对信息资源的需求，也可以锻炼学习者对信息进行甄选和整编的能力。

2. 丰富的信息资源可以提供良好的语言环境

语言环境对于外语自主学习是一个十分重要的促进因素。美国著名的语言学家克拉申认为学习外语的途径一是显露的正规教学，二是隐含的自然的学习环境。学生在课堂上较多的是进行语言知识学习，而只有在纯粹的语言环境中才能获得语言的真实感受，提高语言的实际运用能力。良好的语言环境能够推动学习者的学习，增强学习者的信心，加深学习者对专业语言的感性认识。

以越南语专业在校学生为例，与越南外籍教师或留学生交流可以创造真实的语言环境，然而，我国除广西、云南这两个与越南接壤的省份有着较方便的越南语交流环境外，其他地区的越南语学习者基本上是缺乏自然语言交流环境的。互联网则为这一问题的解决提供了理想的途径。越南语学习者通过使用越南国内网站的BBS、网上论坛、聊天室、电子邮件等服务，可以直接与越南国内的网民或其他国家的越南语学习者进行文字或语音的交流，建立网络的真实语言环境，切实提高越南语交际能力。

3. 丰富的信息资源可以保障学习的时效性

与电视、报刊等信息媒介相比，信息实时更新的互联网具有得天独厚的时效性优势。仍以越南语专业学习为例，越南的政治经济和社会文化等各方面情况都是动态发展的，越南语也随着国家的发展和对外开放而不断吸收外来词汇，这就要求越南语学习者不仅要了解越南的历史，也要掌握越南国情和语言发展的现状。目前国内供越南语专业学生使用的教材以及越南研究类的著作虽然已经有很多新版本，但在一些强调时效的领域仍无法完全跟上形势的变化，无法为学习者提供最新的数据、报道和研究成果。尽管报纸、广播、电视等传统的大众媒体可以在一定程度上弥补这个不足，但是由于形式单一、投资较大、受时空因素制约较大，并不能作为最佳的学习资源。互联网不仅具有传统大众媒体的所有优点，在信息更新速度上更是独具优势，学习者可以随时随地通过互联网在第一时间了解任何最新的报道、观点和研究成果。

4. 丰富的信息资源可以实现个性化的学习

对于外语学习者来说，有的更侧重读，有的更侧重听，每一种学习策略都有其自身的优势，因此，尊重学习者自己的学习风格和学习策略，有利于发挥学习者的主观能动性，提高学习的效率和效果。在外语教学中，传统的课堂学习条件并不利于个性化学习的开展，但互联网却为个性化学习的真正实现提供了条件。从互联网获取的信息形式是多种多样，不仅有文本资料，还有声音、图片、视频等多媒体信息，学习者可以根据自己的特点和需求，自由选择合适的学习资源，按照自己的方式、时间和进度进行学习，充分体现学习者在学习活动的主体地位，从而提高学习的效率。例如，马来语专业的学生可以制定一份自主学习计划，每周在某一时间登陆马来西亚语文局网站学习马来语语言方面的知识；在某一时间登陆"前锋报"网站浏览新闻，了解马来西亚文化、政治、经济、生活等各方面的最新动态，提高阅读能力；在某一时间登陆马来西亚广播电视台网站，在线实时观看马来语电视台节目或收听各类广播电台节目，提高听力理解能力。

▷5.2 网络信息资源的收集、整理和分析

东南亚国家的网络信息资源主要是指互联网中以数字化形式记录，以多媒体形式表达，广泛存在于东南亚各国网站的各种信息资源的总和。通过互联网信息检索工具，用户可以搜索并利用这些分布式存储在网络计算机的存储介质，以及在各类通信介质上，通过计算机网络通信方式进行传递的信息资源集合。

5.2.1 网络信息资源的收集

针对东南亚国家网络信息资源的分布特点，主要有以下四种网络信息资源的收集方法。

1. 浏览

浏览是指使用浏览器对互联网上的网页信息进行阅读。在浏览时，用户可以利用超文本文档中的超链接从当前网页转换到另一个相关网页。浏览是在互联网上阅读、检索信息

最基本也是最原始的方法。这种检索的特点是具有随意性，不依靠任何检索工具，因此检索结果具有不可预见性。

2. 利用目录型网络信息检索工具

互联网中的目录型信息检索工具主要指各种目录型搜索引擎。用户登陆此类网站后，通过浏览其分类目录索引数据库，在目录体系上下位类的从属、并列等关系引导下层层递进，随着目录类范围的缩小而不断提高检索的专指度，逐步接近检索目的，并最终检索到自己所需要的信息。

利用目录型搜索引擎检索信息的基本步骤为：

（1）在浏览器中登陆目录型搜索引擎网站主页；

（2）根据分类目录结构，按照由顶层目录到子目录的顺序依次检索；

（3）选择需要的类目，点击进入该类目下的子目录，直至出现站点列表；

（4）选择需要的站点，点击后实现链接；

（5）根据检索结果对信息进行选择和处理。

在进行东南亚国家网络信息检索时，由于大部分国家的自主搜索引擎都是目录型搜索引擎，如果读者对外文检索关键词把握不准，使用此种检索方法可以扩大检索范围，提高检索的准确性。

3. 利用索引型网络信息检索工具

互联网中的索引型网络信息检索工具主要指各种索引型搜索引擎，是互联网信息检索中使用最普遍的网络信息资源检索方式。索引型搜索引擎通常支持布尔检索、词组检索、截词检索等功能，适合主题较为专指、狭窄的检索。用户通过与检索目录吻合的关键词，能够方便检索到所需的信息。

利用索引型搜索引擎检索信息的基本步骤为：

（1）在浏览器中打开索引型搜索网站主页；

（2）在页面检索框内输入检索关键词，提交检索；

（3）显示检索结果。结果页面通常包括相关信息资源标题、资源描述、资源链接等内容。点击标题，可以转换到目标网页进行浏览，下载保存所需的信息。

世界上最大的索引型搜索引擎Google针对多个东南亚国家推出了适合本国用户的分站搜索引擎，是检索东南亚各国网络信息资源最实用和有效的索引型网络信息检索工具。

4. 利用权威机构网站

国家政府部门和机构网站通常是官方信息发布的权威途径。在检索东南亚国家网络信息资源时，重点检索与所需信息相关的政府部门或机构网站，往往能获得很多既有用又可靠的信息。通过一级域名，读者基本能够识别网站所属部门或机构的类型，从而判断所获取信息是否可靠。

表5-1　域名信息可信度排名

域名	机构类型	信息可信度
.gov	政府部门	可信
.org	团体、机构	比较可信（一般能准确提供该团体、机构及相关领域的资料）
.edu	教育、学术机构	比较可信
.net	网络服务供应商	需进一步判断（信息可能会与实际情况存在偏差）
.com	商业机构	

5.2.2　网络信息资源的整理

互联网中的信息资源无论国别、地区，都存在着一些共性。与传统信息资源相比，网络信息资源有着显著的优点：具有较强的共享性和交互性，开放互动；具有高度的整合性，便于多媒体的一体化；具有海量的资源，而且资源数量还在不断增长，更新速度快；具有极其丰富的内容，形式多种多样。但同时，网络资源也存在着分散无序、难于快速准确查找、缺乏永久保存机制的缺点。因此，在收集到大量的网络信息资源后，还需要使用一定的方法对其进行整理和归纳，形成有利于自己使用的信息资源库。

1. 网络信息资源的分类

网络信息资源分类就是按照检索的目的和要求，对所收集的网络信息资源进行分类，相同类别的资源归为一组，然后从总体上按一定的分类标准将各组资源加以划分，形成适合自己查找和使用的资源系列。通常，网络信息资源分类的依据是资源的性质、内容或特征。

以马来西亚经济类网络信息资源的分类为例，可以以"经济"为总类名称建立一个经济资源库，资源库中包括经济范畴的各子类资源库，如经济政策类、经济数据类、对外贸易类等，然后对收集而来的经济类信息资源依据资源库的类别进行分类，最后形成一个完整的马来西亚经济类网络信息资源库。

2. 网络信息资源的汇编

网络信息资源汇编就是根据研究的目的和要求，对分类后的信息资源进行汇总和编辑，使之成为能够客观反映研究对象的系统、详实的材料。从汇编的步骤上看，通常要完成三项工作。

（1）审核信息资源内容的真实性、准确性和全面性，确保信息资源的真实、客观和全面。对同一个情况的描述，不同网站来源的信息可能存在不一致的现象。信息审核最主要的目的就是过滤不准确的信息，尽量保证所使用信息的真实可靠。例如，在检索马来西亚经济数据时，从马来西亚国家统计局获取的数据应该是最权威和最可靠的，如果其他来源的同一类数据与其存在偏差，在审核中应以国家统计局的数据为最终标准。

（2）整理信息资源的逻辑结构，对资源进行简单的加工，按照逻辑顺序对资源进行排序，重要部分还要进行标注。

（3）注明资源的来源和出处，方便在使用时对资源进行标注。

3. 网络信息资源的持续整理

网络信息资源的收集是一个持续的过程，因此对信息资源的整理也是一个经常性的工作。持续收集是指对某类网络信息资源进行定期的跟踪，包括对主要的信息来源网站进行动态检索，使资料和数据达到最新、最全的标准。持续整理是指对收集的信息资源进行定期整理，及时补充，满足研究开展的需求。

5.2.3 网络信息资源的分析

网络信息资源分析是指根据研究目的和要求，对已收集和整理好的信息资源进行综合、分析、对比、推理，重新组成一个新的有机整体。信息资源分析是一种定向选择和科学抽象的研究活动，目的是从大量繁杂的原始信息中提取具有共性的或特征性的内容，为研究提供论证材料和依据。

综合法和分析法是网络信息资源分析中常用的两种方法。

1. 综合法

综合法是把信息资源中与研究对象相关的情况、数据、素材进行归纳和综合，把各个部分、各种属性和各种要素联系起来进行总体上的考虑和研究，探索它们之间的相互关系，从而达到对事物全貌及本质和规律的把握，获得新知识，得到新结论。综合法可分为简单综合、提炼综合和系统综合三部分。

（1）简单综合

简单综合是对经过初步整理的网络信息资源进行研究，发现其中相同或不同之处，然后进行综合归纳的一种方法。简单综合法主要有两种类型，一种是从部分到整体的综合，目的在于使分散的信息资源集中化、系统化，开辟资源新的应用途径；一种是从整体到部分再到整体，目的是在已经掌握的信息资源基础上进行一定的创新。

（2）提炼综合

提炼综合是把有关信息资源中个别的、分散的、局部的情况结合在一起，从中提炼出能产生同一现象的共性原因或特殊原因，从而形成一些新的认识和结论。

（3）系统综合

系统综合是一种纵横交错，对专题进行大范围的综合研究方式。它首先在纵的方面使获得的信息与课题相融合，包括历史沿革、现状和发展趋势，通过相关信息资源的传承为决策提供借鉴；在横的方面综合国内外与之相关领域、科研的情况，充分考虑方针政策、技术经济、自然环境、社会文化等外部因素，从中找出规律，为研究中的创新方案提供相关依据。

（4）基本实施步骤

综合法的实施主要分为三个步骤：

① 从整体把握信息资源中被分析出来的各个方面；

② 确定各个方面的逻辑关系、有机联系和结构形式；

③ 对信息进行更高层次的概括、加工，从中找出规律，成为研究或决策的佐证和依据。

2. 分析法

分析法是将复杂的事物分解为若干简单事物或要素，根据事物之间或事物内部的特定关系进行分析，从已知的事实中分析得到新的认识与理解，产生新的知识与结论。常用于网络信息资源分析的方法有对比分析法和相关分析法。

（1）对比分析法

对比分析法是对信息资源进行定性分析的一种方法，可分为纵向对比分析和横向对比分析两种。

① 纵向对比分析法

纵向对比分析是一种历史分析的方法，根据同一事物的发展历史和发展过程，对比分析该事物在不同时期的状况，认识事物的过去和现在，探索事物的发展趋势。

② 横向对比分析法

横向对比分析是一种地区分析的方法，通过对不同区域和部门中的同类事物进行对比分析，排除其中无差距或差距小的问题，抓住差距大的问题，把握事物的主要矛盾。

通常，进行对比分析的目的主要有三个：对同类事物不同方案、技术、用途进行对比分析，从中找出最佳方案、最优技术、最佳用途；对同类事物不同时期技术特征进行对比分析，从中了解发展动向和趋势；对不同事物进行类比分析，从中找出差距，取长补短。对比的方式有文字分析对比、数据分析对比、图表分析对比等。例如，通过对2000年至2010年马来西亚对外贸易数据中港口数据的对比，可以分析港口经济在马来西亚对外贸易经济中的比重，并根据数据的变化推测港口经济在未来的发展趋势。

（2）相关分析法

相关分析法也是对信息资源进行定性分析的一种方法，主要是利用事物之间或事物内部各组成部分之间经常存在的某种关系，如事物的现象与本质、起因与结果，目标与途径等关系，从一种或几种已知事物特定的相关关系顺次地、逐步地来预测和推知未知事物，获得新的结论。

（3）基本实施步骤

分析法的实施主要分为三个步骤：

① 分解网络信息资源中具有多样性的各个部分；

② 考察各部分的结构形式和本质；

③ 研究各部分的地位、作用和相互联系，从中得出结论，为研究或决策提供佐证和依据。

5.3 网络信息分析报告的撰写

网络信息分析报告是在对网络信息资源进行综合分析研究后，用文字、图表等书面材料把分析成果准确地表达出来，它是信息检索、识别、判断和分析等工作成果的具体表现。

网络信息分析报告的撰写主要有三项基本要求：迅速及时、准确无误和简明扼要。报告撰写迅速及时可以发挥信息的最大效用，这要求撰写者必须具备一定的翻译、写作和表达能力，具有丰富的进行信息检索的国情背景知识，熟练掌握一些重要的常用资料和数据，能够及时对了解的各种情况进行跟踪研究分析。准确无误是指报告的内容要表达清楚准确，不能含糊不清、模棱两可，以免造成歧义和误解。简明扼要是指报告的内容要简明清晰、层次分明，在文字表达上要言简意赅、通俗易懂，避免繁琐累赘。

通常，网络信息分析报告分为四种形式，分别是网站信息报告、原文报告、编译报告和综合报告。

5.3.1 网站信息报告

网站信息报告是指在对某一类网络信息资源进行检索后，选择包含该类资源重要的、有价值的网站进行介绍，以文字、图表等形式将网站的主要信息呈现出来。

1. 报告撰写要求

网站信息报告必须包含以下几项内容：

（1）报告基本情况：提供网站信息报告的名称、撰写人、网站登陆的具体时间等信息；

（2）网站名称：提供网站准确的外文和中文名称；

（3）网　址：提供浏览网站的有效地址；

（4）网站语言：提供网站使用的语言种类；

（5）网站简介：提供网站主要内容的简介（包括网站的设计者、性质、最近更新时间、主要服务对象等）；

（6）主页结构：具体介绍网站主页的结构和内容；

（7）网站内容介绍：具体介绍和分析网页内容的时效性、准确性、有效性和主要特点；

（8）网站检索价值：从内容特点、利用价值、易用程度等方面对网站进行综合评价。

2. 报告范例

"越南旅游"网站信息报告

撰写人：	×××	登陆时间：	2011年3月1日
网站名称：	Vietnam Tourism（越南旅游）	网站语言：	越、英、法、日、中
网　址：	www.vietnamtourism.com		

（1）网站简介

越南旅游网主要向全世界介绍越南的旅游信息，宣传越南的旅游资源，扩大越南在国际旅游市场的影响，是越南发展旅游业的一个重要窗口。

（2）主页结构

网站主页结构分为上、下两个部分。

主页上半部分左侧主要介绍在越南旅游时必须了解的一些相关内容，包括在越南旅游时可供选择的旅游公司以及相关服务和收费的详细情况，在越南旅游可入住的旅馆及相关的介绍和评价，在越南旅游所需的详细旅游资料；右侧是网站提供的五种语言选项，可选择其中一种语言浏览网站。

主页的下半部分提供四个网站链接，分别是：越南旅游总局（Tổng cục Du lịch Việt Nam）：www.vietnamtourism.gov.vn；越南在线旅游信息网（Tin tức Du lịch Trực tuyến）：www.dulichvn.org.vn；越南旅游信息中心（Trung tâm Tin học – Tổng cục Du lịch Việt Nam）：www.vietnamtourism-info.com；越南旅游资讯网（Tin tức）：www.vietnam-tourism.com。

（3）网站内容介绍

点击"越文"选项，进入越南旅游越文版页面"www.vietnamtourism.com/v_pages/news/index.asp"进行浏览。在五种语言的版面中，越文版本提供的信息最为详细和丰富。页面通过纵向和横向的导航栏向用户提供网站资源的导航检索服务，各栏目标题和主要内容分别为：

① 资讯时事（Tin tức - Sự kiện），提供越南旅游产业最新资讯、总体规划、投资、统计数据、出入境手续、旅游出版物等方面的信息；

② 越南国土与国民（Việt Nam - Đất nước con người），介绍越南的自然地理和人文地理知识；

③旅游（Du lịch），提供越南全国旅游资源总体介绍、越南世界文化遗产详细介绍以及各省市特色旅游景点和民族风俗的推介；

④旅游服务（Dịch vụ du lịch），提供酒店、商场、旅行社、娱乐、银行信息以及旅游线路推荐；

⑤旅游须知（Thông tin cần thiết），提供在越南旅游的一些常识和注意事项。

以"越南国土与国民"栏目为例，该栏目主页面分三个版块内容向用户提供了关于越南的分类信息：

①总体介绍（Khái quát chung）。该版块提供越南的总体介绍，包括概况、历史、居民和宗教信仰等内容。

②文化（Văn hoá）。该版块内容包括风俗习惯、语言文学、庙会、民间游戏、表演艺术、服饰、建筑美术、美食特产和集市。

③行政单位（Đơn vị hành chính）。越南全国一共有63个省级行政单位，包括5个直辖市和58个省。该版块页面提供有完整的越南地图，标注了越南的北部（西北地区、东北地区、红河平原）、中部（北中部地区、南中部地区、西原地区）和南部（东南部地区、九龙江平原）八大地区的各个城镇。地图左侧有对各标注地区的简要介绍，点击相关文字会有更详细的介绍和报道。版块下方是河内市、海防市、岘港市、胡志明市、芹苴市五个直辖市旅游信息的链接，点击进入可以了解更多的相关信息。

在网站提供的"www.vietnamtourism.com/v_pages/tourist/travel.asp"网页内还提供了对旅游信息的分类检索功能。用户可以对五大类别下的各种景点信息进行查询：①历史文化遗迹（包括遗迹、寺、庙、塔、陵寝、教堂、古城、宫殿、博物馆、纪念地及其他）；②风景名胜（包括名山、森林公园、江河、湖泊、山泉、瀑布、海滩、岛屿、溶洞及其他）；③文化旅游（包括庙会、传统行业村、古村、古街、考古遗址、集市及其他）；④生态旅游（包括庭园、旅游、疗养区、百鸟林及其他）；⑤体育、休闲旅游（包括剧院、文化宫、高尔夫、公园及其他）。查询结果以列表形式排列，显示内容为"标题＋摘要"。点击"全文"选项，可以浏览相关景点的全文介绍。

（4）网站检索价值

越南的旅游网是一个专业的旅游资讯网站，内容丰富，不仅是越南旅游的详细指南，也是了解越南经济、社会、文化的一扇窗口。在对网站信息进行检索和分析后，可以看到越南的旅游服务业比较发达，有广阔的发展前景，但交通方面的基础设施建设仍然相对落后，对旅游业的发展产生了一定的制约。

5.3.2　原文报告

原文报告是指对一些最新的具有重要价值的网络信息进行翻译，以中文报告的形式呈现出来。相关的重要信息包括相关国家政治、军事、外交、经济等的重要动向，相关国家对当时国际重大事件的反应等等。

1. 报告撰写要求

原文报告应包含三个要素，即标题、原文来源以及原文出现的时间。原文报告应忠实于原文，不必做改写的部分都应该以原文翻译的形式处理，对原文所涉及问题的背景也可以做些必要的补充。如果原文篇幅过长，可以在原文报告的开始部分加上内容提要。

原文报告虽然比较简单，但它能迅速反映相关国家最新的时政动态，为开展研究提供及时、具体、准确的素材。

在原文报告的撰写过程中，应该注意以下五点要求：

（1）忠实于原文。原文报告的基本要求是要保留原文的原始面貌，不可任意增删词句，避免破坏原意。同时不能调整段落顺序，避免破坏原文的逻辑思维。

（2）不要随意添加评论。原文报告针对的网络信息一般都比较完整，在撰写报告时不需加入自己的判断意见，特别是没有依据地进行主观臆断会损坏材料的客观性。

（3）原文报告的各要素要完整，特别是信息的来源和时间。

（4）原文报告的内容提要必须符合信息原意，最好使用原句，文字要求言简意赅。

（5）提高翻译水平。原文报告准确有效与否很大程度依赖于翻译者的翻译水平和态度。翻译者必须具备三方面素质，即一定的外语水平、较高的汉语修养、丰富的学科专业知识和国情知识，并且具备严肃认真、一丝不苟的科学态度。

2. 报告范例

（1）范例1

标　　题：世界银行认为越南2004年经济增长将达7%

网　　址：http://vnexpress.net/Vietnam/Kinh-doanh

发布时间：2004年4月20日

根据世界银行今早公布的东亚－太平洋经济形势最新报告中的分析：在出口增长、外国投资增加以及低利率的刺激下，越南经济预计2004年将增长7%，2005年增长7.2%，为东亚最高。

世界银行越南总干事、经济专家马丁•拉玛认为，在外国投资方面，越南有很大的改善。然而越南仍然面临着很多挑战，如越南准备加入WTO和建立牢固的财政体系来保持经济增长质量。

在世界银行的报告中还有一点值得注意的是，当北京减少过剩投资，实现了对过热经济的控制时，世界把注意力都投向中国。2003年投在该地区（东亚—太平洋）的6个主要经济领域的外资预计达600亿美元，其中中国占535亿美元。世界银行预计今年中国经济增长将达7.7%，明年7.2%。

世界银行东亚—太平洋总干事、经济专家霍米·卡拉斯认为中国控制经济增长速度会影响本地区其他国家经济，但是影响不大。如果中国进口减少10%，那么韩国的GDP将下降不到1%，其他国家减少不到0.5%。

原文如下：

WB: Việt Nam tăng trưởng 7% trong năm nay

Được kích thích bởi sự tăng trưởng xuất khẩu, tăng mức đầu tư, cộng thêm tỷ lệ lãi suất thấp, nền kinh tế VN sẽ tăng trưởng 7% trong năm 2004 và 7,2% trong năm sau - mức cao nhất khu vực Đông Á.

Đó là nhận định được đưa ra trong Báo cáo mới nhất về Khu vực Đông Á và Thái Bình Dương vừa được Ngân hàng Thế giới công bố sáng nay.

Theo ông Martin Rama, Chuyên gia kinh tế trưởng Ngân hàng Thế giới tại VN, về mặt đầu tư trực tiếp nước ngoài, VN có dấu hiệu cải thiện rõ rệt so với khu vực và thế giới. Tuy nhiên, VN cũng sẽ phải đối mặt với nhiều thách thức như chuẩn bị gia nhập WTO và xây dựng hệ thống tài chính vững mạnh để duy trì chất lượng tăng trưởng.

Một điểm đáng chú ý khác trong báo cáo của WB là mọi chú ý đang đổ dồn về Trung Quốc khi nước này thực hiện các biện pháp kìm bớt sự phát triển quá nóng để dễ quản lý. để làm được điều này, Bắc Kinh cần giảm tình trạng dư thừa đầu tư. Năm 2003, đầu tư nước ngoài đổ vào 6 nền kinh tế chính trong khu vực ước tính đạt 60 tỷ USD, trong đó Trung Quốc nhận tới 53,5 tỷ USD. WB dự báo trong năm nay tăng trưởng kinh tế của đầu tàu này đạt 7,7%, năm sau 7,2%, tương đương VN.

Ông Homi Kharas, Chuyên gia kinh tế trưởng Vùng Đông Á và Thái Bình Dương nhận định mặc dù việc kìm bớt tốc độ tăng trưởng của Trung Quốc có ảnh hưởng xấu tới các nền kinh tế khác trong khu vực, nhưng tác động của nó rất khiêm tốn. Nếu tăng trưởng nhập khẩu của Trung Quốc giảm 10% thì cũng chỉ gây ra mức giảm GDP dưới 1% ở Hàn Quốc và dưới 0,5% ở các nước khác.

（2）范例2

标　题：越南—韩国讨论核能源合作

网　址：http://www.vnn.vn/chinhtri/doingoai

发布时间：2004年4月13日8时44分

韩国和越南已就加强两国合作，在越南建立核反应堆一事进行协商。今天韩国商贸部肯定了此事。

现今越南只有一个位于大叻的核反应堆，该反应堆于1984年投入使用，如今已出现了老化现象。越南拟定于2010年建设首个核电站以满足日益增长的用电需求。俄罗斯、韩国等国表示愿意与越南合作，发展用于和平目的的核能源。

根据韩国联合通讯社的报道，在和越南工业部副部长裴春区的会晤中，韩国商业、工业和能源部副部长金致佑提议，越南应提供机会让更多的韩国企业加入越南核反应堆的建设中。

原文如下：

Việt - Hàn thảo luận hợp tác về năng lượng hạt nhân

Hàn Quốc và Việt Nam đã bàn thảo các biện pháp tăng cường hợp tác trong lĩnh vực phát triển các lò phản ứng hạt nhân của Việt Nam. Bộ Thương mại Hàn Quốc hôm nay cho hay.

Hãng thông tấn Yonhap của Hàn Quốc cho biết, trong cuộc gặp với Thứ trưởng Bộ Công nghiệp Bùi Xuân Khu, Thứ trưởng Thương mại nước này, ông Kim Chil-doo đã đề nghị phía Việt Nam mở rộng cơ hội cho các công ty Hàn Quốc tham gia vào các dự án lò phản ứng hạt nhân của mình.

Hiện nay, Việt Nam mới có một lò phản ứng hạt nhân tại Đà Lạt xây dựng và vận hành từ năm 1984. Lò phản ứng này đã có nhiều dấu hiệu lão hoá.

Trong khi đó, Việt Nam dự định xây dựng nhà máy điện nguyên tử đầu tiên vào năm 2010 nhằm đáp ứng nhu cầu sử dụng điện ngày càng tăng. Một số đối tác như Nga, Hàn Quốc... đã ngỏ ý muốn hợp tác với Việt Nam phát triển nguồn năng lượng này vì mục đích hoà bình.

5.3.3 编译报告

编译报告是指以原文为依据，在保持原意的前提下，对原文进行翻译和整编的报告。整编的范围包括对原文中价值较小或毫无价值的部分进行删除，对表述繁琐、条理不清的地方进行改写。

1. 报告撰写要求

编译报告应包含五个要素，即标题、原文来源、内容提要（主要针对篇幅较长的报告）、主题词、主要内容。在撰写编译报告时，应注意以下三点要求：

（1）保持信息原意。撰写编译报告是以原文为依据进行的，是在保持原意的前提下所进行的语篇、语句和结构方面的加工，所以一定要保持原意，避免随意添减。

（2）摆脱原文束缚。保持原意并非拘泥于原文，要在一定程度上摆脱原文，灵活驾驭原文材料，用编写者的语言把原文意思表达出来，并视情况补充有关材料以丰富原文，提高报告的价值。

（3）选材恰当。在理解、掌握原文内容的基础上，围绕报告意图和针对需求选取有价值的材料。如果遗漏了重要的材料或者选用了无价值的材料，都会影响报告的价值。

2. 报告范例

标　题：越南第六届国会第四次会议总结过去，展望未来

网　址：http://www.vnn.vn/kinhte

编译时间：2003年11月26日16时31分

内容提要：越南第六届国会第四次会议于2003年11月26日闭幕，由国会主席阮文安致闭幕词。此次大会对实现5年计划具有决定性意义。国会提出了2004年奋斗目标及九大需要解决的任务。

主题词：国会、目标、任务

以下是此次大会主要讨论的内容：

一、高度评价2003年所取得的成绩及认清存在的问题

2003年越南经济快速增长，几乎各项经济、社会发展指标均达到或超过国会制定的计划。但是国会代表也清醒地认识到存在的问题，如经济增长质量不高，缺乏竞争力，基础建设管理还存在漏洞，农副产品收入不稳定，教育培训质量不高，科学技术水平低，行政改革步伐缓慢等。

二、提出2004年的奋斗目标

1. GDP增长7.5%～8%；2. 农、林、渔业生产增长4.6%；3. 工业生产增长15%；4. 服务业增长8%；5. 出口额增长12%；6. 全国投资额达GDP的36%；7. 消费价格指数增长不超过5%；8. 新增150万个就业机会；9. 职业学校等新增招生人数7%；10. 贫困户的比率降低到10%；11. 5岁以下儿童营养不良的比率降低到26%；12. 降低生育比率0.04%。

三、九大需要解决的任务

1. 提高经济增长质量

在农业方面，要实现经济结构、产品结构、劳动力结构的转变，加强基础设施如交通、水利等建设；在工业方面，要集中力量发展有竞争力的行业、产品，投资更新设备、技术，充分开发现有的工业区；发展服务业，提高旅游、财政—货币和邮政—通讯服务质量等等。

2. 加强对医疗机构的改革

根据经济发展需要对医疗机构进行有计划的职业培训，增强药品经营管理，提高医疗质量，尽快实现工资政策改革等等。

3. 提高教育质量

革新管理机制，提高教育质量，提高教师质量，选拔有能力的管理干部，加大对文化、通讯、体育等领域的投入等等。

4. 促进科学技术的发展

革新科学技术管理机制和发展政策，建立和发展科学技术市场，注重培养人才队伍，注重开发面向农村的科学技术，保护环境资源等等。

5. 继续投资建设山区、海岛、边疆和少数民族地区的基础设施，较好地实现对贫困地区少数民族同胞的扶助政策。

6. 维持政治稳定，社会安全；减少交通、火灾事故；做好防洪工作。

7. 继续实施革新开放政策

为加入国际社会制定法规；成功组织亚欧论坛第5次会议（ASEM-5）；进一步发展对外经济，更好地实现加入AFTA时所作的承诺，加快进行加入WTO的谈判等等。

8. 加强法制建设

继续加强调查、公诉、审判、执行的工作力度，最大限度地减少冤假错案；严肃处理违法干部；从根本上解决案件积压问题；及时出台关于实施刑事诉讼法的决议；努力解决各种申辩、申诉等等。

9. 加快行政改革的步伐。

四、制定一些法律文本和决议

此次大会完善了立法程序，共通过了9项法律：《人民委员会组织法》（修订案）、《人民委员会代表选举法》（修订案）、《土地法》（修订案）、《国企法》（修订案）、《劳模奖励法》、《建设法》、《水产法》、《合作社法》（修订案）、《刑事诉讼法》（修订案）；并讨论了5项法律草案。

此外，国会还审查并出台了一些决定：调整一些省的行政地域决定；2004年国会监察活动章程决议；在执行社会主义管理和改造过程中国有土地管理、使用决议；提出声明驳斥美国下议院2003年11月19日通过的和欧洲议院2003年11月20日通过的歪曲越南宗教信仰自由政策的H.RES.427决议；出台工资改革、社会保险和抚恤功臣的草案等等。

5.3.4 综合报告

综合报告是按照某一课题的要求，对收集的材料进行归纳、概括后作出的报告。综合报告的特点是对所涉及课题的有关资料作客观地描述，基本不添加撰写者的见解，不提出具体的建议。综合报告在素材取舍上可以有一定的倾向，题目比较具体，针对的问题比较集中，能够具体反映相关课题重要的最新资料、发展历史、当前状况以及发展趋势等等。

1. 报告撰写要求

综合报告应包含标题、摘要、关键词和正文四个要素。通常，撰写综合报告的步骤分别为：明确报告主题、选择适合的信息资源、拟定标题、拟定报告提纲、撰写并修改报告。

（1）明确主题报告

主题是撰写报告的目的和意图，是撰写高质量分析报告的前提，报告的结构形式、表现手法、语言运用等都是根据表现主题的需要决定的。作者在对大量信息资源进行深入分析后，要抓住事物发展变化的本质，提炼出符合客观实际、全面、正确、深刻地揭示事物本质的具有鲜明观点的主题。

（2）选择适合的信息资源

确定报告的主题后，就要对相关信息资源进行选择，这是撰写报告的基础。信息资源的选择是根据课题的需要，对占有的材料进行鉴别、取舍的过程。要选取最能表达撰写意图，适合课题需求的材料，必须做到以下几点：

① 选择可靠程度高的材料。材料的真实可靠程度将直接影响报告的质量，因此，在选择材料时，必须考虑到几个要素：材料反映的信息是否观点明确、推理严密；反映事实的深浅程度如何；是阶段性的成果还是较成熟的最终成果；数据、事实和结论是否通过严格数学计算或严密的逻辑推理得来。

② 选择新颖、领先、超前的材料。只有反映当前发展变化状况的新观点、新发明、新情况的材料才能及时准确地反映客观现实，报告的价值才更高。

③ 选择适用的材料。这在很大程度上要考虑用户的条件和身份，如自然条件、科技发展水平、经济能力、对信息的接受和转化应用能力等因素。

④ 对材料进行取舍。在选材过程中，舍弃那些次要的、非本质的、与撰写意图无关材料，保留本质的、与撰写意图密切相关的材料。

（3）拟定标题

标题是报告内容的高度概括和提炼，可以揭示主题、突出核心内容，使阅读或使用报告的用户能清晰了解报告所涉及问题的范围和重点。标题的要素包括人物、事件、地点、时间，其中人物和事件是不可缺少的。

（4）拟定报告提纲

拟定提纲是撰写报告的一个必需环节和步骤。只有先拟定提纲，才能看出各部分安排是否合理，逻辑关系是否正确，章节层次是否清楚，材料配备是否恰当，才能保证报告具有很强的条理性、逻辑性和充分性。

提纲的拟定一般分为三个步骤：

① 写出报告的主题，即基本的观点；

② 根据主题构思报告的内容和结构，并写出各级标题；

③ 依次将整理和选择的材料，如数据、例证、事实等分配到各相关标题下；

④ 审查各标题间的逻辑关系，进行必要的调整。

提纲拟定的过程是观点安排的过程，也是材料分配的过程。提纲拟定后不能轻易改动，但在撰写过程中，随着不断补充合适的材料，在充分考虑保证结构和逻辑性的前提下，可以对提纲进行必要的改动。

（5）撰写并修改报告

报告通常按事先拟定提纲的顺序进行撰写，也可以不按提纲的顺序，先完成比较有把握的部分，再完成剩下的部分。不管选择哪种方法，在撰写报告的过程中，都应注意以下几个问题：

① 语言表达问题。撰写报告时，文字表达尽量要通顺、简练、准确，语法修辞要符合规则。

② 结构编排问题。撰写报告时，要深刻领会提纲的要求，紧扣主题，把需要表达的内容按提纲的结构层次进行组织，同时要考虑全文的均衡，报告各部分要长短适度、轻重得当。

③ 材料使用问题。报告使用的材料要准确，并与阐述的观点保持统一，做到有机结合。对于使用过的材料要标记清楚，避免重复使用或漏用。

完成报告的初稿后，要反复检查，逐段推敲，通过修改使报告达到较完美的程度。修改要从内容与形式两方面进行。对于报告有结构残缺、论据不足或单薄的问题，要增补相关内容；对于繁杂冗长、反复使用或与主要论点不相关的材料要作适当删除；对于结构安排不合理、条理不够清晰、材料使用不当、图表安排不规范的部分，要进行相应的调整；对于错别字、病句和错误的分析判断，要进行改正；对于原始数据、图表、参考文献要进行核对，确保正确无误。修改工作完成后，还要认真通读报告全文，在最后检查确定没有差错后，才能完成最终的定稿。

2. 报告范例

标　题：苹果宣布CEO乔布斯辞职 COO库克接任

摘　要：8月中旬以来，通信领域接连发生两起令人震惊的事件：谷歌和摩托罗拉移动突然联姻，接着是8月25日乔布斯又闪辞苹果CEO。相对前一事件，后者更让人眩晕，因为乔布斯=苹果。离开了这个被形容为业界20多年来最成功的CEO，苹果公司还能继续辉煌吗？继任者Tim Cook还能让苹果轰轰烈烈多久？

关键词：乔布斯、辞职、库克时代

北京时间8月25日早间消息，苹果董事会今天宣布，苹果CEO史蒂夫·乔布斯(Steve Jobs)辞职，董事会已任命前苹果COO蒂姆·库克(Tim Cook)接任苹果CEO一职。乔布斯被选为董事会主席，库克将加入董事会，立即生效。

一、乔布斯卸任CEO

乔布斯今天向苹果董事会递交了辞呈，并强烈推荐前苹果COO蒂姆·库克(Tim Cook)接任苹果CEO一职。

乔布斯在辞职信中表示，"我曾经说过，如果有一天我不再能履行作为苹果CEO的职责和期望，我会是第一个告诉你们知道的人。不幸的是，这一天到来了。"

今年1月，乔布斯再度宣布病休。这位56岁的苹果掌门人在病休期间仍然担任CEO，积极参与公司业务和各项活动。此后，他将公司日常运营交由COO蒂姆·库克(Tim Cook)处理。

乔布斯的病休曾一度导致苹果股价暴跌，投资者认为此举增添了苹果未来前景的不确定性。不过此后，乔布斯并未从公众视线中消失。他不仅前去苹果总部工作，还出席了美国总统奥巴马举行的硅谷宴会，并主持了iPad 2发布会和苹果2011年全球开发者大会。

二、苹果进入库克时代

库克今年50岁，在乔布斯离开期间通常由他负责公司运营。熟悉苹果日常运营的人士称，与其他资深高管一样，库克理解乔布斯的想法，并设定了未来几年间的产品路线图。

库克担任苹果COO期间，负责该公司的全球销售和运营，包括苹果供应链的端对端管理、销售活动以及所有市场和国家的服务和支持。

他还曾担任苹果Mac业务部门主管，并在苹果与战略分销商和供货商的关系维护中扮演关键角色，确保了公司在面对要求日益苛刻的市场时保持灵活多变。

新任CEO将不得不肩负起乔布斯目前承担的责任，如高管退休问题。由于苹果股价在过去5年间上涨近7倍，许多高管已成富豪，有可能选择离职变现，如何维持团队的完整性是CEO面临的一大难题。从去年11月至今，苹果零售主管罗恩·约翰逊(Ron Johnson)、营销传播副总裁埃里森·约翰逊(Allison Johnson)和Mac软件工程主管伯特兰德·塞莱特(Bertrand Serlet)先后离职。

三、分析师评说乔布斯卸任CEO

在苹果宣布人事变动之后，华尔街分析师与投资者纷纷对此事发表评论。市场研究公司Gartner研究部负责人迈克尔·加腾伯格(Michael Gartenberg)表示，"虽然这标志着苹果一个时代的结束，但重要的是要记住，苹果并非任何一个人的苹果，哪怕是乔布斯。"

投资银行Rodman Renshaw分析师阿肖克·库马(Ashok Kumar)表示，"苹果即将发布iPhone 5，因此这一消息令人吃惊，原因在于苹果是乔布斯的心头肉。因此，乔布斯在一种备受期待的产品发布以前辞去CEO职务不是一个好兆头。"

风险投资者、合广投资(Union Square Ventures)负责人弗雷德·威尔森(Fred Wilson)着表示，"我感到难过。他是史上最伟大的企业家。"

投资公司BGC Financial分析师柯林·吉利斯(Colin Gillis)认为苹果作出了正确选择。他表示，"我将告诉投资者不要惊慌，保持冷静，此事做得很正确。乔布斯将出任董事长，库克担任CEO。"

在乔布斯辞去苹果CEO的消息发布后，苹果股票在周三晚的盘后交易中暂停交易，在交易重启后苹果股价下跌6%，之后收复部分跌幅至5.2%，报356.30美元。

四、附乔布斯辞职信全文

致苹果董事会及苹果社区：

我曾经说过，如果有一天我不再能履行作为苹果CEO的职责和期望，我会是第一个告诉你们知道的人。不幸的是，这一天到来了。

在此，我宣布从苹果CEO的职位上辞去，如果董事会同意，我将担任苹果董事会主席。

针对接任者，我强烈建议执行我们制定的接任计划，提名蒂姆•库克为苹果CEO。

我相信，苹果的未来将更加光明，更具创造力。我期待为未来苹果的成功，也将为此尽自己的绵薄之力。

我在苹果结交了一些人生中最好的朋友，能和你们所有人一起共事这么多年，非常感谢你们。

3. 小结

在撰写报告时，要正确处理好原文报告、编译报告和综合报告三种类型报告的关系，避免片面强调任何一个方面。如果都是原文类型，势必造成报告数量多、情况散、内容杂的状况，分散用户的精力，影响信息的效益和作用。如果只片面强调综合，则会延误报告的时效和信息的使用，其结果必然会使部分重要信息失去价值。因此，要正确把握这几种类型报告的适用范围，根据实际情况灵活运用。

▷5.4 网络信息资源的利用规范

当读者在为某一课题研究搜集和整理了大量的网络信息资源后，如何正确、规范地使用这些资源，是一个值得重视和学习的方面。

5.4.1 信息引用规范

网络信息资源的检索主要服务于两个需求：学习和研究。撰写学术论文是体现研究成果的直接途径。根据国家标准《科学技术报告、学位论文和学术论文的编写格式》（GB 7713-87）中的定义，"学术论文是某一学术课题在实验性、理论性或观测性上具有新的科学研究成果或创新见解和知识的科学记录；或是某种已知原理应用于实际中取得新进展的科学总结，用以提供学术会议上宣读、交流或讨论；或在学术刊物上发表；或作其他用途的书面文件。"

学术论文可分为学位论文、专题研究论文和研究报告三类。学位论文是表明作者从事科学研究取得创造性的结果或有了新的见解，并以此为内容撰写而成、作为提出申请授予相应的学位时评审用的学术论文。对于本书的主要使用者——广大学习东南亚国家语言，进行东南亚研究的学生、教师等研究人员而言，在完成合格的学位论文、撰写科研论文的过程中，掌握一定的东南亚国家网络信息资源检索的技能和方法，能够提供强有力的材料支持。

通常，在进行相关论文写作的准备时，可以通过互联网检索到大量电子形式的图书、期刊论文、报纸文章、学位论文、研究报告、官方文件等文献信息资源。2004年，教育部颁发《高等学校哲学社会科学研究学术规范（试行）》，其中对文献信息资源合理利用作出的具体规范如下：

（1）引文应以原始文献和第一手资料为原则。凡引用他人观点、方案、资料、数据等，无论曾否发表，无论是纸质或电子版，均应详加注释。凡转引文献资料，应如实说明。

（2）学术论著应合理使用引文。对已有学术成果的介绍、评论、引用和注释，应力求客观、公允、准确。伪注，伪造、篡改文献和数据等，均属学术不端行为。

（3）不得以任何方式抄袭、剽窃或侵吞他人学术成果。

（4）应充分尊重和借鉴已有的学术成果，注重调查研究，在全面掌握相关研究资料和学术信息的基础上，精心设计研究方案，讲究科学方法。力求论证缜密，表达准确。

因此，读者在使用相关资源时，一定要注意符合学术规范的要求，正确和全面标明所引用资源的来源。

5.4.2 《文后参考文献著录规则》（GB/T 7714–2005）

我国在2005年颁布并实施的《文后参考文献著录规则》是目前最新的关于参考文献引注的国家标准，规定了各个学科、各种类型出版物的文后参考文献的著录项目、著录顺序、著录使用符号、各个著录项目的著录方法以及参考文献在正文中的标注法。下面将就该规则的要点进行介绍，为读者在撰写学术论文时提供参考文献著录的格式参考。

1. 参考文献的著录方法

参考文献的著录方法有两种，分别是"顺序编码制"和"著者—出版年制"。"顺序编码制"是一种文后参考文献的标注体系，即引文采用序号标注，参考文献表按引文的序号排序。"著者—出版年制"是一种文后参考文献的标注体系，即引文采用著者—出版年标注，参考文献表按著者字顺和出版年排序。目前，我国学术期刊普遍采用"顺序编码制"。

2. 参考文献的主要著录项目

（1）主要责任者。主要责任者是对参考文献内容负主要责任的个人或团体，包括专著作者、论文集主编、学术论文撰写人、报告撰写人等。

（2）题名。题名包括书名、刊名、报纸名、报告名、学位论文名等。参考文献载体类型及其标志根据《文献类型与文献载体代码》（GB 3469-83）的规定，以英文大写字母方式标志，具体如表5-2、5-3所示。

表5-2　文献类型和标志代码表

文献类型	普通图书	报纸	期刊	会议论文	汇编	学位论文	报告	标准	专利	参考工具	档案	古籍	其他	数据库	计算机程序	电子公告
标志代码	M	N	J	C	G	D	R	S	P	K	B	O	Z	DB	CP	EB

表5-3　电子文献载体和标志代码表

载体类型	磁带	磁盘	光盘	联机网络
标志代码	MT	DK	CD	OL

（3）版本。图书的第1版无需标注，其他版本需标注说明。

（4）出版项。包括出版地、出版者、出版日期等项目。

（5）页码。图书或期刊中析出文献的页码或引文页码，用阿拉伯数字著录。

3. 著录使用符号

参考文献的著录中使用的主要标志符号如下：

（1）"."：用于题名项、析出文献题名项、题名、其他责任者、析出文献其他责任者、连续出版物的"卷、期、年、月或其他标志"项、版本项、出版项、出处项、专利文献的"公告日期或公开日期"项、获取和访问路径以及"著者 – 出版年制"中的出版年前。每一条参考文献的结尾可用"."号。

（2）"："：用于其他题名信息、出版者、引文页码、析出文献的页码、专利国别前。

（3）","：用于同一著作方式的责任者、"等"或"译"字样、出版年、期刊年卷期标志中的年或卷号、专利号、科技报告号前。

（4）"；"：用于期刊后续的年卷期标志与页码以及同一责任者的合订题名前。

（5）"//"：用于专著中的析出文献的出处项前。

（6）"（）"：用于期刊年卷期标志中的期号、报纸的版次、电子文献更新或修改日期以及非公元纪年。

（7）"［　］"：用于文献序号、文献类型标志、电子文献的引用日期以及自拟的信息。

（8）"/"：用于合期的期号间以及文献载体标志前。

（9）"-"：用于起讫序号和起讫页码间。

4. "顺序编码制"各类参考文献编排格式及示例

下面主要介绍专著、专著中的析出文献、连续出版物中的析出文献、电子文献的著录格式。

（1）专著

专著是以单行本形式或多卷册形式，在限定的期限内出版的非连续性出版物。它包括以各种载体形式出版的普通图书、古籍、学位论文、技术报告、会议文集、汇编、多卷书、丛书等。其著录格式为：

【序号】主要责任者. 题名【文献类型标志（电子文献必备，其他文献任选）】. 其他责任者（任选）. 版本项. 出版地：出版者，出版年：引文页码【引用日期（联机文献必备，其他电子文献任选）】. 获取和访问路径（联机文献必备）.

示 例：

[1] 章振邦. 新编英语语法教程[M]. 郑州：河南人民出版社，1996：15-18.

[2] 哈里斯，弗兰克. 奥斯卡•王尔德传[M]. 陈生铮，译. 北京：中国古籍出版社，1998.

[3] 李瑞华. 英汉语言文化对比研究[C]. 上海：上海外语教育出版社，1996：3-22.

[4] Searle, J. Speech Acts[M]. Cambridge: Cambridge University Press, 1975.

[5] Simonds, Wendy & Barbara K. Rothman. Centuries of Solace: Grief in Popular Literature[M]. Philadelphia: Temple University Press, 1992: 123-145.

[6] Chen, Dongdong. Acquisition of English Psych Verbs by Native Speakers of Chinese and French[D]. Ph.D. dissertation. McGill University, Montreal, 1996.

（2）专著中的析出文献

专著中析出文献的著录格式为：

【序号】析出文献主要责任者. 析出文献题名【文献类型标志】. 析出文献其他责任者//专著主要责任者. 专著题名. 出版地：出版者，出版年：析出文献的页码【引用日期】. 获取和访问路径.

示例：

[1] 马克思. 关于《工资、价格和利润》的报告札记[M]. 马克思，恩格斯. 马克思恩格斯全集：第44卷. 北京：人民出版社，1982：505.

[2] 王宗炎. 对比分析和语言教学[C] // 李瑞华. 英汉语言文化对比研究. 上海：上海外语教育出版社，1996：3-22.

[3] WEINSTEINL, SWERTZMN. Pathogenic properties of invading microorganism[M] // SODEMANW A, Jr. , SODEMANW A. Pathologic physiology: mechanisms of disease. Philadelphia: Saunders, 1974: 745-772.

[4] Grice, H. P. Logic and conversation[C] // Peter Cole. Syntax and Semantics: Speech Acts. New York: Academic Press, 1975: 41-58.

（3）连续出版物中的析出文献

连续出版物是一种载有卷期号或年月顺序号、计划无限期地连续出版发行的出版物。

它包括以各种载体形式出版的期刊、报纸等。

连续出版物中析出文献的的著录格式为：

【序号】析出文献主要责任者. 析出文献题名【文献类型标志】. 连续出版物题名：其他题名信息，年，卷（期）：页码【引用日期】. 获取和访问路径.

示例：

[1] 宋涛. 老挝革新政策20年的发展与走向[J]. 当代世界，2007，（2）：1-2.

[2] 谢希德. 创造学习的新思路[N]. 人民日报，1998-12-25（10）.

[3] 傅刚，赵承，李佳路. 大风沙过后的思考[N/OL]. 北京青年报，2000-04-12(14) [2005-07-12]. http://www.bjyouth.com.cn/Bgb/20000412/GB/4216%5ED0412B1401.htm.

[4] Collins, A. M. & E. F. Loftus. A spreading activation theory of semantic processing[J]. Psychological Review, 1975, 82 (4): 407-428.

[5] Mercer, Pamela. U. S. Venture Bets on Colombian Coal[N]. New York Times, 1995-07-27 (D7).

（4）电子文献

电子文献是以数字方式将图、文、声、像等信息存储在磁、光、电介质上，通过计算机、网络或相关设备使用的记录有知识内容或艺术内容的文献信息资源，包括电子书刊、数据库、电子公告等。

凡属电子图书、电子图书中的析出文献以及电子报刊中的析出文献的著录项目与著录格式分别按以上三种规则处理，文献载体类型必须标注清楚，如：光盘图书[M/CD]；网上期刊[J/OL]；网上图书[M/OL]。

其他电子文献的著录格式如下：

【序号】主要责任者. 题名：其他题名信息【文献类型标志/文献载体标志】. 出版地：出版者，出版年（更新或修改日期）【引用日期】. 获取和访问路径.

示例：

[1] 王明亮. 关于中国期刊标准化数据库系统工程的进展[EB/OL]. (1998-08-16) [1998-10-04]. http: //www.cajcd.edu.cn/pub/wml. txt/98081-2.html.

[2] Emil P. Bolongaita, Jr. Global Corruption Report 2002: Fighting Corruption in Southeast Asia: A Comparative Analysis of Contemporary Conditions[EB/OL]. (2002-04-05) [2008-10-28]. http: //www.adb.org/governance/combatting_corruption.pdf.

第6章　东南亚国家门户网站与东盟主要网站

　　在东南亚国家种类繁多、数量庞大的互联网资源中，门户网站因其特有的综合性、一站式服务而成为高点击率、高访问量的网站。门户网站提供的资源和服务通常包括分类新闻、搜索引擎、网络社区、免费邮箱、影音资讯、电子商务、网络游戏、免费网页空间等，一般在国内都拥有固定的普通用户和注册用户群。对于国外用户而言，门户网站是他们掌握一国资讯最便捷的途径。如果用户希望从东盟的宏观层面对东南亚十国进行整体的认识，或是想对东盟组织有进一步的了解，东盟组织各主要机构网站则是检索的重点和主要方向。

▶ 6.1 东南亚国家门户网站

通过东南亚各国的门户网站，具备相关外语能力的读者能够方便检索各类信息，了解网络信息资源的种类和分布情况，为进一步的检索活动奠定基础。

● 6.1.1 区域性门户网站

1. Yahoo! Indonesia

Yahoo作为全球影响最大、覆盖最广的世界性门户网站，其提供服务包括搜索引擎、电子邮件、新闻等。Yahoo针对越南、泰国、菲律宾、马来西亚、新加坡和印尼等东南亚国家推出了专门的门户网站，下面以"Yahoo! Indonesia"为例对Yahoo的主页内容进行介绍。

（1）主页介绍

图6-1 "Yahoo! Indonesia" 主页

"Yahoo! Indonesia：id.yahoo. com"设计延续了Yahoo一贯简单明了的网站设计风格，主页最上方是搜索栏，使用Yahoo自有的搜索引擎，搜索内容包括Web（网页）、Gambar（图片）、Video（视频）、Berita（新闻）。搜索栏下方是Yahoo通行证的登陆入口，通过登陆可以使用Yahoo所提供的各项服务。主页的左侧是各个业务频道的标题，中间部分是最新的滚动新闻和四个新闻小栏目：主要新闻、地区新闻、名人新闻和体育新闻。主页的右侧是热点言论、热点人物以及当天的货币汇率。主页最下方是Yahoo所提供的各种服务目录，用户可以通过点击进入。

（2）业务频道

① Mail（login.yahoo.com/config/login_verify2?.intl=id&.src=ym）

Yahoo作为全球最早从事电子邮件服务的互联网企业，邮箱业务是Yahoo公司的主要业务之一。Yahoo邮箱自1996年开始，在全球范围内为用户提供电子邮箱服务。Yahoo印尼网站的邮箱频道下方为面向印尼互联网用户的电子邮箱登陆窗口。Yahoo邮箱在印尼有着巨大的用户群，这得益于Yahoo邮箱完善的服务质量和全球化的运营策略。需要说明的是，Yahoo邮箱帐号除了作为电子邮箱的账号以外，同时还是作为会员浏览Yahoo网站、使用Yahoo相关服务的通行证。

② Answers（id.answers.yahoo.com）

答疑频道主要是向用户提供一个开放的问答平台，集中全体用户的智慧来解决用户个人的问题，类似于我国的"百度知道"。就门户网站而言，在印尼只有Yahoo提供了这项服务。在该频道中，可以浏览其他人所提出的问题以及网友的回答情况。在Awal（开始）栏目可以进行Tanya（提问）、Jawab（解答），以及浏览问题的解答情况。在进行提问和解答的时候，必须使用Yahoo的帐号登陆后才能进行，而浏览问题则不需要。Kategori（类别）栏目主要提供不同类型问题的链接，方便迅速进入用户感兴趣的分类进行浏览。Aktivitas Saya（我的活动）栏目可以查看自己的提问以及回答情况，Tentang（关于）栏目介绍了Yahoo答疑频道的使用方法以及相关问题。

③ Finance（finance.yahoo.com）

Yahoo财经频道并没有专门为印尼提供，而是使用的全球通用的财经页面，所以在这个页面中使用的语言是英文。该频道提供了有关金融的最新市场信息、新闻以及相关的投资信息，用户可以通过财经这个分栏目进行个人理财。

④ Flickr（www.flickr.com）

该频道是相对独立的一个网站，是Yahoo向各个国家互联网用户提供的一项服务，可以进行照片的上传、储存和共享。针对印尼，Yahoo也提供了这个服务（高级用户需付费），通过这个页面我们可以浏览到印尼用户上传的照片。

⑤ Games（id.games.yahoo.com）

游戏频道提供各种游戏服务，包括网络游戏、虚拟游戏以及单机游戏。

⑥ Groups（asia.groups.yahoo.com）

该社区频道是针对亚洲互联网用户设计的，用户通过这个页面可以加入到Yahoo各种不同类型的社区中进行交流。

⑦ Koprol（www.koprol.com）

该频道是Yahoo提供的一项最新服务，是相对独立的一个网站，提供印尼文、泰文和越文三种版本。通过登陆该频道并进入相关区域，网民可以与该区域的互联网用户进行交流，并且能够查询到该区域附近酒店、商场及其在网友中的口碑，会员在登陆后也可以进行评价。

⑧ Messenger（id.messenger.yahoo.com）

Messenger类似于微软的MSN，可以通过下载Yahoo的Messenger软件与他人进行实时通讯。这个栏目中还提供了针对手机的Messenger服务和软件下载。

⑨ Mim（mim.yahoo.com）

Mim频道提供"贴吧"服务，通过登陆可以在该页面中进行发帖、看帖以及发表个人观点。

⑩ Mobile（id.mobile.yahoo.com）

移动频道主要介绍Yahoo提供的手机登陆服务，用户可以通过手机来使用和浏览Yahoo提供的相关服务以及获取各种信息。

⑪ Movies（movies.yahoo.com）

电影频道是一个全球性的频道，通过该页面用户可以浏览全球最新的电影资讯，还可以观看Yahoo提供的影片。

⑫ Music（new.music.yahoo.com）

音乐频道也是一个全球性的频道，通过该页面用户可以获取全球最新、最流行的音乐资讯，并可观看Yahoo提供的MTV以及收听音乐。

⑬ News（id.news.yahoo.com）

News一栏是Yahoo印尼的新闻频道，在这个频道中提供了印尼国内新闻、地区新闻、国际新闻、财经新闻、体育新闻、娱乐新闻、生活新闻以及科技新闻。

⑭ OMG（id.omg.yahoo.com）

OMG频道主要提供有关印尼名人以及国际名人的最新消息和言论，通过浏览该栏目用户可以获取有关名人的文章、图片、新闻等信息。

⑮ Shine（shine.yahoo.com）

Shine频道是一个全球性的女性频道，Shine可译为"生活方式"，用户通过该频道可以获取有关时尚、美妆、健康生活、子女教育、职场、理财、饮食等各种信息。

⑯ Sports（sports.yahoo.com）

运动频道主要是针对美国设计的，用户通过该页面可以获取美国各大联赛的最新赛况，以及世界上其他较为著名的体育赛事信息。

⑰ Travel（id.travel.yahoo.com）

旅游频道提供有关印尼旅游的票务、酒店、旅游向导等信息，并可以查询到印尼各地的实时天气状况。

2. XIN MSN

微软公司旗下的MSN与东南亚泰国、菲律宾、马来西亚、新加坡和印尼的国内公司合作，推出了5个分别面向当地用户的门户网站。"XIN MSN"（MSN新加坡）是由MSN与新加坡传媒集团联合设计开发的新加坡门户网站，其服务包括搜索引擎、电子邮件、新闻等，业务遍及多个国家和地区，为用户提供多元化的网络服务。

表6-1　MSN门户网站东南亚分站列表

国别	名称	网址	语言
泰国	MSN Thailand	th.msn.com	泰
菲律宾	MSN Philippines	ph.msn.com	英

（续上表）

国别	名称	网址	语言
马来西亚	MSN Malaysia	malaysia.msn.com	英
新加坡	XIN MSN	sg.msn.com	英
印尼	MSN Indonesia	id.msn.com	印尼

（1）主页介绍

"MSN新加坡网站：sg.msn.com"设计延续了微软一贯简洁明了的网站设计风格，分为中文、英文版本，用户可进行自由切换。网站主页最上方是搜索栏，搜索内容包括Web（网页）、Site Search（网站搜索）、News（资讯）、Images（图片）、Videos（动画）；主页右上方是登陆入口，通过登陆可以使用MSN提供的各项服务。在搜索栏下方是各个业务频道的标题，网页的中间部分是最新的滚动新闻和各个小栏目，包括娱乐、新闻、视频、天气等。在主页上还有Messager、Facebook、Twitter等链接，用户可以通过点击进入各链接站点。

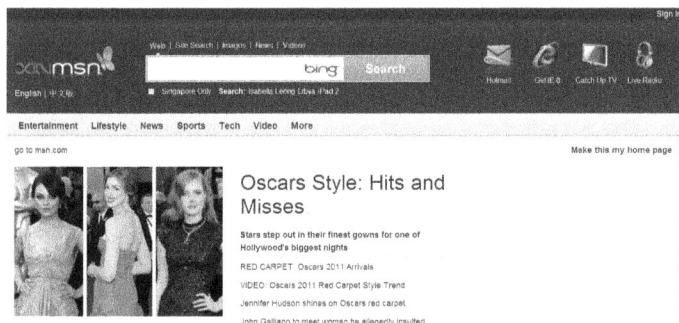

图6-2　"XIN MSN"主页

（2）业务频道

① 娱乐（entertainment.xin.msn.com）

娱乐频道主要内容分为娱乐页面、电视页面、电台页面三个部分。在娱乐页面中，用户可以查看艺人档案、艺人博客、娱乐新闻、电影等内容；在电视页面中，用户可以查看电视节目表，并且通过点击频道名称进入各频道主页收看节目，节目链接包括5频道、8频道、U频道；在电台页面中，用户可以在线收听新加坡各电台的节目，节目链接包括938LIVE、987FM、95.8FM（城市频道）、Class 95FM、Gold 90.5FM、最爱97.2FM、Lush 99.5FM、Symphony 92.4FM、Y.E.S 93.3FM等频道。

② 新闻（news.xin.msn.com）

新闻频道包括新加坡国内的新闻，中国大陆、香港、台湾的新闻，国际新闻，财经新闻以及体育新闻，新闻内容涵盖生活中的方方面面。

③ 生活时尚（lifestyle.xin.msn.com）

生活时尚频道包括美食和《i-周刊》的网络版。用户可通过点击相关内容查看食谱、酒店、派对等时尚生活信息。

④体育（sports.xin.msn.com）

体育频道包括各种体育项目，主要有英格兰超级联赛、世界足坛、F1、高尔夫、NBA、网球等项目。用户可以查看图片、比分，并进行相关知识提问。

⑤视频（video.xin.msn.com）

视频频道主要内容有电视节目回顾、新闻、娱乐新闻、生活时尚等视频节目。用户可通过点击相关内容进行观看。

⑥更多

此频道包括会员登记、国际足坛、旅游、天气、佳缘交友、食评、游戏、地产等内容，用户可以通过点击浏览相关内容。

6.1.2 越南主要门户网站

1. 越南快讯网（VnExpress）

"越南快讯网：www.vnexpress.vn"建于2001年2月26日，由FPT公司经营、越南科技部主管，总部设在河内市栋多郡。据Alexa.com网站数据统计，越南快讯网访问量在越南国内排名第三，仅次于"Google Vietnam"和"Yahoo! Vietnam"。作为门户网站，越南快讯网功能强大，支持高级检索、RSS定制、天气预报查询、证券信息查询等功能。

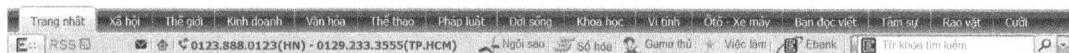

图6-3　越南快讯网主页导航栏

越南快讯网主页栏目齐全、内容丰富。导航栏分为15个栏目，并下设多个子栏目，具体如下：（1）Trang nhất（首页），包括Liên hệ tòa soạn（联系编辑部）和Đặt làm trang chủ（设为主页）两个子栏目；（2）Xã hội（社会），包括Giáo dục（教育）、Nhịp điệu trẻ（年轻的节奏）、Du lịch（旅游）、Du học（留学）、1000 năm Thăng Long（千年升龙）5个子栏目；（3）Thế giới（世界），包括Cuộc sống đó đây（万象生活）、Ảnh（图片）、Người Việt 5 Châu（海外越南人）、Phân tích（分析）、Tư liệu（资料）5个子栏目；（4）Kinh doanh（经营），包括Ebank（网银）、Chứng khoán（证券）、Bất động sản（不动产）、Nhà đẹp（美屋）、Doanh nhân（经营者）、Quốc tê□（国际）、Mua sắm（购物）、Doanh nghiệp viết（企业留言）8个子栏目；（5）Văn hoá（文化），包括Hoa hậu（选美）、Nghệ sỹ（艺术家）、Âm nhạc（音乐）、Thời trang（时装）、Điện ảnh（电影）、Mỹ thuật（美术）、Văn học（文学）7个子栏目；（6）Thể thao（体育），包括Bóng đá（足球）、Tennis（网球）、Chân dung（写真）、Ảnh-Video（图片－视频）4个子栏目；（7）Pháp luật（法律），包括Hình sự（刑事）、Ký sự（记事）、Tư vấn（咨询）3个子栏目；（8）Đời sống（生活），包括Gia đình（家庭）、Sức khỏe（健康）、

Ẩm thực（饮食）、Làm đẹp（美容）、Cửa sổ Blog（博客）5个子栏目；（9）Khoa học（科学），包括Môi trường（环境）、Thiên nhiên（自然）、Ảnh（图片）、Công nghệ mới（新技术）4个子栏目；（10）Vi tính（电脑），包括Sản phẩm mới（新产品）、Kinh nghiệm（经验）、Giải trí（娱乐）、Hỏi đáp（问答）、Hacker&Virus（黑客与病毒）5个子栏目；（11）Ôtô-Xe máy（汽车），下设Tư vấn（咨询）栏目；（12）Bạn đọc viết（读者留言），设有Thế giới（世界）、Văn hoá（文化）、Thể thao（体育）、Kinh doanh（经营）、Xã hội（社会）、Pháp luật（法律）、Đời sống（生活）、Khoa học（科学）8个留言板；（13）Tâm sự（交谈）；（14）Rao vặt（杂项），包括Ngôi sao（星座）、Số hoa□（数码）、Game thú（趣味游戏）、Việc làm（工作）4个子栏目；（15）Cười（笑话），包括Tiểu phẩm（小品）和Video（视频）2个子栏目。

2. 越南网（VietNamNet, VNN）

"越南网：www.vietnamnet.vn"在2003年1月23日获得运营许可，是直属越南通讯部的一家门户网站，也是越南最早创办电子报的网站之一。2008年3月21日，政府总理批文将越南网各家电子报合并，成立越南软件开发公司（VASC）。2008年5月15日，越南网从越南邮政通讯总公司（VNPT）分离出来，归属越南通讯部管理。在越南网总部设在河内市二征夫人郡。

越南网提供越文和英文两种版本，版面活泼，交互性强，界面友好，多媒体资源丰富。根据Alexa.com网站最新统计，越南网访问量全球排名第1138位，在越南国内网站中排第11位，是越南最受欢迎的门户网站之一。

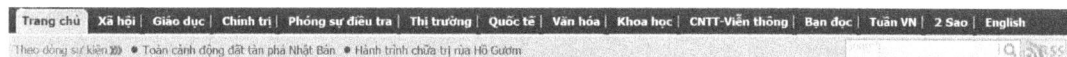

图6-4　越南网主页导航栏

越南网的主要内容由网站标题下沿的导航栏提供链接，分为12个栏目：（1）Trang □□□□（主页），主要提供越南重大时事焦点新闻；（2）Xã hội（社会），包括Hình sự（刑事）、Pháp định（法定）、Đời sống（生活）、Sức khỏe（健康）4个子栏目；（3）Giáo dục（教育），包括Diễn đàn（论坛）、Giảng đường（课堂）、Nếp nhà（家教）、Tư vấn Du học（留学咨询）4个子栏目；（4）Chính trị（政治），包括Đối nội（对内）、Đối Ngoại（对外）、Đại biểu Quốc hội（国会代表）、Thời sự Quốc hội（国会时事）、Chống tham nhũng（反贪污）5个子栏目；（5）Phóng sự điều tra（调查记事），包括Phóng sự ảnh（图片纪实）和Phóng sự quốc tế（海外纪实）两个子栏目；（6）Thị trường（市场），包括Kinh doanh（经营）、Thị trường（市场）、Thị trường-Tiêu dùng（市场—消费）、Rao vặt（零售）4个子栏目；（7）Quốc tế（国际），包括Tin ảnh（图片新闻）、Bình luận（评论）、Hồ sơ（档案）、Thế giới đó đây（世界各地）、Việt Nam và thế giới（越南与世

界）5个子栏目；（8）Văn hoá（文化），包括Giải trí（娱乐）、Tin tức（资讯）、Chuyên đề（专题）3个子栏目；（9）Khoa học（科学），包括Khoa học Công nghệ 2010（2010年科技）、Môi trường（环境）、Sức khoẻ Giới tính（两性健康）3个子栏目；（10）CNTT-Viễn thông（信息技术—远程通信），包括Xa lộ thông tin（信息通道）、Thế giới số（数字世界）、Viễn thông（远程通信）、Virus-Hacker（病毒—黑客）、Sản phẩm（产品）5个子栏目；（11）Bạn đọc（读者），包括Chuyện chung-chuyện riêng（公闻私事）、Ngữ pháp tình yêu（爱情秘诀）、Chia sẻ-Hồi âm（分享—回复）、Những mối tình khác thường（非常情感）4个子栏目；（12）Tuần VN（越南一周要闻），提供Tuanviet nam.net网站的链接。此外，越南网还支持高级检索、RSS定制功能，广告数量适中，链接数目较多，非常便于用户浏览和检索。

6.1.3 老挝主要门户网站

1. 老挝国家门户网（National Portal of Lao PDA）

"老挝国家门户网：www.laopdr.gov.la"直属老挝科技部（ອົງການວິທະຍາສາດ ແລະ ເຕັກໂນໂລຊີແຫ່ງຊາດ），是目前老挝国内使用人数最多的具有官方背景的门户网站。老挝国家门户网提供老挝文和英文两种版本，版面清晰明了，根据网站右下方统计数据，网站访问人数已经突破12万人次。

老挝国家门户网主页分为6个栏目，由网站标题下沿的导航栏提供链接，各栏目内容分别为：（1）ໜ້າຫລັກ（主页），主要提供分类新闻、天气预报、汇率和紧急电话；（2）ກ່ຽວກັບລາວ（老挝概况），包括 ແຜ່ນດິນລາວ（地理）、ປະຫວັດສາດ（历史）、ພາສາລາວ（老挝语）、ລັດຖະທັມມະນູນ（宪法）、ສາສະໜາ（宗教）、ຊົນເຜົ່າຕ່າງໆໃນ ສປປ ລາວ（老挝民族）、ການທ່ອງທ່ຽວ（旅游）、 ເສດຖະກິດ（经济）、ການພັດທະນາວັດທະນາທຳ-ສັງຄົມໃນລາວ（社会文化）、 ສື່ພິມຕ່າງໆໃນລາວ（媒体出版）等内容；（3）ຂ່າວ（新闻），按时间排列老挝各大时事新闻；（4）ໂປຣແກຼມຕ່າງໆ（服务项目），包括ສຳເນົາ（拷贝资料）、ແຜນທີ່（电子地图）、ລົງທະບຽນ（注册）、ສຶກສາທາງໄກ（远程教育）、ປື້ມສຳມະໂນຄົວ（户口信息）、ລາຍຊື່ພະນັກງານ（成员名单）、ຜູ້ສົ່ງຂ່າວ（发送信息）、ປ້ອງກັນໄວຣັສ（杀毒软件）8项内容；（5）ອອກຄວາມຄິດເຫັນ（论坛）；（6）ຄົ້ນຫາ（搜索），内容包括ຄົ້ນຫາໃນປະຕູຖານຂໍ້ມູນ（站内搜索）、ຄົ້ນຫາໃນເວບໄຊ（互联网搜索）、ຄົ້ນຫາໂດຍ Google（Google搜索）等。由于老挝国家门户网还处于建设初期，内容相对来说比较少，形式也比较单一。

2. 深舒网（ແສນສຸກດ້ອກຄອມ）

"深舒网：www.sansouk.com"是由老挝民间团队制作的综合性门户网站，内容以娱乐为主，页面颜色鲜艳，形式活泼，深受年轻人的喜爱。

深舒网主页分为6个栏目内容，由网站标题下沿的导航栏提供链接，分别为：（1）ຫນ້າຫລັກ（主页），主要对网站内容进行综合介绍，提供老挝重大时事新闻、汽车、油价、彩票和股价的相关信息等；（2）ເພງ（音乐），提供包括影视歌曲、流行歌曲、民乐、外国歌曲在内的在线MTV；（3）ເກມ（在线游戏），提供在线小游戏；（4）ບັນເທີງ（娱乐），包括娱乐新闻、影视信息、明星八卦等；（5）ຫາໝູ່（交友），登记交友信息；（6）ວິດິໂອ（视频），提供幽默视频、新闻视频和足球视频等等。此外，深舒网还提供论坛、旅游、烹饪、家居、手机、就业指导等丰富的内容，主页下方还提供老挝网站链接推荐、关键词搜索等服务。

6.1.4　柬埔寨主要门户网站

1.　"每一天"网站

"'每一天'网站：www.everyday.com.kh"由柬埔寨最大的移动电话服务提供商MobiTel公司于2001年8月15日创建，是柬埔寨国内第一个以柬文为界面的综合门户网站。"每一天"网站向用户提供国内外新闻、体育、健康、科技等信息，以及电子邮件、搜索、聊天、手机铃声下载、图片下载等多项互联网服务。

"每一天"网站提供柬文和英文两个版本。柬文版主页左侧是导航栏，栏目包括Login（注册或登陆邮箱）、i-friend（交友）、ເຖ່ືສาร্জា្ভាសា្ខ្ម嫩（柬文邮件服务）、ເសវា្ផ្សេងੑ（其他服务）、កម្មੵ័ੑ ੀਧੀੑ ੑ ੑੑ（其他栏目）。主页中部是左侧导航栏栏目内容的具体呈现，主要包括：ੑ ੑੑੑ ੑੑੑੑੑੑੑੑੑੑੑ（国内新闻），列出了近期国内新闻的标题和首段内容；ੑੑੑੑੑੑੑੑੑੑੑੑੑੑੑ（国外新闻），提供近期国际新闻的标题和首段内容；ੑ ੑੑੑੑੑੑੑੑੑ（每日图片），以图文结合的形式报道当天的重点新闻；ੑੑੑ ੑੑੑੑੑੑ（新闻简报），列出重点新闻的标题，点击可以查看详细新闻；ੑੑੑੑੑ（体育），提供体育新闻；ੑੑੑੑੑੑੑੑੑੑੑੑ（柬埔寨谚语），每天更新一条柬埔寨谚语；ੑੑੑੑੑੑ（娱乐），提供娱乐新闻；ੑੑੑੑੑੑੑੑੑੑੑੑ（汇率），提供当日主要外汇汇率等。主页右侧包括三个栏目的导航，分别是ੑੑੑੑੑੑੑੑੑੑੑੑੑੑੑੑ（天气预报）、Chat Room（聊天室）、Cambodia Yellow Pages（柬埔寨黄页搜索）。

点击主页左侧导航栏可以进入"每一天"网站的主要栏目ੑੑੑੑੑੑੑੑੑੑੑੑੑ（其他服务）。ੑੑੑੑੑੑੑੑੑੑੑੑੑ一共包括10个子栏目，分别是：1-ੑੑੑੑੑੑ（地图），以flash格式文件展示ੑੑੑੑੑੑੑੑੑੑੑ（柬埔寨）、ੑੑੑੑੑੑੑੑੑੑੑ（金边市）、ੑੑੑੑੑੑੑੑੑੑੑ（暹粒市）和ੑੑੑੑੑੑੑੑੑੑੑੑ（西哈努克市）的电子地图，方便用户对柬埔寨和其重要城市的地理概貌进行了解；2-ੑੑੑੑੑੑੑੑੑੑੑ（图片库），提供ੑੑੑੑੑੑੑੑੑੑੑ（每日图片）栏目中所有的历史图片，包括ੑੑੑੑੑੑੑੑੑੑੑੑ（娱乐）、ੑੑੑੑੑੑੑੑੑੑੑੑੑ（名人）、ੑੑੑੑੑੑੑੑੑ（新闻）、ੑੑੑੑੑੑ（体育）和ੑੑੑੑੑੑੑੑ（其他）5个类别的图片，为用户查询各时期的图片提供便利；

3-ផ្ញើសារគេរវកិច្ច（寄贺卡），提供风景、生活、金边和寺庙四类特色贺卡供用户选择，并可以通过网络发送给好友；4-កម្មវិធីទូរស្សន៍（电视节目），提供搜索和列表两种检索电视节目的途径，目前只提供国外卫星电视的节目预告；5-ចម្រៀង（歌曲），提供柬埔寨国内流行歌曲排行榜，通常一周至三周更新一次，歌曲库按照不同的风格进行分类，便于用户搜索。其他5个栏目分别是ល្បែងកំសាន្ត（游戏）、អាកាសធាតុ（天气）、ហោរាសាស្ត្រ（占卜）、អត្រាប្តូរប្រាក់（汇率）和កម្មវិធីផ្សេង（网站汇总）。

主页左侧导航栏另一个重要的栏目កម្រងគេហទំព័រ（其他栏目）中包括សារព័ត៌មាន（新闻）、កំសាន្ត（娱乐新闻）、កីឡា（体育新闻）、សាលអាន（阅览室）、បច្ចេកវិទ្យា（科技新闻）、សុខភាព（健康信息）、គំនិតមានប្រយោជន៍（有益的思想）、មជ្ឈមណ្ឌលនិស្សិត（学生中心）、ហ្គូហ្គលអ៊ីតស់（Google地球）、សុភាសិត（谚语）和លិខិតមិត្តអ្នកអាន（读者来信）等11个子栏目。"សារព័ត៌មាន"（新闻）子栏目是"每一天"网站的重点服务内容，其页面中部的上方是当天的新闻标题和内容摘要，下方是前一天新闻的标题。右侧导航栏有ព្យាករណ៍ធាតុនិយម（天气预报），កំណាព្យ（诗歌，包括2009～2011年的诗歌），ព័ត៌មាន（新闻，包括国内新闻、国际新闻和新闻简报），បណ្ណាល័យព័ត៌មាន（新闻库，提供2001－2011年每日新闻查询）。

2. Cam111网

"Cam111网：www.cam111.com"宗旨是收集各种网站并进行分类，方便用户的浏览和检索。Cam111网内容丰富，涵盖领域广，包括新闻、网站分类、图片库、分类广告、就业信息、娱乐以及搜索等栏目。网页以英文为主，新闻栏目提供英文和柬文两种版本的内容。

Cam111网站首页结构简洁明了，顶部是会员登陆、注册入口，上部是网站标志和导航栏，导航栏显示出网站的七个主要版块，即Home（家庭）、Websites（网站）、News新闻、Photo（图片）、Classfields（分类广告）、Jobs（求职）与Jokes（笑话）。导航栏下方是Google搜索栏和赞助商的链接，搜索栏下方是"网站"版块的快捷入口，列出的实用信息导航包括Websites（网站）、Hot Websites（热门网站）、Useful Query（常用查询）、Useful Tools（常用工具）、Hot News（热点新闻）等子栏目。主页中部是新闻版块，以图片和标题的形式提供柬埔寨和世界范围内的各种新闻。新闻版块下方是分类广告版块，最下方则是图片版块。

点击主页上部的导航栏，可以进入各个子版块。点击"Websites"，进入网址分类栏目，页面上部是热门网站、实用查询和实用工具的链接，中部则将各种网站分为26个大类，主要包括News（新闻）、Friends（交友）、Chats（聊天）、Jobs（工作）、Blog（博客）、Computer（电脑）、Download（下载）等目录。Cam111收录的网站比较丰富，每个分类目录不仅包括柬文网站，还包括英文及中文网站。例如点击进入"News"栏目，既可以查阅 Everyday、Dap-news、CEN 等柬文网站，浏览 Google-news、Yahoo-news、ABC、CNN 等英文网站，还能够链接到 Xinhuanet、CCTV、Chinanews 等中文新闻类网站，为不同需求的用户提供便利。"News"栏目页面上部是新闻的分类，柬文子栏目有 ពត៌មាន（新闻）、ក្នុងប្រទេស（国内）、អន្តរជាតិ（国际）、កំសាន្ត（娱乐）和 កីឡា（体育），英语子栏目包括 Cambodia（柬埔寨）、World（世界）、Entertainment（娱乐）、Sports（体育）、Culture（文化）、Sci&Tech（科技）与 Odd（奇闻）；点击"Photo"进入图片栏目，可以浏览各种不同类型的图片，如 Military（军事）、Sports（体育）、Star（明星）、Travel（旅游）等等；"Classfields"栏目提供了电脑、汽车、手机、房地产、教育培训、旅游等各种商品和服务的广告；"Jobs"栏目以表格形式列出柬埔寨国内各省市近期的招聘信息，招聘职位主要集中在金边、暹粒等大城市，同时还提供柬、英、中三语版本的专业招聘网站"www.camhr.com"的链接；"Jokes"栏目提供各种类型的英文笑话。

3. 吴哥客栈

"吴哥客栈：www.5kor.com"是以柬埔寨新闻、旅游信息为主的综合性中文网站。网站名称源自柬埔寨历史上著名的吴哥（អង្គរ）时期，网站由柬埔寨华人以及在柬埔寨工作、生活、学习的中国人创建，为更多的中文用户了解柬埔寨，前往柬埔寨旅游、工作、生活和学习提供了实用的信息。

吴哥客栈主页简洁实用，从上至下大体可以分成五个部分：顶部是网站标志和登陆入口；上部是导航栏，列出了网站的主要栏目，包括新闻资讯、旅游景点、酒店宾馆、吃喝玩乐、论坛、社区等等；中部主要是论坛的标题，包括搜索栏、论坛图片、最新帖子、最新回复、本月热门等栏目；下部是论坛的其他栏目，包括信息广场、驴友交流、活动聚会、人在柬埔寨、湄公河等栏目；底部是其他与柬埔寨相关中文网站的链接。

网站主页导航栏的主要栏目和内容分别为：（1）新闻资讯，提供柬埔寨城市天气预报，包括暹粒、金边、马德望、西哈努克四大城市三天内的气象服务；提供新闻资讯，包括从柬埔寨主要中文报纸《华商日报》、《金边晚报》、《柬华日报》收集整理的各种新闻；还有游客的旅途见闻以及最新文章、热门内容等；（2）旅游景点，包括吴哥中心寺庙群、吴哥东北部寺庙群、吴哥周边其他景点、暹粒景点、西哈努克景点、金边景点、其他地区景点、城市旅游指南等子栏目，每个子栏目包含有当地景点的详细介绍，例如吴哥中心寺庙群子栏目包含了南北图书馆、十二生肖塔、空中宫殿、癫王台、斗象台等链接，向用户详细介绍了这些景点的概貌，栏目右侧还有最新文章的列表，不断更新关于柬埔寨旅游景点的介绍文章；（3）酒店宾馆，提供金边、暹粒、西哈努克和其他地区的主要宾馆和酒店的介绍，方便游客浏览查询。

6.1.5 泰国主要门户网站

1. Sanook

"Sanook（สนุก）网站：www.sanook.com"是当前泰国最受欢迎的第一大综合性资讯与娱乐门户网站，其泰文名称翻译为中文就是"好玩、有趣、开心"的意思。该网站由MIH Group集团投资成立的Mweb（泰国）有限公司在2000年创办，注册资本2亿泰铢，而MIH Group则是非洲最大的媒体公司Naspers limited的全资子公司。2010年10月26日，中国腾讯控股以1050.08万美元收购了Sanook 49.92%的股份，同时获得Sanook股东贷款50%的权益。Sanook在泰国所有的国内网站中一直处于领先位置。据泰国电信运营商true公司的数据统计，2010年平均每月有1300多万人次访问Sanook网站，近300万独立IP访问，每月网页浏览量高达4亿多次。

Sanook主要为用户提供全方位的导航、资讯、娱乐等互联网服务业务，其网站内容丰富，频道栏目设置详细清晰。主页导航栏分为几大版块，各版块包括多个频道栏目，从上至下依次分别为：（1）Entertainments（娱乐），娱乐版块为用户提供较为全面丰富的网上在线娱乐项目，栏目内容包括ดูดวง（命相，主要介绍命相的各种知识、命相的测试、命相师的资讯等），ฟังเพลงออนไลน์（在线听歌，提供在线音乐试听服务），คลิปวิดีโอ（视频，提供包括网友上传视频在内的各类视频在线观看服务），เกมส์（游戏，提供在线小游戏，其中主要为flash游戏）；（2）shopping（购物），购物版块为用户提供了较为详细的购物信息，并为买卖双方提供了网上信息交流与交易平台，栏目内容包括คลาสสิฟายด์ ซื้อ-ขาย（商品分类，该栏目作为信息交流平台，主要为买卖双方提供各种商品的供求信息，商品按照种类不同进行分类，用户可以点击所需求的商品类别进行寻找），ช็อปปิ้ง（购物，为买卖双方提供网上交易平台，用户可通过此平台根据商品目录寻找自己需要买卖的商品，并可进行网上支付交易），หาบ้าน（找房，该栏目通过目录分类搜索的方式为用户提供各种房源供求信息，用户可以点击房屋类型、所在地域等类别进行搜索），หารถ（找车，通过目录分类搜索的方式为用户提供各种车源供求信息，用户可以点击车型、品牌、价格、地域等类别进行搜索），หางาน（求职，点击标题后链接至"www.jobstreet.co.th"网站，该网站通过目录分类搜索的方式为用户提供各种工作职位供求信息），คูปอง-ส่วนลดพิเศษ（优惠券–特价，该栏目为团购商品网上交易平台，每日提供特价团购产品，可网上支付）；（3）community（社区），社区版块主要为广大用户提供网上交流和交友的平台，用户可以分别通过该版块中的各频道栏目下载QQ聊天软件、进入在线聊天室聊天交友、发布寻找交友信息、以及游戏交友等，栏目内容包括เว็บบอร์ด（论坛）、หาเพื่อนคิวคิว（QQ聊天）、หาคู่ไทยเมท（交友）、เพลย์ทาวน์（游戏乐园）、แชท（聊天室）等；（4）services（服务），服务版块主要为用户提供各种网络和信息服务，栏目内容包括แปลศัพท์（翻译）、อัลบั้มรูป（相册）、ริงโทน-โหลดเพลง（铃声下载）、

เลขเด่น-ดวงสด（命相师信息）、อีเมล（电子邮件）、widget-glitter（闪图）、เว็บบนมือถือ（手机上网）、ท็อปฮิต（热门点击）、สารบัญเว็บไทย（泰国网站目录）等；（5）อ่านสนุก（资讯），资讯版块主要为用户提供多元化的各种资讯，栏目内容包括ข่าว（新闻，主要提供实时更新的新闻内容，包括政治、娱乐、体育、经济、社会、国际等类别的新闻），ซุบซิบดารา（明星八卦，是各种明星八卦信息交流的论坛），ดูทีวี（在线影视，提供在线电视节目和电影预告片观看，用户可以根据自己的网络接入速度选择高速或低速），หนัง-ละคร（电影，包括电影资讯、院线信息、幕后故事、电影评论等），เพลง-นักร้อง（音乐－歌星，提供各歌星的信息和热门新闻、新专辑介绍与试听服务等），ท่องเที่ยว（旅游，提供各种国内和国际旅游信息、住宿饮食信息、风景图片等），วัยรุ่น-วัยเรียน（青少年，为青少年校园栏目，提供各种教育信息、留学资讯、青少年百科、学习与考试指导等服务），เซ็กส์-ความรัก（性与爱，提供男女情感方面的常识），ผู้หญิง（女性，为女性提供时尚、美容、健康、购物以及百科等方面的信息与知识），แม่และเด็ก（亲子，提供孕妇和婴儿方面的知识），กล้อง-มือถือ（手机数码，提供手机、电脑、相机等各种数码电子产品的信息），ฟอร์มูล่าวัน（F1赛车，提供F1赛车的相关信息），รถยนต์（汽车，介绍汽车新闻与知识，包括选车购车、装饰、零配件、以及汽车图片等），hipkingdom（hip王国，主要介绍曼谷一些流行的夜生活文化和团体、酒吧与俱乐部等），กีฬา（体育，提供各种体育资讯）。另外，网站主页的正上方设有搜索栏，用户可以通过关键词对所感兴趣的内容进行搜索。

2. Mthai

"Mthai：mthai.com"是泰国另一个大型的门户网站，由1999年成立的mono generation有限公司（后发展为mono group集团）管理经营。Mthai主页较为简洁，整个页面都由各频道的最新资讯所构成，主页的导航栏位于页面的正中最上，目录简洁明了，点击导航栏上各频道标题会在第二行出现详细导航目录，列出该频道下设的主要子栏目，用户可以直接点击该导航目录中的第一项"หน้าแรก"（首页）进入该频道的首页，或者也可以点击其后几项的栏目标题直接进入该频道下设的子栏目。

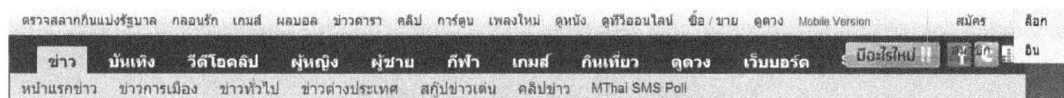

图6-5 Mthai网主页导航栏与分类栏目

导航栏的标题分别为：（1）ข่าว（新闻），新闻频道为用户提供实时的全方位的最新资讯，其下栏目包括整点新闻、每日新闻、政治新闻、一般新闻、国际新闻、独家新闻、新闻视频、新闻图片、手机订阅等，每则新闻按时间先后顺序由上至下排列，用户可以点击新闻的标题展开阅读；（2）บันเทิง（娱乐），娱乐频道提供各种娱乐资讯，包括娱乐八卦、视频、明星信息与图片、电影、电视剧等；（3）วีดีโอคลิป（视频），视频频道提供各种视频的在线观看服务，用户可以点击导航栏上的视频分类来选择观看的视频，另外还可以点击热门视频、新视频等进行观看；（4）ผู้หญิง（女性），女性频道栏目包括潮流时尚、美丽健康、情感、购物、发型、亲子、女性百科等等；（5）ผู้ชาย（男性），男性频道栏目包括男人天地、时尚造型、工作问题、科技、汽车、健康、男人俱乐部、美女等；（6）กีฬา（体育），体育频道提供各种体育资讯，其中首页上主要是关于足球的新闻和比分，除此之外还包括网球、篮球、高尔夫、拳击、赛车等栏目，并提供体育视频、体育百科、体彩等服务；（7）เกมส์（游戏），游戏频道导航栏在首页左侧，栏目包括游戏竞技、游戏新闻、flash游戏、新游戏、游戏评论、游戏下载、游戏桌面、facebook游戏、手机游戏等；（8）กินเที่ยว（吃喝玩乐），吃喝玩乐频道提供各种旅游和饮食信息，包括旅游新闻、宾馆酒店、饮食介绍、旅游文章等；（9）ดูดวง（命相），命相频道提供的服务包括命相热门、情感测试、其他命相、解梦、性格测试、视频等；（10）เว็บบอร์ด（论坛），提供包括娱乐、体育、生活、情感、健康、科技等在内的论坛服务；（11）society（社会），社会频道栏目包括贴图区、市场区、俱乐部、相册、闪图区、博客、诗歌区等。

6.1.6 菲律宾主要门户网站

1. 菲律宾问讯网

"菲律宾问讯网：www.inquirer.net"是菲律宾"问讯"集团旗下《每日问讯报》的官方网站。该网站更新速度快，拥有最先进的多媒体技术，在其他新闻组织的协助下，为用户提供全面、及时的全球或地区新闻。作为一个综合性的门户网站，菲律宾问讯网不仅提供丰富的新闻资讯，而且还有很多针对特殊用户的网页，并能提供专项的服务。根据Alexa.com网站最新统计，菲律宾问讯网访问量全球排名3978位，菲律宾国内排名第18位。

图6-6 菲律宾问讯网主页导航栏与分类栏目

菲律宾问讯网主页的导航栏共设12个项目，包括Article Index（文章索引）、Advertise（广告）、Mobile（手机）、RSS、Wireless（无线）、Newsletter（简讯）、Archive（文档查阅）、Corrections（更正）、Syndication（出售）、Contact Us（联系我们）、About Us（关于我们）和Services（服务）等。主页内容共设9个栏目，分别提

供News（时事新闻）、Sports（体育）、Lifestyle（生活）、Entertainment（娱乐）、Business（商业）、Technology（科技）、Opinion（观点）、Global Nation（全球与国家）、Politics（政治）等相关的新闻，同时还设有突发新闻、重要新闻、视频、阅读量最多的新闻、检测等版块，为用户检索新闻提供便利的途径。

2. 菲律宾中文网

"菲律宾中文网：www.chn.ph"是菲律宾第一大中文门户网站，在菲律宾国内拥有众多的华人用户。网站主页分为菲律宾新闻、菲律宾旅游、菲律宾留学、菲律宾投资、菲律宾移民、菲律宾社区六个版块，每个版块中列出了最新的信息或者文章，如果想阅读更多内容，可以点击页面右上角的"更多"标志。主页提供站内搜索和Google搜索两种搜索服务，搜索栏旁提供当前网站的热门搜索项目。主页右边有三个小版块，分别是推荐内容、本月热点和随机内容。推荐内容主要介绍菲律宾最近发生的重大事件，本月热点提供当月关注度较高的新闻信息，随机内容提供随机选取的各种菲律宾相关信息。主页还提供了图文信息和友情链接，可供用户查阅相关事件的图片和登陆到其他相关网站。

🌑 6.1.7　马来西亚主要门户网站

1. Malaysiakini

"Malaysiakini（当今大马）网站：www.malaysiakini.com"是MKINI DOTCOM私人有限公司在1999年11月20日推出的综合资讯类网站，每月的网页浏览量高达3700万，视频下载量达到75万，绝对唯一访问者超过160万。用户除可免费享受该网站每日通过英文、马来文、中文和泰米尔文提供的以新闻为主的各类信息外，还可以订阅每日内容，价格是每年150令吉或一年支付450令吉获取查阅9年内档案内容的权限。2008年7月，Alexa.com网站的统计资料显示，Malaysiakini已经成为马来西亚浏览量最高的新闻类网站和最受欢迎网站。

图6-7　Malaysiakini主页导航栏

Malaysiakini马来文版主页栏目设置清晰、有条理，内容丰富，主要通过页面正上方的横向导航栏引导用户进行浏览。导航栏的标题分别为：（1）Berita（新闻），主要提供实时更新的新闻内容，新闻以"标题＋摘要"的形式从上至下按更新时间顺序排列，非常便于用户的浏览和检索；（2）Kolum（当今专栏），主要提供由专栏作家撰写的评论，排序仍以时间先后为依据，每页显示20条评论的标题、作者、发表时间、内容摘要及网址；（3）Surat（用户来函），主要刊登用户写给网站的信函，内容五花八门，大部分为用户对各种新闻报道所发表的评论；（4）Video（网络电视），点击标题后链接到"www.malaysiakini.tv"网站，该网站提供视频的搜索和点播服务；（5）Mobilekini（手机软件），点击标题后链接至"www.mobilekini.com"网站，该网站提供手机软件Mobilekini的下载服务；（6）Buku（书籍），点击标题后链接至"www.kinibooks.com"网站，该网站提供书籍在线交易的网络平台；（7）SMS（手机短讯），提供用户通过手机定阅Malaysiakini新闻短讯的具体指导；（8）Hartanah（房产），提供马来西亚各地和海外的房产买卖和租赁信息，用户可以通过目录或关键词检索国内外某一城市适合自己需求的房产信息；（9）Pekerjaan（就业），提供马来西亚各州的招聘信息，用户可以通过关键词配合行业、地区、职务选项限定的方式搜索合适的就业信息；（10）Pelancongan（旅游），提供各种旅行计划的行程和价格信息；（11）Juadah（美食），点击标题后链接至"www.justaround.my"网站，提供马来西亚各地的餐饮和购物资讯，提供按地区的关键词检索服务，并向用户开放，免费注册；（12）Saham（股市），提供股票交易的详细信息；（13）Pendidikan（教育），提供马来西亚教育新闻、马来西亚国内和国际的奖学金信息，提供按国别、程度检索课程信息的服务；（14）Kereta（汽车），提供各品牌汽车的供求和价格信息。导航栏上方还设置有搜索栏，用户可以通过关键词对相关的网站和视频进行搜索。

2. Mylaunchpad

"Mylaunchpad：www.mylaunchpad.com.my"是由马来西亚最大的移动通信运营商明讯通讯有限公司（Maxis Communications Berhad）经营的一个综合性门户网站。网站主页为英文版，设置了News（新闻）、Entertainment（娱乐）、Online Services（在线服务）和Maxis Services（明讯服务）四个版块，每个版块下设数量不等的栏目。

新闻版块下设栏目主要有马来西亚新闻、国际新闻、科技新闻、体育新闻、教育新闻和财经新闻。点击任一栏目标题进入新闻版块主页，可以通过左上角的语言选项选择浏览英文或马来文的新闻。各栏目新闻按时间顺序从上至下排列，以标题、日期和内容摘要的形式显示。英文新闻和马来文新闻的内容和报道侧重范围并不相同，用户在浏览时应注意区分。

娱乐版块下设栏目主要有Xuan、八卦、明星、电影、星座、美国职业摔角、Murai。点击栏目标题Xuan后链接至中文娱乐网站"www.xuan.com.my"，点击栏目标题Murai则链接到马来文娱乐网站"www.murai.com.my"。

在线服务版块主要提供各种网站的链接，只有健康栏目为Mylaunchpad网站网页。栏目标题Maxis-Paypal链接至明讯手机在线支付服务提供网站"www.maxis.com.my/personal/mobile/maxispaypal/index.asp"，Finder301链接至提供手机导航软件Finder301下载服务的网站"www.finder301.com"，Music链接至音乐专题网站"www.musicunlimited.com.my/

maxisweb", Games链接至游戏网站"www.mplanet.com.my", 1 Store链接至手机在线购物网站"www.1store.com.my/appstore"。

明讯服务版块提供与明讯相关的各种服务栏目, 包括手机及月费计划、宽带、明讯商业、明讯回馈、下载、客户服务、热线等七个栏目。

主页最上方的搜索框使用Google搜索引擎, 提供站内和站外信息搜索功能。用户在输入关键词进行搜索后, 搜索结果为整个互联网与Mylaunchpad站点内所有相关的网页。

6.1.8 文莱主要门户网站

1. BruneiDirect

"BruneiDirect: brudirect.com"是文莱首屈一指的综合信息门户网站, 主要提供新闻热点资讯和人们工作生活等各方面的信息。网站主页内容包括:(1)News(新闻), 内容包括Local News(本地新闻)、Sports News(体育新闻)、Your Mind(你的思想)、It's A Funny World(精彩世界)、Down Memory Lane(美丽记忆)、Latest Movies(最新电影)等;(2)Hot Topics(热点问题);(3)Jobs(求职);(4)BruneiClasiffied.com(文莱分类网站链接);(5)Have Your Say(你说我说), 主要登载一些话题热帖, 用户可以在上面发表自己的观点意见;(6)Daily Info(日常讯息), 主要向用户提供日常工作生活所需要的一些信息和链接, 包括Prayer Times(祷告时间)、Flights(航班)、Forex(外汇)、Brunei Daily Diary(文莱日志)、At The Movies(影院信息)、Weather(天气)、Radio Television Brunei(文莱广播电视)、About Brunei(关于文莱)、Oil And Gas News(油气新闻)等;(7)Archives(文献查询);(8)Old Site(旧版入口)。此外, 用户还可以利用网页右上角的搜索引擎实现信息检索。

2. Simpur网

"Simpur网: simpur.net.bn"是文莱首家私营互联网服务供应商DST多媒体私人有限公司(DST Multimedia Sdn Bhd)的官方综合服务网站, 网站语言为英文, 主页内容丰富, 主要包括:(1)Mobile(手机), 向读者介绍和提供通过手机等移动端口浏览该网站网页的方法;(2)News(新闻), 提供当天的新闻头条, 一般以国内新闻为主, 在新闻摘要的末端还提供了相关新闻的网站链接;(3)Movies(电影), 介绍当前热映的电影, 各大影院电影放映的时间表, 也提供相应的电影网站链接;(4)Photos(照片), 登载摄影大赛作品, 目的在于展示文莱的美景;(5)Blogs(博客);(6)Gadget(配置), 向用户提供手机操作软件信息;(7)Games(游戏);(8)The Lounge(聊天室), 向用户提供方便的网络社交平台;(9)Simpurtv(网络电视);(10)Kristalfm(网上广播), 主要向用户提供水晶广播电台节目。此外, 网站主页的右上部分还提供了几个相关的服务链接, 包括:Simpur Webmail(邮件)、Services(服务项目)、Surfkad

（网卡）、DST Group（DST集团）、My DST Account（我的DST账户）等；主页底端则提供了一些有用的网站链接，如DST Group job opportunities（DST集团的工作机会）、Prayer Times（祷告时间）等。

6.1.9　新加坡主要门户网站

1. Asian One

"Asian One：www.asiaone.com"是新家坡一站式的信息服务网站，为用户提供新闻、商业和生活等各方面的信息，网站主页上提供的各个网站链接可以满足各种用户的需要。除了浏览新加坡传媒集团报纸的新闻外，还有金融、科技、健康等不同领域的信息。

图6-8　Asian One主页导航栏

Asian One网站主页包括以下栏目内容：（1）Services（服务），其内容包括Games（游戏）、Horoscope（星座）、Flight Schedule（航班时刻表）、Mobile News（手机新闻）、Newslink（新闻链接）、Classified Advertising（分类广告）等；（2）News（新闻），主要提供世界各地的新闻，包括Singapore（新加坡）、Malaysia（马来西亚）、Asia（亚洲）、World（世界）、Crime（犯罪）、Sports（体育）、News Market（新闻市场）等内容；（3）Business（商业），主要内容包括Tech Sense（科技潮流）、Office（办公室）、Enterprises（公司）等；（4）Showbiz（娱乐界），主要提供娱乐界各方面的新闻；（5）Diva，包括People Watch（大众影视）、Parenthood（家长）、Photos（照片）、Videos（视频）等内容；（6）Plush（奢侈品），包括Luxury News（奢侈品新闻）、People&Personalities（大众与个性）、Philanthropy（慈善）、Art（艺术）、Culture（文化）、Trinkets（小饰品）、Chronometer（表）、Connoisseur（鉴赏家）等内容；（7）Relax（轻松），主要内容有News（新闻）、Feature（特色）、Your Photos & Videos（你的照片和视频）、Galleries（图表）、Hotel Deals（酒店预订）等；（8）Motoring（汽车驾驶），主要内容有Drivers（驾驶员）、Owners（车主）、Test Drive（驾照考试）、Motor World（汽车世界）等。除了以上内容，主页还可检索Health（健康）、Multimedia（多媒体）等信息，并可利用rednano搜索引擎进行站内站外搜索。

2. Singapore Informap

"Singapore Informap：www.sg"由新加坡新闻、通讯及艺术部管理，建站目的在于帮助初到新加坡的人了解该如何生活、工作、做生意、学习和娱乐等，旨在倡导各族人民为建立一个和谐，繁荣的新加坡而共同努力。

Singapore Informap主页包括以下栏目内容：（1）Who We Are（我们是谁），包括Singapore at a Glance（新加坡一瞥）、Profile（概述）、Singapore Yearbook（新加坡年鉴）、Our History（我们的历史）、National Symbols（国家标志）、Map of Singapore（新加坡地图）等；（2）What We Do（我们做什么），主要包括Live（生活）、Work（工作）、Business（商业）、Learn（学习）、Play（娱乐）等内容；（3）What We Go（我们去哪），主要内容包括Dinning（饮食）、Shopping（购物）、Nightlife and Entertainment（夜生活和娱乐）、Arts & Culture（艺术和文化）、Attractions（名胜古迹）、Sports & Recreations（体育和娱乐）等；（4）SG Interactive（互动新加坡），主要有Photo Contest（摄影比赛）、Photos（照片）、Videos（视频）、Audios（音频）、eCards（电子卡）、Publications（刊物）等内容；（5）Events（事件），主要介绍发生在新加坡的一些具有代表性的大事件；（6）News（新闻），滚动播出的新加坡新闻；（7）FAQ，在这里用户可对有关问题进行提问。除此之外，网站还可以通过关键词进行站内和站外搜索。

3. 狮城热线（SingHot）

"狮城热线网站：www.singhot.com"提供小型和中型商业的互联网服务，通过提供网站设计、开发和托管业务帮助用户建立一个功能强大的在线商业服务器。用户只需要选择合适的设计、开发和托管方式，便能够以狮城热线为依托，进行在线的商业活动。狮城热线尽可能地满足用户的各项需求，为中小型企业提供互联网服务。

狮城热线网站为英文版，网站的主要栏目内容有：（1）Domain names（域名），提供各类域名的选择和注册；（2）Web & Email Hosting（网站和邮件托管），提供基于不同操作系统的网站和邮件托管，旨在建立一个高质量的平台，具有高效、高可用性、高存储的优点；（3）Web Design；（4）Client Center（客户服务中心），提供已注册账户的登陆，用户登陆后可向网站反映遇到的问题；（5）Contact Us（联系我们），提供与狮城热线有限公司联系的电子邮件地址。

6.1.10 印尼主要门户网站

1. Detik

Detik 是印尼最大的门户网站之一，主要向广大用户提供全面及时的印尼文资讯以及多元快捷的网络空间。"Detik 网站：us.detik.com"主页大部分内容是各个业务频道的最新资讯，以版块的形式出现在主页中，另外还有一部分内容是当前最新的金融资讯（主要是世界货币的汇率以及世界各大证券交易所的指数）。作为网站盈利的主要来源之一，广告在 Detik 网站中也是必不可少，主要夹杂在各个业务频道版块之间以及弹出的 Flash 窗口。

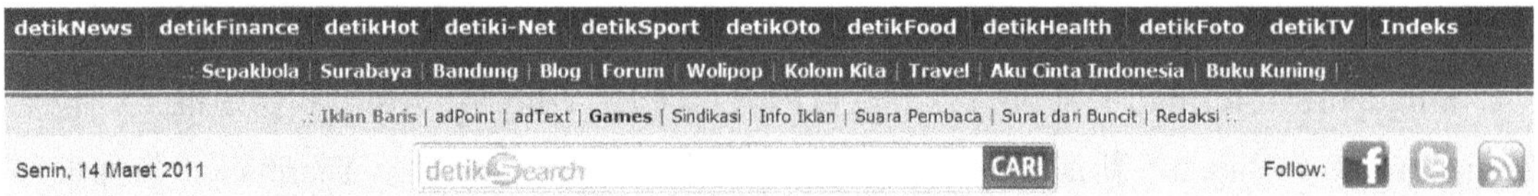

图6-9　Detik主页导航栏

Detik的业务频道及内容分别为：（1）detikNews（us.detiknews.com），新闻频道中包含有国内新闻、国际新闻、专栏新闻、特别报道、名人新闻、图片新闻、视频新闻以及论坛，在该频道主页下的"Indeks"页面中可以检索到最新的新闻题目列表，包含以上各个小栏目；（2）detikFinance（us.detikfinance.com），财经频道中包含有贸易经济、金融、能源、工业等信息，通过浏览该频道可以获取最新的财经信息。该频道除了文字信息之外，还包含图片和视频信息；（3）detikHot（us.detikhot.com），热点频道主要报道娱乐方面的热点新闻事件，其中包含热点音乐、热点电影、热点图片以及热点视频，通过该栏目可以检索到实时娱乐资讯，而且不仅仅限于印尼国内，还有国际方面的娱乐资讯；（4）detikNet（us.detikinet.com），网络频道主要提供最新的网络资讯；（5）detikSport（us.detiksport.com），运动频道主要报道最新的体育赛事，其下的小栏目包括篮球、GP摩托车大奖赛、F1大奖赛、足球以及其他体育赛事；（6）detikOto（us.detikoto.com），电影频道主要报道最新的电影资讯；（7）detikFood（us.detikfood.com），饮食频道主要展示各种美食的制作和介绍；（8）detikHealth（us.detikhealth.com），健康频道集中了与健康相关的资讯，下设健康生活、疾病治疗、母子、资讯、咨询等子栏目，在"Indeks"页面可以查询到该频道所有的文字标题；（9）detikFoto（us.foto.detik.com），图片频道主要提供与图片相关的各种资讯，其子栏目包括新闻图片、娱乐图片、运动图片、经贸图片、饮食图片、地方图片等，通过浏览该栏目可以获取直观的新闻信息，在"Indeks"页面可以查询到该频道所有的文字标题；（10）detikTV（tv.detik.com），视频频道主要提供与视频相关的各种资讯，其子栏目包括新闻视频、娱乐视频、经贸图片等，在"Indeks"页面可以查询到该频道所有的文字标题；（11）特色小栏目。主页的主要业务频道还包括足球、泗水、博客、论坛、旅行、我爱印尼、黄皮书等特色小栏目，通过浏览这些小栏目可以获取更为详细的相关资讯。

2. Okezone

Okezone网站通过与印尼MNC电视台的相互合作，报道涵盖印尼国内外突发新闻、体坛赛事、娱乐时尚、财经及IT产业资讯等方面，使其成为印尼互联网用户社群中最受推崇的互联网品牌之一。

"Okezone网站：www.okezone.com" 主页设计比较规整和时尚，最上方部分包含了Okezone旗下其他的专业性网站（okefood、okeklasika、myzone、video、foto、suar、dahsyat）链接，下方则包括Okezone网站的各个业务频道和搜索栏。主页上半部分是一些即时新闻的标题，比较有特色的是在右侧设计了实时更新的印尼文名人名言；主页中间部分左侧有对当天雅加达、泗水、棉兰、望加锡以及登巴萨天气状况的介绍，如果想了解印尼其他地方的天气可以通过点击上方的 "Prakiraan Cuaca Hari Ini" 进行查询，在天气旁边是印尼首都雅加达最新发生的事件，右侧是实时的交通堵塞信息；主页下半部分整齐排列了Okezone网站各个业务频道最新信息的标题以及MNC电视台当天的新闻节目 "Seputar Indonesia" 的介绍。

图6-10　Okezone主页导航栏

Okezone的业务频道及主要内容为：（1）News（news.okezone.com），新闻频道主要对印尼国内的最新新闻进行报道，其中的子栏目包括国内新闻、生活方式、名人新闻、音乐新闻、体育新闻、科技新闻、汽车新闻、校园新闻、旅行新闻等，并且涵盖了图片、视频、文字等形式；（2）International（international.okezone.com），国际频道主要报道国际上最新发生的事件以及政治新闻；（3）Ekonomi（economy.okezone.com），经济频道是集中介绍经济情况的栏目，其子栏目涵盖股票、工业、全球、咨询、分析等与经济相关的内容，通过该频道可以清楚了解印尼当前经济形势以及最新的经济资讯；（4）Lifestyle（lifestyle.okezone.com），生活频道集中了情感、时尚、流行、家庭等内容，通过该栏目可以获取最新的时尚资讯和生活报道；（5）Celebrity（celebrity.okezone.com），名人频道主要对印尼娱乐界名人的最新消息进行报道，内容包括花边新闻、最新的娱乐资讯以及与名人相关的图片和视频；（6）Music（music.okezone.com），音乐频道可以获取印尼最新、最流行的音乐资讯，包括部分歌手的传记介绍，还可以观看收听网站中所提供的新潮MTV及音乐；（7）Sports（sports.okezone.com），运动频道主要报道最新的体育赛事新闻，其栏目包括篮球、F1大奖赛、GP摩托车大奖赛、网球、羽毛球、拳击以及其他体育赛事；（8）Bola（bola.okezone.com），足球频道，包括专门针对杯赛的栏目 "Champions"，以及英超、意甲、西甲、印尼联赛等的最新报道，还可以浏览最新的足球图片和视频；（9）Tekno（techno.okezone.com），科技频道集中介绍了最新的通讯、软硬件、游戏、网络、设计、新发明等科技资讯，形式上包括图片和视频；（10）Autos（autos.okezone.com），汽车频道主要介绍最新的机车资讯，内容包括汽车、摩托车、图片、改装、咨询等；（11）Kampus（kampus.okezone.com），校园频道专门针对学生设置，包括有关校园的最新新闻报道，大学生的最新言论，还有与学生密切相关的奖学金、就业资讯、学术活动等信息；（12）Travel（travel.okezone.com），旅游频道提供与旅游相关的各种信息，可以查询印尼各地的旅游资讯和旅游展示以及国外的知名景点介绍；（13）Natal（natal.okezone.com），圣诞频道是专门针对圣诞节而设立的，主要介绍与圣诞节相关的新闻、知识、资讯等；（14）Index（index.okezone.com），提供网站内各个频道最新消息的文字标题，通过该版块可以迅速获取当天的最新重点新闻资讯。

▷ 6.2 东盟主要网站

东南亚国家联盟（Association of Southeast Asian Nations, ASEAN）简称东盟，前身是马来西亚、菲律宾和泰国于1961年7月31日在曼谷成立的东南亚联盟。1967年8月8日，印度尼西亚、新加坡、泰国、菲律宾和马来西亚在曼谷发表《东南亚国家联盟成立宣言》（即《曼谷宣言》），东盟正式成立。截至1999年4月30日，除东帝汶以外的东南亚十国全部加入东盟。

东盟的主要机构有首脑会议、外长会议、常务委员会、经济部长会议、其他部长会议、秘书处、专门委员会以及民间和半官方机构。首脑会议是东盟最高决策机构，是东盟国家商讨区域合作大计的最主要机制，会议每年举行两次，由东盟各国轮流担任主席国，任期一年。外长会议是制定东盟基本政策的机构，每年轮流在成员国举行。常务委员会主要讨论东盟外交政策，并落实具体合作项目。经济部长会议是东盟经济合作的决策机构，主要负责区域经济合作方面的事务，每年不定期召开一次或两次会议。其他部长会议包括财政、农林、劳工、能源、旅游等部长会议，不定期在东盟成员国内轮流举行，讨论相关领域的问题。秘书处设在印尼首都雅加达，是东盟的行政总部。专门委员会包括9个由高级官员组成的委员会，分别是工业、矿业和能源委员会，贸易和旅游委员会，粮食、农业和林业委员会，内政和银行委员会，交通运输委员会，预算委员会，文化和宣传委员会，科学技术委员会，社会发展委员会。民间和半官方机构包括东盟议会联盟、工商联合会、石油理事会、新闻工作者联合会、承运商理事会联合会、船主协会联合会、旅游联合会和博物馆联合会等。

通过浏览和检索东盟主要机构的官方网站，网民可以加深对东盟的认识，增加对各成员国的了解，获取各类官方发布的权威信息和准确数据。

6.2.1 东盟秘书处网站

1. 东盟秘书处简介

东盟秘书处（ASEAN Secretariat）全称东南亚国家联盟秘书处，成立于1976年，总部设在印度尼西亚首都雅加达，是服务于东盟十个成员国的行政机构，监督由东盟组织启动的计划和纲领，通过协调各成员国政府间的计划和行动来争取更大的效率，以加强各国在各个领域的合作。东盟秘书处负责组织正式和非正式的高层会议，包括东盟部长年会、东盟经济部长会议和其他区域性会议。目前，东盟秘书处设有秘书办公室和3个分局，即经济一体化局、外部关系与协调局、资源发展局。东盟秘书处的首脑是秘书长，由东盟成员国轮流择优提名部长级人选担任。每届秘书长任期五年，其职责是发起、建议、协调、执行东盟的各种活动。为了在2015年实现建立东盟共同体的目标，东盟秘书处在改组后分为4个部门，分别处理经济、政治和安全、社区和企业以及社会文化事务。现任东盟秘书长是来自泰国的素林，任期从2008年1月1日到2012年12月31日。

2. 网站简介

"东盟秘书处官方网站：www.aseansec.org"信息量丰富，主页导航栏设有九个项目，名称和主要内容如下：

（1）Home（主页）：网页左侧为子导航栏，分为九个部分：①About ASEAN（关于东盟），提供关于东盟历史、目标、原则、口号、盟旗、盟徽、纪念日等的详细信息；②ASEAN Member States（东盟成员国），提供东盟10个成员国的首脑姓名、首都名称、官方语言、货币名称等信息以及该国外交部网站链接；③ASEAN Charter（东

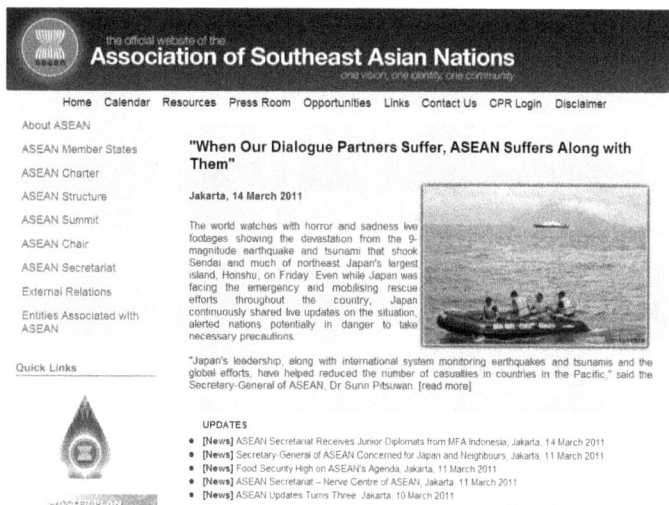

图6-11 东盟秘书处官方网站主页

盟宪章），提供《东盟宪章》名人小组和起草小组信息、各成员国接受《东盟宪章》的新闻报道以及各成员国不同语言版本的《东盟宪章》全文；④ASEAN Structure（东盟组织机构），提供东盟共同体委员会、东盟协调委员会、东盟常驻代表委员会、东盟驻外委员会等东盟内设机构的信息和各成员国驻东盟秘书处的信息；⑤ASEAN Summit（东盟峰会），提供各届东盟峰会的会议材料，包括领导人发言、声明、宣言等信息及秘书处公告；⑥ASEAN Chair（东盟主席），介绍东盟领导人的轮换制度及现任轮值主席国；⑦ASEAN Secretariat（东盟秘书长），提供包括东盟历任秘书长、副秘书长信息及有关东盟基本信息的档案材料；⑧External Relations（对外关系），提供各国驻东盟大使馆联系方式，东盟与各对话国、各地区、国际组织关于双边、多边关系的文件及相关网页链接；

⑨Entitles Associated with ASEAN（东盟授权机构），提供东盟授权机构的联系方式和部分会议文件，这些机构包括东盟议会、东盟能源中心、东盟石油委员会、东南亚中央银行、东盟农业合作发展中心、东盟跨国烟雾污染协调中心等。

（2）Calendar（日程表）：提供东盟当年各月会议安排表，包括会议名称、时间、地点等信息。

（3）Resources（资源）：包括四个版块：①Publications（出版物），提供大量学术性和资料性很强的评论文章、研究项目报告、各种官方文件的浏览或下载；②statistics（统计数据），可由此进入ASEANstats Website（东盟统计网）浏览或下载东盟统计年鉴等统计出版物、东盟统计局领导人会议文件等材料；③Speeches & Statements（演讲与声明），提供东盟现任秘书长、副秘书长及前任秘书长在各种公开正式场合的演讲、声明、发言等的文本信息；④Fact Sheets（资料），提供东盟政治安全、经济、社会文化三个共同体相关资料的下载链接。

（4）Press Room（新闻中心）：提供东盟当年发布的联合公报、主席声明、媒体联合声明等信息。

（5）Opportunities（机会）：公布东盟各机构职位空缺情况，提供职位申请表格下载。

（6）Links（链接）：主要有东盟应用门户网、东盟－中国自由贸易区、东盟大学网、东盟科技网、东盟食品安全网、东南亚渔业发展中心、东盟法律信息网络系统、东盟地区生物多样性保护中心等各东盟相关网站的链接，此外还有东盟各成员国投资委员会的网站链接。

（7）Contact Us（联系我们）：提供东盟组织机构图及各部门负责人等信息。

（8）CPR Login（登陆）：仅供会员登陆，不对公众开放。

（9）Disclaimer（免责声明）：网站的使用条款、免责声明等信息。

3. 检索价值

通过访问东盟秘书处官方网站，读者可以全面了解东盟信息，把握东盟时事脉搏，浏览并下载大量一手的会议文件、领导人发言等重要文献，还可以通过点击链接访问许多相关机构的官方网站。

6.2.2 东盟地区论坛网站

1. 东盟地区论坛简介

东盟地区论坛（ASEAN Regional Forum, ARF）成立于1994年，由东南亚国家联盟倡议创办。1994年7月25日，东盟地区论坛首次会议在曼谷召开，之后每年在轮值主席国举行一次外长会议。自成立以来，已经举行了17次外长会议。第17届东盟地区论坛外长会议已于2010年7月23日在越南首都河内举行。此外，东盟地区论坛还每年举行一次高官会议、一次安全政策会议、两次建立信任措施与预防性外交会间会辅助小组会议、四次会间会（救灾会间会、反恐与打击跨国犯罪会间会、海上安全会间会、防扩散与裁军会间会）和四次国防官员对话会。东盟地区论坛是目前亚太地区最主要的官方多边安全对话与合作渠道，主要目标是就共同关心的政治与安全问题举行建设性对话和磋商，以维护亚太地区的稳定和安全。

东盟地区论坛现有27个成员，分别是东盟10国、10个东盟对话伙伴（澳大利亚、加拿大、中国、印度、日本、新西兰、韩国、俄罗斯、美国、欧盟），以及孟加拉国、朝鲜、蒙古国、巴基斯坦、巴布亚新几内亚、斯里兰卡和东帝汶。

2. 网站简介

"东盟地区论坛网站：www.aseanregionalforum.org"提供公众版和论坛会员版两个版面，二者的导航结构有所不同。公众版首页提供9个栏目的链接，各栏目名称及主要内容如下：

（1）About Us（关于我们）：介绍东盟地区论坛相关信息，包括成立时间、目标、成就、成员、现任领导等。

（2）Public Library（公共图书馆）：提供东盟地区论坛的公开文件，包括东盟轮值主席的发言和报告、职权范围和概念文件、出版物、论坛活动、论坛第一轨道活动清单、论坛第二轨道活动清单等。

（3）News（新闻）：提供有关东盟地区论坛的最新消息和新闻档案，但信息量不大，更新不多。

（4）Calendar（日程表）：提供未来一年论坛即将举办的重大会议或活动的安排，主要包括名称、时间、地点、联系方式等信息。

（5）Contacts（联系方式）：提供论坛组联系方式，论坛成员国外交部长、官员、专家的信息，各成员国负责东盟地区论坛的救灾、出口签证、海事安全、轻型武器、核生化后果管理、维和等事务机构的联系方式及负责人信息。

（6）Links（链接）：提供论坛成员国外交部、国防大学或国防学院网站链接，亚太安全合作理事会下属各国研究机构的网站链接，东盟、联合国、欧安组织、美洲国家组织、上合组织等地区或国际组织机构的网站链接。

（7）Photo Gallery（图片库）：提供关于东盟地区论坛举办的高级官员会议、安全政策会议、防长对话等各种会议和活动时的现场图片。

（8）Search（检索）：提供一般检索功能，检索结果仅显示公开内容。

（9）ATF Member Services（东盟地区论坛会员服务）：提供论坛会员登陆框。以论坛会员身份登陆后，可以看到与公众版不同的导航结构。会员版导航结构根据论坛机构划分情况而设置，包括：ASEAN Regional Forum（东盟地区论坛）、Senior Officials Meeting

（高级官员会议）、Intersessional Group on Confidence Building Measures（休会期间信任建立措施小组）、Intersessional Meeting on Counter-Terrorism and Transnational Crime（休会期间反恐和跨国犯罪会议）、Other Meeting and Activities（其他会议和活动）、RTI ASEAN Member Services Final Report（RTI东盟会员服务最终报告）、Archives（档案）、Calendar（日程表）和Search（检索）。其中日程表与公众版内容相同，检索结果仅显示论坛会员内部材料。东盟地区论坛各个机构及其他会议和活动的会员都拥有自己的文档库、讨论区和聊天工具，由于会员版仅限于论坛会员使用，具体内容不再具体介绍。

3. 检索价值

通过访问东盟地区论坛官方网站，可以跟踪论坛最新动态，了解地区安全形势，网站提供的会议文件或历史档案等英文资料可以作为相关研究的权威参考文献。

6.2.3 东盟基金会网站

1. 东盟基金会简介

东盟基金会（ASEAN Foundation）于1997年12月15日在马来西亚首都吉隆坡成立，旨在提高东南亚人民的生活水平，促进人与人之间的交流，最终目标是实现东南亚的共同繁荣和共同发展。在基金会建立的当天，东盟国家领导人通过会议发表了《东盟2020年展望》，提出要通过东盟基金会来消除经济上的不平等以及社会和经济发展不同步的现象，对东盟基金会给予了很大的期望。在建立东盟基金会的备忘录中还提到：东盟基金会的建立应该对促进东盟的团结发挥作用，使东盟人民广泛参与其中，发挥他们的潜力和能力把东盟建设得更加繁荣美好；东盟基金会应该致力于东盟国家间的互助、经济发展和消除贫穷。

此后，1998年的东盟峰会提出东盟基金会应该针对经济的平衡发展和经济社会间的不同步采取具体的行动，充分提高各成员国人民的东盟意识。2004年11月的东盟峰会对2020年的东盟做出了更详细的规划，旨在建立一个开放的、有活力的东盟。在会议中特别提到要实现2020年远景规划，需要东盟基金会在其中扮演更重要的角色，通过东盟基金会来提高不同东盟国家人民的参与度，从而推动东盟的政治发展。除此之外，东盟基金会还要使用信息通讯技术，使不同人群（年轻人、妇女和广大农民阶层）通过语言训练和媒体宣传提高东盟一体化的意识，通过年轻人的交流活动让他们更加认识到东盟存在和发展的必要性，为东盟以后的发展奠定基础。

东盟基金会主要由董事会负责，旨在指导基金会所有活动的纲领和过程，负责基金会的资金使用，并制定使用预算。董事会由每个东盟国家的代表和东盟秘书长及执行董事组成，基金会顾问委员会作用类似于董事会，成员由东盟各国政府指派。

东盟基金会的目标主要有：促进东盟成员国间的社会合作和文化交流，帮助实现东盟2020年的远景规划。东盟基金会是东盟的重要组成部分，有助于加快东盟地区的经济发展、社会进步和文化发展，促进经济、社会、文化、科技领域的平等互助，为教育、技术领域的研究机构提供帮助，从而提高东盟各成员国的国力。

2. 网站简介

"东盟基金会网站：www.aseanfoundation.org"为英文版本，主页包括以下主要内容：

（1）Our Organization（我们的组织）：提供东盟基金会的历史、成员、董事会架构、基金会纲领等内容。

（2）News（新闻）：提供东盟基金会的相关新闻。

（3）Our Projects（我们的计划）：介绍关于东盟基金会的一些项目，以及如何捐款或如何通过其他方式参与基金会的运作。

（4）Links（链接）：提供东盟其他团体的链接及外部链接。

（5）Publications（出版物）：介绍一些东盟基金会出版刊物的情况，并提供下载服务。

（6）Jobs（工作）：提供相关职位员工的招聘信息。

（7）Contact Us（联系我们）：提供东盟基金会的电子邮件联系方式。

3. 检索价值

东盟基金会是东盟的重要组成部分，通过访问东盟基金会官方网站，能够进一步了解基金会的相关背景知识，加深对东盟的了解，对东盟的相关研究具有重要的意义。

6.2.4　东盟能源中心网站

1. 东盟能源中心简介

东盟能源中心（ASEAN Center for Energy）在1999年1月4日成立于印度尼西亚的雅加达，是一个东盟国家间的组织，其委员会由东盟各国负责能源的政府官员和东盟秘书处的一名代表组成。东盟能源中心的资金由东盟各国平均分担并由一名私人基金经理操作。东盟能源中心现任主席为越南人阮孟雄（Nguyễn Mạnh Hùng），他于2008年7月1日起担任中心执行董事。

东盟能源中心通过促进各国在能源领域的合作，极大加快了东盟地区的经济发展步伐和东盟地区内部能源的整合速度，并为地区内的能源发展政策和计划提供必要的信息和技术支持，从而保证经济与环境的协调与可持续发展。作为东盟的重要组成部分，东盟能源中心在东盟的能源领域具有不可替代的作用，其目标主要是：通过东盟能源中心来加速推进东盟国家能源项目的发展，通过加强东盟成员国能源政策的一致性来提高东盟地区在全球能源领域内的话语权，加快地区内部电力和天然气能源贸易，推动建立东盟地区能源利用和保护的有效机制，推动新的可再生能源的开发和利用，为世界和地区能源市场提供一个信息交流的平台，丰富东盟地区能源发展和使用的经验，推动地区内部能源领域活动的私人投资和参与度。

为达到以上目标，东盟能源中心制订了以下策略：保持充足的人才储备，建立高效的组织机制，保证中心资金的合理利用，推进经常性的高级别对话机制，完善信息网络，保证能源的内部交流，保证能源的可持续发展。

2. 网站简介

"东盟能源中心网站：www.aseanenergy.org"为英文版，主页的栏目及主要内容包括：

（1）About ACE（关于东盟能源中心）：介绍东盟能源中心主任、东盟能源中心历史、构成、宗旨等。

（2）Work Programmes（工作项目）：介绍东盟能源中心正在进行的项目。

（3）Publications（出版物）：提供东盟能源公告，年度报告、论文、项目报告等。

（4）Electricity Prices（电力价格）：提供2008年东盟各国的基本电力价格统计表。

（5）Petroleum Prices（石油价格）：提供2008年度文莱、老挝、菲律宾、泰国的石油价格统计数据。

（6）Links（链接）：提供东盟各国能源领域相关机构的链接。

（7）ASEAN Energy News Service（东盟能源新闻服务）：介绍东盟各国有关能源方面的新闻。

3. 检索价值

东盟能源中心网站设计清晰明了，内容丰富翔实，数据真实可靠。通过检索东盟能源中心网站，读者可以获取东盟能源的相关知识，加深对东盟能源储备的了解。作为了解东盟能源知识的门户网站，东盟能源中心网站具有重要的检索价值。

6.2.5 东盟旅游联合会网站

1. 东盟旅游联合会简介

东盟旅游联合会（ASEAN Tourism Association）成立于1971年3月27日，是非盈利的旅游机构，成员包括东盟各个官方和私人的旅游组织。经过长期的发展，东盟旅游联合会已经成长为一个在东盟内部具有较大影响力的旅游机构，在引导东盟旅游发展和东盟旅游政策制定方面发挥着重要的作用。东盟旅游联合会的宗旨是：团结东盟成员，提供最高质量的旅游服务，维护旅游业的尊严，加强东盟各国间的关系，促进东盟地区旅游业的发展。东盟旅游联合会同时也是东盟内部的协调机构，主要向各国政府提供关于旅游方面的建议和意见，并向其他非东盟国家提供旅游方面的服务。

2. 网站简介

"东盟旅游联合会网站：www.aseanta.org"为英文版，主要提供东盟十国的旅游信息和旅游指南，主页导航栏提供的栏目和主要内容分别为：

（1）ASEANTA（东盟旅游联合会介绍）：介绍东盟旅游联合会的成立时间和主要目的。

（2）Events & Festival（旅游相关事件和节日）：按时间顺序向用户提供东盟十国旅游业界发生的重大事件和重大节日。

（3）Deals & Offers（推荐景点）：提供各种类型的旅游项目介绍，包括海滩、野生动物、交通路线、休闲娱乐、教育与志愿者、文化遗产、体育运动、美食与夜生活、健康与水疗美容等内容。

（4）Travel Guide（旅游指南）：栏目正处于建设中，建成后将提供东盟各国的旅游指南。

（5）Contact Us（联系我们）：提供东盟旅游联合会的具体联系方式，包括机构地址、电话号码、传真号码、电子邮件地址和市场部门负责人姓名。

东盟旅游联合会网站主页提供了东盟各国重要旅游部门的名称和网站链接，用户在点击部门名称后可以直接链接到相关网站进行浏览。主页上同时列出了东盟十国较为重要的庆祝节日，如泰国的"泼水节"、老挝的"满月节"、新加坡"萨尔拉亚洲巡游节"等，方便外国游客了解东盟各国的文化风情。

3. 检索价值

东盟旅游联合会的一个主要目标就是"向各国游客提供周到细致的服务，让游客有宾至如归的温暖感"。通过登陆官方网站，用户可以获取最全面和权威的东盟旅游信息，无论对于计划前往东盟国家旅游的游客，还是希望深入了解东盟各国旅游信息的互联网用户，都具有重要的价值。

🌑 6.2.6 东盟事务网站

1. 时代国际管理有限公司简介

东盟事务网站隶属于时代国际管理有限公司（Time International Management Enterprises Company Limited, T.I.M.E）。该公司坐落于泰国曼谷，公司创始人 Swarup Roy 有着长达 15 年的经营和管理经验。在 2002 年至 2006 年任《泰国商报》主管期间，Swarup Roy 发现专门针对东盟的独立媒体非常紧缺，因此，在 2007 年他创立了东盟事务网站。这个网站成为首个专门提供东盟事务信息的互联网网站。接着时代国际管理公司又推出了双月刊杂志 ASEAN Affairs（《东盟事务》），分亚洲版和美洲版，销售范围达到 30 多个国家。

2. 网站简介

"东盟事务网站：www.aseanaffairs.com"和《东盟事务》的主要目的在于传达东盟各国和人民的观点和愿望，为这一多达五亿人口的多元化地区提供一个展示的窗口。同时东盟事务网站也成为连接东盟与世界的桥梁。网站为投资者和参与者提供了一个交流的平台，在此他们可以共同努力，为解决东南亚、南亚以及贸易盟友，如欧盟、美国、日本、中国、韩国和印度等国所面临的问题出谋划策。

东盟事务网站主要提供关于东南亚经济贸易的信息，以及与之相关的投资环境、政治环境和环保问题等方面的信息。网站主页提供了两个检索链接，分别是Google搜索引擎链接和Asean Affairs站内搜索链接。当用户输入想要查询的信息时，可以选择用Google搜索引擎查询，也可以点击Asean Affairs选项，进行站内查询。

网站内容共分11个版块：Premium（简介）、Advertise（广告）、Forum（论坛）、Magazine（杂志）、Features（专题报道）、News（新闻）、Events（大事件）、Press Release（新闻发布）、Special Features（特别报道）、TV（电视）和About Us（关于我们）。前两个版块主要是介绍和宣传Asean Affairs网站和杂志，提供杂志的价格、网站和杂志的编辑团队以及销售情况等；"论坛"版块主要是编者提供的话题，用户可以参与讨论，也可查看别人的观点；"杂志"版块主要是介绍近期出版的杂志，包括封面及内容；"专题报道"版块中，用户可以选择想要查看的信息类型，缩小网站的查找范围，可选的信息类型有周年讲话、关注焦点、东盟会谈、多媒体集锦、书评、行业观点等；"新闻"版块发布最新的东盟时事新闻，为用户提供最新的东盟动态；"大事件"版块主要发布东盟最新发生的重大事件；"特别报道"版块专门介绍泰国总理的政绩；"电视"版块具体介绍东盟事务的电视节目；"关于我们"版块主要介绍了Asean Affairs网站及杂志的团队、内容等相关信息。同时，网站还提供了多种服务项目，范围从对东南亚地区经济中的贸易投资调查和咨询到周年纪念、特殊时刻、产品营销等各种出版物的发行。

3. 检索价值

东盟事务网站的主要浏览对象是对东盟有兴趣的政府和商业部门人员、学者和个人。网站通过大量不同主题的文献为用户提供丰富的东盟地区最新发展情况，所采用的文献类型有分析类、评论类、采访类、见解类等，用户可以从多角度对某一事件进行了解。

第7章 东南亚国家网络媒体信息检索

  随着信息技术的快速发展，互联网已经成为新闻传播领域中影响巨大、最具发展潜力的主流媒体，"网络媒体"成为互联网用户浏览新闻、获取资讯的主要渠道。"网络媒体"是指通过互联网平台传播新闻信息的一种数字化、多媒体的传播媒介，它整合了报纸、广播、电视三大媒介的优势，实现了文字、图片、声音、图像等传播符号和手段的有机结合。20世纪末以来，互联网在东南亚地区迅速发展和普及，各国新闻媒体开始关注并介入网络，纷纷建立和推广自己的网络版和电子版，为广大用户提供迅捷、便利的资讯服务。

▷ 7.1 东南亚国家网络新闻媒体信息检索

网络新闻媒体主要指互联网上以文字、图片为主要传播手段的新闻媒介，具有传播速度快捷、信息来源广泛、发布形式简便的特点，动态更新的新闻内容时效性强，用户通过简单浏览就可以方便地了解各种最新的新闻和资讯内容。东南亚国家网络新闻媒体的主要种类包括各国官方通讯社网站、各类传统报刊媒介的网站以及专营互联网新闻的网站等。

7.1.1 越南网络新闻媒体信息检索

1. 主要新闻机构与新闻出版公司网络信息

（1）越通社（Thông tấn xã Việt Nam）

越通社是越南通讯社的简称，始建于1945年9月2日。它是越南的国家通讯社，负责对外发布越南党和政府的信息和文件，是越南官方消息的来源。越通社在全国各省市均有分社，驻外分社有16个，其国内新闻部、国际新闻部、经济新闻部以及对外信息部向读者提供涵盖各个领域的新闻信息，成为大众获取越南国内新闻以及国际新闻的主流渠道。"越通社网站：www.vnagency.com.vn"是越南国内唯一一家以越、英、法、西四种语言对外发布新闻的网站。

（2）青年报集团（Báo Tuổi trẻ）

青年报集团是胡志明共青团的直属机构，旗下报刊主要为：Nhật báo Tuổi Trẻ（《青年报》，日报）、Tuổi Trẻ Cuối tuần（《青年报》，周末版）、Tuổi Trẻ Cười（《青年笑报》）、Áo trắng（《白衫》，月刊）四种纸质刊物和Tuổi Trẻ Online（《青年报》，网络版）、Tuổi Trẻ Mobi（《青年报》，手机版）、Tuổi Trẻ Media Online（《青年报》，多媒体在线）三种电子出版物。"《青年报》网站：www.tuoitre.com.vn"为越文版本，属于综合类网站，主要栏目有政治与社会（包含法制、健康、环境资讯），世界（包含国际观察、缤纷世界、海外越南人等资讯），青年生活（包含爱情、求职、美妆等信息），教育（包含留学、招生等信息），经济（包含金融证券、房地产、旅游等信息），体育（包含足球、网球、田径等信息），文化与娱乐（包含媒体、影视、戏曲等信息）等，信息丰富多样，受到广大年轻用户的喜爱。

（3）西贡时报集团（Saigon Times）

西贡时报是越南一个影响力较大的报业集团，旗下有越文和英文出版物各两种，其中最具代表性的出版物是Thời báo Kinh tế Sài Gòn（《西贡经济时报》），它是最受读者欢迎的越文版经贸类周刊。此外，该集团出版发行的Saigon Times Daily（《西贡时报》）与越通社出版的Vietnam News（《越南新闻》）并称为越南两大英文日报。"《西贡经济时报》网站：www.thesaigontimes.vn"为越文版本，主要栏目有企业、旅游、娱乐、汽车、市场等，向用户提供最新的经济资讯。"《西贡时报》网站：english.thesaigontimes.vn"
为英文版本，向用户提供的栏目内容包括商业、专题报道、社会、专访、旅游、生活、娱
乐、体育等。

2. 主要越文报刊网络信息

（1）《人民报》

越南《人民报》（Báo Nhân dân）是越南共产党机关报。"《人民报》网站：www.
nhandan.org.vn"创建于1998年12月7日，主页内容分为11个栏目：Chính trị（政治）、□□□□
□□（经济）、Đời sống（生活）、Văn hoá（文化）、Pháp luật（法律）、Khoa học（科
学）、Giáo dục（教育）、Sức khoẻ（健康）、Tin học（信息技术）、Thể thao（体育）、
Thế giới（世界），主要向用户介绍越南的政治、经济、社会、人文以及越南对国际问题
的态度和看法。

（2）《青年报》

Báo Tuổi trẻ（《青年报》）是青年报集团旗下的报纸之一，创刊于1975年9月2日，
前身《早间新闻》报由越南战争期间学生组织抗美救国运动散发的传单逐渐演变而成，是
西贡解放后发行的首批报纸之一，现名为《青年报》，是胡志明共产主义青年团的言论
媒介。纸质版本每日发行量50万份，是越南本土发行量最大、最具权威性的报纸，其报
道甚至影响领导人的决策。"《青年报》网站：www.tuoitre.com.vn"栏目丰富，内容覆
盖面广泛，主要有Chính trị - Xã hội（政治、社会新闻）、Thế giới（国际新闻）、Văn hóa
- Giải trí（文化、娱乐新闻）、Thể thao（体育新闻）、Kinh tế（经济新闻）、Pháp luật
（法制新闻）等新闻栏目，有Tuyển sinh（招考信息）、Chứng khoán（证券信息）、Địa
ốc（房地产信息）、Việc làm Online（网上招聘）、Du lịch（旅游信息）等信息栏目，还
有Tình yêu - Lối sống（情感生活）、Tủ sách Tuổi Trẻ（好书推荐）、Sống khỏe（健康常
识）、Làm đẹp - Thời trang（时装、装饰）等生活类栏目。网站提供站内检索和Yahoo搜索
引擎链接，输入关键词可以检索到相关信息。

（3）《新河内报》

Hà Nội mới（《新河内报》）创刊于1957年10月24日，原名《首都日报》，是越共河
内市委机关报，目前发行量约10万份。"《新河内报》网站：www.hanoimoi.com.vn"提供
越文和英文两个版本，主要内容包括Chính trị（政治新闻）、Xã hội（社会新闻）、Kinh tế（经
济新闻）、Thế giới（国际新闻）、Văn hóa（文化新闻）、Thể thao（体育新闻）、Giáo dục（教
育新闻）、Thăng Long - Hà Nội（升龙、河内专题报道）、Pháp luật（法制新闻）、Khoa học（科
技新闻）、Đời sống（生活）等新闻栏目，还专门设有Diễn đàn Hà Nội mới Online（新河内
在线论坛）、Tấm lòng vàng（读者心声）、Bạn đọc viết（读者来信）等互动平台。此外，网
站主页右侧还有股市动态、外汇比率、读者调查等内容。

（4）《西贡解放日报》

Báo Sài Gòn giải phóng（《西贡解放日报》）是越南共产党胡志明市党部和胡志明市人民的言论机关，是胡志明市（当时为西贡）最早发行的报刊（1975年4月30日，越南南方解放、国家统一，次日该报随即出版）。其中文版是越南唯一用中文出版的日报，每日出版量为四万份，主要读者是生活在越南的100万华人以及在越南投资的华商。"《西贡解放日报》网站：www.sggp.org.vn"为越文版，在新闻内容方面有Chính trị（政治）、Kinh tế（经济）、Xã hội（社会）、Pháp luật（法制）等栏目，主要报道越南和胡志明市的新闻，此外还特别注重越南华人企业家的相关信息；Quốc tế（国际新闻）则主要引用中国权威媒体和越南通讯社的消息。Văn hóa - Văn nghệ（文化、艺术）、Y tế - Sức khỏe（医疗、保健）、Môi trường - Đô thị（都市、环境）等栏目的内容也很丰富，Nhịp cầu Nhân ái（仁爱之桥）栏目体现出对社会特殊人群的关注，Hồ sơ - Tư liệu（档案、资料）则提供国内外新闻史料。另外Giá Vàng（黄金价格）、Dự báo thời tiết（天气预报）、Lịch phát sóng TV（电视节目表）、Đặt vé tàu（车票预售）、Tỷ giá hối đoái（汇率）等人性化的滚动信息设计也给用户带来了不少的便利。

（5）其他主要越文新闻网站

① Báo Lao động（《劳动报》）：www.laodong.com.vn；

② Báo Tiền phong（《前锋报》）：www.tienphongonline.com.vn；

③ Báo Phụ nữ（《妇女报》）：www.phunuvietnam.com.vn；

④ Thời báo kinh tế Việt Nam（《越南经济时报》）：www.vneconomy.com.vn；

⑤ Báo Công an TP. Hồ Chí Minh（《胡志明市公安报》）：www.cahcm.vnnews.com；

⑥ Nhật báo Cần Thơ（《芹苴日报》）：www.baocantho.com.vn；

⑦ Báo Khuyến học & Dân trí Online（劝学与民智在线）：www.dantri.com.vn；

⑧ Thanh Niên（青年网）：www.thanhnien.com.vn；

⑨ Báo mới（新报网）：www.baomoi.com；

⑩ VTC资讯电子报：www.vtc.vn；

⑪ 247资讯网：www.tin247.com。

3. 主要英文报刊网络信息

Vietnam News（《越南新闻》）是越南通讯社发行的全国性英文日报，还是亚洲新闻网（Asia News Network）的成员之一。它创刊于1991年，出版地为首都河内。创刊以来，该报紧跟越南政府经济改革调整的最新动向，全面报道有关越南国内和国际上政治、经济、商贸、社会、体育等多领域的最新信息。社会版还有关于环境、科技、生活、社会热点方面的报道、评论和分析文章。"《越南新闻》网站：vietnamnews.vnagency.com.vn"主要新闻栏目有Politics & Laws（政法新闻）、Social Issues（社会新闻）、Economy

（经济新闻）、Industries（工业新闻）、Agriculture（农业新闻）、Environment（环境新闻）、Sports（体育新闻）等，还有讲述人们身边小事的Miscellany（杂记）版块和越南人发表对国内社会现状、商贸发展深刻见解的Opinion（观点）、Our Talk Around Town（周边新闻）等特色版块。

4. 主要法文报刊网络信息

Le Courrier du Vietnam（《越南通讯》）是由越南通讯社创办的越南唯一的全国性法文报纸，网址为"lecourrier.vnagency.com.vn"，主要栏目有Vitenam（越南概况）、Monde（时事新闻）、Opinion（观点）、Dossier（档案）、Découverte（探索）、Infos touristiques（旅游信息）等，涉及较多关于越南与法国的时事信息。

5. 检索示例

【例7-1】某位在越南胡志明市留学的中国学生想找一份翻译兼职工作，请利用越南《青年报》网站检索相关招聘信息。

具体检索步骤如下：

（1）通过网址"http://www.tuoitre.com.vn"，登陆越南《青年报》网站主页。

（2）移动鼠标光标至主页上方"Nhip sống trẻ"标题，从下拉选项中单击选择"□□□□□□□□□"选项，进入招聘信息检索网页。

（3）此时页面右侧有一个招聘信息检索工具，在"tiêu chí tìm kiếm"中对筛选条件进行选择："Ngành nghề"栏中选择"Dịch thuật"，"Địa điểm"栏中选择"Hồ Chí Minh"，"Kinh nghiệm"栏中选择"ít một năm"。

（4）本次检索共获得5个结果，以表格形式返回。点击筛选结果的链接可以浏览各招聘职位详细信息，之后结束本次检索。

7.1.2 老挝网络新闻媒体信息检索

老挝的新闻出版业起步较晚，1947年才开始创办报刊，出版少量图书和期刊。老挝自1988年推行革新路线以来，新闻媒体业获得较快发展。目前共有86种刊物，包括日报、周报、月刊和年刊等。出版语言主要有老挝文、英文和法文。全国共有8家日报，6家用老挝文出版，2家用英文出版。从2000年开始，老挝开始出现私营刊物，现在共有62家双周刊、周刊和月刊，其内容主要集中在文化和娱乐方面，其中一些刊物设立了自己的网站。

1. 主要新闻机构网络信息

（1）老挝人民报社

老挝人民报社主要发行《人民报》。《人民报》系老挝人民革命党党报，是老挝最大的报纸。1950年8月13日创刊，起初该报名为《自由老挝》。当时为每三个月出版两个版面，发行量仅为200份。1956年1月6日，老挝爱国战线成立，将《自由老挝》改名《老挝爱国报》，在桑怒由石印改为铅印，月刊改为半月刊、周刊，每期发行1500到2000份。1959年一度曾被王国政府取缔。1975年8月迁往万象，改名为《人民之声》，发行近万份，每周还发行一期法文文摘版。1983年3月22日，老挝人民革命党第三届全国代表大会结束之后，该报正式更名为《人民报》，并成为老挝人民革命党党报，每天4个版，其发行量也增长至1.5万份至2万份。除了《人民报》之外，报社还出版有《人民周报》、《人民社会经济日报》等。老挝人民报社网站"www.pasaxon.org.la"为老挝文版本，内容从周一至周五更新。

（2）老挝巴特寮通讯社（KPL）

老挝巴特寮通讯社创建于1968年1月6日，是执政党老挝人民革命党的对外宣传机构，也是报纸、广播和电视新闻的主要提供者。巴通社在全国各省设有分社，与中国的新华社有新闻合作协定。

1975年12月2日，巴通社开始用老挝文、英文、法文出版《每日新闻公报》，并逐渐发展成为老挝官方新闻信息的发布来源。1979年4月，通讯社开始出版《巴特寮季刊》，并在1987年开始推出英文版的季刊。1997年开始，《巴特寮季刊》改为月刊，每月出版一期。2001年，巴通社创办《巴特寮日报》，发行量为每日4000份，成为老挝第三大老挝文日报。2003年，巴通社还创办了英文日报。目前，巴通社已经实现国内外新闻信息传输电子化，成为向报纸、广播电台和电视台提供新闻信息的主要来源。"巴通社网站：www.kpl.net.la"提供老挝文、英文和法文版本，内容从周一至周五每日更新。

2. 主要老挝文报刊网络信息

（1）《新万象》

New Vientiane（《新万象》）前身为20世纪60年代发行的《万象邮报》，1975年9月《新万象》正式发行，是老挝人民革命党万象省和万象市委员会机关晨报，发行量为每日3000到4000份。"新万象在线：www.vientianemai.net"为老挝文版本，提供《新万象》和《万象经济社会报》的在线阅读，内容每日更新。

（2）《老挝人民军报》

《老挝人民军报》前身是《老挝人民解放军报》（月刊），于1965年1月20日在华潘省万塞革命根据地创刊。解放后报社搬迁至万象，1976年改为周刊，1982年正式更名为《老挝人民军报》，2003年9月30日改为日报。"老挝人民军报在线：www.kongthap.gov.la"为老挝文版本，除浏览新闻内容，用户还可以通过网站了解老挝人民军的相关法律法规和历史发展。

（3）其他老挝文新闻网站

① Sethakit Sangkom（《老挝社会经济》）：www.ecom.org.la；

② Lao Sport FC（《老挝体育》）：www.laosportfc.com。

3. 主要外文报刊网络信息

（1）《万象时报》

Vientiane Times（《万象时报》）是老挝第一份英文报纸，1994年4月创刊，以周报形式发行。2007年开始，改为周一至周六每日发行。从2009年1月起，《万象时报》推出手机信息服务，通过短信一天至少五次向读者提供最新资讯。报纸内容涵盖各类新闻报道，包括政府各项政策的反馈信息以及老挝社会经济发展情况。《万象时报》隶属于老挝新闻文化部下属的老挝外语通讯社，通讯社由董事会管理。"万象时报在线：www.vientianetimes.org.la"为英文版本，内容每日更新，除提供有关老挝的新闻报道以外，还支持《万象时报》（电子版）的下载。

（2）Le Renovateur

Le Renovateur是老挝唯一的法文报纸，1998年创刊，由外语通讯社每周发行一期。该报纸得到法语国家政府间机构的帮助，由驻万象法国文化中心派专人负责校对。报纸发行200期以后，由加拿大FrancoNet制作了法文版本网站"www.lerenovateur.org.la"，并提供报纸全文的在线阅读。

4. 主要杂志网络信息

（1）Sayo Laos

Sayo Laos是老挝文和英文版本的商务、旅游、生活杂志，2004年创刊，每月发行，面向老挝社会大众，包括外国定居者、游客和本地人，旨在宣传和推动新时代的社会生活方式，内容包括休闲、社交、时事和商业活动。该杂志的宗旨是"老挝传统文化和时尚的完美结合"，力图将老挝打造成一个保留传统民族文化特色而又现代化的国家。杂志官方网站为"www.sayolaos.com"，提供在线阅读服务。

（2）Muong Lao

Muong Lao是一本老挝文和英文印刷的双语旅游杂志，隶属于老挝国家旅游局，为双月刊，内容包括老挝实用旅游信息和老挝旅游发展动向。读者可通过其网站"www.muonglaomagazine.com"浏览杂志的主要内容，但网上只提供英文版内容。

（3）《湄公河快讯》

Mekong Express（《湄公河快讯》），英文版，网址为"www.mekongexpress.com/laos/index.htm"。

目前，老挝比较知名的杂志还有Update Magazine、Mahason Magazine、Lao Teen Magazine、Target（《目标》）、Discovery Lao（《老挝探索》），但这几种杂志还没有建立网站。

7.1.3 柬埔寨网络新闻媒体信息检索

柬埔寨各类新闻媒体由柬埔寨信息部管辖，主要类型有电视台、广播电台、通讯社、报刊杂志、互联网等。自1993年实行经济改革和对外开放以来，柬埔寨的新闻媒体业发展迅速，目前，柬埔寨官方新闻社、一些主要的英文和中文报刊都建有网站，但柬文报刊网站较少，内容均为各大报刊的文摘。

1. 柬埔寨新闻部

"柬埔寨新闻部网站：www.information.gov.kh"提供柬、英、法三种语言界面，栏目主要包括：ក្រសួងពត៌មាន（新闻部）、ច្បាប់（法律）、សកម្មភាពការងារ（工作事项）、ពត៌មាន ព្រឹត្តិការណ៍សំខាន់ៗ（重大事件）、អត្ថបទវិភាគ（分析文章）、គេហទំព័រស្ថាប័នផ្សេងៗ（其他机构主页）、តារាងស្ថិតិ ពត៌មាននិងសោតទស្សន៍（新闻与视听数据表）、រាជរដ្ឋាភិបាលកម្ពុជា（柬埔寨王国政府）。柬埔寨新闻部下辖五个主要机构，即 អគ្គនាយកដ្ឋានរដ្ឋបាល និង ហិរញ្ញវត្ថុ（行政与金融局）、អគ្គនាយកដ្ឋានពត៌មាន និង សោតទស្សន៍（信息与视听产业局）、ទីភ្នាក់ងារសារពត៌មានកម្ពុជា AKP（柬埔寨新闻社）、ទូរទស្សន៍ជាតិកម្ពុជា TVK（柬埔寨国家电视台）、វិទ្យុជាតិកម្ពុជា RNK（柬埔寨国家广播电台）。这些机构共同为柬埔寨人民洞悉国内外大事以及世界人民了解柬埔寨提供了内容丰富、形式多样的媒体节目。

2. 柬埔寨新闻社

柬新社（AKP）成立于1980年，是柬埔寨唯一的官方通讯社，也是柬埔寨信息部下属4个部门之一。"柬新社网站：www.camnet.com.kh/akp"提供柬、英、法三种语言界面，主要栏目包括：ពត៌មាន（新闻）、ឯកសារ（资料）、រូបភាព（图片）。网站栏目比较单一，新闻栏目内容更新较快，资料栏目内容比较陈旧，新闻图片每日更新，但是数量较少，只能保存7天的内容。

3. 主要报刊网络信息

柬埔寨国内目前有报刊160多家，其中柬文报纸100多家，英文、法文和中文报纸50余家。柬埔寨的报业主要由私人企业经营，发行量较小，大多数柬文报纸没有网站，互联网上大部分的柬文新闻都从当天发行的各类报纸中摘录或翻译，如发行量最大的报纸《柬埔寨之光》。

以下是在柬埔寨国内具有较大影响力的报纸。

（1）កាសែតរស្មីកម្ពុជា（《柬埔寨之光》，柬文）：暂无网站；

（2）កាសែតប្រជាជន（《人民报》，柬文）：暂无网站；

（3）កាសែតកោះសន្តិភាព（《和平岛报》，柬文）：kohsantepheapdaily.com.kh；

（4）The Phnom Penh Post（《金边邮报》，柬文、英文）：www.phnompenhpost.com；

（5）The Cambodia Daily（《柬埔寨日报》，英文）：www.camnet.com.kh/cambodia.daily；

（6）Cambodian Times（《柬埔寨时报》，英文）www.cambodiantimes.com；

（7）《柬埔寨星洲日报》（中文）：www.sinchew-i.com/cambodia；

（8）《柬埔寨华商日报》（中文）：www.tcnewscambodia.com；

（9）《柬华日报》（中文）：www.jianhuadaily.com；

（10）《金边晚报》（中文）：www.jinbianwanbao.com。

4．检索示例

【例7-2】通过《柬华日报》网站检索2010年11月22日金边钻石桥踩踏事件的相关信息。

具体步骤如下：

（1）登陆柬华日报网站主页"http://www.jianhuadaily.com"。

（2）在右上方的搜索栏中输入关键词，可以是"金边钻石桥"、"踩踏事件"、"钻石桥"、"钻石岛"等。选择"Web"可以在整个互联网范围内进行搜索，选择"www.jianhuadaily.com"可以进行站内检索。

（3）选择站内检索，使用"金边钻石桥"作为关键词获得44条结果，"踩踏事件"获得103条结果，"钻石桥"获得59条结果，"钻石岛"获得198条结果。

（4）根据显示结果，使用"踩踏事件"作为关键词检索的结果最为贴近主题，"金边钻石桥"或"钻石桥"涵盖的信息不够全面，而使用"钻石岛"作为关键词检索得到的信息过于宽泛，不能完全切题。

7.1.4 泰国网络新闻媒体信息检索

泰国新闻媒体以私营为主，其运营方式按市场规则运作。泰文媒体是泰国的主流媒体，英文、中文媒体居辅助地位。

1．主要新闻机构网络信息

（1）民众联络厅（กรมประชาสัมพันธ์）

民众联络厅是泰国政府的民众联络部门，是泰国的中央传媒机构，隶属于总理府。民众联络厅除了总部设在曼谷之外，在地方上还设有八个办事处，即：孔敬办事处、乌汶办事处、喃邦办事处、彭世洛办事处、万沦办事处、宋卡办事处、罗勇办事处和北碧办事处，另外在每个府都设有办公室。民众联络厅成立于1932年5月3日，原名为"宣传处"，1933年12月9日更名为"宣传办公室"，1940年7月5日又更名为"宣传厅"，1952年3月8日升级为"民众联络厅"至今。1970年，民众联络厅成立了"泰国驻柬埔寨金边新闻发布办公室"（现已撤消）。1975年8月21日，依据国王颁布的条例对民众联络厅的职责划分为中央和地方两部分，成立了15个处级部门。1978年6月成立了"泰国驻马来西亚吉隆坡新闻发布办公室"。 1979年1月1日成立了"泰国驻沙特新闻发布办公室"。1983年9月17日成立了"万沦第四区民众联络中心"。1986年8月1日,增加了"国家民众联络委员会工作处"、"第5 – 8区民众联络中心"、国家广播电视部和泰国无线电视台第11频道。1997年3月26日将民众联络厅办公室设置到所有76个府。

除泰文版民众联络厅网站(www.prd.go.th)外,还设有英文版网站"thailand.prd.go.th/index.php"。泰文版开设的栏目有:Tv online(在线电视)、Radio Online(在线广播)、อินทราเน็ต(内联网)、สำนักข่าวแห่งชาติ(国家新闻社)、สถานีวิทยุโทรทัศน์แห่งประเทศไทย[สทท.](泰国电视台)、สถานีวิทยุกระจายเสียงแห่งประเทศไทย[สวท.](泰国无线广播电台)、สำนักประชาสัมพันธ์เขต(地区民众联络办事处)、สำนักงานประชาสัมพันธ์จังหวัด(府民众联络办公室)、สถานีวิทยุกระจายเสียงเพื่อการศึกษา(教育广播电台)、สถาบันการประชาสัมพันธ์(民众联络学院)。

(2)泰国国家新闻社(สำนักข่าวแห่งชาติ, NNT)

泰国国家新闻社成立于1984年,隶属于泰国内阁总理府民众联络厅,原名"新闻社",由"国内新闻社"和"国际新闻社"合并而成。目前是泰国官方通讯社和最大、最高级别的新闻机构,负责发布国内外最新的政治、经济信息,负责向泰国各大报社和新闻媒体以及外国使馆、银行、学校公司等各类机构提供新闻服务,同时也为发送商业新闻、股市、金融服务、图片等提供通讯便利。

泰国新闻社网站(thainews.prd.go.th)主页提供泰文、英文版本,为国内外用户提供即时、准确的新闻信息,并提供泰国国内天气预测、泰国国内旅游及泰国官方机构网站和各大媒体网站的链接服务。开设的栏目有:ข่าวเด่น(热点新闻)、ข่าวทันเหตุการณ์(即时新闻)、หมวดข่าว(分类新闻)、พยากรณ์อากาศ(天气预报)、อ่านข่าวออนไลน์(网上报刊链接)、คลังภาพ(图片库)、ข้อมูลอื่นๆ(其他资讯)等。

2. 主要泰文报刊网络信息

(1)《泰呐报》

ไทยรัฐ(《泰呐报》)是泰国发行量最大的泰文对开日报,在曼谷出版。1948年1月1日创办,原名《考拨周报》,1958年10月20日停刊,1959年5月1日以《祥安通》的名称复刊,1962年12月25日改用现名。70年代初,《泰呐报》的发行量就达到20万份,1986的时候达到了80万份,目前发行量为100万份。"Thai Rath 报业公司"是该报业公司的控股公司。

《泰呐报》网站(www.thairath.co.th)对每日国内、国际新闻进行即时更新,开设的栏目有:ข่าวร้อน(热点新闻)、การเมือง(政治)、กีฬา(体育)、บันเทิง(娱乐)、ไลฟ์สไตล์(生活方式)、วิทยาการ(学术)、เศรษฐกิจ(经济)、การศึกษา(教育)、ต่างประเทศ(国际新闻)、ข่าวทั่วไทย(国内新闻)、ศาสนาและความเชื่อ(宗教信仰)、

การเกษตร（农业）、ข้าราชการ（公务员）、ภาพ（图片）、บุคคล（人物）等。通过该网站可以查阅当日或七日内《泰叻报》的各类新闻以及有关泰国社会生活的各类资讯。

（2）《每日新闻报》

เดย์ลินิวส์（《每日新闻报》）由盛•汉蔡坤（Saeng Hetrakul）在1964年3月28日创办，最初使用แนวหน้าแห่งยุคเดลินิวส์（《恒育每日新闻》）的名称，其内容注重教育方面，三年后更名为《每日新闻报》并沿用至今。《每日新闻报》被亲切地称为"泰国人自己的报纸"，目前该报占泰国报业市场份额的35%，发行量为75万份，读者数量高达1800万。该报的发行中心设在曼谷，向全泰国发行，泰国人在每天早上7点钟都可以在大街小巷的报刊亭买到这份报纸。该报每星期出版40页，全部四色印刷，分为两个部分，其中30%～35%的版面为广告。该报以"泰国人民的发言人"为使命，每天向曼谷地区为主的泰国人提供通俗易懂的新闻报道，深受泰国人的喜爱和信任。

《每日新闻报》网站（www.dailynews.co.th）开设的栏目有：การเมือง（政治）、บันเทิง（娱乐）、อาชญากรรม（刑事案）、เศรษฐกิจ（经济）、กีฬา（体育）、ไอที（IT）、ต่างประเทศ（外国）、สตรี（女性）、เกษตร（农业）、การศึกษา（教育）、กทม.（曼谷）、สังคม（社会）、โลกสีสวย（多彩世界）、ข่าวพระราชสำนัก（王室新闻）等。通过检索该报网站的资讯，可以方便快捷地了解泰国政治、经济等方面的新闻资讯。

（3）《民意报》

มติชน（《民意报》，Matichon），公司全称为民意有限公司（บริษัท มติชน จำกัด(มหาชน)），总部设在曼谷市。顾名思义，它是一份反映民意的泰国报纸，在2005年世界日报发行量前100名排行榜中排第97名。《民意报》网站（info.matichon.co.th）分为三个部分，第一部分为"民意在线"，开设的专栏有：พระราชสำนัก（王室）、การเมือง（政治）、เศรษฐกิจ（经济）、กีฬา（体育）、บันเทิง-ศิลปวัฒนธรรม（娱乐－艺术）、ต่างประเทศ（外国）、สังคม（社会）、กระบวนการยุติธรรม（司法公正）、คอลัมน์พิเศษ（特别栏目）；第二部分为"民意组"，开设的栏目有：มติชนออนไลน์（民意在线）、มติชนรายวัน（每日民意）、มติชนสุดสัปดาห์（周末民意）、ข่าวสด（最新消息）、ประชาชาติธุรกิจ（国民事务）、ศิลปวัฒนธรรม（文化艺术）、เส้นทางเศรษฐี（财富之路）、ศูนย์ข้อมูล（数据中心）、สำนักพิมพ์มติชน（民意出版社）、งานดี（好工作）；第三部分为"民意联络"，开设的栏目有：ติดต่อฝ่ายโฆษณา（联系广告部）、เงื่อนไขการให้บริการ（服务条件）、นโยบายสิทธิส่วนบุคคล（个人权利政策）、ร่วมงานกับเรา（与我们共事）、ติดต่อมติชน（联系"民意"）、ข้อมูลบริษัท（公司资料）。

（4）其他泰文报刊网站

① หนังสือพิมพ์ กรุงเทพธุรกิจ（《曼谷商业报》）：www.bangkokbiznews.com；

② บ้านเมือง（《民族报》）：www.banmuang.co.th；

③ สยามรัฐ（《暹罗早报》）：www.siamrath.co.th；

④ ผู้จัดการ（《经理报》）：www.manager.co.th；

⑤ แนวหน้า（《前线报》）：www.naewna.com。

3. 主要英文报刊网络信息

（1）《曼谷邮报》

《曼谷邮报》（英文：Bangkok Post；泰文：บางกอกโพสต์）是泰国发行量最大的英文报纸，主要在曼谷地区发行，为各国读者提供关于泰国政治、经济、金融、教育、交通、旅游、就业的信息。《曼谷邮报》网站（www.bangkokpost.net）为英文版本，分为三部分，即《曼谷邮报》印刷版、泰国信息和电子报纸，其中新闻栏目提供的新闻种类包括本地新闻、政治、安全、刑事、交通、健康、体育、亚洲、世界、调查报告。

（2）泰国《国家报》

泰国《国家报》（英文：The Nation；泰文：เดอะ เนชั่น）是泰国仅次于《曼谷邮报》的第二大英文报纸，总编辑和总裁均为"亚洲新闻联盟"的创始人。该报将读者群定位在年轻一辈的精英阶层，在泰国年轻一代具有广泛的影响力，日平均发行量高达7万份。从2006年1月始，泰国《国家报》与《中国日报》合作，发行《中国日报》的《中国商业周刊》，两者相得益彰，扩大了影响力。《国家报》网站（www.nationmultimedia.com）为英文版，开设的栏目有：新闻、商业、每日大事、旅游、博客、生活及其他。

4. 主要中文报刊网络信息

泰国原有的中文报纸目前尚存6家：《星暹日报》、《中华日报》、《新中原报》、《世界日报》、《京华中原日报》、《亚洲日报》。在2004年5月6日，一份名为《中华青年报》的中文报纸在曼谷问世。该报以简体字排版印刷，首开泰国简体中文报先河，是泰国第一份简体字中文报。该报由泰国有着40多年历史的中文报《中华日报》创办，并获泰国中文民校协会、中国语言文化大学、曼谷语言学院、泰中语言文化学院等机构的支持。另外，《东盟经济时报》于2006年获泰国法律许可注册为泰国中文报纸。为方便读者，一部分中文报纸还建立了自己的网站。

（1）《星暹日报》

Sing Sian Yit Pao（《星暹日报》）1950年创刊，是泰国历史最悠久的中文报纸。经过五十多年的发展，《星暹日报》已经发展成为泰国中文传媒最具影响力的报纸之一，而且已经逐渐跻身于当地主流媒体之列。2006年以来，《星暹日报》与上海《新民晚报》合作，定期刊出专版，精彩栏目包括"上海一周"、"聚焦中国"、"IT 生活"和"养生之道"等。据广大读者反映，《新民晚报》提供的内容，悉心照顾到泰国读者胃口，不会有"外报"的陌生感。《星暹日报》网站（www.singsian.net）为中文版，开设的栏目有简介、价目表、联系、客户、世界、中国、漫画、侨团等。

（2）《世界日报》

the Universal Daily News（《世界日报》）创刊于1955年7月26日，最初为中国国民党人与泰华社会侨领合办，并以"世界报业有限公司"之名义发行。1986年2月该报由台北《联合报》接手经营。发行范围遍布泰国、缅甸、越南、老挝、柬埔寨等东南亚国家。《世界日报》新闻网（www.udnbkk.com）为中文版，是目前泰国最大的中文媒体，内容包罗万象，向东南亚地区各界华人提供有关泰国旅游、政治、财经、股市、商务、社会等方面的新闻。其开设的栏目有新闻、论坛、华商网、企业招聘、教与学等。

（3）《东盟经济时报》

《东盟经济时报》于2006年在泰国注册，以用翔实的材料报道东盟经济的发展和促进东盟经济一体化为其宗旨和目标，特色是关注区域内重大事件，特别是能源、环保等方面的问题。《东盟经济时报》网站（www.aseanecon.com）为中文版，开设的栏目有特别报道、本报专访、新闻类、经济类、论坛交流、图片新闻、东盟会务类、华人社团、东盟文库、音乐与艺术等。

7.1.5　缅甸网络新闻媒体信息检索

缅甸新闻出版业的发端可追溯到英国最初殖民缅甸南部的时期，1836年在毛淡棉出版的英文报纸《毛淡棉新闻》是缅甸最早的近代报刊。19世纪50年代，在仰光出版了英文报《仰光新闻》和《仰光时报》。1874年，在缅王统治的上缅甸地区曼德勒，出版了第一份缅文报纸《雅德那崩都城》。20世纪初，伴随缅甸民族独立运动的高涨，诸如《温达奴》、《主人》、《缅甸之星》等缅文报纸相继出版。缅甸最早的中文报纸是缅甸华侨在1905年创办的《仰光新报》。1988年，军人接管政权后，缅甸的报纸均为官办，全国发行的报纸有3种：《缅甸之光》（缅文）、《缅甸新光》（英文）以及《镜报》（缅文）。地方性的报纸有仰光出版的《首都报》、曼德勒出版的《曼德勒报》和《雅德那崩报》3份。此外，全国还有约140种杂志和期刊，较著名的有《妙瓦底》、《秀玛瓦》、《威达意》、《视野》和《财富》等。1997年11月，中文报纸《缅甸华报》创刊，是全缅唯一允许公开发行的中文报刊，2004年停办。2007年10月1日，由缅甸资深媒体人吴哥哥创办的《金凤凰》是缅甸目前唯一一家合法出版的中文报纸。缅甸通讯社（အဆ ထ ၁ ၁ N A B）为缅甸官方通讯社。宣传部下属的"报纸与杂志发行管理局"（သတင်းနှင့် စာနယ်ဇင်းလုပ်ငန်း）主要负责缅甸国内报刊的出版和管理。

目前，缅甸国内的主要官方报纸在缅甸的政府网站及一些相关新闻网站上提供网页链接，为用户提供缅甸国内的各类新闻资讯。

1. 主要新闻出版公司网络信息

仰光媒体集团成立于2004年10月，原名电子帝国传媒集团，后经改组，于2007年1

月1日更名为仰光媒体集团。"仰光媒体集团网站：www.yangonmedia.com"主页内容分为8个栏目，分别为：Local News（地方新闻）、World & Asia（世界和亚洲）、Ent & life Style（娱乐与生活）、Business（商业）、Health（健康）、Political Time（政治）、Politic & O/P View（政治观点）、Perspective（新闻透视）。该集团旗下有两份周报，即The flower News（缅文）和The Yangon Times（缅文），在媒体集团网站上可浏览并下载这两份周报。

2. 主要缅文报刊网络信息

（1）《缅甸之光》

မြန်မာ့အလင်း（《缅甸之光》）隶属于缅甸宣传部与杂志发行管理局，是缅甸国内最具影响力的官方报纸。它创刊于1919年，最初为私营。1962年，军人首次政变，缅甸联邦革命委员会执政，1969年《缅甸之光》被收归国有，随后被停刊，政府将缅甸联邦革命委员会机关报《劳动人民日报》更名为《缅甸之光》。1988年，军人再次政变并接管政权，报刊发行由政府直接控制，《缅甸之光》成为全国发行的3种报纸之一。"《缅甸之光》网站：www.myanmar.com/newspaper/myanmarahlin/index.html"提供最近10天的电子版报纸（pdf格式）下载。目前该报为16版，内容包括国内新闻、国际新闻、体育新闻以及一些与新闻相关的评论性文章，日发行量约17万份。

（2）《镜报》

ကြေးမုံ（《镜报》）1957年创刊，1964年收归国有，1992年复刊。"《镜报》网站：www.myanmar.com/newspaper/kyaymon/index.html"提供最近10天的报纸电子版（pdf格式）下载。该报为12版，内容与《缅甸之光》报类似，日发行量约18万份。

（3）其他主要缅文新闻网站

① Myanmar Times（《缅甸时报》）：www.myanmar.com/myanmartimes；

② Burma Project（《缅甸计划》缅文版）：www.soros.org/initiatives/bpsai；

③ Mizzima（Mizzima.com缅文版）：www.mizzima.com。

3. 主要英文报刊网络信息

（1）New Light of Myanmar

New Light of Myanmar（《缅甸新光报》）是《缅甸之光》的英文版，是缅甸国内唯一全国发行的英文报纸。该报共16版，主要面向居住在缅甸的外国人，日发行量2万份。《缅甸新光报》网址为"www.myanmar.com/newspaper/nlm/index.html"。

（2）其他主要英文新闻网站

① Burma News International（缅甸国际新闻）：www.bnionline.net；

② Burma Project（《缅甸计划》）：www.soros.org/initiatives/bpsai；

③ Democratic Voice of Burma（缅甸民主之声）：english.dvb.no；

④ Irrawaddy（伊洛瓦底新闻）：www.irrawaddy.org；

⑤ Kaowao News Group（Kaowao新闻）：kaowao.org；

⑥ Mizzima.com（Mizzima新闻）：www.mizzima.com；

⑦ Kachin Post（《克钦邮报》）：www.kachinpost.com；

⑧ Narinjara（《若开邦人权报》）：www.narinjara.com；

⑨ Shan Herald Agency for News（掸邦先驱新闻）：www.shanland.org。

7.1.6　菲律宾网络新闻媒体信息检索

菲律宾发行的报纸种类主要有英文、菲律宾文和中文日报，其中发行量最多、影响最大的是英文日报。

1. 主要新闻机构与新闻出版公司网络信息

（1）菲律宾通讯社

菲律宾通讯社成立于1973年3月1日，总部设在马尼拉，与中国、马来西亚、印尼、泰国、巴基斯坦、日本等15个国家和地区的通讯社建立有新闻交换关系，与美联社、合众国际社、路透社均有工作联系，主要提供国内外政治、经济、体育、商业等方面的信息。菲律宾通讯社官方网站为"www.pna.gov.ph"。

（2）马尼拉公报出版公司

马尼拉公报出版公司原本是作为发行《每日公报》的企业进军出版业，成立于1900年2月2日，于1912年6月12日合并改组为出版公司，而后在1959年重新注册为出版集团，并在1989年6月22日正式改名为马尼拉公报出版公司。目前，该公司已经成为一家出版综合性报纸的公司，发行的报纸有周刊，周末版的菲律宾全景杂志，周五版的时尚杂志，以及在每月第二和第四个星期四发行的旅游杂志。该公司还出版英文和菲律宾文的《每日新闻报》，出版的农业杂志受到广泛赞誉，被称为能够提供"金矿农业信息"的杂志；出版的巡航杂志促进了地方旅游业和休闲旅游，吸引了很多国内外游客前来参观。马尼拉公报出版公司官方网站为"www.mb.com.ph"。

2. 主要新闻报刊网络信息

（1）《马尼拉时报》

《马尼拉时报》于1898年创立，是总部设在马尼拉的全国性发行报纸，也是全国发行量最大的报纸，代表官方的观点和立场。"马尼拉时报在线：www.manilatimes.net"提供的内容包括每日头条新闻、商务、生活、体育、地区和国际新闻等，主要版块有最新新闻、商业新闻、科技新闻等，注重科技性、生活性内容。

（2）《菲律宾星报》

《菲律宾星报》是菲律宾最大报纸之一，是菲律宾的主流英文报纸，隶属于

PHILSTAR全球股份有限公司Philippine Star Co., Ltd。"《菲律宾星报》在线：www.philstar.com"提供新闻、商业、文化、科技、体育、娱乐等内容，主要的版块设置包括焦点新闻、新闻特写、菲律宾文新闻，并提供生活、体育、娱乐等多方面信息，面向海外的菲律宾人，成为海外菲律宾人互相沟通了解的重要渠道。

（3）《菲律宾快报》

The Filipino Express（《菲律宾快报》）是菲律宾主要的菲律宾文日报。"《菲律宾快报》在线：www.filipinoexpress.com"的网络新闻主题分为热门新闻、专栏作家、快报周刊以及娱乐新闻等，通过搜索其"档案"版块可以检索2004年以来的新闻。

3. 其他网络版新闻网站

（1）《亚洲日报》

Asian Journal（《亚洲日报》）网络版"www.asianjournal.com"是菲律宾的新闻网站，主要为世界各地的菲律宾人提供沟通的桥梁和交流的途径。

（2）《马尼拉标准今日报》

Manila Standard Today（《马尼拉标准今日报》）出版于1987年2月份，经多次收购改版发展为一款综合性报纸，目前提供国内外新闻资讯、专家评论、体育新闻、政治新闻等，网络版地址为"www.manilastandardtoday.com"。

（3）《太阳星报》

Sun.Star（《太阳星报》）网络版"www.sunstar.com.ph"成立于1999年4月5日，主要作为社区报纸在菲律宾提供网络服务平台，通过定期更新的故事版块，网络成员能够彼此分享他们的资源。

4. 检索示例

【例7-3】利用《菲律宾星报》的新闻库查询"香港游客在菲律宾遭枪击"事件的进展。

具体步骤如下：

（1）分析检索课题，确定英文检索关键词为"Hong Kong tourists shooting"。

（2）通过网址"www.philstar.com"登陆《菲律宾星报》主页。

（3）在"Search Articles"（搜索文章）的搜索框中输入检索关键词，点击站内搜索选项"philstar.com"。

（4）返回检索结果，根据检索需要选择新闻标题进行浏览。

7.1.7 马来西亚网络新闻媒体信息检索

马来西亚新闻出版业的发端可以上溯到19世纪初，1805年，英国殖民者在槟城出版了第一份英文报纸《政治公报》，100多年后，第一份中文报纸《光华日报》也于1910年在槟城面世。1939年，第一份马来文报纸《马来亚前锋报》在吉隆坡发行。经过两个世纪的发展，目前马来西亚发行报纸近50种，每天发行300万份左右，主要使用马来文、英文、中文和泰米尔文。马来西亚国家新闻社（Pertubuhan Berita Nasional Malaysia, BERNAMA）（以下简称"马新社"）为马来西亚官方通讯社，新闻、通讯与文化部下属的新闻局（Jabatan Penerangan Malaysia）为马来西亚国内主要新闻出版管理机构。

20世纪90年代，随着互联网的快速发展，马新社及马来西亚国内各主要报刊也陆续建立官方网站，向广大读者提供及时、全面的国内、国际新闻和综合资讯。通过检索相关网站，既能够获得大量马来文的地道原文阅读材料，也可以方便掌握马来西亚的时事新闻和国内动态，为想要和需要了解马来西亚的人士提供了便捷的通道。

1. 主要新闻机构与新闻出版公司网络信息

（1）马新社

马新社成立于1968年，是马来西亚官方通讯社和最大的新闻机构，在亚太地区设有33家分社，与澳大利亚、印尼、日本、中国、新西兰、巴基斯坦、菲律宾、印度、孟加拉、越南、韩国和香港特别行政区等13个国家和地区的新闻通讯社有着密切联系，涵盖亚太国家政治、经济的最新消息，负责向马来西亚各大报社、新闻社以及外国使馆、银行、学校、公司等各种机构提供新闻服务，同时也为发送商业新闻、股市行情，金融服务、图片等，提供通讯便利。"马新社网站：www.bernama.com"主页提供马来文、英文、中文和爪夷文版本，为国内外读者提供即时、准确的新闻信息，并提供天气预测、马来西亚旅游及马来西亚政府机构官方网站索引。马新社在2004年6月创立"马新社中文网：mandarin.bernama.com"，为全球华人读者提供有关马来西亚的各种中文资讯服务，并为想认识马来西亚、有意前往马来西亚旅游和投资的华人给予帮助。

（2）前锋报集团

前锋报集团1938年在新加坡成立，1958年2月迁往吉隆坡，并在1967年改制为集团有限公司。前锋报集团主要业务为出版、印刷、广告和多媒体，拥有20多家分公司，从事多种商业活动，1997年，该集团还成为马来西亚国内网络服务供应商。旗下主要报刊为Utusan Malaysia、Mingguan Malaysia、Kosmo!和Utusan Melayu四份报纸以及Wanita、Saji、Pemikir、Mastika、Mangga、Hai、Harmoni、Al Islam、Kawan、URTV和Infiniti杂志。"前锋报集团网站：www.utusangroup.com.my"主要提供前锋报集团概况、产品、人事、服务等方面的介绍，为想进一步了解该集团的读者提供了一个方便的网络检索途径。

（3）新海峡时报（马来西亚）有限公司

新海峡时报（马来西亚）有限公司是马来西亚官方国营企业控股公司，1973年1月31日成为上市公司，全资拥有新海峡时报私人有限公司、每日新闻私人有限公司、新海峡时报电子媒体私人有限公司和新海峡时报产业私人有限公司，拥有马来西亚新闻纸工业私人有限公司21.4%的股权。该公司旗下报纸包括New Straits Times、New Sunday Times、

Berita Harian、Berita Minggu、Harian Metro和Metro Ahad。"新海峡时报（马来西亚）有限公司网站：www.nstp.com.my"提供了该公司概况、投资者信息、产品服务和人事部门的详细介绍。希望检索该公司旗下报纸新闻内容的读者还可通过"新海峡时报电子媒体：www.emedia.com.my"提供的链接登陆各报纸网站，而该网站的新闻资料库汇集了自1991年来的各种新闻资讯内容，并提供新闻的查找和搜索功能。

2. 主要马来文报刊网络信息

（1）《马来西亚前锋报》网站

Utusan Malaysia（《马来西亚前锋报》）1967年5月7日创刊，是前锋报集团旗下发行的报纸之一，也是马来西亚国内具有重要影响力的报纸，拥有较强的政府背景，被视为是亲执政党的报纸。1996年，前锋报集团致力于多媒体发展，成立了前锋报多媒体有限公司，推出在线网络版前锋报"前锋报在线：www.utusan.com.my"，是马来西亚最早在互联网上刊载报道的马来文报纸。"前锋报在线"有马来文和英文两个版本，新闻栏目包括Berita Utama（主要新闻）、Dalam Negeri（国内新闻）、Wilayah（地区新闻）、Laporan Khas（特别报道）、Parlimen（内阁新闻）、Politik（政治新闻）、Luar Negara（国际新闻）、Sukan（体育新闻）、Bisnes（商业新闻）、Mahkamah（法庭新闻）和Jenayah（法制新闻），此外还有Artikel（文章）和Gaya Hidup（生活）等栏目。在Laman Khas（专页）栏目，还有近一两年内重大新闻的专题报道。Arkib Berita（新闻库）栏目提供按日期检索1998年以来的新闻内容，也可使用关键词检索五个月以内的新闻。

（2）《每日新闻》网站

Berita Harian（《每日新闻》）在1957年创刊，由新海峡时报（马来西亚）有限公司旗下的每日新闻私人有限公司出版发行。50多年来，《每日新闻》以"新闻来源于民众，服务于民众"为宗旨，提供主要新闻、国内新闻和主题新闻三大栏目内容，范围覆盖马来西亚全国，主要读者为15周岁以上年龄段人士，发行量超过140万份。"每日新闻在线：www.bharian.com.my"为马来文版本，新闻栏目包括Berita Utama（主要新闻）、Wilayah（地区新闻）、Nasional（国内新闻）、Dunia（世界新闻）、Sukan（体育新闻）、Ekonomi（经济新闻）和Agama（宗教新闻）。新闻专栏Klik Khas（特别点击）提供两年内重大新闻的专题报道。新闻检索可通过Arkib Seminggu（一周新闻库）检索一周内新闻内容，也可通过关键词检索新闻内容。

（3）其他主要马来文新闻网站

① KOSMO!（《世界报》）：www.kosmo.com.my；

② Harian Metro（《大都会日报》）：www.hmetro.com.my；

③ Sinar Harian（《曙光日报》）：www.sinarharian.com.my；

④ Melaka Hari Ini（《今日马六甲》）：www.melakahariini.com.my；

⑤ Mingguan Warta Perdana（《头条报星期刊》）：www.perdanaonline.com.my；

⑥ Agenda Daily（《每日议程》）：www.agendadaily.com；

⑦Harakah Daily（《哈拉卡日报》，伊斯兰教党发行）：www.harakahdaily.net。

3. 主要英文报刊网络信息

（1）《星报》网站

The Star（《星报》）1971年9月9日创刊，原为北马地方性英文报纸，1976年开始向全国发行，1995年成为亚洲地区第三家在互联网发行电子版的报纸。作为马来西亚发行量最大的英文日报，《星报》为执政党联盟国民阵线成员党马华公会所有，并在一定程度上反映该党的声音。"星报在线：www.thestar.com.my"为英文版本，时事新闻栏目主要包括Nation（国内新闻）、World（世界新闻）、Business（商业新闻）和Sports（体育新闻），其他新闻栏目包括Lifestyle（生活方式）、Entertainment（娱乐）、Technology（技术）、Women（女性）等，言论栏目还设有专栏作家评论和博客。新闻库检索可按日期检索365日内新闻或使用关键词检索新闻标题及内容。

（2）《新海峡时报》网站

New Straits Times（《新海峡时报》）前身是1845年7月15日创刊的新加坡《海峡时报》马来亚版，1965年更名为《新海峡时报》，1972年8月开始在马来西亚国内独立出版，是马来西亚历史最悠久的英文报纸，目前为执政党联盟国民阵线成员党巫统所掌控。"新海峡时报在线：www.nst.com.my"为英文版本，主页栏目包括新闻、博客、特稿专栏、频道和电子媒体等。新闻栏目下设Latest（最新消息）、World News（世界新闻）、Local（本地新闻）、Business（商业新闻）和Sports（体育新闻），并设有Most Read（阅读排行）和Hot Topics（热门主题）栏目。新闻库检索提供日期检索和关键词检索功能，新闻时段可上溯至1991年。

（3）其他主要英文新闻网站

① The Sun（《太阳报》）：www.thesundaily.com；

② Malay Mail（《马来邮报》）：www.mmail.com.my；

③ The Malaysian Insider（《马来西亚局内人》）：www.themalaysianinsider.com；

④ The Edge Daily（《财经日报》）：www.theedgemalaysia.com；

⑤ Business Times（《商业时报》）：www.btimes.com.my；

⑥ The Malaysia Reserve（《马来西亚储备报》）：www.themalaysianreserve.com；

⑦ Malaysian Today（《今日大马》）：www.malaysiantoday.com.my；

⑧ Malaysia Today（《今日大马》）：www.malaysia-today.net；

⑨ The Borneo Post（《婆罗洲邮报》，主营东马新闻）：www.theborneopost.com；

⑩ New Sabah Times（《新沙巴时报》，主营沙巴州新闻）：www.newsabahtimes.com.my；

⑪ The Daily Express（《每日快报》，主营沙巴州新闻）：www.dailyexpress.com.my；

⑫ Eastern Times（《东方时报》，主营砂拉越州新闻）：www.easterntimes.com.my；

⑬ Sarawak Tribune（《砂拉越论坛报》，主营砂拉越州新闻）：www.sarawaktribune.com.my。

4. 主要中文报刊网络信息

（1）《南洋商报》网站

《南洋商报》1923年9月6日由著名教育家和企业家陈嘉庚在新加坡创办，是马来西亚最资深的中文报纸。1958年，南洋报业控股有限公司成立后，在1969年开始出版马来西亚版和新加坡版的《南洋商报》，并在1972年率先使用简体中文出版发行。1975年，马来西亚版《南洋商报》与新加坡版分离，成为马来西亚本土化的中文报纸。《南洋商报》官方网站"南洋网：www.nanyang.com"为简体中文版本，读者可通过新闻中心、时事焦点、直播等栏目浏览马来西亚国内外实时新闻资讯，并可通过日期检索一周以内所有新闻，或通过关键词检索特定新闻内容。

（2）《星洲日报》网站

《星洲日报》由胡文虎和胡文豹兄弟于1929年1月15日在新加坡创刊，新马分离后，《星洲日报》脱离新加坡总社，成为马来西亚发行量最大的中文报纸，发行范围遍布马来西亚各地。《星洲日报》是马来西亚第一家在互联网上设立完整网站的报纸，"星洲日报网站：www.sinchew.com.my"提供简体中文和繁体中文版本，设有国内、国际、财经、体育、娱乐等在线新闻栏目，并提供关键词检索新闻功能。

（3）其他主要中文新闻网站

① 独立新闻在线：www.merdekareview.com；

②《中国报》：www.chinapress.com.my；

③《光华日报》：www.kwongwah.com.my；

④《光明日报》：www.guangming.com.my；

⑤《诗华日报》：www.seehua.com；

⑥《亚洲时报》：www.asiatimes.com.my；

⑦《风云时报》：www.therocknews.com；

⑧ 霹雳游新闻资讯站，主营霹雳州新闻：www.perakview.com；

⑨《华侨日报》，主营沙巴州新闻：www.ocdn.com.my；

⑩《国际时报》，主营砂拉越州新闻：www.intimes.com.my；

⑪《联合日报》，主营砂拉越州和文莱新闻：www.eunited.com.my。

5．检索示例

【例7-4】利用《马来西亚前锋报》网站新闻库检索"本德跳舞"事件的进展。

具体检索步骤如下：

（1）分析检索课题，确定检索关键词。"本德跳舞"的马来文关键词为"tarian pendet"。

（2）选择新闻检索网站。通过网址"http://www.utusan.com.my"，登陆马来西亚《前锋报》网站主页。

（3）输入检索关键词进行检索。在主页右上方的检索框内输入关键词，单击"CARI"按钮执行检索。

（4）浏览相关新闻报道。检索结果以"标题＋主要内容"的记录形式显示，单击任一标题，可浏览详细的新闻报道。

⚫ 7.1.8　文莱网络新闻媒体信息检索

文莱出版业的起步较晚，第一份印刷媒介出现于1948年。目前国内发行报刊均与政府关系密切，主要使用英文和马来文两种语言。

1．主要新闻出版公司网络信息

文莱新闻出版私人有限公司（Brunei Press Sdn Bhd）是文莱最具影响力的私营新闻出版公司，也是文莱国内最大的新闻出版公司，由皇室控股。1996年该公司进驻首都斯里邦加湾，向全国各地发行报刊。除此之外，该公司报刊还向海外发行，其在印尼、马来西亚、新加坡、泰国、印度、巴基斯坦、香港、美国、英国以及澳大利亚均设有代理处，另外还在新加坡和马来西亚的雪兰莪州设有专门销售公司。该出版公司主要以报纸和书籍的形式向国内提供各类新闻服务。目前文莱颇有影响力的两家报纸Borneo Bulletin（《婆罗洲公报》）和马来文报Media Permata（《媒体珀玛塔》）便出自这家公司。文莱新闻出版私人有限公司的商业部门还出版过曾今风靡该国的Borneo Bulletin Brunei Yearbook（《文莱公报之文莱年鉴》）。

"文莱新闻出版私人有限公司网站：www.bruneipress.com.bn"为英文版本，主页简洁大方，主要向读者提供各种相关链接，如在主页顶端就设有该公司旗下两大报业的网络服务网址链接，用户只需点击相应标题便可进入要求页面实现新闻阅读。

2．主要报刊网络信息

（1）《婆罗洲公报》

《婆罗洲公报》是文莱最主要的商业性报纸，最初为英文与马来文双语版，1959年新加坡的《海峡时报》（Strait Times）收购了其股份。1984年文莱取得独立，于1990年9月从新加坡《海峡时报》中将《婆罗洲公报》的股权全部赎回。"《婆罗洲公报》网站：www.borneobulletin.com.bn"主页内容包括Local News（本地新闻）、Borneo News（婆罗洲新闻）、World News（世界新闻）、Sports（体育新闻）等，并提供BB Weekend Online（《婆罗洲公报周末版》）、BB Sunday Online（《婆罗洲公报周日版》）和Media Permata Online（《媒体珀玛塔》网络版）的网站链接。主页右方还有一系列的热点图片新闻滚动播放，内容涉及国内外政治、经济和文化的方方面面，点击相关图片就能阅读完整的图片新闻。

（2）《媒体珀玛塔》

《媒体珀玛塔》创刊于1995年，是目前文莱国内发行量最大的马来文报刊。这份报纸原为周报，1998年7月改为日报，重点报道本地以及东南亚地区发生的新闻，内容涉及新闻、娱乐、体育、文学作品、卡通漫画以及专访报道等，其主要读者群为使用马来语的本土居民。"《媒体珀玛塔》网站：www.mediapermata.com.bn"主要发布国内外新闻，内容更新时间为每天下午两点。

7.1.9 新加坡网络新闻媒体信息检索

新加坡的新闻出版业已有100多年的历史，1824年新加坡出现了第一份英文报纸，1881年第一份中文报纸诞生，1845年创办、至今仍在出版的英文报纸《海峡时报》则是新加坡历史最悠久的报纸。1942年日军侵占新加坡后，禁止英文、中文报刊继续出版，只准出版日伪的《昭南日报》。第二次世界大战后，新加坡报业迅速复兴，出现了大量中文报刊。新闻、通讯及艺术部下属的媒体发展局是新加坡国内主要新闻出版管理机构。20世纪90年代，随着互联网的快速发展，新加坡国内的主要报刊也陆续建立官方网站，向广大读者提供全面、及时的国内外新闻和综合资讯。

1. 主要新闻出版公司网络信息

目前，新加坡国内所有报章的出版发行业务都由新加坡报业控股集团（Singapore Press Holdings Ltd-SPH）经营。新加坡报业控股公司成立于1984年，它由原来的星洲日报有限公司和南洋商报有限公司合并而成。该报业控股有限公司垄断着16份报刊，包括：马来文的《每日新闻》、《每日新闻星期刊》，中文的《星期5周报》、《联合晚报》、《联合早报》、《我报》、《新明日报》、《大拇指》，淡米尔文的《淡米尔之声》，英文的《商业时报》、《新报》、《新报星期刊》、《海峡时报》、《海峡时报星期刊》、《今日报》、《今日报星期刊》。新加坡报业控股集团官方网站为"www.sph.com.sg"。

2. 主要英文报刊网络信息

（1）《海峡时报》

《海峡时报》是新加坡历史最长的英文日报。它在1845年7月15日首次发行，是新加坡国内发行量最大的报纸。该报侧重于报道政治、经济与社会新闻，辟有几个专栏。读者主要是受英文教育的知识分子和专业人士。"《海峡时报》网站：www.straitstimes.com"为英文版本，新闻栏目主要有Top Stories（时事）、Singapore（新加坡新闻）、Asia（亚洲新闻）、Word（世界新闻）、Money（商业新闻）、Sports（体育），其他新闻栏目包括Tech & Science（科学技术新闻）、Lifestyle（生活方式），言论栏目设有Blog（博客）、Discussion（评论）栏目。新闻库检索可按日期检索7日内新闻或使用关键词检索新闻标题及内容。

（2）《商业时报》

《商业时报》发行于1976年10月，是东南亚领先的商业日报，主要为读者提供详尽的相关公司信息、经济和政治新闻及新闻分析。1995年6月，《商业时报》成为亚洲第一个走向互联网的英文报纸。"《商业时报》网站：www.businesstimes.com.sg"为英文版本，主要栏目列于主页右侧，包括：Market Report（市场报告）、News（新闻）、Commentary（评论）、Financial Market（金融市场）等。此外，用户还可以利用提供的汇率转换工具（Currency Converter）进行实时汇率转换，新闻库检索提供日期检索和关键词检索功能。

3. 主要中文报刊网络信息

（1）《联合早报》

《联合早报》是新加坡的主要中文日报，由新加坡报业控股公司出版。它的前身是1923年创刊的《南洋商报》和1929年创刊的《星洲日报》。1983年，两家历史悠久的报业公司合并，共同出版了《南洋·星洲联合早报》，简称《联合早报》。《联合早报》的平日发行量约为20万份，星期天22万份，新加坡读者人数约75万。除在新加坡发行之外，也在中国大陆、香港特别行政区和文莱等地少量发行。《联合早报》官方网站"早报网：www.zaobao.com"为简体中文版本，读者可通过新闻、观点、财经、生活等栏目浏览新加坡国内外时事新闻资讯，并可通过早报新闻全文检索来检索7日以内的所有新闻，或通过关键词检索检索特定的新闻内容。

（2）《我报》

《我报》在2006年6月1日创刊，是新加坡首份免费报纸。2008年1月8日，《我报》改版为中文与英文双语报，成为新加坡首份双语报。《我报》紧抓都市生活脉搏，以两种语言广泛报道本地、世界、财经、体育与娱乐新闻，并提供实用的生活资讯。《我报》官方网站"我报网：www.mypaper.sg"为简体中文版本，读者可通过点击主页上的《我报》电子版页面进行在线阅读，并可通过检索功能查询30天以内所有《我报》的电子版。

（3）其他主要中文新闻网站

① 早报逗号：www.zbcomma.sg；

② 大拇指：youth.zaobao.com/Friday/tu.html。

4. 检索示例

【例7-5】利用《海峡时报》网站新闻库检索"柯玉芝（李资政夫人）去世"事件的进展。

具体检索步骤如下：

（1）分析检索关键词。"柯玉芝（李资政夫人）去世"英文关键词为"Mrs Lee dies"。

（2）选择新闻检索网站。通过网址"http://www.straitstimes.com"登陆《海峡时报》网站主页。

（3）输入关键检索词进行检索。在主页左下的检索框内输入关键词，单击搜索按钮进行检索。

（4）浏览相关新闻报道。从检索结果中单击任一标题，可浏览详细的新闻报道。

7.1.10 印尼网络新闻媒体信息检索

印尼的在线新闻始于1995年。当时的Republika（《共和国报》）率先开设报纸网站，开创了印尼电子报刊的先河。紧接着，印尼各主要通讯社和报刊杂志也纷纷开通网站，以应对互联网时代对平面媒体带来的挑战。由于印尼语是印尼唯一的官方语言，因此印尼的电子报刊网站以使用印尼文为主，英文和中文的网站寥寥无几。

1. 主要新闻机构与新闻出版公司网络信息

（1）安塔拉通讯社（Kantor Berita Antara）

安塔拉通讯社成立于1937年12月13日，1962年正式成为印尼国家通讯社。安塔拉通讯社总部位于雅加达，其不仅在印尼的每个省和一些县市设有通讯处，还在北京、东京、纽约、堪培拉、吉隆坡、开罗和萨那设有分社。安塔拉通讯社与新华社、澳大利亚联合新闻社、英国路透社、法新社、德新社、日本共同社、马新社、纳米比亚通讯社等数十个通讯社建立了合作关系，并积极参与东盟新闻交换机制、亚太通讯社组织、不结盟国家通讯社联盟等区域和国际组织。

安塔拉通讯社每天通过卫星通信网、卫星电视、互联网、电子邮件等现代科技手段将自产的250多条新闻以及合作伙伴提供的3000多条新闻报道和新闻图片提供给印尼的报纸、电台、电视台以及其他国内外订户。此外，安塔拉通讯社还提供PRWire（消息发布）、Indonesia Market Quotes（印尼及全球的股市、汇市和期货信息）、Pelatihan LPJA（新闻记者培训）、Antara Pustaka Utama（文献汇编）和会议中心租赁等服务。

"安塔拉通讯社网站：www.antaranews.com"提供印尼文和英文两种版本，主要新闻版块有Peristiwa（最新事件）、Nusantara（国内新闻）、Mancanegara（国际新闻）、Ekubis（财经新闻）、Olahraga（体育新闻）、Hiburan（娱乐新闻）、Iptek（科技新闻）、Warta Bumi（环境新闻）、Artikel（评论文章）。在网站的图片库（Foto）、电视短片库（TV）和论坛里，用户可以在线浏览新闻图片、新闻短片和在论坛发帖，短片为flv格式的视频，可以通过flv捕捉工具下载，论坛人气比较低。此外，网站还提供有微博"twitter.com/antaranews"、各新闻版块的简易信息订阅（RSS）以及一个基于Google的站内搜索。

（2）爪哇邮报国家新闻网（Jawa Pos Nasional Network, JPNN）

爪哇邮报国家新闻网是印尼最大的媒体网络集团，2005年成立，加盟成员以《爪哇邮报》及其下属媒体为主。目前有超过168家地方报刊加入该新闻网，其中还有70家提供在线新闻。"爪哇邮报国家新闻网网站：www.jpnn.com"为印尼文版本，主要新闻版块有Nasional（国内新闻）、Nusantara（各地新闻）、Politik（政治新闻）、Ekonomi（经济新闻）、Internasional（国际新闻）、Olahraga（体育新闻）、Hiburan（娱乐新闻）、Teknologi（科技新闻）。爪哇邮报国家新闻网力图打造成为印尼地方新闻的门户网站，将对关注印尼地方消息的人士有很大帮助。网站特别提供网站地图服务，网址为"www.jpnn.com/peta.php"，网民可以使用该服务查看新闻网下属的各地报刊，并通过链接登陆相应的网站。

（3）罗盘报业集团（Kelompok Kompas Gramedia, KKG）

罗盘报业集团创办于1965年。20世纪80年代，集团开始迅速发展，主要涉及大众传媒和出版领域，旗下拥有全国第一大报Harian Kompas（《罗盘报》）及其网站"www.kompas.com"，地方性报纸*Bangka Pos*、*Surya*、*Warta Kota*、*Tribun Batam*、*Tribun Jabar*等，大众杂志*National Geographic*、*Bobo*、*Hai*、*Kawanku*、*Nova*，专门杂志*CHIP*、*Info Komputer*、*Angkasa*、*Kontan*、*What Hi-Fi*、*PC Plus*、*Saji*、*Sedap*、*Idea*，小型画报*HotGame*、*Bola*、*Soccer*、*Motorplus*、*Otomotif*，广播*Radio Otomotion*、*Radio Sonora*。集团业务还涉及书报的印刷、出版、发行、销售，以及酒店业和群岛多媒体大学（Universitas Multimedia Nusantara）。

（4）群岛印象传媒集团（Media Nusantara Citra, MNC）

群岛印象传媒集团成立于1997年，总部位于雅加达，是印尼最大的综合性传媒公司。旗下的电视台包括印尼最大的私营电视台——鹰记电视台（RCTI）、全球电视台（GlobalTV）、印尼教育电视台（PTI）、MNC电视台（包括国际频道、新闻频道、音乐频道、娱乐频道）、Sun网络电视台；广播有Radio Dangdut TPI、Trijaya Network、Women Radio、Globalradio；报纸有*Harian Seputar Indonesia, Sindo*（《辛多日报》）、*Genie*、*Mom&Kiddie*、*Realita*；杂志有*High End*、*Trust*；网站有"Okezone.com"。此外，该集团还拥有手机增值业务公司、节目制作公司和创意公司等。"群岛印象传媒集团网站：www.mnc.co.id"只提供了该集团的概况、服务、人事、新闻等方面的信息。

（5）玛哈卡传媒集团（Mahaka Media）

玛哈卡传媒集团是印尼Abdi Bangsa有限公司打造的传媒品牌。Abdi Bangsa有限公司于1992年成立，1993年创立Harian Republika（《共和国报》），2002年在雅加达股票交易所挂牌上市，成为首家上市的报纸发行公司。随着公司的发展壮大，Abdi Bangsa有限公司的业务范围遍及报纸、杂志、广播、图书出版、户外广告、互联网、动画制作等领域。2008年，公司把所有的业务领域整合成为玛哈卡传媒集团，拥有员工383人。目前集团旗下的报纸有《共和国报》和中文版的Harian Indonesia（《印尼日报》）；杂志有*Golf Digest Indonesia*、*Parents Indonesia*、*a+*、*Arena*；广播有JakFM、PramborsFM、DeltaFM、FemaleFM、GenFM；电视有Jak TV；网站有"Rileks.com"和《共和国报》网"www.republika.co.id"；以及共和国报出版社、玛哈卡户外广告、玛哈卡电影动画、玛哈卡数字创意。"玛哈卡传媒集团网站：www.mahakamedia.com"只提供了该集团的概况、服务、人事、新闻等方面的信息。

（6）印尼传媒集团（Media Group）

印尼传媒集团旗下拥有印尼第二大报——Media Indonesia（《印尼传媒报》）、Lampung Post（《楠榜邮报》）、Borneonews（《婆罗洲新闻》）和美都电视台（Metro TV）以及苏克玛基金会（Yayasan Sukma）。

2. 主要印尼文报刊网络信息

（1）《罗盘报》网站

《罗盘报》创办于1965年6月28日，原是天主教党机关报，1969年起成为印尼最大的日报。2004年，该报日发行量达53万份，周末版可达61万份，在全印尼约有225万读者。报纸主要刊载国内外时事、财经新闻、体育新闻和时事评论。

依托报纸，罗盘报业集团还开办了"《罗盘报》网站：www.kompas.com"。网站的主要新闻版块有Nasional（国内新闻）、Regional（地方新闻）、Internasional（国际新闻）、Megapolitan（都市报道）、Bisnis & Keuangan（财经新闻）、Olahraga（体育新闻）、Sains（科技新闻）、English（英文新闻）、Video（视频新闻）、Index Berita（新闻索引）、Suara Pembaca（读者之声）等。网站内容非常丰富，除了新闻栏目外，还有Kesehatan（健康）、Edukasi（教育）、Travel（旅游）、Oase（心灵绿洲）、Bola（足球）、Entertainment（娱乐）、Tekno（科技）、Otomotif（汽车）、Female（女性）、Properti（房产）、Forum（论坛）、Kompasiana（博客）、Images（图片）、Mobil（手机服务）、Kompas Cetak（《罗盘报》印刷版）、ePaper（电子《罗盘报》）和GramediaShop（格拉梅地亚书店）。"《罗盘报》印刷版：cetak.kompas.com"和"电子《罗盘报》：epaper.kompas.com"的内容与当日发行的纸质《罗盘报》一致，两者的不同在于印刷版只是将报纸的文章和图片发布到网上，而电子版《罗盘报》则完全呈现报纸的样式，需要注册为网站会员并安装微软Silverlight插件才能浏览。此外，网站也提供站内搜索、简易信息订阅、微博和facebook等服务。

（2）《时代》杂志网站

Majalah Tempo（《时代》）杂志创刊于1971年3月，是印尼第一份私营的新闻政治类周刊。该刊由于提倡新闻自由和敢于针砭时弊，在1982年和1994年两次被政府查禁，而后复刊。2001年4月2日，该杂志还推出Koran Tempo（《时代日报》）。

"《时代》杂志网站：www.tempointeraktif.com"的主要栏目有Nasional（国内新闻）、Metro（都市报道）、Bisnis（财经新闻）、Olahraga（体育新闻）、Teknologi（科技新闻）、Gaya Hidup（生活方式）、Internasional（国际新闻）、Seni & Hiburan（艺术休闲）、Selebritas（明星风采）、Otomotif（汽车）。通过该网站，还可以浏览《时代》杂志电子版、《时代》杂志（英文）电子版、电子《时代日报》、Ruang Baca杂志电子版，访问《时代》数据和分析中心（PDAT）、图片库（Photostock）、视频、博客和论坛等。

（3）《共和国报》网站

《共和国报》创办于1992年，印尼主要的全国性日报之一。该报以代表印尼穆斯林社会自居，思想言论较为激进。1995年，《共和国报》创办了印尼第一家报纸网站——"《共和国报》网站：www.republika.co.id"。该网站主要内容有：Breaking News（突发新闻）、Bisnis Syariah（伊斯兰商业）、Dunia Islam（伊斯兰世界）、Ensiklopedia Islam（伊斯兰百科）、Gaya Hidup（生活方式）、Pendidikan（教育）、Konsultasi（咨询求助）、Senggang（休闲）、Olahraga（体育）、Sepakbola（足球）、Trendtek（科技潮流）。此外，网站还提供电子版《共和国报》、朝觐杂志（Jurnalhaji.com）的链接和印尼各城市每天进行祈祷的准确时间（Jadwal Sholat）。

（4）其他印尼文新闻网站

① Detik（点滴网，印尼领先的在线传媒，能发布最准确的突发新闻）：www.detik.com；

② Vivanews（非凡新闻网，印尼重要的新闻门户网站，24小时不断更新）：www.vivanews.com；

③ tribunnews（《新闻论坛》，隶属于罗盘报业集团的地方报纸网站，每天出版印尼14个主要城市的报纸，在其网站上可以浏览各地新闻）：www.tribunnews.com；

④ Pikiran Rakyat（《人民思想》）：www.pikiran-rakyat.com；

⑤ Media Indonesia（《印尼传媒》）：www.mediaindonesia.com；

⑥ Seputar Indonesia（《辛多日报》）：www.seputar-indonesia.com；

⑦ Sinar Harapan（《希望之光》）：www.sinarharapan.co.id；

⑧ Suara Pembaruan（《革新之声》）：www.suarapembaruan.com；

⑨ Suara Merdeka（《独立之声》）：www.suaramerdeka.com；

⑩ Rakyat Merdeka（《人民独立》）www.rakyatmerdeka.co.id；

⑪ Jawa Pos（《爪哇邮报》）：www.jawapos.co.id；

⑫ Suara Karya Online（《专业之声》，专业集团机关报）：www.suarakarya-online.com；

⑬ Waspada Online（《警觉在线》，关注北苏门答腊、亚齐新闻）：www.waspada.co.id；

⑭ Serambi Indonesia（《印尼走廊》，关注亚齐新闻）：www.serambinews.com；

⑮ Surya（《阳光日报》，东爪哇新闻门户）：www.surya.co.id；

⑯ Surabaya Pos（《泗水邮报》）：www.surabayapost.co.id；

⑰ Sriwijaya Pos（《室利佛逝》，关注南苏门答腊新闻）：www.sripoku.com；

⑱ Intisari（《精华》杂志）：www.intisari-online.com；

⑲ Gatra（《佳特拉》杂志）：www.gatra.com；

⑳ Kontan（《现金》杂志）：www.kontan-online.com。

3. 主要英文报刊网络信息

《雅加达邮报》创刊于1983年4月25日，是印尼发行量最大的英文报纸。当时，由印尼政府出面，从《罗盘报》、《时代》、《专业之声》、《希望之光》等全国性报刊抽调精干力量而创刊。"《雅加达邮报》网站：www.thejakartapost.com"的主要内容有新闻频道、多媒体新闻、图片新闻、分类广告、有用资料、留学海外、特别报道等。有用资料包括印尼简史、历届印尼内阁名录、印尼文缩略词、重要单位地址、印尼大学一览表、印尼名人录等。此外，网站还提供《雅加达邮报》电子版、Weekender杂志电子版、Youthspeak杂志电子版，供网民在线浏览。值得一提的是，网站的资源中心（Archives）储存有该报自1994年6月以来的文章，约5万份，注册以后可以查询和浏览。

4. 主要中文报刊网络信息

进入改革时代，印尼的中文报刊陆续创办和复刊，但是很多都因缺少受众群体，又不得不关停。目前，印尼的中文报刊只有《国际日报》、《印尼星洲日报》、《千岛日报》和《印度尼西亚商报》，以及一些小型地方报刊。

（1）《国际日报》

《国际日报》是目前印尼最大的中文报纸，2001年4月由美国《国际日报》集团斥资创办，其宗旨是"立足华人社区，为华人服务"。尽管该报是印尼中文报刊的翘楚，但是日发行量最多只有6万份，读者约10万人，并且发行量和读者人数都有逐年下降的趋势。《国际日报》努力在逆境中发展，以复兴中文报纸为己任，努力传承中华文化。报纸全文使用简体中文，共有三版：A版是中国和世界新闻，B版为印尼新闻，C版多为广告和读者的文章。读者可以登陆该报网站"www.guojiribao.com"在线浏览最近一年的《国际日报》电子版。

（2）《印尼星洲日报》

《印尼星洲日报》创立于2007年，前身是新秩序时期印尼唯一获准出版的中文报纸《印尼日报》。目前，《印尼星洲日报》在内容上由马来西亚星洲媒体集团管理。报纸日发行量3万份，读者约10万人。该报网站"www.sinchew-i.com/indonesia"的主要内容有印尼新闻、华社新闻、言论、活动和专题等。

（3）《印度尼西亚商报》

《印度尼西亚商报》网站原使用网址为"www.shangbao.co.id"，主要内容有印尼时政、工商新闻、财经新闻、华社动态以及社论。目前，新网站"www.indshangbao.com"正在建设之中。

🌐 7.1.11　东帝汶网络新闻媒体信息检索

1. 主要报刊网络信息

（1）Guide Post

Guide Post是东帝汶一份全国性的英文月刊，其目标人群是居住在帝力、说英语的外国人。"Guide Post网站：www.guideposttimor.com"设有Magazine（杂志）、Daily News（每日新闻）、Business Register（商业注册）、Photo Galleries（图片库）、Local Logistics（本地物流）、Useful Links（有用链接）等栏目，其中"杂志"栏目提供该杂志的电子版下载，"有用链接"栏目收录了东帝汶重要的政府机构、非政府组织、旅游、教育等类别的网站链接。

（2）Timor Post

Timor Post（《帝汶邮报》）是葡萄牙文报纸，2002年11月8日创刊，日发行量约2000份。其网站"东帝汶新闻在线：www.timornewsline.com"属于东帝汶传媒发展中心（Timor-Leste Media Development Centre, TLMDC）的项目之一。网站为英文版本，布局简单，只有Development（发展）、Government（政府）、Law and Order（法律与秩序）、Photo Gallery（图片库）、Timor-Leste Media Development Centre（东帝汶传媒发展中心）、2007 elections（2007年选举）六个栏目，内容更新速度较慢。此外，网站还提供可供站内检索的搜索引擎以及RSS订阅服务，用户可将新闻订制到邮箱中进行浏览。

（3）Jornal Nacional Semanario

Jornal Nacional Semanario（《民族周刊》）是一家成立于2003年12月19日的葡萄牙文周报，其网站"www.semanario.tp"内容为葡萄牙文，主页结构简单，左侧为导航栏，设有Nacional（国内）、Internacional（国际）、Desporto（体育）、Entrevista（访谈）、Opinião（观点）、Literatura（文学）、Ekonomia、Informação（信息）、Contactos（联系我们）、Sobre-Nos（关于我们）、Administração（网站管理）等栏目，但信息量较少，内容更新速度较慢。

（4）Suara Timor Larasae

Suara Timor Larasae（《东帝汶之声》）是一份用英文、德顿文、印尼文和葡萄牙文四种语言出版的报纸，日发行量约2000份，网站地址为"www.suaratimorlorosae.com"。

2. 检索示例

【例7-6】通过东帝汶Guide Post杂志网站检索并下载该杂志最近一期的电子版。

具体步骤如下：

（1）通过网址"http://www. guideposttimor.com"，进入东帝汶Guide Post杂志电子版网站。

（2）用鼠标单击主页上方导航栏"Magazine"按钮，页面显示各期杂志链接。

（3）单击"Curent Edition"链接，网页中以缩略图形式显示杂志最近一期每页的内容。

（4）单击缩略图分页下载pdf格式的Guide Post杂志电子版。

▷ 7.2 东南亚国家广播电视媒体网络信息检索

基于网络平台的广播电视媒体主要指以声音、图像为主要传播手段的互联网新闻媒介，具有传播数字化、内容多样性、容量无限性的特点。用户不仅可以在线收听和观看各类实时直播的音视频节目，还可以随时检索和点播各种多媒体形式的节目。东南亚国家互联网广播电视媒体的主要种类包括各国的国营广播电视机构网站、私营电台和电视台网站以及各类网络电台和电视台等。

7.2.1 越南广播电视媒体网络信息检索

越南的广播电视机构主要有越南电视台（Đài Truyền hình Việt Nam）和越南之声广播电台（Đài Tiếng nói Việt Nam），它们属于国营性质，其活动直接受中央政府的管理，台长相当于副部长级官员。20世纪70至80年代，由于长期缺乏稳定的发展环境，越南广播电视一直处于比较落后的状况。1986年12月，越南共产党召开了第六次全国代表大会，制定了全面革新和开放的基本路线，新的传媒政策也随之出台，越南媒体迎来了革新开放的新时代。1990年越南政府通过增加投资和引进外资改善了广播电视的状况，33个省份中，共有250万人可以收看电视，广播在1991年覆盖率也达到70%至80%。国家广播电台"越南之声"每天播送18个小时，同时用15种语言对外广播。截至2007年，越南全国有中央和地方广播电台和电视台67家，有95%的人口收听"越南之声"电台的广播节目，85%的人口收看越南电视台的电视节目。越南电视台预计将于2010年实现设备的完全数字化，网络化建设也将迈入新的台阶。

1. 主要广播电台网络信息

（1）越南之声广播电台（Đài Tiếng nói Việt Nam）

越南之声广播电台成立于1954年，是国家级政府广播电台，通过广播、电视、网络和报纸上的节目及内容向公众提供信息、教育和娱乐服务。目前，越南之声广播电台拥有4个国内频道和1个国际广播频道，它们分别是：VOV1（新闻时事频道）、VOV2（文化与社会生活教育频道）、VOV3（音乐、信息和娱乐频道）、VOV4（少数民族语言频道）和VOV5（国际频道）。"越南之声网站：www.vov.org.vn"是越南之声广播的网络刊物，提供英文和越文的体育、文化等各方面内容的文本和音频材料。VOVNews还在互联网上实时播放VOV1、VOV2、VOV3和VOV5四个频率的广播。此外，它还提供关于越南经济、文化、社会、娱乐等多方面的专题信息供用户浏览。

（2）胡志明市人民之声（Đài Tiếng Nói Nhân Dân TP.HCM）

胡志明市人民之声隶属于胡志明市人民委员会，是越南南方最大的广播电台。胡志明市人民之声网站网址为"www.voh.com.vn"，新闻栏目涉及政治、社会、经济、体育等各领域，媒体资源丰富，多达数十个专题，并设有Video Clip（视频点击栏目）和Giao lưu trực tuyến（在线交流栏目）。

（3）部分支持在线收听的广播电台及网址

① Đài phát thanh và truyền hình Hà Nội（河内广播电视台，越南语）：www.hanoitv.vn；

② Đài Việt Nam Hải Ngoại（海外越南台，越南语）：vietnamradio.com；

③ Đài Tiếng Nói Việt Nam Tự do（自由越南广播台，越南语）：rfvn.com；

④ BBC - Vietnamese Service（越南语）：www.bbc.co.uk/vietnamese。

2. 主要电视台网络信息

（1）越南电视台（Đài Truyền hình Việt Nam）

越南电视台成立于1970年9月7日，由越南之声广播电台的一个编辑部改建而成，1976年从越南之声广播电台中独立出来。它是越南唯一的国家电视台，直接受中央政府的领导。越南电视台目前主要的频道有：VTV1（新闻综合频道）、VTV2（科学教育频道）、VTV3（体育娱乐和经济新闻频道）、VTV4（国际频道）、VTV5（少数民族频道）、VTV6（青少年频道）和VTV9（南部频道），另有两个频道正在筹建之中。VTV提供了9

个有线电视频道（VTV1-VTV9）。越南电视台官方网站的地址为"www.vtv.org.vn"。此外，"VOVNews网站：vovnews.vn"还提供VOV1、VOV2、VOV3、VOV5、VOV-GT电台的在线直播。

（2）胡志明市电视台（Đài truyền hình TP. Hồ Chí Minh）

胡志明市电视台（简称"HTV"）是一家隶属于胡志明市人民委员会的国有地方电视台，是仅次于VTV国家台的越南第二大电视台。胡志明市电视台的前身是1971年5月1日开播的解放电视台（Đài truyền hình Giải phóng）。南方解放前，它还被称作西贡电视台（□□□ □□□□□□ □□□□ □□□ □□□）（由西贡伪政权在1965年成立）。现在，观众可以通过卫星、有线电视、数字电视、互联网等多种渠道收看HTV的节目。HTV主要有HTV1（综合频道）、HTV2（文体频道）、HTV3（少儿频道）和HTV4（科教频道）四个数字电视频道，HTV7、HTV9两个广播电视频道和□□□□ □□□□□（电影频道）、HTVC Ca nhạc（音乐频道）、HTVC Thuần Việt（纯越频道，面向海外越南人）、HTVC Plus、HTVC Phụ nữ（妇女频道）、HTVC Du lịch và cuộc sống（旅游生活频道）、HTVC Gia Đình（家庭频道）、HTVC Home & Shopping（购物频道）八个有线电视频道。"胡志明市电视台网站：www.htv.com.vn"主要提供Tin（新闻）、Lịch phát sóng（电视节目表）、HTV video（电视录像）、HTV trực tuyến（在线直播）、HTVC（有线电视）、Cùng chơi game（游戏参与）等版块内容和一些电视台网站的链接。

（3）其他主要电视台网站

① Đài phát thanh và truyền hình Hà Nội（河内广播电视台）：www.hanoitv.vn；

② Đài phát thanh và truyền hình Hải Phòng（海防广播电视台）：www.thp.org.vn；

③ Đài phát thanh và truyền hình Bình Dương（平阳省广播电视台）：www.btv.org.vn；

④ Đài phát thanh và truyền hình Cà Mau（金瓯省广播电视台）：www.camau-rtv.org.vn。

7.2.2 老挝广播电视媒体网络信息检索

1993年6月19日，老挝人民革命党政治局通过第36号决议，允许广播电台在娱乐节目中为私营企业产品做广告，时间不能超过总节目时长的10%，大大促进了广播电视的经营与发展，为老挝报纸、广播、电视等传媒业的发展开启了"改革之门"。2005年，老挝新闻文化部为全国印刷、广播和电视媒体制定了五年发展规划，全方位提升老挝媒体的软硬件水平。根据这一规划，2005年至2010年，老挝包括广播和电视在内的大多数电子媒体将完全使用数字系统，并覆盖全国。目前老挝的电视台和广播电台各有30多家，主要播放语言是老挝语、英语、法语和当地方言。

1. 老挝国家广播电台（LNR）

老挝国家广播电台于1960年创建于老挝东北部的桑怒，后于1975年接手了老挝皇家广播电台在万象的播音室，并取而代之成为国家级广播电台。在1983年至1993年期间，它作为一个整体单位直属老挝新闻宣传部管理，并于1993年分离出来独立运作至今。1998年，老挝国家广播电台在首都地区开始调频广播，2001年以在老挝的外国人为对象开设了调频广播，用英语、柬埔寨语、法语、泰语、越南语5种语言播出。

老挝国家广播电台设有管理部、音频部、娱乐部、少数民族语言部、发射机部、外语广播部、网络收音机部、新闻与时事部、节目制作部和技术研究部。各省级电台隶属于国家广播电台管辖，节目表中的大部分节目是转播老挝国家广播电台的节目。目前，老挝国家广播电台开设了一个中波调幅广播频率、两个短波广播频率和两个调频广播频率。AM和FM分别于1999年8月3日和2000年4月3日开始通过卫星向全国播出节目。2003年6月开始，"老挝国家广播电台官方网站：www.lnr.org.la"每天以老挝语、英语和苗语播出一套15分钟的新闻摘要节目。

2. 老挝国家电视台（LNTV）

老挝国家电视台是老挝人民民主共和国的政府电视台，建立于1983年，设有管理部、国内新闻部、娱乐部、外语新闻部、国外新闻部、TV1节目制作部、TV3节目制作部、技术维修与研究部和技术服务部。老挝国家电视台有第一频道（主要播放政治和文化内容）和第三频道（主要播放娱乐、电影和体育内容）两个频道。两个频道的节目信号均通过卫星传播，24小时播放。

最近几年，老挝国家电视台的节目通过亚洲卫星（Asiasat）覆盖了老挝的全部地区，同时也被省级电视台转播。老挝国家电视台官方网站为"www.tnl.gov.la"，用户登陆网站后可通过老挝文浏览电视台的相关信息资源。

3. 老挝星空卫视（Laostar）

2008年4月，老挝第一档付费电视频道老挝星空卫视开播，由老挝、马里和美国组成技术团队提供技术支持，主要介绍老挝文化和教育，归老挝民族艺术和文化促进俱乐部所有。2009年底，老挝星空卫视开始提供在线电视服务、网上互联网点播等服务，官方网站为"www.laostartv.com"。

7.2.3 柬埔寨广播电视媒体网络信息检索

1. 柬埔寨国家电视台

柬埔寨国家电视台（អគ្គនាយកដ្ឋានទូរទស្សន៍ជាតិកម្ពុជា，TVK）是柬埔寨国内唯一的公共电视台，为亚洲、非洲、大洋洲和欧洲的126个国家提供电视节目。1983年，柬埔寨重建被战乱破坏的国家电视台，当时每周三天共播放了4个小时的节目，有限的传输能力只能让首都金边的居民收看到电视节目。1986年，国家电视台使用1千瓦的发射器，播出量增加到每天4～5小时。1998年，播出时间延长到9小时。目前，柬埔寨国家电视台每天播出近14个小时的节目。柬埔寨的电视拥有量约为140万台，全国60%的人口能够收看到电视。柬埔寨国家电视台旨在向柬埔寨人民宣传和平、人权和民主，宣传政府政策，传达民意，使广大柬埔寨人民增强对国家政策方针和法律法规的了解。

"柬埔寨国家电视台网站：www.tvk.gov.kh"界面为柬文，主要栏目包括：ទំព័រដើម（主页）、អំពីទទក（关于柬埔寨国家电视台）、កម្មវិធីផ្សាយ（节目单）、ព័ត៌មាន（新闻）、ព័ត៌មានកីឡា（体育新闻）、អាកាសធាតុ（天气预报）、តំលៃប្រេងឥន្ធនៈតាមស្ថានីយ:（各加油站油价）、ភ្ជាប់ទៅកាន់គេហទំព័រ（链接至主页）。网站内容除了有关于国家电视台的介绍、播出节目安排、体育新闻、天气预报等一般信息外，还提供最新的新闻，大部分为当天电视台播报的内容，为用户深入了解新闻信息提供了参考。

2. 柬埔寨国家广播电台

柬埔寨国家广播电台（វិទ្យុជាតិកម្ពុជា，RNK）于1951年正式开播，1970－1978年曾在战火中遭受破坏，1979年重建后恢复广播。1990年开始，柬埔寨国家广播电台的播音时间由9小时增加到了12小时，目前已达到了18小时。

"柬埔寨国家广播电台网站：www.rnk.gov.kh"已经开通，提供柬文和英文界面，目前仍在试运行。今后听众将不仅可以通过国家广播电台网站收听广播，还可以在线点播节目或浏览其他栏目。

3. 柬埔寨语广播电台网站

近年来，柬埔寨国内的广播电台得到了较大发展，全国有近90家广播电台，几乎每个省都有FM广播电台，柬埔寨人民可以通过这些电台收听喜爱的节目。互联网上也有一些在线的柬埔寨语广播网站，例如"柬埔寨IPTV网：www.khiptv.com"。该网站列出了柬埔寨国内主要的在线广播和电视网站，用户可以通过网站提供的链接直接在线收听广播和观看电视，但大部分电视台需要付费。

柬埔寨语在线广播网站主要有：

(1) វិទ្យុមិត្តភាពកម្ពុជា-ចិនភ្នំពេញ（金边中柬友谊电台）：cambodian.cri.cn；

(2) ខេមរភាសាវិទ្យុអ៊ុស្ត្រាលី（澳大利亚广播电台对柬广播）：khmer.radioaustralia.net.au；

(3) ខេមរភាសាវិទ្យុបារាំង（法国广播电台对柬广播）：www.khmer.rfi.fr；

(4) សំឡេងសហរដ្ឋអាមេរិក-ខ្មែរ（美国之音对柬广播）：www.voanews.com/khmer。

7.2.4 泰国广播电视媒体网络信息检索

泰国目前共有广播电台230多家，其中由泰国内阁总理府辖下民众联络厅掌管的有59家。泰国高级别的无线电视台共有6家，都设在曼谷，大部分电视节目通过卫星转播。另有地方无线电视公司86家，电视网覆盖全国各地。泰国各广播电视台均在互联网上建立了相应的网站，以民联厅辖下的广播电台和电视台为主，用户可以从中搜索到所需要的各类信息及点播某些广播和电视节目。

1. 主要广播电视机构网络信息

（1）泰国大众传播机构（บริษัท อสมท จำกัด (มหาชน)）

泰国大众传播机构是泰国一所大众传媒联合公司，其全称是"MCOT Public Company Limited"。该机构前身是泰国首家电视广播公司——泰国电视有限公司（ThaiTelevision Company）。1977年，该公司改组为泰国国有企业，并更名为泰国大众传播机构（Mass Communications Organization of Thailand, MCOT），总部设在泰国曼谷，旗下有一家电视台，目前拥有泰国Modernine TV频道（其前身为泰国第9频道）、MCOT1-2频道、News 24频道，并拥有全国62家广播电台。此外，MCOT还拥有泰国第3频道（TV Channel 3），但已将使用权外租给了一家泰国私人企业——BEC World。另外MCOT还运营泰国新闻办事处（Thai News Agency）的电信服务事业。MCOT旗下还有广播电台网络（www.mcot.net/ModernRadio），实时播放各类国内外新闻。

MCOT官方网站"泰国大众传播机构电视台网站（www.mcot.net）是一个泰文网站，开设有English News、ModernineTV、Modern Radio、Variety、9Entertain、HiPTV等栏目。

（2）MVTV电视公司

MVTV电视公司是泰国通过卫星转播其电视节目的电视公司，信号覆盖范围包括泰国全境及世界上22个国家和地区。观众可以通过地方有线网收看电视节目，也可以在其公司的网站收看电视节目。MVTV电视公司网站（www.mvtv.co.th/th）开设的栏目有ดูออนไลน์（在线观看）、ข่าวสาร（新闻）、โปรแกรม（节目）、ภาพยนตร์（电影）等。

（3）其他广播电视公司网站

① UBC电视公司：www.ubctv.com；

② บริษัท ทรูวิชั่นส์ จำกัด (มหาชน)（TRUEVISION电视有限公司）：www.truevisionstv.com；

③ บริษัท เอจีบี นีลเส็น มีเดีย รีเสิรต์ (ประเทศไทย)（AGB Nielsen Media Research电视公司）：www.agbnielsen.co.th；

④ สถานีวิทยุกระจายเสียงและวิทยุโทรทัศน์รัฐสภา（泰国国会广播电视网网站）：www.tvparliament.net。

2. 主要广播电台网络信息

（1）泰国广播电台

泰国广播电台成立于1930年2月25日，是泰国最高级别的国家电台，设有国际部，用泰语、英语、法语、汉语、马来语、越语、老挝语、柬语、缅语、日语等语种广播各类节目。泰国广播电台网站（nbt.prd.go.th）是一个泰文网站，开设的栏目有ข่าวประชาสัมพันธ์（民众联络新闻）、ข่าววงการไอที（IT新闻）、ข่าวกีฬา（体育新闻）等，并提供各区和各府民众联络办公室广播电台的链接。

（2）泰国陆军广播电台

泰国陆军广播电台前身是1982年6月24日成立的"陆军节目和新闻录制中心"，直属于陆军执勤中心。1987年9月30日，由于陆军执勤中心内部调整，取消了陆军"节目和新闻录制中心"并成立了"陆军节目和新闻录制部"，直属于陆军执勤中心民政事务处，并在2004年3月11日改制为"陆军广播电台"，为陆军执勤中心民政事务处的一个直属部门。泰国陆军广播电台网站（www.thaiarmyradio.net）是一个泰文网站，开设的栏目有รายการหลัก（主要节目）、ข่าวประชาสัมพันธ์（民众联络新闻）、รายการที่น่าสนใจ（值得关注的节目）、ข่าวประชาสัมพันธ์กองทัพบก（陆军民众联络新闻）、ศูนย์ข่าวทหารบก（陆军信息中心）等。

（3）泰国其他主要广播电台网站

① สถานีวิทยุกระจายเสียงกองทัพเรือ（泰国海军广播电台网站）：www.navy.mi.th/navyradio/hsrn/index.php；

② บริษัท วิทยุการบินแห่งประเทศไทย จำกัด（泰国航空广播有限公司网站）：www.aerothai.co.th/thai/eng_frequency2_th.php；

③ สถานีวิทยุกรุงเทพประเทศไทย（泰国曼谷广播电台）：www.bangkokbranches.com/thai/radio-tv-station/radio-station/index.htm。

3. 主要电视台网络信息

（1）泰国大众传播机构电视台

泰国大众传播机构电视台网站（www.mcot.net）是泰文网站，隶属于泰国大众传播机构，主要介绍泰国新闻社（สำนักข่าวไทย）所发布的国内外电视新闻节目，并可以搜索一周以内的主要新闻。网上视频服务可以点播收看新闻节目。

（2）泰国电视第3频道

泰国电视第3频道（英文：Thai TV Colour Channel 3；泰文：สถานีวิทยุโทรทัศน์ไทยทีวีสีช่อง 3）隶属于泰国BEC-Tero私人公司，于1970年3月16日开始播出彩色电视节目，其节目大多从台湾、香港、日本和韩国采购，并配以泰语播出，题材多为言情、武侠及古装剧为主。泰国电视第3频道官网网址为"www.thaitv3.com/ch3"。

（3）泰国陆军电视台第5频道

泰国陆军电视台第5频道（英文：Royal Thai Army Channel 5；泰文：สถานีโทรทัศน์ กองทัพบก ช่อง 5）位于泰国首都曼谷，成立于1958年，隶属于泰国皇家陆军，是泰国国内开办的第二家电视台。该电视台以播出泰国陆军的情况及新闻为主，同时播放国内外政治新闻及娱乐节目。泰国陆军电视台第5频道网站（www.tv5.co.th）为泰文网站，开设的栏目有Hot Proram（热点节目）、Interesting News（有趣新闻）、Sporting News（体育新闻）、English News（英语新闻）、News Clip（新闻剪报）等，并提供在线点播新闻服务。

（4）泰国陆军电视台第7频道

泰国陆军电视台第7频道是一个综合性较强、在泰国国内具有较高收视率的电视台。电视台每天几套新闻节目滚动播出，能使泰国国民较为及时地了解国内外新闻，是泰国政府向国民宣传的一个重要窗口。泰国陆军电视台第7频道网站（www.ch7.com）包含丰富多彩的栏目和内容，提供全面及时的新闻内容。

（5）泰国电视台第11频道

泰国电视台第11频道（สถานีโทรทัศน์ ช่อง 11 กรมประชาสัมพันธ์）为泰国国家电视台，隶属于民众联络厅，成立于1985年，2008年初更名为"国家广播电视台"，是泰国政府经营历史最悠久的电视台。泰国电视台第11频道网站（www.prd.go.th）提供在线视频服务，可以点播形式即时收看新闻及其他视频节目。

（6）泰国其他主要电视台

①สถานีโทรทัศน์ กองทัพบก ช่อง 7（泰国陆军电视台第7频道）：www.ch7.com；

② สถานีโทรทัศน์ ITV（泰国ITV电视台）：www.itv.co.th；

③ บริษัท ไทย-ไชนีส เทเลวิชั่น จำกัด（泰国中文电视台，TCTV）：www.tctv.co.th。

7.2.5 缅甸广播电视媒体网络信息检索

缅甸最早的广播电台建于1937年，1946年更名为"缅甸之声"。缅甸独立后，"缅甸之声"成为缅甸政府的官方电台，1954年，"缅甸之声"归入缅甸广播电视台的广播部，开始了缅甸现代广播的历史。

缅甸现有两家电视机构，一家是缅甸信息部所属的"缅甸广播电视台"（Myanmar Radio and Television, MRTV）；另一家是TATMADAW电视广播机构（Tatmadaw Telecasting Unit）所属的"妙瓦底电视台"（Myawady Television, MWDTV）。目前，MRTV旗下的"MRTV-3"和"MRTV-4"已经建立网站，提供电视节目点播功能。

由于经济发展的水平所限，缅甸广播电视事业还处于初步发展阶段。政府已经意识到信息发展对本国的重要性，在不断提高广播电视技术、更新设备的同时，缅甸广播电视积极地与国际合作，依靠现代信息技术，扩大自己的广播电视节目影响和加强本国在国际社会中的形象宣传。

1. 主要广播电视机构网络信息

缅甸广播电视台是缅甸联邦的国营广播电视服务机构，隶属于缅甸联邦宣传部，主要宗旨是提供信息、教育人民、娱乐大众。广播电视台由广播部、电视部、技术部和管理部四个部门组成，通过AM、FM和短波，电视微波，以及能够覆盖127个国家的Thai-com3卫星传送广播电视节目。缅甸广播电视台在缅甸全境已设立转播站约200个，节目覆盖人口达到了90%。MRTV的广播类节目主要从新首都内比都发布，而电视节目，依然主要从位于仰光市甘马育区的广播中心播送。目前，缅甸广播电视台主要运行MRTV（新闻频道），MRTV-3（国际频道）以及MRTV-4（生活娱乐频道）三个频道。其中，MRTV（新闻频道）节目制作包括新闻节目制作、演播室节目制作、外拍节目和其他节目制作等，在每日早间、午后、晚间多个时段播出国内外的重大新闻事件。"MRTV-3网站：www.mrtv3.net.mm"和"MRTV-4网站：www.mrtv4.net.mm"为英文版本，提供实时的新闻信息，并可下载短时的电视节目。

2. 主要广播电台

缅甸官办的"缅甸之声"是国内唯一的广播电台。广播部由节目部、新闻部和音乐部组成。"缅甸之声"所播出的内容，新闻节目占26%，包括国内国际新闻；教育节目占31%，包括政治、经济、社会和宗教方面的内容；娱乐节目占43%，包括歌曲、广播剧及其他娱乐节目。周一至周五播出10小时缅语节目，3小时45分英语节目，4小时少数民族语言节目。周末播出10小时30分钟缅语节目，4小时英语节目，4小时少数民族语节目。由于各种原因，"缅甸之声"目前尚未开设网站。

7.2.6 菲律宾广播电视媒体网络信息检索

菲律宾广播电视管理和经营部门主要包括：新闻部广播局、全国新闻生产中心（NMPC）、菲律宾国家广播公司（NBC）、坎拉翁广播系编统（KBS）、巴纳豪广播公司（BBC）、洲际广播公司（IBC）、远东广播公司（FEBC）和菲律宾之音广播电台（VOP）。

1. 主要广播电视机构网络信息

（1）菲律宾国家电视广播网（National Broadcasting Network, NBN）

菲律宾国家电视广播网由菲律宾政府所有，前身是1974年成立的国家电视台，1992年改组为人民电视网络（People's Television Network），在全国32个省市设有站点，观众人数占全国人口的85%。2001年7月16日，由阿罗约总统任命的新管理层将人民电视广播网正式更名为国家电视广播网，以"One People, One Nation, One Vision"（一个民族，一个国家，一片视野）为新的座右铭。2003年2月19日，国家电视广播网与电视广播服务站（Television and Radio Broadcasting Service, TARBS）联合，将信号覆盖到全世界，尤其是覆盖到了菲律宾广大的海外劳工。菲律宾国家电视广播网官方网站为"www.ptni.tv"。

（2）菲律宾有线电视协会（Philippine Cable Television Association, PCTA）

菲律宾有线电视协会是菲律宾有线电视运营商的一个伞式组织，其成员包括该国最大的有线电视网络运营商以及中小型站塔。通过努力，目前经营者已成功实现信息和技术革新，使国家最远的地方也可以收到电视信号。迄今为止，该协会有326个PCTA正式成员和25个附属会员，合计吸引了85%的有线运营商为电视用户提供服务。菲律宾有线电视协会官方网站为"www.pcta.org.ph"。

2. 主要广播电台网络信息

（1）宿务广播电台（Bombo Radyo Cagayan de Oro）

宿务广播电台在广播领域以廉洁形象著称，现在是菲律宾排名第一的广播网络，运营范围遍布吕宋岛、米沙鄢群岛和棉兰老岛在内的43个电台，包括22个AM电台和21个FM电台。宿务广播电台从来没有在公众利益的问题上向政府妥协，独特的广播内容和风格成为各竞争对手竞相效仿的模式。宿务广播电台网址为"www.bomboradyo.com"。

（2）棉兰老广播网（Radio Mindanao Network）

棉兰老广播网在1952年8月28日首播，现在已经为菲律宾人民服务了近60年，播出的内容包括国内外体育、商业、娱乐等，网址是"www.rmn.ph"。

（3）91.3 FM Tabaco

塔瓦克城电台设在菲律宾塔瓦克，通过shoutcast.com的赞助已经可以向全世界互联网用户提供在线收听服务，让世界了解当地的文化，网址是"www.oneradiotabaco.com"。

7.2.7 马来西亚广播电视媒体网络信息检索

1921年，柔佛州政府的电力工程师阿尔•伯奇（Al Birch）带来了马来西亚历史上第一台无线电台设备，随后组建柔佛无线电协会并以300米波长的波段发送广播，由此揭开马来西亚无线电广播的序幕。1957年马来西亚独立后，无线电广播有了较大发展，各地陆续建立广播电台，1960年，商业广播首次出现在电台节目中。1963年9月16日，马来西亚正式宣布成立，"Inilah Radio Malaysia"（"这是马来西亚广播电台"）通过播音员响彻了马来西亚，成为马来西亚广播业发展新的里程碑。1969年10月6日广播大厦（Angkasapuri）开始对外广播，广播与电视合并为马来西亚广播电视台，由马来西亚新闻部管辖。

马来西亚广播电台主要包括官方广播电台和私营的广播电台，官方广播电台由马来西亚广播电视台经营和管理，私营广播电台主要以音乐和娱乐节目为主。电台节目除以调频波段播出外，各电台透过网站进行网络实时直播也逐渐成为与传统广播模式并重的新型模式。

马来西亚电视台主要分为有线电视台、无线电视台和卫星电视台，除马来西亚广播电视台下属的两个电视台之外，其余均为私营电视台。目前已有多家电视台在官方网站中提供电视节目的在线直播和点播功能，虽然在线直播功能通常只向马来西亚国内互联网用户开放，但是国外用户仍然可通过在线点播功能收看各档电视节目。

1. 主要广播电视机构网络信息

（1）马来西亚广播电视台（Radio Televisyen Malaysia, RTM）

马来西亚广播电视台是受马来西亚新闻部广播局领导的政府传播机构，由政府提供经费，同时也依靠广告费收入和社会赞助。目前马来西亚广播电视台经营两家电视台和九家广播电台。两家电视台为马来西亚第一电视台（TV1）和马来西亚第二电视台（TV2）。其中，第一电视台播放马来语和英语节目，主要面向马来人观众；第二电视台播放含马来语字幕的汉语和泰米尔语节目，主要面向华人和印度人观众。九家广播电台分别为AI FM、Asyik FM、Klasik Nasional、KL FM、Minnal FM、Muzik FM、Suara Islam、Suara Malaysia和Traxx FM，广播语言包括马来语、汉语、泰米尔语和伊班语等。"马来西亚广播电视台网站：www.rtm.gov.my"为马来文版本，在2009年12月经过全新改版后，向用户提供丰富的免费在线多媒体资源，包括旗下广播和电视节目的实时直播（Live Streaming TV1, Live Streaming TV2, Radio RTM），最近一期电视节目的点播（TV1, TV2）和在线文字新闻直播（Besonline）等。

（2）首要媒体有限公司（Media Prima Berhad）

首要媒体有限公司成立于2003年9月23日，是在马来西亚股票交易所上市的媒体集团公司，被视为亲巫统的媒体。除拥有新海峡时报（马来西亚）有限公司43%的股权，首要媒体垄断了马来西亚所有私营免费电视台的经营权，即八度空间（8TV）、国民电视7台（NTV7）、第三电视台（TV3）、第九电视台（TV9），同时还经营Hot FM、Fly FM和One FM三家私营电台。此外，首要集团还拥有Big Tree和UPD两家户外广告公司。"首要媒体集团网站：www.mediaprima.com.my"为英文版本，主要提供该集团公司的企业信息、投资公告、年度报告、重要声明等信息，用户可通过网站主页提供的链接选择登陆该集团旗下各电台、电视台及广告公司的网站。

（3）寰宇电视公司（ASTRO）

寰宇电视公司成立于1996年，是马来西亚领先提供直接到户（Direct-To-Home, DTH）电视服务和商业广播的跨媒体集团，向马来西亚和文莱地区200多万用户提供超过100套付费电视频道。其独资子公司东亚卫星广播网络系统私人有限公司（Measat Broadcast Network Systems Sdn Bhd, MBNS）是马来西亚国内唯一拥有卫星直接到户传播

20年许可证的媒体公司。寰宇电视公司积极参与马来语、汉语、英语和泰米尔语节目的制作、综合与发行，在马来西亚收视率排行前十名的电视频道中，有六个频道是寰宇电视公司平台制作的。该公司还经营八个地面调频广播电台，每周听众人数达到1100万。"寰宇电视网：www.astro.com.my"为马来文和英文混合版本，分类提供旗下所有电视频道的收视指南和节目介绍，并通过"Watch Videos Online"栏目向用户提供部分视频剪辑的在线观看。

2. 主要广播电台网络信息

（1）马新社24小广播电台（BERNAMA Radio 24）

马新社24小时广播电台（简称"24小时电台"）是马来西亚第一家新闻广播电台，2007年9月3日开播，每天24小时播出新闻报道、对话访谈、新闻分析、实时评论等新闻类节目。"24小时电台网站：www.radio24.com.my"为马来文版本，其中Berita Audio（音频新闻）、Laporan Wartawan（记者报道）、Arkib Audio（音频资料库）、Program Pilihan（自选节目）、Bisnes（商业新闻）五个栏目向用户提供音频形式的新闻内容，Buletin Terkini（实时新闻）栏目向用户滚动提供最新的文字新闻内容，其他栏目还包括Laporan Trafik Terkini（最新交通报道）、Laporan Cuaca Terkini（最新天气报道）和Kalendar Acara（节目表）等。用户可选择Dengar Secara Langsung（直接收听）在线收听24小时电台的节目。

（2）ERA FM

ERA FM隶属于马来西亚最大电台经营机构Airtime Management & Programming Sdn Bhd（AMP），是马来西亚最受欢迎、受听率最高的马来语电台。"ERA FM网站：www.era.fm"为马来文版本，主页内容主要分为六个栏目。Di Era（电台相关）栏目主要介绍电台的播音团队、广播频率等基本信息，Program（节目）栏目为电台各档节目的介绍，Galeri（图库）栏目是电台的照片和视频集，Sensasi（热门）栏目包含电影、音乐视频、唱片专辑封套等资源，Info（信息）栏目包括交通、天气、社团新闻等信息，Kreatif（创作）栏目主要是与电台的互动活动，包括竞猜、博客等。其中Video Muzik（音乐视频）是Sensasi栏目的特色内容，用户可从中检索和在线欣赏最新的音乐视频。此外，用户还可点击Dengar Sekarang（立即收听）在线收听电台节目。

（3）部分支持在线收听的广播电台及网址

① Hot FM（马来语）：www.hotfm.com.my；

② ERA FM（马来语）：www.era.fm；

③ Asyik FM（马来语）：www.asyikfm.my；

④ Muzik FM（马来语）：www.muzikfm.com.my；

⑤ Suria FM（马来语）：suriafm.com.my；

⑥ Traxx FM（马来语）：www.traxxfm.net；

⑦ Mnet FM（马来语）：www.mnetfm.net；

⑧ Minnal FM（马来语）：www.minnalfm.com；

⑨ Kedah FM（马来语）：www.kedahfm.gov.my；

⑩ Mutiara FM（马来语）：www.mutiarafm.gov.my；

⑪ Sabah FM（马来语）：rtmsabah.gov.my；

⑫ Sarawak FM（马来语）：www.rtmsarawak.gov.my；

⑬ Fly FM（英语）：www.flyfm.com.my；

⑭ HITZ.FM（英语）：www.hitz.fm；

⑮ MIX.FM（英语）：www.mix.fm；

⑯ 998 FM（汉语）：988.com.my；

⑰ AI FM（汉语）：www.aifm.net.my；

⑱ One FM（汉语）：www.onefm.com.my；

⑲ MY FM（汉语）：www.my.com.my。

3. 主要电视台网络信息

（1）第三电视台

第三电视台成立于1984年6月1日，是马来西亚第一家也是规模最大的私营电视台。作为首要媒体旗下的皇牌电视台，第三电视台以马来语节目为主，定位于"马来人的电视台"，由于其内容丰富多彩，开播之初就具备了与国家电视台竞争的实力。第三电视台是首要媒体收益最好的电视台，与八度空间一起占领了马来西亚53%的广告市场，收视率合计达到56%。"第三电视台网站：www.tv3.com.my"为英文版本，通过三个主要栏目向用户提供资源。①Catch Up TV：提供各档节目预告的视频剪辑；②Shows：提供大部分节目最近一期的在线观看；③Schedule：提供节目播放表。

（2）Fine TV

Fine TV是马来西亚第三家付费电视台，2005年3月开播，归网络导航私人有限公司（Network Guidance Sdn Bhd）所有。秉承"建立知识社会，打造愉快生活"的建台宗旨，Fine TV提供18套付费电视频道，用户通过特定机顶盒可以随时收看电视剧、电影、体育比赛、音乐视频等节目。"Fine TV网站：www.finetv.com.my"为英文版本，提供Fine TV的最新资讯和部分频道的视频剪辑，用户还可通过该网站注册订制电视节目。

（3）其他主要电视台网站

① 第九电视台（TV9）：www.tv9.com.my；

② 八度空间（8TV）：www.8tv.com.my；

③ 国民电视7（NTV7）：www.ntv7.com.my；

④ MiTV：www.mitv.com.my。

4. 在线广播电视节目的收听和收看

对于那些在官方网站提供在线播放功能的电台和电视台，我们只需登陆其网站便可收听和收看节目。但由于每个网站只对应一个在线广播或电视频道，如果想更换频道必须打开新的网页，操作步骤比较繁琐。而有部分电台虽然没有自己的网站，但也通过第三方网站提供在线收听服务。因此，通过一些专业的网上广播电视节目导航网站，我们可以方便检索和选择想要收听或收看的节目。马来西亚的此类网站主要有以下两个：

（1）Universal Media（通用媒体）：www.um.com.my。该网站提供马来西亚电视频道TV1、TV2、TV3、TV9以及电台频道Hot FM、Fly FM、ERA FM、HITZ.FM、IKIM FM、LIGHT&EASY、MIX.FM、Red FM、Sinar FM、XFRESH FM、Nasional、Jazz FM、Opus FM、MY FM、KL FM、Muzik FM、Suria FM、THR RAAGA、THR GEGAR、Desa FM、Manis FM、Nasyid FM、Radio 24的在线直播。此外，该网站还提供部分文莱、泰国电视频道和新加坡电台频道的在线直播。

（2）Malaysia Online Radio（马来西亚在线广播）：www.radio.com.my。该网站提供Hot FM、ERA FM、Asyik FM、Home FM、IKIM FM、Kedah FM、Klasik Nasional、Labuan FM、Melaka FM、Mnet FM、Muzik FM、Negeri FM、Radio 24、Selangor FM、Suria FM、TraxxFM、Fly FM、HITZ.FM、MIX.FM、988 FM、AI FM等马来西亚电台频道的在线直播。

5. 检索示例

【例7-7】通过第九电视台（TV9）网站检索并下载2010年8月10日的马来语新闻节目。

具体步骤如下：

（1）登陆第九电视台（TV9）网站主页"http://www.tv9.com.my"。

（2）下拉主页上方"ALL SHOWS"标题，选择"BERITA TV9"选项。

（3）在网页下方"Featured Videos"栏目中单击"Berita TV9: 10 Ogos 10"标题播放该辑节目。

（4）使用RealPlayer Downloader等视频下载工具下载该视频文件。

7.2.8　文莱广播电视媒体网络信息检索

在文莱，收听广播是人们日常生活当中不可或缺的一部分，基本上每1000人中就有400多部收音机。文莱广播电台创建于1957年5月，是文莱唯一的广播电台。2001年7月，文莱广播电台正式推出网上广播，全世界人民都可以通过网络收听文莱广播电台的节目。

文莱目前有两家主要的电视台，即国有的文莱广播电视台（Radio Television Brunei, RTB）和私营的水晶电视台，主要转播国外电视节目。目前，两家电视台都已经开始提供网上服务，具有在线直播和点播功能。

1. 主要广播电视机构网络信息

文莱政府对国内广播电视的管制非常严格，文莱广播电视台是目前文莱国内最有影响力的广播电视台。文莱广播电视台的广播电台于1957年2月开始广播，电视台直到1975年才开始建成并投入运营。文莱广播电视台主要负责报道文莱以及东盟各国的新闻时事，以马来语、英语和汉语等语言进行广播。在过去的几十年里，在政府的扶持下，文莱广播电视台有很大的发展。1974年，文莱广播电台仅有170多民员工，1975年电视开播之时，也仅有几名员工负责电视制作和转播。现在，文莱广播电视台已经拥有超过1000名员工的工作团队，国家电视、广播的覆盖率达100%。目前文莱广播电视台经营五个频段的广播和五个电视频道，广播和电视节目的播出语言包括马来语、英语、汉语和尼泊尔语。文莱广播电视台官方网站为"www.rtb.gov.bn"。

2. 主要广播电台和电视台网络信息

（1）文莱广播电台

文莱广播电视台旗下的文莱广播电台是文莱最具影响力的全国性电台，目前主要以五个频段向国内外播出。广播一套为国家频道（Nasional FM），主要播出各种新闻时事、对话访谈，采用马来语广播政府政策，宣传政府思想；广播二套为精选频道（Pilihan FM），采用英语和汉语等语种播放，多为休闲娱乐的节目；第三频道为彩虹频道（Pelangi FM），主要采用马来语广播，也大多为休闲娱乐的节目；第四频道为和谐频道（Harmoni FM），这是一个综合频道，主要采用马来语播音，内容涉及娱乐新闻等方方面面；第五频道为伊斯兰频道（Nurislam FM），采用马来语播音，主要向国内以及国外听众传播伊斯兰教知识。

（2）文莱电视台

文莱广播电视台所经营的五个电视频道是文莱国内主要的电视频道，主要有文莱第一电视频道（TV1）、文莱第二电视频道（TV2）、文莱第三电视频道（TV3）、文莱第四电视频道（TV4）以及文莱第五电视频道（TV5）。文莱第一电视频道为综合频道，以英语和马来语为媒介向国内转播时事新闻，同时宣扬国家政府的方针和政策。第二电视频道为综合娱乐频道，主要播放国内外的电视剧。第三电视频道主要播放一些较短的科普记录片，时常也穿插播出第一、第二电视频道的节目。第四电视频道主要播放马来语的节目。第五频道主要宣讲伊斯兰知识。

文莱广播电视台自20世纪末期通过官方网站开始全面提供网上服务项目，网站主页提供旗下广播和电视各频道的网址链接，读者可以根据需要选择在线收听、收看文莱广播电视台的所有节目。

7.2.9　新加坡广播电视媒体网络信息检索

新加坡广播事业的创建可以追溯到1935年，当时私营的英马广播公司创办了第一家广播电台，于1936年6月1日开播。1980年2月成立的新加坡广播局，是隶属于新闻、通讯及艺术部的法定机构，也是全国广播电视的主管部门，它的主要职责是负责管理全国广播电视业的发展，核发收音机和电视机执照，制作广播电视节目。2001年，新加坡成立新加坡国际传媒集团（MEDIACORP）以取代新加坡广播局。

新加坡几乎所有的电视与广播都是政府拥有的。新传媒经营所有的七个落地免费电视频道和十四个免费广播频道。新加坡武装部队战备军协（SAFRA）和联盟传讯（新加坡报业控股传讯与职总媒体合作社的合资公司）则各经营两个免费的广播频道。私营的丽的呼声电台则提供十一个数码广播付费频道。

1.　主要广播电视机构网络信息

新传媒是新加坡的主要媒体集团，业务遍及电视、广播、报纸、电影、数码和户外媒体，堪称最全面的媒体平台。从1936年开拓广播业务，到1963年首次播放电视节目，新传媒可以说是新加坡广播电视的先驱。目前，新传媒拥有超过50种包含英语、汉语、马来语和泰米尔语在内的品牌产品。"新传媒网站：www.mediacorp.sg"为英文和中文版本，向用户提供各个广播电视台的快速链接及各类相关的新闻资讯，用户还可从网站获取新传媒集团概况简介、人事部门等信息。

2.　主要广播电台网络信息

（1）新传媒电台

新传媒电台是新加坡最大的电台，它奉行"以人为本"的宗旨，拥有Gold90.5FM、Class95FM、938Live、Love97.2FM等13个地方电台，并用4种语言播放。"新传媒电台网站：www.mediacorpradio.sg"为英文版本，提供音乐娱乐和实时新闻，在其主页中的Hear&See Us（收听和观看）栏目中提供部分频道的在线收听服务。

（2）新加坡武装部队战备军协电台（SAFRA）

SAFRA电台建立于1972年，初衷是为了鼓舞新加坡武装部队的士气和提高武装部队的战斗力。目前，新加坡武装部队战备军协电台拥有Power 98FM、883jiaFM两个频道，已经发展成为提供高质量娱乐、体育和教育频道的高水平电台。"SAFRA电台网站：www.safra.sg"为英文版本，在主页下方提供了两个频道的链接，选择进入任一频道均可在线收听节目。

（3）丽的呼声（Rediffusion）

丽的呼声是新加坡唯一一个私营电台，提供15个国家和地区的电台频道，是新加坡拥有最多频道的电台，是世界上第一个拥有数码声音广播的电台。"丽的呼声网站：www.

rediffusion.com.sg"为英文版本，内容涉及新闻、音乐、娱乐、教育等诸多方面，在其主页的Radio Station（电台频道）栏目中，用户可通过点击电台频道名，在线收听部分频道节目。

3. 主要电视台网络信息

（1）新传媒电视台

作为新加坡最大的无线电视台，新传媒旗下的电视频道不仅呈献本地节目，也播出国际获奖的作品。"新传媒电视网站：www.mediacorptv"为英文和中文版本，提供新传媒电视台Channel 5（5频道）、Channel 8（8频道）、Channel U（U频道）、Suria（朝阳频道）、Vasantham（春天频道）、Okto（欧克多频道）的主页链接，用户可以分别登陆各频道主页查看节目预告和下载节目视频。

（2）星和世界电视台（StarHub）

星和世界电视台是新加坡最大的付费电视运营商，提供大量高质量的国际新闻、电影、娱乐、体育、音乐、教育频道。它有六个高清频道，是东南亚第一个提供高清电视的电视台。用户通过特定机顶盒可以随时收看电视剧、电影、体育比赛、音乐视频等节目。"星和世界电视台网站：www.starhub.com" 为英文版本，用户可在网页上选择Mobile（手机）、TV（电视）、Broadband（宽带）等多种收看方式，Support（帮助）栏目提供一些常见问题的解答，还可通过My Account（我的账户）栏目进行帐户申请和充值。

4. 检索示例

【例7-8】通过新传媒集团（MediaCorp）网站检索并观看2010年10月7日新加坡新闻节目。

具体步骤如下：

（1）登陆新传媒集团网站主页"http://ch.mediacorp.com.sg/index.php"。

（2）单击主页左侧的"电视"标题，选择"8"图标。

（3）弹出新网页后，在网页右侧"电视节目表"栏目中单击"一点新闻News 8 At One"标题播放该节目。

7.2.10 印尼广播电视媒体网络信息检索

印尼的广播电视媒体有国营和私营之分，印尼共和国广播电台和印尼共和国电视台是唯一的国营广播电台和电视台。目前，大部分的广播电台和电视台都建立了官方网站，方便听众和观众通过网络途径以点播或直播的方式收听和收看节目。

1. 印尼主要电台网络信息

（1）印尼共和国广播电台（Radio Republik Indonesia）

印尼共和国广播电台成立于1945年，是印尼国家广播电台，在60个城市建立有分台，信号覆盖印尼83%的人口。该台共有四套节目：一套（FM 91.2）为音乐资讯频道，二套（FM 105.0）为生活频道，三套（FM 88.8、AM 999、SW 11850）为国内新闻频道，四套（FM 92.8、AM 1332、SW 9680）为教育文化频道。登陆"印尼共和国广播电台网站：www.rri.co.id"可以下载总台四套节目和一些地方分台节目的播放列表文件（.pls），然后通过iTunes或Winamp等软件在线播放。此外，网站还实时更新印尼政治新闻和各地要闻。

（2）印尼之声（Voice of Indonesia）

印尼之声隶属于印尼共和国广播电台，是印尼的国际广播电台，每天用11种语言播出，频率分别是FM 89.1、SW 15150、SW 11785、SW 9525。"印尼之声网站：www.voi.co.id"提供英、汉、阿、德、法、西、日、印尼多语言新闻，可以收听24小时滚动播出的节目。

（3）其他印尼主要电台

除印尼共和国广播电台外，其他的印尼广播电台都是私营的，各种节目琳琅满目，以播放音乐等娱乐节目为主。各电台频率可以登陆维基百科的"印尼电台列表：id.wikipedia.org/wiki/Daftar_stasiun_radio_di_Indonesia"查询。部分电台能提供在线收听，可登陆"SHOUTcast网站：www.shoutcast.com/Internet-Radio/indonesia"或"Surfmusic网站：www.surfmusic.de/country/indonesia.html"在线收听相关节目。

2. 印尼主要电视台网络信息

（1）印尼共和国电视台（Televisi Republik Indonesia, TVRI）

印尼共和国电视台成立于1962年，是印尼唯一的国家电视台。该电视台的信号可以覆盖印尼全国，约82%的印尼人都能收看到。截至2007年，印尼共和国电视台拥有一家中央台、27家地方台和376个转播台，共有员工6099人，其中5085人属于国家公务员编制。中央台每天播放19个小时的节目，各地方台也制作和播放自己的节目。"印尼共和国电视台网站：www.tvri.co.id"为英文版本，但是内容不够丰富，许多节目只能进行预览，新闻视频不多。

（2）印尼鹰记电视台（Rajawali Citra Televisi Indonesia, RCTI）

印尼鹰记电视台成立于1989年，总部位于雅加达，是印尼最早和最大的私营电视台，电视信号可覆盖全印尼302个城市，1.8亿人口。"印尼鹰记电视台网站：www.rcti.tv"最主要的信息是节目表和内容预告，全站没有视频。

（3）阳光印象电视台（Surya Citra Televisi, SCTV）

阳光印象电视台成立于1990年，是印尼著名的电视台之一。成立之初，电视台总部在泗水，1999年迁往雅加达。目前，该电视台有47个转播台，信号覆盖印尼240个城市的1.75亿人口。"阳光印象电视台网站：www.sctv.co.id"也是以节目表和内容预告为主，但开通有论坛和免费电子邮件服务。特别值得一提的是，该电视台的"Liputan 6新闻频道网站：www.liputan6.com"内容十分丰富，频道播出的所有节目都可以在线观看，并可以通过flv捕捉工具下载。

（4）印尼其他主要电视台网站

① ANTV（星空安达拉电视台）：www.an.tv；

② Global TV（印尼环球电视台）：www.globaltv.co.id；

③ Indosiar（印尼自立电视网，部分娱乐节目可浏览下载）：www.indosiar.com；

④ Metro TV（印尼美都电视台，新闻视频浏览下载）：www.metrotvnews.com；

⑤ TPI（印尼教育电视台）：www.tpi.co.id；

⑥ Trans 7（印尼超越7电视台）：www.trans7.co.id；

⑦ Trans TV（印尼超越电视台）：www.transtv.co.id；

⑧ TV One（印尼第一频道电视台）：www.tvone.co.id。

3. 检索示例

【例7-9】通过印尼阳光印象传媒旗下的Liputan6网站检索视频节目。

具体步骤如下：

（1）登陆Liputan6网站主页"http://www.liputan6.com"。

（2）在主页的导航栏中找到"Video"栏目并点击标题。

（3）"Video"页面的左侧为视频类别的栏目标题列表，根据检索任务单击相应的标题。

（4）类别标题下方为视频列表，按照时间的顺序先后排列，根据需要单击视频标题或者缩略图，就可以观看该视频了（需要安装浏览器Flash插件）。

（5）如果需要下载的话，有两种方法，第一种方法是用Flv嗅探器下载，另外一种方法是打开"C:\Documents and Settings\用户名\Local Settings\Temporary Internet Files"，在"Temporary Internet Files"文件夹中找到后缀名为"flv"的文件，然后复制到指定文件夹即可。

第8章 东南亚国家政治与军事类网络信息检索

电子政府（e-Government）是信息时代下的政府形态，与电子商务（e-Business）、电子社区（e-Community）一起构成了信息时代的基本框架。电子政府日益受到世界各国的重视，根据联合国2008年电子政府调查数据显示，东南亚地区电子政府的发展水平在亚洲仅次于东亚地区，略低于全球平均水平。在政务公开化、军事透明化的趋势下，依托于互联网这个开放和便捷的信息发布平台，东南亚各国越来越多的政府部门和军事机构通过建立官方网站向公众提供各种类型的信息，同时这些网站也成为检索东南亚国家政治和军事类网络信息资源的主要途径。

▶ 8.1 东南亚国家政治类网络信息检索

东南亚国家政治类网络信息资源主要由东南亚国家国会网站、各级政府和下属部门、机构的网站以及各政党网站构成。

8.1.1 越南政治类网络信息检索

1. 政体信息检索

越南全名越南社会主义共和国（Nước Cộng hòa Xã hội chủ nghĩa Việt Nam），国家元首是国家主席（Chủ tịch nước）。国家主席由国会投票选举产生，任期与每届国会代表任期相同，均为5年。国家主席兼任人民武装部队司令（Tư lệnh lực lượng vũ trang nhân dân）和国防与安全委员会主席（Chủ tịch Hội đồng Quốc phòng và An ninh），统率全国武装力量，主要职权还包括：颁布宪法和各项法律；建议国会选举或罢免国家副主席、政府总理、最高人民法院院长和最高人民检察院检察长；根据国会的决议，决定大赦或特赦等。越南政体的其他详细信息可登陆网站"越南政府网：www.chinhphu.vn"进行检索。

2. 国会信息检索

国会（Quốc hội）是越南的国家最高权力机关，也是全国唯一的立法机构，通常每年举行两次例会。国会代表以普选制投票产生，任期5年，国务委员会（Ủy ban Thường vụ Quốc hội）是国会的最高常设机关，国务委员会委员任期与国会代表任期相同。"越南国会网站：www.na.gov.vn"有越文和英文两个版本，提供越南国会的职能、职责、机构设置、发展历史、近期动态等信息，其左侧导航栏的"Văn bản pháp luật"可链接到由越南国会主办的"越南法律数据库：vietlaw.gov.vn"，从而查找最全的越南法律原文。

3. 政府信息检索

中央政府为国家最高权力机关（国会）的执行机关和越南国家最高行政机关，向国会负责，在国会闭会期间向国会常务委员会负责。政府由每一届国会的第一次会议选举产生，任期为四年，总理（Thủ tướng）是政府首脑。政府下设22个部门，除国防部和公安部之外，其余都已开通官方网站。以下为各部门的名称和官方网站地址。

（1）国防部（Bộ Quốc phòng）；

（2）公安部（Bộ Công an）；

（3）外交部（Bộ Ngoại giao）：www.mofa.gov.vn；

（4）内务部（Bộ Nội vụ）：www.moha.gov.vn；

（5）司法部（Bộ Tư pháp）：www.moj.gov.vn；

（6）计划投资部（Bộ Kế hoạch và Đầu tư）：www.mpi.gov.vn；

（7）财政部（Bộ Tài chính）：www.mof.gov.vn；

（8）工商部（Bộ Công Thương）：www.moit.gov.vn；

（9）农业与农村发展部（Bộ Nông nghiệp và Phát triển nông thôn）：www.agroviet.gov.vn；

（10）交通运输部（Bộ Giao thông Vận tải）：www.mt.gov.vn；

（11）建设部（Bộ Xây dựng）：www.moc.gov.vn；

（12）资源环境部（Bộ Tài nguyên và Môi trường）：www.monre.gov.vn；

（13）通讯部（Bộ Thông tin và Truyền thông）：www.mic.gov.vn；

（14）劳动荣军与社会部（Bộ Lao động - Thương binh và Xã hội）：www.molisa.gov.vn；

（15）文体与旅游部（Bộ Văn hóa, Thể thao và Du lịch）：www.cinet.gov.vn；

（16）科技部（Bộ Khoa học và Công nghệ）：www.moste.gov.vn；

（17）教育培训部（Bộ Giáo dục và Đào tạo）：www.moet.edu.vn；

（18）卫生部（Bộ Y tế）：www.moh.gov.vn；

（19）民族委员会（Ủy ban Dân tộc）：cema.gov.vn；

（20）国家监察总署（Thanh tra Chính phủ）：www.thanhtra.gov.vn；

（21）政府办公厅（Văn phòng Chính phủ）：www.chinhphu.vn；

（22）国家银行（Ngân hàng Nhà nước）：www.sbv.gov.vn。

4．地方政府信息检索

越南全国划分为5个直辖市（thành phố trực thuộc trung ương）和59个省（tỉnh）。地方政权机构包括省、县、乡、村在内的各级人民议会（Hội đồng Nhân dân）和各级人民委员会（Ủy ban Nhân dân）。各级人民议会是地方权力机关，由地方人民普选产生，向地方人民负责。省、中央直辖市和同级的人民议会议员任期4年，其他各级人民议会的议员任期为2年。各级人民委员会是各级人民议会的执行机关和地方行政机构，由本级人民议会选出，任期与同期人民议会相同。越南政府网提供了各省级行政单位的简要介绍、领导班子组成以及人民委员会地址、联系方式等信息，可以详细了解各省（市）的经济、社会、文化、旅游、投资等多方面信息。下面列举越南部分省、直辖市政府的官方网站地址。

（1）河内市（Thành Phố Hà Nội）：www.hanoi.gov.vn；

（2）胡志明市（Thành Phố Hồ Chí Minh）：www.hochiminhcity.gov.vn；

（3）海防市（Thành Phố Hải Phòng）：www.haiphong.gov.vn；

（4）岘港（Thành Phố Đà Nẵng）：www.danang.gov.vn：

（5）芹苴市（Thành Phố Cần Thơ）：www.cantho.gov.vn：

（6）河南省（Tỉnh Hà Nam）：www.hanam.gov.vn；

（7）高平省（Tỉnh Cao Bằng）：www.caobang.gov.vn；

（8）老街省（Tỉnh Lào Cai）：www.laocai.org；

（9）谅山省（Tỉnh Lạng Sơn）：www.langson.gov.vn；

（10）义安省（Tỉnh Nghệ An）：www.nghean.gov.vn；

（11）清化省（Tỉnh Thanh Hóa）：www.thanhhoa.gov.vn；

（12）广平省（Tỉnh Quảng Bình）：www.guangbinh.gov.vn；

（13）承天顺化省（Tỉnh Thừa Thiên-Huế）：www.thuanthienhue.gov.vn；

（14）太原省（Tỉnh Thái Nguyên）：www.thainguyen.gov.vn；

（15）多乐省（Tỉnh Đắc Lắc）：www.daklak.gov.vn；

（16）同奈省（Tỉnh Đồng Nai）：www.dongnai.gov.vn；

（17）巴地－头顿省（Tỉnh Bà Rìa - Vũng Tàu）：www.bariavungtau.com；

（18）金瓯省（Tỉnh Cà Mau）：www.camau.gov.vn。

5. 政党信息检索

越南社会主义共和国实行一党制。越南共产党（Đảng Cộng sản Việt Nam）是越南唯一的政党，是"国家和社会的领导力量"。此外，越南还有一些由共产党领导的社会团体和群众组织，在国家政治生活中发挥积极作用。越南共产党现有党员约248万人，基层组织4万多个，同世界上180多个政党建有党际关系。"越南共产党官方网站：www.cpv.org.vn；www.dangcongsan.vn"有越、中、英、法四个语言版本，用户可以从中了解到越南共产党的党务信息。

6. 对外关系信息检索

1986年越共"六大"召开后，开始奉行全方位、多样化的独立自主外交路线，主张与世界所有国家都友好，优先发展同邻国、传统友好国家和大国的关系。现已与168个国家建交，并同20个国际组织及480多个非政府组织建立合作关系。越南当局对当前国际形势的看法是：当前国际形势复杂多变，但和平、稳定与发展仍是时代的主流。越将继续奉行独立自主、全方位、多样化的和平外交政策，努力维护和平稳定的周边环境，全力以赴发展经济。有关越南外交方面的详细信息，可以直接登陆"越南外交部网站：www.mofa.gov.vn"检索。如果想进一步了解中越双边关系的发展和双边贸易往来的最新动态，可登陆"中华人民共和国驻越南大使馆网站：vn.china-embassy.org"和"中华人民共和国驻越南大使馆经济商务参赞处网站：vn.mofcom.gov.cn"检索相关中文或越文信息。

7. 常用检索关键词

除上述介绍的关键词外，与越南政治相关的常用检索关键词还包括：Hồ Chí Minh（胡志明）、Xã hội chủ nghĩa（社会主义）、Đổi mới（革新）、Nhà nước（国家）、Toà án（法院）、Viện Kiểm soát（检察院）、Mặt trận Tổ quốc Việt Nam（越南祖国阵线）、Ủy ban（委员会）、Hiến pháp（宪法）、Bí thư（书记）、Bộ trưởng（部长）、Chủ nhiệm（主任）、Cơ cấu（机构）、Cơ quan（机关）等。

8. 重点网站推介——越南政府网

网　　址：www.chinhphu.vn

网站语言：越文、英文、中文

网站简介：越南政府网是越南社会主义共和国政府的官方网站，是越南政府对外宣传的窗口，主要介绍政府机构组成及其人员信息，发布各级政府重大活动的时事动态、会议决议及国家发展战略、目标、规划、政策等文本信息。

越南政府网整体结构清晰，色彩鲜明。网站标志下沿的主页导航栏提供7个栏目内容，前3个栏目标题 "Trang chủ"（主页）、"Báo Điện tử Chính phủ"（政府电子报）、"Mgov.vn" 用于在越南政府网Web版、越南政府电子报和越南政府网手机版三者之间进行切换，后4个栏目标题 "Chính phủ"（政府）、"Công dân"（公民）、"Doanh nghiệp"（企业）、"Người nước ngoài"（外国人）则是按照服务对象对政府事务进行分类。通过点击各个标题，用户能够快捷地查询相关信息。越南政府网（Web版）导航栏位于网站主页左侧，包括7个栏目内容：Tìm kiếm（检索），Nước CHXHCN Việt Nam（越南社会主义共和国），Chính phủ（政府），Hệ thống văn bản（文件系统），Số liệu ngân sách Nhà nước（国家财政预算数据），Chính sách phát triển kinh tế-xã hội（经济－社会发展政策），Các chương trình, dự án phát triển KT - XH trọng điểm của quốc gia（国家重点经济－社会发展项目和预案）。此外，主页两侧还有越南社会主义共和国公报、越南专项计划、经济－社会情况、行政手续改革等越南政务网子版块的快速进入通道，以及《共产杂志》网站、《人民报》网站、国会网站等其他网站的链接。通过越南政府网，可以方便快捷地获取越南政府各机构的详细信息，了解越南政府工作的最新动态，查询各级政府发布的各项制度性、政策性文件。

9. 检索示例

【例8-1】通过越南共产党官方网站检索越共中央总书记阮富仲最近的工作情况。

具体步骤如下：

（1）分析检索课题，选择检索网站。阮富仲是越南共产党中央总书记，关于他最近工作情况的报道，越南共产党官方网站提供的信息应该是最权威的。

图8-1　越南政府网主页

（2）通过网址"http://www.cpv.org.vn"登陆越南共产党官方网站。

（3）用鼠标单击主页左侧导航栏"Lãnh đạo Đảng"链接，在下拉选项中点击选择"Tổng Bí Thư"子链接。

（4）浏览相关新闻报道。检索结果以"标题＋主要内容"的记录形式显示，单击任一标题，可浏览详细的新闻报道。

8.1.2　老挝政治类网络信息检索

老挝政府于2010年6月底在万象中央政府各部门全面开通运行电子政务网络。老挝政府电子政务工程分两期，一期项目于2007年开始，耗资3500万美元，是中国政府优惠贷款，由上海贝尔—阿尔卡特公司执行；二期投资5800万美元。老挝希望从中国政府得到足够的贷款，以便能够租用中国卫星，大约在2013年实现全国电子政务联网。

1. 政体与政党信息检索

老挝是老挝人民革命党（ພັກປະຊາຊົນປະຕິວັດລາວ）领导的社会主义国家，实行人民议会制。通过1988年《老挝人民民主共和国各级人民议会和人民行政委员会组织法》、1988年《老挝人民民主共和国宪法》和1991年《老挝人民民主共和国宪法》三部法律，老挝人民议会制最终确立。

老挝人民革命党是老挝唯一的政党和执政党，其宗旨是：领导全国人民进行革新事业，建设和发展人民民主制度，建设和平、独立、民主、统一和繁荣的老挝，为逐步走上社会主义创造条件。老挝人民革命党没有开设网站，但是可以通过"老挝巴特寮通讯社网站：www.pasaxon.org.la"和"老挝人民报社网站：www.kpl.net.la"查询党政信息。

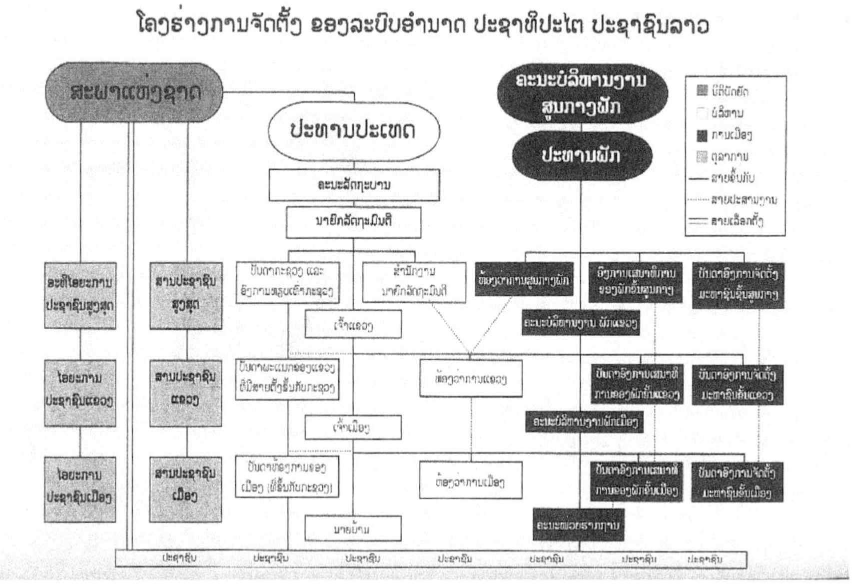

图8-2　老挝人民民主政权组织结构图

2. 国会信息检索

老挝国会（ສະພາແຫ່ງຊາດ）前身为最高人民议会，1992年8月改称国会，是国家最高权力机构和立法机构，负责制定宪法和法律。国会每届任期5年，每年召开两次会议，特别会议由国会常委会决定或由三分之二以上的议员提议召开。国会议员由地方直接选举产生。"老挝国会网站：www.na.gov.la"提供老挝文、英文两个版本。

3. 政府部门信息检索

老挝政府由总理、副总理、各部委组成，政府部长级以上官员由老挝国会任命。目前，老挝政府共设18个部和3个部级单位，各部门名称及官方网站地址分别为：

（1）外交部（ກະຊວງການຕ່າງປະເທດ）：www.mofa.gov.la；

（2）财政部（ກະຊວງການເງິນ）：www.mof.gov.la；

（3）农林部（ກະຊວງກະສິກຳແລະປ່າໄມ້）：www.maf.gov.la；

（4）工业贸易部（ກະຊວງອຸດສາຫະກຳການຄ້າ）：www.moc.gov.la/default.asp；

（5）能源矿产部（ກະຊວງບໍ່ແຮ່）：www.doemem.org；

（6）公共工程与运输部网站（ກະຊວງໂຍທາທິການ ແລະ ຂົນສົ່ງ）：www.mpwt.gov.la；

（7）国家银行（ທະນາຄານແຫ່ງ ສປປ ລາວ）：www.bol.gov.la；

（8）计划与投资部（ກະຊວງແຜນການແລະລົງທຶນ）：www.investlaos.gov.la；

（9）教育体育部（ກະຊວງສຶກ ສາ ແລະ ກິລາ）：www.moe.gov.la；

（10）卫生部（ກະຊວງສາທາລະນະສຸກ）：www.moh.gov.la；

（11）新闻文化与旅游部（ກະຊວງຖະແຫຼງຂ່າວ ວັດທະນະທຳ ແລະ ການທ່ອງທ່ງວ）：www.mic.gov.la；

（12）劳动社会保障部（ກະຊວງແຮງງານສະຫວັດດິການ-ສັງຄົມ）：www.sasslao.org；

（13）总理府（ສຳນັກງານນາຍົກລັດຖະມົນຕີ）：暂无网站；

（14）国防部（ກະຊວງປ້ອງກັນປະເທດ）：暂无网站；

（15）国家安全部（ກະຊວງປ້ອງກັນຄວາມສະຫງົບ）：暂无网站；

（16）国家司法部（ກະຊວງຍຸຕິທຳ）：暂无网站；

（17）内政部（ກະຊວງພາຍໃນ）：暂无网站；

（18）自然资源与环境部（ກະຊວງ ຊັບພະຍາກອນທຳມະຊາດແລະສິ່ງແວດລ້ອມ）：暂无网站；

（19）科技部（ກະຊວງວິທະຍາສາດ ແລະເຕັກໂນໂລຊີ）：暂无网站；

（20）邮电通信部（ກະຊວງໄປສະນີໂທລະຄົມນາຄົມ）：暂无网站；

（21）国家监察委员会（ອົງການກວດກາລັດຖະບັນ）：暂无网站。

4. 对外关系信息检索

老挝奉行和平、独立和与各国友好的外交政策，主张在和平共处五项原则基础上同世界各国发展友好关系，重视发展同周边邻国的关系，改善和发展同西方国家的关系，为国内营造良好外部环境。截至2009年底，老挝同130个国家建交。登陆"老挝外交部网站：www.mofa.gov.la"，可查询老挝外交方面的相关信息。

老挝主要驻外大使馆、联合国代表处及网址还有：

（1）老挝驻美国大使馆（Lao Embassy in USA）：www.laoembassy.com；

（2）老挝驻泰国大使馆（Lao Embassy in Thailand）：www.bkklaoembassy.com；

（3）老挝驻法国大使馆（Lao Embassy in France）：www.laoparis.com；

（4）老挝驻瑞典大使馆（Lao Embassy in Sweden）：www.laoembassy.se；

（5）老挝常驻联合国代表处（Permanent Mission of Lao to the UN）：www.un.int/lao。

此外，通过"中华人民共和国驻老挝大使馆网站：la.china-embassy.org/chn"和"中华人民共和国驻老挝大使馆经济商务参赞处网站：la.mofcom.gov.cn"，可以查询到中文和老挝文版本的老挝外交政策、双边经贸法律法规等。

5. 主要关键词检索

政治类常用老挝文关键词包括：ປะທານປະເທດ（国家主席）、ນາຍົກລັດຖະມົນຕີ（总理）、ສູນກາງພັກ（党中央）、ກະຊວງ（部）、ທະນາຄານແທ່ງສປປລາວ（国家银行）、ຈຸມມາລີ ໄຊຍະສອນ（朱马利·赛雅贡）、ທອງສິງ ທຳມະວົງ（通辛·坦马冯）、ບົວສອນ ບຸບຜາວັນ（波松·布帕万）、ທອງລຸນ ສິສຸລິດ（通伦·西苏里）、ດວງໃຈ ພິຈິດ（隆再·皮吉）、ສົມສະຫວາດ ເລັ່ງສະຫວັດ（宋沙瓦·凌沙瓦）等。

8.1.3 柬埔寨政治类网络信息检索

柬埔寨的国体是君主立宪制，实行自由民主制和自由市场经济体制。政治制度上立法、行政、司法三权分立。柬埔寨政治类网站主要包括王室成员个人网站、政府网站、国民议会网站、参议院网站和各政党网站。

1. 国王信息检索

柬埔寨现任国王诺罗敦·西哈莫尼（នរោត្តម សីហមុនី）1953年5月14日出生于金边，是柬埔寨前国王西哈努克和莫尼列王后的儿子，于2004年10月19日在柬埔寨首都金边宣誓即位。西哈莫尼国王精通柬语、英语、法语、捷克语，曾多次访华，一直致力于发展柬中传统友好合作关系。"西哈莫尼国王个人官方网站：www.norodomsihamoni.org"提供柬文、英文和法文三种版本，包括ទំព័រដើម（主页）、ពត៌មាន（新闻）、ព្រះរាជជីវប្រវត្តិ（国王简历）、ព្រះរាជសារ（国王信函）、សង្គមកិច្ច（社会事务）、ភាពយន្តឯកសារ（影片资料）等栏目，用户可以从中了解柬埔寨王室及国王的活动等信息。

柬埔寨前任国王诺罗敦·西哈努克（នរោត្តម សីហនុ）1922年10月31日出生于金边，1993年9月任柬埔寨王国国王，2004年退位。"西哈努克个人官方网站：www.norodomsihanouk.info"为法文版本，包括主页、皇室家庭、图片库、历史、联络、媒体、文档、消息、联系我们、旧版网站、站内搜索等栏目，提供了大量关于西哈努克国王的生平信息及其用柬文、英文和法文撰写的博客等内容，用户可以从中了解柬埔寨历史和社会的发展等信息。

2. 王国政府信息检索

1991年柬埔寨实现和平后，1993年举行了第一次全国大选，本届政府于2008年大选后成立。"柬埔寨王国政府网：www.cambodia.gov.kh"提供柬文和英文两种界面，栏目包括：ទំព័រដើម（主页）、ព្រះមហាក្សត្រ（国王）、នាយករដ្ឋមន្ត្រី（首相）、ស្ថាប័ន（机构）、ប្រទេស（国家）、បណ្ណាល័យ（图书馆）、សំនួរ-ចំលើយ（问题—答案）、យោបល់（意见）。网站还提供柬埔寨政府各部门的链接，便于用户浏览其他政府部门网站。柬埔寨王国政府网更新速度比较慢，柬文版本更新停滞在2004年，英文版本更新信息停留在2009年。尽管如此，用户仍可以通过网站获得柬埔寨政府架构、柬埔寨行政区划、柬埔寨历史发展、柬埔寨政府部门网址等丰富的信息。

由柬埔寨首相内阁办公厅承办的"柬埔寨新视野网站：www.cnv.org.kh"提供了柬埔寨最新的政府信息和内阁新闻，包括首相洪森出席的各种会议、发表的各类演讲等内容，这些信息是研究柬埔寨国家政策的重要渠道。

柬埔寨政府各部门名称及官方网站地址为：

（1）内阁办公厅（ទីស្ដីការគណៈរដ្ឋមន្ត្រី）：www.pressocm.gov.kh；

（2）内政部（ក្រសួងមហាផ្ទៃ）：www.interior.gov.kh；

（3）国防部（ក្រសួងការពារជាតិ）：www.mod.gov.kh；

（4）外交与国际合作部（ក្រសួងការបរទេសនិងសហប្រតិបត្តិការអន្តរជាតិ）：www.mfaic.gov.kh；

（5）经济与财政部（ក្រសួងសេដ្ឋកិច្ចនិងហិរញ្ញវត្ថុ）：www.mef.gov.kh；

（6）农林渔业部（ក្រសួងកសិកម្ម រុក្ខប្រមាញ់ និងនេសាទ）：www.maff.gov.kh；

（7）农业发展部（ក្រសួងអភិវឌ្ឍន៍ជនបទ）：www.mrd.gov.kh；

（8）商贸部（ក្រសួងពាណិជ្ជកម្ម）：www.moc.gov.kh；

（9）工业、矿产与能源部（ក្រសួងឧស្សាហកម្ម រ៉ែ និង ថាមពល）：www.mime.gov.kh；

（10）计划部（ក្រសួងផែនការ）：www.mop.gov.kh；

（11）教育、青年与体育部（ក្រសួងអប់រំ យុវជននិងកីឡា）：www.moeys.gov.kh；

（12）社会福利、退伍军人与青年改造部（ក្រសួងសង្គមកិច្ច អតីត យុទ្ធជន និងយុវនីតិសម្បទា）：www.mosvy.gov.kh；

（13）土地管理、城市规划与建设部（ក្រសួងរៀបចំដែនដី នគរូបនីយកម្មនិងសំណង់）：www.mlmupc.gov.kh；

（14）环境部（ក្រសួងបរិស្ថាន）：www.moe.gov.kh；

（15）水利与气象部（ក្រសួងធនធានទឹកនិង ឧតុនិយម）：www.mowram.org ；

（16）新闻部（ក្រសួងពត៌មាន）：www.moi.gov.kh ；

（17）司法部（ក្រសួងយុត្តិធម៌）：www.moj.gov.kh ；

（18）国会—参议院联络与监察部（ក្រសួងទំនាក់ទំនងជាមួយ រដ្ឋសភា-ព្រឹទ្ធសភា និងអធិការកិច្ច）：www.monasri.gov.kh ；

（19）邮政与通信部（ក្រសួងប្រៃសណីយ៍ និងទូរគមនាគមន៍）：www.mptc.gov.kh；

（20）卫生部（ក្រសួងសុខាភិបាល）：www.moh.gov.kh；

（21）公共工程与运输部（ក្រសួងសាធារណការនិងដឹកជញ្ជូន）：www.mpwt.gov.kh；

（22）文化与艺术部（ក្រសួងវប្បធម៌និងវិចិត្រសិល្ប:）：www.mcfa.gov.kh；

（23）旅游部（ក្រសួងទេសចរណ៍）：www.mot.gov.kh；

（24）宗教部（ក្រសួងធម្មការ និងសាសនា）：www.mocar.gov.kh；

（25）妇女事务部（ក្រសួងកិច្ចការនារី）：www.mwa.gov.kh；

（26）劳动与职业培训部（ក្រសួងការងារ និង បណ្ដុះបណ្ដាលវិជ្ជាជីរ:）：www.mlv.gov.kh；

（27）民航国务秘书处（រដ្ឋលេខាធិការដ្ឋាន អាកាសចរស៊ីវិល）：www.civilaviation.gov.kh；

（28）柬埔寨国家银行（ធនាគារជាតិនៃកម្ពុជា）：www.nbc.org.kh。

3. 国民议会信息检索

柬埔寨宪法规定，国民议会是全国最高权力机构和立法机构，国民议会由不少于120人组成，议员每届任期5年。柬埔寨国民议会的主要职能是：批准国家预算、国家计划，批准政府预算执行报告，批准或废除国际条约或国际协议等。"柬埔寨国民议会网站：www.national-assembly.org.kh"提供柬、英、法三种语言界面，栏目包括：គេហទំព័រ（主页）、ប្រវត្តិរដ្ឋសភា（国会历史）、រដ្ឋធម្មនុញ្ញ（宪法）、បទបញ្ជាផ្ទៃក្នុងរដ្ឋសភា（国会内部法规）、រចនាសម្ព័ន្ធរបស់រដ្ឋសភា（国会结构）、សមត្ថកិច្ចរបស់រដ្ឋសភា（国会职能）、បញ្ជីច្បាប់（法令）、ព្រឹត្តិបត្រប្រចាំខែ（月度事件）、ព័ត៌មាន（新闻）、ផែនទីមណ្ឌល（中心地图）、សកម្មភាព（活动）、អំពីវិមានរដ្ឋសភា（国会大厦）。通过该网站，用户可以了解柬埔寨国会的历史、组织机构、内部法令、职能、日常事务以及柬埔寨的宪法等重要信息。

4. 参议院信息检索

柬埔寨参议院主要负责国民议会与王国政府之间事务的协调，职责是审议国民议会通过的即将付诸实施的宪法和法律，并有权提出意见。参议院议员人数不得超过国民议会的二分之一，每届任期6年。"柬埔寨参议院网站：www.senate.gov.kh"提供柬、英、法三种语言界面，主要栏目包括：គណៈកម្មការ（委员会）、ច្បាប់（法令）、សកម្មភាព（活动）、នីតិកម្ម（立法）、សេចក្ដីជូនដំណឹង（通知）、អ៊ីម៉ែល（电子邮件）、បណ្ណាល័យ（图书馆）等。通过该网站，用户可以检索柬埔寨参议院成员组成、法令、图书库等重要信息。

5. 各政党网站信息检索

柬埔寨主要政党有柬埔寨人民党（គណបក្សប្រជាជន）、奉辛比克党（គណបក្សហ៊ុនស៊ីនប៉ិច）、拉那烈党（គណបក្សនរោត្ដមរណឬទ្ធិ）、桑兰西党（គណបក្សសម រង្ស៊ី）、人权党（គណបក្សសិទ្ធិមនុស្ស）。

人民党是柬埔寨最大的党派，柬埔寨参议院主席谢辛、首相洪森分别是人民党的主席和副主席。"人民党网站：www.thecpp.org"为柬文和英文版本，提供柬埔寨政府各种对内和对外政策的信息。奉新比克党全称"争取柬埔寨独立、中立、和平与合作民族团结阵线党"，由西哈努克于1981年创建，现为国会第二大党，官方网站为"www.funcinpec.info"。拉那烈党由奉新比克党原主席诺罗敦·拉那烈创建，官方网站为"nrparty.org"。

桑兰西党和人权党是国会中的反对党，桑兰西党官方网站为"www.samrainsyparty.org"，人权党官方网站为"www.hrpcambodia.info"。这两个党主张民主和人权，抨击执政党政府的腐败，得到西方国家特别是美国的资助，是人民党的主要政治竞争对手。

8.1.4 泰国政治类网络信息检索

泰国电子政府的建设始于20世纪末，按照泰国国家第一个信息科技发展计划（IT2000），泰国电子政府建设的主要目标是促进国家科技信息的应用，制定电子政府计划，运用互联网技术为政府提供便利，建立国家网络"GINet"（泰文：จีไอเน็ต）以连接所有的政府部门。为此，泰国政府制定了电子政府系统建设的实施纲要：要求每一位公务员都使用电子邮件以减少纸张的用量，并且要求所有政府部门都能够分享部门之间的数据信息；通过电脑系统为人民群众提供在线电子服务；鼓励各类科技公司对电子政府的建设进行投资；鼓励电信基础设施方面的投资，取消垄断机制；普及公务员和群众的科技知识。

目前，泰国政府各部门已经建立起较为完善的电子政府系统，并将信息技术用于提供人口登记系统、电子居民身份证系统、所得税系统、海关税系统、贸易注册系统、工厂手续费缴纳系统等各类服务。通过相关网站，可以迅速检索泰国政体、国会、各府、政党等各种政治类信息。

1. 王室信息检索

泰国实行议会制君主立宪政体，国王是最高元首、精神领袖和武装部队统帅。国王是世袭的，现任国王普密蓬·阿杜德（Bhumibol Adulyadej）已年届80，1946年执位，1950年5月加冕，为泰国第四个王朝曼谷王朝的第九世王。最高元首是国家的最高统治者，拥有立法、司法和行政的最高权力，具有签署法令、任命国会两院议长、任命总理、任命泰国法院院长、最高法官和最高检察长等权力，另外还拥有否决权和特赦权。泰国国王实质是"虚位元首"，按内阁的意志行使形式上的权力，主要代表国家进行礼仪活动。由于普密蓬国王执位以来素以亲民的形象出现，以他为首的王室成员为人民群众做了大量帮扶解困的实际工作，因而深受泰国人民的爱戴。泰国国王及王室的详细信息可以通过访问"泰王加冕50周年纪念工作网（www.kanchanapisek.or.th）获得。该网站专为庆祝泰国九世王普密蓬·阿杜德加冕50周年（วันที่ 5 พฤษภาคม พ.ศ.2493—วันที่ 5 พฤษภาคม พ.ศ.2543）所建，网站站长为泰国女王储诗琳通公主。虽然此网站为国王加冕50周年纪念工作网站，但自从建立以来，已经成为专向泰国民众全面介绍泰国王室，特别是为国王普密蓬·阿杜德歌功颂德的网站。从这个网站我们可以了解到与泰国人民生活息息相关的王室活动的一些重要纪录，特别是大幅介绍了体现国王五十余年来为泰国社会发展和扶贫事业奔波不已的活动情况。

2. 国会信息检索

泰国议会是国家最高立法机关，主要扮演立法者和监督者的角色。内阁是国家最高行政机关，从议会中产生，通常由议会中的多数党或政党联盟组成，对议会负责。泰国议会分为上议院（วุฒิสภา）和下议院（สภาผู้แทนราษฎร），设议席500个，议员由全国大选产生，任期四年。

泰国国会网（www.parliament.go.th）是一个公开网站，向社会各界公布自1932年改变国家政体以来关于国家政治、国家管理等方面的各类资料。（该网站如果无法进入，可以通过进入兰甘亨大学图书馆网站的国会网站介绍主页提供的链接进入，网址是"www.lib.ru.ac.th/webtoday/index1.html"）。

3. 泰国内阁信息检索

泰国是一个君主立宪制政体的国家，国王是名义上的国家元首，内阁作为中央政府，实际掌握着国家政权。泰国内阁的人数是固定的，包括总理、副总理以及各部部长、副部长，总共有36人。泰国内阁设有总理府和19个部，各部门名称和官方网站地址为：

（1）总理府（สำนักนายกรัฐมนตรี）：www.opm.go.th；

（2）国防部（กระทรวงกลาโหม）：www.mod.go.th；

（3）外交部（กระทรวงการต่างประเทศ）：www.mfa.go.th；

（4）财政部（กระทรวงการคลัง）：www.mof.go.th；

（5）社会发展与人类安全部（กระทรวงการพัฒนาสังคมและความมั่นคงของมนุษย์）：www.m-society.go.th；

（6）旅游与体育部（กระทรวงการท่องเที่ยวและกีฬา）：www.mots.go.th；

（7）交通部（กระทรวงคมนาคม）：www.mot.go.th；

（8）商业部（กระทรวงพาณิชย์）：www.moc.go.th；

（9）司法部（กระทรวงยุติธรรม）：www.moj.go.th；

（10）工业部（กระทรวงอุตสาหกรรม）：www.industry.go.th；

（11）农业与合作部（กระทรวงเกษตรและสหกรณ์）：www.moac.go.th；

（12）文化部（กระทรวงวัฒนธรรม）：www.m-culture.go.th；

（13）信息技术与通信部（กระทรวงเทคโนโลยีสารสนเทศและการสื่อสาร）：www.mict.go.th；

（14）自然资源与环境部（กระทรวงทรัพยากรธรรมชาติและสิ่งแวดล้อม）：www.mnre.go.th；

（15）能源部（กระทรวงพลังงาน）：www.energy.go.th；

（16）内政部（กระทรวงมหาดไทย）：www.moi.go.th；

（17）劳工部（กระทรวงแรงงาน）：www.labour.go.th；

（18）卫生部（กระทรวงสาธารณสุข）：www.moph.go.th；

（19）科技部（กระทรวงวิทยาศาสตร์และเทคโนโลยี）：www.most.go.th；

（20）教育部（กระทรวงศึกษาธิการ）：www.moe.go.th。

泰国总理代表政党，通过全国大选产生，内阁成员由总理提名，经国王御批后上任，是各政党的代表。各部设常务次长及副次长，负责具体事务。常务次长、副次长、各司局长及以下官员为公务员。泰国政府网（เว็บไซท์ของรัฐบาลไทย：www.thaigov.go.th）提供泰文和英文两个版本，是泰国政府主办的全面介绍泰国政府机构、内阁成员、内阁会议、政府决策、时事政治以及政府工作安排和业绩的专项网站，提供准确及时的动态新闻和大量的政策资料。用户从中不仅能够了解泰国政坛的最新动向，还能了解泰国政府各项政策的出台情况、执行情况和效果评估。通过对政府历届内阁会议综述的研究，用户可了解内阁所审议题以及当前泰国社会存在的问题。

4. 地方政府信息检索

泰国分为中部（ภาคกลาง）、南部（ภาคใต้）、北部（ภาคเหนือ）和东北部（ภาคตะวันออกเฉียงเหนือหรือภาคอีสาน）四个地区，中部的东西两边地区划为东部（ภาคตะวันออก）和西部（ภาคตะวันตก）。泰国现有76个府，府下设县（อำเภอ）、区（ตำบล）和村（หมู่บ้าน）。各府名称如下：

（1）中部（9府）：曼谷（直辖市）（กรุงเทพมหานคร）、暖武里（นนทบุรี）、巴吞他尼（ปทุมธานี）、大城（พระนครศรีอยุธยา）、北标（สระบุรี）、红统（อ่างทอง）、信武里（สิงห์บุรี）、猜那（ชัยนาท）、华富里（ลบบุรี）。

（2）东部（9府）：那空那育（นครนายก）、巴真（ปราจีนบุรี）、北柳（ฉะเชิงเทรา）、尖竹汶（จันทบุรี）、春武里（ชลบุรี）、罗勇（ระยอง）、达叻/桐艾（ตราด）、北揽（สมุทรปราการ）、沙缴（สระแก้ว）。

（3）西部（8府）：夜功（สมุทรสงคราม）、素攀武里（สุพรรณบุรี）、佛统（นครปฐม）、北碧（กาญจนบุรี）、叻丕（ราชบุรี）、巴蜀（ประจวบคีรีขันธ์）、佛丕/碧武里（เพชรบุรี）、龙仔厝（สมุทรสาคร）。

（4）北部（17府）：乌泰他尼（อุทัยธานี）、北榄坡（นครสวรรค์）、帕（แพร่）、帕夭（พะเยา）、披集（พิจิตร）、清莱（เชียงราย）、达/来兴（ตาก）、夜丰颂（แม่ฮ่องสอน）、南邦（ลำปาง）、南奔（ลำพูน）、素可泰（สุโขทัย）、清迈（เชียงใหม่）、碧差汶（เพชรบูรณ์）、彭世洛（พิษณุโลก）、难（น่าน）、程逸（อุตรดิตถ์）、甘烹碧（กำแพงเพชร）。

（5）东北部（19府）：呵叻（นครราชสีมาหรือโคราช）、四色菊（ศรีสะเกษ）、加拉信（กาฬสินธุ์）、猜也奔（ชัยภูมิ）、色军/少功那空（สกลนคร）、孔敬（ขอนแก่น）、武里南（บุรีรัมย์）、也梭吞（ยโสธร）、乌汶（อุบลราชธานี）、乌隆（อุดรธานี）、素林（สุรินทร์）、那空帕农（นครพนม）、廊开（หนองคาย）、玛哈沙拉堪（มหาสารคาม）、莫达限（มุกดาหาร）、莱（เลย）、黎逸（ร้อยเอ็ด）、安纳乍伦（อำนาจเจริญ）、廊莫喃普（หนองบัวลำภู）。

（6）南部（14府）：甲米（กระบี่）、北大年（ปัตตานี）、宋卡（สงขลา）、沙敦（สตูล）、也拉（ยะลา）、拉农（ระนอง）、洛坤（นครศรีธรรมราช）、春蓬（ชุมพร）、陶公/那拉特越（นราธิวาส）、普吉（ภูเก็ต）、博达伦（พัทลุง）、董里（ตรัง）、攀牙（พังงา）、万伦/素叻他尼（สุราษฎร์ธานี）。

除通过搜索引擎使用关键词检索各地的信息外，还可以访问泰国政府"加强地方管理工作厅网站：www.thailocaladmin.go.th"检索有关泰国地方76府的资讯。

5. 泰国政党信息检索

1932年，泰国军人集团发动政变，泰国从一个君主专制国家转变成为君主立宪制国家。此后，泰国一直在探索民主政治化道路。但由于"威权"主义在人们心中根深蒂固，所以泰国目前的民主属于过渡型的民主，其政党也未能形成良好的气氛，小党派林立，各自主张，恐仍将是未来泰国政治生活的一大特色。泰国在历史上出现过的政党有数十个之多，如：民主党、为泰党、人民党、保王人民党、为国党、同心国发党、泰爱泰党、民族党、人民力量党、新希望党、社会行动党、自由道德党、统一党、正义力量党等，这些党派及其党员出于政治上的需要和利益而分聚离合。泰国政坛的主要政党有：

（1）为泰党（พรรคเพื่อไทย），成立于2008年9月，其政治纲领是追随前总理他信及其经济政策，官方网站为"www.ptp.or.th"。

（2）民主党（พรรคประชาธิปัตย์），泰国的一个老牌政党，成立于1946年，其政治纲领倾向于维持君主立宪制，倡导人民民主，执行自由经济，维护中产阶级的利益，官方网站为"www.democrat.or.th"。

（3）人民力量党（พรรคพลังประชาชน），泰国的另一个老牌政党，在2007年的大选中该党以获得228个议席（36.6%的直接选票）的绝对胜利，成为组阁党。

6. 泰国对外关系信息检索

泰国多年来坚持全方位外交，致力于经济外交，并强调本区域国家间的合作。奉行对美国、日本、中国、欧盟等大国和国家集团的平衡政策，强调大力开展经济外交；积极加强同东盟在政治、经济、安全等领域的全面合作；重视同中南半岛国家的友好关系，特别是同越南、老挝、柬埔寨的经贸合作已有较大发展。

泰国与日本关系较为密切，二战后特别是日本经济恢复和发展后，日本向泰国的资本输出较大，在纺织业、食品加工业、制造业、化学制品、汽车、电机、电子、机械、精密机械、合成纤维、轻纺工业等大型项目上投资较大，并且在银行、证券、房地产、建筑等行业不断增加投资，对泰国进行渗透。

关于泰国对外关系信息检索的重要网站有：

（1）泰国外交部：www.mfa.go.th；

（2）外交关系署（สำนักความสัมพันธ์ต่างประเทศ）：www.bic.moe.go.th；

（3）泰国—非洲网：www.thaiafrica.net；

（4）东亚观察：www.eastasiawatch.in.th；

（5）美国观察：uswatch.mfa.go.th；

（6）泰国与欧洲关系新闻网：news.thaieurope.net。

8.1.5　缅甸政治类网络信息检索

缅甸电子政府的建设还处于初期阶段，目前，缅甸各省、邦还没有自己的网站，而有一部分政府部门虽然已经开设网站，但内容更新较慢。

1. 政府信息检索

缅甸政府是国家最高行政机构，负责处理相关国家事务，内阁下设34个部，已有22个部的官方网站开通，全部提供英文版本。已开通网站的部门名称及网址为：

（1）外交部（နိုင်ငံခြားရေးဝန်ကြီးဌာန）：www.mofa.gov.mm；

（2）宗教事务部（သာသနာရေးဝန်ကြီးဌာန）：www.mora.gov.mm；

（3）商务部（စီးပွားရေးနှင့် ကူးသန်းရောင်းဝယ်ရေးဝန်ကြီးဌာန）：www.commerce.gov.mm；

（4）建设部（ဆောက်လုပ်ရေးဝန်ကြီးဌာန）：www.construction.gov.mm；

（5）畜牧水产部（မွေးမြူရေးနှင့် ရေလုပ်ငန်း ဝန်ကြီးဌာန）：www.livestock-fisheries.gov.mm；

（6）农业与水利部（လယ်ယာစိုက်ပျိုးရေးနှင့် ဆည်မြောင်ဝန်ကြီးဌာန）：www.moai.gov.mm；

（7）对外经济合作部（သမဝါယမဝန်ကြီးဌာန）：www.myancoop.gov.mm；

（8）饭店与旅游部（ဟိုတယ်နှင့် ခရီးသွားလာရေးလုပ်ငန်း ဝန်ကြီးဌာန）：www.hotel-tourism.gov.

mm；

（9）内政部（ပြည်ထဲရေးဝန်ကြီးဌာန）：www.moha.gov.mm；

（10）边境地区和少数民族发展和进步事务部（နယ်စပ်ဒေသနှင့်တိုင်းရင်းသားလူမျိုးများ ဖွံ့ဖြိုးတိုး
တက်ရေးနှင့်စည်ပင်သာယာရေးဝန်ကြီးဌာန）：www.myanmar.gov.mm/PBNRDA/index.htm；

（11）教育部（ပညာရေးဝန်ကြီးဌာန）：www.myanmar-education.edu.mm；

（12）卫生部（ကျန်းမာရေးဝန်ကြီးဌာန）：www.moh.gov.mm；

（13）文化部（ယဉ်ကျေးမှုဝန်ကြီးဌာန）：www.myanmar.com/Ministry/culture/index.html；

（14）邮电通讯部（ဆက်သွယ်ရေး၊ စာတိုက်နှင့် ကြေးနန်းဝန်ကြီးဌာန）：www.mpt.net.mm；

（15）财政与税收部（ဘဏ္ဍာရေးနှင့် အခွန်ဝန်ကြီးဌာန）：www.myanmar.com/finance/index.
html；

（16）林业部（သစ်တောရေးရာဝန်ကြီးဌာန）：www.myanmar.com/Ministry/Forest/index.
html；

（17）移民与人口部（လူဝင်မှုကြီးကြပ်ရေးနှင့် ပြည်သူ့အင်အား ဝန်ကြီးဌာန）：www.myanmar.
com/Ministry/imm&popu/index.html；

（18）第一工业部（အမှတ်(၁)စက်မှုဝန်ကြီးဌာန）：www.industry1myanmar.com；

（19）第二工业部（အမှတ်(၂)စက်မှုဝန်ကြီးဌာန）：www.industry2.gov.mm；

（20）交通部（ပို့ဆောင်ရေးဝန်ကြီးဌာန）：www.mot.gov.mm；

（21）信息委员会（သတင်းကော်မီတီ）：www.myanmar-information.net；

（22）社会福利与救济安置部（လူမှုဝန်ထမ်း၊ ကယ်ဆယ်ရေးနှင့် ပြန်လည်နေရာချထားရေး အလုပ်သမား
ဝန်ကြီးဌာန）：www.myanmar.gov.mm/ministry/MSWRR/index.html。

2. 政党信息检索

2010年11月7日，缅甸举行全国多党民主制大选，共有37个获批准注册的政党参选，包括4个原合法政党和33个新成立政党。目前，缅甸国内的主要政党有：联邦巩固与发展党（ပြည်ထောင်စုကြံ့ခိုင်ရေးနှင့်ဖွံ့ဖြိုးရေးပါတီ (ပြည်ပခမ)）、民族团结党（တိုင်းရင်းသားစည်းလုံးညီညွတ်ရေးပါ
တီ）、掸族民主党（ရှမ်းတိုင်းရင်းသားများဒီမိုကရစ်တစ်ပါတီ）、全国民主力量党（အမျိုးသားဒီမိုကရေစီအင်
အားစုပါတီ）。

其他一些政党还包括：谬族（克密族）团结协会（မြို့(ခ)ခမီအမျိုးသားညီညွတ်ရေးအဖွဲ့.）、拉祜族发展党（လားဟူအမျိုးသားဖွံ့.ဖြိုးတိုးတက်ရေးပါတီ）、果敢民主团结党（ကိုးကန့်ဒီမိုကရေစီနှင့်ညီ
ညွတ်ရေးပါတီ）、勃欧民族组织（ပအိုဝ်းအမျိုးသားဖွဲ့.ချုပ်）、克耶民族党（ကယာအမျိုးသားပါတီ）、缅甸若开邦民族力量党（မြန်မာနိုင်ငံ ရခိုင်ပြည်နယ်အမျိုးသားအင်အားစုပါတီ）、佤民族团结党
（"ဝ" အမျိုးသားစည်းလုံးညီညွတ်ရေးပါတီ）、德昂（勃朗）民族党（"တအောင်" (ပလောင်)
အမျိုးသားပါတီ）、团结民主党（ညီညွတ်သောဒီမိုကရစ်တစ်ပါတ）、缅甸联邦88青年学生组织
（၈၈ မျိုးဆက်ကျောင်းသားလူငယ်များ (ပြည်ထောင်စုမြန်မာနိုင်ငံပါတီ)）、缅甸联邦民族政治同盟

（ပြည်ထောင်စု　မြန်မာနိုင်ငံအမျိုးသားနိုင်ငံရေးအဖွဲ့ချုပ်）、民族政治联盟组织（အမျိုးသားနိုင်ငံရေးမဟာမိတ်များအဖွဲ့ချုပ်）、钦族党（ချင်းအမျိုးသားပါတီ）、温达努（爱国主义者）全国民主联盟（缅甸联邦）（ဝံသာနု（ပြည်ထောင်စုမြန်မာနိုင်ငံ））、新时代人民党（ခေတ်သစ်ပြည်သူ့ပါတ）、联邦民主党（ပြည်ထောင်စုဒီမိုကရေစီပါတီ）、和平与差异党（မတူကွဲပြားခြင်းနှင့်ငြိမ်းခြမ်းရေးပါတ）、钦进步党（ချင်းတိုးတက်ရေးပါတီ）、茵民族发展党（အင်းအမျိုးသားဖွံ့ဖြိုးတိုးတက်ရေးပါတ）、佤民主党（"ဝ"ဒီမိုကရစ်တစ်ပါတီ）、波隆—沙瓦民主党（"ဖလုံ–စဝေ:"ဒီမိုကရစ်တစ်ပါတီ）、民族发展民主党（အမျိုးသားဖွံ့ဖြိုးတိုးတက်ရေးဒီမိုကရစ်တစ်ပါတီ）、少数民族发展党（တိုင်းရင်းသားလူမျိုးစုများဖွံ့ဖြိုးရေးပါတီ）、克曼民族进步党（"ကမန်"အမျိုးသားတိုးတက်ရေးပါတီ）、克密民族发展党（"ခမိ"အမျိုးသားဖွံ့ဖြိုးတိုးတက်ရေးပါတီ）、克钦邦团结与民主党（စည်းလုံးညီညွတ်ရေးနှင့်ဒီမိုကရေစီပါတီ　ကချင်ပြည်နယ်（၁၈က））、克伦邦民主与发展党（ကရင်ပြည်နယ်ဒီမိုကရေစီနှင့်ဖွံ့ဖြိုးတိုးတက်ရေးပါတီ）、民族发展与和平党（ဒီမိုကရေစီနှင့်ငြိမ်းခြမ်းရေးပါတီ）等等。读者可使用搜索引擎（推荐使用Google），通过关键词检索的方式对相关政党的信息进行检索。

3. 对外关系信息检索

缅甸奉行独立、积极的外交政策，不依附于任何大国和国家集团。主张在和平共处五项原则的基础上，同各国友好相处，重视发展同邻国的睦邻友好关系。至今为止，缅甸与世界上89个国家建立了外交关系，同所有大国都建有外交关系。检索缅甸外交方面的网络信息应注意该国的外交侧重点，主要如下：（1）强调独立的外交立场，反对西方大国的强权政治，主张维护联合国在国际事务中发挥主导作用的地位，但对热点国际问题和国际争端刻意保持"中立"；（2）重视发展与大国关系，尤其是与其邻国印度、中国的关系。同时，作为东盟成员国之一，缅甸着力发展与东盟国家的关系，积极参与区域合作。有关缅甸外交方面的信息，可登陆"缅甸外交部网站：www.mofa.gov.mm"进行检索。

如果想深入了解中国与缅甸双边关系情况，掌握缅甸国内经贸和中缅双边贸易的最新动态，可登陆"中华人民共和国驻缅甸大使馆网站：mm.chiana-embassy.org"和"中华人民共和国驻缅甸大使馆经济商务参赞处网站：mm.mofcom.gov.cn"检索相关详细的中英文信息。

4. 常用检索关键词

除以上介绍的政治类机构、部门、党派的专有名称可作为检索关键词外，与缅甸政治相关的常用检索关键词还包括：ပြည်ထောင်စု（联邦）、အမျိုးသားညီလာခံ（国民大会）、ဖွဲ့စည်းပုံအခြေခံဥပဒေ（宪法）、ကောင်စီ（委员会）、ဝန်ကြီးဌာန（部）、ဦးစီးဌာန（局）、အသင်း（协会）、အဖွဲ့အစီး（组织）、အကြီးအကဲ（元首，领袖）、ဥက္ကဋ္ဌ（主席）、ဒုတိယဥက္ကဋ္ဌ（副主席）、ဝန်ကြီးချုပ်（总理）、အတွင်းရေးမှူး(၁)（秘书长）、ဝန်ကြီး（部长）、အရာရှိ（官员）、စစ်အစိုးရ（军政府）、တပ်မတော်（军队）、ဗိုလ်ချုပ်မှူးကြီး（大将）、ဒုတိယဗိုလ်ချုပ်မှူးကြီး;（副大

将）、ဗိုလ်ချုပ်ကြီး（上将）、ဒုတိယဗိုလ်ချုပ်ကြီး（中将）、ဗိုလ်ချုပ်（少将）、ဗိုလ်မှူးချုပ်（准将）、သမ္မတ（总统）、တပ်မတော်ကာကွယ်ရေးဦးစီးချုပ်（国防军总司令）。

5. 重点网站推介——缅甸政府网

网　　址：www.myanmar.com

网站语言：英文

网站简介：缅甸政府网涵盖了与缅甸政府部门相关的所有资源使用指南，并提供了官方新闻内容的电子版可供下载，主页内容按主题性质可分17类，分别是：（1）New Light of Myanmar（《缅甸新光报》缅文版）；（2）Myanmar Ahlin（《缅甸之光报》缅文版）；（3）Kyaymon（镜报）；（4）News（新闻）；（5）Entertainment（娱乐）；（6）Places（缅甸各地）；（7）People（人民）；（8）Arts & Literature（艺术与文化）；（9）Lifestyle（生活）；（10）Religion（宗教）；（11）Travel（旅行）；（12）Press Conference（新闻发布会）；（13）MRTV 3（缅甸国家电视台国际频道）；（14）Ministries in Myanmar（缅甸政府各部）；

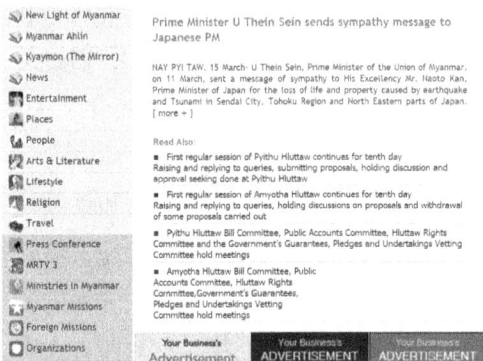

图8-3　缅甸政府网主页

（15）Myanmar Missions（缅甸驻外大使馆）；（16）Foreign Missions（外国驻缅大使馆）；（17）Organizations（团体组织）。在每一基本类目下，分层次不同的子类目，具体指导使用该基本类目包含的信息资源。

通过缅甸政府网，用户可以便捷地获取各种关于缅甸政府的信息资源，及时了解缅甸国内时事新闻和各政府部门的最新动态，还可快速链接到各个政府部门网站。该网站为英文版，为希望了解缅甸的文化、民族风情、新闻动态以及计划前往该国旅游的人士提供了极大便利。

6. 其他主要政治类网站

（1）民族团结党（UDP）：udpsutere.ca；

（2）缅甸巩固与发展协会网站（USDA）：www.usda.org.mm；

（3）缅甸联邦民族联合政府（NCGUB）：www.ncgub.net；

（4）缅甸联邦民族委员会（NCUB）：www.ncub.org；

（5）克伦民主联盟（KNU）：www.karenationalunion.net；

（6）全缅学生民主阵线（ABSDF）：www.absdf8888.org；

（7）民盟（解放区）NLD（LA）：www.nldla.net；

（8）全克钦青年学生联合会（AKSYU）：www.aksyu.com；

（9）缅甸掸邦第一特区政府（果敢）网站：www.kokango.com；

（10）缅甸掸邦第二特区佤邦政府网站：www.fyjs.cn；

（11）昂山素季新闻网站：www.dassk.com。

8.1.6　菲律宾政治类网络信息检索

菲律宾政治类网站一般都是由菲律宾政府及其相关部门创立，主要介绍菲律宾政府机构的组成、出台的政策和最新的政府新闻。随着互联网在菲律宾的快速发展，政府机构网站开始提供网上服务，与网民进行互动和交流，为菲律宾人民提供所需要的信息以及解答各种疑问。通过相关网站，可以方便地查询菲律宾政体、国会、司法、内阁、地方政府、政党等各种政治类信息。

1. 政体信息检索

菲律宾政体实行行政、立法和司法三权分立。总统行使行政权，由直接选举产生，任期为6年，不得连任。总统是国家元首、政府首脑兼武装部队总司令。有关国家体制和国家总统的详细信息可通过英文版"菲律宾总统府网站：www.op.gov.ph"进行检索和查询。

2. 内阁信息检索

菲律宾政府内阁（Cabinet）是国家最高行政机构，共设23个部门，主要负责处理国家大小事务，内阁成员由总统任命。内阁各部门名称及官方网站地址为：

（1）外交部（Department of Foreign Affairs）：www.dfa.gov.ph；

（2）财政部（Department of Finance）：www.dof.gov.ph；

（3）司法部（Department of Justice）：www.doj.gov.ph；

（4）农业部（Department of Agriculture）：www.da.gov.ph；

（5）国防部（Department of National Defense）：www.dnd.gov.ph；

（6）贸易与工业部（Department of Trade and Industry）：www.dti.gov.ph；

（7）公造部（Department of Public Works and Highways）：www.dpwh.gov.ph；

（8）教育部（Department of Education）：www.deped.gov.ph；

（9）劳动与就业部（Department of Labor and Employment）：www.dole.gov.ph；

（10）国家经济发展署（National Economic and Development Authority）：www.neda.gov.ph；

（11）卫生部（Department of Health）：www.doh.gov.ph；

（12）土地改革部（Department of Agrarian Reform）：www.dar.gov.ph；

（13）内政与地方政府部（Department of Interior and Local Government）：www.dilg.

gov.ph;

（14）环境与自然资源部（Department of Environment and Natural Resources）：www.denr.gov.ph;

（15）交通与通讯部（Department of Transportation and Communication）：www.dotcmain.gov.ph;

（16）社会福利部（Department of Social Welfare and Development）：www.dsmd.gov.ph;

（17）预算与管理部（Department of Budget and Management）：www.dbm.gov.ph;

（18）科技部（Department of Science and Technology）：www.dost.gov.ph;

（19）旅游部（Department of Tourism）：www.dot.gov.ph;

（20）能源部（Department of Energy）：www.doe.gov.ph;

（21）新闻部（Office of the Press）：www.news.ops.gov.ph;

（22）文官长（Executive Secretary）：www.op.gov.ph;

（23）总统办公厅（Office of the President Chief of Staff）：www.op.gov.ph。

3. 国会信息检索

菲律宾国会是最高的立法机构，由参、众两院组成。参议院由24名议员组成，由全国直接选举产生，任期6年，每三年改选二分之一，可连任两届。众议院由250名议员组成，其中200名由各省、市按人口比例分配，从全国各选区选出，25名由参选获胜政党委派，另外25名由总统任命。众议员任期为3年，可连任三届。菲律宾国会官方网站为"www.congress.gov.ph"。

4. 政党信息检索

菲律宾是一个多党制国家，政党多达100余个，但大多数为地方性小党。基督教穆斯林民主力量党是执政党，也是最大政党，系前总统拉莫斯于1991年底创立。战斗党和全国人民联盟党是反对党。全国性的主要政党及官方网站地址分别为：

（1）基督教穆斯林民主力量党（Christian Muslim Democrats, LAKAS-CMD）：www.lakascmd.org.ph;

（2）菲律宾民主战斗党（Laban ng Demokratikong Pilipino, LDP）：www.pdplaban.org;

（3）全国人民联盟党（National People's Coalition）：www.npcparty.org;

（4）摩洛伊斯兰解放阵线（Moro Lslamic Liberation Front）：www.luwaran.com;

（5）菲律宾共产党（Communist Party of the Philippines）：www.philippinerevolution.net/orgs/cpp.shtml。

5. 地方政府信息检索

菲律宾划分为吕宋、维萨亚和棉兰老三大部分，截至2004年底，全国设有首都地区、科迪勒拉行政区、棉兰老穆斯林自治区等17个地区，下设79个省和117个市。菲律宾地方政府可分为四个等级：自治区级、地区级、省级、独立市级。自治区政府拥有比其他地方政府更多的权力，由于宪法限定了棉兰老地区和科迪勒拉地区的自治区的数目，因此现在只存在一个自治区：穆斯林棉兰老地区自治区（Autonomous Region in Muslim Mindanao）。读者可通过英文关键词检索各地方政府的信息。

6. 对外关系信息检索

菲律宾宣称奉行独立的外交政策，在平衡、平等、互利、互敬的基础上发展同所有国家的政治经济关系。对外政策的三大目标是：确保国家安全、主权和领土完整，推动经济和社会发展，保障菲海外公民权益。作为美国在东南亚的盟国，菲律宾非常注重与美国和日本的关系，也注重与亚洲最大国家中国的外交关系。截至2004年底，菲律宾已同126个国家建交。"菲律宾外交部网站：dfa.gov.ph"提供菲律宾外交的各类详细信息。

7. 重点网站推介——菲律宾政府网

网　址：www.gov.ph

网站语言：英文

网站简介：菲律宾政府网是菲律宾政府最大的官方门户网站，可以查询到几乎所有与政府有关的信息，为各类用户提供不同的服务和信息。菲律宾政府网主页分为六个版块：Home（主页）、News（新闻）、Forum（论坛）、SONA（国情咨文）、Directory（政府目录）和Contact Us（联系网站）。"新闻"版块是政府或官方媒体发布的重要信息，"论坛"版块可允许人们发表自己的观点和对政府工作的建议和意见，"国情咨文"版块主要放置了政府发布的文件、总统讲话等内容，"政府目录"版块主要介绍了政府的组成机构和其分支机构的一些具体情况，"联系网站"版块可以使上网者对该网站的内容和建设提出自己的意见和建议，或留下自己的问题。根据对象不同，网站所提供的服务分为四个版块：For Citizens（公民）、For Ofws And Ofs（政府官员）、For Business And NGOs（经济和非政府官员）和For Government Employees（政府雇用人员）。在"公民"版块上，可以查询公民身份办理、护照办理、税务缴纳、出生证明办理、移民、福利等相关信息，在"政府官员"版块，可以查询到各种登记在册的信息，如政府工作的人员的福利待遇等，在"经济与非政府人员"版块，可以查询到业务注册方法、税收贷款申请、客户帮助服务、商品安全信息等，在"政府雇用人员"版块，可以查询到怎样可以成为一名政府雇用人员、工作人员的福利是哪些等问题。另外主页上还有四个版块链接：Economic Resiliency Plan（经济复苏方案）、Infrastructures（Pgma基础设施）、Cleep（综合民生和紧急就业方案）和super Regions（超级地区）。通过菲律宾政府

图8-4　菲律宾政府网主页导航栏和检索栏

网，可以方便获取菲律宾政府部门的各种网上资源，了解菲律宾各政府部门的最新动态，快速链接到各级政府部门网站。

8.1.7 马来西亚政治类网络信息检索

马来西亚电子政府是政治类网络资源的主要组成部分。在马来西亚行政管理现代化局（MAMPU）的努力下，目前马来西亚政府有1225项网上服务、可从网上下载超过3000种表格。公共投诉局（Biro Pengaduan Awam）统计显示，目前通过电子邮件和短信投诉的案件，占总投诉案件的45%，预计这项管道的应用会在近期增至70%～80%，成为人民主要与政府联系的管道。通过相关网站，可以方便查询马来西亚政体、国会、内阁、州政府、政党等各种政治类信息。

1. 政体信息检索

马来西亚实行议会君主立宪联邦制，最高元首（Seri Paduka Baginda Yang di-Pertuan Agong）是国家元首、伊斯兰教领袖兼武装部队统帅，由统治者会议（Majlis Raja-raja）从柔佛、彭亨、雪兰莪、森美兰、霹雳、登嘉楼、吉兰丹、吉打、玻璃市9个州的世袭苏丹（Sultan）中选出，任期五年，不能连任。最高元首是国家的最高统治者，拥有立法（Perundangan）、司法（Kehakiman）和行政（Pentadbiran atau Eksekutif）的最高权力，具有签署法令、任命总理、任命联邦法院院长和最高法官、任命马六甲、槟城、沙巴、砂拉越州长、解散国会、册封荣誉称号等权力。位于首都吉隆坡的国家王宫（Istana Negara）为历届在任最高元首官邸。现任最高元首端姑•米赞•扎伊纳尔•阿比丁（Tuanku Mizan Zainal Abidin Ibni Almarhum Muhamud Mudtan Billah Shah），于2006年12月13日就任第13任最高元首，2007年4月26日登基。关于最高元首的详细资料可以通过访问"马来西亚君主政体网站：www.malaysianmonarchy.org.my"获得。

2. 国会信息检索

在马来西亚实行的议会民主制中，联邦议会或国会（Parlimen）是国家最高立法机构，由最高元首、上议院（Dewan Negara）和下议院（Dewan Rakyat）三部分组成。下议院设议席222个，由选民在全国普选中投票选举产生，议员任期5年，可以连任；上议院设议席70个，其中26席由全国13州州议会各选举2名产生，其余44席由内阁推荐、最高元首委任，任期3年，可连任两届。"马来西亚国会网站：www.parlimen.gov.my"提供马来文、英文两个版本，可查询关于国会上下议院、委员会、各项法律法令等的详细信息。

3. 内阁信息检索

马来西亚政府（Kerajaan）或内阁（Kabinet）是国家最高行政机构，主要负责处理国家大小事务。总理（Perdana Menteri）是内阁首脑，内阁成员由总理指定的国会议员担任，实行内阁负责制。2009年4月9日，纳吉布（Dato' Sri Mohd Najib bin Tun Abdul

Razak）接任总理，对内阁进行改组，组成新一届马来西亚政府，共设25个部门，部门名称及官方网站地址为：

（1）总理署（Jabatan Perdana Menteri）：www.pmo.gov.my；

（2）财政部（Kementerian Kewangan）：www.treasury.gov.my；

（3）国防部（Kementerian Pertahanan）：www.mod.gov.my；

（4）内政部（Kementerian Dalam Negeri）：www.kdn.gov.my；

（5）国际贸易与工业部——贸工部（Kementerian Perdagangan Antarabangsa dan Industri）：www.miti.gov.my；

（6）教育部（Kementerian Pelajaran）：www.moe.gov.my；

（7）高等教育部——高教部（Kementerian Pengajian Tinggi）：www.mohe.gov.my；

（8）外交部（Kementerian Luar Negeri）：www.kln.gov.my；

（9）房屋与地方政府部——房地部（Kementerian Perumahan dan Kerajaan Tempatan）：www.kpkt.gov.my；

（10）公共工程部——工程部（Kementerian Kerja Raya）：www.kkr.gov.my；

（11）交通部（Kementerian Pengangkutan）：www.mot.gov.my；

（12）种植与原产业部——原产部（Kementerian Perusahaan Perladangan dan Komoditi）：www.kppk.gov.my；

（13）农业与农基工业部——农业部（Kementerian Pertanian dan Industri Asas Tani）：www.moa.gov.my；

（14）卫生部（Kementerian Kesihatan）：www.moh.gov.my；

（15）新闻、通讯与文化部（Kementerian Penerangan, Komunikasi dan Kesenian）：www.kpkk.gov.my；

（16）科学、工艺与革新部——科艺部（Kementerian Sains, Teknologi dan Inovasi）：www.mosti.gov.my；

（17）人力资源部——人资部（Kementerian Sumber Manusia）：www.mohr.gov.my；

（18）国内贸易与消费部——贸消部（Kementerian Perdagangan Dalam Negeri dan Hal Ehwal Pengguna）：www.kpdnhep.gov.my；

（19）旅游部（Kementerian Pelancongan）：www.motour.gov.my；

（20）天然资源与环境部——环境部（Kementerian Sumber Asli dan Alam Sekitar）：www.nre.gov.my；

（21）青年与体育部——青体部（Kementerian Belia dan Sukan）：www.kbs.gov.my；

（22）妇女、家庭与社会发展部——妇女社会部（Kementerian Pembangunan Wanita, Keluarga dan Masyarakat）：www.kpwkm.gov.my；

（23）能源、水务与绿色工艺部（Kementerian Tenaga, Teknologi Hijau dan Air）：www.ktak.gov.my；

（24）联邦直辖区部——直辖部（Kementerian Wilayah Persekutuan）：www.kwp.gov.my；

（25）乡村与区域发展部——乡区部（Kementerian Kemajuan Luar Bandar dan Wilayah）：www.rurallink.gov.my。

4. 地方政府信息检索

马来西亚全国划分为13个州（Negeri）和3个联邦直辖区（Wilayah Persekutuan）。各州和联邦直辖区均设有电子政府网站，提供包括贫困援助接受者记录管理系统、州议员监督系统、贫困援助申请审核、州议会电子系统、电子政府文件管理系统、州政府协商会议电子系统、门户入口安全系统、电子借贷管理系统、州政府公共房屋账户管理电子系统、州政府资产管理系统、州荣誉称号管理系统、马来西亚计划信息系统、州政府标准计算机会计系统、伊斯兰教法电子系统、职位管理系统、州教育信托基金系统、州政府内部专用网系统、人力资源管理信息系统和州电子投诉系统等在内的电子服务和信息资源。

（1）玻璃市州政府（Kerajaan Negeri Perlis）：www.perlis.gov.my；

（2）吉打州政府（Kerajaan Negeri Kedah）：www.kedah.gov.my；

（3）槟城州政府（Kerajaan Negeri Pulau Pinang）：www.penang.gov.my；

（4）霹雳州政府（Kerajaan Negeri Perak）：www.perak.gov.my；

（5）吉兰丹州政府（Kerajaan Negeri Kelantan）：www.kelantan.gov.my；

（6）登嘉楼州政府（Kerajaan Negeri Terengganu）：www.terengganu.gov.my；

（7）彭亨州政府（Kerajaan Negeri Pahang）：www.pahang.gov.my；

（8）雪兰莪州政府（Kerajaan Negeri Selangor）：www.selangor.gov.my；

（9）森美兰州政府（Kerajaan Negeri Sembilan）：www.ns.gov.my；

（10）马六甲州政府（Kerajaan Negeri Melaka）：www.melaka.gov.my；

（11）柔佛州政府（Kerajaan Negeri Johor）：www.johordt.gov.my；

（12）沙巴州政府（Kerajaan Negeri Sabah）：www.sabah.gov.my；

（13）砂拉越州政府（Kerajaan Negeri Sarawak）：www.sarawak.gov.my；

（14）吉隆坡市政厅（Dewan Bandaraya Kuala Lumpur）：www.dbkl.gov.my；

（15）布城管理局（Perbadanan Putrajaya）：www.ppj.gov.my；

（16）纳闽管理局（Perbadanan Labuan）：www.pl.gov.my。

5. 政党信息检索

马来西亚实行多党联合执政，在五年举行一次的全国普选中赢得下议院多数席位的政党为执政党（parti pemerintah），最高元首任命执政党领袖为政府总理。马来西亚有40多个注册政党，其中13个政党组成执政党联盟"国民阵线"（Barisan Nasional, BN）联合执政。除砂拉越国民党（the Sarawak National Party）、砂拉越达雅克族党（Parti Bangsa Dayak Sarawak）和沙巴民主党（Parti Demokratik Sabah）暂无网站外，"国民阵线"其他成员党及官方网站地址分别为：

（1）马来民族统一机构巫统（United Malays National Organization, UMNO）：umno-online.com；

（2）马来西亚华人公会（Malaysian Chinese Association, MCA）：www.mca.org.my；

（3）马来西亚印度人国大党（Malaysian Indian Congress, MIC）：www.mic.org.my；

（4）人民运动党-民政党（Parti Gerakan Rakyat Malaysia, PGRM）：www.gerakan.org.my；

（5）马来西亚人民进步党（the People's Progressive Party of Malaysia）：www.ppp.org.my；

（6）砂拉越土著保守统一党（Parti Pesaka Bumiputra Bersatu Sarawak）：www.bumiputerasarawak.org.my；

（7）砂拉越人民联合党（the Sarawak United People's Party）：www.suppsibu.org.my；

（8）沙巴自由民主党（the Liberal Democratic Party of Sabah）：www.ldp.org.my；

（9）沙巴人民团结党（Parti Bersatu Rakyat Sabah）：www.pbs-sabah.org；

（10）沙巴团结党（Parti Bersatu Sabah）：www.pbs-sabah.org。

主要反对党（parti pembangkang）伊斯兰教党（Parti Islam Malaysia）、民主行动党（the Democratic Action Party）和人民公正党（Parti Keadilan Rakyat）组成反对党联盟"人民联盟"（Pakatan Rakyat），该联盟曾在2008年大选中取得前所未有的胜利，取得吉打、吉兰丹、槟城、霹雳和雪兰莪5州的执政权。各反对党网站地址分别为：

（1）伊斯兰教党：www.parti-pas.org；

（2）民主行动党：www.dapmalaysia.org；

（3）人民公正党：www.keadilanrakyat.org。

6. 对外关系信息检索

马来西亚奉行独立自主、中立、不结盟的外交政策，在互相尊重主权和领土完整、互不侵犯、互不干涉内政、和平解决争端、平等互利、和平共处原则的指导下，与131个国家建立了外交关系。检索马来西亚外交方面的网络信息应注意其对外关系的几个主要特点：（1）作为东盟创始国之一，马来西亚视东盟为外交政策的基石，优先发展同东盟国家的关系；（2）作为"穆斯林国家"（Negara Muslim）、伊斯兰会议组织（Organisation of Islamic Conference, OIC）的成员国，马来西亚积极发展同伊斯兰国家的关系，关注伊斯兰事务；（3）作为英联邦成员国，与其他成员国联系密切，与英国、澳大利亚、新西兰和新加坡在1971年签订五国联防（Five Power Defence Arrangements, FPDA）协议；（4）重视发展与大国的关系，但反对西方强权政治，主张维护联合国作为国际核心组织的地位；（5）重视发展与中国的关系，恪守一个中国政策，否定"中国威胁论"。有关马来西亚外交方面的详细信息，可登陆"马来西亚外交部网站：www.kln.gov.my"进行检索。

如果想进一步了解中国与马来西亚双边关系的发展，查询马来西亚国内经贸和中马两国双边贸易的最新动态，还可以通过登陆"中华人民共和国驻马来西亚大使馆网站：my.china-embassy.org"和"中华人民共和国驻马来西亚大使馆经济商务参赞处网站：my.mofcom.gov.cn"检索相关详细的中英文信息。

7. 主要关键词检索

除上述政治类机构、部门、党派的专有名词可作为检索关键词外，与马来西亚政治相关的常用检索关键词还包括：persekutuan（联邦）、pilihan raya（大选）、sistem（体制）、agensi（局，机构）、badan（局）、bahagian（部门，组）、biro（局）、dewan（厅，局）、institut（学院，研究所）、jabatan（局）、jawatankuasa（委员会）、jemaah（团，局）、lembaga（局，团）、majlis（理事会）、pasukan（组）、pejabat（办公厅，办公室）、perbadanan（局）、perkhidmatan（服务）、persatuan（协会）、pertubuhan（机构，组织）、pusat（中心）、setiausaha（秘书处）、suruhanjaya（委员会）、tribunal（仲裁委员会，仲裁庭）、unit（局）、ketua（领袖，领导）、menteri（部长）、pegawai（官员）、pemimpin（领导）、penasihat（顾问）、pengarah（主任）、pengerusi（主席）等。

8. 重点网站推介——马来西亚政府网

网　　　址：www.malaysia.gov.my

网站语言：英文、马来文

网站简介：马来西亚政府网是马来西亚政府机构在互联网上提供资讯和服务的唯一门户，由马来西亚行政管理现代化局创建和管理。马来西亚行政管理现代化局是隶属于马来西亚总理府的中央部门，致力于推行公共部门的行政改革，依照国家目标提高马来西亚公共服务的质量、效率、效益和完整性。

马来西亚政府网英文版涵盖了与马来西亚政府部门相关的所有资源使用指南，主页内容按主题性质分门别类，划分为十大基本类目，分别为：Doing a Business（做生意）；Education and Learning（教育和学习）；Employment and Training（就业与培训）；Health（健康）；Industry in Malaysia（工业）；Money, Tax and Investment（货币、税收和投资）；Security and Safety（防护与安全）；Society and Life（社会与生活）；Tour and Travel（旅游和旅行）；Transport System（运输系统）。每一基本类目下细分不同层次的子类目，具体指导如何使用该基本类目包含的政府资源。同时，该主页还提供四类在线资源，分别为：在线服务、表格下载、在线支付和最新资讯。此外，该网站还提供针对马来西亚政府机构的目录检索和关键词检索方式，选择主页的Directory（目录）类目，可进入检索页面，对马来西亚所有联邦及州政府机构进行检索。通过马来西亚政府网，可以方便获取马来西亚政府部门提供的各种网上资源，了解马来西亚各政府部门的最新动态，快速链接到各级政府部门网站。由于该网站提供英文版本，为各类计划前往马来西亚学习、经商、旅游或希望进一步了解马来西亚国家政治的、具有一定英语基础而不懂马来语的人群提供了便利的信息检索途径。

9. 其他重要政府部门网站

（1）公共服务委员会（Suruhanjaya Perkhidmatan Awam）：www.spa.gov.my；

（2）选举委员会（Suruhanjaya Pilihan Raya Malaysia）：www.spr.gov.my；

（3）内阁与州政府宪法协调组（Bahagian Kabinet Perlembagaan

图8-5 马来西亚政府网主页

dan Perhubungan Antara Kerajaaan）：www.kabinet.gov.my；

（4）国际会议礼仪与事务组（Bahagian Istiadat dan Urusetia Persidangan Antarabangsa）：www.biupa.jpm.my；

（5）行政管理现代化局（Unit Pemodenan Tadbiran dan Perancangan Pengurusan Malaysia）：www.mampu.gov.my；

（6）公共投诉局（Biro Pengaduan Awam）：www.pcb.gov.my；

（7）公共服务局（Jabatan Perkhidmatan Awam）：www.jpa.gov.my；

（8）公共行政学院（Institut Tadbiran Awam Malaysia）：www.intanbk.intan.my；

（9）反贪污局（Badan Pencegah Rasuah Malaysia）：www.bpr.gov.my；

（10）人口与家庭发展局（Lembaga Penduduk dan Pembangunan Keluarga Negara）：www.lppkn.gov.my；

（11）砂拉越联邦秘书处（Setiausaha Persekutuan Sarawak）：www.supsrwk.gov.my；

（12）移民局（Jabatan Imigresen）：www.imi.gov.my；

（13）国民登记局（Jabatan Pendaftaran Negara）：www.jpn.gov.my；

（14）社团注册局（Pendaftaran Pertubuhan）：www.ros.gov.my；

（15）原住民事务局（Jabatan Hal Ehwal Orang Asli）：www.jheoa.gov.my。

10. 检索示例

【例8-2】通过沙巴州政府网站检索该州的概况信息。

具体步骤如下：

（1）分析检索课题，选择检索网站。沙巴州政府网站既是该州电子政府的门户网站，也是该州对外宣传的主要窗口，具有重要的检索价值，是进行本检索课题的首选网站。

（2）通过网址"http://www.sabah.org.my"登陆沙巴州政府网站主页。

（3）移动鼠标光标至主页上方的"Kenali Sabah"标题，从下拉选项中单击选择"Mengenali Sabah"选项，进入沙巴州分类信息介绍网页。

（4）网页上方依次排列Pengenalan（介绍）、Bendera & Lambang（州旗＆州徽）、Sejarah（历史）、Penduduk（人口）、Ekonomi（经济）、Alam Sekitar（环境）、Tokoh-Tokoh（名人）、Kesenian & Kebudayaan（艺术＆文化）、Daerah Sabah（沙巴政区）九个选项。

（5）根据检索课题要求点击相关选项浏览并下载所需信息。

8.1.8 文莱政治类网络信息检索

20世纪末互联网在文莱的迅速发展让文莱政府开始步入电子化时代，目前基本上各个政府部门都设有专门的网上服务平台。

1. 政府信息检索

文莱是一个"主权、民主和独立的马来穆斯林君主国"。国家宪法规定，苏丹为国家元首，拥有最高行政权力和颁布法律的权力，同时也是国家宗教领袖。文莱内阁是国家最高行政机构，苏丹兼任首相、国防部长和财政部长。文莱内阁由13个部门组成，各部门名称和官方网站地址如下：

（1）首相府（Prime Minister's Office）：www.jpm-bm.gov.bn；

（2）国防部（Ministry of Defence）：www.mindef.gov.bn；

（3）财政部（Ministry of Finance）：www.mof.gov.bn；

（4）外交和贸易部（Ministry of Foreign Affairs & Trade）：www.mofat.gov.bn；

（5）教育部（Ministry of Education）：www.moe.edu.bn；

（6）宗教事务部（Ministry of Religious Affairs）：www.religious-affairs.gov.bn；

（7）工业和初级资源部（Ministry of Industry and Primary Resources）：www.industry.gov.bn；

（8）通讯部（Ministry of Communications）：www.mincom.gov.bn；

（9）内政部（Ministry of Home Affairs）：www.home-affairs.gov.bn；

（10）卫生部（Ministry of Health）：www.moh.gov.bn；

（11）发展部（Ministry of Development）：www.mod.gov.bn；

（12）文化、青年和体育部（Ministry of Culture, Youth and Sports）：www.kkbs.gov.bn；

（13）能源部（Ministry of Energy）：www.energy.gov.bn。

2. 重点网站推介——文莱首相署官方网站

网　　址：www.jpm.gov.bn

网站语言：马来文、英文

网站简介：文莱首相署官方网站是文莱政府机构对外提供有关本国政治资讯和服务的核心门户网站，及时发布政府各项政策措施，其目标之一便是让全民关心政治，提升政府制定和实施政策的公开性和透明性。文莱首相署官方网站的最上方为文莱国徽和网页的马来文名称，下方是各栏目标题，包括Berita（新闻）、Mengenai JPM（关

图8-6　文莱首相署官方网站主页

于首相署）、Perdana Menteri（首相）、Menteri dan Pegawai Kanan（部长及重要官员）、Maklumat（信息）以及Link Berkaitan（相关链接）。栏目标题下方是网站主页的主体部分，左侧提供包括时事文章Menu（菜单）、Jabatan（局）、kementerian（部）等链接，点击目标部门便能直接进入相关网页进行浏览，右侧提供滚动显示的最新图片新闻，以及首相署发布的最新信息。

通过检索文莱首相署官方网站，可以及时快捷地获取与文莱政府相关的各项信息，还能方便链接到政府各个部门的网站，是读者了解文莱政治发展动态、全面掌握文莱首相署以及政府各个部门信息的最权威渠道。

8.1.9　新加坡政治类网络信息检索

新加坡政府以其远见、高效、廉洁闻名于世。在全世界由传统经济向新经济转型的今天，新加坡政府又一次走到了全世界的前面，建立起了一个全球最佳的电子政府。新加坡的电子政府是其政治类网络信息资源的主要组成部分，通过相关网站，可以方便查询新加坡政体、国会、内阁、政党等各种政治类信息。

1. 政体信息检索

新加坡实行议会共和制，国家元首是新加坡国家机构的组成部分，是新加坡国家权力的象征。形式上，他是新加坡最高权力的执行者，是新加坡的最高代表。新加坡的最高元首为总统，由全民选举产生。然而，总统的法律地位同实际地位是分离的。在法律上，他作为国家元首，享有极大的权力，在立法、行政、司法上均属于最高地位；实际上，他不能单独行使这些权限，而是要根据对国会负责的内阁建议或决议来行使这些权限。现任总统纳丹（S.R. Nathan），1999年8月当选总统，2005年8月连任，任期六年。关于新加坡最高元首的详细资料可以通过访问"新加坡总统府办公室网站：www.istana.gov.sg"获得。

2. 国会信息检索

新加坡拥有一院制的议会（Parliament），其中大多数成员由平均5年一次的民主直接选举产生。议会与总统构成了完整的新加坡立法机构。议会中的多数党党魁将获总统任命，成为政府总理，然后再由总理推荐内阁部长和部门首长，经总统任命后组成内阁与政府。政府对议会负责，并接受议会的监督与质询。一届议会（以及政府）的任期最长为5年，但是总理可决定提前解散议会，举行大选。大选必须在议会解散后的3个月内举行。议会议长在议会首次召集开会后选举产生，当总统和总统顾问理事会主席均因故无法行使国家元首职责时，将由议会议长代为行使职责。"新加坡国会网站：www.parliament.gov.sg"网站提供英文版本，可查询议会、各委员会、各项法律条令等的详细信息。

3. 内阁信息检索

新加坡政府或内阁（Cabinet）是行使新加坡对内对外职能的主要行政机构，在新加坡国家机构中居主导地位。行政大权集于内阁，特别是在总理手中。内阁总理一般是由国会中占多数席位的政党领袖（经总统任命后）担任，内阁成员必须是国会议员，由总理组阁。新加坡政府15个部门的官方网站均已开通，各部门名称及其官方网站地址为：

（1）总理公署部（Prime Minister's Office）：www.pmo.gov.sg；

（2）国防部（Ministry of Defence)：www.mindef.gov.sg；

（3）财政部（Ministry of Finance）：www.mof.gov.sg；

（4）交通部（Ministry of Transport）www.mot.gov.sg；

（5）教育部（Ministry of Education）：www.moe.gov.sg；

（6）人力部（Ministry of Manpower）：www.mom.gov.sg；

（7）卫生部（Ministry of Health）：www.moh.gov.sg；

（8）社会发展、青年及体育部（Ministry of Community Development, Youth and Sport）：www.mcys.gov.sg；

（9）新闻、通讯及艺术部（Ministry of Information, Communication and the Arts）：www.mica.gov.sg；

（10）国家发展部（Ministry of National Development）：www.mnd.gov.sg；

（11）贸工部（Ministry of Trade and Industry）：www.mti.gov.sg；

（12）环境及水资源部（Ministry of Environment and Water Resources）：www.mewr.gov.sg；

（13）内政部（Ministry of Home Affairs）：www.mha.gov.sg；

（14）律政部（Ministry of Law）：www.minlaw.gov.sg；

（15）外交部（Ministry of Foreign Affairs）：www.mfa.gov.sg。

4. 政党信息检索

新加坡的执政党领袖为政府总理，由最高元首任命。新加坡已注册的政党共24个，主要政党有以下三个：（1）人民行动党（The People's Action Party），由现任内阁资政李光耀等人在1954年11月发起成立，目前是新加坡的第一大党和执政党，其官方网站为"www.pap.org.sg"；（2）工人党（The Worker's Party），1957年11月创立，其官方网站为"www.wp.org.sg"，提供中、英、泰米尔文三个版本；（3）新加坡民主联盟（Singapore Democratic Alliance），2001年7月创立，由新加坡人民党（Singapore People's Party）、国民团结党（National Solidarity Party）、马来民族机构（Singapore Malay National Organization）及新加坡正义党（Singapore Justice Party）四个政党联合组成，虽然尚未建立官方网站，但可通过登陆"新加坡人民党网站：www.spp.org.sg"查询到民主联盟的相关信息。

5. 对外关系信息检索

新加坡一贯奉行和平、中立和不结盟的外交政策，主张在独立自主、平等互利和不干涉内政的基础上，同所有不同社会制度的国家发展友好和合作关系。检索新加坡外交方面的网络信息应注意其对外关系的几个主要特点：（1）作为东盟成员国，新加坡始终致力于加强东盟内部的团结与合作；（2）新加坡重视美国和日本在本地区安全和稳定方面的作用和影响；（3）作为英联邦成员国与其他成员国联系密切，与英国、澳大利亚、新西兰和马来西亚在1971年签定五国联防协议；（4）重视发展与中国的关系。有关新加坡外交方面的详细信息，可登陆"新加坡外交部网站：www.mfa.gov.sg"进行检索。

如果想进一步了解新加坡与中国双边关系的发展，查询新加坡国内经贸和中新两国双边贸易的最新动态，还可以登陆"中华人民共和国驻新加坡大使馆网站：www.chinaembassy.org.sg"和"新加坡中华总商会网站：www.sccci.org.sg"检索相关的中英文信息。

6. 重点网站推介——新加坡政府网

网　　址：www.gov.sg

网站语言：英文

网站简介：新加坡政府网是新加坡政府在互联网上提供资讯和服务的唯一门户，是新加坡电子政府的重要组成部分，致力于推动政府部门的改革，提高新加坡公共服务的质量、效率、效益和完整性。

新加坡政府网包括四个内容的互联网入口，分别为：Government（新加坡政府）、Citizen&Resident（公民）、Business（商业）、Non-Resident（非公民）。新加坡政府互联网入口是获得新加坡政府信息的便捷

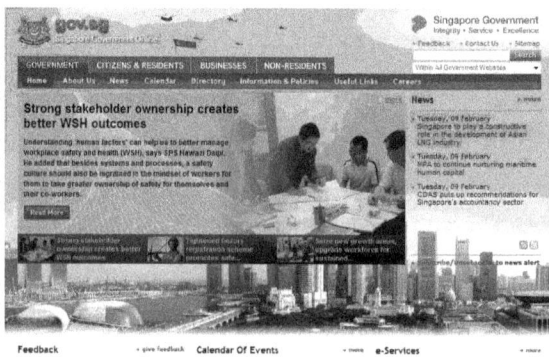

图8-7　新加坡政府网主页

通道，通过其子栏目，我们可以获得新加坡的新闻和政策方面的信息，通过Directory（目录）类目，可以进入检索界面，对新加坡相关政府机构进行检索。通过Citizen&Resident（公民）入口，新加坡公民可以得到与日常生活相关的网上电子服务。通过Business（商业）入口，可以快速获得在新加坡经商的相关政策及帮助。Non-Resident（非公民）为想访问、定居新加坡，或在新加坡工作、学习、经商的非新加坡公民提供指导，帮助其尽快了解相关信息。

7. 其他政府部门网站

（1）新加坡健康促进委员会（Health Promotion Board, HPB）：www.hpb.gov.sg；

（2）新加坡警察局（Singapore Police Office, SPF）：www.spf.gov.sg；

（3）赌场管制局（Casino Regulatory Authority, CRA）：www.cra.gov.sg；

（4）新加坡健康促进委员会（Health Promotion Board, HPB）：www.hpb.gov.sg；

（5）新加坡知识产权局（Intellectual Property Office of Singapore, IPOS）：www.ipos.gov.sg；

（6）媒体发展局（Media Development Authority, MDA）：www.mda.gov.sg；

（7）国家环境局（National Environment Agency, NEA）：www.nea.gov.sg；

（8）国家遗产局（National Heritage Board, NHB）：www.nhb.gov.sg；

（9）新加坡土地局（Singapore Land Authority, SLA）：www.sla.gov.sg；

（10）创新局（Spring Singapore, SPRING）：www.spring.gov.sg。

8.1.10　印尼政治类网络信息检索

1. 政府信息检索

印尼是单一的共和制国家，"信仰神道、人道主义、民族主义、民主和社会公正"是建国五项基本原则（Pancasila）。印尼实行总统制，总统为国家元首、行政首脑和武装部

队最高统帅。2004年起，总统和副总统不再由人民协商会议选举产生，改由全民直选，只能连选和连任一次，每届任期五年。内阁由总统任命，但需征得国会同意。"印尼国家门户网：www.indonesia.go.id"是印尼政府的官方网站，提供印尼文和英文版本，主要内容有印尼概况、国家机关、内阁部门、地方政府、驻外使节介绍，中央政府颁布的各种法律法令，印尼正副总统的演讲稿等。

2. 立法机构信息检索

印尼的立法机构是人民协商会议（Majelis Permusyawaratan Rakyat），由人民代表会议（Dewan Perwakilan Rakyat）和地方代表会议（Dewan Perwakilan Daerah）共同组成，负责制定、修改和颁布宪法及国家大政方针，并对总统进行监督。如总统违宪，有权弹劾并罢免总统。

"人民协商会议官方网站：www.mpr.go.id"为印尼文和英文版本，主要内容有《1945年宪法》及其历次修订版、人协的历年决议、人协组织结构、近三届人协党团和代表名单、部分人协会议纪要（文字稿及录音）、人协动态、人协杂志（Majelis）等。

"人民代表会议（印尼国会）官方网站：www.dpr.go.id"主要内容有国会概况、国会新闻、国会议程安排、国会议员介绍、国会各机构介绍、最新各委员会报告、国会正在或已经审议的法律草案、国会杂志（Parlementaria）等。

"地方代表会议官方网站：www.dpd.go.id"主要内容有印尼地方代表会议的组织结构、地方代表会议最新动态、地方代表会议的决定、调查报告等。

3. 政府行政部门信息检索

印尼行政部门（内阁）是总统行使行政权力的机构，是中央政府的表现形式。印尼行政部门数量并不固定，每任总统都可以根据需要增加或撤并。各行政部门的网站都提供职责范围内的政策、重大事件等信息。以下是印尼现有行政部门的名称及官方网站地址。

（1）外交部（Kementerian Luar Negeri）：www.kemlu.go.id；

（2）内政部（Kementerian Dalam Negeri）：www.kemdagri.go.id；

（3）国防部（Kementerian Pertahanan）：www.kemhan.go.id；

（4）国家发展计划部（Badan Perencanaan dan Pembangunan Nasional）：www.bappenas.go.id；

（5）财政部（Kementerian Keuangan）：www.depkeu.go.id；

（6）司法和人权部（Kementerian Hukum dan Hak Asasi Manusia）：www.depkumham.go.id；

（7）林业部（Kementerian Kehutanan）：www.dephut.go.id；

（8）工业部（Kementerian Perindustrian）：www.depperin.go.id；

（9）贸易部（Kementerian Perdagangan）：www.depdag.go.id；

（10）农业部（Kementerian Pertanian）：www.deptan.go.id；

（11）交通部（Kementerian Perhubungan）：www.dephub.go.id；

（12）海洋和渔业部（Kementerian Kelautan dan Perikanan）：www.dkp.go.id；

（13）劳工和移民部（Kementerian Tenaga Kerja dan Transmigrasi）：www.nakertrans.go.id；

（14）公共事业部（Kementerian Pekerjaan Umum）：www.pu.go.id；

（15）卫生部（Kementerian Kesehatan）：www.depkes.go.id；

（16）国家教育部（Kementerian Pendidikan Nasional）：www.depdiknas.go.id；

（17）社会部（Kementerian Sosial）：www.depsos.go.id；

（18）宗教部（Kementerian Agama）：www.depag.go.id；

（19）通讯和信息部（Kementerian Komunikasi dan Informatika）：www.depkominfo.go.id；

（20）文化和旅游部（Kementerian Kebudayaan dan Pariwisata）：www.budpar.go.id；

（21）国务秘书部（Sekretariat Negara）：www.setneg.go.id；

（22）研究和技术部（Kementerian Riset dan Teknologi）：www.ristek.go.id；

（23）合作社和中小企业部（Kementerian Koperasi dan Usaha Kecil dan Menengah）：www.depkop.go.id；

（24）环境部（Kementerian Likungan Hidup）：www.menlh.go.id；

（25）提高妇女能力和保护儿童部（Kementerian Pemberdayaan Perempuan dan Perlindungan Anak）：www.menegpp.go.id；

（26）国有企业部（Kementerian Badan Usaha Milik Negara）：www.bumn.go.id；

（27）人民住房部（Kementerian Perumahan Rakyat）：www.kemenpera.go.id；

（28）青年和体育部（Kementerian Pemuda dan Olahraga）：www.kemenpora.go.id；

（29）能源和矿产资源部（Kementerian Energi dan Sumber Daya Mineral）：www.esdm.go.id；

（30）提高国家机关能力和官僚改革部（Kementerian Pendayagunaan Aparatur Negara）：www.menpan.go.id；

（31）落后地区发展部（Kementerian Pembangunan Daerah Tertinggal）：www.kemenegpdt.go.id。

4. 非部级政府机构信息检索

除各行政部门之外，印尼中央政府还设立了非部级政府机构（LPND）来执行总统特定的行政任务。各机构名称及官方网站地址如下：

（1）国防协会（Lembaga Ketahanan Nasional）：www.lemhannas.go.id；

（2）国家保密局（Lembaga Sandi Negara）：www.lemsaneg.go.id；

（3）国家标准化委员会（Badan Standardisasi Nasional）：www.bsn.or.id；

（4）国家测绘局（Badan Koordinasi Survei dan Pemetaan Nasional）：www.bakosurtanal.go.id；

（5）国家档案局（Arsip Nasional Republik Indonesia）：www.anri.go.id；

（6）国家公务员局（Badan Kepegawaian Negara）：www.bkn.go.id；

（7）国家航空航天局（Lembaga Penerbangan Antariksa Nasional）：www.lapan.go.id；

（8）国家行政事务局（Lembaga Administrasi Negara）：www.lan.go.id；

（9）国家核能委员会（Badan Tenaga Nuklir Nasional）：www.batan.go.id；

（10）国家计划生育协调局（Badan Koordinasi Keluarga Berencana Nasional）：www.bkkbn.go.id；

（11）国家麻醉品管理局（Badan Narkotika Nasional）：www.bnn.go.id；

（12）国家气象局（Badan Meteorologi dan Geofisika）：www.bmg.go.id；

（13）国家搜救局（Badan SAR Nasional）：www.basarnas.go.id；

（14）国家投资协调局（Badan Koordinasi Penanaman Modal）：www.bkpm.go.id；

（15）国家图书馆（Perpustakaan Nasional Republik Indonesia）：www.pnri.go.id；

（16）国家土地局（Badan Pertanahan Nasional）：www.bpn.go.id；

（17）国家灾害处理局（Badan Nasional Penanggulangan Bencana）：www.bnpb.go.id；

（18）核能监督局（Badan Pengawas Tenaga Nuklir）：www.bapeten.go.id；

（19）金融和建设监督局（Badan Pengawasan Keuangan dan Pembangunan）：www.bpkp.go.id；

（20）科技研究和应用局（Badan Pengkajian dan Penerapan Teknologi）：www.bppt.go.id；

（21）药品和食品监督局（Badan Pengawas Obat dan Makanan）：www.pom.go.id；

（22）印尼科学院（Lembaga Ilmu Pengetahuan Indonesia）：www.lipi.go.id；

（23）印尼劳工安置和保护局（Badan Nasional Penempatan dan Perlindungan Tenaga Kerja Indonesia）：www.bnp2tki.go.id；

（24）中央统计局（Badan Pusat Statistik）：www.bps.go.id。

5. 司法和审计机构信息检索

印尼实行三权分立，司法权由最高法院及其下属各系统法院机关和宪法法院行使。此外，印尼宪法还设立了独立的司法委员会和财政审计局分别作为法律监督机构和财政审查机构。各机构名称及官方网站地址如下：

（1）财政审计局（Badan Pemeriksan Keuangan）：www.bpk.go.id；

（2）司法委员会（Komisi Yudisial）：www.komisiyudisial.go.id；

（3）宪法法院（Mahkamah Konstitusi）：www.mahkamahkonstitusi.go.id；

（4）最高法院（Mahkamah Agung）：www.mahkamahagung.go.id；

（5）最高检察院（Kejaksaan）：www.kejaksaan.go.id。

6. 印尼大选及主要政党信息检索

"印尼大选委员会（Komisi Pemilihan Umum）网站：www.kpu.go.id"是印尼选举的官方网站，主要内容包括关于印尼选举的各种法律法令，大选和地方选举的安排和实施步骤，各种选举及结果的动态更新，各政党的地址和联系方式，各地选举委员会的联系方式等。

与选举相关的主要网站有：（1）大选改革中心（Pusat Reformasi Pemilu）：www.cetro.or.id，印尼大学生组织的选举监督网站；（2）印尼大选网：www.pemiluindonesia.com，印尼独立的大选观察网站。

各主要参选政党的名称和官方网站地址如下：

（1）民主党（Partai Demokrat）：www.demokrat.or.id；

（2）专业集团党（Partai Golkar）：www.golkar.or.id或www.partaigolkar.com；

（3）斗争民主党（Partai Demokrasi Indonesia Perjuangan）：www.pdi-perjuangan.or.id；

（4）繁荣正义党（Partai Keadilan Sejahtera）：www.pks.or.id或www.pk-sejahtera.org；

（5）国家使命党（Partai Amanat Nasional）：www.pan.or.id；

（6）建设团结党（Partai Persatuan Pembangunan）：www.ppp.or.id；

（7）民族觉醒党（Partai Kebangkitan Bangsa）：www.dpp-pkb.or.id；

（8）大印尼运动党（Partai Gerakan Indonesia Raya）：www.partaigerindra.or.id；

（9）人民心声党（Hanura Partai hati Nurani Rakyat）：www.hanura.com。

7. 印尼地方政府信息检索

目前，印尼共有省级行政区33个，包括雅加达首都特区，日惹特区和亚齐达鲁萨兰2个地方特区，30个省，410个县/市行政区。随着印尼电子政务的发展，印尼所有的省和特区、大部分的县/市都设立了政府门户网站，提供本地区政治经济发展的各种信息。

（1）亚齐达鲁萨兰（Nanggroe Aceh Darussalam）：www.acehprov.go.id；

（2）北苏门答腊省（Sumatera Utara）：www.sumutprov.go.id；

（3）西苏门答腊省（Sumatera Barat）：www.sumbarprov.go.id；

（4）占碑省（Jambi）：www.jambiprov.go.id；

（5）廖内省（Riau）：www.riau.go.id；

（6）廖内群岛省（Kepulauan Riau）：www.kepriprov.go.id；

（7）南苏门答腊省（Sumatera Selatan）：www.sumselprov.go.id；

（8）邦加－勿里洞群岛省（Kepulauan Bangka-Belitung）：www.babelprov.go.id；

（9）明古鲁省（Bengkulu）：www.bengkuluprov.go.id；

（10）楠榜省（Lampung）：www.lampungprov.go.id；

（11）万丹省（Banten）：www. bantenprov.go.id；

（12）雅加达首都特区（Daerah Khusus Ibukota Jakarta）：www.jakarta.go.id；

（13）西爪哇省（Jawa Barat）：www.jabarprov.go.id；

（14）中爪哇省（Jawa Tengah）：www.jatengprov.go.id；

（15）日惹特区（Daerah Istimewa Yogyakarta）：www.pemda-diy.go.id；

（16）东爪哇省（Jawa Timur）：www.jatimprov.go.id；

（17）西加里曼丹省（Kalimantan Barat）：www.kalbarprov.go.id；

（18）中加里曼丹省（Kalimantan Tengah）：www.kalteng.go.id；

（19）南加里曼丹省（Kalimantan Selatan）：www.kalselprov.go.id；

（20）东加里曼丹省（Kalimantan Timur）：www.kaltimprov.go.id；

（21）巴厘省（Bali）：www.baliprov.go.id；

（22）西努沙登加拉省（Nusa Tenggara Barat）：www.ntbprov.go.id；

（23）东努沙登加拉省（Nusa Tenggara Timur）：www.nttprov.go.id；

（24）北苏拉威西省（Sulawesi Utara）：www.sulut.go.id；

（25）中苏拉威西省（Sulawesi Tengah）：www.sulteng.go.id；

（26）南苏拉威西省（Sulawesi Selatan）：www.sulsel.go.id；

（27）东南苏拉威西省（Sulawesi Tenggara）：www.sultraprov.go.id；

（28）哥伦打洛省（Gorontalo）：www.gorontalo.go.id；

（29）西苏拉威西省（Sulawesi Barat）：www.sulbarprov.go.id；

（30）马鲁古省（Maluku）：www.malukuprov.go.id；

（31）北马鲁古省（Maluku Utara）：www.malutprov.go.id；

（32）巴布亚省（Papua）：www.papua.go.id；

（33）西巴布亚省（Papua Barat）：www.papuabaratprov.go.id。

8．重点网站推介——印尼国家门户网

网　　址：www.indonesia.go.id

网站语言：印尼文、英文

网站简介：印尼国家门户网作为印尼政府对外的门户，集中了很多关于印尼政治、旅

游、经济、新闻等方面的信息，是外界了解印尼的一个非常有价值的窗口。

印尼国家门户网主页按其内容可分为七个版块：（1）主页正上方为主导航版块，包括Produk Hukum（法律法规）、Kabinet（内阁）、Istana Negara（国家宫殿）、Pidato（总统、副总统讲话）；（2）主页的左侧是Nevigasi（辅助导航版块），集

图8-8　印尼国家门户网主页

中了Tentang Indonesia（印尼概况）、Kementerian（政府部门）、Setingkat Menteri（部级部门）、LPNK（非部级政府机构）、Pemerintah Daerah（地方政府）、BUMN（国有企业）、Perwakilan Negara（使领馆）等部门的信息；（3）主页的正中为领导人版块，点击印尼领导人照片可以浏览其简历信息，点击照片下方的"Galeri Kegiatan"按钮可以链接到领导人参加各种活动时的照片；（4）主页正下方为新闻版块，分为新闻类别标题和热点新闻列表；（5）主页右上角为国家资源介绍版块，提供Sumber Daya Alam（印尼各省自然资源）、Pariwisata（各地旅游推介）、Sosial Budaya（社会文化）、Investasi（投资潜力）四个方面的内容；（6）主页右下方为数据版块，内容包括Wisatawan Macanegara（国际游客数据）、Neraca Perdagangan（贸易数据）、Realisasi Investasi（投资数据）；（7）主页左下方为链接版块，提供国家其他重要部门的网站链接。通过印尼国家门户网，用户可以较为全面地了解印尼政治、法律、贸易、旅游、资源等情况，并能浏览印尼的最新新闻，对于研究印尼国情具有很高的参考价值。

8.1.11　东帝汶政治类网络信息检索

1. 政府信息检索

2002年3月22日，东帝汶制宪议会通过并颁布《东帝汶民主共和国宪法》。宪法规定东帝汶总统、国民议会、政府与法院共同构成国家权力机关。总统是国家元首与武装力量最高统帅，通过直接选举产生，任期5年，仅可连任一届。政府负责制定与执行国家政策，是国家最高行政机关。议会称国民议会，代表全体公民行使立法、监督与国家政治决策权，制宪会议于2002年5月20日宪法生效时自动成为了国民议会。

东帝汶政府由总理、各部部长、副部长和国务秘书组成，向总统和国民议会负责。总理是政府首脑，由议会选举中得票最多的政党或占议会多数席位的政党联盟推选，并由总

统任命。各部部长和国务秘书由总理提名，总统任命。东帝汶政府下设12个部，各部名称及官方网站地址分别为：

（1）国防部（Ministry of Defence）：暂无网站；

（2）基础设施部（Ministry of Infrastructure）：暂无网站；

（3）教育部（Ministry of Education）：暂无网站；

（4）经济与发展部（Ministry of Economy and Development）：暂无网站；

（5）社会团结部（Ministry of Social Solidarity）：暂无网站；

（6）卫生部（Ministry of Health）：暂无网站；

（7）财政部（Ministry of Finance）：www.mof.gov.tl；

（8）国家行政与国土计划部（Ministry of State Administration and Territorial Planning）：estatal.gov.tl；

（9）旅游、贸易与工业部（Ministry of Tourism, Trade and Industry）：www.turismotimorleste.com；

（10）农林渔业部（Ministry of Agriculture, Forestry and Fisheries）：www.maf.gov.tl；

（11）司法部（Ministry of Justice）：www.mj.gov.tl；

（12）外交与合作部（Ministry of Foreign Affairs and Cooperation）：www.mfac.gov.tp。

有关东帝汶内阁总理和各部门领导的详细信息可登陆"东帝汶政府网：www.timor-leste.gov.tl"或"东帝汶总理办公室网站：www.pm.gov.tp"进行检索。

2. 政党信息检索

东帝汶主要政党有：东帝汶独立革命阵线（Revolutionary Front of Independent East Timor, FRETILIN）、东帝汶重建全国大会党（National Congress of Timor-Leste Reconstruction, CNRT）、社会民主联盟（Social Democratic Alliance, ASDT/PSD）、民主党（Democratic Party, PD）、国家统一党（National Unity Party, PUN）、民主联盟（Democratic Alliance, KOTA/PTT）、帝汶抵抗力量民族民主团结党（UNDERTIM）。其他政党有：共和党（Republican Party, PR）、基督教民主党（Christian Democrat Party, PDC）、帝汶民族党（Timorese Nationalist Party, PNT）、帝汶社会党（the Socialist Party of Timor, PST）、帝汶民主联盟（Timorese Democratic Union, UDT）、民主千年党（Millennium Democratic Party, PMD）等。由于各政党均未建立网站，因此读者可以用政党名称作为关键词检索各政党的相关信息。

3. 对外关系信息检索

东帝汶奉行务实平衡、睦邻友好的外交政策，重视联合国等国际组织作用，重视发展与澳大利亚、美国、印尼、葡萄牙以及葡共体国家关系，广泛寻求国际援助，已与100多个国家建交，14个国家在帝力设立大使馆（或代表处），阿根廷等30多个国家向东帝汶派驻了非常任大使或代表。东帝汶在中国、葡萄牙、马来西亚、印尼、澳大利亚（兼驻新西兰）、美国、比利时和莫桑比克等国建立了大使馆，在纽约设立了常驻联合国代表处（常驻代表兼驻美大使），向布鲁塞尔派出了常驻欧盟代表（兼驻比利时大使），在悉尼设立了总领馆，在印尼巴厘岛和古邦设立了领事馆。2002年5月，东帝汶与中国签署了《中华人民共和国政府和东帝汶民主共和国政府关于建立外交关系的联合公报》，中国成为第一个与东帝汶建交的国家。东帝汶外交与合作部网站全面、详细介绍了东帝汶的外交政策和最新外交动态。"中国驻东帝汶大使馆网站：tl.china-embassy.org"和"中国驻东帝汶大使馆经济商务参赞处网站：easttimor.mofcom.gov.cn"不仅介绍了东帝汶国家的详细情况，还提供了中国与东帝汶之间的政治交流和贸易往来信息。

4. 其他政治外交类网站

（1）总统办公室（President's Office）：www.presidente-tl.net；

（2）国家统计局（National Statistics Directorate）：dne.mopf.gov.tp；

（3）帝汶海洋办公室（Timor Sea Office）：www.timorseaoffice.gov.tp；

（4）司法监督网（Judicial System Monitoring Programme）：ww.jsmp.minihub.org；

（5）东帝汶驻联合国代表处（Embassy Of Timor-Leste to United Nations）：www.un.int/timor-leste；

（6）东帝汶驻美国大使馆（Embassy of the Democratic Republic of Timor-Leste to the United States of America）：www.timorlesteembassy.org；

（7）美国驻东帝汶大使馆：timor-leste.usembassy.gov；

（8）美国驻东帝汶贸易代表办事处（Timor-Leste Office of the United States Trade Representative）：www.ustr.gov/countries-regions/southeast-asia-pacific/timor-leste；

（9）澳大利亚驻东帝汶大使馆：www.easttimor.embassy.gov.au；

（10）联合国驻东帝汶综合特派团（United Nations Integrated Mission In Timor-Leste, UNMIT)：unmit.unmissions.org；

（11）联合国驻东帝汶开发计划署（United Nations Development Programme in Timor-Leste）：www.tl.undp.org；

（12）联合国驻东帝汶人口基金委员会（United Nations Population Fund in Timor-Leste）：timor-leste.unfpa.org。

▷ 8.2 东南亚国家军事类网络信息检索

东南亚国家军事类网络信息资源主要由东南亚各国国防部及下属机构网站、武装部队司令部网站、各军种司令部网站、军事院校网站、军事媒体网站以及网上军事论坛等构成。

8.2.1　越南军事类网络信息检索

1. 主要军事机构信息检索

越南国防部是最高军事行政机关，下辖总参谋部、总政治局、总后勤局、总技术局、国防工业经济总局，分别负责全军的军事指挥、政治思想教育、后勤供应、技术保障、军工生产经营。越南没有专门的国防部网站，但是通过"越南维基百科网：vi.wikipedia.org"可以获取到包括有关越南人民军、越南国防体制等在内的基本信息。越南人民军（Quân đội Nhân dân Việt Nam）是越南社会主义共和国的武装力量，人民军由陆军、海军、防空—空军与海岸警察部队组成。如果要查询更多关于越南人民军的详细信息，可以登陆"越南《人民军队报》网站：www.qdnd.vn"进行检索。

2. 常用检索关键词

越南军事类网络信息检索使用的关键词主要是符合越南特色的军事术语，常见术语有：quốc phòng（国防）、an ninh（安宁）、quân sự（军事）、chiến tranh（战争）、chiến lược（战略）、chiến thuật（战术）、chiến dịch（战役）、tiến công（进攻）、phòng ngự（防御）等；军兵种类术语有：Lục quân（陆军）、Hải quân（海军）、Phòng không-Không quân（防空 – 空军）、Bộ binh cơ giới（机械化步兵）、Đặc công（特种兵）、Pháo binh（炮兵）、Công binh（工兵）、Lính dù（伞兵）、Lính thuỷ đánh bộ（海军陆战队）等；军衔类术语有：Đại tướng（大将）、Thượng tướng（上将）、Đô đốc（都督，海军军衔，相当于上将）、Trung tướng（中将）、Phó Đô đốc（副都督，海军军衔，相当于中将）、Thiếu tướng（少将）、Chuẩn Đô đốc（准都督，海军军衔，相当于少将）、Đại tá（大校）、Trung tá（中校）、Thiếu tá（少校）、Đại úy（大尉）、Trung úy（中尉）、Thiếu úy（少尉）、Chuẩn úy（准尉）、Thượng sĩ（上士）、Trung sĩ（中士）、Hạ sĩ（下士）等；军队建制术语有：Tiểu đội（班）、Trung đội（排）、Đại đội（连）、Tiểu đoàn（营）、Trung đoàn（团）、Lữ đoàn（旅）、Sư đoàn（师）、Quân đoàn（军）；职位、部门类术语如：Tư lệnh（司令）、Chính ủy（政委）、Bộ Tổng Tham mưu（总参谋部）、Tổng cục Chính trị（政治总局）、Tổng cục Kỹ thuật（技术总局）、Tổng cục Hậu cần（后勤总局）、Tổng cục Công nghiệp Quốc phòng（国防工业总局）等。

3. 重点网站推介——越南《人民军队报》网站

网　　址：www.qdnd.vn

网站语言：越文、英文

网站简介：越南中央军委和国防部的机关报，创办于2006年10月6日。网站涉及政治、经济、社会、文化等广泛内容，而对军队的介绍是其内容的主要特色，从中可以了解越南军队的历史和现状。

图8-9 越南《人民军队报》网站主页

越南《人民军队报》网站主页分为三个部分：（1）网站导航栏，在主页的上方，共有12个栏目，分别为：Trang chủ（主页）、Q.Phòng-A. Ninh（国防—安宁，介绍越南军方及国防部有关领导人的活动以及越南的国防安全政策及现状）、Báo xuân Canh Dần-2010（2010春节贺年专题报道）、Chính trị（政治，介绍越南军队的思想政治工作）、Chính luận（国防，介绍越南的某些部队、军事院校、建军方法等）、Văn hoá（介绍某些文艺理论、作品、评论等）、Kinh tế（经济，发布越南经济消息）、Xã hội（介绍社会问题、社会弊端及相关的评论）、Thể thao（体育）、Ký sự-Phóng sự（名人轶事，回忆名将生平事迹）、Quốc tế（国际，报道国际重大事件）、Q.Sự nước ngoài（外国军事，介绍外军动态）；（2）中间主体部分，包括当日重要新闻及点击左侧导航栏发生切换的页面，从不同角度为用户提供最近发生的新闻；（3）右边版块，包括图片报道、专题网页和16个友情链接，并提供《人民军队报》编辑部的地址和联系方式。通过越南《人民军队报》网站，用户可以了解越南国内和国际综合军事信息，尤其是了解越南人民军的历史和现状，掌握最新的越南军事动态，同时学习到更多的越南语军事术语。

4. 其他军事类网站

（1）越南海军与航海总会：www.vietnamavy.com；

（2）越南军事论坛：www.quansuvn.net；

（3）越南国防网：vndefence.info；

（4）军事科学网：www.khoahocquansu.vn。

5. 检索示例

【例8-3】通过越南《人民军队报》网站检索越南国防部长冯光清在首届东盟防长扩大会议上的讲话稿。

具体步骤如下：

（1）分析检索课题，确定检索关键词。东盟防长扩大会议用越南语表述为"Hội nghị Bộ trưởng Quốc phòng ASEAN mở rộng"。

（2）通过网址"http://www.qdnd.vn"，登陆越南《人民军队报》网站。

（3）在主页右上方的检索框内输入关键词"Hội nghị Bộ trưởng Quốc phòng ASEAN mở rộng"单击"Tìm"按钮执行搜索。

（4）从搜索结果中选择标题"Hợp tác trong khuôn khổ "Hội nghị Bộ trưởng quốc phòng ASEAN mở rộng" vì mục tiêu hòa bình, ổn định và phát triển trong khu vực"，单击标题后进入网页。

（5）浏览或复制文本内容，结束本次课题检索。

🌐 8.2.2　老挝军事类网络信息检索

老挝国防部是国防治安委员会对老挝人民军（ກອງທັບປະຊາຊົນລາວ）实施领导的权力机关，它有权参与国防工作决策，负责与政府部门和外国军队进行联系和协调，同时又是全国各兵种的指挥机关，直接判断和把握国际国内军事、政治形势，制定各时期的军事方针；对全军各部队的兵员补充、作战准备、作战指挥、行政管理、武器装备、军费预算的管理使用、国防科研和军事培训等实行统一领导和调配。国防部下设三大部门：参谋总局（ກົມໃຫຍ່ເສນາທິການ）、政治总局（ກົມໃຫຍ່ການເມືອງ）和后勤总局（ກົມໃຫຍ່ພະລາທິການ），分别行使军事指挥、政治教育、后勤技术保障等职能。国防部下辖有国防部办公厅、外事局、保卫局、监察局、综合研究局、国防预算局、军事检察院、军事法庭和山区开发总公司等单位。

老挝武装力量由陆军（ທະຫານບົກ）、防空部队（ທະຫານປ້ອງກັນອາກາດ）、空军（ທະຫານອາກາດ）、沿江部队和地方部队组成，实行义务兵役制，2008年军费支出21,200万美元，占国内生产总值的0.4%。军队自有网络于2010年底在8个省联通，军队自有网络建设是老挝电子政务联网工程的一个重要部分。国防部和老挝人民军目前还没有网站，但是可以通过访问老挝《人民军报》网站（www.kongthap.gov.la）了解老挝人民军的相关新闻、法律法规和历史发展。

老挝军事类网络信息检索常用的关键词有：ການທະຫານ（军事）、ທະຫານປືນຕໍ່ສູ້ອາກາດສະຍານ（高炮部队）、ທະຫານຊ່າງແສງ（工兵）、ທະຫານອາກາດ（航空兵）、ທະຫານລາບ（步兵）、ທະຫານຍານເກາະ（装甲兵）、ທະຫານສື່ສານ（通信兵）、ທະຫານເຄມີ（防化兵）、ທະຫານເລດາ（雷达兵）、ທະຫານໂດດຈ້ອງ（空降兵）、ກອງພົນ（师）、ໜວດ（排）、ໝູ່（班）、ຈຸ,ໜ່ວຍ（组）、ຊັ້ນໜຶ່ງ（一等兵）、ຊັ້ນສອງ（二等兵）、ສິບຕີ（下士）、ສິບໂທ（中士）、ສິບເອກ（上士）、ອາທີ（准尉）、ຮ້ອຍຕີ（少尉）、ຮ້ອຍເອກ（上尉）、ພັນຕີ（少校）、ພັນເອກ（上校）、ພິນຈັດຕະວາ（准将）、ພົນຕີ（少将）、ພົນໂທ（中将）、ພົນເອກ（上将）。

8.2.3 柬埔寨军事类网络信息检索

1. 主要军事机构信息检索

柬埔寨国防部网站为英文版本，建站目的是为了加深民众对政府军事政策的了解，提高柬埔寨国防改革、结构调整和角色转变的透明度。网站栏目包括：Organization Chart（组织结构图）、Key Personnel（主要人员）、Defense News（国防新闻）、Defense White Papers（国防白皮书）、Photo Gallery（照片库）等。其中，"组织结构图"栏目以图片形式展示了柬埔寨国防部的组织机构；"主要人员"栏目介绍了国防部、最高司令部、陆军司令部、海军司令部、空军司令部与皇家宪兵的主要领导人和官员；"国防新闻"栏目提供了2009年至今柬埔寨军方领导人出访或会见的新闻，以及军队执行重大任务的新闻；"国防白皮书"栏目提供了柬文和英文版的柬埔寨2000年、2006年国防白皮书以及2002年发表的国防战略回顾；"照片库"栏目提供了近年来柬埔寨军队的图片资料。

其他重要军事部门网站还有：

（1）最高司令部网站：www.cic.mil.kh；

（2）陆军司令部网站：www.army.mil.kh；

（3）海军司令部网站：www.navy.mil.kh；

（4）空军司令部网站：www.airforce.mil.kh；

（5）宪兵司令部网站：www.gendarmerie.mil.kh。

2. 常用检索关键词

柬埔寨军事类网络信息检索常用关键词包括：កងយោធពលខេមរភូមិន្ទ（柬埔寨皇家政府军）、អគ្គបញ្ជាការដ្ឋាន（最高司令部）、បញ្ជាការដ្ឋាន（司令部）、កងទ័ពជើងគោក（陆军）、កងទ័ពជើងទឹក（海军）、កងទ័ពជើងអាកាស（空军）、កងរាជអាវុធហត្ថ（宪兵）、កងទ័ព（部队）、កងកម្លាំងប្រដាប់អាវុធ（武装力量）、អាវុធ（武器）、យោធា（军事）、សន្តិសុខ（安全）、យុទ្ធសាស្ត្រ（战略）、ព្រំដែន（边境）、កងសេនាបតី（军）、កងពលធំ（师）、កងពលតូច（旅）、កងវរសេនាធំ（团）、កងវរសេនាតូច（营）、កងអនុសេនាធំ（连）、កងអនុសេនាតូច（排）、ឧត្តមសេនីយ៍ឯក（上将）、ឧត្តមសេនីយ៍ទោ（中将）、ឧត្តមសេនីយ៍ត្រី（少将）、នាយកកងពលធំ（师长）、នាយកកងពលតូច（旅长）、នាយករវសេនាធំ（团长）、នាយករវសេនាតូច（营长）、នាយកអនុសេនាធំ（连长）、នាយកអនុសេនាតូច（排长）、យុទ្ធជន（士兵）等。

8.2.4 泰国军事类网络信息检索

1. 主要军事机构信息检索

泰国国防部是泰国军队的最高指挥机构，也是泰国政府的军事管理部门，主要职责是维护国家安全，组建武装部队，保卫王室、平定叛乱，促进国家发展以及维护国家利益。泰国武装部队由泰国皇家陆军（กองทัพบก）、泰国皇家海军（กองทัพเรือ）和泰国空军（กองทัพอากาศ）三部分组成。通过泰国国防部网站，可以获得泰国国防政策、国防架构、军事合作等方面的泰文信息。

泰国陆军网（www.rta.mi.th）主要介绍泰国陆军的历史沿革、编制体制、作战部队及后勤部队、军事新闻等，另有与国防部和最高司令部、其他军兵种网站和网页的链接，并有缉毒、边境态势、军购等陆军活动的情况介绍。

泰国空军网（www.rtaf.mi.th）主要介绍泰国空军的战斗序列、战机及所属飞行队、各类空军院校、相关新闻等方面的内容。

泰国海军网（www.navy.mi.th）主要介绍泰国海军的战斗序列、战舰布防、各类海军院校、相关新闻等方面的内容。

2. 其他军事类网站

（1）国土保卫厅网（กรมการรักษาดินแดน）：www.tdd.mi.th；

（2）泰国军队司令部（กองบัญชาการกองทัพไทย）：www.rtarf.mi.th；

（3）泰国军人之家（ทหารดอทคอมหรือบ้านทหาร）：www.taharn.net；

（4）泰国国防研究院（สถาบันวิชาการป้องกันประเทศ）：ndsi.rtarf.mi.th；

（5）特种作战司令部（หน่วยบัญชาการสงครามพิเศษ）：swc.rta.mi.th。

8.2.5 菲律宾军事类网络信息检索

1. 主要军事机构信息检索

菲律宾国防部（Department of National Defense）是菲律宾最高军事行政机关，负责制定和实施国防计划和政策。通过菲律宾国防部网站，可以获取菲律宾国防部长及其官员简历、国防部历史、国防新闻、菲律宾国防政策等英文信息。

1998年6月首次发表的菲律宾《国防战略》白皮书中指出：菲律宾国防战略目标是保护国家安全利益，维护国家政治稳定，促进经济发展，确保菲律宾在地区和国际上发挥更加积极的作用；菲律宾武装部队（Armed Forces of the Philippines）司令部为最高军事指挥机构，总参谋长是仅次于总统的最高军事指挥官。通过武装部队网站（www.afp.mil.ph）可以查询武装部队的基本情况、武装力量的历史与现状等信息。菲律宾武装力量由正规军、预备役和准军事部队组成，主要负责保障国家免受内部和外部威胁，是维护国防安全、实现国防自主的中坚力量，还肩负在自然灾害发生时提供援助以及协助国家发展计划等多项职能。菲律宾武装部队由三部分组成：（1）菲律宾陆军（the Philippine Army），主要负责防御陆地威胁，应对国家主要突发事件，并且参与国家建设，官方网站为"www.army.mil.ph"；（2）菲律宾海军（Philippine Navy），主要负责保护菲律宾的海岸线、领海、经济专属区免遭各种潜在侵入或非法活动，官方网站为"www.navy.mil.

ph"；（3）菲律宾空军（the Philippine Air Force），主要提供空中防御，使菲律宾免受各种空中威胁，保证领空安全和保护国家利益，官方网站为"www.paf.mil.ph"。此外通过"菲律宾国家军工网站：www.arsenal.mil.ph"，可以查询到菲律宾国家军工业的发展历史、管理人员档案、组织机构、现代化进程等相关信息。

2. 其他军事类网站

（1）菲律宾军事学院（Philippine Military Academia）：www.pma.ph；

（2）退伍军人事务办公室（Philippine Veterans Affairs Office）：www.pvao.mil.ph；

（3）菲律宾国防大学（National Defense College of the Philippine Academic Board）：www.ndcp.edu.ph；

（4）菲律宾军事今报（Military Industry Today）：military.einnews.com。

8.2.6　马来西亚军事类网络信息检索

1. 主要军事机构信息检索

马来西亚国防部是马来西亚掌管国防与军队事务的政府行政部门和军事最高司令部。通过马来西亚国防部网站，可以获取包括马来西亚国防政策、国防架构、军事合作在内的关于马来西亚国防事务的马来文或英文信息。

马来西亚国防政策的根本目的是维护国家的战略利益及维护国家安全，核心目标是实现国防自主。马来西亚武装部队（Angkatan Tentera Malaysia, ATM）主要负责保护国家免受内部和外部威胁，是维护国防安全、实现国防自主的中坚力量。此外，武装部队还肩负多项职能，包括协助政府当局维护公共安全、在自然灾害发生时提供援助以及协助国家发展计划等。马来西亚武装部队由三部分组成，分别为：（1）马来西亚陆军（Tentera Darat Malaysia, TDM），主要负责防御陆地威胁；（2）马来西亚皇家海军（Tentera Laut Diraja Malaysia, TLDM），主要负责保护马来西亚的海岸线、领海、经济专属区免遭各种潜在侵入或非法活动；（3）马来西亚皇家空军（Tentera Udara Diraja Malaysia, TUDM），主要维护领空安全和保护国家利益。如果需要查询更多关于马来西亚军事方面的信息，可以登陆"马来西亚武装部队网站：maf.mod.gov.my"、"马来西亚陆军网站：army.mod.gov.my"、"马来西亚皇家海军网站：www.navy.mil.my"和"马来西亚皇家空军网站：www.airforce.gov.my"进行检索。

2. 主要检索关键词

马来西亚军事类网络信息检索使用的关键词主要是符合马来西亚军事特点的各类马来语军事术语，常见术语有：pertahanan（国防）、keselamatan（安全）、ketenteraan（军事）、operasi（行动、作战）、latihan（演习）、serang（进攻）、tahan（防御）等；其他专门术语包括军衔类术语，如：Laksamana Armada（海军元帅）、 Field Marshal（陆军元帅）、Marshal of The Airforce（空军元帅）、Laksamana（海军上将）、Jeneral（陆军、空军上将）、Laksamana Madya（海军中将）、Leftenan Jeneral（陆军、空军中将）、Laksamana Muda（海军少将）、Mejar Jeneral（陆军、空军少将）、Laksamana Pertama（海军准将）、Brigedier Jeneral（陆军、空军准将）、Kepten（海军上校）、Kolonel（陆军、空军上校）、Komander（海军中校）、Leftenan Kolonel（陆军、空军中校）、Leftenan Komander（海军少校）、Mejar（陆军、空军少校）、Leftenan（海军上尉）、Kapten（陆军、空军上尉）、Leftenan Madya（海军中尉）、Leftenan（陆军、空军中尉）、Leftenan Muda（海军、陆军、空军少尉）、Kadet Kanan（海军高级见习军官）、Kadet（海军、陆军、空军见习军官）；职位、部门类术语，如：Pemerintah Tertinggi（武装部队最高统帅）、Panglima（司令）、Ketua Staf（参谋长）、Staf（参谋）、Markas（司令部）等。

3. 重点网站推介——马来西亚武装部队官方网站

网　　址：maf.mod.gov.my

网站语言：马来文

网站简介：马来西亚武装部队官方网站提供大量与武装部队分支服务有关的信息资讯，以及与军事院校、军队任职相关的详细情况。网站主页提供三类马来文信息资源：（1）中间版块，主要有Berita Utama ATM（武装部队主要新闻）、Aktiviti

图8-10　马来西亚武装部队官方网站主页

Dalam ATM（武装部队内部活动）、Sertai ATM（加入武装部队）三类信息，提供武装部队最近新闻和活动的详细介绍以及申请加入武装部队的具体指导；（2）左边版块，主要提供Profil ATM（武装部队简介）、Profil PAT（武装部队司令简介）、Profil KS Mk ATM（武装部队参谋长简介）、Pangkat（军衔）、Pingat & Darjah Kebesaran（荣誉勋章）、Institut Latihan（培训机构）、Kerjaya（职业）、Muzium（博物馆）等分类信息，以及Maklum Balas（信息反馈）、Carian（搜索）、Soalan Lazim（常见问题）和Aduan Online（在线投诉）等在线服务；（3）右边版块是Jaringan（链接）部分，主要提供马来西亚其他军事部门的网站链接。

通过马来西亚武装部队网站，可以了解武装部队的基本情况，熟识马来西亚军队的历史和发展。该网站只提供马来文版本，掌握马来语的读者可从中学习大量马来语军事术语，为进一步检索马来西亚军事类信息提供帮助。

4. 其他军事类网站

（1）国民服务训练局（Jabatan Latihan Khidmat Negara）：www.khidmatnegara.gov.my；

（2）退役军人事务局（Jabatan Hal Ehwal Veteran ATM）：www.jhev.gov.my；

（3）马来西亚陆军新闻网（BTDM）：btdm.net；

（4）马来西亚国防大学（Universiti Pertahanan Nasional Malaysia, UPNM）：www.upnm.edu.my；

（5）马来西亚皇家军事学院（Maktab Tentera Diraja, MTD）：www.rmc.edu.my；

（6）马来西亚武装部队参谋学院（Maktab Turus Angkatan Tentera, MTAT）：www.mafsc.edu.my。

5. 检索示例

【例8-4】通过马来西亚国防部网站检索该国的国防政策。

具体步骤如下：

（1）登陆马来西亚国防部网站主页"http://www.mod.gov.my"。

（2）在主页右上方的检索框内输入关键词"dasar pertahanan"（国防政策），单击"Carian"按钮执行搜索。

（3）从搜索结果中选择标题"Dasar Pertahanan Negara"，单击标题后进入网页。

（4）网页所示为马来文版本的马来西亚国防政策，如需查阅该文档的英文版本，可单击网页左上方语言框旁的向下箭头按钮并选择"English"。

（5）浏览并下载相关文本材料，结束本次课题检索。

8.2.7 文莱军事类网络信息检索

文莱国防部是文莱管理国防与军队事务的政府部门，由苏丹兼任部长。文莱国防事业的根本目的是保护国家安全，维护国家战略利益，强化国家防御自立。文莱国防部网站主要发布有关文莱国防的各类信息和资讯。

文莱皇家武装部队（Royal Brunei Armed Forces）成立于1961年5月31日，是文莱最重要的军事武装力量，由文莱皇家陆军（Royal Brunei Land Forces）、文莱皇家海军（Royal Brunei Navy）、文莱皇家空军（Royal Brunei Air Force）三部分构成。文莱武装部队及陆、海、空三军的具体信息可以登陆文莱国防部网站进行查询。

8.2.8　新加坡军事类网络信息检索

1．主要军事机构信息检索

新加坡国防部和新加坡武装力量的任务是通过武力威慑和外交手段来确保新加坡的和平与稳定，保护新加坡的主权和领土完整。通过登陆新加坡国防部网站，可以获取新加坡国防政策、国防架构、军事合作在内的关于新加坡国防事务的英文信息。

新加坡总统为武装力量统帅，国防部拥有领导和管理权，最高军事指挥机构为总参谋部。武装力量由正规军、预备役和准军事部队组成，实行义务兵役制，服役期限为24～30个月。新加坡武装部队为分为三个部分，分别为：（1）新加坡陆军（Singapore Army），主要负责防御陆地威胁；（2）新加坡海军（Republic of Singapore Navy, RSN），主要负责应对海上威胁，并保护新加坡海岸线、领海等的安全；（3）新加坡空军（Republic of Singapore Air Force, RSAF），主要通过建设一流的空军来保证新加坡领空完整，维护国家利益。如果需要查询更多关于新加坡军事方面的信息，可以分别登陆三军网站进行检索：

（1）新加坡陆军网站：www.mindef.gov.sg/imindef/mindef_websites/atozlistings/army/home.html；

（2）新加坡空军网站：www.mindef.gov.sg/imindef/mindef_websites/atozlistings/air_force/index.html；

（3）新加坡海军网站：www.mindef.gov.sg/imindef/mindef_websites/atozlistings/navy/home.html。

2．常用检索关键词

新加坡军事类网络信息检索使用的关键词主要是符合新加坡军事特点的各类军事术语，常用的军衔术语有：Lieutenant General- LG（中将）、Major General-MG（少将）、Brigadier General-BG（准将）、Colonel-COL（上校）、Lieutenant-Colonel-LTC（中校）、Major-MAJ（少校）、Captain-CPT（上尉）、Lieutenant-LTA（中尉）、Second Lieutenant-2LT（少尉）、Senior Warrant Officer-SWO（高级准尉长）、Master Warrant Officer-MWO（准尉长）、First Warrant Officer-1WO（一级准尉）、Second Warrant Officer-2WO（二级准尉）、Master Sergeant-MSG（军士长）、Staff Sergeant-SSG（上士长）、First Sergeant-1SG（一级上士）、Second Sergeant-2SG（二级上士）、Third Sergeant-3SG（三级上士）、Corporal First Class-CFC（一等中士）、Corporal-CPL（中士）、Lance Corporal-LCP（下士）、Private First Class-PFC（一等兵）、Private-PTE（士兵）、Recruit-REC（新兵）。在基本军事训练结束后，成绩优异的新兵被选入军官学校接受军官训练，这些学员的军阶为Officer Cadet，缩写为OCT。

3．重点网站推介——新加坡国防部官方网站

网　　　址：www.mindef.gov.sg

网站语言：英文

网站简介：新加坡国防部官方网站提供大量与武装力量和国防政策分支服务相关的信息资讯，以及与军事院校、军队任职相关的详细情况。

新加坡国防部网站主页主要提供八类英文信息资源：（1）Home（主页），主要有 Mindef News Release（国防新闻更新）、Other Publication（其他出版物），提供一些武装部队最近新闻和活动的详细介绍；（2）About Us（关于我们），主要介绍新加坡武装力量的组成、目标及相关的国防政策、法律法规；（3）MINDEF/SAF Websites（国防/军队网站），提供国防部下属相关机构和武装力量的网站链接；（4）Publications（出版物），分别提供三军新闻和相关杂志的链接；（5）

图8-11　新加坡国防部官方网站主页

News&Events（新闻/事件），提供有关新加坡国防的新闻及相关事件回顾；（6）Careers（职业），提供新加坡武装力量的军衔制度介绍及工作申请；（7）Resources（资源），主要通过视频、电子书、图片、广播等形式介绍新加坡的国防政策和武装力量；（8）Useful Links（有用链接），提供其他新加坡网站的链接。

4．其他军事类网站

（1）新加坡武装部队军事训练学院（SAFTI Military Institute）：www.mindef.gov.sg/imindef/mindef_websites/atozlistings/saftimi/home.html；

（2）新加坡武装部队文工团（SAF Music & Drama Company）：www.mindef.gov.sg/imindef/mindef_websites/atozlistings/mdc/home.html。

8.2.9　印尼军事类网络信息检索

1．主要军事机构信息检索

印尼武装力量由正规军和准军事部队组成，其中正规军分陆、海、空三个军种，准军事部队包括警察和民兵。根据《印度尼西亚宪法》规定，总统为武装力量的最高统帅，实行国防与治安合一的武装体制；印尼国防委员会是印尼武装力量的最高统帅机构，下设国防部和武装部队司令部，总统任武装部队最高统帅兼国防委员会主席；国防部是由国防部长领导的有关国防事务的执行机构，负责制定国防政策、协助总统处理国防事务，部长向总统负责；国军司令部设司令一人，其主要职责是负责作战指挥，同时代表军队参与国家的各项建设任务；总统通过国防部和国军司令部对全国武装力量实施领导和指挥。"印尼国防部官方网站：www.kemhan.go.id"为印尼文和英文版本，主要内容包括印尼国防部组织结构，国防白皮书，内政部概况，国防部最新动态，供内部人员使用的管理信息系统，访问统计数据等等。此外，国防部网站还设有提供印尼文和英文界面的"国防媒体中心网：www.dmc.kemhan.go.id"，及时发布国防和安全方面的信息。以下是印尼国民军主要部门的网站内容简介：

（1）"印尼国民军网站：www.tni.mil.id"为印尼文和英文版本，主要内容有印尼国民军宗旨、使命和原则，国军简史，军队组织结构，军事术语，国军的照片、影片和军歌，募兵信息，并及时发布国军新闻动态。

（2）"印尼陆军网站：www.tniad.mil.id"主要内容有印尼陆军历史，建军原则，组织结构，新闻动态，战斗序列，部分陆军杂志Palagan（《战场》）和Yudhagama（《战争艺术》）等，战略司令部、特种部队司令部、各大军区等都有相应的版块。

（3）"印尼海军网站：www.tnial.mil.id"主要内容有印尼海军历史，建军原则，组织结构，新闻动态，战斗序列等。

（4）"印尼空军网站：www.tni-au.mil.id"主要内容有印尼空军历史，建军原则，组织结构，新闻动态，战斗序列等。

2. 主要检索关键词

印尼军事类网络信息检索使用的关键词主要是符合印尼军事特点的各类印尼语军事术语，常见术语有：pertahanan（国防）、keamanan（安全）、militer（军事）、operasi（行动、作战）、latihan（演习）、AD（陆军）、AU（空军）、AL（海军）等；其他专门术语包括军衔类术语，如：Jenderal TNI（陆军上将）、Laksamana TNI（海军上将）、Marsekal TNI（空军上将）、Letnan Jenderal（陆军中将）、Laksamana Madya（海军中将）、Marsekal Madya（空军中将）、Mayor Jenderal（陆军少将）、Laksamana Muda（海军少将）、Marsekal Muda（空军少将）、Brigadir Jenderal（陆军准将）、Laksamana Pertama（海军准将）、Marsekal Pertama（空军准将）、Kolonel（陆军上校）、Kolonel Laut（海军上校）、Kolonel Udara（空军上校）、Letnan Kolonel（陆军中校）、Letnan Kolonel Laut（海军中校）、Ketnan Kolonel Udara（空军中校）、Mayor（陆军少校）、Mayor Laut（海军少校）、Mayor Udara（空军少校）、Kapten（陆

图8-12　印尼国民军网站主页

军上尉）、Kapten Laut（海军上尉）、Kapten Udara（空军上尉）、 Letnan Satu（陆军中尉）、Letnan Satu Laut（海军中尉）、Letnan Satu Udara（空军中尉）、Letnan Dua（陆军少尉）、Letnan Dua Laut（海军少尉）、Letnan Dua Udara（空军少尉），职位、部门类术语，如：Panglima TNI（印尼国民军总司令）、Kepala Staf（参谋长）、Staf（参谋）、Komando（司令部）、Polisi Militer（宪兵）、Kopassus（特种部队）、Detasemen（特遣队）等。

3. 重点网站推介——印尼国民军网站

网　　址：www.tni.mil.id

网站语言：印尼文

网站简介：印尼国民军网站主要提供与印尼国民军相关的信息，包括印尼国民军的新闻、历史、组织构成等详细情况。网站的主页按其内容可分为三个版块：（1）导航版块，包括Citra（印尼国民军的任务、功能、法律、条令、历史等内容）、Organisasi（印尼国民军司令部及其下属各军种、部门的组织机构及缩写）、Karir（印尼国民军人员的日常工作生活）、Berita（印尼国民军各种活动的新闻）、Pidato（总统、副总统发表的演讲）、Link（印尼国民军下属各军种、部门的链接）等内容；（2）目录版块（Menu），位于主页的左侧，集中了Karya（印尼国民军的对内、对外工作）、Galeri（关于印尼国民军的活动、图片、歌曲和视频等）两个部分的内容；（3）新闻版块，位于主页的右下方区域，其中包含了关于印尼国民军的最新消息。

通过印尼国民军网站，可以较为全面地了解印尼国民军的基本情况，包括历史、组织机构、最新动态等信息，掌握印尼语的读者可从中学习大量的印尼语军事术语，为进一步检索印尼军事类网络信息提供帮助。

4. 其他军事类网站

（1）印尼陆军参谋指挥学校：www.tniad.mil.id/seskoad/1seskoad.php?pil=18；

（2）印尼海军参谋指挥学校：beta.tnial.mil.id/seskoal/index.php；

（3）印尼（陆军）军事学院网站：www.akmil.ac.id；

（4）印尼海军学院网站：www.aal.ac.id；

（5）印尼空军学院网站：www.aau.ac.id；

（6）印尼主战武器系统：alutsista.blogspot.com；

（7）印尼《防卫者》杂志网站：www.majalahdefender.com；

（8）印尼陆军工业公司（PT. Pindad）网站：www.pindad.com；

（9）印尼海军维修公司（PT. PAL）网站：www.pal.co.id。

第9章 东南亚国家经济与贸易类网络信息检索

　　在高新技术产业迅猛发展和经济全球化的大趋势之下，以网络经济为主的新经济形态正快速影响着社会经济和人们的生活，推动着传统经济模式向新知识经济模式的转变。东南亚国家是参与全球化程度较高的发展中国家，在以贸易自由化、金融国际化、生产一体化和经济区域化为特征的经济全球化浪潮推动下，东南亚各国积极调整经济发展战略，贸易自由化、区域经济一体化进程不断加快。为适应经济发展新形势的要求，东南亚国家借助互联网这个开放平台，打破区域或界限，实现经济贸易信息的网络共享，推动电子商务的快速发展，开创东南亚地区内外双边和多边经贸发展的新局面。

▷ 9.1 东南亚国家经济类网络信息检索

东南亚国家经济类网络信息资源主要由东南亚国家财政部和下属机构网站、各部门经济主管部门和下属机构网站、经济统计部门网站以及金融部门网站等构成。

9.1.1 越南经济类网络信息检索

1. 国家宏观经济政策信息检索

越南从1986年实行"革新开放"政策以来，在经济领域取得了瞩目的成就。越南现行的宏观经济政策主要为2011～2020年经济社会发展战略（Chiến lược Phát triển Kinh tế-Xã hội2011-2020）和2006～2010经济社会发展五年计划（Kế hoạch 5 năm 2011-2015）。

越南计划与投资部是专门负责起草拟定越南国民经济发展宏观战略、规划、政策、目标的政府部门，其官方网站提供越南经济发展各项决议的全文内容下载。有关越南经济社会发展战略的全文内容还可通过"Google Vietnam"的关键词搜索方式获得，或者直接登陆越南政府网站进行检索。

2. 部门经济信息检索

越南经济结构主要包括农业、工业、服务业三大产业。农业包括种植业、畜牧业、林业、水产业等；工业主要包括油气、煤炭、电力、钢铁、化工等重工业部门和纺织、服装、制鞋、电器等产业；服务业主要有交通运输、邮电通信、旅游、金融、保险、商业服务业等行业。

（1）农牧林水产业信息检索

越南是传统农业国，拥有有利于发展种植业的自然条件，主要粮食作物有水稻、玉米，主要出口经济作物有咖啡、橡胶、腰果、茶叶和胡椒。林业资源丰富，全国森林覆盖率达38.3%（2007年），主要用材树木有柚木、红木、铁木、樟木等。为防止过度采伐，越南林业逐步走上保护性开发的发展道路。越南有丰富的海洋资源，水产业发展潜力很大。水产养殖和捕捞以鱼、虾为主。目前，越南水产业出口排世界第七位，成为越南出口创汇的主要行业之一。农业与农村发展部是越南主管农业发展和农村建设的政府部门，其官方网站提供农业发展的政策规划、财政预算、数据统计、经济合作、法律文本等详细信息。

其他重要的农业部门网站有：

① 种植局（Cục Trồng trọt）：www.cuctrongtrot.gov.vn；

② 林业总局（Tổng cục Lâm nghiệp）：dof.mard.gov.vn；

③ 养殖局（Cục Chăn nuôi）：www.cucchannuoi.gov.vn；

④ 国家促农促渔中心（Trung tâm Khuyến nông - Khuyến ngư Quốc Gia）：www.

khuyennongvn.gov.vn；

⑤ 农林水产盐业加工商贸局（Cục Chế biến, Thương mại nông lâm thuỷ sản và Nghề muối）：www.chebien.gov.vn；

⑥ 农村经济合作发展局（Cục Kinh tế hợp tác và Phát triển nông thôn）：www.dcrd.gov.vn；

⑦ 农林水产质量管理局（Cục Quản lý chất lượng nông lâm sản và thuỷ sản）：www.nafiqaved.gov.vn；

⑧ 植物保护局（Cục Bảo vệ thực vật）：www.ppd.gov.vn；

⑨ 农村经济合作与发展局（Cục Kinh tế Hợp tác và Phát triển Nông thôn）：www.dcrd.gov.vn；

⑩《越南农业报》（Báo Nông nghiệp Việt Nam）：nongnghiep.vn。

（2）工业信息检索

越南主要工业部门有油气（Dầu khí）、煤炭（Than）、电力（Điện lực）、钢铁（Gang thép）、化工（Hoá chất）等重工业部门，其中，石油和天然气已成为越南的支柱产业。轻工业部门主要有纺织、制鞋、服装和电器产业，其产品多年来一直是越南主要的对外出口商品。越南资源环境部下属的越南地质与矿产局（Cục Địa chất và Khoáng sản Việt Nam）负责统筹管理全国的矿产资源勘探和采矿业的发展，其官方网站"www.dgmv.gov.vn"提供国内地质与矿产的最新动态。

越南在进行大部制改革后，取消了原来的工业部（Bộ Công nghiệp）和贸易部（Bộ Thương mại），设立工商部，在工业领域主要负责对国内机械、冶金、电力、新能源、可再生能源、油气、化工、工业燃料、矿产开采与加工、消费品、食品等生产部门的管理。在官方网站上可查询 Tin hoạt động（部门动态）、Văn bản pháp luật（法律文本）、Chiến lược-quy hoạch（战略规划）、Thủ tục hành chính（行政手续）、Cổ phần hoá（股份化）、Chống tham nhũng（反贪污）、Mua sắm cộng（公共采购）、Thống kê（数据统计）等专题的详细信息。

其他重要的工业部门和媒体网站包括：

① 国家资源管理局（Cục Quản lý Tài nguyên nước）：www.dwrm.gov.vn；

② 地质与矿产研究院（Viện Nghiên cứu Địa chất và Khoáng sản）：www.rigmr.org.vn ；

③ 越南油气总公司（Tổng Công ty Dầu khí Việt Nam）：www.petrovietnam.com.vn；

④ 越南工业油总公司（Tổng Công ty Xăng dầu Việt Nam）：www.petrelimex.com.vn；

⑤ 计量标准与质量监测总局（Tổng cục Tiêu chuẩn Đo lường Chất lượng）：www.tcvn.gov.vn ；

⑥ 工业安全与环境技术局（Cục Kỹ thuật an toàn và Môi Trường công nghiệp）：www.

atmt.gov.vn；

⑦ 竞争管理局（Cục quản lý cạnh tranh）：www.qlct.gov.vn；

⑧ 地方工业局（Cục Công nghiệp địa phương）：www.aip.gov.vn；

⑨ 中部电力总局（Tổng Công ty Điện lực Miền trung）：www.crpc.vn；

⑩ 越南企业信息中心（Trung tâm Thông tin Doanh nghiệp Việt Nam）：www.business.gov.vn；

⑪ 中小企业咨询援助中心（Trung tâm Tư vấn Hỗ trợ Doanh nghiệp vừa và nhỏ）：www.smedec.com；

⑫《越南工业区》杂志（Tạp chí Khu công nghiệp Việt Nam）：www.khucongnghiep.com.vn。

（3）交通运输业信息检索

越南交通运输业有公路、铁路、内河、海路、航空和管道运输等，其中公路运输的客货运量所占比例最高，内河运输次之，铁路和民航较低。越南公路总长达25.66万公里（截至2008年底），分为国道、省道、乡村公路等。越南的公路密度和人均公路拥有量排在东南亚国家的前列，但是公路技术等级低，有待升级改造。越南境内河川密布，大小河流总长4.1万多公里；海岸线长3000余公里，沿海多良港。1991年以来，越南政府大力加强内河运输、海上运输的基础设施建设，疏通河道，扩建港口，发展造船业，水路交通运输得到较快发展。越南航空运输业起点低、发展快，到2008年已有民航机场52个，其中4大国际机场为河内的内排机场（Nội Bài）、胡志明市的新山一机场（Tân Sơn Nhất）、岘港市的岘港机场（Đà Nẵng）和顺化的富排机场（Phú Bài）。读者可登陆交通运输部官方网站检索有关越南交通运输业发展战略、最新动态、行政改革、科学技术、交通安全等专题信息，了解该国交通运输业运转状况。

其他重要的交通运输部门和公司网站包括：

① 越南公路局（Cục Đường Bộ Việt Nam）：www.vra.gov.vn；

② 越南铁路行业（Ngành Đường sắt Việt Nam）：www.vr.com.vn；

③ 越南内河航运局（Cục Đường thuỷ Nội địa Việt Nam）：www.viwa.gov.vn；

④ 越南海港协会（Hiệp hội Cảng biển Việt Nam）：www.vpa.org.vn；

⑤ 越南海事局（Cục Hàng hải Việt Nam）：www.vinamarine.gov.vn；

⑥ 越南航空局（Cục Hàng không Việt Nam）：www.vietnamair.com.vn；

⑦ 越南南方航空总公司（Tổng công ty Hàng không Miền Nam）：www.sac.vn；

⑧ 太平洋航空公司（Công ty Hàng không Thái bình dương）：pacific.com.vn；

⑨ 交通运输战略发展院（Viện Chiến lược và Phát triển Giao thông vận tải）：tdsi.gov.vn；

⑩《交通运输报》（Báo Giao thông vận tải）：giaothongvantai.com.vn。

（4）旅游业信息检索

越南是东南亚旅游资源丰富的国家之一，全国有70多处名胜古迹，其中有2处世界自然遗产，3处世界文化遗产。读者可以通过文体与旅游部网站及其下设的"旅游总局（Tổng cục Du lịch）网站：www.vietnamtourism.gov.vn"检索到该国旅游业的概况和发展战略等信息。此外，读者还可以通过越南旅游信息港（Tin tức Du lịch Trực tuyến）的越文网站"www.dulichvn.org.vn"和英文网站"www.vietnamtourism-info.com"了解特色旅游介绍和旅游新闻。

其他有关越南旅游业的网站包括：

① 越南旅游协会（Hiệp hội Du lịch Việt Nam）：www.vita.vn；

② 《越南旅游》杂志（Vietnam tourism Review）：www.vtr.org.vn；

③ 旅游环境网（Môi trường Du lịch）：www.moitruongdulich.vn；

④ 越南旅游网：www.vietnam-travel.com；

⑤ 越南冒险旅游网：www.vietnamadventures.com。

3. 经济统计数据信息检索

越南统计总局（Tổng cục Thống kê）隶属于计划与投资部（Bộ Kế hoạch và Đầu tư），通过定期统计和发布国家经济运行的各项权威数据，反映执行国家宏观经济发展战略和实现各项具体指标的阶段性成果，对下一阶段的经济发展具有指导意义。

"越南统计总局网站：www.gso.gov.vn"有越文和英文两个版本，网站首页可查询越南2000年1月到目前各月份、各季度和各年度的经济发展情况报告。通过"Số liệu thống kê"（统计数据）栏目可查询Dân số và lao động（人口与劳动力统计）、Ngân sách nhà nước（国家财政）、Nông nghiệp, Lâm nghiệp và Thuỷ sản（农业、林业、水产业生产数据统计）、Công nghiệp（工业生产数据统计）、Đầu tư（投资额统计）、Thương mại và giá cả（贸易额与物价统计）、Vận tải và Bưu điện（交通邮政行业数据统计）、Giáo dục, Y tế, Văn hoá và đời sống（教育、医疗、文化生活数据统计）、Thống kê nước ngoài（国外统计数据）等各行业各领域的详细数据。"Số liệu chuyên đê□"（专项数据）栏目则主要公布Chỉ số giá tiêu dùng（消费价格指数）、Giá trị xuất nhập khẩu（进出口总额）、Chỉ số sản xuất công nghiệp（工业生产指数）等信息。"Các cuộc điều tra"（调查）栏目发布人口与劳动力调查，农林水产调查，投资调查（Vốn đầu tư），企业调查（Doanh nghiệp），行政事业单位与经济基础调查（Cơ sở kinh tế, hành chính, xí nghiệp），商业、宾馆、商店、旅游、服务调查（Thương nghiệp, khách sạn, nhà hàng, du lịch và DV），家庭生活状况调查（Điều tra mức sống hộ gia đình）等项目的报告，便于用户宏观把握某一领域的发展现状。

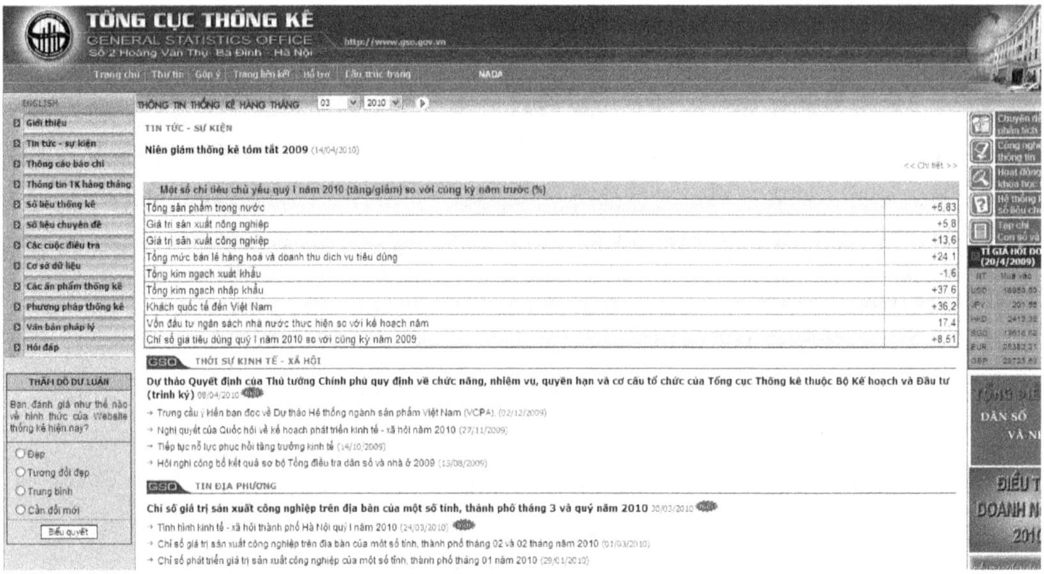

图9-1 越南统计总局网站越文主页

4. 财政金融信息检索

越南财政部（Bộ Tài chính）的主要职能是制定国家年度财政预算，配合计划投资部制定发展投资、国家储备基金、国家信贷、中央对股份联营企业资助项目等各项国家经济措施的支出预算，掌管国家财政资金的具体分配和使用；统筹管理公共财产、国企资金，管理储蓄、证券、保险等金融行业；稳定物价、协调对外经济合作、推行经济改革等。通过管理这些事务，使得财政部能够对国家经济实行有效的宏观调控。越南财政部网站提供的信息包括Tỷ giá hạch toán hàng tháng（每月核算）、Công khai ngân sách NN（国家财政报告）、Thông tin đấu thầu（竞标信息）、Đầu tư nước ngoài（外国投资）、Bản tin nợ nước ngoài（外债资讯）、Hội nhập kinh tế quốc tế và tài chính（融入国际经济）、Các dự án Bộ Tài chính（财政部预案）等。

其他重要的财政金融部门和公司网站包括：

（1）税务总局（Tổng cục Thuế）：www.gdt.gov.vn；

（2）海关总局（Tổng cục Hải quan）：www.customs.gov.vn；

（3）公有财产管理局（Cục Quản lý Công sản）：taisancong.mof.gov.vn；

（4）越南国家证券委员会（Uỷ ban Chứng khoán Nhà nước）：www.ssc.gov.vn；

（5）越南保险总公司（Tổng Công ty Bảo hiểm Việt Nam）：www.baoviet.com.vn；

（6）国家银行（Ngân hàng Nhà nước）：www.sbv.gov.vn；

（7）越南工商银行（Ngân hàng Công thương Việt Nam）：www.icb.com.vn；

（8）越南农业与农村发展银行（Ngân hàng Nông nghiệp và Phát triển Nông thôn）：www.agribank.com.vn；

（9）越南外贸银行（Ngân hàng Ngoại thương）：www.vietcombank.com.vn；

（10）越南投资与发展银行（Ngân hàng đầu tư và phát triển Việt Nam）：www.bidv.com.vn；

（11）国家储备总局（Tổng cục Dự trữ Quốc gia）：www.gdsr.gov.vn。

5. 其他重要经济类网站

（1）科研机构

① 发展战略院（Viện Chiến lược Phát triển）：dsi.mpi.gov.vn；

② 国家经济 – 社会信息预报中心（Trung tâm Thông tin và Dự báo Kinh tế-Xã hội Quốc gia）：ncseif.gov.vn；

③ 中央经济管理研究院（Viện Nghiên cứu Quản lý Kinh tế Trung ương）：www.ciem.org.vn；

④ 政策与发展学院（Học viện Chính sách và Phát triển）：www.apd.edu.vn；

⑤ 工业咨询中心（Trung tâm Tư vấn Công Nghiệp）：www.icc.com.vn。

（2）报刊

① 《越南经济时报》（Thời báo kinh tế Việt Nam）：www.vneconomy.com.vn；

② 《经济与预报》杂志（Tạp chí Kinh tế và Dự báo）：tapchikinhtedubao.mpi.gov.vn；

③ 《投资报》（Báo Đầu tư）：www.vir.com.vn。

（3）企业

① 越南钢铁总公司（Tổng Công ty Thép Việt Nam）：www.vsc.com.vn；

② 越南矿物总公司（Tổng Công ty Khoáng sản Việt Nam）：www.vimicovn.com；

③ 越南汽车行业总公司（Tổng Công ty Công nghiệp Ôtô Việt Nam）：vinamotor.vn；

④ 越南化工总公司（Tổng Công ty Hóa chất Việt Nam）：www.vinachem.com.vn；

（4）协会

① 越南橡胶协会（Hiệp hội Cao xu Việt Nam）：www.vra.com.vn；

② 越南电力协会（Hội Điện lực Việt Nam）：www.veea.com.vn；

③ 越南咖啡可可协会（Hiệp hội Cà phê và Ca cao Việt Nam）：www.vicofa.org.vn；

④ 越南茶叶协会（Hiệp hội Chè Việt Nam）：www.vitas.org.vn；

⑤ 越南皮制品-制鞋协会（Hiệp hội Da-Giầy Việt Nam）：www.lefaso.org.vn；

⑥ 越南塑料协会（Hiệp hội Nhựa Việt Nam）：www.hcmste.gov.vn；

⑦ 越南税务咨询协会（Hội tư vấn thuế Việt Nam）：www.vtca.vn。

（5）金融财政

① 亚洲银行（Ngân hàng Thương mại Châu Á）：www.acbbank.com.vn；

② 东亚银行（Ngân hàng Đông Á）：www.dongabank.com.vn；

③ 越南技术股份银行（Ngân hàng Thương mại Cổ phần Kỹ thuật Việt Nam）：www.techcombank.com.vn；

④ 河内市证券交易中心（Trung tâm Giao dịch Chứng khoán Hà Nội）：www.hnx.vn；

⑤ 胡志明市证券交易中心（Trung tâm Giao dịch Chứng khoán Thành phố Hồ Chí Minh）：www.hsx.vn；

⑥ 越南理财公司（Vietnam Asset Management Ltd.）：www.vietnamam.com；

⑦ 企业债券与不动产交易公司（Công ty Mua bán nợ và tài sản tồn đọng của doanh nghiệp, DATC）：www.datc.com.vn；

⑧ 越南物价网：www.marketprice.com.vn；

⑨ 越南计委网：www.vinaone.com.vn；

⑩ 财政结算与审计咨询服务公司（Công ty TNHH Dịch vụ Tư vấn Tài chính Kế toán và Kiểm toán, AASC）：www.aasc.com.vn。

（6）贸易投资

① 越南贸易网：www.vitranet.com.vn；

② 河内计划与投资局（Sở Kế hoạch và Đầu tư Hà Nội）：www.hapi.gov.vn；

③ 胡志明市计划与投资局（Sở Kế hoạch và Đầu tư Thành phố Hồ Chí Minh）：www.dpi.hochiminhcity.gov.vn。

（7）其他

① 工程建设管理局（Cục Quản lý xây dựng công trình）：www.xdcb.vn；

② 越南房产与不动产市场管理局（Cục Quản lý nhà và thị trường bất động sản）：quanlynha.vietreal.net.vn；

③ 胡志明市资源与环境局（Sở Tài nguyên và Môi trưởng Thành phố Hồ Chí Minh）：www.donre.hochiminhcity.gov.vn；

④ 河内市工商局（Sở Công thương Hà Nội）：congthuonghn.gov.vn；

⑤ 胡志明市工商局（Sở Công thương Thành phố Hồ Chí Minh）：www.trade.hochiminhcity.gov.vn。

6. 检索示例

【例9-1】通过越南统计总局网站检索越南2010年前9个月经济—社会发展情况报告。

具体步骤如下：

（1）通过网址"http://www.gso.gov.vn"，进入越南统计总局网站主页。

（2）用鼠标点击主页左侧导航栏"Thống tin TK hàng tháng"链接，在网页中央显示越南各年不同时段的经济—社会发展情况报告标题。

（3）选择标题"Tình hình Kinh tế-xã hội chín tháng năm 2010"，单击后进入网页。

（4）浏览相关信息，文章内容夹杂有某一经济部门的详细报告链接，点击可下载PDF文档了解相关信息。

9.1.2 老挝经济类网络信息检索

1. 国家宏观经济政策信息检索

2011年，老挝进入第七个经济社会发展五年计划（ແຜນພັດທະນາເສດຖະກິດ-ສັງຄົມ 5 ປີ ຄັ້ງທີ 7）。未来五年中，老挝将力争保持8%以上的GDP年增长率，其中农业年增长率不低于3%、工业年增长率不低于15%、服务业年增长率不低于6.5%；到2015年，实现人均国民收入达到1700美元，贫困人口低于18%，贫困家庭低于11%；到2020年摆脱最不发达国家状态，小学入学率达98%，15岁以上识字率达89%，1岁以下婴儿死亡率不超过49人/千人。老挝政府规定了21个重点项目领域，包括铁路、高等级公路、机场、跨湄公河大桥、水路运输、绿色旅游城市、政府办公基础设施、高压电网、水电开发、矿产开发、农村水利、农田灌溉、工业林种植、加工工业、景点开发、信息通讯技术、教育、卫生、地理信息及灾害预警等，并将继续坚持吸引外资的政策。

老挝宏观经济政策类的文件和资料可以通过老挝"44网站：lao44.org"浏览和免费下载，目前只提供老挝文版本。

2. 部门经济信息检索

老挝有三类经济部门（ພາກສ່ວນເສດຖະກິດ），第一类为农林业（ກະສິກຳແລະປ່າໄມ້），第二类主要包括工业（ອຸດສະຫະກຳ），第三类为服务业（ບໍລິການ）。

（1）农林业信息检索

农林业是老挝的传统经济部门，包括种植业（ປູກຝັງ）、养殖业（ລ້ງສັດ）、渔业（ການປະມົງ）、林业（ປ່າໄມ້），产业平均增长速度保持在4.1%，占国内生产总值的30.4%。农林产品能基本满足国内需求，咖啡（ກາເຟ）、玉米（ສາລີ）、木材是最主要的出口农产品。在世界出口商品排序中，老挝的木材及木制品、咖啡名列58位，粮农产品名列68位。老挝农业与林业部（简称"农林部"）的目标是在满足国内消费的基础上，发展农林产品加工，实现产业升级。农林部网站提供农林业类新闻资讯、部门介绍以及各部门的网站链接等。

农林部下属的各部门还包括：农林局办公室（ຫ້ອງການກະຊວງ）、组织局（ກົມຈັດຕັ້ງ）、检查局（ກົມກວດກາ）、计划局（ກົມແຜນການ）、粮食局（ກົມສະບຽງລະະບຽງ）、林业局（ກົມປ່າໄມ້）、种植作物局（ກົມປູກຝັງ）、养殖局（ກົມລ້ງສັດ）、农林研究所（ສະຖາບັນຄົ້ນຄ້ວາກະສິກຳແລະປ່າໄມ້）、农林发展队（ກອງສ້ງເສີມກະສິກຳແລະປ່າໄມ້）等。

（2）工业信息检索

近年来，老挝的工业年均增长率保持在12.5%，其中采矿业（ບໍ່ແຮ່ ແລະ ການຂຸດຄົ້ນ）

占工业生产总值的35.4%，加工业（ອຸດສາຫະກຳ ປຸງແຕ່ງ）占34.3%，建筑业（ການກໍ່ສ້າງ）占18.68%，水电（ອຸດສາຫະກຳໄຟຟ້າແລະນ້ຳປະປາ）占11.57%。

老挝的加工业还处于初级发展阶段，只有部分工业产品能够满足社会需求，主要有：水泥（ຊີມັນ）、钢筋（ເຫຼັກເສັ້ນ）、型钢（ເຫຼັກຮູບປະພັນ）、有机肥料（ຝຸ່ນຊີວະພາບ）、食品（ອາຫານ）和饮品（ເຄື່ອງດື່ມ）等。其中，中小型企业成为加工业发展的主力。各类工业信息可通过老挝工业贸易部网站进行检索和查询。

老挝矿产丰富，品种包括锡（ຊີ່ວ）、铁（ເຫຼັກ）、铜（ທອງແດງ）、铝（ອະລູມິນຽມ）、铅（ກົ່ວ）、锌（ສັງກະສີ）、金（ຄຳ）、钾盐（ຊີເກືກ）、宝石（ເພັດພອຍ）、煤（ຖ່ານຫິນ）和油气（ແກ໊ສ）等30多种。在世界出口商品排序中，老挝的铜名列42位。老挝矿业管理的政府主管部门是能源矿产部，该部下属的地质矿产局（1975年成立）负责相关矿业的具体管理工作，包括受理矿业权的申请工作；同时还承担国家地质调查方面的多项职能，包括地质与矿业数据采集、对国内外矿业投资项目的计划与合约进行评价、就矿业政策和法规向政府提供咨询服务等。除登陆能源矿产部网站检索老挝矿业的详细信息以外，读者还可通过搜索引擎使用关键词检索某类矿产的信息。

（3）服务业信息检索

老挝服务业的发展速度慢于工业，2006年至2010年间，行业平均增长率为8.4%，占GDP的37%。其中，商品业（ການຄ້າຂາຍຍົກ-ຍ່ອຍ）和修理业（ສ້ອມແປງ）占行业总量的51%，国有服务业（ການບໍລິການຂອງລັດ）占17.3%，交通、仓储、邮电通讯业（ການຂົນສົ່ງ-ສາງ-ໄປສະນີແລະໂທລະຄົມ）占12.5%，其他金融（ການເງິນ）、租赁买卖（ການເຊົ່າຊື້）、旅馆（ໂຮງແຮມ）、饭店（ຮ້ານອາຫານ）等占19.2%。

目前，老挝旅游业的发展在服务业处于领先。2006～2010年，老挝入境游客总数达879万，平均每年176万人，年均创收25,804万美元（占GDP的5.19%）。国外游客消费前10名的国家依次是：泰国、越南、中国、美国、法国、英国、日本、澳大利亚、德国和加拿大。旅游业信息的检索可以登陆以下三个网站：

① 老挝国家旅游局（ກະຊວງອົງການທ່ອງທ່ຽວແຫ່ງຊາດ）：www.tourismlaos.org；

② 湄公河次区域老挝旅游网（Visit Laos of Mekong）：www.visit-mekong.com/laos/index.htm；

③ 老挝生态旅行（Ecotourism Laos）：www.ecotourismlaos.com。

3. 经济统计数据信息检索

老挝国家统计局（ສູນສະຖິຕິແຫ່ງຊາດ）隶属于老挝计划与投资部，是运用、生产、协调所有官方统计工作的枢纽。"国家统计局网站：www.nsc.gov.la"为英文版本，通过主页的"Statistic"（统计）栏目，可以检索老挝Census（普查数据）、Surveys（调查数据）、Yearbook（年鉴）等信息，其中包括农业普查、经济普查、贸易、产业、投资年书等最新数据。

4. 其他重要经济类网站

（1）国家银行（ທະນາຄານແຫ່ງຊາດ）：www.bol.gov.la;

（2）老挝对外贸易银行（ທະນາຄານການຄ້າຕ່າງປະເທດມະຫາຊົນ）：www.bcel.com.la;

（3）老挝电力建设（ລັດວິສາຫະກິດກໍ່ສ້າງ ແລະ ຕິດຕັ້ງໄຟຟ້າ）：www.eci.com.la;

（4）老挝控股（ລັດວິສາຫະກິດຖືຮຸ້ນລາວ）：www.laoholding.com;

（5）老挝农林业数据库（ຖານຂໍ້ມູນກະສິກຳແລະປ່າໄມ້）：lad.nafri.org.la。

● 9.1.3　柬埔寨经济类网络信息检索

1. 政府经济部门信息检索

柬埔寨经济与财政部是国家重建与经济发展的领导和监管部门，负责指导并管理柬埔寨王国的经济和财政金融事务，包括参与编制、实施王国政府的经济和财政金融政策，并监管这些政策的执行效果；管理和协调经济和财政金融机构的结构改革；促进和完善经济和公共财政的行政管理；通过税收和编制公共开支预算，动员国民收入，建立财政金融体系等与国民经济和财政金融相关的事务。

柬埔寨经济与财政部官方网站提供柬文和英文版本，主要栏目包括：About Ministry（部门介绍）、News（新闻）、Data（数据）、Laws and Regulation（法律法规）。其中，"部门介绍"栏目主要介绍该部门成立的经过以及主要职能；"新闻"栏目发布该部门最新的公告；"数据"栏目以PDF文件（柬文）提供每个月财政与经济运行的总体情况等资料；"法律法规"栏目公布相关法律法规以及重要通知（柬文）。主页左侧标题栏Main Menu（主导航）还提供柬埔寨近期宏观经济的发展情况、柬埔寨新一年的政府预算、柬埔寨政府的公共财政管理改革项目等信息，右侧则是柬埔寨经济与财政部部长吉春（តាតឈរ）的简介以及最近讲话的内容。

2. 部门经济信息检索

柬埔寨工业基础薄弱、种类单一。2007年，工业总产值占GDP的30%。农业是柬埔寨经济第一大支柱产业。农业人口占总人口的85%，占全国劳动力的78%。农产品主要有稻谷、玉米、豆类、薯类等。近年来，柬埔寨服务业发展迅速。银行、餐馆、酒店等逐步得到恢复和发展。2007年，服务业总产值占GDP的41%。美国、欧盟、东盟、中国、韩国是柬埔寨对外贸易的主要对象。柬埔寨矿藏主要有金、磷酸盐、宝石和石油，还有少量铁、煤。柬埔寨森林覆盖率为61.4%，林业、渔业、果木资源丰富，盛产柚木、铁木、紫檀等热带树木。

（1）柬埔寨农林渔业部负责管理柬埔寨的农业、林业、渔业以及畜牧业的发展，主要职能包括：起草和实施农业发展政策，以提高人民生活水平；参与制订土地改革和使用的政策；指定农业开发发展计划，协调、跟踪和评价政策执行情况和农业开发活动等。

柬埔寨农林渔业部官方网站提供柬文和英文版本，主页栏目和主要内容包括：ស្ថានភាពវិស័យកសិកម្ម（农业领域概况），介绍柬埔寨农业的概况；ព័ត៌មាន（新闻），提供柬埔寨国内关于农业的新闻报道；អំពីក្រសួងកសិកម្ម（关于农业部），介绍农业部的地理位置、职能和组织结构；ស្ថិតិកសិកម្ម（农业统计），提供各项农业相关统计数据，包括雨量、农作物产量等；បច្ចេកទេសកសិកម្ម（农业技术），提供农业技术的相关文章；ច្បាប់និងបទដ្ឋាន（法律与标准），公布与农业相关的法律和标准；គោលនយោបាយនិងផែនការ（政策与计划），公布政府的农业政策和计划；ដៃគូអភិវឌ្ឍន៍（发展伙伴），介绍政府发展农业的合作伙伴；ទំនាក់ទំនង（联系），介绍该部门的联系方式。

（2）柬埔寨工业、矿产与能源部的主要职能包括：起草和实施王国政府的工业政策；管理和促进工业、矿产和能源部权限内的技术和标准的完善；制订和执行关于矿产资源开采，矿产开发、加工、提纯和利用的国家政策；管理、开展调研和发布地质数据（有关石油和天然气的除外）等与国家工业、矿产、能源相关的信息。

柬埔寨工业、矿产与能源部官方网站提供柬文和英文版本，主要介绍柬埔寨工业发展的政策和状况，并提供下辖四个主要机构工业总局（អគ្គនាយកដ្ឋានឧស្សាហកម្ម）、能源总局（អគ្គនាយកដ្ឋានថាមពល）、矿产总局（អគ្គនាយកដ្ឋាន ធនធានរ៉ែ）、标准研究所（វិទ្យាស្ថានស្តង់ដា）的网站链接。

（3）旅游业是柬埔寨政府重点发展的支柱产业，柬埔寨旅游部主要负责旅游政策的制定，旅游信息的宣传，旅游事务的管理等。柬埔寨旅游部官方网站提供柬文和英文版本，提供的信息包括部门概况、旅游指南、相关法律和统计数据等。

3. 其他主要经济类网站

（1）柬埔寨发展培训与研究所（វិទ្យាស្ថានបណ្ដុះបណ្ដាលនិងស្រាវជ្រាវដើម្បីអភិវឌ្ឍន៍កម្ពុជា）：www.cdri.org.kh；

（2）柬埔寨国家数据统计所（វិទ្យាស្ថានជាតិស្ថិតិ）：www.nis.gov.kh；

（3）柬埔寨国家银行（ធនាគារជាតិនៃកម្ពុជា）：www.nbc.org.kh；

（4）柬埔寨经济研究所（វិទ្យាស្ថានសេដ្ឋកិច្ចកម្ពុជា）：www.eicambodia.org；

（5）柬埔寨重建与发展委员会及柬埔寨发展理事会：（គណៈកម្មាធិការនីតិសម្បទានិងអភិវឌ្ឍន៍កម្ពុជា និង ក្រុមប្រឹក្សាអភិវឌ្ឍន៍កម្ពុជា）：www.cdc-crdb.gov.kh。

4. 检索示例

【例9-2】通过柬埔寨发展培训与研究所网站检索2010年柬埔寨各项经济数据报告。

具体检索步骤如下：

（1）通过网址"http://www.cdri.org.kh"，进入柬埔寨发展培训与研究所网站主页。

（2）在主页左上角搜索栏中输入关键词"report"，开始检索。

（3）检索结果共14项，选择第一项"Free Download"，进入免费资料下载页面。

（4）点击"Free Download CDRI Publications"链接，进入下载页面，选择年份，下载柬埔寨2010年月度经济数据报告。

9.1.4 泰国经济类网络信息检索

1. 国家宏观经济政策信息检索

泰国现行的宏观经济政策主要为第十个经济与社会发展五年计划（แผนพัฒนาเศรษฐกิจและสังคมแห่งชาติ ฉบับที่ 10）（以下简称"十五"计划）。

泰国经济与社会发展五年计划始于1963年，是泰国经济社会发展的纲领性文件，涵盖了经济社会发展的方方面面，主要对泰国经济社会发展做出战略性规划，并制定相应的目标和政策，在保障经济快速发展和社会稳定方面发挥着重要作用。2007年至2011年为第十个五年计划实施阶段。国家经济与社会发展委员会网站（www.nesdb.go.th）提供包括"十五"计划在内的十个五年计划的泰文和英文版的详细内容。目前，泰国政府正着手为制定"十一五"计划而广泛征求意见。

2. 部门经济信息检索

泰国经济活动可分为三大类，第一类为农业（ภาคการเกษตร）；第二类为工业（ภาคอุตสาหกรรม）；第三类为服务业（ภาคบริการ）；其中包括旅游与酒店业（ภาคการท่องเที่ยวและโรงแรม）、不动产行业（ภาคอสังหาริมทรัพย์）、贸易业（ภาคการค้า）、交通运输业（ภาคโทรคมนาคม）等。

（1）农业信息检索

农业是泰国的传统经济项目，有80%的人口从事农业生产。泰国享有"东南亚粮仓"的美名，是亚洲唯一的粮食净出口国和世界上主要的粮食出口国之一。泰国的大米出口量居世界第一，木薯出口居全球之冠，橡胶出口名列世界第三。在泰国的十大出口商品中，农产品占六个，占总出口值的40%。截至目前，新开发的水产品、畜产品、水果、蔬菜及花卉植物等已日趋成为泰国农业的重要支柱，泰国已成为亚洲第三大海洋捕鱼国，渔业产品跃居泰国农业产品出口的第四位。在畜产品方面，鸡、鸭、肉、蛋等畜禽产品不仅能满足国内市场需求，而且出口量越来越大。泰国冻鸡、鸡蛋、冻虾等冷冻制品的出口已跻身于世界十大出口国之一。另外，泰国在水果罐头和蔬菜出口方面也取得了令人瞩目的成就，泰国产菠萝罐头已占据当今世界水果罐头市场的35%。

泰国农业与合作部官方网站向用户提供泰文、英文两个版本的农业类信息资源，包括农业部概况、农业发展计划、农业相关法律法规、农业相关协议协定、农产品标准、农业服务信息、农业预警信息等情况以及农业相关的最新新闻和活动。

其他重要的农业部门网站包括：

① 农业与合作部次长办公室（สำนักงานปลัดกระทรวงเกษตรและสหกรณ์）：www.moac.go.th/builder/ops；

② 合作审计厅（กรมตรวจบัญชีสหกรณ์）：www.cad.go.th；

③ 渔业厅（กรมประมง）：www.fisheries.go.th；

④ 畜牧厅（กรมปศุสัตว์）：www.dld.go.th；

⑤ 土地开发厅（กรมพัฒนาที่ดิน）：www.ldd.go.th；

⑥ 农业学术厅（กรมวิชาการเกษตร）：www.doa.go.th；

⑦ 农业促进厅（กรมส่งเสริมการเกษตร）：www.doae.go.th；

⑧ 合作促进厅（กรมส่งเสริมสหกรณ์）：www.cpd.go.th；

⑨ 水利厅（กรมชลประทาน）：www.rid.go.th；

⑩ 农业经济办公室（สำนักงานเศรษฐกิจการเกษตร）：www.oae.go.th；

⑪ 国家食品与农产品标准办公室（สำนักงานมาตรฐานสินค้าเกษตรและอาหารแห่งชาติ）：www.acfs.go.th；

⑫ 农业用地改革办公室（สำนักงานการปฏิรูปที่ดินเพื่อเกษตรกรรม）：www.alro.go.th；

⑬ 米业厅（กรมการข้าว）：www.ricethailand.go.th；

⑭ 泰国促进牛奶业机构（องค์การส่งเสริมกิจการโคนมแห่งประเทศไทย）：www.thaidanskmilk.com；

⑮ 农业研究发展办公室（สำนักงานพัฒนาการวิจัยการเกษตร）：www.arda.or.th；

⑯ 橡胶园基金办公室（สำนักงานกองทุนสงเคราะห์การทำสวนยาง）：www.rubber.co.th；

⑰ 农民市场组织（องค์การตลาดเพื่อเกษตรกร）：www.mof.or.th；

⑱ 渔市组织（องค์การสะพานปลา）：www.fishmarket.co.th；

⑲ 橡胶园组织（องค์การสวนยาง）：www.reothai.co.th；

⑳ 山地开发与研究院（สถาบันวิจัยและพัฒนาพื้นที่สูง）：www.hrdi.or.th。

（2）工业信息检索

泰国经济结构在近几年出现了明显的变化，制造业在国民经济中的比重日益扩大，成为主要出口产业之一。泰国工业化进程的一大特征是充分利用其丰富的农产品资源发展食品加工及相关的制造业。泰国的采矿业曾是国民经济的重要组成部分，但近几年随着国内经济的发展和国际经济形势的变化而日渐衰落。目前，泰国的主要工业产品包括服装、纺织、制鞋、电机、电子、运输设备等。由于政府积极鼓励建材工业的发展，水泥、陶瓷、卫生设备等行业发展较快。

泰国工业部是泰国工业发展的领导机构，负责制定工业发展计划、战略和政策。工业部官方网站分企业用户、学者及普通用户三个层次向用户提供大量工业信息资源，包括工业部概况、工业政策与计划、重要项目等重要信息；并提供各种电子服务，其中包括电子许可（e-licensing）、电子工业体（e-industrial community）、电子文档（e-directory）、电子投资（e-investment）、电子污染控制（e-pollution control）、电子标准（e-standard）、电子图书馆（e-library）、电子后勤（e-logistic）等。

其他重要的工业部门机构网站包括：

① 工业部长办公室（สำนักงานรัฐมนตรี）：www.industry.go.th/om；

② 工业部次长办公室（สำนักงานปลัดกระทรวงอุตสาหกรรม）：www.industry.go.th/ops；

③ 工厂厅（กรมโรงงานอุตสาหกรรม）：www.diw.go.th；

④ 基础工业及矿业厅（กรมอุตสาหกรรมพื้นฐานและการเหมืองแร่）：www.dpim.go.th；

⑤ 甘蔗及砂糖委员会办公室（สำนักงานคณะกรรมการอ้อยและน้ำตาลทราย）：www.ocsb.go.th；

⑥ 工业促进厅（กรมส่งเสริมอุตสาหกรรม）：www.dip.go.th；

⑦ 工业产品标准办公室（สำนักงานมาตรฐานผลิตภัณฑ์อุตสาหกรรม）：www.tisi.go.th；

⑧ 促进投资委员会办公室（สำนักงานคณะกรรมการส่งเสริมการลงทุน）：www.boi.go.th；

⑨ 工业经济办公室（สำนักงานเศรษฐกิจอุตสาหกรรม）：www.oie.go.th；

⑩ 泰国工业协会（การนิคมอุตสาหกรรมแห่งประเทศไทย）：www.ieat.go.th；

⑪ 中小型企业促进办公室（สำนักงานส่งเสริมวิสาหกิจขนาดกลางและย่อม）：www.sme.go.th。

（3）服务业信息检索

泰国服务行业包括旅游与酒店业（ภาคการท่องเที่ยวและโรงแรม）、金融（ภาคการเงิน）、交通运输业（ภาคโทรคมนาคม）等。泰国旅游资源丰富，有500多个景点，历来以"微笑国度"闻名于世，吸引着众多外国游客。因此，旅游业以其巨额外汇收入在泰国经济中占有重要的位置。读者可以通过登陆泰国旅游与体育部官方网站了解泰国旅游业的发展状况、旅游发展战略与政策以及相关法律等情况。为促进泰国旅游业的发展，2002年10月3日，泰国成立厅级编制的旅游发展办公室，隶属旅游与体育部，主要职责是在旅游与体育部的领导下，制定泰国国家旅游发展战略以及相关法律和政策，规范和促进泰国旅游业的发展。该办公室网站"www.tourism.go.th"提供泰文、英文两个版本，向用户提供全方位的旅游信息服务。

1997年金融危机爆发前，泰国已逐步形成了由十五家泰资商业银行、十四家外资银行、几十家金融公司以及四家政府专门金融机构组成的比较完善的现代金融体系。泰国财政部官方网站提供了较为完整的经济金融信息，包括经济形势分析、经济金融相关指标等，便于用户了解泰国金融业发展现状以及相关政策法规。

泰国交通主要以曼谷为中心，向四面八方延伸。铁路和公路都以曼谷为中心，通往全国各地，往来既方便又便宜。泰国各大中城市都有机场，如曼谷新建的素万那蓬国际机场以及原来的廊曼机场，是东南亚的主要航空中心，国际航线可直飞亚、欧、美及大洋洲30多个城市。泰国交通部官方网站向用户提供了泰国交通运输业的详细信息。

其他重要的交通运输部门和公司网站包括：

① 海上运输厅（กรมเจ้าท่า）：www.md.go.th；

② 陆上运输厅（กรมการขนส่งทางบก）：www.dlt.go.th；

③ 民用航空厅（กรมการบินพลเรือน）：www.aviation.go.th；

④ 公路厅（กรมทางหลวง）：www.doh.go.th；

⑤ 交通运输政策与计划办公室（สำนักงานนโยบายและแผนการขนส่งและจราจร）：www.otp.go.th；

⑥ 泰国国家铁路公司（การรถไฟแห่งประเทศไทย）：www.railway.co.th；

⑦ 泰国国家港务公司（การท่าเรือแห่งประเทศไทย）：www.port.co.th；

⑧ 泰国航空公司（บริษัท การบินไทย จำกัด มหาชน）：www.thaiairways.co.th；

⑨ 泰国机场股份有限公司（บริษัท ท่าอากาศยานไทย จำกัด มหาชน）：www2.airportthai.co.th。

3. 经济统计数据信息检索

泰国国家统计局（สำนักงานสถิติแห่งชาติ）是国家各类经济数据的权威统计和发布机构。国家统计局网站（www.nso.go.th）提供泰文和英文版本，通过主页"บริการข้อมูล"（信息服务）栏目可以查询收支平衡、国际贸易、价格指数等各项重要的经济指标。此外，用户还可以通过访问泰国国家经济与社会发展委员会网站（www.nesdb.go.th）的"ข้อมูลเศรษฐกิจและสังคม"（经济与社会信息）栏目查询泰国国民收入、季度国内生产总值、资本市场、宏观经济年度报告等信息。

4. 财政金融信息检索

泰国财政部主要负责管理泰国财政和金融事务，制定国家财政、经济政策和计划。财政部网站（www.mof.go.th）以泰文和英文两种语言向用户提供经济状况、金融政策、经济指数、贸易指数、工业指数、农业指数、宏观经济信息、证券市场指数等重要信息资源。

其他重要的财政金融部门网站包括：

（1）泰国国家银行（ธนาคารแห่งประเทศไทย）：www.bot.or.th；

（2）曼谷经济信息网（กรุงเทพธุรกิจ）：www.bangkokbiznews.com；

（3）泰国投资局（Thailand Board Of Investment）：www.boi.go.th。

9.1.5　缅甸经济类网络信息检索

1. 国家宏观经济政策信息检索

缅甸政府以建立市场经济为导向的经济体制为目标，积极吸引外资，鼓励发展私营经济；强调在国家掌握经济命脉的基本原则下，开发并有效利用国内丰富的自然资源和人力优势，力求加速经济发展。1995年，缅甸政府开始制定并执行“五年发展计划”，以发展农业经济为基础，其他产业协同发展。2001年，政府又制定了“四年发展计划”，努力增加农、林、渔业产品出口，加快加工制造业的发展，提高各经济部门的技术水平，逐步建立市场经济体制，确定经济年均增长率为10%的发展目标。按照缅甸官方提供的数据，2005年以来，工业和服务业均保持了快速增长，GDP年均增长率在11%以上。缅甸宏观经济政策信息可通过缅甸国家计划与经济发展部官方网站进行查询，该网站为英文版本。

2. 部门经济信息检索

缅甸的部门经济大致可分为三大类，第一类包括：种植业（လယ်ယာစိုက်ပျိုးရေးလုပ်ငန်း）、畜牧业（တိရစ္ဆာန်မွေးမြူရေးလုပ်ငန်း）、渔业（ရေလုပ်ငန်း）、林业（သစ်တောလုပ်ငန်း）；第二类包括：食品业（စားသောက်ကုန်စက်မှုလုပ်ငန်း）、纺织业（ချည်မျှင်နှင့်အဝတ်အထည်အလိပ်စက်မှုလုပ်ငန်း）、服装业（အဝတ်အထည်စက်မှုလုပ်ငန်း）、建材工业（ဆောက်လုပ်ရေးပစ္စည်းစက်မှုလုပ်ငန်း）、机电工业（လျှပ်စစ်ဓာတ်အားစက်ကိရိယာစက်မှုလုပ်ငန်း）、电力工业（လျှပ်စစ်စွမ်းအင်စက်မှုလုပ်ငန်း）、石油（ရေနံ）、天然气（သဘာဝဓာတ်ငွေ့）、矿业（သတ္တုတွင်းလုပ်ငန်း）；第三类包括：包括交通业（လမ်းပန်းဆက်သွယ်ရေးလုပ်ငန်း）、旅游业（ခရီးထွက်ခြင်းနှင့်လှည့်လည်ကြည့်ရှုခြင်းလုပ်ငန်း）、财政和金融业（ဘဏ္ဍာရေးနှင့် စီးပွားရေးလုပ်ငန်း）。

（1）农林渔牧业信息检索

农业是缅甸的传统经济项目，其中，种植业是缅甸经济的基础，是农业中最重要的产业。缅甸地形复杂，生态区域多样，盛产多种热带和温带的农产品，主要作物有稻谷（စပါး）、豆类（ပဲ）及花生（မြေပဲ）、芝麻（နှမ်း）等作物。登陆农业与水利部官方网站可查询种植业信息，该网站有缅文和英文两个版本。

缅甸渔业资源丰富，海洋渔业的发展潜力巨大，近年来，受益于可观的外资注入，渔业部门在捕捞、贮存和加工方面取得较大的发展。缅甸牧业在国民经济中的比重很小，虽然畜牧业发展的天然条件好，但畜牧业多为个体经营，资金少，技术水平低。畜牧水产部官方网站提供了详细的牧业、渔业信息。

缅甸林业资源丰富，盛产多种优质硬木，柚木（ကျွန်းသစ်）更是世界闻名。登陆林业部官方网站可检索缅甸林业的详细信息。

（2）矿业信息检索

缅甸金属矿业主要是钨、锡、铅、锌、镍、锑、金、银、铁、锰矿产的开采和初级选冶业。缅甸盛产玉石，种类繁多，尤以红宝石、蓝宝石、翡翠最为著名。缅甸的石油、天然气资源丰富，陆地、海上的天然气储量都很丰富，由于条件所限，这些能源尚未得到充分开发利用。缅甸政府设有矿业部和能源部，由于两部门的网站尚未开通，读者可通过Google等搜索引擎对某一矿业信息进行关键词检索。

（3）工业信息检索

缅甸有丰富的矿物能源和农业资源，可为工业发展提供原料，积累资金。1988年以来，政府将"建设工业化国家"作为既定发展目标，加工制造业等产业发展较快。缅甸政府设有第一工业部和第二工业部两个工业部，两部门官方网站均提供缅文和英文版本。第一工业部下设两个局：工业局（the Directorate of Industry, DI）与工业检查监督局（the Directorate of Industrial Supervision and Inspection，DISI），统管六个行业，即纺织业（Myanma Textile Industries, MTI）、食品业（Myanma Foodstuff Industries, MFI）、制药业（Myanma Pharmaceutical Industries, MPI）、陶瓷业（Myanma Ceramic Industries, MCI）、造纸与化学工业（Myanma Paper and Chemical Industries, MPCI）、普通维修业（Myanma General and Maintenance Industries, MGMI）；第二工业部设有缅甸工业局规划（Directorate of Myanma Industrial Planning, DMIP），统管五个行业，即汽车及柴油发动机工业（Myanma Automobile and Diesel Engine Industries, MADI）、农业机械工业（Myanma Agricultural Machinery Industries, MAMI）、机床和电气机械工业（Myanma Machine Tools and Electrical Industries, MTEI）、轮胎和橡胶工业（Myanma Tyre and Rubber Industries, MTRI）、工业建筑服务（Myanma Industrial Construction Services, MICS）。

（4）交通运输业信息检索

缅甸的交通由公路、铁路、内河航运、海运和空运五个部分构成。公路以贯穿缅甸南北的"毛淡棉—仰光—曼德勒—南坎"公路为主干道，另有缅东、缅西、缅北、缅南四条公路干线，形成公路网络。铁路网以仰光为中心，连通缅甸各主要城市。缅甸河流众多，可通航的内河航线长达8000多公里，伊洛瓦底江、钦敦江和伊洛瓦底江三角洲河网是主要的通航区，缅甸的内河航运主要由缅甸内河航运公司经营，远洋航运由国营的缅甸五星轮船公司经营，海洋运输仍处于低水平。缅甸航空业规模较小，机场虽多，但飞机少，运量小，仰光机场和曼德勒机场为国际机场，目前与13个国家和地区建有直达航线。

缅甸的交通运输业归交通部主管。其他重要的交通运输部门和公司网站包括：

① 民航局（လေကြောင်းပို့ဆောင်ရေးညွှန်ကြားမှုဦးစီးဌာန）：www.mot.gov.mm/dca/index.html；

② 海航局（ရေကြောင်းပို့ဆောင်ရေးညွှန်ကြားမှုဦးစီးဌာန）：www.dmamyanmar.com；

③ 气象与水文局（မိုးလေဝသနှင့်ဇလဗေဒညွှန်ကြားမှုဦးစီးဌာန）：www.dmh.gov.mm；

④ 内河航运公司（ပြည်တွင်းရေကြောင်းပို့ဆောင်ရေး）：www.iwt.gov.mm；

⑤ 缅甸航空公司（မြန်မာ့လေကြောင်း）：www.maiair.com；

⑥ 缅甸五星轮船公司（မြန်မာ့ကြယ်ငါးပွင့်သင်္ဘောလုပ်ငန်း）：www.mfsl-shipping.com；

⑦ 缅甸海事大学（မြန်မာနိုင်ငံရေကြောင်းပညာတက္ကသိုလ်）：www.mmu.info.ms；

⑧ 缅甸港务局（မြန်မာ့ဆိပ်ကမ်းအာဏာပိုင်）：www.mpa.gov.mm。

（5）旅游业信息检索

缅甸旅游资源丰富，1992年政府成立饭店与旅游部以加快旅游资源的开发。由于长期受西方国家制裁，虽然旅游业在近年来得到较快发展，但因为自身条件所限，旅游业整体水平不高。读者可登陆饭店与旅游部官方网站获得关于缅甸主要旅游区、旅游城市、民族风情与文化等的丰富信息。

3. 经济统计数据信息检索

缅甸中央统计局（Central Statistical Organization）隶属于国家计划与经济发展部，该机构参照缅甸经济发展的需要，对缅甸社会和经济进行普查或调查，发布权威数据。缅甸中央统计局下设四个机构，即行政和财务处、数据统计1处、数据统计2处、电脑科。"中央统计局网站：www.csostat.gov.mm"为英文版本，中央统计局定期在网站上公布下列统计报表或数据："Statistical Yearbook (Annual)"（统计年鉴、年刊），"Statistical Abstract (biennial)"（统计摘要、两年一次），"Selected Monthly Economic Indicator (monthly)"（选定的月度经济指标、月度），"Foreign Trade Statistics of Myanmar (Annual)"（缅甸对外贸易统计、年刊），"Agriculture Statistics (biennial)"（农业统计、两年一次），"Vital Statistics Report (Annual)"（生命统计报告、年刊），"Statistical Profile of Children and Women (biennial)"（统计的儿童和妇女、两年一次），"Household Income and Expenditure Survey"（家庭收入和支出调查），"National Mortality Survey"（国家死亡率调查）以及关于私营工业、私营运输、住房建设、农业成本等领域的专项调查报告。

4. 财政金融信息检索

缅甸的财政由中央政府、国有经济企业及城镇发展委员会三大部分构成，它们都拥有各自的财政收支。财税部在缅甸经济活动中扮演重要角色，下辖五个职能部门和六个金融机构。职能部门包括：预算处（Budget Department）、国内收入署（Internal Revenue Department）、海关总署（Customs Department）、税务上诉法庭（Revenue Appellate Tribunal）与养老保险处（Pension Department）；金融机构分别为：缅甸中央银行（Central Bank of Myanmar）、缅甸经济银行（Myanma Economic Bank）、缅甸外贸银行（Myanma Foreign Trade Bank）、缅甸投资与商业银行（Myanma Investment & Commercial Bank）、缅甸小额贷款公司（Myanma Small Loans Enterprise）及缅甸保险公司（Myanma Insurance）。财税部官方网站提供缅文和英文版本，通过该网站可以检索缅甸整体财政、金融以及各部门、机构的相关信息。

5. 其他重要经济类网站

（1）缅甸工商总会（UMFCCI）：www.umfcci.com.mm；

（2）缅甸木材协会（Myanmar Timber Association）：www.myanmartimberassociation.org；

（3）缅甸华商商会（Myanmar Chinese Chamber of Commerce）：www.myanmarchinese.com。

9.1.6 菲律宾经济类网络信息检索

1. 菲律宾基本经济情况检索

菲律宾是东南亚的新兴工业国家，阿罗约总统执政后，将发展经济、消除贫困作为施政核心，加大对农业和基础设施建设的投入，扩大内需和出口，国际收支得到改善，经济保持平稳增长。2004年，菲律宾被世界银行依购买力评价列为第24大经济体。读者可以通过检索以下几个菲律宾主要的国家经济部门官方网站检索该国的各类经济信息。

（1）国家经济发展署，菲律宾独立的经济发展和规划机构，由总统担任主席，该机构总指挥担任副主席。机构成员还包括一些内阁成员、中央银行行长、棉兰老岛穆斯林自治区和乌普拉自治区的长老等。

（2）财政部，内阁中不可或缺的管理和调动资源的中央经济部门，主要任务是税收、资源调动和财政管理。经济部为政府提供充足资金进行国家建设，掌控财政计划并提供投资友好型环境。

（3）预算与管理部，创立于1936年，旨在推进良好、充足和有效的政府资源管理和利用，以确保国家经济和政治发展目标的实现，主要任务是维护实施公共支出管理政策的可持续性和对国家发展的支持。以上三部门的英文全称和官网地址请参阅8.1.6。

（4）投资委员会（Board of Investment, BOI）是贸易与工业部下属的一个处，主要负责推动菲律宾吸引投资，帮助菲律宾和国外投资者在更好的经济活动领域内投资，官方网站为"www.boi.gov.ph"。

（5）证券和交易委员会（Securities and Exchange Commission, SEC），主要任务是加强菲律宾的公司和资本市场基础建设，保证基于国际标准和实践的检查体制正常运行，在一个自由、公平和竞争的商业环境中保障投资者的利益，官方网站为"www.sec.gov.ph"。

（6）财政局（Bureau of the Treasury, BTr），官方网站为"www.treasury.gov.ph"。

（7）中央银行（Central Bank of the Philippines, BSP），官方网站为"www.bsp.gov.ph"。

2. 部门经济信息检索

菲律宾的经济活动分为三类：第一类包括农业、林牧业等在内的国家第一产业，也称基础性产业；第二类包括工业、制造业等在内的国家第二产业；第三类是包括交通运输、旅游业、金融业和餐饮业在内的国家第三产业，也称服务业。

（1）农业信息检索

农业是菲律宾的主要经济部门，其产值占国内生产总值的22%。菲律宾农业潜力较大，但缺乏足够的基础设施、资金匮乏、农业政策不合理等原因制约了农业的发展。近年来，虽然农业总产量略有提高，但因为人口的增长，人均农业产量并未增加。菲律宾的主要粮食作物有水稻和玉米，粮食基本自给自足，但稍遇灾害便需要进口。菲律宾的主要经济作物有椰子和甘蔗，其中椰子的产量约占世界的一半。菲律宾的渔业则面临着倒退的前景，其原因主要是破坏性的捕捞方式。菲律宾农业部是农林牧业的主管部门，官方网站向用户提供丰富的农业类信息资源，包括农业部概况和发展计划，农业部最新信息和出台政策，农业市场管理和进出口监管等信息。

菲律宾与农业相关的重要部门及网站包括：

① 菲律宾椰子管理局（Philippine Coconut Authority, PCA）：www.pca.da.gov.ph；

② 糖监查局（Sugar Regulatory Administration, SRA）：www.sra.gov.ph；

③ 农业信贷和政策委员会（Agricultural Credit and Policy Council, ACPC）：www.acpc.gov.ph；

④ 棉花发展署（Cotton Development Administration, CODA）：www.cda.gov.ph；

⑤ 化肥和农药局（Fertilizer and Pesticide Authority, FPA）：www.fpa.da gov.ph；

⑥ 纺织工业发展局（Fiber Industry Development Authority, FIDA）：fida.da.gov.ph；

⑦ 牲畜发展委员会（Livestock Development Council, LDC）：www.ldc.da.gov.ph；

⑧ 国家乳制品局（National Dairy Authority, NDA）：www.nda.da.gov.ph；

⑨ 国家食品署（National Food Authority, NFA）：www.nfa.gov.ph；

⑩ 国家肉类监管服务署（National Meat Inspection Service, NMIS）：nmic.da.gov.ph。

（2）采矿业信息检索

菲律宾矿产资源丰富，主要矿产资源有铜、金、银、铁、铬、镍等20余种。其中，铜是该国的最主要矿产，已探明的铜储备量约为41.06亿吨，镍矿储备量为15.86亿吨，金矿储备量为1.07亿吨，其他主要自然资源还有煤、天然气等。至今，菲律宾全岛仍有1/4的土地未被勘测。

相关的重要政府部门网站有：能源部，主要职能是准备、整合、协助、监管和控制所有与能源开发、发展、利用、分配相关的政府计划、项目和活动；能源监察委员会（Energy Regulatory Commission, ERC），主要任务是促进和保障消费者在可持续电能供应的质量、可靠度和合理价格等方面的长期利益,官方网站为"www.erc.gov.ph"。

（3）工业信息检索

菲律宾工业主要包括食品、采矿、纺织、冶炼、汽车装配和化学等,工业产值占国内生产总值的33%。进口代替工业发展战略的实施,使菲律宾的工业（特别是制造业）在20世纪50～60年代获得较快发展,但是,直至1990年,制造业在国内生产总值中所占的比重仍略低于农业。菲律宾的工业信息可以登陆贸易与工业部官方网站进行检索。

（4）交通运输业信息检索

菲律宾交通运输以公路和海运为主,公路总长达到20万公里,客运量占全国运输总量的90%,货运量占全国总运输量的65%。水运总长达到3219公里,全国共有大小港口数百个,商船千余艘。主要港口为马尼拉、宿务、怡朗、三宝颜等。菲律宾铁路并不发达,总长约1200公里,主要集中在吕宋岛。航空运输主要由国家航空公司经营,全国有机场288个,主要岛屿间都有航班;国内航班遍及40多个城市,与30多个国家签订了国际航运协定;主要机场有首都马尼拉的尼诺阿基诺国际机场、宿务市的马克丹国际机场和达沃机场等。菲律宾交通运输业状况可登陆运输和通讯部官方网站进行查询。运输和通讯部是菲律宾行政部门中最大的部门,主要职能是为国家提供充足、有效和安全的运输通讯系统,保证系统符合国际标准并且随时维护。

菲律宾公路、铁路、空运、水运或通讯的具体信息可登陆以下网站检索:

① 陆运办公室（Land Transportation Office, LTO）: www.lto.gov.ph;

② 轻轨铁路协会（Light Rail Transit Authority, LRTA）: www.lrta.org;

③ 菲律宾国家铁路（Philippine National Railway, PNR）: www.pnr.gov.ph;

④ 空运办公室（Air Transport Office, ATO）: www.ito.gov.ph;

⑤ 菲律宾港口局（Philippine Ports Authority, PPA）: www.ppa.com.ph;

⑥ 电信办公室（Telecommunication Office, TELOF）: www.telof.gov.ph;

⑦ 国家电信委员会（National Telecommunication Commission, NTC）: www.ntc.gov.ph。

3. 经济统计数据信息检索

菲律宾国家统计局（National Statistics Office, NSO）是菲律宾国家主要的统计机构,负责收集、整理、分类、制造、出版和传播公共数据。"国家统计局网站:www.statistics.com"是纯英文版本,登陆主页可以链接查询到历年的菲律宾经济类数据,如2010年1月的国民生产总值和国内生产总值;另外也可以查询菲律宾经济发展的总体情况报告,如《2008年度菲律宾商业和工业调查》（2008 Annual Survey of Philippine Business and Industry）、《2006年菲律宾商业和工业统计数据和进出口调查》（2006 Census of Philippine Business and Input-Output Survey of Philippine Business and Industry）等。这些调查报告涵盖了菲律宾经济活动的方方面面，如建筑、金融、就业、农业、矿业等数据信息，具有重要的参考价值。

4. 其他重要经济类网站

（1）国家审计委员会（Commission on Audit, COA）：www.coa.gov.ph；

（2）菲律宾贸易与工业议会（The Philippine Chamber of Commerce and Industry, PCCI）：www.philippinechamber.com；

（3）住房和土地使用管理局（Housing and Land Use Regulatory Board, HLURB）：www.hlurb.bov.ph；

（4）能源监管委员会（Energy Regulatory Commission, ERC）：www.erc.gov.ph；

（5）国家电力传输公司（National Transmission Corporation, TRANSCO）：www.transco.ph；

（6）国家石油公司（Philippine National Oil Company, PNOC）：www.pnoc.com.ph；

（7）投资者关系办公室（Investor Relations Office, IRO）：www.iro.ph；

（8）菲律宾土地银行（Land Bank of the Philippines, LBP）：www.landbank.com；

（9）菲律宾国家银行（Philippine National Bank, PNB）：www.pnb.com.ph。

9.1.7 马来西亚经济类网络信息检索

1. 国家宏观经济政策信息检索

马来西亚现行的宏观经济政策主要为第十个五年计划（Rancangan Malaysia Kesepuluh, RMK-10）。

马来西亚五年计划（Rancangan Lima Tahun Malaysia）开始于1966年，是马来西亚政府对未来五年内将要落实的经济政策的说明性文件，包含农业、工业、对外贸易等各部门经济规划及发展的目标和政策，以及为经济快速发展提供公共和基础设施的计划，2011年至2015年为第十个五年计划实施阶段。

2010年是马来西亚第三个远景计划纲要（Rangka Rancangan Jangka Panjang Ketiga, RRJP-3）实施的最后一年。马来西亚三个远景计划纲要分别为新经济政策（Dasar Ekonomi Baru, DEB）时期的马来西亚第一个远景计划纲要（1971~1990年）、被称为"新发展政策"的第二个远景计划纲要（1991~2000年）和被称为"国家宏愿政策"的第三个远景计划纲要（2001~2010年）。其中，第三个远景计划纲要的主要目标是建立一个进步与富裕的马来西亚民族，并持续消除贫穷与重组社会，缩短地区经济发展不平衡的差距。读者可使用关键词检索方式通过Google等搜索引擎获得马来文和英文版本的远景计划纲要内容，"INSAP策略分析与政策研究所网站"内的网页"www.mytrade.com.my/Chi_MacroEcon.asp"则是为数不多关于远景计划纲要详细中文分析的网页之一。

1991年初，马来西亚第四任总理马哈蒂尔领导的政府提出了"2020宏愿"（Wawasan 2020）的跨世纪发展战略，目标是使马来西亚在2020年以前成为一个全方位的工业化国家和发达国家，实现国内生产总值比1990年增长7倍，人均收入达到1万美元。"2020宏愿网站：www.wawasan2020.com"提供了"2020宏愿"英文版的详细介绍。

马来西亚宏观经济政策的详细信息可以通过马来西亚总理署官方网站获得，该网站主页提供马来文和英文版本，在"Rujukan / References"（参考）栏目中，用户可以浏览并下载第四至十个马来西亚五年发展计划、第二和第三个远景计划纲要以及"2020宏愿"的马来文和英文版本内容。

2. 部门经济信息检索

马来西亚经济活动可分为三类（sektor ekonomi）：第一类包括农业（pertanian）、渔业（perikanan）、牧业（penternakan）、林业（perhutanan）、采矿业（perlombongan）等初级或较少涉及加工的经济行业，第二类主要包括制造业（pembuatan）和建筑业（pembinaan），第三类为服务业，包括水（air）、电（elektrik）、燃气（gas）、交通运输（pengangkutan）、通讯（perhubungan）、仓储（penyimpanan）、批发（perniagaan borong）、零售（perniagaan runcit）、住宿和餐饮业（hotel dan restoran）、金融（kewangan）、保险（insurans）、房地产（harta tanah）、商业服务（perkhidmatan perniagaan）、政府服务（perkhidmatan kerajaan）等。

（1）农牧渔林业信息检索

农业是马来西亚传统经济部门，具有以油棕（kelapa sawit）、橡胶（getah）为主，大米（beras）、可可（koko）和热带水果（buah-buahan tropikal）为辅的多元结构。林业资源丰富，盛产热带林木。渔业以近海捕捞为主，深海捕捞和深水养殖业在近年来有所发展。马来西亚农业部的目标是引领农业转型，使农业成为现代化的、有活力的和具有竞争力的部门，使马来西亚成为世界粮食的主要生产国。农业部官方网站向用户提供丰富的农业类信息资源，包括农业部概况，农业发展计划，种植业、牧业和渔业等相关情况和主管部门以及与农业有关的新闻和活动。

其他重要的农业部门网站包括：

① 农业局（Jabatan Pertanian Malaysia）：www.doa.gov.my；

② 渔业局（Jabatan Perikanan Malaysia）：www.dof.gov.my；

③ 农业银行（Bank Pertanian Malaysia）：www.bpm.com.my；

④ 农民组织局（Lembaga Pertubuhan Peladang, LPP）：www.lpp.gov.my；

⑤ 联邦农产品销售局（Lembaga Pemasaran Pertanian Persekutuan, FAMA）：www.famaxchange.org；

⑥ 哥慕布农业发展局（Lembaga Kemajuan Pertanian Kemubu, KEMUBU）：www.

kada.gov.my；

⑦ 慕达农业发展局（Lembaga Kemajuan Pertanian Muda, MADA）：www.mada.gov.my；

⑧ 农业发展研究所（Institut Penyelidikan dan Kemajuan Pertanian Malaysia, MARDI）：www.mardi.my；

⑨ 渔业发展局（Lembaga Kemajuan Ikan Malaysia, LKIM）：lkim.gov.my；

⑩ 马来西亚棕油局（Lembaga Minyak Sawit Malaysia, MPOB）：www.mpob.gov.my；

⑪ 黑胡椒销售局（Jemaah Pemasaran Lada Hitam）：www.mpb.gov.my；

⑫ 木材工业局（Lembaga Perindustrian Kayu Malaysia, MTIB）：www.mtib.gov.my；

⑬ 可可局（Lembaga Koko Malaysia, MCB）：www.koko.gov.my；

⑭ 橡胶局（Lembaga Getah Malaysia, MRB）：www.lgm.gov.my；

⑮ 烟草局（Lembaga Tembakau Malaysia, MTB）：www.ltn.gov.my。

（2）采矿业信息检索

马来西亚采矿业分为金属矿产采掘和非金属矿产采掘，金属矿产采掘包括锡矿石（bijih timah）、铁矿石（bijih besi）、铜（tembaga）、铝土矿（bauksit）和黄金（emas），非金属矿产包括石油（petroleum）、天然气（gas asli）、煤（arang batu）、石灰石（batu kapur）、黏土（tanah liat）、沙（pasir）和大理石（marmar）。读者可使用"Google Malaysia"等索引型搜索引擎，通过关键词检索马来西亚某一矿业的具体信息。相关的重要政府部门为天然资源与环境部下属的矿物与地球科学局（Jabatan Mineral dan Geosains Malaysia, JMG），官方网站为"www.jmg.gov.my"，该部门致力于通过推进矿产信息和地质科学服务的有效利用来提高经济竞争力和社会生活水平，除在各州下设分支机构以外，还设有矿产资源研究中心，主要提供专业地质勘探和矿产评估服务、采矿执照和许可证申请服务以及包括地球化学和矿物学等在内的实验室服务。

其他重要的采矿业部门和公司网站包括：

① 土地与矿物局（Jabatan Tanah dan Galian）：www.kptg.gov.my；

② 联邦直辖区土地与矿务局（Jabatan Tanah dan Galian Wilayah Persekutuan）：www.ptgwp.gov.my；

③ 马来西亚国家石油公司（Petroliam Nasional Berhad, Petronas）：www.petronas.com.my。

（3）工业信息检索

独立以来，在马来西亚政府工业化战略的指导下，制造业成为发展最快和最主要的经济部门，所占比重在国内生产总值中位居首位，是国家经济发展的主要推动力量。以本国原料为主的加工工业受到政府的鼓励和扶持，电子业（industri elektronik）、汽车业（industri kereta）、钢铁工业（industri besi dan baja）、石油化学工业（industri petrokimia）和纺织业（industri tekstil）得到重点发展。马来西亚国际贸易与工业部（简称"贸工部"）是马来西亚工业发展的领导机构，负责制定工业发展的计划、战略和政策，计划、协调和控制中、小型工业的发展，确保国家从制造业中获取最大利益。贸工部官方网站向用户提供大量信息资源，包括第三工业蓝图、工业概况、产业发展、激励措施、在马投资指南、工业优胜奖、清真食品认证中心等介绍。

其他重要的工业部门网站包括：

① 工业发展局（Lembaga Kemajuan Perindustrian Malaysia, MIDA）：www.mida.gov.my；

② 国家生产力局（Perbadanan Produktiviti Negara, NPC）：www.mpc.gov.my；

③ 工艺发展局（Perbadanan Pembangunan Teknologi Malaysia, MTDC）：www.mtdc.com.my；

④ 中小型工业发展局（Perbadanan Pembangunan Industri Kecil dan Sederhana, SMIDEC）：www.smidec.gov.my。

（4）交通运输业信息检索

马来西亚交通运输以公路、铁路、水运和空运为主，公路和铁路主要干线贯穿马来半岛，形成了以吉隆坡一带为中心的全国交通网，公路运输是使用最多的陆地运输途径。海运业比较发达，但80%以上依靠外航。为减少对外国船队的依赖，马来西亚政府在1968年成立马来西亚国际船务公司（Malaysia International Shipping Corporation Berhad, MISC），并在近几年大力发展远洋运输和港口建设。马来西亚航空业发展较早，民航主要由1971年成立的马来西亚航空公司（Malaysia Airlines）经营，亚洲航空公司（AirAsia Berhad）在1996年11月投入运营，成为马来西亚国内第二家航空公司。全国共有机场37个，其中5个国际机场分别位于吉隆坡、槟城、浮罗交怡、亚庇和古晋。马来西亚交通运输业由交通部主管，读者可通过登陆交通部官方网站了解该国交通运输业状况。

其他重要的交通运输部门和公司网站包括：

① 民航局（Jabatan Penerbangan Awam Malaysia）：www.dca.gov.my；

② 半岛海事局（Jabatan Laut Semenanjung Malaysia）：www.marine.gov.my；

③ 砂拉越海事局（Jabatan Laut Sarawak）：jls.gov.my；

④ 沙巴海事局（Jabatan Laut Sabah）：jlsbh.gov.my；

⑤ 铁道局（Jabatan Keretapi Malaysia）：www.dor.gov.my；

⑥ 铁道资产局（Perbadanan Aset Keretapi）：www.rac.gov.my；

⑦ 马来亚铁道有限公司（Keretapi Tanah Melayu Berhad, KTMB）：www.ktmb.com.my；

⑧ 马来西亚国际船务公司（MISC Berhad）：www.misc.com.my；

⑨ 马来西亚航空公司（Malaysia Airlines Berhad）：www.malaysiaairlines.com；

⑩ 亚洲航空公司：www.airasia.com；

⑪ 马来西亚机场控股有限公司（Malaysia Airport Holding Berhad, MAHB）：www.malaysiaairports.com。

（5）旅游业信息检索

旅游业是马来西亚第三大经济支柱和第二大外汇收入来源，在国民经济中占有重要地位，全国有十分之一的人口在从事旅游业。近年来马来西亚政府努力提高旅游业为国民经济作出贡献的比重。读者可通过登陆马来西亚旅游部官方网站了解该国旅游业的概况和发展规划等信息。为促进马来西亚旅游业的发展，将马来西亚推广为"最佳旅游地"，使旅游业成为国民经济发展的主要推动力，马来西亚在1992年成立旅游促进局（Lembaga Penggalakan Pelancongan Malaysia），隶属于旅游部。马来西亚旅游促进局分别开设有英文网站"www.tourismmalaysia.com"和中文网站"www.tourismmalaysia.cn"，向用户提供丰富的马来西亚旅游信息。

3. 经济统计数据信息检索

马来西亚国家统计局（Jabatan Perangkaan Malaysia）隶属于总理署，是国家各类经济数据的权威统计和发布机构。"国家统计局网站：www.statistics.gov.my"有英文和马来文版本，通过主页的"重要统计资料"（Data Penting）和"选择统计发布"（Keluaran Statistik Terpilih）栏目，可以查询马来西亚外贸统计（Perangkaan Perdagangan Luar Negeri Malaysia）、马来西亚国际收支平衡（Imbangan Pembayaran Suku Tahunan Malaysia）、季度国内生产总值（Keluaran Dalam Negeri Kasar Suku Tahunan）、月度生产统计（Perangkaan Pembuatan Bulanan Malaysia）、工业生产指数（Indeks Pengeluaran Perindustrian Malaysia）、消费价格指数（Indeks Harga Pengguna Malaysia）、生产价格指数（Indeks Harga Pengeluar）、月度橡胶统计摘要（Ringkasan Perangkaan Getah Bulanan Malaysia）、采矿业初步预估数据（Perangkaan Permulaan Banci Industri Perlombongan）、住房开支统计调查报告（Laporan Penyiasatan Perbelanjaan

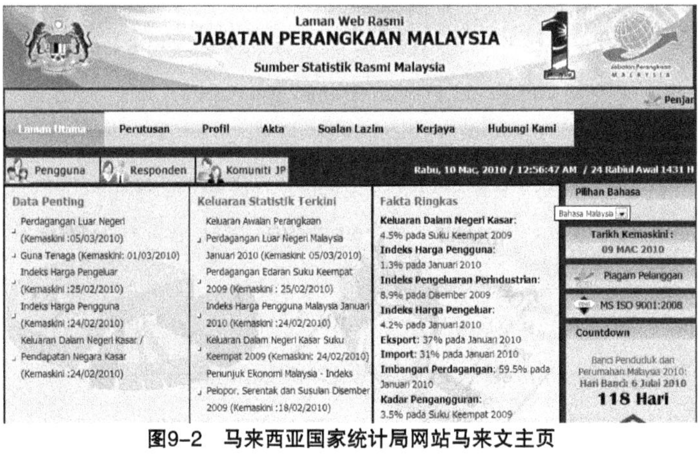

图9-2　马来西亚国家统计局网站马来文主页

Isi Rumah）、马来西亚经济指标（Penunjuk Ekonomi Malaysia）、主要商品生产（Pengeluaran Komoditi-Komoditi Utama）等最新数据。

4. 财政金融信息检索

按照惯例，马来西亚总理纳吉布于2010年10月15日在国会下议院提呈2011年财政预算案（Belanjawan 2011），读者可登陆"总理署网站网页：www.pmo.gov.my/bajet2011.php"下载该财政预算案的英文和马来文版本。马来西亚财政部主要负责管理马来西亚财政和金融事务以及制定国家的财政和经济计划，财政部官方网站以英文和马来文版本向用户提供税收政策、经济数据、财政预算、房屋借贷等方面的信息资源。

其他重要的财政金融部门和公司网站包括：

（1）内陆税收局（Lembaga Hasil Dalam Negeri）：www.hasil.org.my；

（2）皇家关税局（Kastam DiRaja Malaysia）：www.customs.gov.my；

（3）国家会计局（Jabatan Akautan Negara）：www.anm.gov.my；

（4）产业估价局（Jabatan Penilaian dan Perkhidmatan Harta）：www.jpph.gov.my；

（5）证券监督委员会（Suruhanjaya Sekuriti）：www.sc.com.my；

（6）雇员公积金局（Kumpulan Wang Simpanan Pekerja, KWSP）：www.kwsp.gov.my；

（7）马来西亚股票交易所（Bursa Malaysia）：www.klse.com.my；

（8）国家银行（Bank Negara）：www.bnm.gov.my；

（9）国库有限公司（Khazanah Nasional Berhad）：www.khazanah.com.my；

（10）国民储蓄银行（Bank Simpanan Nasional）：www.bsn.com.my；

（11）人民银行（Bank Rakyat (M) Berhad）：www.bankrakyat.com.my。

5. 其他重要经济类网站

（1）经济策划局（Unit Perancang Ekonomi, EPU）：www.epu.gov.my；

（2）国家审计局（Jabatan Audit Negara Malaysia）：www.audit.gov.my；

（3）浮罗交怡发展局（Lembaga Pembangunan Langkawi）：www.lada.gov.my；

（4）城乡规划局（Jabatan Perancangan Bandar dan Desa）：www.townplan.gov.my；

（5）国家房屋局（Jabatan Perumahan Negara）：www.kpkt.gov.my/jpn；

（6）公共工程局（Jabatan Kerja Raya）：www.jkr.gov.my；

（7）高速公路局（Lembaga Lebuh Raya Malaysia, LLM）：www.llmnet.gov.my；

（8）建筑业发展局（Lembaga Pembangunan Industri Pembinaan Malaysia, CIDB）：www.cidb.gov.my；

（9）能源委员会（Suruhanjaya Tenaga）：www.st.gov.my；

（10）国家能源有限公司（Tenaga Nasional Berhad）：www.tnb.com.my；

（11）马来西亚邮政有限公司（Pos Malaysia Berhad）：www.pos.com.my；

（12）乡区发展局（Jabatan Kemajuan Masyarakat, KEMAS）：www.kemas.gov.my；

（13）橡胶业小园主发展局（Pihak Berkuasa Kemajuan Pekebun Kecil Perusahaan Getah, RISDA）：www.risda.gov.my；

（14）乡区发展研究所（Institut Kemajuan Desa, INFRA）：www.infra.gov.my；

（15）联邦土地发展局（Lembaga Kemajuan Tanah Persekutuan, FELDA）：www.felda.net.my；

（16）合作社发展局（Jabatan Pembangunan Koperasi Malaysia）：www.jpk.gov.my；

（17）人民信托局（Majlis Amanah Rakyat, MARA）：www.mara.gov.my；

（18）城市发展控股公司（UDA Holding Bhd）：www.uda.com.my；

（19）国企公司（Perbadanan Nasional Berhad, PNS）：www.pns.com.my；

（20）马来西亚信贷担保公司（Credit Guarantee Corporation Malaysia Berhad, CGC）：www.cgc.gov.my；

（21）国民特坤基金局（Yayasan TEKUN Nasional, YTN）：www.tekun.gov.my；

（22）承包商服务中心（Pusat Khidmat Kontraktor）：pkk.kkr.gov.my。

6. 检索示例

【例9-3】通过马来西亚农业部网站检索马来西亚农业部门出口产品的相关数据。

具体检索步骤如下：

（1）通过网址"http://www.moa.gov.my"，进入马来西亚农业部网站主页。

（2）下拉主页正上方标题"PERKHIDMATAN"（服务），单击"Data & Statistik"（数据＆统计资料）选项，进入农业部门各项统计数据发布页面。

（3）右键单击"Perdagangan"（贸易）标题下方的"Eksport Sektor Pertanian"（农业部门出口）选项，使用下载工具或选择"目标另存为"把相关PDF格式文件下载到硬盘指定目录。

（4）下载完成后打开文件读取数据。

9.1.8　文莱经济类网络信息检索

1. 经济概况

石油和天然气是文莱的经济支柱，石油产量在东南亚排名第三，天然气产量在世界排名第四，二者产值占文莱国内生产总值的66%和出口收入的90%以上。据统计，文莱石油已经探明的储量为14亿桶，天然气探明储量约为3200亿立方米。

近年来文莱希望改变依靠石油和天然气出口的单一经济模式，逐步有计划地实施经济多元化，扩大渔业、农业、运输业以及旅游和金融服务业在国民经济中所占的比重。2003年以来，文莱开始实施"双叉战略"，开发大摩拉岛深水港，建设本地区最大的集装箱集散港口，并以港口建设带动岛内基础设施建设，建立加工区和免税区；同时在文莱西部的双溪岭建设工业园区，发展油气下游工业、制造业及配套服务业。

"五年计划"是文莱重要的宏观经济战略，1962年开始实施，目前已经进入"第十个五年计划"（2011～2015年）时期。2008年开始实施的"2035年宏愿"是文莱政府进一步深化经济多元化的重要措施之一，主要目标是培训更多具有国际水准的专业技术人才，让文莱成为全球的十大高生活质量的国家之一，使文莱在人均收入方面跃入世界前十名，实现经济的可持续发展。

2. 部门经济信息检索

文莱的经济活动大致可分为三类：第一类为初级或者较少涉及加工的经济活动，其中包括农业、林业、渔业等。第二类为工业。石油、天然气的开采和提炼是文莱的主要工业活动；建筑业是文莱新兴的第二产业，随着文莱政府经济多元化政策的进一步实施，建筑产业的发展势头非常迅猛；食品加工、家具制造、陶瓷、水泥以及纺织等产业也正逐步发展，在一定程度上改变了文莱单纯依赖石油和天然气出口的单一经济结构。第三类为服务业，主要包括交通运输、旅游业、通讯、仓储、批发零售、餐饮住宿等。

（1）农林渔业信息检索

农业是文莱传统经济活动，水稻、橡胶、胡椒和椰子等是其主要作物。近两年农林渔业的总产值在文莱国内生产总值中所占的比重非常小，大概为1%左右，文莱70%的食品依靠进口。近年来文莱大力扶持以养鸡业为主的家禽饲养业，鸡肉将近90%能自给。2009年10月10日，文莱工业与初级资源部部长在农业中期发展计划会上表示，有关部门已根据"粮食安全"和"经济多元化"要求制定农业中期发展计划，主要包括稻米种植、清真食品品牌发展、养殖和粮农等四大发展计划，力争使农业产值在2013年达到6.12亿文莱元，2023年达到27亿文莱元。文莱工业与初级能源部下设的农业局是文莱有关农业信息发布的主要渠道，其官方网站为"www.pertanian.gov.bn"，主要向用户提供文莱农业发展概况以及未来发展整体规划等信息。

（2）工业信息检索

文莱工业与初级能源部是管理全国工商业发展的主要部门，负责各行业发展的各项事务，其官方网站主要向外发布与文莱工业和政策相关的官方信息。读者也可以从"文莱经济发展理事会网站：www.bedb.com.bn"和"文莱工业发展局网站：www.bina.gov.bn"查询和检索文莱工业的相关信息。

（3）旅游业信息检索

旅游业是文莱近年来大力发展的又一产业，政府采取了多项鼓励措施吸引海外游客赴文莱旅游。2000年，文莱成为中国公民自费出国旅游的最主要目的国之一。文莱现在开发的主要旅游景点有独具民族特色的水村、王室陈列馆、赛夫丁清真寺、杰鲁东公园等。

"文莱旅游局网站：www.tourismbrunei.com"向用户详细介绍了文莱旅游业的发展概况以及长远规划。2007年，文莱旅游局在世界游网正式开通官方中文网站"lvyou168.cn/travel/Brunei"，中国游客只需登陆该网站，便能获取有关文莱旅游方面的中文信息。

（4）交通运输类信息检索

文莱的交通运输主要以公路、水运和空运等三种方式为主。水运是文莱非常重要的运输渠道：文莱大约有七个比较活跃的港口，包括丹戎萨利龙（Tanjung Salirong）、诗里亚（Seria）、麻拉港（Muara Harbour）、穆阿拉（Muara）、卢穆特（Lumut）、白拉奕（Kuala Belait）、斯里巴加湾（Bandar Seria Begawan）；穆阿拉深水港是文莱最重要的港口。文莱石油和天然气的运送主要依靠水运完成，空运主要负责旅客运送。文莱的首都斯里巴加湾设有国际机场。文莱皇家航空公司（Royal Brunei Airlines）共有10架客机，开辟了26条国际航线。文莱交通部负责全境内的交通运输管理，读者可以登陆交通部官方网站进行相关信息的查询。

其他重要的交通运输部门和公司网站包括：

① 文莱陆路交通局（Jabatan Pengangkutan Darat）：www.land-transport.gov.bn；

② 文莱皇家航空公司（Royal Brunei Airlines）：www.bruneiair.com；

③ 文莱海事局（Jabatan Laut）：www.laut.gov.bn；

④ 文莱公共航空办公室（Jabatan Penerbangan Awam）：www.jpm.gov.bn；

⑤ 文莱港口管理办公室（Jabatan Pelabuhan）：www.pelabuhan.gov.bn。

3. 经济统计数据信息检索

文莱统计局（Department of Statistics）是文莱主要的经济数据整理和发布部门，官方网站为"www.depd.gov.bn"。统计局隶属于国家经济计划与发展署，职责是及时整理和分析国家各类数据，为国家政策的制定和实施提供依据。此外，"文莱财政部网站：www.mof.gov.bn"还会定期发布各类经济数据，其主页右上角提供站内搜索引擎，输入关键词便能搜索到相关的数据。

4. 财政金融类信息检索

文莱的财政金融事务主要由文莱财政部负责管理和规划，财政部网站可以查询有关文莱经济计划、财政预算、税收政策等方面的信息。近年来文莱政府非常重视金融业的发展，试图以此带领文莱融入世界经济发展之中。文莱于2003年成立国际金融中心（Brunei International Financial Centre），这标志着文莱正朝着金融业、银行业、证券和保险方面深入发展。文莱国际金融中心隶属于文莱财政部，总监为负责人，接受财政部秘书的领导。该中心共设有注册、银行监管、证券和共同基金、国际保险、国际信托、人力资源和推广等6个部门，官方网站为"www.finance.gov.bn/bifc"。

其他重要的财政金融部门和公司的网站包括：

（1）文莱货币委员会（Brunei Currency and Monetary Board）：www.mof.gov.bn/English/BCMB；

（2）经济计划发展局（Development and Economic Planning）：www.depd.gov.bn；

（3）石油开采局（Petrolem Unit）：www. petrolem-unit.gov.bn；

（4）文莱白度里银行（Baiduri Bank）：www.baiduri.com.bn；

（5）文莱国家工商会（Brunei National Chamber of Commerce and Industry）：www.nccibd.com；

（6）文莱斯市中华商会：www.bruneichinesechamber.com；

（7）文莱壳牌石油公司（Brunei Shell）：www.shell.com.bn；

（8）文莱伊斯兰银行（Bank Islam Brunei Darrussalam）：www.bibd.com.bn；

（9）文莱伊斯兰信托基金（Perbadanan Tabung Amanah Islam Brunei）：www.taib.com.bn；

（10）香港汇丰银行文莱分行（HSBC Brunei）：www.hsbc.com.bn；

（11）马来亚银行文莱分行（Malayan Banking Berhad Brunei）：www.maybank.com/maybank-worldwide/brunei。

🌐 9.1.9 新加坡经济类网络信息检索

1. 部门经济信息检索

新加坡经济活动可以分为三类经济部门：第一类主要包括炼油业（oil refining）、电子电器制造业（electron, electrical appliance）和船舶修造业（shipbuilding）；第二类为服务业，包括水（water）、电（electricity）、交通运输（transportation）、通讯（communication）、住宿和餐饮业（hotel and catering services）、金融（finance）、保险（insurance）、房地产（real estate）、商业服务（business services）、政府服务（government services）等；第三类包括农业（agriculture）、畜禽业（livestock and poultry）、园艺种植业（horticultural crop）和水产渔业（fisheries）等。

（1）工业信息检索

20世纪60年代以来，新加坡工业尤其是制造业的发展突飞猛进，制造业部门从最初的食品、纺织、印刷、木材加工等扩展到炼油、石化、造船、电子、电器、纺织、交通设备等，产品出口收入占新加坡外汇收入的一半以上。其中，炼油业、电子、电器制造业和船舶修造业是新加坡工业的三大支柱。新加坡贸易与工业部（简称"贸工部"）是新加坡工业发展的领导机构，负责制定工业发展的计划、战略和政策，计划、协调中小型工业的发展，确保国家从工业中获取最大利益。贸工部官方网站向用户提供的信息资源包括新加坡工业概况、产业发展、政府激励措施等。

其他重要的工业部门网站包括：

① 裕廊集团（JTC Corporation）：www.jtc.gov.sg；

② 能源市场管理局（Energy Market Authority, EMA）：www.ema.gov.sg；

③ 新加坡竞争局（Competition Commission of Singapore, CCS）：www.ccs.gov.sg；

④ 新加坡海事工业协会（Association of Singapore Marine Industries, ASMI）：www.asmi.com。

（2）交通运输业

自独立以来，新加坡一直重视基础设施的建设，交通运输业保持了较高的增长速度。新加坡交通运输以陆运、海运和空运为主。公路和地铁以新加坡市为中心，向全岛辐射，公路运输是使用最多的陆地运输途径。新加坡自1891年开埠后就是自由港，后来发展为东南亚和世界重要的中转港。新加坡政府于2003年成立新加坡港务集团（PSA Corporation Ltd.），并在近年来不断投资扩建港口和码头，提高作业能力。新加坡是联系欧洲、亚洲、大洋洲的航空中心。航空业发展较早，民航主要由1972年成立的新加坡航空（SingaporeAir）经营，胜安航空（SilkAir）的前身是成立于1975年的信风航空有限公司，在80年代前期，曾一度垄断本地区假日旅游空中客运市场。目前，新加坡拥有5个机场，其中樟宜机场与实里达机场是国际民航机场，另外3个机场巴耶利峇机场、三巴旺机场和登加机场则用于军事用途。新加坡交通运输业由交通部主管，读者可通过交通部官方网站了解该国交通运输业状况。

其他重要的交通运输部门和公司网站包括：

① 新加坡民航管理局（Civil Aviation Authority of Singapore, CAAS）：www.caas.gov.sg；

② 新加坡的樟宜机场（Singapore Changi Airport）：www.changiairport.com；

③ 新加坡航务协会（Singapore Shipping Association, SSA）：www.ssa.org.sg；

④ 公共交通理事会（Public Transport Council, PTC）：www.ptc.gov.sg；

⑤ 新加坡航空公司（SingaporeAir）：www.singaporeair.com；

⑥ 胜安航空（SilkAir）：www.silkair.com；

⑦ 新加坡陆路交通管理局（Land Transport Authority, LTA）：www.lta.gov.sg；

⑧ 公共交通理事会（Public Transport Council, PTC）：www.ptc.gov.sg；

⑨ 新捷运（Singapore Bus Service Limited）：www.sbstransit.com.sg；

⑩ 新加坡地铁有限公司（SMRT Trains Limited）：www.smrt.com.sg。

（3）旅游业信息检索

旅游业是新加坡的第三大收入来源，在国民经济中占有重要地位。作为欧洲以东、夏威夷以西最吸引人的旅游胜地和世界旅游业中心之一，新加坡精心设计，大胆创新，在发展经济的同时大力开发旅游业，不断提高服务质量。1964年新加坡政府成立旅游局（Singapore Tourism Board）。"新加坡旅游局网站：www.stb.gov.sg"为英文版本，读者可通过登陆网站了解该国旅游业的概况和发展规划等信息。

2. 经济统计数据信息检索

新加坡统计局（Singapore Department of Statistics）隶属于贸工部，是国家各类经济数据的权威统计和发布机构。"新加坡统计局网站：www.singstat.gov.sg"为英文版本，通过主页的"Statistic"（数据）栏目，可以查询Gross Domestic Product（国内生产总值）、External Trade（对外贸易）、Industrial Production Index（工业生产指数）、Employment&Productivity（就业率和失业率）、Price Index（物价指数）、Government Debt（政府债务）、Balance of Payment（国际收支）、official Foreign Reserves（外汇储备）、Population（人口）等最新统计数据。除此之外，还可在"Publications"（出版物）栏目中查询官方出版的各种调查报告，在"Legisation"（法律）中可查询"Statistics Act"（《统计法》）及其修正案的相关信息。

3. 财政金融信息检索

新加坡财政部主要负责新加坡财政和金融事务以及制定国家的财政和经济计划，其网站以英文版本向用户提供税收政策、经济数据、财政预算、房屋借贷等方面的信息资源。

其他重要的财政金融部门和公司网站包括：

（1）新加坡税务局（Inland Revenue Authority of Singapore, IRAS）：www.iras.gov.sg；

（2）会计标准委员会（Accounting Standards Council, ASC）：www.asc.gov.sg；

（3）新加坡政府投资公司（Government of Singapore Investment Corporation）：www.gic.com.sg；

（4）星展银行（Development Bank of Singapore, DBS)：www.dbs.com.sg；

（5）华侨银行（Oversea-Chinese Banking Corporation Ltd., OCBC）：www.ocbc.com；

（6）大华银行（United Overseas Bank）：www.uobgroup.com；

（7）新加坡金融管理局（Monetary Authority of Singapore, MAS）：www.mas.gov.sg；

（8）新加坡证券交易所（Singapore Stock Exchange, SGX）：www.sgx.com;

（9）新加坡商品交易所（Singapore Commodity Exchange）：www.sicom.net；

4. 其他重要经济部门网站

（1）国际企业发展局（International Enterprise Singapore, IE）：www.

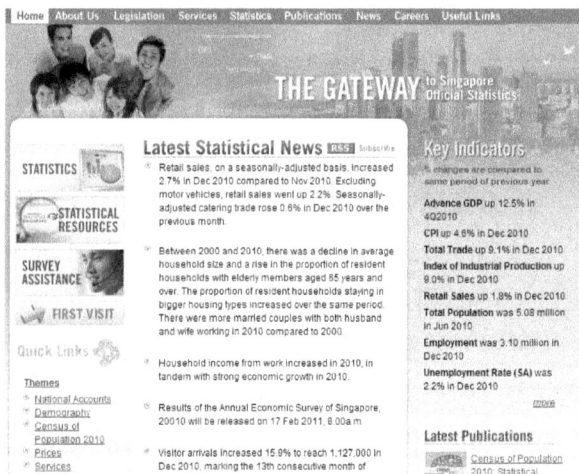

图9-3　新加坡统计局网站英文主页

iesingapore.com；

（2）建屋发展局（Housing and Development Board, HDB）：www.hdb.gov.sg；

（3）圣淘沙发展局（Sentosa Development Corporation, SDC）：www.sentosa.com.sg；

（4）新加坡建设局（Building and Construction Authority, BCA）：www.bca.gov.sg；

（5）新加坡建筑师局（Board of Architects, BOA）：www.boa.gov.sg；

（6）新加坡农粮兽医局（Agri-Food and Veterinary Authority of Singapore, AVA）：www.ava.gov.sg；

（7）新加坡市区重建局（Urban Redevelopment Authority, URA）：www.ura.gov.sg；

（8）新加坡土地局（Singapore Land Authority, SLA）：www.sla.gov.sg；

（9）新加坡邮政（Singapore Post）：www.singpost.com.sg；

（10）专业工程师局（Professional Engineers Board, Singapore, PEB）：www.peb.gov.sg；

（11）能源市场管理局（Energy Market Authority, EMA）：www.ema.gov.sg；

（12）新加坡税务局（Inland Revenue Authority of Singapore, IRAS）：www.iras.gov.sg；

（13）经济发展局（Economic Development Board, EDB）：www.sedb.com；

（14）能源市场管理局（Energy Market Authority, EMA）：www.ema.gov.sg；

（15）新加坡建设局（Building and Construction Authority, BCA）：www.bca.gov.sg。

5. 检索示例

【例9-4】通过新加坡统计局网站检索新加坡制造业的最新数据。

具体检索步骤如下：

（1）通过网站"http://www.singstat.gov.sg"，进入新加坡统计局网站主页。

（2）下拉主页上方标题"Statistics"菜单（数据），单击"Latest Data"（最新数据）选项，进入统计局最新各项数据发布界面。

（3）找到"Manufacturing"（制造业）下方的"Industrial Production Index"（工业生产指数）选项，可查看最新数据，如果单击，则可查看相关政策信息。

9.1.10　印尼经济类网络信息检索

1. 政府经济部门信息检索

印尼经济统筹部是印尼政府的经济管理统筹部门，其下属的主要部门及其网站分别为：

（1）经济统筹部秘书处（Sekretariat Kementerian Koordinator Bidang Perekonomian）：www.ekon.go.id/content/view/23/40/；

（2）财政与宏观经济统筹协调处（Kedeputian Bidang Koordinasi Ekonomi Makro dan Keuangan）：www.ekon.go.id/content/view/22/42/；

（3）农业和渔业统筹协调处（Kedeputian Bidang Koordinasi Pertanian dan Kelautan）：

www.ekon.go.id/content/view/17/34/；

（4）林业、矿产资源和能源统筹协调处（Kedeputian Bidang Koordinasi Energi, Sumber Daya Mineral dan Kehutanan）：www.ekon.go.id/content/view/18/36/；

（5）贸易和工业统筹协调处（Kedeputian Bidang Koordinasi Industri dan Perdagangan）：www.ekon.go.id/content/view/19/37/；

（6）区域发展和基础设施统筹协调处（Kedeputian Bidang Koordinasi Infrastruktur dan Pengembangan Wilayah）：www.ekon.go.id/content/view/20/38/；

（7）国际支付和经济合作统筹协调处（Kedeputian Bidang Koordinasi Kerjasama Ekonomi dan Pembiayaan Internasional）：www.ekon.go.id/content/view/21/39/；

（8）经济统筹部长专家顾问（Staf Ahli Menteri Koordinator Bidang Perekonomian）：www.ekon.go.id/content/view/57/144/；

（9）监察处（Inspektorat）：www.ekon.go.id/content/view/15/32/。

除浏览上述部门网页获取相关信息外，通过经济统筹部官方网站主页也可以获取很多有价值的信息，包括有关经济的最新新闻报道，有关法律法规，各种经济数据和图表等。

2. 部门经济信息检索

如果需要获取具体的产业部门的信息和数据，可浏览以下印尼政府各个经济部门的网站来实现。

（1）农林牧渔业信息检索

印尼是一个农业大国，农业资源丰富，自然条件得天独厚，气候湿热多雨，日照充沛，"终年均是夏"，作物生长周期短。粮食作物、经济作物，以及林业、渔业、牧业是印尼农业的坚实根基。通过访问印尼农林牧渔业经济部门的网站，可以清楚的了解到该部门的情况。

① 印尼农业部官方网站主页有四个版块，分别介绍了农业部的机构、信息服务、活动以及其他农业类网站，其中信息服务版块中涵盖了非常丰富的农业数据和信息，还有相关的法律法规。

② 印尼海洋和渔业部官方网站提供所有关于海洋渔业的信息，如捕鱼许可、捕鱼船只、渔业市场、渔业数据等，还有海洋和农业部各个部门网站的链接。

③ 印尼林业部官方网站主页分为两个部分：职能部分和机构设置。在职能部分中包含了印尼林业部的概况、有关林业的法律法规、有关林业的出版物、各省林业情况等信息，在机构设置部分中列出了印尼林业部各个下属机构的网站链接。

除了上述印尼政府的部门经济网站以外，还可以访问一些农林业部门协会的网站进一步了解相关信息：

① 肥料生产商协会（Asosiasi Produsen Pupuk Indonesia, APPI）：www.appi.or.id；

② 饲料协会（Asosiasi Produsen Panganan Ternak Indonesia）：www.gpmt-online.com；

③ 森林采伐协会（Asosiasi Pengusaha Hutan Indonesia, APHI）：www.rimbawan.com；

④ 木板协会（Asosiasi Panel Kayu Indonesia, APKINDO）：www.apkindo.org；

⑤ 棕榈油生产商协会（Gabungan Pengusaha Kelapa Sawit Indonesia, GAPKI）：gapki.or.id。

（2）工业制造业信息检索

工业制造业在印尼的国民经济中起着重要作用，其产值占GDP的比重日益加大。自印尼放宽投资限制以来，投资环境有了很大改善，加上劳工成本较低、能吸引外国投资，在印尼的工业制造业中外资的比例占半数以上。工业部是印尼工业制造业的领导部门，其官方网站提供的信息资源包括工业部机构设置，有关工业的法律法规，技术、工业数据图表以及国内外最新的工业新闻。

除了访问工业部网站以外，还可以访问其他工业制造业协会网站来获取更多的信息：

① 管道工业协会（Asosiasi Industri Jaringan Pipa Indonesia, IPIA）：www.ipia.co.id；

② 电气技术企业协会（Asosiasi Perusahaan Teknik Mekanikal dan Elektrikal, APTEK）：www.aptek.or.id；

③ 机械工具产业协会（Asosiasi Industri Mesin Perkakas Indonesia, ASIMPI）：asimpi-indonesia.blogsp；

④ 摩托车工业协会（Asosiasi Industri Sepeda Motor Indonesia, AISI）：www.aisi.or.id；

⑤ 汽车工业协会（Gabungan Industri Kendaraan Bermotor Indonesia, GAIKINDO）：gaikindo.or.id；

⑥ 造船与近海工业协会（Ikatan Perusahaan Industri Kapal Dan Lepas Pantai Indonesia, IPERINDO）：www.iperindo.or.id。

（3）采矿业信息检索

印尼幅员辽阔，各种金属矿和非金属矿资源非常丰富，印尼的采矿业由印尼矿产和能源部领导，其官方网站提供的采矿业信息包括矿业数据库、矿业法律法规、各种数据图表、矿产能源价格、矿业新闻等信息。另外，在矿产和能源部下属的部门网站中也有相关的信息，各部门名称和网站地址分别为：

① 秘书处（Sekretariat Jenderal）：www.esdm.go.id/sekretariat-jenderal.html；

② 石油和天然气司（Direktorat Jenderal Minyak Dan Gas Bumi）：www.esdm.go.id/direktorat-jenderal-minyak-dan-gas.html；

③ 地热、煤矿和矿产司（Direktorat Jenderal Mineral, Batubara dan Panas Bumi）：www.esdm.go.id/direktorat-jenderal-mineral-batubara-dan-panas-bumi.html；

④ 能源利用和电力司（Direktorat Jenderal Listrik dan Pemanfaatan Energi）：www. esdm.go.id/direktorat-jenderal-listrik-pemanfaatan-energi.html；

⑤ 总监处（Inspektorat Jenderal）：www.esdm.go.id/inspektorat-jenderal.html；

⑥ 地理局（Badan Geologi）：www.esdm.go.id/badan-geologi.html；

⑦ 发展和研究局（Badan Penelitian dan Pengembangan）：www.esdm.go.id/badan-penelitian-pengembangan.html；

⑧ 训练和教育局（Badan Pendidikan dan Pelatihan）：www.esdm.go.id/badan-pendidikan-pelatihan.html。

矿产能源信息除在矿产和能源部网站检索到外，还可以登陆矿产协会的网站来进行相关信息的检索：

① 天然气协会（Indonesian Gas Association, IGA）：www.iga.or.id；

② 油气支持工业协会（Asosiasi Industri Penunjang Migas, INPEMIGAS）：www. inpemigas.or.id；

③ 油气钻井承包商协会（Asosiasi Pemboran Minyak dan Gas Bumi Indonesia, APMI）：apmi-drilling.org；

④ 采矿服务协会（Asosiasi Jasa Pertambangan Indonesia, ASPINDO）：www.aspindo-imsa.or.id；

⑤ 采矿协会（Asosiasi Pertambangan Indonesia, IMA）：www.ima-api.com；

⑥ 煤炭开采协会（Asosiasi Pertambangan Batubara Indonesia, APBI）：www.apbi-icma. com。

（4）交通运输业信息检索

运输业占印尼国内生产总值的比重并不大，但是印尼人口众多、岛屿分散，交通运输在印尼占有异常重要的地位。印尼交通部（Kementerian Perhubuangan Republik Indonesia）是印尼交通运输的领导和管理部门，其官方网站介绍了印尼交通的概况以及印尼的交通网络和重点港口。如果要检索更具体的交通信息可以登陆到交通部下属部门的网站进行了解：

① 总秘书处（Sekretariat Jenderal）：118.97.61.233/sekjen；

② 总监处（Inspektorat Jenderal）：118.97.61.233/itjen；

③ 陆路交通司（Direktorat Jenderal Perhubungan Darat）：hubdat.web.id；

④ 海路交通司（Direktorat Jenderal Perhubungan Laut）：www.dephub.go.id；

⑤ 空中交通司（Direktorat Jenderal Perhubungan Udara）：hubud.dephub.go.id；

⑥ 铁路司（Direktorat Jenderal Perkeretaapian）：perkeretaapian.dephub.go.id；

⑦ 发展和研究局（Badan Penelitian dan Pengembangan）：www.litbangdanpustaka-dephub.go.id；

⑧ 训练和教育局（Badan Pendidikan dan Pelatihan）：diklat.dephub.go.id。

（5）旅游业信息检索

印尼是一个旅游资源丰富的国家，它拥有许多风景秀丽的热带自然景观，丰富多彩的民族文化和历史遗迹，发展旅游业具有得天独厚的条件。有关旅游业的信息检索可参看"印尼文化类网络信息检索"一节有关旅游的部分。

（6）印尼国有企业信息检索

国有企业在印尼经济中起着支柱性的作用，有关印尼国有企业的信息检索可以登陆到印尼国有企业部官方网站实现。该网站提供的信息包括国有企业的法律法规、股权持有状况、税收状况等。

3. 经济统计数据信息检索

在上述各个部门的网站中已经集中了各个相关产业的经济统计数据，除此之外，登陆印尼中央统计局（Badan Pusat Statistik）的官方网站也是获取经济数据的重要途径之一。印尼中央统计局作为印尼官方的数据统计机构，其官方网站是对外公布各种类型数据的主要窗口。印尼中央统计局网站主页按其内容可分为四个版块：（1）导航版块，包含下列栏目：Tentang BPS（中央统计局简介）、Rencana Strategis BPS（中央统计局战略规划）、Pusat Layanan（服务中心）、Istilah Statistik（统计术语）、Jabatan Fungsional（职能部门）、Sistem Informasi Rujukan Statistik（统计信息发布系统）、Sekolah Tinggi Ilmu Statistik（统计学高等学校）、Pusat Pendidikan & Pelatihan BPS（中央统计局教育&培训中心）；（2）数据分类版块，位于主页的右下方，含有Ekspor-Impor（进出口情况）、Energi（能源）、Harga Produsen（产品价格）、Indeks Harga Perdagangan Besar（大型交易价格指数）、Industri（工业）、Inflasi（通胀率）、Kehutanan（林业）、Keuangan（财政）、Konsumsi dan Pengeluaran（消费和支出）、Neraca Arus Dana（资金平衡状况）、Pariwisata（旅游）、Perikanan（渔业）、Perkebunan（种植园）、Pertambangan（矿产）、Peternakan（牧业）、Produk Domestik Bruto（国内生产总值）、Produk Domestik Regional Bruto（区域国内生产总值）、Tanaman Pangan（粮食种植）、Transportasi（交通）、Usaha Mikro Kecil（小型企业）等二十个数据栏

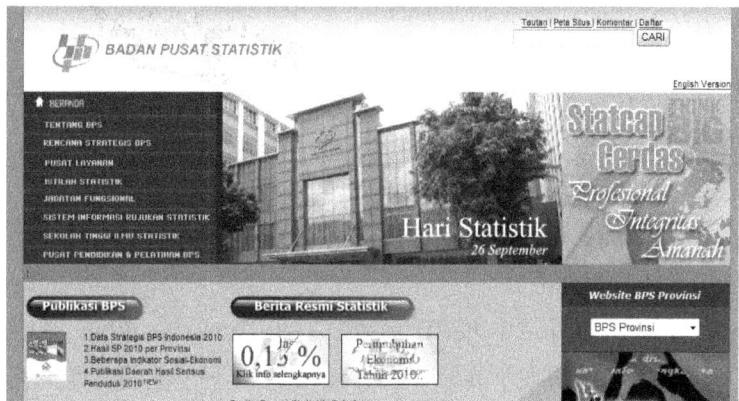

图9-4 印尼中央统计局官方网站主页

目信息；（3）信息发布版块，包括位于主页左下方的Publikasi BPS（中央统计局出版物）、Berita Resmi Statistik（官方数据信息）、Unduh（信息精选）、Berita（新闻）、Info Lelang（拍卖信息）、Jadual Kegiatan（活动日程）6个栏目内容；（4）搜索和链接版块，位于主页的右上方，分为Cari（搜索栏）以及Website BTS Provinsi（省一级中央统计局网站链接）。

4. 财政金融信息检索

印尼财政金融方面的信息可登陆以下部门网站来获得：

（1）印尼财政部（Kementeria Keuangan Republik Indonesia）

印尼财政部是印尼最为重要的财政规划及管理部门。通过财政部官方网站www.depkeu.go.id，可以查询印尼财政部的机构设置和职能，获得Kepadeanan dan Cukai（进出口关税）、Perpajakan（税务）、Pasar Modal dan Jasa Keuangan（资本市场和财政服务）、Pengelolaan Kekayaan Negara（国家资源管理）、SDM（人力资源）、Peraturan Perundangan（法律法规）、Obligasi（债券）、Perbendaharaan（国库）、Pengawasan（监管）、Anggaran（预算）、Perimbangan Keuangan（财政评估）等信息。另外，印尼财政部还是印尼国家收支预算（APBN）的评估和制定部门，在印尼财政部的网站上可以获取相关的数据和信息。

（2）印尼银行（Bank Indonesia）

印尼银行是印尼金融主管部门，是印尼盾的管理和发行机构，其官方网站"www.bi.go.id"提供的信息包括：印尼的银行监管体制、支付方式、货币兑换比率、法律法规、金融统计数据等。

（3）印尼财政审计局（Badan Pemerisa Keuangan Republik Indonesia, BPKRI）

印尼财政审计局是印尼的财政审查部门，通过"印尼财政审计局官方网站：www.bpk.go.id"可以了解印尼财政审计的标准、管理系统等信息，另外可以检索到印尼财政审计局的审计结果和有关审计方面的法律法规。

（4）税务司（Direktorat Jenderal Pajak）

税务司是印尼主管税务的部门，登陆其官方网站"www.pajak.go.id"可以检索到有关税务的法律法规、纳税人的权利和义务、税率、税务服务等信息，并可下载各年度或阶段的税务通知书。

5. 检索示例

【例9-5】通过印尼中央统计局网站检索印尼2010年度的财政收入情况。

具体步骤如下：

（1）登陆印尼中央统计局网站主页"http://www.bps.go.id"。

（2）在主页右下方的"Subyek Statistik"（数据分类）版块中找到"Keuangan"（财政）栏目并点击标题。

（3）显示页面为有关印尼财政的标题列表，找到"Realisasi Penerimaan Negara（milyar rupiah）, 2007-2011"的条目并单击标题。

（4）浏览并下载相关文本材料，结束本次课题检索。

9.1.11 东帝汶经济类网络信息检索

1. 经济概况

1999年底，东帝汶几乎70%的经济基础设施在独立争端中被破坏；2002～2005年，近26万人逃往西帝汶。在东帝汶独立之后，国际社会和联合国与东帝汶人民一起开始了艰难的重建计划，处于重建阶段的东帝汶经济主要依赖外国援助。东帝汶经济以农业为主，全国将近九成的人口从事农业生产活动，主要的农产品为玉米、稻谷和薯类，咖啡、橡胶、椰子为该国主要经济作物。目前东帝汶粮食不能实现完全自给，产品加工体系也尚在完善当中，各种消费品在很大程度上依赖进口。联合国开发计划署将东帝汶列为亚洲最贫困的国家和全球最落后的国家之一。

东帝汶政府网提供德顿文、葡萄牙文和英文三个版本，是东帝汶经济政策和经济数据发布的重要渠道。"东帝汶重建指挥分析机构网站：laohamutuk.org"以印尼文和德顿文为媒介，向公众介绍东帝汶经济重建和发展的最新状况，并提供经济分析、报表数据等各类信息。通过这两个网站，读者可以检索到东帝汶经济方面的各类信息和数据。

2. 部门经济信息检索

东帝汶经济活动大致可分为三类：第一类为农业、渔业、牧业等基本不涉及工业加工的经济活动；第二类为采矿业、制造业和建筑业；第三类为服务业，包括交通运输、批发零售、住宿餐饮及旅游金融等。

（1）农林渔业信息检索

农林渔业是东帝汶人民主要的经济活动，全国大半人口从事农林渔业。东帝汶农林渔业部主要负责对内阁通过的与农业、林业以及渔业的相关政策法规进行评估和具体实施，同时对政策设计提出建议。该部部长直接领导附属该部的三个秘书，分别为农业与树化国务秘书（S.S. for Agriculture and Arborculture）、渔业国务秘书（S.S. for Fisheries）、动物管理国务秘书（S.S. Animal Husbandry）等；此外，该部部长还负责监管以下各司的日常工作：农业教育与培训（Agricultural Education and Training）、农业社区发展（Agricultural Community Development）、政策计划署（Directorate of Policy and Planning）和林业指挥部（National Directorate of Forests）等。读者可以登陆农林渔业部官方网站具体检索相关的信息。

（2）工业、贸易类信息检索

东帝汶政府积极发展外贸，努力扩大出口，主要出口商品为咖啡、檀香木、橡胶和椰子等经济作物，其中咖啡约占总出口额的90%。印尼是东帝汶最大进口国，占进口总额47%；美国是东帝汶最大出口国，占出口总额49%。

东帝汶旅游、贸易与工业部是东帝汶政府的重要构成部分，主要负责在国家旅游和经济、工商业等领域推广、实施并协调业已获得内阁通过的相关政策法规。东帝汶旅游、贸易与工业部下设一个旅游国务秘书（Secretary of State for Tourism）来辅佐部长的工作，同时该部部长还负责监管旅游、贸易与工业部下属的机构，如：国家研究与发展指挥部（National Directorate for Research and Development）、国家对外贸易指挥部（National Directorate for External Commerce）、国家国内贸易指挥部（National Directorate for Domestic Commerce）和国家工业指挥部（National Directorate for Industry）等部门的日常工作。东帝汶旅游、贸易与工业部官方网站提供英文和葡萄牙文两种版本，是东帝汶政府旅游、贸易与工业等方面政策最及时、最权威的发布渠道。

（3）旅游信息检索

东帝汶地处热带，且多山、多湖泊、多泉水、多海滩，旅游资源丰富。但目前东帝汶的旅游接待设施不完善，旅游资源也尚待开发，除了首都帝力以外，全国几乎没有旅馆，国际航班也很少。东帝汶旅游方面的资讯可通过"东帝汶旅游局网站：www.turismotimorleste.com"进行查询，其他提供东帝汶旅游信息和咨询的网站还有"孤单星球：www.lonelyplanet.com"和"发现东帝汶：discoverdili.com"等。

（4）交通运输业信息检索

作为东南亚地区最贫困的国家，东帝汶的交通设施相对落后。截至2010年，东帝汶国内的公路总长约6040公里，但路况较差，而且由于雨季降雨太多导致许多道路被淹没，有些公路只有在旱季的时候才可使用。水运是东帝汶主要的交通渠道，国内有三个比较大的港口，分别是首都帝力港、COM海港和HERA渔港。东帝汶的空运设施很少，首都帝力机场是该国唯一的国际机场，此外还设有3个一级机场和5个二级机场。东帝汶基础设施部主要负责观测执行部长委员会通过的有关公民事务、城镇化、水电分配、居民用地、水运交通等政策法规并对其进行评估。该部下设有三个国务秘书，分别为公共事务秘书（S.S. of Public Works），交通、设备与通讯秘书（S.S. of Transports, Equipments and Communications），水电与城镇化秘书（S.S of Electricity, Water and Urbanization）。目前东帝汶基础设施部官方网站尚未开通，读者可以登陆东帝汶政府网，点击基建部链接进行相关信息查询。

（5）财政金融类数据信息检索

独立以来，东帝汶的财政金融业正以稳定的速度逐步发展和完善。目前东帝汶国内还没有自己的银行，只有葡萄牙国民海外银行（BNU）、澳新银行（ANZ）和印尼曼迪利银行（Mandiri）三家外资银行。读者可以登陆"东帝汶银行业务和支付管理局网站：

www.bancocentral.tl"查询该国的金融类信息，东帝汶财政部官方网站则是该国财政政策、金融信息以及经济数据的重要发布中心。东帝汶财政部主要负责对政府有关预算、金融和年度财政计划等政策法规进行评估并贯彻实施，同时对内阁制定的与财政相关的政策提供建议和设计。财政部还负责监管以下各司的日常工作：国家财务司（National Directorate of Treasure），税务服务、税务政策与宏观经济司（Tax Services, Tax policy and Macro-economics Unit），国家外援计划与协调指挥部（National Directorate of Planning and Coordination of External Aid），国家关税局（National Directorate of Customs），国家供应与资产管理署（National Directorate of Supply and Assets Management），采购指导委员会（Directorate of Procurement）以及国家统计局（National Directorate of Statistics）。

（6）矿业信息检索

东帝汶油气资源丰富，油气开采的收入在国民生产总值中占有很大的比重。目前东帝汶在某些地域的油气开采项目中采取与他国合作的形式，如东帝汶与澳大利亚在帝汶岛东南海域的油气资源长期合作项目便是其中之一。签署于2002年5月20日的《帝汶海条约》（Timor Sea Treaty）确定了两国联合石油开发区域（Joint Petroleum Development Area, JPDA），规定项目利润的90%归东帝汶，其余10%归澳大利亚。伟大日升天然气油田（Greater Sunrise Gas Field）是东帝汶独立以来与澳大利亚第一个在联合石油开发区域合作的大项目，也是帝汶海中最大的油气资源基地。

国家自然资源秘书处（Secretary of State of Natural Resources）主要负责东帝汶自然资源与矿业等领域的事务，包括石油和天然气、采矿业以及石油与化工业等。该秘书处向国民保证将对国家资源的管理透明化，负责指导和监督出产共享合同的执行和核准，受理相关申请以及鼓励资源开采等。"国家自然资源秘书处网站：www.anp-tl.org/webs/anptlweb.nsf/vwAll/Home"是东帝汶国家自然资源管理和开采情况最权威的官方发布渠道，读者可以登陆该网站进行相关政策信息和数据的检索和查询。

▷ 9.2　东南亚国家贸易类网络信息检索

东南亚国家经济类网络信息资源主要由东南亚国家国际贸易主管部门和下属机构网站、国内贸易主管部门和下属机构网站、电子商务网站等构成。

9.2.1　越南贸易类网络信息检索

1. 贸易、投资信息检索

（1）政府机构信息检索

2007年7月31日，越南前工业部和商业部合并组成工商部，执行管理国家工商业的职能，主要职责包括：国内商品流通、进出口贸易、市场监管、贸易促进、电子商务、商品服务、规范竞争、防止垄断、打击投机倒把和商业保护主义、保护消费者权益等，登陆工商部官方网站可检索到相关信息。贸易促进局（Cục Xúc tiến Thương mại）是越南为鼓励出口而专设的工商部下属机构，其官方网站"www.vietrade.gov.vn"提供Xúc tiến Thương mại Quốc gia（国家促贸政策）、Thương hiệu Quốc gia（国家商标）、Hồ sơ Ngân hàng（银行档案）、Hồ sơ Thị Trưởng（市场档案）和Cẩm nang Xuất khẩu（出口锦囊）等专题信息。

计划投资部是越南吸收外资和对外投资的中央政府主管部门，具有管理越南国内外投资、经济区、企业建设与发展、集体合作经济、非政府经济组织等职能，其官方网站设有Đầu tư trực tiếp nước ngoài（外国直接投资）和Thông tin đấu thầu（竞标信息）等投资专栏，提供越南国内外投资情况的即时信息。

其他重要的投资部门和公司网站有：

① 越南财政投资家协会（Hiệp hội các nhà Đầu tư Tài chính Việt Nam）：www.vafi.org.vn；

② 国家资金投资经营总公司（Tổng Công ty Đầu tư và Kinh doanh Vốn nhà nước）：www.scic.vn。

（2）双边贸易、投资信息检索

越南和世界上150多个国家和地区建立了贸易关系，主要贸易对象为美国、欧盟、东盟、日本以及中国。越南的四大出口市场依次为：美国、东盟、欧盟、日本（2008年）；主要进口市场依次为：东盟、中国内地、中国台湾、日本和欧盟（2008年）；越南五大投资来源地依次为：韩国、新加坡、中国台湾、日本和香港特区（2007年）。

越南双边贸易的重要网站包括：

① 中国驻越南经济商务参赞处：vn.mofcom.gov.cn；

② 中越贸易经济信息网（CVtrade）：www.gxi.gov.cn；

③ 越南驻美国商务参赞处（Thương vụ Việt Nam tại Hoa Kỳ）：www.vietnam-ustrade.org；

④ 越南—欧盟企业论坛（Diễn đàn Doanh nghiệp Vietnam-EU）：vn.euvietnam.com。

（3）港口信息检索

受地形影响，越南境内河流流程都比较短，内河港口较少；但越南海岸线狭长，沿岸多天然良港，便于发展海上航运。越南主要海港有：西贡（Sài Gòn）、海防（Hải Phòng）、岘港（Đà Nẵng）、头顿（Vũng Tàu）、芹苴（Cần Thơ）、鸿基（Hồng Gai）等，详细信息可登陆"越南海港协会（Hiệp hội Cảng biển Việt Nam）网站：www.vpa.org.vn"和"越南海事局（Cục Hàng hải Việt Nam）网站：www.vinamarine.gov.vn"进行检索。

2．法律法规信息检索

越南现行经济法律、法令主要有贸易类的《贸易法》（2007）、《进出口法》、《反倾销法令》（2004）、《反补贴法令》（2004）等，企业类的《企业法》（1999）、《企业破产法》、《竞争法》等，金融的《国家银行法（修正案）》（2003）、《保险法经营法》（2000）、《商业信用券法》（1999）、《外汇管理条例》（2003）、《资源税法》（1998）、《特别销售税法》（1998）、《营业所得税法》（修正案）、《土地使用权转让税法》、《增值税法》等，投资类的《越南投资法》（2005）、《外国在越南投资法》（2006）、《鼓励投资国内法》以及《会计法》、《统计法》、《经济合同法》、《劳动法》等。

2005年6月，越南国会还颁布了《商业法》、《海关法（修正案）》、《进出口关税法》。为推进越南加入世贸组织的进程，使越南贸易投资法律体系符合WTO多边贸易规则要求，2005年11月29日，越南国会讨论通过了《知识产权法》、《投标法》、《电子交易法》。"越南国会网站：www.na.gov.vn"的"Văn bản pháp luật"栏目和"越南法律数据库网站：vietlaw.gov.vn"都能检索到越南各项经济法律法规的全文。

3．电子商务信息检索

（1）网上购物类网站

越南主要的购物类网站有以下5个：

① Vatgia网站（www.vatgia.com）

越南最早开设的电子商务网站，也是最大的网上购物站点，有"购物天堂"之称。该网站交易的商品有笔记本电脑、数码相机、服装、汽车、摩托车、图书等20大类，有数十万种产品和成千上万的供应商，并开发有手机版的网页。

② eBay越南网站（ebay.chodientu.vn）

全球最大的网络交易平台eBay在越南设立的站点，供买卖双方进行在线交易的商品类别为25类。

③ Golmart网（www.golmart.vn）

建于2002年，主要经营日用品、办公用品、电子设备、企业机械设备等面向家庭、办公室、企业消费群体的商品。

④ 4mua.vn（www.4mua.vn）

越南最大的零售交易网站，特点是操作简易、快捷，卖家可免费上传商品信息（类似于中国的淘宝网），买家不必注册会员和登陆，可直接购买商品。

⑤ 123mua网（www.123mua.com.vn）

出售28个类别的商品。以vinagame公司为中间平台，可进行类似于"支付宝"的账户充值，可以通过网上银行付款，也支持货到付款。

其他购物网站还有：

① 西贡交易中心（Trung tâm Mua bán Sài Gòn）：www.nguyenkim.com；

② 电子市场（Chợ Điện tử）：chodientu.vn；

③ VDC超市（VDCSiêu thị）：vdcsieuthi.vnn.vn；

④ 家中超市（Siêu thị tại nhà）：www.homemart.com.vn；

⑤ 5秒网（5 Giây）：www.5giay.vn；

⑥ 银燕网（Én Bạc）：www.enbac.com；

⑦ 飞龙网（Rồng Bay）：www. rongbay.com。

（2）B2B类网站

① Vietnam B2B Trade Portal（www.bizviet.net）

Bizviet.net是越南最大的B2B网上交易平台，进出口商、生产商、批发商、服务商等各企业可通过搜索栏检索进出口商品和贸易伙伴信息，还可以免费上传各自商品信息。目前，它含5万多条供求信息，拥有4.5万多名会员。

② Gophatdat.com.vn（gophatdat.com.vn）

这是一个企业间进行贸易的全球性网上交易平台。各进出口贸易商、生产商、供应商可以通过该平台注册登记自己的信息，进行快速有效的宣传，促进自己的商品在国内市场的流通甚至可以推向全世界。Gophatdat.com.vn汇集了来自全世界150多个国家的商家，日均访问量达10万次。它提供商家目录、产品目录等分类检索功能，使企业能够方便地寻找到称心的交易，降低成本，节约时间。

4. 检索示例

【例9-6】通过越南国会网站检索并下载越南《海关法（修正案）》。

具体检索步骤如下：

（1）通过网址"http://www.na.gov.vn"，登陆越南国会网站主页。

（2）用鼠标单击主页左侧导航栏"CSDL Luật Việt Nam"链接，进入越南法律数据库法律文本快速检索网页"http://vietlaw.gov.vn/LAWNET"。

（3）在检索条件"Tên văn bản"（文本名称）中输入关键词"Luật Hải quan"（海关法），并在检索条件"Loài văn bản"（文本类别）的下拉列表中选择"Luật"（法律）选项，单击"Tìm kiếm"按钮进行检索。

（4）单击文本名称打开链接进行浏览或单击Word软件图标下载DOC格式文本。

（5）下载完成，打开文件检查该文件是否完整下载。

9.2.2 老挝贸易类网络信息检索

1. 国际贸易信息检索

老挝同50多个国家和地区有贸易联系，与19个国家签署了贸易协定，中国、日本、韩国、俄罗斯、澳大利亚、新西兰、欧盟、瑞士、加拿大等35个国家（地区）向老挝提供贸易优惠关税待遇。老挝国内外投资局（Department of Domestic & Foreign Investment, DDFI）隶属于总理办公室，前身是外国投资执行委员会，负责国外投资和管理投资申请。"国内外投资局网站：invest.laopdr.org"主要提供投资建议和投资信息，并提供投资许可证PDF文件的下载。

2. 国内贸易信息检索

老挝国内贸易活动由老挝工贸部国内贸易司（ກົມການຄ້າພາຍໃນກະຊວງອຸດສາຫະກາໍການຄ້າ）负责管理，相关信息可以到工业贸易部官方网站查询。

老挝关于贸易方面的法律体系尚不健全，主要法律法规有：《1990年所有权法》（ກົດໝາຍກາໍມະສິດ）、《2005年关税法》（ກົດໝາຍພາສີ）、《2007年会计法》（ກົດໝາຍວ່າດ້ວຍການບັນຊີ）、《2007年会计法修订版》（ກົດໝາຍວ່າດ້ວຍການບັນຊີສະບັບປັບປຸງ）、《2005年税务法》（ກົດໝາຍສ່ວຍສາ ອາກອນ）、《1990年合同法》（ກົດໝາຍວ່າຂໍ້ຜູກພັນໃນສັນຍາ）、《2009年版投资促进法（试行）》（ທິດລອງ ການສ້າງກົດໝາຍວ່າດ້ວຍການສົ່ງເສີມການລົງທຶນ(ສະບັບປັບປຸງປີ 2009)）、《1994年外商投资促进管理法》（ກົດໝາຍວ່າການສົ່ງເສີມ ແລະ ການຄຸ້ມຄອງການລົງທຶນຂອງຕ່າງປະເທດ）、《2010年关于证券及证券市场的政令》（ດາໍລັດວ່າດ້ວຍ ຫລັກຊັບ ແລະ ຕະຫລາດຫລັກຊັບ）等。读者可以登陆财政部网站全文下载相关的法律文件。

3. 电子商务信息检索

老挝电子商务尚处于起步阶段，基础设施薄弱、网络普及率低、对电子商务缺乏认识和了解、缺乏人力资源、没有相关法律框架、缺乏财政资源、缺乏电子支付系统、商品质量不高和服务滞后、缺乏知识产权和版权意识等成为制约电子商务发展的不利因素。

目前，提供网上支付服务的电子商务网站有以下三个：

（1）老挝推广：www.laopromotion.com，主要售卖杂志、CD、DVD、VCD等；

（2）老挝鲜花：www.laosflower.com，提供万象市内的鲜花预订、递送服务；

（3）老挝航空：www.laoairlines.com，2009年8月与Amadeus' e-Retail System（艾玛迪斯电子零售系统）签约后开始提供机票和酒店预订等服务。

9.2.3 柬埔寨贸易类网络信息检索

柬埔寨商贸部是国内、国际贸易的主管部门，具体职能包括：管理商标及商业注册，按照商业管理法和商业注册条例管理商业活动；保护消费者利益；制定国内、国际贸易政策；监督商品价格，扶持农产品和食品价格，管理市场开发；向消费者宣传产品，刺激食品、粮食、原材料、石油和国家所需的消费品的销售；确保农产品的市场销售渠道，确保农业和农产品加工业所需设备的供应等。

柬埔寨商贸部官方网站提供柬文和英文版本，主要栏目和内容包括：ព័ត៌មាន（新闻），提供国内的商业和贸易相关新闻；សុន្ទរកថានិងបទឧទ្ទេសនាម（发言与介绍），提供本部门领导人在各种会议上的讲话和发言；ទំព័រភ្ជាប់（链接），提供柬埔寨其他政府部门的网站链接；ឯកសារផ្លូវការ（官方资料），提供本部门发布的官方文件。网站主页左侧标题栏还提供以下重要栏目信息：អារម្ភកថា（前言），介绍柬埔寨与各国际组织之间的合作关系；ថ្នាក់ដឹកនាំក្រសួង（部门领导），介绍本部门的主要领导人；រចនាសម្ព័ន្ធ（结构），介绍本部门的组织结构；ច្បាប់（法律），介绍商业和贸易的相关法律法规；សន្និសីទនិងសិក្ខាសាលា（会议与研讨会），介绍本部门组织的各种会议和研讨会；កិច្ចព្រមព្រៀងពាណិជ្ជកម្ម（贸易协议），介绍柬埔寨与贸易伙伴之间的贸易协定；សារព័ត៌មាន（新闻），提供本部门发布的新闻简报；ឯកសារសំខាន់ៗ（重要资料），提供重要文件的浏览与下载；ស្ថិតិពាណិជ្ជកម្ម（贸易统计），提供贸易统计数据；រាយឈ្មោះពាណិជ្ជកម្ម（贸易名单），提供注册在案的各种贸易公司名称；អភិក្រមគ្រប់ដណ្តប់លើវិស័យពាណិជ្ជ（贸易领域管理），提供贸易领域准入网站的链接；តំបន់ត្រីកោណអភិវឌ្ឍន៍កម្ពុជា ឡាវ វៀតណាម（柬埔寨、老挝、越南发展三角洲区），提供柬埔寨、老挝与越南三国经贸发展区网站的链接；ក្របខ័ណ្ឌសមាហរណកម្ម（联合框架），介绍柬埔寨的联合框架政策；ការជំរុញក្របខ័ណ្ឌសមាហរណកម្ម（促进联合框架），介绍对联合框架政策的促进；ទំនាក់ទំនង（联系），提供本部门的地址和联系方式。

其他重要的经贸网站还有：

（1）柬埔寨担保交易文件归档办公室（ការិយាល័យតម្កល់ប្រតិបត្តិការដែលមានកិច្ចធានារបស់កម្ពុជា）：www.setfo.gov.kh；

（2）柬埔寨进出口商品监察与打击假冒商品署（នាយកដ្ឋានកម្ពុជាត្រួតពិនិត្យទំនិញអាហ៌រណ នីហ៌រណនិងបន្ត្រាបការក្លែងបន្លំ）：www.camcontrol.gov.kh；

（3）柬埔寨贸易促进署（នាយកដ្ឋានជំរុញពាណិជ្ជកម្ម）：www.tpd.gov.kh；

（4）柬埔寨商会（សភាពាណិជ្ជកម្មកម្ពុជា）：www.ccc.org.kh；

（5）柬埔寨商业法（ច្បាប់ពាណិជ្ជកម្មកម្ពុជា）：www.camcl.org；

（6）金边商会（សភាពាណិជ្ជកម្មរាជធានីភ្នំពេញ）：www.ppcc.org.kh。

9.2.4　泰国贸易类网络信息检索

1. 国际贸易信息检索

（1）政府机构信息检索

泰国商业部是泰国对外贸易的主管部门，主要负责制定和实施对外贸易政策、计划，促进对外贸易的发展。泰国商业部官方网站提供的国际贸易信息包括国际贸易指标、重要贸易伙伴国与泰国的贸易指数、国际市场数据、出口商品形势、贸易谈判信息以及泰国的贸易战略和官方计划等。

近年来，泰国十分重视与各国、地区建立自由贸易区。目前，泰国已经与澳大利亚、新西兰及秘鲁等国签署了自由贸易协定，并正在与欧盟、印度、日本、韩国等国进行自由贸易协定的谈判，同时也正在参与建立"东盟＋3"、"东盟＋6"、"中国—东盟"等自由贸易区的谈判，详细信息读者可以通过访问"国际贸易谈判司网站：www.thaifta.com"进行了解。

商业部下设泰国出口促进厅（กรมส่งเสริมการส่งออก），旨在促进泰国出口贸易，为泰国经济增长做出重要贡献。其主要任务包括：通过组织各类活动增强国内企业与产品的竞争力，为企业创造更多出口机会；通过提升产品和服务的质量来提高产品与服务的附加值；通过分布在全球的各分支机构建立并扩大全球贸易网。泰国出口促进厅网站（www.depthai.go.th）提供泰文与英文两个版本，向用户介绍国际市场信息、商品信息、国际贸易相关规定、国际商品博览会以及国际贸易问题讲座等信息。

泰国贸易代表委员会（ผู้แทนการค้าไทย）成立于2001年，是泰国总理的国际贸易与投资特别代表，旨在扩大国际贸易与投资市场，并在全球范围内寻求合作机会，以提升泰国在世界的竞争力，并致力于扩大亚洲、中东、欧洲、非洲以及美洲等地区的投资市场。该委员会曾于2007年素拉育政府时期被取消，而后于2009年阿披实政府时期重新恢复并赋于更重要的职责。泰国贸易代表委员会网站（www.ttr.thaigov.go.th）有泰文、英文两个版本，向用户介绍近期有关国际贸易与投资的重要信息以及该委员会的重要活动等。

此外，读者还可以登陆商业部贸易经济指标办公室网站（www.price.moc.go.th）查询国际贸易的相关数据。

（2）双边贸易信息检索

泰国的主要贸易伙伴为美国、日本、中国、印度、欧盟、东盟等，主要的出口产品有：汽车及零配件、电脑及零配件、集成电路板、电器、初级塑料、化学制品、石化产品、珠宝首饰、成衣、鞋、橡胶、家具、海产品加工及罐头、大米、木薯等；主要的进口产品包括：石油产品、香烟、白糖、纸张、建材、汽车和电器、日常用品等。

泰国重要的双边贸易网站有：

① 泰国中华总商会（หอการค้าไทย-จีน）：www.thaiccc.or.th；

② 泰国广肇商会（สมาคมนักธุรกิจกว๋องสิว (ประเทศไทย)）：www.kcaot.org；

③ 泰中商务委员会（สภาธุรกิจไทย-จีน）：www.tcbc.or.th；

④ 泰华经贸网（thailand-china business link）：www.thailand-china.com；

⑤ 泰中文化经济协会（สมาคมวัฒนธรรมและเศรษฐกิจไทย-จีน）：www.thaizhong.org；

⑥ 泰日协会（สมาคมไทย-ญี่ปุ่น）：www.thai-japanasso.or.th；

⑦ 泰国江浙沪总商会（สมาคมนักธุรกิจไทย-เจียง เจ่อ ฮู่）：www.jzhthai.com；

⑧ 泰国台湾商会联合总会（Thai-Taiwan Business Association）：www.ttba.or.th；

⑨ 泰国欧盟商会（the Thai-European Business Association）：www.teba.or.th；

⑩ 泰国印度商会（India-Thai Chamber of Commerce）：www.itcc.or.th。

（3）港口信息检索

泰国港务局（การท่าเรือประเทศไทย）是泰国港务的主管机构，2000年转制为国有企业。该机构管辖港口包括泰国最大的两个港口–兰差邦和曼谷港，以及清盛、清孔、拉侬等港口。泰国港务局网站（www.port.co.th）主要向用户提供与泰国港务相关的信息资源。

以下为泰国主要港口及网站：

① 曼谷港（ท่าเรือกรุงเทพฯ）：www.bkp.port.co.th；

② 兰差邦港（ท่าเรือแหลมฉบัง）：www.laemchabangport.com；

③ 清盛港（ท่าเรือเชียงแสน）：www.csp.port.co.th；

④ 清孔港（ท่าเรือเชียงของ）：www1.port.co.th/ckp/index.html；

⑤ 拉侬港（ท่าเรือระนอง）：www.rnp.port.co.th。

2. 国内贸易信息检索

（1）政府机构信息检索

1942年，泰国政府成立国内贸易厅以规范国内贸易行为，提高市场效率，确保贸易行为公平。国内贸易厅隶属于商业部，主要职责包括：监管消费市场中消费者的公平地位，促进和引导消费者在消费过程中保护自身权益；完善市场机制，提高国内市场效率，给农民和其他相关生产者创造有利、公平的市场环境；监管和促进国内贸易市场的公平竞争。读者可登陆国内贸易厅网站（www.dit.go.th）及其下属部门的相关网站检索泰国国内贸易的详细信息。

（2）法律法规信息检索

泰国国内贸易法律法规主要包括四大方面。①消费者保护方面：《1952年消费品管理法》（พระราชบัญญัติควบคุมโภคภัณฑ์ พ.ศ. ๒๔๙๕），《1999年商品与服务价格法》（พระราชบัญญัติว่าด้วยราคาสินค้าและบริการ พ.ศ. ๒๕๔๒），《1999年度量衡

标准法》（พระราชบัญญัติมาตราชั่งตวงวัด พ.ศ. ๒๕๔๒）；②贸易制度方面：《1955
年商品仓储机构法》（พระราชกฤษฎีกาจัดตั้งองค์การคลังสินค้า พ.ศ. ๒๔๕๘），《1946
年大米贸易法》（พระราชบัญญัติการค้าข้าว พุทธศักราช ๒๔๘๙），《1999年贸易竞
争法》（พระราชบัญญัติการแข่งขันทางการค้า พ.ศ. ๒๕๔๒），《1999年农产品期货交
易法》（พระราชบัญญัติการซื้อขายสินค้าเกษตรล่วงหน้า พ.ศ. ๒๕๔๒）；③知识产权方
面：《1979年专利法》（พระราชบัญญัติสิทธิบัตร พ.ศ. ๒๕๒๒），《1991年商标法》
（พระราชบัญญัติเครื่องหมายการค้า พ.ศ. ๒๕๓๔），《1994年版权法》（พระราชบัญญัติลิขสิทธิ์
พ.ศ. ๒๕๓๗），《2002年商业秘密法》（พระราชบัญญัติความลับทางการค้า พ.ศ. ๒๕๔๕），
《2003年地理标识保护法》（พระราชบัญญัติคุ้มครองสิ่งบ่งชี้ทางภูมิศาสตร์ พ.ศ. ๒๕๔๖），
《2005年CD产品制造法》（พระราชบัญญัติการผลิตผลิตภัณฑ์ซีดี พ.ศ. ๒๕๔๘）；④贸易及商
业从业注册方面：《1956年商业注册法》（พระราชบัญญัติทะเบียนพาณิชย์ พ.ศ. ๒๔๙๙），
《1992年有限（大众）公司法》（พระราชบัญญัติบริษัทมหาชนจำกัด พ.ศ. ๒๕๓๕），
《1999年外籍人员从事商业活动法》（พระราชบัญญัติการประกอบธุรกิจของคนต่างด้าว
พ.ศ. ๒๕๔๒），《2000年会计法》（พระราชบัญญัติการบัญชี พ.ศ. ๒๕๔๓），《2004
年会计职业法》（พระราชบัญญัติวิชาชีพบัญชี พ.ศ. ๒๕๔๗），《1966年贸易协会法》
（พระราชบัญญัติสมาคมการค้า พ.ศ. ๒๕๐๙），《1966年商会法》（พระราชบัญญัติหอการค้า
พ.ศ. ๒๕๐๙）。

3. 电子商务信息检索

2005年7月8日在泰国信息技术中心联盟举行的电子市场会议掀开了泰国电子商务企业家联
合的序幕。会后，成立了泰国电子商务俱乐部（ชมรมผู้ประกอบการพาณิชย์อิเล็กทรอนิกส์ไทย）。
该俱乐部的宗旨是利用电子商务的手段提高泰国企业的自身实力以及在国内外市场的竞争
力，主要任务是加强泰国电子商务企业家的联合，支持泰国电子商务技术的发展，提高电
子商务的质量和标准，挖掘泰国电子商务在世界市场的潜力，成为向电子商务企业提供顾
问、建议和协调服务的信息中心，为在线支付业务增强信心。

泰国电子商务俱乐部网站（www.thaiecommerce.org）提供了较为详细的泰国电子商务
信息，其中包括泰国电子商务企业名录等，用户可根据名录登陆感兴趣的企业网站进行信
息浏览和检索。

● 9.2.5 缅甸贸易类网络信息检索

1. 政府机构信息检索

缅甸借助资源优势，每年依靠出口农、林、渔、矿等初级产品获取外汇收入，对外
贸易对其经济发展起重要作用。商贸部主管缅甸对外贸易，对缅甸迈向市场为导向的经济
改革进行贸易政策指导，发挥着重要作用。商贸部官方网站提供缅文、英文两个版本，

内容包括：ဝိ.ကုန်သွင်းကုန် သတင်းလွှာ（进出口货物一览单）、သိမ္မတ်ဖွယ်အဖြာဖြာ（外贸细则）、ဈေးကွက်ဈေးနှုန်း(ပြည်တွင်း၊ ပြည်ပ)（货物价格）、မျက်မှောက်သတင်း（贸易新闻）以及与商贸相关的数据与图表（pdf格式，可供下载）等。

2. 双边贸易检索

缅甸的主要贸易伙伴有泰国、中国、新加坡、印度、日本、印度尼西亚、马来西亚、韩国等。目前，泰国和美国是缅甸主要的出口对象，缅甸从中国、新加坡、泰国、马来西亚和韩国等国家进口原料、机电产品、化工产品和消费品等。登陆"中华人民共和国驻缅甸联邦大使馆经济商务参赞处网站：mm.mofcom.gov.cn"可获取中缅贸易的详细信息。

3. 港口信息检索

缅甸海岸线长，沿海港口较多，主要的港口有仰光港（ရန်ကုန်ဆိပ်ကမ်း）、实兑港（စစ်တွေဆိပ်ကမ်း）、皎漂港（ကျောက်ဖြူ။ဆိပ်ကမ်း）、丹兑港（သံတွဲဆိပ်ကမ်း）、勃生港（ပုသိမ်ဆိပ်ကမ်း）、毛淡棉港（မော်လမြိုင်ဆိပ်ကမ်း）、土瓦港（ထားဝယ်ဆိပ်ကမ်း）、墨吉港（မြိတ်ဆိပ်ကမ်း）、高东港（ကော့သောင်းဆိပ်ကမ်း）。"缅甸港口管理局网站：www.mpa.gov.mm"提供缅文、英文两个版本，可查询缅甸各港口的信息。

9.2.6 菲律宾贸易类网络信息检索

1. 贸易概况信息检索

1946年独立之时，菲律宾是一个农业国家，完全依附于其殖民宗主国美国，与美国的贸易往来占其总贸易额的80%。随着时间的发展，菲律宾对日本的贸易出口量逐渐增加。到1970年，菲律宾的贸易进口中60%都来自美、日这两个国家。进入21世纪，菲律宾已成为多个国际贸易组织的成员，如APEC，ASEAN和WTO。

菲律宾贸易与投资中心（Philippine Trade and Investment Center, PTIC）代表菲律宾贸易与工业部，是菲律宾驻外大使馆的下设机构，也是菲律宾驻外的贸易和投资交流中心，在世界大多数国家的主要城市都设立了办事机构，如美国纽约、中国上海、英国伦敦、韩国首尔等。菲律宾驻上海的贸易与投资中心网址为"www.philcongenshanghai.org"，在该网站可以查询菲律宾与中国的贸易往来信息、菲律宾贸易的相关法律和制度以及菲律宾各种对外贸易政策等。

2. 电子商务信息检索

根据IDC数据统计，菲律宾1998年电子商务收入为680万美元，1999年大幅增长为2300万美元，2003年达到10亿美元。在对菲律宾的一些企业的调查中显示，15%的企业支持线上支付，40%支持在线订购，67%支持在线浏览货物，71%的企业在网上提供自身的相关信息。电子商务涉及的商品主要有电子类产品、家具、工业制成品、图书以及一些快速消费类产品。

（1）菲律宾买卖网（Buy and Sell Philippines）

"菲律宾买卖网：www.sulit.com.ph"是一个商品买卖交易网站，主要针对菲律宾国内市场，是菲律宾最重要的在线分类广告和市场交易平台。通过该网站，用户可以买卖各种商品和搜索各种服务，同时也可以刊登自己商品的广告，开阔营销渠道。菲律宾买卖网的点击率在菲律宾排名第9位，全球排名第1971位。

菲律宾买卖网主页的买卖版块共分7个导航，分别是：房地产、汽车、商品和服务、工作、商机、商业地址和建造、事件发布。点击每个导航都可查询到相关领域的买卖信息，买卖的商品种类接近20万种。主页另一个版块是广告发布版块，共分三栏：第一栏是特征型广告（Featured Ads），突出商品的特点；第二栏是吼叫型广告（Shout Ads），用语言吸引眼球；第三栏是查看自己的广告（See your ad here!），主要指导用户如何将自己的广告放在该网站上，用户可以将自己商品的广告放在广告版块上进行宣传，还能够查看在线用户，方便用户进行交流。

（2）其他重要电子商务网站

① eBay菲律宾网站：www.ebay.com.ph；

② Global Sources：www.globalsource.com.ph；

③ Global Trade：www.globaltradephilippines.com；

④ TradingPhilippine：www.tradingphilippines.com。

9.2.7　马来西亚贸易类网络信息检索

1. 国际贸易信息检索

（1）政府机构信息检索

作为世界第18大贸易国，国际贸易（perdagangan antarabangsa）是马来西亚经济的重要组成部分。马来西亚贸工部是马来西亚对外贸易的主管部门，职能包括制定和实施对外贸易的计划，促进双边和多边贸易的发展，发放某些商品的进出口许可证，分配纺织品出口的配额，审批总投资超过250万令吉、雇工人数超过75人的外国投资项目。贸工部官方网站提供的国际贸易信息资源包括单边贸易关系（Hubungan Perdagangan Sehala）、多边贸易关系（Hubungan Perdagangan Pelbagaihala）、本区域贸易关系（Hubungan Perdagangan Serantau）、自由贸易协定（Perjanjian Perdagangan Bebas）、贸易和投资代表团（Misi Perdagangan dan Pelaburan），其中"自由贸易协定"栏目涵盖东盟与中国、日本、韩国、印度、澳大利亚、新西兰和欧盟的贸易协定，马来西亚与日本、巴基斯坦、印度、美国、澳大利亚、智利、新西兰的贸易协定，伊斯兰会议组织贸易优惠体系（Trade Preferential System-Organisation of Islamic Conference, TPS-OIC）以及发展中八国集团（Developing Eight，D-8）优惠关税协议（Preferential Tariff Agreement, PTA）。此外，该网站主页还在"Statistik"（统计资料）栏目提供2004年至2009年的贸易统计数据。

马来西亚对外贸易发展机构（Perbadanan Pembangunan Perdagangan Luar Malaysia, MATRADE），成立于1993年3月1日，是隶属于贸工部的法定机构。该机构的宗旨是促进马来西亚企业走向全球，使马来西亚成为具有竞争力的全球贸易国。"对外贸易发展机构网站：www.matrade.gov.my"有马来文、英文、中文、日文、阿拉伯文和西班牙文版本，向用户介绍近期有关国际贸易的全球活动和对外贸易发展机构的重点活动，接受会员注册、出口培训项目、国际贸易展览会、贸易和投资代表团、普通营销代表团和特别营销代表团的在线申请，提供马来西亚产品、马来西亚服务、清真目录和马来西亚品牌的在线信息资源。

（2）双边贸易信息检索

马来西亚的主要贸易对象为美国、日本、中国、韩国、印度、澳大利亚、新西兰、欧盟和东盟各国。美国、新加坡、欧盟、日本和中国是马来西亚的主要出口市场，机械运输设备、食品、烟草和燃料等为主要进口商品。

马来西亚双边贸易的重要网站包括：

① 马来西亚中国经济贸易总商会（Dewan Perdagangan Malaysia China）：www.malaysia-china.com.my；

② 欧盟马来西亚工商会（EU-Malaysia Chamber of Commerce and Industry, EUMCC）：www.eumcci.com；

③ 马来西亚澳大利亚商业理事会（Malaysia Australia Business Council）：www.mabc.org.my。

（3）港口信息检索

马来西亚每年大约90%的对外贸易是通过海上航运进行的，沿岸主要港口包括巴生、槟城、柔佛、关丹、民都鲁、古晋、美里、拉让、沙巴和丹戎帕拉帕斯（Tanjung Pelepas）。各港务局及网站分别为：

① 巴生港务局（Lembaga Pelabuhan Klang）：www.pka.gov.my；

② 槟城港务局（Suruhajaya Pelabuhan Pulau Pinang）：www.penangport.gov.my；

③ 柔佛港务局（Lembaga Pelabuhan Johor）：www.lpj.gov.my；

④ 关丹港务局（Lembaga Pelabuhan Kuantan）：www.lpktn.gov.my；

⑤ 民都鲁港务局（Lembaga Pelabuhan Bintulu）：www.bpa.gov.my；

⑥ 古晋港务局（Lembaga Pelabuhan Kuching）：www.kpa.gov.my；

⑦ 美里港务局（Lembaga Pelabuhan Miri）：www.miriport.gov.my；

⑧ 拉让港务局（Lembaga Pelabuhan Rajang）：www.rajangport.gov.my；

⑨ 沙巴港务局（Lembaga Pelabuhan Sabah）：www.lpps.sabah.gov.my。

此外还有四个港口公司，分别为：

① 槟城港有限公司（Penang Port Sdn Bhd）：www.penangport.com.my；

② 柔佛港有限公司（Johor Port Berhad）：www.johorport.com.my；

③ 民都鲁港有限公司（Bintulu Port Sdn Bhd）：www.bpsb.com.my；

④ 丹戎帕拉帕斯港有限公司（Pelabuhan Tanjung Pelepas Sdn Bhd）：www.ptp.com.my。

2．国内贸易信息检索

（1）政府机构信息检索

为规范国内贸易行为和保护消费者权益，马来西亚政府在1990年10月成立国内贸易与消费部（简称"贸消部"），主管国内贸易。贸消部主要职能包括：监测和决定必需品的价格，发放并管理必需品的生产、销售准证；处理消费者权益保护事项；保护知识产权（版权、商标、专利、工业设计）；负责发放石油及石化产品销售、批发准证，协调石油、石化及天然气工业安全相关政策、规定和措施；负责核发直销准证；组织实施计量规则；负责信托公司监管及注册；负责国内贸易的注册及监管；负责调研及起草与国内贸易、消费者权益保护以及知识产权保护相关的政策及策略。读者可登陆贸消部官方网站及其下属的机构知识产权局（Perbadanan Harta Intelek Malaysia, MyIPO）网站"www.myipo.gov.my"和公司委员会（Suruhanjaya Syarikat Malaysia）网站"www.ssm.com.my"检索马来西亚国内贸易的相关信息。

（2）法律法规信息检索

马来西亚国内贸易立法体系比较完善，包括四个方面的24部法律。①国内贸易方面：《1974年石油开发法案》（Akta Pembangunan Petroleum 1974）、《1984年石油安全措施法案》（Akta Petroleum (Langkah-Langkah Keselamatan) 1984）、《1984年经济区法案》（Akta Zon Ekonomi Eksklusif 1984）、《1993年直销法案》（Akta Jualan Langsung 1993）、《2006年电子商务法案》（Rang Undang-Undang Perdagangan Elektronik 2006）；②消费者权益方面：《1946年价格控制法案》（Akta Kawalan Harga 1946）、《1961年供应控制法》（Akta Kawalan Bekalan 1961）、《1967年租赁购买法》（Akta Sewa Beli 1967）、《1972年贸易术语法》（Akta Perihal Perdagangan 1972）、《1972年计量法》（Akta Timbang dan Sukat 1972）、《1999年消费者权益保护法》（Akta Pelindungan Pengguna 1999）；③公司方面：《1949年信托公司法》（Akta Syarikat Amanah 1949）、《1956年公司注册法》（Akta Pendaftaran Perniagaan 1956）、《1965年公司法》（Akta Syarikat 1965）、《1971年Kootu基金法》（Akta (Larangan) Kumpulan Wang Kutu 1971）、《2001年马来西亚公司委员会法》（Akta Suruhanjaya Syarikat Malaysia 2001）；④知识产权方面：《1976年贸易商标法》（Akta Cap Dagangan 1976）、《1983年专利法》

（Akta Paten 1983）、《1987年版权法》（Akta Hakcipta 1987）、《1996年工业设计法》（Akta Reka Bentuk Perindustrian 1996）、《2000年地理标识法》（Akta Petunjuk Geografi 2000）、《2000年光盘法》（Akta Cakera Optik 2000）、《2000年集成电路设计法》（Akta Reka Bentuk Susun Atur Litar Bersepadu 2000）、《2002年马来西亚知识产权公司法》（Akta Perbadanan Harta Intelek Malaysia 2002）。读者可使用"Google Malaysia"，通过关键词查找方式检索并下载相关的法律法规，也可登陆马来西亚国会官方网站进行检索和下载。

3. 电子商务信息检索

马来西亚政府视互联网为工商业强大的通讯工具，认为以互联网为手段的电子商务（e-Dagang）更加快捷有效，不仅可以节省运营成本和缩短交易时间，还便于扩大商家之间的战略联系。贸易和电子商务也成为第九个五年计划期间推动国家经济增长的重要部门。马来西亚政府一直致力推动国内电子商务活动的发展，建立为进出口企业提供统一国际商贸平台的中介机构，筹建区域电子商务平台模式，以实现全球信息化、一体化的发展。2006年至2010年期间，马来西亚的电子商务增长率超过28%，电子商务收入逐年递增，金融业、制造业、通讯业、国营事业、大中小型企业都开始广泛运用电子商务进行交易。

马来西亚国内目录型搜索引擎都分类提供电子商务类网站的网址，读者可登陆相关网站进行检索。以下为马来西亚国内比较重要的电子商务类网站：

（1）网上购物类网站

① Lelong网站（www.lelong.com.my）

马来西亚最早开设的拍卖网站之一，由Interbase Resources有限公司运营，是目前马来西亚国内注册人数最多的在线购物网站，在线交易的商品类别达到34大类。

② eBay马来西亚网站（www.ebay.com.my）

全球最大的网络交易平台eBay在马来西亚设立的站点，目前是马来西亚国内主要的在线购物网站之一，供买卖双方进行在线交易的商品类别为25大类。

（2）B2B类网站

① Asean Source（aseansources.com）

马来西亚国际性的企业对企业电子商务网站，总部位于八打灵再也，由Infodata Media有限公司经营，主要提供马来西亚商贸供求信息以及供应商、制造商、出口商和进口商名录，并为供求双方提供相互联系平台。

② Malaysia Manufacturers Directory and Trade Portal（www.e-directory.com.my）

Kelana Saga有限公司运营的英文网站，主要提供互联网名录，通过互联网媒介帮助马来西亚制造商进入国际市场。登陆网站主页可进行马来西亚产品和生产商检索，并向国际买家和马来西亚制造商提供注册服务。

③ Your Space - B2B Marketplace of Malaysia（yrspace.com.my）

该网站为马来西亚国内和全球贸易提供在线的企业对企业电子商务市场，汇集了大量的供应商、批发商、进货商、分类产品目录和商业机会信息，供求双方可在网站注册后通过互联网进行沟通和业务洽谈。

④ Malaysia Business to Business Network（malaysiab2b.com）

由不同背景的信息技术和商业咨询管理专业团队打造的企业名录网页，允许世界各国商家搜索马来西亚国内的贸易、产品和服务信息，提供用户注册功能，用户可通过目录检索和关键词检索方式获取所需的公司和产品信息。

4. 检索示例

【例9-7】通过马来西亚国会网站检索并下载《2006年电子商务法案》。

具体检索步骤如下：

（1）通过网址"http://www.parlimen.gov.my"登陆马来西亚国会网站主页。

（2）单击主面左侧标题栏"Rang Undang-Undang"（法案）选项，进入按年份排序的各年度法案列表页面。

（3）单击"2006"标题左侧"＋"按钮，展开2006年度各项法案列表。

（4）右键单击"D.R.17/2006 (Rang Undang-Undang Perdagangan Elektronik 2006)"选项，使用下载工具或直接使用"目标另存为"功能把该法案的PDF格式文件下载到个人计算机中。

（5）下载完成，双击文件确定该文件是否完整下载。

9.2.8　文莱贸易类网络信息检索

1. 政府机构信息检索

国际贸易是文莱经济的主体构成部分。文莱的主要出口产品——石油和天然气为文莱带来巨额的利润，主要进口产品涉及机器、运输设备、工业品、食品和药物等。在国内贸易方面，作为穆斯林国家，文莱政府对国内商品尤其是食品的销售有严格的规定。文莱工业和初级资源部是文莱贸易的主管部门，负责制定和实施各项贸易政策，同时参与贸易管理的部门还有文莱外交和贸易部以及文莱经济计划发展局。文莱外交与贸易部官方网站是文莱外交、贸易的政策和事务最迅捷、最权威的发布渠道，内容涉及外交部与贸易部部长的最新动向、国际单边与多边贸易、国内贸易统计数据等。

2. 双边贸易信息检索

日本、东盟国家、韩国、澳大利亚以及中国是文莱最主要的国际贸易对象国。根据文莱经济计划署公布的数据，2007年文莱出口总额达到149亿文元，日本所占的份额最大，占文莱出口总额的43.2%；其次为澳大利亚，占22.7%；韩国占14%，中国仅占其中的0.4%。东盟为文莱最大的进口来源地，在2007年文莱36亿文元的进口总额中，仅东盟地区就占有其中47%的比重。

文莱双边贸易的重要网站包括：

① 文莱国家工商会（Brunei National Chamber of Commerce and Industry）：www.nccibd.com；

② 文莱斯市中华商会：www.bruneichinesechamber.com；

③ 综合贸易公司（Tamu Trader）：www.tamutrader.com。

3. 法律法规信息检索

文莱国内贸易立法体系比较完善，内容涉及国内贸易的方方面面，现行法律有《投资激励法》（Akta Galakan Pelaburan）、《公司法》（Akta Syarikat-syarikat）、《石油法案》（Akta Petroleum）、《商标法》（Akta Nama-Nama Perniagaan）、《文莱投资部门命令法案》（Perintah Akta Agensi Pelaburan Brunei）、《土地法》（Akta Kanun Tanah）、《价格控制法》（Akta Kawalan Harga Penggal）、《所得税法》（Akta Cukai Pendapat）、《典当法案》（Akta Pajak Gadai）、《银行法》（Akta Bank）、《伊斯兰银行法案》（Akta Perbankan Islam）、《退休以及残障人士保障金法案》（Akta Pencen Tua dan Hilang Keupayaan）、《员工信托基金》（Akta Tabung Amanah Pekerja）和《2009年工作命令》（Perintah Pekerjaan 2009）等。其中《2009年工作命令》中同时包含了旨在保护工人利益、明确雇佣双方责任和义务的《雇佣法案》（2009 Employment Domestic），这将最终取代在1955年开始实施的《劳动法案》（Akta Buruh）第93款（Penggal 93）。此外，文莱政府还专门针对国际贸易制定了《海关法》（Akta Kastam）。通过"Google Brunei"的关键词检索功能，读者可以方便检索并下载相关的法律法规。

4. 电子商务类信息检索

目前文莱国内商务网站并不多，比较有影响力的B2C网站是"QQeStore.com：www.qqestore.com"。该网站是文莱国内最大的购物网站，主营电子产品，用户可以直接登陆该网站进行浏览、检索、查询和购买。其他重要的购物网站还有"文莱在线购物：www.shopping.com.bn"，提供的商品种类包括各类数码电子产品和游戏卡。

文莱国内首家B2B商业网站"www.padian.com"于2010年秋正式投入运营。该网站为英文版本，对文莱商业产品有非常详细的分类和介绍，旨在为国内企业和国外企业搭建一个良好的沟通平台，为企业提供展示空间，也为顾客进行信息查询提供窗口，最终目的在于扩大国内中小企业的发展空间，推动国内中小企业的发展和壮大。

9.2.9　新加坡贸易类网络信息检索

1. 国际贸易信息检索

（1）政府机构信息检索

历史上，新加坡就是东南亚的一个重要商港。1891年开埠后，新加坡的经济主要依托转口贸易发展起来。独立后，随着工业化的推进和基础设施的改善，对外贸易迅速增长，成为新加坡国民经济的重要支柱。新加坡贸工部是新加坡对外贸易的主管部门，职能是从宏观角度促进经济发展，创造更多就业，指导国家经济发展方向等。贸工部官方网站主页的"Trade"（贸易）栏目中包括"自由贸易协定"（Free Trade Agreement），可链接到新加坡自由贸易协定网站查询东盟与中国、日本、韩国、印度、澳大利亚和欧盟等国家和组织的自由贸易协定；此外，该网站主页"Economic"（经济）栏目中还提供新加坡的各项经济数据。

新加坡经济发展局（Economic Development Board, EDB），成立于1961年，是新加坡贸工部隶属的法定机构。经发局是负责制定和实施商业与投资策略的主导机构，协助加强新加坡作为商业与投资环球中枢的地位。经发局与新加坡本地和跨国企业紧密联系，通过制造业和服务业一系列多元化的商业投资项目，协助它们转型为更高值的生产运作，以适应现代经济环境知识化和创新化的发展需求。同时经发局积极鼓励企业在新加坡设立总部和商业中心，经营和管理环球与亚太地区的各项业务。经济发展局下设环球营运、规划与政策、企业发展、工业发展、新兴企业、行政发展等6个主要部门，分别负责美、日、欧、亚太和中东地区的投资业务。"经济发展局网站：www.sedb.com"有英文、日文、中文三个版本，向用户介绍新加坡经商环境，国际政策和资源发展规划，企业科技创业和风险投资，电子、生物医药、资讯通信等重要产业发展，新兴市场的了解和分析以及人力资源和行政事务等信息。

（2）双边贸易信息检索

新加坡主要贸易对象为马来西亚、中国、美国、印尼、日本、中国香港、中国台湾、韩国、泰国、印度。美国是新加坡最大的出口国家，日本是新加坡最大的进口国家。

新加坡双边贸易的的重要网站包括：

① 新加坡马来西亚工商会（Singapore Malay Chamber of Commerce and Industry）：www.smcci.org.sg；

② 新加坡印度工商会（Singapore Indian Chamber of Commerce and Industry）：www.sicci.com；

③ 新加坡中国商会（Singapore-China Business Association）：www.scbworld.com；

④ 新加坡中华总商会（Singapore Chinese Chamber of Commerce & Industry）：www.sccci.org.sg；

⑤ 新加坡国际商会（singapore international chamber of commerce）：www.sicc.com.sg。

（3）港口信息检索

新加坡自1819年开埠以来就是自由港，后来发展为东南亚和世界重要的转口港。为此新加坡政府在1964年设立了海事及港务管理局（Maritime and Port Authority of Singapore, MPA），读者可通过访问其网站"www.mpa.gov.sg"检索相关信息资源。

此外，新加坡与港口有关的主要网站分别为：

① 新加坡港务集团（PSA International）：www.internationalpsa.com；

② 港务网（Portnet）：www.portnet.com；

③ 新加坡海事基金会（Singapore Maritime Foundation）：www.smf.com.sg；

④ 裕廊港（Jurong Port）：www.jp.com.sg。

2. 国内贸易信息检索

（1）政府机构信息检索

为规范国内贸易行为和保护消费者权益，新加坡政府成立了新加坡会计与公司管理局（Accounting and Corporate Regulatory Authority, ACRA），其网站"www.acra.gov.sg"提供通过注册号码或企业名称对新加坡注册公司进行搜索。同时，新加坡政府还成立了新加坡知识产权局（Intellectual Property Office of Singapore, IPOS），这是一个隶属于律政部的机构，主要负责产权法的制定、保护新加坡的知识产权，网站为"www.ipos.gov.sg"。

（2）法律法规信息检索

新加坡国内贸易立法体系比较完善，主要包括以下几个方面：①知识产权方面：《专利法》（Patent Act 2008）、《知识产权法》（Ipos Act）、《贸易商标法》（Trade Marks Act）、《版权法》（Copyright Act）、《集成电路布图设计法》（Layout-Designs of Integrated Circuits Act）、《商品地理标志法》（Geographical Indications Act），此方面内容读者可登陆新加坡知识产权局网站检索并下载相关法规及其修正案；②消费者权益方面：《商品交易法》（Commodity Trading Act）、《竞争法》（Competition Act 2004）、《消费者权益保护法》（Consumer Protection Act），此方面内容读者可登陆贸工部网站检索并下载相关法规及其修正案；③公司方面：《公司注册法》（Business Registration Act）、《公司法》（Companies Act），此方面内容读者可登陆新加坡会计与公司管理局网站检索并下载相关法规及其修正案；④国内贸易方面：《新加坡银行法》（Banking Law）、《信贷与担保法》（The Law of Credit and Security）、《保险与保险法》（Insurance Law）、《证券与期货法》（The Securities and Futures Act）、《合同法》（The Law of Contract）。读者可登陆"新加坡法律网站：www.singaporelaw.sg"进行相关法律的检索和下载。

3. 电子商务信息检索

新加坡是世界上信息化程度较高的国家，也是世界上最早发展电子商务的国家之一。根据2009年4月欧洲商学院和世界经济论坛联合发布的《2008－2009年全球信息技术报告》，新加坡在全球信息与通信技术发展和使用程度排名中位列第四。新加坡还曾在2004－2005年度的这项排名中名列世界第一。新加坡高度开放的外向型经济，狭小的国内市场、自然条件限制，以及全球经济一体化的趋势，是新加坡大力发展电子商务的推动力。为了不断提高新加坡的电子商务能力，保持新加坡电子商务的优势地位，新加坡政府成立了新加坡电子商务协会（Singapore E-Commerce Association），读者可登陆其网站"ecommerce.org.sg"检索新加坡电子商务的总体情况及相关政策。以下为新加坡比较重要的电子商务类网站。

（1）网上购物类

① eBay新加坡网站（www.ebay.com.sg）

全球最大的网络交易平台eBay在新加坡设立的站点，目前是新加坡国内主要的在线购物网站之一，供买卖双方进行在线交易的商品类别达到27种。

② Gmarket网站（www.gmarket.com.sg）

Gmarket网站建于2000年4月，由Gmarket Inc运营，是新加坡主要在线拍卖网站，在线交易的商品有6大类。

（2）B2B类网站

① 新加坡贸易网站（tradelink.com.sg）

该网站是为了提高新加坡公司在全球的竞争力而建立的，可以同时为商家间及商家和顾客间提供贸易机会和商业交流。

② buysingapore网站（www.buysingapore.com）

该网站由Abecha Pte公司运营，为新加坡当地公司与全球市场间建立商业合作。

③ IE Singapore网站（www.iesingapore.gov.sg）

该网站旨在提高新加坡公司的全球竞争力，为新加坡当地的公司提供与国际公司交流的机会。

④ 新加坡企业通网站（www.sccci.org.sg）

企业通是由多个政府机构、商会、工会与标新局（SPRING Singapore）联合呈现的综合性网站，并由标新局负责维护。中文版网站由新加坡中华总商会翻译、建构和运作。"企业通"旨在协助本地企业解答在创业、运作和成长的过程中所面对的各种疑问。

4. 检索示例

【例9-8】通过新加坡贸工部网站检索并下载《2004年竞争法案》。

具体检索步骤如下：

（1）通过网址"http://www.mti.gov.sg"登陆新加坡贸工部网站主页。

（2）单击主页上方的"Legislation"（法案）选项，进入按首字母排序的各年度贸易法案列表界面。

（3）单击"Competition Act 2004"按钮，进入其网页。

（4）浏览简介，并下载所需信息。

9.2.10　印尼贸易类网络信息检索

1.　政府机构信息检索

（1）印尼贸易部（Kementerian Perdagangan Republik Indonesia）

印尼贸易部是印尼贸易的管理和领导部门，其官方网站网罗了几乎所有印尼贸易的相关信息，是检索印尼贸易类信息最为重要的途径之一。

贸易部网站主页可检索到以下重要信息：Berita Perdagangan（贸易新闻）；Link Khusus（特别链接），其中包括最近五年贸易部的战略规划、虚拟展览、印尼与其他贸易伙伴国家关系、市场和经济信息；Ekspor Non Migas（非石油天然气出口状况）；Inflasi（通胀率）；Kurs（汇率）；Pameran Dagang Dalam Negeri（国内贸易一览）；Pameran Dagang Luar Negeri（对外贸易一览）；Cari（搜索），在搜索栏中可用关键词对贸易、法律、科技等信息进行检索；Publikasi Cetak（出版物）。

除上述信息外，还可以通过浏览分目录以及下属部门的网页来获取更为详细的信息：

① 机构设置（Organisasi）：www.depdag.go.id/index.php?option=organisasi&itemid=01。包含机构资料、基本任务、人员名单（包括贸易部中央办公室、对外贸易代表、贸易与工业处处长）等信息。

② 法律法规（Regulasi）：www.depdag.go.id/index.php?option=regulasimenu&itemid=03。

包含所有有关贸易的法律法规（按年份排从80年代到1998年）信息。另外还有程序和政策规定，包括有关进出口方面的总规定（Ketentuan Umum di Bidang Ekspor/Impor）和有关投资方面的总规定（Ketentuan Umum di Bidang Investasi）。在有关投资方面的总规定中包含消费者保护（Perlindungan Konsumen）、保修卡/使用说明书目录（Direktori Kartu Manual/Garansi）、政府服务/物资供应（Pengadaan Barang/Jasa Pemerintah）、贸易伙伴国家国际贸易政策（Kebijakan Perdagangan Internasional Negara-negara Mitra Dagang）、进口到印尼税率表（Tarif Bea Masuk Indonesia）、关税和非关税壁垒（Hambatan Tarif dan Non-Tarif）、东盟自由贸易区通行优惠关税（Common Effective Preferential Tariffs for ASEAN Free Trade Area）。

③ 数据统计（Statistik）：www.depdag.go.id/index.php?option=statistik&itemid=06。

包含印尼经济指标（Indikator Ekonomi Indonesia）、印尼进出口发展状况（Perkembangan Ekspor-Impor Indonesia）、工业数据（Statistik Industri）、贸易指数（Indeks Perdagangan）等数据。

④ 商业（Bisnis）：www.depdag.go.id/index.php?option=frontend&itemid=02。

包含有关企业名单、投资机会以及各种商品在印尼以及国际上的价格。

⑤ 信息发布（Publikasi）：www.depdag.go.id/index.php?option=frontend&itemid=05。

包含贸易部发布的所有各种材料和信息，其中包括各种税率。

⑥ 网上图书馆（Perpustakaan）：www.depdag.go.id/index.php?option=perpustakaan&itemid=10。

可以检索印尼贸易部各个部门图书馆中的图书信息。

⑦ 标准中心（Pusat Standardisasi）：pustand.depdag.go.id。

印尼各个行业印尼国家标准（SNI）的制定部门，可以查询到相关行业的规定标准及报告、标准中心认证的企业名单等有关标准的信息。

⑧ 对外贸易服务部（Unit Pelayanan Perdagangan Luar Negeri）：inatrade.depdag.go.id。

可以检索到有关对外贸易的信息和服务以及下属进口司、农林业产品出口司、矿业工业产品出口司。

⑨ 国内贸易服务部（Unit Pelayanan Perdagangan Dalam Negeri）：sipaw.depdag.go.id。

可以查询有关印尼国内贸易的信息和服务。

（2）印尼工商会（Kamar Dagang Indonesia, Kadin）

印尼工商会是主管印尼工商业的机构，成立于1968年9月24日，官方网站为"www.kadin-indonesia.or.id"，通过登陆印尼工商会网站可以检索到有关印尼工商业的相关信息和新闻。

（3）印尼工商会贸易投资服务办公室（Kadin Business Support Desk, BSD Kadin）

印尼工商会贸易投资服务办公室的职能是为贸易投资活动提供信息咨询等支持服务，研究和协助解决国内外商业往来过程中出现的各种问题，官方网站为"www.bsd-kadin.org"，登陆该网站可以为在印尼投资提供有价值的参考资料。

（4）港务信息检索

印尼的港务管理是由四个印尼政府全权控股的港务股份公司负责，这几个公司的网站及管辖区域分别为：

第一港务股份有限公司（PT. Pelabuhan Indonesia I）总部位于北苏门答腊省棉兰市，管辖区域包括亚齐省、北苏门答腊省、廖内省、廖内群岛省四个省份的26个港口，官方网

站为"www.inaport1.co.id";

第二港务股份有限公司（PT. Pelabuhan Indonesia II）总部位于雅加达特区，管辖区域包括北苏门答腊省、南苏门答腊省、占碑省、名古鲁省、邦加—勿里洞群岛省、万丹省、雅加达特区、西爪哇省、西加里曼丹省十个省份的29个港口，官方网站为 "www.inaport2.co.id"；

第三港务股份有限公司（PT. Pelabuhan Indonesia III）总部位于东爪哇省泗水市，管辖区域包括东爪哇省、中爪哇省、南加里曼丹省、中加里曼丹省、巴厘岛、西努沙登加拉省、东努沙登加拉省七个省份的32个港口，官方网站为"www.pp3.co.id"；

第四港务股份有限公司（PT. Pelabuhan Indonesia IV）总部位于南苏拉威西省望加锡市，管辖区域包括加里曼丹、苏拉威西、马鲁古、巴布亚四个岛上的24个港口，官方网站为 "www.portina4.go.id"。

通过登陆上述四个港务公司的网站，可以检索到其管辖区域内各个港口提供的服务信息以及各个港口的信息。

2. 贸易信息检索

（1）中国驻印尼大使馆经济商务参赞处是中国与印尼贸易往来的重要政府代表部门，隶属于中国商务部，官方网站为"id.mofcom.gov.cn"，提供中、英文版本。中国驻印尼大使馆商务参赞处网站集中了印尼概况、政策法规、贸易投资、经济合作、印尼机构、统计数据、商旅服务等重要的贸易信息，是中国与印尼贸易合作的重要窗口，也是中国公民最简洁、快速了解印尼贸易信息的重要途径。

（2）中国—印尼经贸合作网（Situs Kerjasama Ekonomi dan Perdagangan antara Tiongkok dan Indonesia）是中国商务部与印尼贸易部主办的网站，是两国贸易往来的重要信息发布和投资指南网站，分为在中国经商和在印尼经商两部分。在中国经商部分的网址为"www.cic.mofcom.gov.cn/ciweb/cci/index.jsp"，主要是为印尼商人到中国经商或投资提供各个方面的信息，其中包括中国概况、双边贸易概况、经贸信息、政策法规、合作形式、统计数据、贸易促进、投资项目等信息；在印尼经商部分的网址为 "www.cic.mofcom.gov.cn/ciweb/cic/index.jsp"，主要是为中国公民到印尼进行商业贸易活动提供信息和指南，其中包括印尼概况、双边经贸、政策法规、统计数据、赴印尼经商、在印尼居住、在印尼开创新企业/投资、在印尼就业、在印尼创业辅助计划、投资机会、供求等信息。

（3）印尼进出口信息查询

印尼进出口产品信息的查询可以登陆"印尼进出口信息网：www.export-import-indonesia.com"进行检索。该网站向有意愿或者已经到印尼进行商贸往来的进出口商提供印尼贸易信息，涵盖了农业、汽车业、商业、计算机软硬件、能源/电力、货运代理行、手工艺品/装饰品、卫生/美容、珠宝、体育/娱乐、纺织品、流行服饰、建筑材料/设施、化工/医药、电子产品、食品/饮料、家具、工具、网络服务、橡胶及橡胶制品、电子通信、运输等相关产业的进出口信息。

3. 其他重要贸易类网站

（1）国家发展计划部（Badan Perencanaan Pembangunan Nasional）：www.bappenas.go.id

（2）公共事业部（Kementerian Pekerjaan Umum）：www.pu.go.id

（3）国家投资协调局（Badan Koordinasi Penanaman Modal）：www.bkpm.do.id

（4）印尼国家电力公司（Perusahaan Listrik Negara）：www.pln.co.id；

（5）印尼中小企业部印尼商品集锦：www.indonesian-products.biz；

（6）印尼中小企业及合作部（Kementerian Koperasi dan Usaha Kecil Menengah）www.depkop.go.id；

（7）投资统筹局（Badan Koordinasi Penanaman Modal, BKPM）：www.bkpm.go.id；

（8）国家标准局（Badan Standardisasi Nasional, BSN）：www.bsn.go.id。

4. 检索示例

【例9-9】通过印尼贸易部网站检索印尼国内生产总值。

具体步骤如下：

（1）登陆印尼贸易部网站主页"http://www.kemendag.go.id"。

（2）移动鼠标光标至主页导航版块的"Statistik"栏目标题，从自动弹出的一级对话框中选择第一项"Indikator Ekonomi Indonesia"，再从二级对话框中点击"Produk Domestik Bruto"，网页会链接到"印尼国内生产总值"页面。

（3）显示页面为印尼近十二年来国内生产总值的具体情况，包括每年各个季度的国内生产总值情况。

（4）浏览并下载相关文本材料，结束本次课题检索。

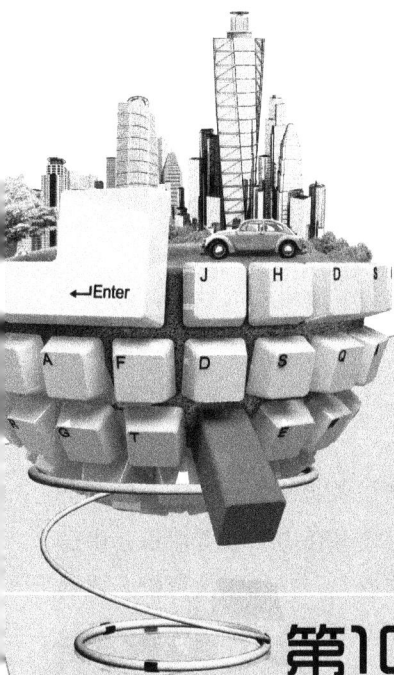

第10章 东南亚国家教育与文化类网络信息检索

　　教育在东南亚国家属于重点发展的领域，各国政府在制定国家发展规划和立法等方面都对发展教育采取不同程度的政策倾斜。伴随着经济快速增长的步伐，东南亚国家的教育水平不断提高，与中国的教育交流也逐步增多：选择到东南亚国家留学的中国学生人数开始呈上升趋势，一些经济较发达国家如新加坡、马来西亚已经成为广大留学生的热门方向。东南亚是一个多国家和多民族的地区，不同国家和民族的独特社会历史发展背景造就了东南亚地区复杂多样的文化形态和丰富多彩的文化内容，吸引了大批的中国游客。通过对东南亚教育和文化类网络信息资源的检索，可以进一步了解各国教育和文化的基本情况，学习语言和文化知识，掌握留学、旅游等方面的最新信息。

▷ **10.1 东南亚国家教育类网络信息检索**

东南亚国家经济类网络信息资源主要由东南亚国家教育部和下属机构网站、各级学校网站、教育信息网站、教育资源网站等构成。

😊 **10.1.1 越南教育类网络信息检索**

越南政府历来重视教育。1976年越南国家统一后，越南教育事业在政府的大力推动下发展较快，形成了包括学前教育、普通教育、大学教育和职业教育在内的教育体系，由越南国家教育培训部统一管理。近年来越南增加了在教育领域的投入，2010年教育投入占国家财政预算的20%，是目前对教育投入最多的国家之一，主要用于提高教师的待遇，减免困难学生的学费，进一步普及教育和提高教学质量。

越南教育领域是越南互联网信息技术推广和普及的对象，2001年在政府总理第158号决定（越南邮政通讯至2010年发展战略及2020年发展方向）中明确指出：到2010年要实现50%的中学和所有大学、研究所与互联网的连接。目前，互联网已被广泛地应用于越南教育各领域，教育信息化在教育信息资源建设、普及信息技术教育、运用信息技术提高教育质量等方面都取得了长足的进步，大学、科研机构大都建有网站，为用户提供丰富的教育信息资源。

1．教育法规与教育部门信息检索

越南现行的教育方针和政策主要依据是：1998年的《国会1998年11月第10号教育法》（Luật Giáo dục số 11/1998/QH10）、2005年的《教育法》（Luật giáo dục năm 2005）、2009年《教育法修正案》（Luật giáo dục sửa đổi năm 2009）及其他相关法律、规定。越南互联网上的法律信息资源相对丰富，所以用户可以通过关键词的检索查询与下载所需法律的具体内容。

越南国家教育培训部是越南政府的组成部分，是政府对教育进行统筹规划和指导管理的部门，其下属的主要机构、部门及部分网站有：大学教育司（Vụ Giáo dục Đại học）：www.moet.gov.vn；职业教育司（Vụ Giáo dục Chuyên nghiệp）：gdcn.moet.gov.vn；经常性教育司（Vụ Giáo dục Thường xuyên）；小学教育司（Vụ Giáo dục Tiểu học）；学生工作司（Vụ Công tác học sinh, sinh viên）；国际合作司（Vụ Hợp tác Quốc tế）；国防教育司（Vụ Giáo dục Quốc phòng）；对外合作培训局（Cục Đào tạo với nước ngoài）：vied.vn；越南教育科学研究院（Viện Khoa học Giáo dục Việt Nam）：www.vnies.edu.vn；教育与时代报（Báo Giáo dục và Thời đại）：www.gdtd.vn等。

2．普通教育信息检索

越南的普通教育包括小学教育（giáo dục tiểu học）五年、初中教育（giáo dục trung học

cơ sở）四年、高中教育（giáo dục trung học phổ thông）三年，其中小学与初中教育为国家义务教育。根据教育培训部的统计，至2009年，越南共有28,114所中小学校（其中小学15,051所，中学13,063所），在校人数约为1500万。越南中小学教育以公立学校教育为主，同时允许其他非公立教育形式存在，但这些学校所占的比例非常小。由于互联网在中小学的普及率还很低，只有极少数的中小学建立自己的网站，读者可以通过搜索引擎检索有关学校的信息。

3. 大学教育信息检索

越南的大学教育根据办学模式可分为公立、半公立和私立等形式。到2009年为止，越南全国大专院校（trường cao đẳng）有223所（其中公立院校194所，其他院校29所），在校学生约48万；大学（trường đại học）146所（公立大学101所，其他大学45所），在校学生约124万。越南高考竞争非常激烈，越南大学录取新生的标准主要依据高考的分数，为方便考生了解招生信息，教育培训部还建立了"考试和招生信息网站：ts.moet.gov.vn"。越南互联网在大学的普及率较高，大部分大学建立了自己的网站。

（1）部分公立大学及其网址

根据政府的计划，越南将在全国范围内建设20所重点公立大学。目前已有15所大学被确定为重点大学，还有5所大学正在努力向政府申请确定其为重点大学。

① 河内国家大学（Trường Đại học Quốc gia Hà Nội）：www.coltech.vnu.edu.vn；

② 胡志明市国家大学（Trường Đại học Quốc gia Thành phố Hồ Chí Minh）：www.vnuhcm.edu.vn；

③ 岘港大学（Trường Đại học Đà Nẵng）：www.ud.edu.vn；

④ 顺化大学（Trường Đại học Huế）：www.hueuni.edu.vn；

⑤ 太原大学（Trường Đại học Thái Nguyên）：www.tnu.edu.vn；

⑥ 芹苴大学（Trường Đại học Cần Thơ）：www.ctu.edu.vn；

⑦ 国民经济大学（Trường Đại học Kinh tế Quốc dân）：www.neu.edu.vn；

⑧ 胡志明市经济大学（Trường Đại học Kinh tế Thành phố Hồ Chí Minh）：www.ueh.edu.vn；

⑨ 河内师范大学（Trường Đại học Sư phạm Hà Nội）：www.hnue.edu.vn；

⑩ 胡志明市师范大学（Trường Đại học Sư phạm Thành phố Hồ Chí Minh）：www.hcmupeda.edu.vn；

⑪ 河内医科大学（Trường Đại học Y Hà Nội）：www.hmu.edu.vn；

⑫ 胡志明市医药大学（Trường Đại học Y Dược Thành phố Hồ Chí Minh）：www.yds.edu.vn；

⑬ 河内农业大学（Trường Đại học Nông nghiệp Hà Nội）：www.hua.edu.vn；

⑭ 河内百科大学（Trường Đại học Bách khoa Hà Nội）：www.hut.edu.vn；

⑮ 军事技术学院（Học viện Kỹ thuật Quân sự）：hvktqs.com；

⑯ 越南军医学院（Học viện Quân y Việt Nam）：hocvienquany.vn；

⑰ 河内建设大学（Trường Đại học Xây dựng Hà Nội）：www.uce-hn.edu.vn；

⑱ 荣市大学（Trường Đại học Vinh）：www.vinhuni.edu.vn；

⑲ 归仁大学（Trường Đại học Quy Nhơn）：www.qnu.edu.vn；

⑳ 对外贸易大学（Trường Đại học Ngoại thương）：www.ftu.edu.vn。

（2）部分非公立大学及其网址

1998年，越南第一所非公立性质的大学——升龙大学成立。为了适应经济开放政策、缓解政府办学压力和满足民众受教育的需要，越南政府于1991年正式批准私立机构投资办学，东都民办大学、东方民办大学、雄王大学等先后成立。非公立大学的学费相对较高，最低的是440万越盾/年，最高的达1000万越盾/年，是公立学校（大学180万越盾/年，大专150万越盾/年）的2.5～50倍。截至2009年，越南已成立74所非公立大专院校和大学。

以下为其中十所私立大学的名称和网站地址：

① 东都民办大学（Trường Đại học Dân lập Đông Đô）：www.dongdo.edu.vn；

② 海防民办大学（Trường Đại học Dân lập Hải Phòng）：www.hpu.edu.vn；

③ 东方民办大学（Trường Đại học Dân lập Phương Đông）：www.daihocphuongdong.edu.vn；

④ 阮荐大学（Trường Đại học Nguyễn Trãi）：www.ntu.vn；

⑤ 升龙大学（Trường Đại học Thăng Long）：www.thanglong.edu.vn；

⑥ 胡志明市雄王大学（Trường Đại học Hùng Vương thành phố Hồ Chí Minh）：www.hungvuong.edu.vn；

⑦ 河内经营和技术大学（Trường Đại học Kinh doanh và Công nghệ Hà Nội）：www.hubt.edu.vn；

⑧ 文郎民办大学（Trường Đại học Dân lập Văn Lang）：www.vanlanguni.edu.vn；

⑨ 孙德胜大学（Trường Đại học Tôn Đức Thắng）：www.tdt.edu.vn；

⑩ 西贡国际大学（Trường Đại học Quốc tế Sài Gòn）：www.siu.edu.vn。

4. 留学信息检索

根据中国教育部涉外监管信息网2009年10月公布的信息，中国教育部不承认越南的所有学校的本科文凭，不过就业时，用人单位会根据学生所留学学校的教育状况酌情考虑。在越南的中国留学生主要学习的专业是越南语，目前中国国内学校和用人单位比较认可的三所大学是：①越南河内国家大学的社科人文大学（Trường Đại học Khoa học Xã hội và Nhân văn - Đại học Quốc gia Hà Nội）：www.ussh.edu.vn；②越南河内国家大学的外语大学（Trường Đại học Ngoại ngữ - Đại học Quốc gia Hà Nội）：www.ulis.vnu.edu.vn；③越南河内大学（Trường Đại học Hà Nội）：www.hanu.vn。外国留学生在越南的入学手续相对简单，只要持本国护照及签证和录取通知书就可以办理入学手续。本科学习学费850美元～1400美元/学年，住宿费500美元～600美元/学年。学生修完大学四年规定课程，成绩合格，论文答辩通过者便可获得由越南教育培训部颁发的学士学位证书，获得学士学位证书的学生可申请攻读硕士学位。

5. 重点网站推介——越南河内国家大学社科人文大学语言学系网站

网　　址：ngonnguhoc.org

网站语言：越文

网站简介：越南河内国家大学社科人文大学语言学系是越南唯一的语言学系，成立于1996年，主要职责是研究语言和文化问题，培养语言学的研究人员，教授和应用语言学、越南语和越南文化、越南和东南亚各民族语言及文化。越南河内国家大学的社科人文大学语言学系网站主要提供与其职能有关的各种语言与文化信息和资源，主要有十个栏目，分别是：trang chủ（主页）、giới thiệu（介绍）、tin tức - sự kiện（新闻事件）、đào tạo đại học（大学培训）、đào tạo sau đại học（大学后培训）、liên kết quốc tế（国际合作）、nghiên cứu（研究）、học tiếng Việt（学越语）、diễn đàn（论坛）和liên hệ（联系）。"主页"的主要内容有语言学系的最新新闻事件、培训信息、学生活动情况、研究情况、介绍作者作品、手续表格和资料信息，"介绍"栏目主要介绍语言学的历史、职能、培训任务、组织结构、干部教员队伍等，"新闻事件"栏目有语言学系的新闻、学生新闻、奖学金信息、照片，"大学培训"、"大学后培训"和"国际合作"栏目提供培训信息、课程表、培训计划、课程提纲和手续表格。目前语言学系针对外国人的培训形式主要有：与国外大学合作办学教授越南语和越南文化、越语学（1个月到2年），短期越南语和越南文化培训班（1个月到1年），短期语言学、应用语言学和越语学的的培训班（3个月到1年）。"研究"栏目提供了研究文章、作家作品介绍和资料信息。"学越语"栏目对中国的越语学习者是比较有价值的部分，提供了语言学和越语应用中心（Trung tâm thực hành Ứng dụng Ngôn ngữ học và tiếng Việt（Center for Applied Linguistics

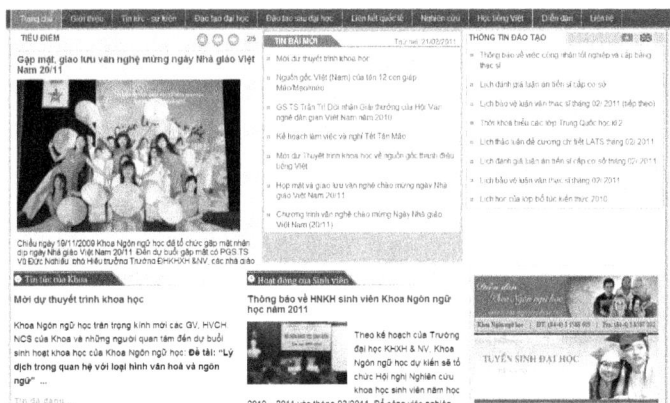

图10-1　越南河内国家大学社科人文大学语言学系主页

and Vietnamese Language – CALV））的信息，以及针对外国人开设的越语学习班和学费标准、在线学越语和材料下载等。"论坛"是语言学系师生进行交流的空间，有咨询答疑、交流学习经验和思想情感等内容，中国越语学习者在注册为论坛成员后就可以与越南的师生进行网上交流。

通过越南河内国家大学的社科人文大学语言学系网站，可以获取越南语言和文化的丰富资源，而且通过在线学习可以循序渐进地进行越南语自学和语言知识的巩固，通过学生的活动情况和论坛可以了解越南学生的学习生活状况，增加对越南年轻人及其语言特点的了解。

6. 主要教育类网站

（1）词典学中心：www.vietlex.com；

（2）越南教育出版社：www.nxbgd.vn；

（3）越南教育报：www.giaoducvietnam.vn；

（4）胡志明市教育报：www.giaoduc.edu.vn；

（5）在线外语学习：www.tiengnuocngoai.com；

（6）教师网：mspil.net.vn/gvst；

（7）学生网：www.hssv.vnn.vn；

（8）试题库：dethi.violet.vn；

（9）教育指南：www.giaoducvn.net；

（10）学校网：sch.vn；

（11）越南劝学协会：www.hoikhuyenhoc.vn。

7. 检索示例

【例10-1】通过越南河内国家大学的社科人文大学语言系网站查询该系本科生教育的课程提纲。

具体检索步骤如下：

（1）登陆越南河内国家大学的社科人文大学语言系网站主页"http://ngonnguhoc.org"。

（2）移动鼠标光标至主页上方"Đào tạo đại học（大学教育）"标题，从下拉选项中单击选择"Đề cương môn học□□□□□（课程教学大纲）"选项，进入课程提纲信息页面。

（3）页面显示了包括专业课和通识课等各门课程的名称、编号、学分等信息。点击课程名称链接可下载或打开该课程提纲的word文档，文档内包含了授课教员及联系方式、授课对象、授课地点、课时安排、课程标准等各方面的信息。

10.1.2 老挝教育类网络信息检索

1975年老挝人民民主共和国建国后，由于长期的战乱和经济发展滞后的原因，教育发展缓慢。1990年以后，老挝对教育实施鼓励开放政策，各类私立学校、外国机构创办的学校成为公立学校有利的补充，老挝教育进入快速发展时期。

老挝教育分为学前教育、基础教育（五年制小学及中学）、初级和中级职业技术教育、高等教育四个层次。截至2009年，全国共有8871所小学，1125所中学，21所职业学校和1个职业培训中心，4所大学和148所学院或研究所。

1. 教育部门信息检索

老挝通过教育部统领全国的教育工作，各省市设有教育部的下属机构。老挝教育部计划在全国各地建立教育部内部网络，这项计划得到了几个国外发展计划项目的资助。1992年至1998年，世界银行为老挝教育部提供了个人电脑。目前，有11个省的教育部下属机构可以互相连接，并可以通过拨号连接到万象的教育部。

老挝教育部私立教育协会负责协调私立教育的实际工作。根据教育部2001年6月11日签署的862号文件，私立教育协会的前身——私立学校协会获准成立。2009年，私立学校协会正式更名为"私立教育协会"，会员包括私立的幼儿园、学校、培训中心和学院。老挝私立教育协会官方网站为"www.laopedu.com"。

2. 老挝国立大学（National University of Laos）

老挝国立大学（NUOL）是目前老挝国内规模最大的大学。1996年，前万象师范学院、国立工艺学校、医学院、电子学院、万象交通运输学校、万象建筑学校、东都林业学院等多所院校合并成立老挝国立大学。老挝国立大学现有11个系，得到亚洲发展银行的资助。老挝国立大学的官方网站为"www.nuol.edu.la"。

3. 主要非公立学校及培训机构网站

（1）21世纪英语学校：www.21centuryeducation.com；

（2）Boudnasin电脑培训中心：www.boudnasinh.com；

（3）Bouthviset学院：www.bouthviset.bcgroup2009.com；

（4）Comcenter商学院：www.comuniver.com；

（5）Corn公司驾驶中心学校：www.cornincschool.com，www.corninc.com.la；

（6）KPIT学院：www.kpit.edu.la；

（7）Macinyos电脑培训中心：macinyos.gmlao.com；

（8）RATTANA商学院：www.rbaclao.com；

（9）Soutsaka管理和技术学院：www.simt.edu.la；

（10）St.Stephen's国际学校：www.sis.edu；

（11）白云碧国际学校（双语学校）：www.pbslao.com；

（12）东方之星双语学校（ESBS）：www.esbs.edu.la；

（13）法新社法语国家大学联盟：www.auf.org；

（14）法语中心：www.centredelangue.org；

（15）黄金英语协会：www.goldei.net；

（16）驾驶学校暨机动车技术检查中心：www.laodrivetech.com；

（17）老挝美国学院（LAC）：www.lac.edu.la；

（18）老挝托普学院：www.laotop.net；

（19）万象国际学校：www.vislao.com；

（20）万象学院：www.vientianecollege.com；

（21）学习研究会：www.studygroup.com。

10.1.3 柬埔寨教育类网络信息检索

1. 教育部门信息检索

柬埔寨小学学制6年，中学学制6年（初中、高中各3年）。2006年，全国有幼儿园2205所，在园儿童7万人；小学6063所，在校生285万人；中学698所，在校生62万人；大学26所（其中公立大学9所，私立大学17所），在校生4.1万多人。

教育、青年与体育部是柬埔寨国内负责国民教育、青年发展和国家体育的官方机构，官方网站为提供柬文和英文版本，主要向用户介绍柬埔寨的教育政策、教育法、教育战略规划、教育计划、教育项目等与国民教育相关的内容，以及关于青年发展的各项活动，体育活动，教育资源，媒体中心，与国际组织或援助国合作的教育，青年、体育发展项目等。

2. 主要国立大学及网址

（1）柴桢大学（សាកលវិទ្យាល័យស្វាយរៀង）：www.sru.edu.kh；

（2）国家管理大学（សាកលវិទ្យាល័យជាតិគ្រប់គ្រង, NUM）：www.num.edu.kh；

（3）国家技术培训学院（វិទ្យាស្ថានជាតិបណ្ណុះបណ្ណាលបច្ចេកទេស）：www.ntti.edu.kh；

（4）国家教育学院（វិទ្យាស្ថានជាតិអប់រំ）：www.ine.edu.kh；

（5）国立商业学院（វិទ្យាស្ថានជាតិពាណិជ្ជសាស្ត្រ）：www.nib.edu.kh；

（6）皇家法律与经济大学 (សាកលវិទ្យាល័យភូមិន្ទនីតិសាស្ត្រនិងវិទ្យាសាស្ត្រសេដ្ឋកិច្ច)，www.rule.edu.kh；

（7）皇家警察学院（សាលាភូមិន្ទនគរបាល）：www.pac.edu.kh；

（8）皇家美术学院（សាកលវិទ្យាល័យភូមិន្ទវិចិត្រសិល្បៈ）：www.rufa.edu.kh；

（9）皇家农业学院（សាកលវិទ្យាល័យភូមិន្ទកសិកម្ម, RUA）：www.rua.edu.kh；

（10）柬埔寨国立工学院（វិទ្យាស្ថានជាតិពហុបច្ចេកទេសកម្ពុជា）：www.npic.edu.kh；

（11）柬埔寨理工学院（វិទ្យាស្ថានបច្ចេកវិទ្យាកម្ពុជា，ITC）：www.itc.edu.kh；

（12）健康科学大学（សាកលវិទ្យាល័យវិទ្យាសាស្ត្រសុខាភិបាល）：www.univ-sante.edu.kh；

（13）金边皇家大学（សាកលវិទ្យាល័យភូមិន្ទភ្នំពេញ，RUPP）：www.rupp.edu.kh。

3. 主要私立大学及网址

（1）IIC技术大学（សាកលវិទ្យាល័យអាយអាយស៊ីនៃបច្ចេកវិទ្យា）：www.iic.edu.kh；

（2）光明大学（សាកលវិទ្យល័យបៀលប្រាយ）：www.bbu.edu.kh；

（3）柬埔寨大学（សាកលវិទ្យាល័យកម្ពុជា）：www.uc.edu.kh；

（4）柬埔寨管理与经济大学（សាកលវិទ្យាល័យគ្រប់គ្រងនិងសេដ្ឋកិច្ច）：www.ume.edu.kh；

（5）柬埔寨国际大学（សាកលវិទ្យល័យអន្តរជាតិ）：www.iu.edu.kh；

（6）柬埔寨专科大学（សាកលវិទ្យាល័យឯកទេសនៃកម្ពុជា）：www.cus.edu.kh；

（7）金边国际大学（សាកលវិទ្យល័យភ្នំពេញអន្តរជាតិ）：www.ppiu.edu.kh；

（8）湄公河大学（សាកលវិទ្យាល័យមេគង្គកម្ពុជា）：www.mekong.edu.kh；

（9）诺顿大学（សាកលវិទ្យាល័យន័រតុន）：www.norton-u.com；

（10）人力资源大学（សាកលវិទ្យាល័យធនធានមនុស្ស）：www.hru.edu.kh；

（11）商业教育学院（វិទ្យាស្ថានអប់រំពាណិជ្ជសាស្ត្រ）：www.ibe.edu.kh；

（12）吴哥大学（សាកលវិទ្យាល័យអង្គរ）：www.angkor.edu.kh；

（13）西方大学（សាកលវិទ្យាល័យវេស្ទើង）：www.western.edu.kh；

（14）亚欧大学（សាកលវិទ្យាល័យអាស៊ី អឺរ៉ុប）：www.aeu.edu.kh；

（15）智慧大学（សាកលវិទ្យាល័យពុទ្ធិសាស្ត្រ）：www.puthisastra.edu.kh。

10.1.4　泰国教育类网络信息检索

泰国的国家教育体制分为基础教育、高等教育以及职业教育三个层次，由泰国教育部下设的基础教育委员会、高等教育委员会以及职业教育委员会分别领导。目前，互联网服务已经广泛应用于泰国的教育领域，除泰国教育部及其下属机构等主管教育的政府部门建有网站以外，各大学间还建有"校际网"，各中小学也建有"校园网"，以便于进行学术科研交流并向广大用户提供丰富的网上教育信息和资源。

1. 教育部门和教育法规信息检索

泰国教育部是全国最高教育行政管理机构，主要负责全国的教育规划和政策制定、教育研究与教育评价、教育机构管理与师资培训、国际教育交流活动等事宜。教育部下属重要教育管理机构和部门网站包括：教育理事会（สำนักงานเลขาธิการสภาการศึกษา）：www.onec.go.th；基础教育委员会（สำนักงานคณะกรรมการการศึกษาขั้นพื้นฐาน）：www.obec.go.th；高等教育委员会（สำนักงานคณะกรรมการอุดมศึกษา）：www.mua.go.th；职业教育委员会（สำนักงานคณะกรรมการการอาชีวศึกษา）：www.vec.go.th等等。

泰国现行的主要教育法令包括：《1999年国家教育法》（พรบ.การศึกษาแห่งชาติ พ.ศ.๒๕๔๒）、《2002年国家教育法修正案》（พรบ. การศึกษาแห่งชาติ (ฉบับที่ ๒) พ.ศ.๒๕๔๕）、《2002年义务教育法》（พรบ. การศึกษาภาคบังคับ พ.ศ. ๒๕๔๕）、《2008年职业教育法》（พรบ. อาชีวศึกษา พ.ศ. ๒๕๕๑）、《2003年私立高等教育机构法》（พรบ.สถาบันอุดมศึกษาเอกชน พ.ศ. ๒๕๔๖）等等。读者可以通过关键词检索的方式下载和查询有关法令的内容，或者通过泰国教育部官方网站进行查询。

2. 基础教育信息检索

泰国的基础教育采取小学6年、初中3年、高中3年的制度，其中小学6年与初中3年共9年实行义务教育制度，近年来泰国政府有意拟将义务教育由9年延长为12年。泰国的小学教育是强制性的义务教育，政府希望适龄儿童都能接受初等教育，年满6岁的儿童必须接受普通教育到11岁。小学毕业后，学生可以进入中学接受普通教育，也可以进入职业中学接受职业教育。泰国的教育机构以中小学校为主，其中包括公立学校、私立学校以及隶属于佛教或其他宗教团体的学校。

泰国的中小学教育由教育部下属的基础教育委员会管理,基础教育委员会下属的主要教育管理机构和部门包括:高中教育管理办公室（สำนักบริหารงานการมัธยมศึกษาตอนปลาย）、教育跟踪与评估办公室（สำนักติดตามและประเมินผล）、教学技术办公室（สำนักเทคโนโลยีเพื่อการเรียนการสอน）、特殊教育管理办公室（สำนักบริหารงานการศึกษาพิเศษ）、教育考核办公室（สำนักทดสอบทางการศึกษา）、教育师资发展办公室（สำนักพัฒนาครูและบุคลากรศึกษา）、学生事务发展办公室（สำนักพัฒนากิจกรรมนักเรียน）等。另外，泰国的基础教育管理还根据泰国的地域划分为中央、中部、东北、东部、南部等五个区域，基础教育委员会还在泰国各府设立了共178个小学教育管理分支机构和42个中学教育管理分支机构。读者可以通过登陆并点击基础教育委员会网站主页上的下拉菜单进入相关机构部门的网站或者是各区域管理分支机构的网站查询关于泰国基础教育的相关信息。

3. 高等教育信息检索

泰国高等教育由教育部下属的高等教育委员会负责管理。高等教育委员会前身为大学事务部，是泰国高等教育的政策、战略和发展计划的领导机构，目的是提高高等教育质量，满足国家社会、经济发展以及学员的不同需求。

据泰国高等教育委员会公布的资料显示，泰国现有大学167所，其中国立大学78所，私立大学70所，开放性大学19所。在所有大学中，历史最悠久的大学为1916年成立的朱拉隆功大学（จุฬาลงกรณ์ มหาวิทยาลัย）；学生人数最多的为兰甘亨大学（มหาวิทยาลัยรามคำแหง），有近 40000 名学生；教师人数最多的是玛希敦大学及朱拉隆功大学（约 2700 余名）。泰国的高等教育学制为 4 年，在课程设置、教育方法和教育体制上都采用欧美国家模式。泰国大学突出的专业包括：工程技术、旅游服务业、农业、公共卫生和健康、人文学、文学艺术、林业、科学、工商行政管理、医学等，大多数大学的学位早在几十年前已被发达国家承认。

高等教育委员会下属的主要教育管理机构和部门包括：高等教育协调与促进办公室（สำนักมาตรฐานและ ประเมินผลอุดมศึกษา）、高等教育政策计划办公室（สำนักนโยบายและแผนการอุดมศึกษา）、高等教育标准与评估办公室（สำนักมาตรฐานและประเมินผลอุดมศึกษา）、国际高等教育合作战略办公室（สำนักยุทธศาสตร์อุดมศึกษาต่างประเทศ）、学生事务办公室（สำนักส่งเสริมและพัฒนาศักยภาพนักศึกษา）、开放性大学管理办公室（สำนักบริหารงานวิทยาลัยชุมชน）、高等教育跟踪与评估办公室（สำนักติดตามและประเมินผลอุดมศึกษา）等等。读者可以通过登陆高等教育委员会网站，点击主页左侧导航栏上的"หน่วยงานภายใน"（机构部门）进入相关机构部门的网站查询关于泰国高等教育的相关信息，另外点击导航栏上的"สถาบันอุดมศึกษา"（高等学府）打开列有泰国所有大学的表格，点击各大学的网址可以链接到相应的大学网站。

以下为泰国的主要大学及其网站：

（1）ABAC易三仓（มหาวิทยาลัยอัสสัมชัญ）：www.au.edu；

（2）清迈大学（มหาวิทยาลัยเชียงใหม่）：www.cmu.ac.th；

（3）朱拉隆功大学（จุฬาลงกรณ์มหาวิทยาลัย）：www.chula.ac.th；

（4）农业大学（มหาวิทยาลัยเกษตรศาสตร์）：www.ku.ac.th；

（5）孔敬大学（มหาวิทยาลัยขอนแก่น）：www.kku.ac.th；

（6）先皇技术学院-拉卡邦（สถาบันเทคโนโลยีพระจอมเกล้าเจ้าคุณทหารลาดกระบัง）：www.kmitl.ac.th；

（7）先皇技术学院-北曼谷（มหาวิทยาลัยเทคโนโลยีพระจอมเกล้าพระนครเหนือ）：www.kmutnb.ac.th；

（8）玛哈萨拉堪大学（มหาวิทยาลัยมหาสารคาม）：www.msu.ac.th；

（9）玛希敦大学（มหาวิทยาลัยมหิดล）：www.mahidol.ac.th；

（10）纳黎宣大学（มหาวิทยาลัยนเรศวร）：www.nu.ac.th；

（11）兰甘亨大学（มหาวิทยาลัยรามคำแหง）：www.ru.ac.th；

（12）国立发展管理学院（สถาบันบัณฑิตพัฒนบริหารศาสตร์）：www.nida.ac.th；

（13）宋卡王子大学（มหาวิทยาลัยสงขลานครินทร์）：www.psu.ac.th；

（14）艺术大学（มหาวิทยาลัยศิลปากร）：www.su.ac.th；

（15）诗纳卡琳威洛大学（มหาวิทยาลัยศรีนครินทรวิโรฒ）：www.swu.ac.th；

（16）他信大学（มหาวิทยาลัยทักษิณ）：www.tsu.ac.th；

（17）法政大学（มหาวิทยาลัยธรรมศาสตร์）：www.tu.ac.th；

（18）乌汶大学（มหาวิทยาลัยอุบลราชธานี）：www.ubu.ac.th；

（19）东方大学（มหาวิทยาลัยบูรพา）：www.buu.ac.th。

4. 职业教育信息检索

泰国的职业教育委员会负责对全国的职业技能教育进行管理，其下属职业院校遍布全国各地，包括技术学院110所，职业教育学院36所，农业与技术学院43所，工程学院53所，以及社区职业培训学院142所等共415所各类型的职业技术类院校。开设的课程包括工业类、商业类、艺术类、农业类、旅游类、信息技术类、家政类等多个类别的职业技能专业。

职业教育委员会下属的主要教育管理机构和部门包括：职业教育跟踪与评估办公室（สำนักติดตามและประเมินผลการอาชีวศึกษา）、职业教育政策计划办公室（สำนักนโยบายและแผนการอาชีวศึกษา）、职业教育师资发展办公室（สำนักพัฒนาสมรรถนะครูและบุคลากรอาชีวศึกษา）、职业教育标准办公室（สำนักมาตรฐานการอาชีวศึกษาและวิชาชีพ）、职业教育发展研究办公室（สำนักวิจัยและพัฒนาการอาชีวศึกษา）等等。读者可以通过登陆职业教育委员会网站，点击首页左侧导航栏上的"หน่วยงานในสังกัด"（机构部门）进入相关机构部门的网站查询关于泰国职业教育的相关信息。另外点击导航栏上的"หลักสูตร"（课程），可以从"课程"页面的各下拉列表中点击打开并浏览或下载各职业教育专业课程的详细信息。点击导航栏上的"สถานศึกษาในสังกัด"（教育机构）进入"职业教育机构"页面，点击泰国各府列表的名称标题可以进入该府所有职业教育机构的列表，并可通过该列表中的网址链接至一些主要的职业技术学校。

5. 主要教育类网站

（1）教师委员会（คุรุสภา）：www.ksp.or.th；

（2）教育地带（Eduzones）：www.eduzones.com；

（3）教育网（การศึกษา）：www.kanzuksa.com；

（4）泰语（Thai-language）：www.thai-language.com；

（5）学生贷款（Student Loan）：www.studentloan.or.th；

（6）学术网（วิชาการ）：www.vcharkarn.com；

（7）学泰语（Learning Thai）：www.learningthai.com；

（8）学校网（School Net）：www.school.net.th。

10.1.5 缅甸教育类网络信息检索

1988年以来，缅甸政府根据社会经济发展的需要，适时调整教育政策。缅甸教育委员会领导和负责全国教育事业，该委员会主要的职责包括制定教育方面的法律、起草教育计划、为政府提供关于发展教育事业的建议、负责与他国教育组织的联系和合作等。教育部是缅甸最高教育行政机关。缅甸的教育有别于他国，各类教育分属不同政府部门管理，具体是：教育部负责基础教育、高等教育、职业教育、师范教育；社会福利部统管学前教育和残疾人的特殊教育；成人教育和部分职业技术教育分属内政部、科技部、卫生部等部门管理。另外，鉴于缅甸的大多数人信奉上座部佛教，为发扬民族传统，1992年政府在全国范围内恢复了寺庙教育。

1. 教育信息概况

（1）教育机构

教育部负责基础教育、高等教育、职业教育、师范教育。该部下设机关包括：上缅甸基础教育局（အမှတ်(၁)အခြေခံပညာ ဦးစီးဌာန(အောက်မြန်မာပြည်)）、下缅甸基础教育局（အမှတ်(၂)အခြေခံပညာ ဦးစီးဌာန(အထက်မြန်မာပြည်)）、仰光市基础教育局（အမှတ်(၃)အခြေခံပညာ ဦးစီးဌာန(ရန်ကုန်မြို့တော်)）、上缅甸高等教育局（အဆင့်မြင့်ပညာ ဦးစီးဌာန(အထက်မြန်မာပြည်)）、下缅甸高等教育局（အဆင့်မြင့်ပညာ ဦးစီးဌာန(အောက်မြန်မာပြည်)）、教育计划与培训局（ပညာရေး စီမံကိန်းနှင့် လေ့ကျင့်ရေး ဦးစီးဌာန）、缅甸教育研究局（မြန်မာနိုင်ငံ ပညာရေးသုတေသနဌာန. ဦးစီးဌာန）、缅甸考试委员会（မြန်မာနိုင်ငံ စာစစ်အဖွဲ့.）、缅甸文字委员会（မြန်မာနိုင်ငံ စာအဖွဲ့.）、东南亚地区历史与风俗研究所（ဆီမီယိုဒေသဆိုင်ရာ သမိုင်းနှင့် ရိုးရာလေ့လာဌာန）、缅甸社会科学院（မြန်မာနိုင်ငံ ဝိဇ္ဇာနှင့် သိပ္ပံပညာရှင်အဖွဲ့.）。

（2）基础教育

缅甸实行10年制的基础教育制度，1～4年级为小学（မူလတန်းကျောင်း），5～8年级为普通初级中学（အလယ်တန်းကျောင်း），9～10年级为高级中学（အထက်တန်းကျောင်း）。全国共有中、小学校40，505所，在校学生为755万，教师24万。除政府办学外，还有寺庙教育和民办公助学校（ကိုယ်ပိုင်မှတ်ပုံတင်ပညာသင်ကျောင်း）。

（3）高等教育

缅甸的高等教育机构有大学（တက္ကသိုလ်）和专科学院（ကောလိပ်）组成。2005年底，缅甸共有高等院校156所，分属有关部委管理。其中教育部64所、科技部56所、卫生部14所、国防部5所、合作社部5所，其他如文化部、边境地区少数民族发展部、农业与水利灌溉部、林业部、畜牧与水产部、宗教部、公务员选拔与培训委员会、交通部等共36所。

（4）军事院校教育

为提高军官文化素质，缅甸国防军将军校作为培养军官的主要渠道，国防部军训部负责各军兵种学校。缅军军校分为指挥院校和技术院校两类，其中指挥院校20余所，负责缅军骨干军官任命前教育和职业军事教育的培训任务，其教育培训模式采取专业系统培训与短期轮训相结合的方式；技术院校共10余所，主要培养军队所需的各种专业技术人才。军事大学（စစ်တက္ကသိုလ်）、国防军技术大学（တပ်မတော် နည်းပညာ တက္ကသိုလ်）是缅甸两所主要的军事院校。

缅甸基本的教育类信息可以通过缅甸教育部官方网站进行查询。由于缅甸的各类学校大多没有建立自己的网站，读者可以通过搜索引擎，使用关键词搜索的方式对相关信息进行检索。

2. 留学信息检索

缅甸教育部下属的重点高校有仰光大学、德贡大学、曼德勒大学、实兑大学、马圭大学、东枝大学、勃生大学、密枝那大学、毛淡棉大学和仰光外国语大学等。缅甸目前只接受缅甸语言文化和历史方向的外国留学生，招收的学校仅仰光大学、仰光外国语大学、曼德勒外国语大学3所，其中以仰光外国语大学居多。我国人员申请去缅留学主要有两个渠道和方式，一是通过国家留学基金管理委员会评审公费留学，另一种方式是由派出单位和个人通过缅驻华使领馆申请，并提交申请材料，纳入自费留学序列。缅甸一学年分为三个学期，每年9月份第4周星期一开学。"中国驻缅甸大使馆网站：mm.china-embassy.org"提供有留学缅甸的详细信息，感兴趣的读者可以登陆网站进行查询。

（1）仰光大学（ရန်ကုန် တက္ကသိုလ်）

仰光大学位于仰光市甘马育，始建于1878年，是缅甸历史最悠久、知名度最大的公立高等学府。仰光大学隶属于教育部，有缅语、巴利语、历史、化学、地质等19个系，在缅甸历史、文化领域研究实力雄厚，1994年开始设立博士学位，1996年起停止招收本科生。

（2）仰光外国语大学（နိုင်ငံခြားဘာသာ အထူးပြု တက္ကသိုလ်(ရန်ကုန်)）

仰光外国语大学是缅甸两所外国语大学之一（另一所是曼德勒外国语大学），成立于1964年，前身是仰光外国语学院，1996年升级为大学，现设有汉语、英语、法语、德语、俄语、日语、韩语、泰语和缅语9个系。1974年，缅语系开始对外招收外国留学生，开设结业证书班、基础班、专科班和学士学位班。根据缅教育部照会，该校仅限于对外国人教授缅甸语言学。

3. 部分大学网址

（1）仰光技术大学（Yangon Technical University）：www.ex-rit.org；

（2）仰光计算机大学（University of Computer Stidies, Yangon）：www.ucsy.edu.mm；

（3）缅甸海事大学（Myanmar Maritime University, MMU）：www.mot.gov.mm/mmu；

（4）缅甸航天工程大学（Myanmar Aerospace Engineering University, MAEU）：www.most.gov.mm/maeu；

（5）（仰光）亚洲语言与商业学院（Asia Language & Business Academy）：www.alba-edu.com。

10.1.6　菲律宾教育类网络信息检索

1. 教育部门概况

菲律宾教育部是菲律宾政府针对基础教育的领导和管理部门，主要任务是向所有菲律宾人提供高质量的基础教育，并为菲律宾人的终身学习奠定基础，其下属的重要机构和部门有：行政部（Administrative Service）、经济和管理部（Financial and Management Service）、人力资源发展部（Human Resource Development Service）、计划部（Planning Service）、技术部（Technical Service）、基础教育办公室（Bureau of Elementary Education）、高等教育办公室（Bureau of Secondary Education）、非正式教育办公室（Bureau of Non-formal Education）、体育教育和校园运动办公室（Bureau of Physical Education & School Sports）、国家教育考试和研究中心（National Education Testing and Research Center）、教育发展计划实施小组（Education Development Projects Implementing Taskforce）和菲律宾国家教育家学会（National Educators Academy of the Philippines）。

2. 基础教育信息检索

菲律宾基础教育的学制是小学6年，中学（初中加高中）4年，共计10年。小学分为示范小学、一般小学和乡村小学。示范小学为地区的中心小学，规模较大，设备较好，负责协助本地区一般小学提高质量；乡村小学条件较差，一所小学只有1到2名教师。小学课程有语文、算术、英文、艺术、体育、社会科学、工艺、自然与卫生等。上课的特点是不分节，时间长短视儿童学习兴趣而定。在中学的4年中，前2年的课程统一有语文、英语、数学、社会科学、工艺和家政；后2年的课程则分为普通科与职业科。菲律宾基础教育信息可直接登陆教育部网站的"公立学校"（public schools）栏目"www.deped.gov.ph/public/public.asp"和"私立学校"（private schools）栏目"www.deped.gov.ph/private/private.asp"查询。

3. 高等教育信息检索

菲律宾高等教育监管机构是高等教育委员会（the Commission on Higher Education, CHED），其主要职能是管理公立和私立的高等教育机构、监管机构中学位的授予计划等，官方网站为"www.ched.gov.ph"。

菲律宾高等教育机构由公立教育机构（Public Higher Education Institutions）和私立大学（Private Higher Education Institutions）组成，公立教育机构包括国立大学、国立学院、国立高等学院或研究所，私立高等教育机构包括私立大学、私立学院、外国大学分校等。州立大学和学院（State Universities and Colleges）属于公立高等教育机构，由政府管理和资助，地方大学和学院（Local Universities and Colleges）由地方政府管理和资助。私立大学的管理依据高等教育委员会制定的政策、标准执行，实施高等教育委员会制定的相关政策和计划。

（1）公立大学及网址

① 东方大学（University of the East）：www.ue.edu.ph；

② 菲律宾国立大学（University of the Philippines）：www.up.edu.ph；

③ 菲律宾国立科技大学（Technological University of the Philippines）：www.tup.edu.ph；

④ 菲律宾国立雷蒙马赛科技大学（Ramon Magsaysay Technological University）：www.rmtu.edu.ph；

⑤ 菲律宾国立师范大学（Philippine Normal University）：www.pnu.edu.ph；

⑥ 米沙鄢州立农业大学（Visayas State College of Agriculture）：www.lsu-visca.edu.ph；

⑦ 棉兰老州立大学（Mindanao State University）：www.uplb.edu.ph。

（2）私立大学及网址

① 德拉萨大学（De La Salle University）：www.dlsu.edu.ph；

② 菲律宾女子大学（The Philippine Women's University）：www.pwu.edu.ph；

③ 菲律宾亚德温斯特大学（Adventist University of the Philippines）：www.aup.edu.ph；

④ 莱希姆大学（Lyceum of the Philippines）：www.lyceumphil.edu.ph；

⑤ 圣卡洛斯大学（University of San Carlos）：www.usc.edu.ph；

⑥ 圣托马斯大学（University of Santo Tomas）：www.ust.edu.ph；

⑦ 雅典耀大学（Ateneo De Manila University）：www.admu.edu.ph；

⑧ 远东大学（Far Eastern University）：www.feu.edu.ph；

⑨ 中央大学（Centro Escolar University）：www.ceu.edu.ph。

4. 菲律宾科技类网站

菲律宾非常重视科学技术的发展和科技人才的培养。在菲律宾不仅有很多科技大学和学院，还有很多培养专业技术人才的各类机构。菲律宾主要的科技类网站有：

（1）菲律宾高级科学技术研究与开发委员会（Philippine Council for Advanced Science and Technology Research and Development, PCASTRD）：www.pcastrd.dost.gov.ph；

（2）菲律宾工业与能源研究与开发委员会（Philippine Council for Industry and Energy Research and Development, PCIERD）：www.pcierd.dost.gov.ph；

（3）菲律宾核研究与开发研究院（Philippine Nuclear Research Institute）：www.pnri.dost.gov.ph；

（4）菲律宾火山与地震研究院（Philippine Institute of Volcanology and Seismology, PHIVOLCS）：www.phivolcs.dost.gov.ph；

（5）菲律宾健康研发委员会（Philippine Council for Health Research and Development, PCHRD）：www.pchrd.dost.gov.ph；

（6）菲律宾农业、林业和自然资源研究与开发委员会（Philippine Council for

Agriculture, Forestry and Natural Resources and Development, PCARRD）：www.pcarrd.dost.
gov.ph；

（7）菲律宾水域海域研究院（Philippine Council for Aquatic and Marine Research and
Development, PCAMRD）：www.pcamrd.dost.gov.ph；

（8）高级科学技术研究院（Advanced Science and Technology Institute, ASTI）：www.
asti.dost.gov.ph；

（9）工业技术发展研究院（Industrial Technology Development Institute, ITDI）：
itdibiz.com。

5. 留学信息检索

菲律宾高等教育采用与美国相同的教育体制，全国有3000多所大学，文化的普及率很
高，英语被广泛用于教育等领域。目前有来自世界70多个国家的学生在菲律宾留学深造，
菲律宾大学的医学护理专业更是闻名遐迩，每年为韩国、日本、新加坡、台湾、香港等国
家和地区培养大批医术精湛的牙科医生。菲律宾的高等教育包括副学士学位教育、学士学
位教育、硕士学位和博士学位教育。在农业技术、文秘、商业和美术等专业学习两年后，
可获得副学士学位。本科阶段的学习通常需要4年，毕业生可以取得学士学位；个别专业
如建筑学等为5年，医科等专业则需要更长的时间。取得学士学位的学生继续学习一年或
两年可以获得研究生毕业证书，学习两年并提交学位论文（教育学硕士可无论文）可以取
得硕士学位。在此基础上，继续学习两年并通过公开的论文答辩，可以获得博士学位。

中国国内关于菲律宾留学信息查询的网站主要有：

（1）上海菲律宾留学网：www.eduph.org；

（2）菲律宾留学网：www.liyuasia.com；

（3）留学之家：www.liuxuehome.com/Phil。

10.1.7　马来西亚教育类网络信息检索

马来西亚政府非常重视教育，国家教育体制分为基础教育和高等教育两个层次，由
马来西亚教育部和马来西亚高等教育部分别领导。作为信息通讯技术推广和普及的主要对
象，互联网特别是宽带服务已经广泛应用于马来西亚的教育领域，各级学校、教育机构和
科研部门大都建有网站，向广大用户提供丰富的网上教育信息和资源。

1. 教育法规和教育部门信息检索

马来西亚现行教育方针和政策的主要依据是《1961年教育法令》（Akta Pelajaran
1961）、《1996年高等教育理事会法令》（Akta Majlis Pendidikan Tinggi Negara 1996）、
《1996年大专法令修正案》（Akta Universiti dan Kolej Universiti (Pindaan) 1996）、《1996
年国家学术鉴定局法案》（Akta Lembaga Akreditasi Negara 1996）、《1996年私立高等教

育机构法令》（Akta Institusi Pendidikan Tinggi Swasta 1996）、《2000年玛拉工艺学院法令修正案》（Akta Institut Teknologi MARA (Pindaan) 2000）、《2000年高等教育基金机构法令修正案》（Akta Perbadanan Tabung Pendidikan Tinggi Negara (Pindaan) 2000）、《1996年教育法令修正案》（Akta Pendidikan 1996 (Pindaan) 2002）。读者可通过关键词检索的方式下载和查询有关法令的具体内容。

马来西亚教育部是马来西亚政府针对基础阶段教育（进入大学之前的教育）的领导和管理部门，其下属的重要机构和部门网站包括：

（1）学校组（Bahagian Sekolah）：apps.emoe.gov.my/bs；

（2）课程发展中心（Pusat Perkembangan Kurikulum）：www.ppk.smkdpk.com；

（3）教育政策策划与研究组（Bahagian Perancangan dan Penyelidikan Dasar Pendidikan）：www.moe.gov.my/bppdp；

（4）教育服务委员会（Suruhanjaya Perkhidmatan Pendidikan Malaysia）：www.spp.gov.my；

（5）考试理事会（Majlis Peperiksaan Malaysia）：www.mpm.edu.my；

（6）伊斯兰教与道德教育局（Jabatan Pendidikan Islam dan Moral）：www.ipislam.edu.my；

（7）联邦督学团（Jemaah Nazir Sekolah）：www.moe.gov.my/jns；

（8）技职教育管理组（Bahagian Pengurusan Pelajaran Teknik dan Vokasional）：www.bptv.edu.my；

（9）私立教育局（Jabatan Pelajaran Swasta）：www.schoolmalaysia.com/jps；

（10）特殊教育局（Jabatan Pendidikan Khas）：www.moe.gov.my/jpkhas；

（11）考试局（Lembaga Peperiksaan Malaysia）：www.lp.edu.my；

（12）国家翻译学院（Institut Terjemahan Negara）：www.itnm.com.my；

（13）国家语文局（Dewan Bahasa dan Pustaka, DBP）：www.dbp.gov.my。

马来西亚高等教育部成立于2004年3月27日，是马来西亚政府新近组建的专门负责高等教育的领导和管理部门，其下属的主要部门网站包括：

（1）高等教育局（Jabatan Pengajian Tinggi, JPT）：jpt.mohe.gov.my；

（2）综合技术教育局（Jabatan Pengajian Politeknik, JPP）：www.politeknik.edu.my；

（3）社区学院教育局（Jabatan Pengajian Kolej Komuniti, JPKK）：www.bpkk.edu.my；

（4）国家高等教育基金机构（Perbadanan Tabung Pendidikan Tinggi Nasional, PTPTN）：www.ptptn.gov.my；

（5）马来西亚学术认证机构（Agensi Kelayakan Malaysia, MQA）：www.mqa.gov.my。

2. 基础教育信息检索

马来西亚基础教育学制可概括为"6 + 3 + 2 + 2"，即小学教育（Pendidikan Rendah）6年，初中教育（Pendidikan Menengah Rendah）3年，高中教育（Pendidikan Menengah Atas）2年以及中学后教育（Pendidikan Lepas Menengah）2年。学前教育（Pendidikan Prasekolah）虽未被纳入正规教育范畴，但也属于教育部管辖范围，并受到政府的重视。

根据马来西亚教育部网站的统计资料显示，马来西亚全国共有中小学9922所，其中小学7685所，中学2237所，在校总人数为538.65万人。马来西亚实行11年义务教育制，基础教育阶段以国家教育为主，但允许私人学校与政府学校并存。小学分为国民小学（Sekolah Kebangsaan, SK）、国民型华文小学（Sekolah Jenis Kebangsaan Cina, SJKC）和国民型泰米尔文小学（Sekolah Jenis Kebangsaan Tamil, SJKT）；中学分为公立中学（Sekolah Menengah Awam）和私立中学（Sekolah Menengah Swasta），公立中学包括国民中学（Sekolah Menengah Kebangsaan, SMK）、寄宿学校（Sekolah Berasrama Penuh）、宗教中学（Sekolah Menengah Kebangsaan Agama）、技术中学（Sekolah Menengah Teknik）、职业中学（Sekolah Menengah Vokasional）、特别学校（Sekolah Pendidikan Khas）、体育学校（Sekolah Seni）和艺术学校（Sekolah Seni），私立中学则包括华文独立中学（Sekolah Menengah Persendirian Cina, SMPC）等由私人创办和经营的学校。

除使用搜索引擎查找关键词检索有关学校的信息外，读者还可以通过以下两种方法方便查询各中小学的相关信息：

（1）登陆教育部网站内的"机构目录（Direktori Institusi）：www.moe.gov.my/?id=32&act=institute"网页，选择学校的种类并键入学校名称查询该所学校的详细信息。

（2）登陆教育部教育政策策划与研究组管理的教育管理信息系统（Sistem Maklumat Pengurusan Pendidikan, EMIS）的主页"apps.moe.gov.my/emis/emis2/emisportal2/mainpage.php?module=CarianSekolah"，根据学校的代码或名称查询该所学校的详细信息。

3. 高等教育信息检索

马来西亚的高等教育机构由公立大学（Universiti Awam）和公立学院（Kolej Awam）以及私立大学（Universiti Swasta）和私立学院（Kolej Swasta）组成。马来西亚现有公立大学20所，私立大学和私立学院33所。公立大学在校学生的学费相对低廉，基本由政府提供，但新生录取实施配额制（Sistem Kuota），即公立大学在录取新生名额时并非纯粹以分数作为录取标准，而是以马来族和土著民族学生占60%、华人学生占30%、印度族和其他民族占10%的配额进行录取。1996年，马来西亚政府出台一系列教育法令，对高等教育实施开放政策，允许私立企业开办私立大学，马来西亚国家能源公司、马来西亚电讯公司和马来西亚国家石油公司率先创办了马来西亚三所私立大学。

（1）公立大学及其网站地址

① 马来亚大学（Universiti Malaya, UM）：www.um.edu.my；

② 马来西亚理科大学（Universiti Sains Malaysia, USM）：www.usm.my；

③ 马来西亚国民大学（Universiti Kebangsaan Malaysia, UKM）：www.ukm.my；

④ 马来西亚博特拉大学（Universiti Putra Malaysia, UPM）：www.upm.edu.my；

⑤ 马来西亚工艺大学（Universiti Teknologi Malaysia, UTM）：www.utm.my；

⑥ 马来西亚国际伊斯兰大学（Universiti Islam Antarabangsa Malaysia, UIAM）：www.iiu.edu.my；

⑦ 马来西亚北方大学（Universiti Utara Malaysia, UUM）：www.uum.edu.my；

⑧ 马来西亚砂拉越大学（Universiti Malaysia Sarawak, UNIMAS）：www.unimas.my；

⑨ 马来西亚沙巴大学（Universiti Malaysia Sabah, UMS）：www.ums.edu.my；

⑩ 苏丹依德利斯师范大学（Universiti Pendidikan Sultan Idris, UPSI）：www.upsi.edu.my；

⑪ 马来西亚伊斯兰科学大学（Universiti Sains Islam Malaysia, USIM）：www.usim.edu.my；

⑫ 玛拉工艺大学（Universiti Teknologi MARA, UiTM）：www.uitm.edu.my；

⑬ 马来西亚登嘉楼大学（Universiti Malaysia Terengganu, UMT）：www.umt.edu.my；

⑭ 马来西亚敦胡先翁大学（Universiti Tun Hussein Onn Malaysia, UTHM）：www.uthm.edu.my；

⑮ 马六甲国民技术大学（Universiti Teknikal Malaysia Melaka, UTeM）：www.utem.edu.my；

⑯ 马来西亚彭亨大学（Universiti Malaysia Pahang, UMP）：www.ump.edu.my；

⑰ 马来西亚玻璃市大学（Universiti Malaysia Perlis, UniMAP）：www.unimap.edu.my；

⑱ 马来西亚达鲁伊曼大学（Universiti Darul Iman Malaysia, UDM）：www.udm.edu.my；

⑲ 马来西亚吉兰丹大学（Universiti Malaysia Kelantan, UMK）：www.umk.edu.my；

⑳ 马来西亚国防大学（Universiti Pertahanan Nasional Malaysia, UPNM）：www.upnm.edu.my。

（2）私立大学及其网站地址

① 麦地那国际大学（Al-Madinah International University, MEDIU）：www.mediu.edu.my；

② 亚洲电子大学（Asia e University, AeU）：www.aeu.edu.my；

③ 伊斯兰金融教育国际中心（International Centre for Education in Islamic Finance, INCEIF）：www.inceif.edu.my；

④ 国际医药大学（International Medical University, IMU）：www.imu.edu.my；

⑤ 管理及科学大学（Management and Science University, MSU）：www.msu.edu.my；

⑥ 多媒体大学（Multimedia University, MMU）：www.mmu.edu.my；

⑦ 亚洲医药及科艺大学（Asia Institute of Medicine, Science & Technology, AIMST）：www.aimst.edu.my；

⑧ 阿布卡里国际大学（Universiti Antarabangsa AlBukhary, AIU）：www.aiu.edu.my；

⑨ 雪兰莪工业大学（Universiti Industri Selangor, UNISEL）：www.unisel.edu.my；

⑩ 吉隆坡大学（Universiti Kuala Lumpur, UniKL）：www.unikl.edu.my；

⑪ 马来西亚科艺大学（Universiti Sains & Teknologi Malaysia, MUST）：www.must.edu.my；

⑫ 林国荣创意工艺大学学院（Universiti Teknologi Kreatif Limkokwing, LUCT）：www.limkokwing.edu.my；

⑬ 国油大学（Universiti Teknologi Petronas, UTP）：www.utp.edu.my；

⑭ 国能大学（Universiti Tenaga Nasional, UNITEN）：www.uniten.edu.my；

⑮ 马来西亚开放大学（Open University Malaysia, OUM）：www.oum.edu.my；

⑯ 宏愿开放大学（Universiti Terbuka Wawasan, WOU）：www.wou.edu.my；

⑰ 敦阿都拉萨虚拟大学（Universiti Tun Abdul Razak, UNITAR）：www.unitar.edu.my；

⑱ 东姑阿都拉曼大学（Universiti Tunku Abdul Rahman, UTAR）：www.utar.edu.my；

⑲ 思特雅国际大学（University College Sedaya International, UCSI）：www.ucsi.edu.my。

4. 留学信息检索

马来西亚高等教育属英联邦教育体制，实行3年制本科学士学位制度，文凭世界通用，对留学生没有外语技能的硬性规定，申请入学程序比较简单，没有资金担保的要求，签证率高，留学费用较低，因此越来越受到中国留学生的青睐。目前在马来西亚求学的中国学生人数超过一万人。

马来西亚所有的公立大学都具有招收外国留学生的资格，但并非所有的私立学校和国际学校（Private Schools & International Schools, PEI）、私立高等教育机构（Private Higher Educational Institutions, PHEIs）都拥有相同的资格。有意向留学马来西亚的中国学生可直接与感兴趣的学校联系，为保障自身权益，在与相关院校取得联系前，可登陆马来西亚高等教育部网站和马来西亚学术认证机构网站查询该学校及其提供的课程是否具有政府认可

的资质，没有认证的教育机构和课程都被视为是违反马来西亚现行教育法令的。此外，还可登陆"私立高等教育管理部门网站：www.phed.gov.my"和"移民局网站：www.imi.gov.my"查询院校是否具有招收外国留学生资质。

其他一些专门向中国学生提供马来西亚留学信息的中文网站还包括：

（1）马来西亚教育联盟：www.schoolmy.cn；

（2）泰莱大学中文网站：www.taylors.sh.cn；

（3）思特雅大学中文网站：www.ucsi.sh.cn；

（4）亚太科技大学中文网站：www.apiit.net.cn；

（5）精英大学中文网站：www.help.ac.cn；

（6）双威大学中文网站：www.sunway.ac.cn；

（7）林国荣大学中文网站：www.limkokwing.cn；

（8）英迪大学中文网站：www.inti.sh.cn；

（9）万达国际学院中文网站：www.kbu.sh.cn；

（10）伯乐学院中文网站：www.kdu.sh.cn；

（11）林登学院中文网站：www.linton.sh.cn；

（12）莫纳什大学马来西亚分校中文网站：www.monash.sh.cn；

（13）马来西亚史丹福学院中文网站：www.stamford.sh.cn；

（14）马来西亚文德学院中文网站：www.mantissa.sh.cn。

5. 重点网站推介——马来西亚国家语文局网站

网　址：www.dbp.gov.my

网站语言：马来文、英文

网站简介：马来西亚国家语文局是隶属于马来西亚教育部的法定机构，主要职能包括在所有领域发展马来语、推动文学特别是马来语文学的发展，出版或资助出版各种语言的图书和杂志、规范马来语的拼写和读音、构建适合马来语的词汇、鼓励使用正确的马来语以及根据现行立法推动马来语在所有意义表述上的广泛使用，国家语文局官方网站主要提供与其职能相关的各种语言和文学的信息和资源。

图10-2　马来西亚国家语文局网站马来文主页

马来西亚国家语文局网站主页主要包括五大类目的内容，分别为：（1）Perkhidmatan（服务）；（2）Organisasi（组织）；（3）Karya dan Pengiktirafan（作品与获奖）；（4）DBP dan Masyarakat（国家语文局与社会）；（5）Jalinan Kerjasama（合作网络）。在"服务"一栏中，主要介绍国家语文局的产品和服务，较有价值的内容包括Khidmat Nasihat Bahasa（语言指导服务）、Daftar Kata Bahasa Melayu（马来语单词表）、Pedoman dan Panduan Bahasa Melayu（马来语指南）和Bimbingan Berkarya（写作指导）等；在"组织"一栏中，主要内容包括Pengenalan（国家语文局概况）、Ahli Lembaga Pengelola（董事会成员）、Carta Organisasi（组织示意图）和Akta（法令）等；在"作品与获奖"一栏中，主要内容包括Terbitan Berkala（定期出版物）、Pengiktirafan/Anugerah（评价/获奖）和Tokoh（名人）等，其中选择"名人"栏目可查询各级文学奖项的获奖者信息；"国家语文局与社会"主要介绍语文局和各项活动；"合作网络"则分别介绍Majlis Antarabangsa Bahasa Melayu（马来语国际理事会）、Majlis Bahasa Brunei Darussalam Indonesia Malaysia（文莱、印尼、马来西亚语言理事会）和Majlis Sastera Asia Tenggara（东南亚文学理事会）三个国家语文局合作机构的信息。此外，国家语文局网站主页提供的资源还包括：（1）Perkhidmatan Dalam Talian（在线服务），主要是在线对语言和文学问题进行答疑、解答马来语广告用语的正确性以及接受投诉和建议；（2）Kamus（词典），提供在线词典查询服务；（3）Ensiklopedia（百科全书），提供在线百科全书的查询服务；（4）Bahasa Sukuan（民族语言），提供民族语言的马来语释义在线查询。

通过国家语文局网站，可以获取马来语语言和文学的丰富资源，特别是通过该网站的网页"prpm.dbp.gov.my"，可以在线查询马来语单词在《学生词典》（第二版）和《语文局词典》（第四版）中的所有词条和释义，在线查询包含所查询马来语单词的百科全书条目及释义，为学习和掌握马来语提供了有价值的网络途径。

6. 主要教育类网站

（1）学校资讯类网站

① 华中网（SMJK Education Portal）：www.smjk.edu.my；

② 奖学金信息中心（Scholarship Information Centre）：malaysia-scholarship.net；

③ 马华终身学习运动（Lifelong Learning Malaysia）：www.lll.net.my；

④ 马来西亚教育指南在线（Malaysian Education Guide Online）：www.studymalaysia.com；

⑤ 马来西亚学校指南（Malaysian Schools Guide Online）：www.schoolmalaysia.com；

⑥ 升学互动网（Further Study Interactive）：www.fsi.com.my；

⑦ 学校地带（School Zone Portal）：www.schoolnet.my；

⑧ 学校联网（Online School）：www.sjkc.com.my。

（2）教育资源类网站

① 教师网：www.cikgu.net.my；

② 马来西亚华文教育：www.djz.edu.my；

③ 马来西亚华语规范理事会（Majlis Pembakuan Bahasa Cina Malaysia）：www.yufan.net.my；

④ 前锋报集团教育门户（Portal Pendidikan Utusan）：www.tutor.com.my；

⑤ 轻松学习马来语：www.bahasa-malaysia-simple-fun.com。

7. 检索示例

【例10-2】通过马来西亚学术认证机构网站查询马来西亚国内具有马来语言文学专业学士学位授予资格的公立大学及相关专业。

具体检索步骤如下：

（1）登陆马来西亚学术认证机构网站主页"http://www.mqa.gov.my"。

（2）在主页右上方搜索框内输入检索关键词"senarai kelayakan IPTA"（公立高等教育机构资格名单），进入检索结果显示页面。

（3）单击标题"Senarai Program Pengajian IPTA"进入网页后，从左侧菜单栏中单击选择"Carian Kata Kunci"，进入关键词搜索页面。

（4）在"Nama Kelayakan"后的搜索框内键入关键词"bahasa Melayu"，单击"Mula Carian"开始搜索。

（5）本次搜索共获得5个记录，以表格形式返回。单击记录中的"Paper"选项，可查看该记录的详细信息。

10.1.8 文莱教育类网络信息检索

文莱政府非常重视国民教育。作为东南亚人均国民生产总值最高的国家，优越的经济条件为文莱教育的发展提供了资金保证。文莱的教育经费一直占政府年度预算的10%左右，到目前为止，文莱已经基本建立起了一个适合文莱自身国情发展的学校教育系统。文莱国家教育体制可划分为基础教育和高等教育两个层次，由文莱教育部负责管理。随着国际互联网的发展，网络也被广泛应用于日常的教学工作之中。

1. 教育法规和教育部门信息检索

文莱教育部是文莱教育系统的主管部门，教育部下属的重要机构和部门包括：管理和服务局（Department of Administration and Services）、计划发展与研究局（Department of Planning, Development and Research）、学校督察局（Department of Schools Inspectorate）、课程发展局（Department of Curriculum Development）、考试局（Department of Examination）、辅助课程教育局（Department of CoCurriculum Education）、特殊教育

局（Special Education Unit）、私立教育管理局（Private Institution Section）、国际事务与公共关系局（International Affairs and Public Relations Unit）、国家认证委员会（Brunei Darussalam National Accreditation Council）、奖学金评定处（Scholarship Section）、人力资源发展局（Human Resource Development Section）、高等教育局（High Education Section）和职业教育局（Department of Technical Education）等。

文莱教育部官方网站主要提供四个栏目的信息，分别是：About us（教育部相关信息）、Institution（教学机构）、Education System（教育体系）、Resources（资源信息发布）。在"教育部相关信息"栏目，用户可以查询文莱教育部《2007－2011年度战略企划书》、文莱教育部概况以及文莱教育部的组织构造；在"教育机构"栏目，用户可以查询文莱国内政府以及私立学校的相关信息；"教育体系"栏目囊括了文莱教育各层次的信息；"资源信息发布"栏目则主要包括数字图书馆、教学讲座、政策发布等相关内容。

2. 教育概况

文莱基础教育的学制为"7＋3＋2＋2"，即7年小学（Primary Education），3年初中（Lower Secondary Education），2年高中（Higher Secondary Education）和2年高中后教育（Post Secondary Education）。截至2006年，文莱境内共有学校258所，除去95所私人教育机构和3所高等教育学校，文莱基础教育类学校总数为160所，占文莱学校总数的62%。其中公办小学为123所，中学30所，职业技术教育学校7所。文莱政府向公民提供12年免费国民教育，以马来语为主、英语为辅，实施双语教学。为倡导和积极发展国民观念，文莱几乎所有学生都要接受伊斯兰教育。文莱中小学每年有3个学期（1～5月，5～9月和9～12月）、205～210个上课日。

文莱的高等教育相对来说起步较晚，直到1985年才拥有属于自己的第一所大学。文莱政府十分重视该国高等教育的发展，一直采取开放式的策略办教育，同时积极吸取国外先进的办学理念和经验，这些使得文莱高等教育有一个较高的发展起点，在政府的扶持之下，迅速成长起来。目前文莱的高等教育主要由国内4所高等院校完成，其中包括1所大学和3所学院：文莱大学、文莱理工学院、拉希达护理学院和文莱古兰经学院。文莱高等教育普遍分三种等级的学历教育，即大专、本科和研究生。大专学制为2年半，本科学制为4年，研究生学制为2年。

3. 公立大学信息检索

（1）文莱大学（Universiti Brunei Darussalam, UBD）

文莱大学成立于1985年10月28日，是文莱最大的综合性大学，以教学、科研和社会服务等三种渠道向国家提供人力资源。由于大学校长由文莱苏丹担任，所以文莱大学获得国家和政府强大的经济支持，拥有世界先进的设备和设施，诸如现代图书馆、电脑服务中心、教育技术中心。文莱大学办学规模也在不断拓展，现设有文学和社会科学学院、商业

经济和政策研究学院、伊斯兰研究学院、理学院、哈桑纳尔·博尔基亚教育学院、文莱研究院和医学院等7个学院。文莱大学的官方网站为"www.ubd.edu.bn"。

（2）文莱理工学院（Institut Teknologi Brunei, ITB）

文莱理工学院的学制为2年半，开设的专业包括商业及管理、计算与信息系统、电力与电子工程等三个系。此外，该学院也开设"高等国家文凭"课程。文莱理工学院官方网站为"www.itb.edu.bn"。

（3）拉什达护理学院（Pengiran Anak Puteri Rashidah College of Nursing）

拉什达护理学院是文莱国内著名的护理学院，毕业学员一般来说都能找到非常不错的工作，优秀的毕业生还可到国外进行深造。拉什达护理学院的官方网站为"www.moe.edu.bn/nursing"。

（4）古兰经学院（Institut Tahfiz Al-Quran Sultan Haji Hassanal Bolkiah, ITQSHHB）

文莱的古兰经学院的全称为苏丹哈吉·哈桑纳尔·博尔吉亚古兰经学院，是一所宗教特性明显的综合教育学院。古兰经学院的教育目的是：完成宗教责任，增加学习古兰经的人数，不管在任何情况下都要维护和保护古兰经的精神和纯洁性，让熟读古兰经的学生在以后的伊斯兰学习和科学技术的学习中受益，接受古兰经的祝福。古兰经学院的官方网站为"www.itqshhb.edu.bn"。

4. 私立大学信息检索

近年来，文莱的私立教育发展比较迅速，目前在国内比较有名的私立高等教育院校多达七所，分别为：苏丹技术学院（Sultan Saiful Rijal Technical College）、博尔基亚工程学院（Jefri Bolkiah College of Engineering）、纳哈达·罗级职业学校（Nakhoda Ragam Vocational School）、机械训练中心（Mechanic Training Centre）、商业学院（Business School）、哇山职业学校（Wasan Vocational School）和苏丹博尔基亚职业学校（Sultan Bolkiah Vocational School）等。但目前仅有"博尔基亚工程学院网站：www.brunet.bn/php/chongrms/jbcehome.htm"的信息发布比较全面。

其他主要私立大学网站有：

（1）光谱国际学院（Micronet International College）：www.micronet.com.bn；

（2）国际商业技术大学（Cosmopolitan College Commerce & Technology Sdn Bhd, CCCT）：ccct.edu.bn；

（3）国际研究生学院（International Graduate Studies College, IGS）：www.igsbrunei.edu.bn。

（4）将军商业学院（Laksamana College of Business）：www.laksamanacollege.edu.bn。

10.1.9 新加坡教育类网络信息检索

新加坡教育制度颇为复杂，与英国的教育制度非常相似。新加坡的基础教育在东南亚地区处于领先，英语在20世纪60年代末成为基本教学语言。新加坡教育可分3~4个阶段，6年小学教育对国民是强制性的，修完4~5年的中学课程，可选读理工学院（3~5年）、初院或高中（2~3年），其后半数能升上大学。新加坡教育由新加坡教育部领导。作为信息技术普及和推广的主要对象，互联网特别是宽带服务已经广泛用于新加坡教育的各个领域，各学校、教育机构和科研部门的网站向广大用户提供丰富的网上教育信息和资源。

1. 教育部门信息检索

新加坡教育部是新加坡政府针对新加坡教育成立的领导和管理部门，其下属的重要部门及网站包括：

（1）私立教育委员会（Council for Private Education）：www.cpe.gov.sg；

（2）新加坡国家技术教育学院（Institute of Technical Education）：www.ite.edu.sg；

（3）新加坡东南亚研究所（Institute of Southeast Asian Studies）：www.iseas.edu.sg；

（4）新加坡科学中心（Science Centre Singapore）：www.science.edu.sg；

（5）新加坡考试及评估委员会（Singapore Examinations and Assessment Board）：www.seab.gov.sg；

（6）儿童早期教育工作者协会（Association for Early Childhood Educators (Singapore)）：www.aeces.org。

2. 基础教育信息检索

新加坡教育制度灵活多样，而且不断改善，主要是为年轻人提供最佳教育模式。在新加坡，儿童6岁就开始进入小学（Primary School），小学教育对国民是强制性的，分为4年的基础阶段（从小一至小四）和2年的定向阶段（从小五至小六）。新加坡的中学分为自主中学（Independent）、自治中学（Autonomous）和政府中学（State School）三种，其中自治和政府中学的学费统一由教育部规定，自主中学可以自定学费，一般要比普通中学的学费贵出许多，教育质量也比较好。2004年，新加坡开始实施"直通车计划"（Integrated Program），有时候也称"综合课程"，允许一些成绩优异的学生参加6年制的课程，跳过普通水平考试（GCE 'O' Level），而在6年教育之后直接参加高级水平考试（GCE 'A' Level）。中学毕业后，半数以上的新加坡学生将进入中学以后教育中心，如理工学院（Polytechnic）和工艺教育学院（Institute of Technical Education），而其中只有一部分能够最终进入大学；其余大约15%的中学毕业生则进入大学预备课程教育中心（Pre-University Centre），如初级学院（Junior College，简称"初院"）和高级中学（Centralised Institute，简称"高中"），其中大多数将进入大学。

3. 高等教育信息检索

新加坡的高等教育分为工艺教育学院（Institute of Technical Education, ITE）、理工学院（Polytechnics）、大学和私立院校四个不同的级别。工艺教育学院（ITE）学制2年，学生毕业后将获得国家工艺教育学院证书（National ITE Certificate）。新加坡共有3所工艺教育学院，分校遍布全国12个不同地区。理工学院提供3年制的大专课程，学生学完这一课程后可以有机会升入大学。新加坡有三所地方大学，其中两所是公立大学，另一所是私立大学。新加坡还有许多所自主经营的私立院校，其中包括两所艺术院校和300多所私立的商科、IT、美术和语言学校。在新加坡，确保私立院校符合学生福利和管理标准的质量保障机构共有两所，分别为消协保证标志教育认证计划（Case Trust for Education）和新加坡素质级私立教育机构（Singapore Quality Class for Private Education Organization, QC-PEO）。

（1）公立大学及其网址

① 南洋理工学院（Nanyang Polytechnic, NYP）：www.nyp.edu.sg；

② 义安理工学院（Ngee Ann Polytechnic, NP）：www.np.edu.sg；

③ 共和理工学院（Republic Polytechnic, RP）：www.rp.sg；

④ 新加坡理工学院（Singapore Polytechnic, SP）：www.sp.edu.sg；

⑤ 淡马锡理工学院（Temasek Polytechnic TP）：www.tp.edu.sg；

⑥ 南洋理工大学（Nanyang Technological University, NTU）：www.ntu.edu.sg；

⑦ 新加坡国立大学（National University of Singapore, NUS）：www.nus.edu.sg。

（2）私立大学及其网址

① 新加坡管理大学（Singapore Management University, SMU）：www.smu.edu.sg；

② 新加坡管理学院（Singapore Institute of Management , SIM）：www.sim.edu.sg；

③ 新加坡管理发展学院（Management Development Institute of Singapore, MDIS）：www.mdis.edu.sg；

④ 新加坡东亚管理学院：www.easb.edu.sg；

⑤ 新加坡PSB学院（PSB Academy）：www.psb-academy.edu.sg；

⑥ 楷博高等教育（新加坡）：www.kaplan.com.sg/china；

⑦ 新加坡亚华美学院（Informatics）：www.informaticseducation.com.sg；

⑧ 新加坡莱拂士设计学院（Raffles）：www.raffles-design-institute.edu.sg；

⑨ 新加坡物流管理学院（SIMM）：www.simm.org.sg；

⑩ 新加坡莎顿国际商学院（Shelton）：www.sheltoncollege.edu.sg；

⑪ 新加坡布莱顿学院（Brighton）：www.brighton.edu.sg；

⑫ 新加坡波士顿国际大学（Boston）：www.boston.edu.sg；

⑬ 新加坡波特曼大学（Portman）：www.portman.edu.sg；

⑭ 完美国际美容学院：www.cesgroup.com.sg；

⑮ 新加坡汉桥国际教育学院（hanbridge）：www.hanbridge.edu.sg；

⑯ 新西兰皇家国际学院（KINZ）：www.kinz.ac.nz；

⑰ 新加坡会计学院（SAA）：www.saa.org.sg。

4．留学信息检索

新加坡高等教育实行3年制本科学士学位，文凭世界通用，部分公立大学对外语技能有硬性规定，部分学校有资金担保要求，但申请入学程序比较简单，签证率高，留学费用适中，因此越来越受到中国留学生的青睐。

新加坡几乎所有类型大学都具有招收外国留学生的资格，有意向前往坡留学的中国学生可直接与感兴趣的学校联系。为保障自身权益，在与有关院校取得联系前，可登陆新加坡教育部网站查询该学校及其提供的课程是否具有政府认可的资质，没有认证的教育机构和课程被视为违反新加坡现行教育法令。此外还可登陆"新加坡移民局网站：www.ica.gov.sg"和"新加坡人力部网站：www.mom.gov.sg"查询招收留学生方面的信息。

其他一些专门向中国学生提供新加坡留学信息的中文网站还有：

（1）新加坡教育联盟：www.studysg.com；

（2）新加坡莱佛士留学网：www.rafflesstudy.com；

（3）留学狮城网：www.liuxuesg.com；

（4）新加坡腾升留学网：www.schoolsg.com；

（5）新加坡留学网：www.sis88.com。

5．重点网站推介——新加坡教育部网站

网　　址：www.moe.gov.sg

网站语言：英文

网站介绍：新加坡教育部是新加坡教育政策的制定和执行部门，控制着新加坡政府所属的学校，其职责是培养新加坡的未来。新加坡教育部官方网站主要提供其职能范围内的各种教育信息和资讯。网站主页有五大类目的内容，分别为：Students（学生）、Parents（父母）、

图10-3　新加坡教育部网站主页

Teachers（教师）、Media（媒体）、Partners（合作伙伴）。在"学生"栏目中，较有价值的信息包括Student Adminissions（学生录取）、Financial Assistance Schemes（经费资助框架）、Teaching and Learning Resources（教学资源）等；在"父母"栏目中，主要内容有National Examinations Timetable（国家考试时间表）、Sexuality Education（性教育）等；在"教师"栏目中，主要包括Teachers Network（教师网）、Teaching Scholarships & Award（教学奖金）、Purpose of Teaching（教学目标）等内容；在"媒体"栏目中，包括Media Center（媒体中心）、Forum Letter Replies（信笺回复）、School Information Service（学校信息服务）等内容；在"合作者"栏目中，主要包括Pre-school Education Providers（学前教育提供商）、Canteen Providers（食堂提供商）、Service to Education Award（奖学金服务）等内容。通过新加坡教育部网站，用户可以获取新加坡教育的丰富资源，为计划留学新加坡的学生提供了权威的教育信息。

6. 主要教育类网站

（1）华文教师网：www.sctu.org.sg；

（2）新加坡文献馆：sginsight.com；

（3）新加坡教育在线：www.eol.sg；

（4）新加坡留学教育中心：www.innova.edu.sg。

10.1.10 印尼教育类网络信息检索

教育在印尼的国家体制中占有十分重要和突出的地位，国家教育体制从国家一级开始由上至下分级对教育进行管理，依次分别为国家教育部、省教育局（Dinas Pendidikan Provinsi）、市/县教育局（Dinas Pendidikan Kota/Kabupaten）。印尼各个大学以及教育机构在印尼互联网的发展与壮大中发挥着主要作用，而且大学生是印尼网民群体的主干力量。

1. 国家级教育部门信息检索

印尼教育部是印尼教育的领导和管理部门，制定和实施国家一级的教育规划，其下属的主要部门及其网站分别为：

（1）基础和中等教育管理司（Direktorat Jenderal Manajemen Pendidikan Dasar dan Menengah）：www.mandikdasmen.depdiknas.go.id；

（2）高等教育司（Direktorat Jenderal Pendidikan Tinggi）：www.dikti.go.id；

（3）非正式教育司（原名"校外教育司"）（Direktorat Jenderal Pendidikan Non Formal dan Informal）：www.pnfi.depdiknas.go.id；

（4）师资和教育质量提高司（Direktorat Jenderal Peningkatan Mutu Pendidik dan Tenaga Kependidikan）：pmptk.depdiknas.go.id；

（5）总秘书处（Sekretariat Jenderal）：setjen.diknas.go.id；

（6）总监局（Inspektorat Jenderal）：www.itjen.depdiknas.go.id；

（7）研究和发展局（Badan Penelitian dan Pengembangan）：www.balitbang.depdiknas.go.id。

2. 省级教育部门信息检索

印尼的教育规划由教育部制定并通过全印尼各省、特区教育机构具体实施，所以有关各省具体的教育概况需要通过各省的教育部门进行了解。各省级教育局的网站情况不一：在网络比较发达的省份，省教育局的网站建设比较完善，网站内容比较丰富；而在网络覆盖还不是很普遍的省份，省教育局没有网站或者网站内容比较简单。内容比较完善的部分省教育局网站有：

（1）雅加达特区教育局：www.disdikdki.net；

（2）日惹特区体育、青年、教育局：www.pendidikan-diy.go.id；

（3）西爪哇省教育局：www.disdik.jabarprov.go.id；

（4）中爪哇省教育局：www.pdkjateng.go.id；

（5）东爪哇省教育局：www.dindikjatim.net；

（6）占碑省教育局：disdik.jambiprov.go.id；

（7）北苏门答腊省教育局：disdik.sumutprov.go.id；

（8）西加里曼丹省教育局：kalbar.diknas.go.id；

（9）中加里曼丹省教育局：disdikkalteng.net；

（10）西苏拉威西省教育局：www.diknassulbar.com；

（11）东南苏拉威西省教育局：www.sultra.diknas.go.id；

（12）南苏拉威西省教育局：diknassulsel.org；

（13）南榜省教育局：www.lampung.diknas.go.id。

3. 教育信息检索

印尼目前学制为小学6年，初、高中各3年，大学5～6年（含预科期），研究生2年。学校分公立和私立两种。据统计，目前印尼在校小学生约2600万人，中学生900万人，大学生220万人。有关印尼教育信息的检索除了使用搜索引擎进行关键词搜索以外，官方的了解途径主要有两个：

（1）登陆各级教育部门的网站（包括印尼教育部和各省、市、县教育局的官方网站），在这些网站中一般可以查到学校、学生、老师、教育规划等教育信息；

（2）登陆印尼中央统计局（Badan Pusat Statistik）网站查询有关印尼教育信息的统计数据，其网页为"www.bps.go.id/aboutus.php?tabel=1&id_subyek=28"。

4. 公立大学、学院信息检索

印尼的高等教育机构按级别分为大学（universitas）和学院（institut），按性质分为公

立和私立两种。作为网络发展的主力军，印尼各个大学及学院都拥有自己完善的网站，在各个大学网站中可以了解该大学的系院结构、学科专业设置、留学指南等内容，在部分大学的网站上还可下载到该大学的学术文章。因此，如果用户想具体了解某一个印尼大学或学院的具体情况，通过浏览该大学的网站就可实现。下面是部分印尼公立大学、学院的网址：

（1）印尼大学（Universitas Indonesia, UI）：www.ui.ac.id；

（2）加渣玛达大学（Universitas Gadjah Mada, UGM）：www.ugm.ac.id；

（3）爱尔琅卡大学（Universitas Airlangga, UNAIR）：www.unair.ac.id；

（4）北苏门答腊大学（Universitas Sumatera Utara, USU）：www.usu.ac.id；

（5）蒂博尼哥罗大学（Universitas Diponegoro, UNDIP）：www.undip.ac.id；

（6）普拉威查亚大学（Universitas Brawijaya, UNBRA）：www.brawijaya.ac.id；

（7）南榜大学（Universitas Lampung, UNILA）：www.unila.ac.id；

（8）玛琅国立大学（Universitas Negeri Malang, UM）：www.malang.ac.id；

（9）哈山努丁大学（Universitas Hasanuddin, UNHAS）：www.unhas.ac.id；

（10）丹戎普拉大学（Universitas Tanjungpura, UNTAN）：www.untan.ac.id；

（11）三宝垄国立大学（Universitas Negeri Semarang, UNNES）：www.unnes.ac.id；

（12）乌达亚纳大学（Universitas Udayana, UNUD）：www.unud.ac.id；

（13）森•拉都朗齐大学（Universitas Sam Ratulangi, UNSRAT）：www.unsrat.ac.id；

（14）苏迪尔曼将军大学（Universitas Jenderal Soedirman, UNSOED）：www.unsoed.ac.id；

（15）日惹国立大学（Universitas Negeri Yogyakarta, UNY）：www.uny.ac.id；

（16）万鸦老国立大学（Universitas Negeri Manado, UNIMA）：www.unima.ac.id；

（17）苏腊卡尔塔3月11日命令国立大学（Universitas Sebelas Maret, UNS）：www.uns.ac.id；

（18）泗水国立大学（Universitas Negeri Surabaya, UNESA）：www.unesa.ac.id；

（19）巴渣渣兰大学（Universitas Padjadjaran, UNPAD）：www.unpad.ac.id；

（20）廖内大学（Universitas Riau, UNRI）：www.unri.ac.id；

（21）任抹国立大学（Universitas Jember, UNEJ）：www.unej.ac.id；

（22）安达拉斯大学（Universitas Andalas, UNAND）：www.unand.ac.id；

（23）穆拉瓦尔曼大学（Universitas Mulawarman, UNMUL）：www.unmul.ac.id；

（24）印尼教育大学（Universitas Pendidikan Indonesia, UPI）：www.upi.edu；

（25）巴郎卡大学（Universitas Palangkaraya, UNPAR）：www.universitaspalangkaraya.ac.id；

（26）斯里威查亚大学（Universitas Sriwijaya, UNSRI）：www.unsri.ac.id；

（27）夏库瓦拉大学（Universitas Syiah Kuala, UNSYIAH）：www.unsyiah.ac.id；

（28）泗水国立大学（Universitas Negeri Surabaya, UNESA）：www.unesa.ac.id；

（29）马里股萨勒大学（Universitas Malikussaleh, UNIMAL）：www.unimal.ac.id；

（30）望加锡国立大学（Universitas Negeri Makassar, UNM）：www.unm.ac.id；

（31）极乐鸟大学（Universitas Cenderawasih, UNCEN）：www.uncen.ac.id；

（32）哥伦达多大学（Universitas Negeri Gorontalo, UNG）：www.ung.ac.id；

（33）雅加达国立大学（Universitas Negeri Jakarta, UNJ）：www.unj.ac.id；

（34）塔都拉科大学（Universitas Tadulako, UNTAD）：www.untad.ac.id；

（35）名古鲁大学（Universitas Bengkulu, UNIB）：www.unib.ac.id；

（36）占碑大学（Universitas Jambi, UNJAM）：www.unja.ac.id；

（37）巴布亚国立大学（Universitas Negeri Papua, UNIPA）：www.unipa.ac.id；

（38）棉兰国立大学（Universitas Negeri Medan, UNIMED）：www.unimed.ac.id；

（39）马打兰国立大学（Universitas Mataram, UNRAM）：www.unram.ac.id；

（40）哈鲁奥利奥大学（Universitas Haluoleo, UNHALU）：www.unhalu.ac.id；

（41）马都拉德鲁诺佐约大学（Universitas Trunojoyo Madura, UNIJOYO）：www.trunojoyo.ac.id；

（42）兰朋•莽库拉特大学（Universitas Lambung Mangkurat, UNLAM）：www.unlam.ac.id；

（43）开放大学（Universitas Terbuka, UT）：www.ut.ac.id；

（44）万隆工学院（Institut Teknologi Bandung, ITB）：www.itb.ac.id；

（45）茂物农学院（Institut Pertanian Bogor, IPB）：www.ipb.ac.id；

（46）十一月十日工学院（Institut Teknologi Sepuluh Nopember, ITS）：www.its.ac.id；

（47）日惹印尼艺术学院（Institut Seni Indonesia Yogyakarta, ISIJOGJA）：www.isi.ac.id；

（48）苏腊卡尔塔印尼艺术学院（Institut Seni Indonesia Surakarta, ISI Surakarta）：www.isi-ska.ac.id；

（49）登巴萨印尼艺术学院（Institut Seni Indonesia Denpasar, ISI Denpasar）：www.isi-dps.ac.id。

5. 重点网站推介——印尼国家图书馆网站

网　　址：www.pnri.go.id

网站语言：印尼文、英文

网站简介：印尼国家图书馆为非政府部门机构，直接对总统负责，其任务包

图10-4　印尼国家图书馆网站印尼文主页

括：保存各类图书资源、培训图书馆各类人员、加强图书馆间合作、促进各下级图书馆的发展。印尼各省负责保存印刷文献的机构叫做省级国立图书馆，是印度尼西亚国家图书馆组织结构中的地方机构。印尼国家图书馆开展国内外馆际互借，是印度尼西亚研究图书馆协会、国际图联、东南亚图书馆馆长会议的成员。国家图书馆官方网站主要提供与其功能相关的各种图书资料、信息、资源。印尼国家图书馆主页主要包含五个版块：Beranda（主平台）、Direktori（分类指南）、Kamus（词典）、Koleksi Digital（数字资源收集）、Majalah Online（在线杂志）。在"分类指南"一栏中提供各个部门和机构的信息，包括卫生、政府机构，出版社，在线图书馆等；在"词典"一栏中提供计算机、图书馆、电子图书馆词汇的查询和解释；在"数字资源收藏"一栏中提供了新闻和评论、电子书、图片、政府政策等数字资源；在"在线杂志"一栏中，提供了印尼国家图书馆发行的在线杂志。

通过印尼国家图书馆网站，可以获取很多有价值的电子资源，包括各种电子书，并可了解到印尼国家图书馆和印尼各类图书的概况。如果成为其会员，还可享受到印尼图书馆提供的订阅等服务。

6. 其他教育类网站

（1）教育电视网（Televisi Pendidikan）：Pendidikan.tv，网站提供各种教育视频、电子资源，目标是推广网络电视教学在印尼教育中的应用。

（2）电子教材中心（Buku Sekolah Elektronik）：bse.depdiknas.go.id，归教育部管辖，提供印尼基础教育阶段的各种电子教材的阅读和下载，但是需要身份验证信息。

（3）教育之笔（Pena Pendidikan）：www.penapendidikan.com，提供有关国内外教育的各种实时新闻、教育名人的介绍以及有关科技、卫生教育领域的内容。

（4）印尼网络教学（Education Network Indonesia）：www.pendidikan.net，通过各种网络手段促进印尼各个阶段教学的发展。

（5）印尼外交部训练和教育中心（Pusat Pendidikan dan Pelatihan Kementerian Luar Negeri, Pusdiklat）：pusdiklat.deplu.go.id，与国内外各个层次的教育机构实施合作，制定规划为各类人员提供外交类和非外交类的知识培训。

7. 检索示例

【例10-3】通过雅加达教育局网站检索与雅加达教育相关的各种数据。

具体步骤如下：

（1）登陆雅加达教育局网站主页"http://www.disdikdki.net"。

（2）移动鼠标光标至主页导航版块的"Berita & Data"栏目标题上，从自动弹出的对话框中选择"Download Data"（数据下载）并单击，网页链接至"Download Data"页面。

（3）页面显示与雅加达教育数据相关的标题列表，根据需要点击相应的标题，在各个标题页面下提供了PDF、DOC两种格式文件的下载。

（4）下载相关数据材料，结束本次课题检索。

10.1.11 东帝汶教育类网络信息检索

1. 教育部门信息检索

东帝汶作为东南亚最年轻的国家，教育问题影响其经济的长期发展和国家的长远建设，受到政府的高度重视。目前，东帝汶国内教育水平比较落后，初级教育及高等教育都处于重建和起步阶段，全国文盲率高达48%，成年人的文盲率为50%左右。截至2010年，东帝汶全国共有小学700所，初中100所，科技院校10所。东帝汶国立大学于2000年11月重新开办，在校生为500人。

教育部是东帝汶教育事业的主管部门，负责对获得政府内阁通过的与教育文化、科学技术等领域相关的政策进行评估和贯彻实施，下属部门包括：政策司（Directorate of Policy）、计划与发展署（Planning and Development）、国民大学（National University）、职高教育理事会（Directorate of Technical High Learning）、学校认证与管理理事会（Directorate of School Accreditation and Administration）、基础设施建设局（Infrastructure Unit）、成人教育和非正规教育理事会（Directorate of Adult Education and Non Formal Education）、职业培训理事会（Directorate for Professional Training）以及国家图书馆（National Library）等。职业培训与雇佣秘书处（Secretary of State for Professional Training and Employment）主要负责执行、协调已获部长委员会通过的有关职业培训和雇佣等领域的法规政策，同时还可对此类政策的制定提供建议并进行适当的评估。此外，该秘书处还负责在劳工、职业培训与雇佣等领域制定相关的规章制度，推广职业培训并使其逐渐正规化，促进东帝汶劳工在国外顺利就业等。目前该秘书处的官方网站尚未开通，读者可登陆东帝汶政府网查询该秘书处的信息。

2. 教育体系基本情况信息检索

东帝汶教育体系可划分为初级教育和高等教育。

（1）初级教育

语言是东帝汶教育中的一个重要关口。东帝汶国内各种语言盛行，葡萄牙语、英语以及本地德顿语和其他各种土著语言共存，基础教育阶段所使用的媒介语言比较混乱。基于复杂的语言环境，国内开设有以葡萄牙语、英语、德顿语为媒介语言的学校。近年来在政府的扶持和鼓励之下，德顿语教育有很大的发展，初级教育是政府教育普及的重点。

圣约瑟夫高中（St. Joseph's High School, East Timor）和帝力国际学校（Dili International School）是东帝汶最为著名的两所中学。东帝汶圣约瑟夫高中成立于印尼统治时期，1993年正式委托耶稣会进行管理，主要接收15～18岁的学生。帝力国际学校建立的主要目的是为外国居民的孩子以及本土居民提供必要的英语教育，教学语言为英语，同时教授葡语、

印尼语和德顿语，开办包括7－10年级的中学教育。东帝汶圣约瑟夫高中暂未开通网站，帝力国际学校的官方网站为"www.distimor.com"。

（2）高等教育

东帝汶高等教育情况比较落后，目前该国高等教育主要由东帝汶几所大学、学院以及职业技术学校共同组成，这些大学主要包括东帝汶国立大学、东帝汶现代艺术学院、Don Bosco 职业学校、Hadahur 音乐学校等。

① 东帝汶国立大学（National University of East Timor）

东帝汶国立大学位于首都帝力，是东帝汶主要的高等教育机构，前身是东帝汶大学（Universitas Timor Timur, UNTIM）和东帝汶理工学院（Polytechnic）。东帝汶国立大学现设有五个系，分别为农业、政治科学、经济学以及教育师范系和工程系。目前，东帝汶国立大学的官方网站尚未开通，东帝汶国立读书馆计划工程网站则已开通，其网址为"www.untl.labor.net.au"，网站提供与东帝汶国立大学相关的信息资源，不足之处是网站的更新速度偏慢。

② Hadahur音乐学校（Hadahur Music School）

Hadahur音乐学校是东帝汶第一所音乐学校，由一名澳大利亚人创建，座落在帝力的贝克拉（Becora）。学校的办学目的是鼓励所有东帝汶民众通过自己独特的方式创造音乐；鼓励东帝汶民众学习、表演东帝汶的歌曲、乐器和舞蹈，使民族文化遗产得以完好继承；为所有对音乐感兴趣的人提供专业的本土音乐、西方经典音乐和流行音乐的演奏器材；为各种音乐表演创造机会；为各种年龄段的学生提供音乐教育和培训等。Hadahur音乐学校的网站为"www.mmiets.org.au/education/music.html"。

③ 现代艺术学院（Arte Moris）

现代艺术学院是东帝汶最好的艺术类院校，同时也是该国艺术家协会与文化中心所在。现代艺术学院成立于印尼统治时期，宗旨是通过艺术的形式重建已为暴力所毁灭的社会和心灵，同时对东帝汶的年轻一代给予特别的关怀。东帝汶现代艺术学院主要对本地学生教授艺术课程，还负责组织在自己的艺术画廊和帝力两所高档酒店进行艺术品的售卖。现代艺术学院的网站为"www.artemoris.org"。

▷ 10.2 东南亚国家文化类网络信息检索

东南亚国家经济类网络信息资源主要由东南亚国家政府文化机构网站、民间文化团体与文化组织网站等构成。

10.2.1 越南文化类网络信息检索

越南是个多民族文化、多元文化融合的国家。越南文化是典型的稻作文化，这是越南的自然环境和人文环境孕育的独特的文化特点。越南是个多民族国家，不同民族间的相互交流形成了民族融合的特点。在2000多年的历史长河中，越南文化汲取了中国、东南亚、印度、西方文化的要素，形成多元文化的特点。革新开放以来，越南文化不仅致力于保护传统文化，同时以开放姿态吸收世界各民族的文化精华，不断丰富自身文化的内容。越南文化类的信息主要通过相关的文化机构、部门、组织和负责文化活动的事业单位的网站获得。

1. 政府文化机构信息检索

2007年7月31日，越南政府把体育委员会、旅游总局和文化通讯部的文化部分合并成立越南文化体育旅游部，主要职责是依据法律规定对全国文化、家庭、体育和旅游进行管理和指导。其下属的主要机构、部门及部分网站有：图书馆司（Vụ Thư viện）:www.thuvien.net；民族文化司（Vụ Văn hoá dân tộc）；家庭司（Vụ Gia đình）；科学工业和环境司（Vụ Khoa học, Công nghệ và Môi trường）；文化遗产局（Cục Di sản văn hóa）；表演艺术局（Cục Nghệ thuật biểu diễn）:cucnghethuatbieudien.gov.vn；电影局（Cục Điện ảnh）；作者版权局（Cục Bản quyền tác giả）：www.cov.gov.vn；基层文化局（Cục Văn hóa cơ sở）：www.vhttcs.org.vn；国际合作局（Cục Hợp tác quốc tế）；美术、摄影和展览局（Cục Mỹ thuật, Nhiếp ảnh và Triển lãm）；体育总局（Tổng cục Thể dục, Thể thao）：www.tdtt.gov.vn；旅游总局（Tổng Cục Du lịch）：www.vietnamtourism.gov.vn；越南民族文化旅游村管理委员会（Ban Quản lý Làng Văn hóa - Du lịch các dân tộc Việt Nam）等。用户可登陆越南文化体育旅游部官方网站检索越南国家相关的文化信息，另外还可到各省的文化局网站检索地方文化信息，只要在"Google Vietnam"输入关键词"sở văn hóa"就可检索到各地方文化局的网站。

此外，隶属越南文化体育旅游部的文化类机构和部门还包括：

（1）越南国家图书馆（Thư viện Quốc gia Việt Nam）

越南国家图书馆（www.nlv.gov.vn，www.thuvienquocgia.vn）是越南国家中央图书馆，是国家文献信息中心。根据2001年制订的图书馆法令的规定，其主要职能是编辑和出版越南国家图书目录，储藏和保管越南国内的出版物，管理图书信息领域的科研项目，加强与国内外图书馆交流与合作，开发国内外图书资料以满足读者的阅读与研究需要等。越南国家图书馆拥有丰富的文献资源，截至2008年5月，馆藏文献已达130多万册（件），装订本期刊13万册，其中入藏越文图书有47万多册，有法文、俄文、中文、英文和德文等外文藏书，馆内还设有汉喃图书资料、博士论文、亚洲语言的各种资料、少数民族资料等专藏。随着信息载体的变化，还入藏了大量电子出版物，并建立了数据库。

（2）越南文化遗产保护研究院（Viện Bảo tồn di tích）

越南文化遗产保护研究院（www.baotonditich.vn）是越南文化体育旅游部的直属事业单位，主要职责是介绍越南文化遗产和相关的法律文本，完成对文化遗产的保护和修复等各项科研项目。研究院通过定期出版《越南遗产特刊》和加强网站的建设来促进与有关行业和部门进行保护和修复文化遗产的交流与合作。

（3）越南文化艺术研究院（Viện Văn hóa Nghệ thuật Việt Nam）

越南文化艺术研究院（www.vicas.org.vn）是越南文化体育旅游部的直属研究机关，根据2004年7月8日部52号决定，研究院的职责是运用先进的文化理论研究越南历史和文化特点，为越南文化体育旅游部制定战略、策略提供科学论据，收集、研究和保护非物质文化遗产，建立和管理越南各民族非物质文化遗产数据库。

（4）文化艺术杂志（Tạp chí Văn hóa Nghệ thuật）

文化艺术杂志（vhnt.org.vn）成立于1973年6月30日，主要职能是宣传党在文化艺术、体育、旅游和家庭方面的路线方针政策和法律法规，出版有关文学艺术理论和评论的刊物和研究成果。除了每月一期的刊物，文化艺术杂志社还出版文化艺术研究丛书。

（5）河内文化大学（Trường Đại học Văn hóa Hà Nội）

河内文化大学（www.huc.edu.vn）直属越南文化体育旅游部，职能是进行文化方面的教育培训和研究，设置的专业有博物馆专业、出版发行专业、民族文化专业、文化管理专业、旅游文化专业、图书信息专业、文化学专业等。

（6）越南文化—艺术展览中心（Trung tâm Triển lãm Văn hoá - Nghệ thuật Việt Nam）

越南文化—艺术展览中心（www.trienlamvhnt.com.vn）是直属越南文化体育旅游部的事业单位，其职能是组织权威性的专业或综合展览，促进越南各民族和世界各国的文化艺术的交流。

（7）越南美术博物馆（Bảo tàng Mỹ thuật Việt nam）

越南美术博物馆（vnfineartsmuseum.org.vn）在保存和发展越南各民族的文化艺术宝库中发挥了非常重要的作用，其主要的职责是收集保管和展示介绍越南具有代表性的美术作品，研究越南各民族的美术历史。

2. 文化团体与文化组织信息检索

除了文化体育旅游部下属的政府机构和部门外，越南社会同时活跃着一些全国性的、具有广泛国际影响的文化团体和组织。这些团体对传承和发展越南文化，繁荣越南文化市场起着非常重要的作用。

（1）越南文学艺术协会联合会（Liên hiệp các Hội Văn học nghệ thuật Việt Nam）

越南文学艺术协会联合会是越南艺术家们本着传承与发扬越南民族文化宗旨而自愿组成的文化团体。其下的协会及部分网站主要有：越南作家协会（Hội Nhà văn Việt Nam）：

www.hoinhavanvietnam.vn；越南美术协会（Hội Mỹ thuật Việt Nam）：www.vietnamfineart.com.vn；越南舞台艺术家协会（Hội Nghệ sĩ Sân khấu Việt Nam）：www.vanhoanghethuat.org.vn；越南建筑师协会（Hội Kiến trúc sư Việt Nam）：kienviet.net；越南摄影艺术家协会（Hội Nghệ sĩ Nhiếp ảnh Việt Nam）：www.vapa.org.vn/vie；越南音乐家协会（Hội Nhạc sĩ Việt Nam）；越南电影协会（Hội Điện ảnh Việt Nam）；越南舞蹈艺术家协会（Hội Nghệ □□ Múa Việt Nam）；越南民间文艺协会（Hội Văn nghệ Dân gian Việt Nam）；越南少数民族文艺协会（Hội Văn học nghệ thuật các Dân tộc thiểu số Việt Nam）；中央、各省市文学艺术协会（Các Hội Văn học nghệ thuật tỉnh, thành phố trực thuộc Trung ương）。有些协会还未建立自己的网站，但是如果想了解它们的活动情况，可通过关键词来检索相关的新闻和信息。

（2）越南工艺美术协会（Hiệp hội thủ công mỹ nghệ Việt Nam）

越南工艺美术协会是越南全国工艺美术行业的企业单位自愿组成的非政府组织，于2007年成立，宗旨是一切为了越南工艺美术事业的发展，主要任务是集中帮助提高工艺美术产品的质量和竞争力，提高全行业的技术管理水平，为各会员单位创造良好的市场环境。"越南工艺美术协会网站：www.vcic.org.vn"专门设置了各种手工艺品生产企业的检索，在宣传越南手工艺品的同时宣传相关的企业。

3. 重点网站推介——越南书馆

网　　　址：vnthuquan.net

网站语言：越文

网站简介：越南书馆是一个综合性的、可在线阅读的图书馆，目前一共收集了10,174部小说、传记、散文，4777首音乐作品，14,186首诗作，686张图片，1326种食品的制作方法等。网站提供的服务显示在主页上方的导航栏中，主要包括以下几个栏目内容："Sách truyện"（小说），收集了数量庞大、内容健康的小说、传记、剧本、散文等，在这里用户可通过作者名或书名来检索自己需要的文章；"Âm nhạc"（音乐），收集了越南各个时期的音乐，用户可通过歌曲名、音乐家名字、歌手名或歌词来检

图10-5　越南书馆主页

索自己喜欢的音乐；"Trang thơ"（诗篇），集合了越南古今著名诗作，如果用户想刊登自己的诗作，可以先上传到论坛的诗歌栏中，再由管理员转到诗篇栏中；"Phim online"（在线电影），主要提供到Google、Youtube、My Video等电影剪辑资料库的链接，用户可以通过电影名、导演或演员名来检索所需的电影；"Tranh ảnh"（图片），收集了有关越南的照片和世界名画家的艺术作品；"Âm thực"（饮食），介绍了一千多种食品的烹饪方法，主要分为越南北中南部和国外的食品，用户可通过食材、食品类型或烹饪方式来进行检索；"Trò chơi flash"（flash游戏），收集了来自其他服务器的flash 游戏；"Liên kết"（链接），提供其他在线图书馆、新闻网站、论坛博客等13个网站的链接。

越南的出版物发行数量不多，而且购买不是很方便，那么越南书馆网站提供的服务使读者能够轻松获得丰富的越文材料，在方便用户加强阅读的同时，让他们能够更多地了解越南文学、音乐、饮食等，从而进一步认识越南文化。

4. 主要文化类网站

（1）文化报（Báo Văn hóa）：www.baovanhoa.vn ；

（2）文学研究院（Viện Văn học）：www.vienvanhoc.org.vn ；

（3）语言研究院（Viện ngôn ngữ học）：www.vienngonnguhoc.gov.vn ；

（4）越南舞蹈学院（trường Cao đẳng Múa Việt Nam）：www.cdmuavn.edu.vn ；

（5）越南国家音乐学院（Học viện Âm nhạc quốc gia Việt Nam）：www.vnam.edu.vn ；

（6）国家电影放映中心（Trung tâm Chiếu phim Quốc Gia）：www.chieuphimquocgia. com.vn ；

（7）越北民间歌舞剧院（Nhà hát Ca, Múa, Nhạc dân gian Việt Bắc）：www.nhahatvietbac. org.vn ；

（8）电影世界（Thế giới điện ảnh）：www.thegioidienanh.vn ；

（9）越南水木偶剧院（Nhà hát Múa rối）：www.vietnampuppetry.com ；

（10）越南从剧院（Nhà hát Tuồng Việt Nam）：www.vietnamtuongtheatre.com ；

（11）越南饮食（Âm Thực Việt Nam）：www.amthucvietnam.com ；

（12）越南文学院（Viện Văn học）：vienvanhoc.org.vn ；

（13）越南佛教（Phật giáo Việt Nam）：www.phatviet.com。

5. 检索示例

【例10-4】通过越南书店网站阅读越南小说*Chí Phèo*。

具体检索步骤如下：

（1）登陆越南书店网站主页 "http://vnthuquan.net"。

（2）在网页上方导航栏内点击第一项目录 "Sách Truyện"。

（3）导航栏下方出现一个搜索框，可选择按 "theo Tên sách"（书名）或按 "theo Tên

Tác Giả"（作者名）两种条件进行检索。在这里，我们输入"Chí Phèo"，选择"theo Tên sách"按书名检索。

（4）本次检索获得3个相关记录，分别是Chí Phèo, Hậu Chí Phèo和Làng "Chí Phèo"，以列表形式显示了书名、作者名、题材等信息。单击书名"Chí Phèo"链接进入阅读页面，点击"Cỡ chữ"下拉框可选择字号，也可复制小说文字进行保存。

10.2.2　老挝文化类网络信息检索

老挝是个多民族国家，主要信奉小乘佛教，所以小乘佛教是老挝文化的主要基调。老挝政府重视本国传统文化的传承，比如老挝女军人、女警察和女学生的制服，还保留以老挝传统筒裙为下装样式。老挝国内文化类网站极少，但可以借助一些外国机构组织和旅游类网站检索老挝文化信息。

1. 政府文化机构信息检索

（1）老挝新闻与文化部

新闻与文化部是总体负责管理全国各地的新闻和文化发展工作的国家管理机构，职责包括：监督、指导、处理、推进、评估新闻与文化发展工作的基本方法；审议和修改有关新闻与文化的法律草案、立法、法令、法规和规章；审议并提出政府的战略计划、长期规划和项目，以发展、保护和促进民族优良传统（包括当代优秀文化）以推动老挝文化的发展；推动文化活动，逐步构建现代化新闻与文化的基础设施，推动创意理念和文化产品的流通使用；向财政部提交新闻与文化部门的预算，积极寻求国内外投资，与外国和国际组织在新闻和文化领域开展交流和合作等。

（2）老挝国家图书馆

老挝国家图书馆于1956年7月1日建立，起初与博物馆和人类学办公室共设一处，1988年搬迁至目前的地址。国家图书馆官方网站为"www.nationallibraryoflaos.org"。

2. 主要文化组织与团体网站

（1）Jhai基金：www.jhai.org；

（2）北伊利诺伊大学中心老挝站：www.seasite.niu.edu/lao，提供比较全面的老挝艺术和文化信息；

（3）老挝传统基金会：www.laoheritagefoundation.org，总部设在华盛顿，资助老挝艺术家，并举办一些老挝文化推广活动；

（4）老挝连接（LCW）：laoconnection.com，推广老挝文化和出版物；

（5）老挝之声：laovoices.com，介绍老挝文化概况和老挝新闻；

（6）老挝纺织品展馆：www.fibre2fabric.org；

（7）老挝苗族主页（Hmong Homepage）：www.hmongnet.org；

（8）老挝少数民族文化：www.laosethnicculture.org；

（9）老挝研究中心（CLS）：www.laostudies.org；

（10）石缸平原：plainofjars.net/lifefest.htm；

（11）语言文化与合作中心：www.ambafrance-laos.org。

3. 在线音乐网站

（1）互动网（Lao Hub）：www.laohub.com；

（2）老挝音乐网（Lao International Music Network）：www.laomusic.net；

（3）老挝音乐（Lao music）：www.laomusic.la；

（4）老挝国家广播电台（Lao National Radio）：www.lnr.org.la；

（5）老挝传媒（Laopress）：www.laopress.com；

（6）老挝推广（Laopromotion）：www.laopromotion.com；

（7）天堂网（Savanna net）：www.savannanet.com。

10.2.3　柬埔寨文化类网络信息检索

柬埔寨是一个具有悠久文明历史的国家。公元9－13世纪的吴哥王朝时代，是柬埔寨历史上的鼎盛时期，也是柬埔寨文化艺术高度繁荣的时期，它的建筑、雕刻、诗歌、舞蹈都呈现一派欣欣向荣的景象，著名的吴哥古迹就是柬埔寨古代文明的历史见证。为了吸引更多的各国游客，互联网成为柬埔寨对外宣传的一个理想平台。

1. 政府文化机构信息检索

柬埔寨文化与艺术部的主要职能是发扬传统文化、宣传文化旅游、保护文化遗产、管理文化产业，官方网站主要分四个栏目向用户提供信息："អំពីកម្ពុជា"（关于柬埔寨），内容包括 ប្រវត្តិកម្ពុជា（柬埔寨历史）、ព្រះរាជាណាចក្រកម្ពុជា（柬埔寨王国）、មូលសង្ខេបភាពជាយស្រួល（概要）、ថ្ងៃបុណ្យជាតិនិងថ្ងៃឈប់សំរាក（节日与休息日）、មធ្យោបាយមកកម្ពុជា（前来柬埔寨的方法）、ផែនទីប្រទេសកម្ពុជា（柬埔寨地图）；"អំពីក្រសួងវប្បធម៌និងវិចិត្រសិល្ប"（关于文化与艺术部），内容包括 សេចក្តីណែនាំ（介绍）、រចនាសម្ព័ន្ធ（结构）、ថ្នាក់ដឹកនាំក្រសួង（部门领导）、គោលនយោបាយ（政策）、នាយកដ្ឋានជំនាញ（专家局）；"ភាពទាក់ទាញនៃទីក្រុងភ្នំពេញ"（金边市引人入胜之处），内容包括 រាជធានីភ្នំពេញ（首都金边）、ទិដ្ឋភាពក្នុងទីក្រុង（市内景观）、ទិដ្ឋភាពជុំវិញទីក្រុង（市郊景观）、កន្លែងដែលត្រូវទស្សនា（必游景点）、កន្លែងដែលត្រូវទៅបរិភោគ（必吃餐馆）、កន្លែងដែលត្រូវស្នាក់នៅ（必住旅店）；"សិល្ប:នៃការសម្ដែង"（表演艺术），内容包括 របាំព្រះរាជទ្រព្យ（宫廷舞）、របាំប្រជាប្រិយ（民间舞蹈）ល្ខោន（戏剧）、តន្ត្រី（音乐）、សៀក（杂技）。

隶属于柬埔寨文化与艺术部的文化类机构和部门还有：

（1）柬埔寨国家博物馆：www.cambodiamuseum.info；

（2）皇家艺术学会：www.rac-academy.edu.kh。

2. 主要文化类网站

（1）柬埔寨文化概况网

柬埔寨文化概况网（www.culturalprofiles.net/cambodia）主要介绍柬埔寨政府的文化政策、文化研究、文化培训、民族文化、文化遗产、文化交流等内容。

（2）柬埔寨文化网

柬埔寨文化网（www.parish-without-borders.net/cditt/cambodia/khculture.htm）以图片和文字的形式按照年份介绍了柬埔寨文化的概况，包括节日、民俗、服装、食物等内容。

（3）柬埔寨文化村网站

柬埔寨文化村坐落于暹粒省，于2001年开始兴建，2003年9月正式对外开放，占地21万平方米。文化村里修建了柬埔寨各地著名历史建筑物的微缩版。村中建有11个独特的村落，展示了柬埔寨不同民族的文化习俗。在每一个村落，游客不仅可以参观不同民族的风俗民情，还可以观看各种传统文化表演，例如舞蹈、婚嫁、杂技、动物表演、民间游戏等等。柬埔寨文化村网站（www.cambodianculturalvillage.com）提供关于柬埔寨文化村的详细介绍。

10.2.4　泰国文化类网络信息检索

泰国是一个以泰族、老族为主体的多民族国家，民族的多样性造就了泰国丰富多彩的文化，再加上泰国受到印度文化、中国文化以及西方文化影响，使得泰国文化呈现出了多元化的特征。与此同时，宗教（特别是佛教）在泰国的社会生活中占有主导性的地位，佛教文化也就成为了泰国文化的核心和主要影响因素。泰国政府十分重视对本民族文化的保护、发展和传扬，认为泰国文化是维系国家团结的重要根基，对国家的稳定繁荣有决定性的影响。泰国文化类的网络信息可以通过检索相关的文化机构部门和团体组织等获得。

1. 政府文化机构信息检索

泰国文化部是泰国主管全国文化艺术事务的政府部门，其下设多个机构部门，包括宗教厅、艺术厅、文化促进厅、当代文化艺术办公室、艺术发展学院、以及两个隶属于文化部的民间机构诗琳通人类学中心和电影资料馆等等。

（1）宗教厅（กรมศาสนา）

宗教厅（www.dra.go.th）是泰国主管宗教事务的机构，下设秘书办、宗教发展局、道德建设办公室等。其主要职能包括：树立良好社会道德情操，促进社会道德建设与发展；扶持佛教以及其他宗教事务、支持宗教组织的活动；维护各宗教场所、保护宗教文物；促进各宗教之间的协调与团结等等。

（2）艺术厅（กรมศิลปากร）

艺术厅（www.finearts.go.th）是泰国主管艺术文化事务的机构，下设表演艺术办公室、传统艺术办公室、建筑艺术办公室、国家图书馆、国家博物馆、国家档案馆、历史与文学办公室、地方艺术办公室、考古办公室等等。其主要职能包括：保护、恢复、发展泰国的传统艺术文化与风俗，传播与发展泰国独特的民族艺术文化，管理并发展以各艺术文化遗产为基础的学习与旅游基地，开展文化艺术及其继承保护方面的教育等等。

（3）文化促进厅（กรมส่งเสริมวัฒนธรรม）

文化促进厅（www.culture.go.th）前身是国家文化委员会（สำนักงานคณะกรรมการวัฒนธรรมแห่งชาติ），是泰国政府内阁关于文化方面的政策咨询机构，主管全国文化事业的研究、发展，下设文化研究院、文化发展与促进办公室、文化发展基金会等部门。其主要职能包括：研究泰国文化政策、协调文化事务；研究泰国文化，恢复、发展、传播泰国文化；促进政府与民间的文化事业发展；促进政府与民间、国内与国外之间的文化交流；兼作为电影电视审核委员会的秘书及事务机构，负责电影电视节目及广告等音像出版物的审核审批等等。

（4）当代文化艺术办公室（สำนักงานศิลปวัฒนธรรมร่วมสมัย）

当代文化艺术办公室（www.ocac.go.th）主要负责泰国当代文化艺术的发展、传播与利用，下设资金与网络关系中心、艺术馆、当代文化艺术学院等部门。

（5）艺术发展学院（สถาบันบัณฑิตพัฒนศิลป์）

艺术发展学院（www.bpi.ac.th）是泰国文化部下属的文化艺术教育机构，下设3个教学系和15个地方分院，主要为社会培养舞蹈、音乐、戏剧表演人才。

2. 文化团体与文化组织信息检索

除了泰国文化部及其下属的各政府机构和部门以外，泰国社会还活跃着一些非政府的民间文化团体与文化组织。这些文化团体与组织主要以传承和发扬泰国文化为宗旨。通过检索各类文化团体与文化组织的网站，读者可以进一步获取泰国文化的信息资源，更为深入地了解泰国文化。

（1）泰国国家文化委员会协会（สมาคมสภาวัฒนธรรมแห่งประเทศไทย）

泰国国家文化委员会协会（www.ccatculture.com）是一个半官方半民间的文化组织，由泰国各府文化委员会于2007年联合组建，其成员包括各府文化委员会主席及委员，文化部及其下属各机构部门人员，教育界、宗教界、文化界团体组织及资深人士，以及自愿加入该协会的普通人士等。该协会成立的宗旨主要是协调文化委员会在全国文化事务以及国内外文化交流方面的工作，促进地方与中央、政府与私人团体及个人之间的交流，研究保护、恢复继承、发展、传扬泰国传统文化等等。

（2）泰国佛教协会（พุทธสมาคมแห่งประเทศไทย ในพระบรมราชูปถัมภ์）

泰国佛教协会（www.anamai.moph.go.th）成立于1933年，是泰国历史最为悠久的全国性佛教组织，其创立的宗旨是研究、发扬佛教文化，促进佛教事业的发展。

3. 主要文化类网站

（1）泰国民间（Thai Folk）：www.thaifolk.com；

（2）保护泰国文化网（อนุรักษ์ไทย）：www.anurakthai.com；

（3）佛教青年会（ยุวพุทธิกสมาคมแห่งประเทศไทย ในพระบรมราชูปถัมภ์）：www.ybat.org；

（4）泰国风俗网（ประเพณีไทย）：www.prapayneethai.com；

（5）泰国国家电影协会联盟（สมาพันธ์สมาคมภาพยนตร์แห่งชาติ）：www.thainationalfilm.com；

（6）泰国戏剧网（นาฏศิลป์ไทย）：www.thaidances.com；

（7）泰国遗产库（หอมรดกไทย）：www.thaiheritage.net；

（8）泰国音乐协会（สมาคมดนตรีแห่งประเทศไทย ในพระบรมราชูปถัมภ์）：www.music-associate.org；

（9）泰中文化经济协会（สมาคมวัฒนธรรมและเศรษฐกิจไทย-จีน）：www.thaizhong.org。

10.2.5　缅甸文化类网络信息检索

缅甸境内有135个民族，缅族、掸族、克伦族、若开族、孟族、克钦族、钦族、克耶族是缅甸的八大民族，此外还有少量来自中国、印度、孟加拉国等国移民和后裔。缅甸人的宗教信仰呈现多元化特征，佛教信仰占主流，此外还有神灵崇拜、印度教、伊斯兰教和基督教。缅甸历史悠久，各民族在长期的交流、交融过程中，形成了多元的、独特的缅甸文化。

缅甸政府所属各部中，涉及文化的部门主要有三个，即：文化部、宗教事务部、边境地区和少数民族发展和进步事务部。读者可以通过登陆三部门的官方网站查询各类文化信息。其他文化团体与文化组织的网站还包括：

（1）Thavibu 艺术画廊（Thavibu Art Gallery）：www.thavibu.com/burma，主要展示缅甸当代艺术家的作品；

（2）缅甸手工艺品网站（Handicrafts from Myanmar）：www.roadtomandalay.com，主要展示缅甸柚木雕刻、漆器、陶器、挂毯、木偶、玉石雕刻、木刻大象等缅甸传统手工艺品；

（3）曼德勒牵线木偶剧场（Mandalay Marionettes Theater）：www.mandalaymarionettes.com；

（4）Myanmar People and Their Life Style：www.myanmars.net/people，提供关于缅甸人衣装和流行时尚信息；

（5）Hill Tribes of Myanmar：www.hilltribesmyanmar.com，提供关于缅甸境内的缅、巴当、傈僳、景颇、阿卡族人的信息；

（6）Karen Homepage：www.karen.org，克钦人网站，包含新闻、论坛及与克钦人相关的链接。

10.2.6 菲律宾文化类网络信息检索

菲律宾历史上一直没有形成统一的文化，其中一个主要的原因是作为岛国的菲律宾各地区有80多种语言在使用，对地区间的交流形成阻碍，因此文化的发展具有很大的局限性。菲律宾自古以来就有很多移民，包括中国、马来西亚、印度尼西亚、西班牙、墨西哥和美国的文化都在不同程度上对菲律宾文化造成了影响，印度教、天主教和伊斯兰教等宗教也广泛存在于菲律宾社会。菲律宾文化类的网络信息主要可以通过检索相关的文化机构、部门、团体的网站获得。

1. 文化机构信息检索

（1）菲律宾国家文化与艺术委员会（National Commission for Culture and Arts, NCCA）

国家文化与艺术委员会（www.ncca.gov.ph）是一个旨在保护、开发和推动菲律宾艺术与文化的政策制定、协调和批准机构，也是其所制定政策的执行机构。该机构的主要任务是管理国家文化与艺术专项资金，这项资金专门用于实施与菲律宾文化和艺术中期发展目标相一致的文艺工程。

（2）菲律宾国家历史研究所（National Historical Institute, NHI）

国家历史研究所（www.nhi.gov.ph）的主要任务是推广菲律宾历史和文化遗产，极力主张民族观念和民族形象的复兴和推广，唤起菲律宾民众对国家和民族的自豪感。国家历史研究所经宪法授权，开展对菲律宾历史文献的研究和出版，举行关于历史事件和人物的教育活动，保护可移动和不可移动的文化历史遗产，实施国家历史法案，管理历史遗迹、建筑和英雄人物纪念像。

（3）菲律宾文化中心（Cultural Center of the Philippines Complex, CCPC）

菲律宾文化中心（www.culturalcenter.gov.ph）位于繁华的罗哈斯大道上，正对马尼拉湾，是一幢造型新颖的现代化综合建筑。中心主要展示有关菲律宾戏剧的资料，有两座剧场，可以演出戏剧和放映电影，是表演艺术的首选之地。三楼是图书馆和美术馆，四楼的博物馆有西班牙统治前菲律宾本土艺术的展览。

（4）菲律宾国家博物馆（National Museum, NM）

国家博物馆（www.nationalmuseum.gov.ph）是一个综合性的博物馆，始建于1901年，原为海岛民族学、自然史与商业博物馆。博物馆下设人类学部、艺术部、植物学部、动物学部、文化财产部、地质学部、博物馆教育部、修复部、天体馆部、考古遗址与博物馆部以及行政部，藏品主要是本国自然标本（动物、植物、地质）、艺术品、考古发现和手工艺品。有艺术、植物、动物、地质、人类学等陈列室。

（5）菲律宾国家图书馆（National Library of Philippines, NLP）

国家图书馆（web.nlp.gov.ph）是菲律宾图书馆发展和信息服务的领导机构，是国家知识传承的中心，是发展人民阅读文化的主要推动者，负责管理和提供获取国家信息资源的设施。

（6）菲律宾电影发展委员会（Film Development Council of the Philippines, FDCP）

菲律宾电影发展委员会（www.filmdevcouncilph.org）是一家政府机构，旨在推动菲律宾电影产业的发展和成长，并且向菲律宾人民和全世界人民宣扬美的、具有文化内涵和社会价值的菲律宾形象。

2. 文化团体与文化组织信息检索

菲律宾社会还活跃着一些非政府的文化团体和文化组织，主要的文化团体与文化组织网站有：

（1）菲律宾华文作家协会（the Writers' Association of Chinese Medium of the Philippines）：www.worldchinesewriters.com；

（2）菲律宾文化协会（Filipino Cultural Association）：www.fcaatumd.com；

（3）菲律宾文化运动和民间社会组织（Philippine Cultural Movement and Civil Society, CSOs）：www.cadi.ph/philippine_civil_society.htm。

3. 重点网站推介——菲律宾在线

网　　址：www.feilvbin.com

网站语言：中文

网站简介：菲律宾在线是一家中国网站，为中国互联网用户提供了比较全面的菲律宾相关信息，包括菲律宾历史概况、菲律宾地理、菲律宾文化、菲律宾政治和经济以及菲律宾的海外劳务。其中关于菲律宾风土人情、地理风貌和文化知识的介绍尤为详细，为了解菲律宾的文化提供了很好的平台。网站主页非常简单，有以下几个版块内容：（1）"首页"，提供了几个常用的搜索引擎，以便用户连接查询信息，同时提供了菲律宾的总体介绍；（2）"菲律宾历史"，介绍了1450年至今菲律宾历史和政权更替；（3）"菲律宾地理"，介绍了菲律宾的基本地貌和气候；（4）"菲律宾文化"，详细介绍了菲律宾的风土人情、传统文化、宗教分布和当地语言；（5）"菲律宾政治和经济"，综合概述了菲律宾现在的政治体制和宏观政策，以及菲律宾的经济现状和发展方向。通过菲律宾在线网站，中国用户可以对菲律宾文化有一个整体的认识和了解，为进一步的菲律宾文化信息检索提供了基础性的知识。

图10-6　菲律宾在线主页导航栏

4. 检索示例

【例10-5】通过菲律宾国家文化与艺术委员会网站搜索已经获得批准的菲律宾文化项目。

具体步骤如下：

（1）分析任务目标。要找获批准的文化项目，首先应锁定关键词为"grant"、"project"和"approved"。

（2）登陆菲律宾国家文化与艺术委员会的网站的主页"http://www.ncca.gov.ph"。

（3）在网站主页右上角找到名为"Grants Program"的版块。如点击"read more"可进入阅读更多内容。网站所有版块内容都列在主页上，各版块非常醒目，所以想要查询其他的菲律宾文化艺术的官方信息，可以点击主页上的相关页面链接。

（4）进入"Grants Program"页面后，点击"Approved grants"选项，进入显示在2010年8月到12月之间获得通过的菲律宾文化和艺术项目的页面。

🌐 10.2.7　马来西亚文化类网络信息检索

马来西亚是一个多元种族、多元文化和多元宗教的国家，马来文化、中华文化、印度文化、西方文化和土著文化的共存构成了马来西亚文化的多元特征。在1971年召开的国家文化大会上，马来西亚政府确定了国家文化的三大原则，分别是：国家文化必须以本地区的土著文化为核心；可以有选择地接纳其他文化为国家文化；伊斯兰教是国家文化建设的重要组成部分。马来西亚文化类的网络信息主要可以通过检索相关的文化机构、部门、团体、组织和场馆的网站获得。

1. 政府文化机构信息检索

新闻、通讯与文化部是马来西亚现任总理纳吉在2009年4月9日宣布新成立的一个内阁部门，下设三个独立部门分别管理国家的新闻、通讯和文化事务。其中文化司专门负责政府文化事务，主要职责是介绍和发展国家文化，下设机构包括：国家文化宝库和文化遗产政策组（Bahagian Dasar Khazanah & Warisan Negara）、文化政策组（Bahagian Dasar Kebudayaan）、国际关系组（Bahagian Perhubungan Antarabangsa）、执照和执法组（Bahagian Perlesenan & Penguatkuasaan）、公共项目和关系管理组（Bahagian Pengurusan Acara dan Perhubungan Awam）和马来西亚国家艺术中心（Istana Budaya）。读者可登陆新闻、通讯与文化部官方网站检索马来西亚国家文化的相关信息。除作为中央机构的文化司外，各州政府还设有文化局，受各州政府和文化司领导，负责本州的文化事务，读者可通过登陆各州政府网站检索该州文化方面的信息。

此外，隶属于新闻、通讯与文化部的文化类机构和部门还包括：

（1）马来西亚国家电影局（Jabatan Filem Negara Malaysia）

马来西亚国家电影局（www.filemnegara.gov.my）是政府级制片单位，下设生产、技术、行政、实验四个部门，主要职能包括制作故事片、新闻片和广告片，译制外国影片，向各家广播电视台提供影片，向国外出口本国影片，向独立制片公司出租电影设备，为国家电视台和各政府部门制作影片以及向私人机构提供影视服务和专业咨询。

（2）国家档案馆（Arkib Negara Malaysia）

马来西亚国家档案馆（www.arkib.gov.my）是负责保存和维护与国家历史有关的档案材料、并向社会宣传保存档案资料重要性的官方机构，其主要职责包括获取、收集和维护有价值的记录材料，向政府部门和公众提供参考和研究的便利，向政府部门提供意见和建议和向公共传播信息等。

（3）国家图书馆（Perpustakaan Negara Malaysia, PNM）

国家图书馆（www.pnm.my）是马来西亚图书馆发展和信息服务的领导机构，是国家知识传承的中心，是发展人民阅读文化的主要推动者，负责管理和提供获取国家信息资源的设施。

（4）国家博物院局（Jabatan Muzium Malaysia）

国家博物院局（www.jmm.gov.my）以成为亚洲一流的博物馆机构为目标，主要职能包括收集、研究和维护国家历史、文化和自然遗产，管理各级博物馆，对藏品进行分类整理，出版研究成果，向各州、政府部门和私营博物馆提供专业指导，通过展览、讲座、研讨会、论坛、会议和参观的形式向社会普及相关知识。

（5）国家文物遗产局（Jabatan Warisan Negara）

国家文物遗产局（www.warisan.gov.my）是负责保存、维护和修复国家文化遗产的法定机构，主要职能包括执行《2005年国家文化遗产法令》的条文规定，对国家文化遗产进行注册登记，维护和修复国家文化遗产，对文化遗产展开研究和发展，分类整理和出版文化遗产的研究成果和参考资料，计划、实施和协调与文化遗产有关的各种活动，与国内外相关机构开展合作。

（6）国家文化艺术局（Jabatan Kebudayaan Dan Kesenian Negara）

国家文化艺术局（www.jkkn.gov.my）是负责在马来西亚开展各项艺术和文化活动的机构，主要职能包括计划、开展和协调全国性的文化和艺术活动，制定和传播权威的艺术文化信息，规划、研究和发展具有创新性的文化艺术产品，增进与国内外政府、私营机构

和非政府组织的合作，提供艺术和文化领域的专业指导服务。

（7）国家电影促进局（Perbadanan Kemajuan Filem Nasional Malaysia, FINAS）

国家电影促进局（www.finas.gov.my）主要负责落实电影业发展的方针和政策，协调电影的制作、放映和发行，审核电影公司制作的影片，向电影公司提供技术、补贴和奖励，培训影视工作者，但不能以任何形式参与影片的制作。

（8）国家文化艺术学院（Akademi Seni Budaya dan Warisan Kebangsaan, ASWARA）

国家文化艺术学院（www.aswara.edu.my）是由马来西亚政府全额资助、面向艺术表演爱好者的艺术学院，提供与舞台表演和文化传承相关的课程，包括音乐系、戏剧系、舞蹈系、创意编剧系以及电影与录影系等。

（9）国家画廊（Balai Seni Lukis Negara, BSLN）

国家画廊（www.artgallery.gov.my）主要收集国内外反映艺术文化创造力和成就的作品作为永久收藏，并对永久收藏品和国家艺术史迹进行修复、维护、整理和研究，通过在国内外举办展览、研讨会、竞赛和艺术活动来促进和提高视觉艺术质量，提高国民对艺术的认识，增进对艺术的理解力和鉴赏水平。

2. 文化团体与文化组织信息检索

除新闻、通讯与文化部及其下属的各政府机构和部门外，马来西亚社会还活跃着一些非政府的文化团体与文化组织。全国性的文化团体与组织主要以传承和发扬马来西亚国家文化为宗旨，而具有明显民族性色彩的文化团体与组织则主要以发展本民族的传统文化为己任。各种文化在各方的推动下交融杂汇，共同构成马来西亚繁荣的多元文化。通过检索各类文化团体与文化组织的网站，读者可以进一步获取马来西亚文化的信息资源，更为深入地了解马来西亚的多元文化。

马来西亚主要的文化团体与文化组织包括：

（1）马来西亚古迹保护机构（Badan Warisan Malaysia）

马来西亚古迹保护机构（www.badanwarisan.org.my）成立于1983年，是一家致力于保护马来西亚重要文物建筑和遗址的非政府、非盈利性组织。

（2）马来西亚中华大会堂总会（Gabungan Pertubuhan Cina Malaysia）

马来西亚中华大会堂总会（www.huazong.my）是由马来西亚13个州的中华大会堂或华团总会所组成的一个总机构，各州中华大会堂的团体会员涵盖社、经、文、教等各领域的华团，是各州最高的华团领导机构。

（3）马来西亚华文作家协会（the Writers' Association of Chinese Medium of Malaysia）

马来西亚华文作家协会（www.worldchinesewriters.com/my）是马来西亚第一个全国性的文学团体，积极推动马来西亚的华文文学活动，协助华文报社和热心文艺的华人团体举办各类文体创作比赛或共同举办戏剧节、讲座、研讨会、文艺写作营等活动。

3. 重点网站推介——马来西亚手工艺促进局网站

网　　址：www.kraftangan.gov.my

网站语言：马来文、英文

网站简介：在马来西亚，手工艺品指任何具有文化或传统特质的、生产过程完全或部分依赖手工技巧的艺术品。马来西亚手工艺促进局是新闻、通讯与文化部直属的政府机构，是马来西亚手工艺品发展的领导机构，主要职能包括恢复和发展全国传统手工艺品的制作，提高手工艺品的产量和质量以适应国内外市场的需求，培训制作手工艺品的人才，指导手工艺者进行现代化手工艺的创作。马来西亚手工艺促进局官方网站主要提供与马来西亚手工艺品相关的信息和资源。网

图10-7　马来西亚手工艺促进局网站马来文主页

站主页内容分为以下几类：（1）Profail（简介），主要介绍手工艺促进局的机构信息；（2）Bahagian/Cawangan（部门/分局），主要介绍手工艺局辖下各部门和各州的分局；（3）Perkhidmatan（服务），主要提供手工艺品供应商注册等服务；（4）Maklumat Kraf（工艺品信息），主要提供Definisi Kraf（工艺品定义）、Bidang Kraf（工艺品行业）、Penerbitan（出版物）、Tokoh Kraf（工艺品名家）等信息；（5）Galeri（画廊），主要提供手工艺品的视频、图片、音频信息。在主页的中间部分，还提供五类信息的检索，分别是：（1）Berita Terkini（新闻），提供手工艺品领域的最新要闻；（2）Aktiviti（活动），介绍与手工艺品相关的各类活动；（3）Pengusaha（企业家），主要介绍手工艺品的发展规划和制作名家；（4）Orang Awam（公众），主要向公众普及手工艺品的知识；（5）Warga Kraf（会员），主要提供电子邮件、博客等会员服务。在主页右上角的Carian（搜索栏），用户还可通过关键词检索的方式查询各类手工艺品的信息。

马来西亚各民族、各地区都有自己传统的、特色鲜明的手工艺品，因此，种类繁多的手工艺品可以视为是马来西亚多元文化的缩影。通过浏览手工艺促进局网站，用户可以增进对马来西亚各类手工艺品的了解，进一步认识马来西亚的传统文化和民族文化。

4. 主要文化类网站

（1）"五"艺术中心（Five Arts Center）：www.fiveartscentre.org；

（2）电子文学：www.esastera.com；

（3）国油画廊（Galeri Petronas）：www.galeripetronas.com.my；

（4）吉打州民间文学（Sastera Rakyat Negeri Kedah）：sasterarakyat-kedah.com；

（5）吉隆坡映象（Vision Kuala Lumpur）：www.visionkl.com；

（6）马来西亚电影（Filem Malaysia）：www.filemkita.com；

（7）马来西亚手工艺品（Kraftangan Malaysia）：www.malaysiancraft.com；

（8）马来西亚艺术在线：www.art.com.my；

（9）马来西亚影院在线（Cinema Online Malaysia）：www.cinema.com.my；

（10）马来语文学网络日志：esasterawan.org；

（11）文学网：esasterawan.org/SasteraNet；

（12）舞蹈联盟（MyDance Alliance）：www.mydancealliance.org；

（13）舞动马来西亚（Dance Malaysia）：www.dancemalaysia.com；

（14）演员工作室（the Actors Studio）：www.theactorsstudio.com.my；

（15）伊沙·卡玛利作品网：www.isakamari.com；

（16）艺术足迹（Kaki Seni）：www.kakiseni.com。

5. 检索示例

【例10-6】通过马来西亚手工艺促进局网站检索马来西亚传统服饰"baju batik"（巴迪服）的详细介绍。

具体检索步骤如下：

（1）通过网址"http://www.kraftangan.gov.my"登陆马来西亚手工艺促进局网站主页。

（2）在主页右上方搜索框内键入马来文关键词"batik"，按回车键开始搜索。

（3）本次搜索共返回6个结果，以缩略图、网页标题和网址的格式显示。

（4）比较分析搜索结果，从中选择最贴近检索课题的网页标题"BATIK"，单击后进入网页"http://www.kraftangan.gov.my/craft_category/main/10/?menuid=95"。

（5）阅读巴迪服的详细介绍并从中提取所需信息。

🌐 10.2.8 文莱文化类网络信息检索

文莱是一个多元民族、多元文化共存的国家。马来人是文莱的主体人口，其次还有华人、印度人以及婆罗洲土著人等。以伊斯兰教为核心的马来文化与华人文化和印度文化共同构成了具有多元化特色的文莱文化。文莱是绝对君主制国家，伊斯兰教作为国教，是文莱马来人的身份标识，同时也是这个国家的文化支柱，任何文化事业的发展都不能与伊斯兰教相悖。

1. 政府文化机构信息检索

文莱青年、体育和文化部下设的文化艺术司（Bahagian Kebudayaan dan Kesenian）是文莱文化事务的主管部门，其主要职责是在坚守马来伊斯兰君主国原则的前提下，向外界介绍和推广文莱文化，保持和促进文化传统，开展文化交流活动，促进社会福利的改善、社会团结和谐以及社区工作和娱乐活动，保持和加强伊斯兰教育，主要任务是研究文莱文化、保存国家文化出版物、举办文化展览、开展文化研讨会和文化演讲及课程等、为文化活动提供咨询服务和财政支持。同时，文化司还提供以下服务项目：为文莱歌曲和舞蹈录制卡带、录像、制作光盘等，出租文莱传统舞蹈服装，出租文莱传统音乐器材，申请师资教授文莱传统舞蹈艺术和传统音乐剧等。文化艺术司没有建立单独的网站，读者可登陆文莱文化、青年和体育部官方网站检索文化艺术司以及文莱文化的相关信息。

此外，隶属于文莱文化、青年和体育部的文化类机构和部门还包括：

（1）文莱历史中心（Pusat Sejarah Brunei）

文莱历史中心（www.history-centre.gov.bn）的目标是研究所有文莱历史资料，收集国内外与文莱相关的文物并协助文物的发掘，出版文莱史料，向民众展览文莱文物，让文莱历史中心成为文莱史料最权威的参考中心。研究文莱历史及记录苏丹家族史也是文莱历史中心的核心任务之一。

（2）社会发展办公室（Perkembangan Masyarakat）

文莱社会发展办公室（www.japem.gov.bn）的前身是社会事务服务办公室（Perkhidmatan Hal Ehwal Masyarakat），在文莱苏丹的指示下，2002年7月8日升格为社会发展办公室。该办公室的宗旨是让每个文莱人都成为有爱心、负责任、独立以及有毅力的人，强化每个人的能力以勇敢面对现代社会的压力。其目标归纳起来有以下几点：提高个人幸福指数，强化每个人的责任意识和意志力，从身心和经济的角度构建健康社会，提高公民的独立能力，倡导家庭和社会中的自助意识，发展个人责任意识，逐步将经济负担从政府肩上转移到家庭和社会之中等。

（3）国家语文局图书馆（Perpustakaan Dewan Bahasa dan Pustaka）

文莱国家语文局图书馆（www.dbplibrary.gov.bn）建于1953年，最初仅作为向教育局提供信息参考的一个机构而存在。1965年1月，文莱国家语文局图书馆正式成为政府机构，并在1968年11月正式开始向民众开放。在政府的重视和扶持之下，该图书馆逐渐发展成为文莱国内首屈一指的大型图书馆。以熟练的图书馆业务和最新而全面的图书收藏向文莱人民提供图书和信息服务是文莱国家语文局图书馆的宗旨。其主要目标有：促进和鼓励对图书资料和信息的利用；设立外借、参考图书馆以及流动书车服务；完善图书馆收藏，收集材料尤其是与文莱有关的不管是出自何地、印自何时的资料；收集、整理以及出版索引和目录，全面运用信息技术服务图书馆业务。

（4）文莱博物馆局（Muzim-Muzim Brunei）

文莱博物馆局（www.museums.gov.bn）主要负责管理文莱国内与博物馆相关的所有事务。

2. 其他重要文化机构

（1）文莱皇家博物馆（The Royal Brunei Museum）

文莱皇家博物馆（www.brunet.bn/edu/cfbt/nbt/museum/index.htm）始建于1965年，整体建筑坐落在离首都斯里巴加湾6.5公里外的一座小山上。文莱博物馆为白色的两层楼房，馆内展品包括伊斯兰艺术品、文莱石油发展史、马来习俗和传统手工艺、考古发现和文莱历史以及沉船宝藏等五大主题。

（2）艺术与手工艺品培训中心（The Arts and Handicraft Training Centre）

文莱艺术与手工艺品培训中心（www.bruneiresources.com）除了向广大民众提供培训服务之外，也是人们购置文莱传统民间手工艺品的天堂。这里的手工艺品种类繁多，可以买到诸如纺织品、手工编制篮子、银器以及铜器等。此外，还可以欣赏工匠们制作的过程，是体验文莱民间传统工艺的好去处。

3. 重点网站推介——文莱历史中心网站

网　　址：www.history-centre.gov.bn

网站语言：马来文、英文

网站简介：文莱历史中心是1982年在文莱苏丹的旨意下正式建立的。作为政府机构同时又是历史资料的研究中心，文莱历史中心的工作重心逐渐偏向历史研究。此外，对历史资料的收集、整理、存档以及出版都是该中心的重要任务。在政府的扶持之下，该中心迅速发展壮大，如今已成为研究文莱历史尤其是文莱皇家历史重要的资料来源地，也是文莱历史研究的权威机构。

文莱历史中心官方网站向用户提供丰富的文莱历史资料与介绍，是研究文莱历史的重要参考网站。网站主页被划分为两个纵向方块。右边版块比较狭长，最上方为文莱历史中心图标，紧随其后是一系列有关文莱历史中心的信息链接，依次为：Huraian Logo（文莱历史中心的标志介绍），介绍该图标上各图案所代表的意义；Lokasi dan Peta（地点与地图），使用电子地图明确标明文莱历史中心所处的地理位置；Sejarah Ringkas（简史），简要介绍文莱历史中心的创建和发展历程；Visi dan Matlamat（宗旨和目标），罗列了该中心工作和奋斗的最高目标；

图10-8　文莱历史中心网站主页

Dasar dan Tujuan（政策与方向），介绍政府就该中心所颁布的一系列政策和指示，以及中心的发展方向；Objektif（目标），详细阐述中心的发展目标；Strategi（战略），介绍中心的发展战略；Struktur Organisasi（机构设置），通过树形结构图向用户介绍中心的机构设置；Bahagian-Bahagian（局、部），详细介绍中心的各构成部分；Senarai E-mail（网站邮箱列表），显示该中心主要领导人的工作邮箱，为中心领导与用户的交流提供途径；Perkhidmatan（服务），介绍中心向大众提供的服务项目和特点；Berita dan Kegiatan（新闻与活动），主要发布与中心相关的新闻以及活动信息；Kedai Buku（书店），发布中心各项服务开始的时间，向用户推介新书；Info Sejarah（历史信息），简要介绍文莱历史上的历任苏丹以及文莱历史上具有里程碑意义的地方和事件；Maklumbalas（信息），主要是读者的意见反馈。右边纵向版块比较宽，展示了网站重要的图片信息。网站主页中部设有两个语言选项，分别为Bahasa Melayu（马来文）和English（英文），用户可以根据自己的实际情况选择网站的语言版本。

10.2.9　新加坡文化类网络信息检索

新加坡是个多元民族社会，马来文化、中华文化、印度文化、阿拉伯文化、土著文化等文化的共存构成了新加坡文化的多元特征。1991年1月，新加坡政府发表《共同价值白皮书》，提出了新加坡社会的五大共同价值观：国家至上，社会为先；家庭为根，社会为本；关怀扶持，同舟共济；求同存异，协商共识；种族和谐，宗教宽容。新加坡文化类的网络信息主要可以通过检索相关的文化机构、部门、团体、组织和场馆的网站获得。

1. 政府文化机构信息检索

新闻、通讯及艺术部是新加坡政府为把新加坡建成一个全球性的大都市而成立的部门，目的是在保留新加坡本土多元文化的基础上，创造新的更多的产业价值。隶属于新闻、通讯及艺术部的文化类机构和部门网站主要有：

（1）媒体发展局（Media Development Authority, MDA）：www.mda.gov.sg；

（2）新加坡电影委员会（Singapore Film Commission）：www.smf.sg；

（3）国家遗产局（National Heritage Board）：www.nhb.gov.sg；

（4）新加坡国家档案馆（National Archives of Singapore）：www.nhb.gov.sg/NAS；

（5）新加坡国家博物馆（National Museum of Singapore）：www.nationalmuseum.sg；

（6）新加坡国家美术馆（The National Art Gallery）：www.nationalartgallery.sg；

（7）国家艺术理事会（The National Arts Council）：www.nac.gov.sg；

（8）新加坡艺术学院（School of the Arts）：www.sota.edu.sg；

（9）新加坡国家图书馆管理局（National Library Board, NLB）：www.nlb.gov.sg。

2. 文化团体及文化组织信息检索

除新闻、通讯及文化部下属各部门外，新加坡社会还活跃着一些非政府的文化团体与文化组织。通过检索各类文化团体与文化组织的网站，读者可以进一步获取新加坡文化的信息资源，更为深入地了解新加坡的多元文化。新加坡主要文化团体与文化组织包括：

（1）新加坡作家协会（Singapore Association of Writers）

新加坡作家协会（www.singaporewriters.org.sg）是新加坡的全国性文学团体，积极致力于新加坡的华文文学活动，协助华文报社和热心文艺的华人团体举办各类相关的华文文化活动。

（2）新加坡雕塑协会（Sculpture Society）

新加坡雕塑协会（www.sculpturesociety.org.sg）是一个非赢利性组织，成立于2001年，有超过40个会员，多为新加坡知名雕塑家或雕塑界的希望之星，他们的很多作品在新加坡和海外展出。

3. 重点网站推介——新加坡集邮馆网站

网　　址：www.spm.org.sg

网站语言：英文

网站介绍：1995年由新加坡电信管理局成立的新加坡集邮馆是东南亚第一所集邮馆。邮票是一个国家文化的重要组成部分，通过邮票，可以对新家坡文化有更加深入地了解。新加坡集邮馆网站主要提供与新加坡邮票相关的信息和资源。网站主页内容分为以下几类：（1）Cover Story（封面故事），主要介绍有关集邮的最新权威消息；（2）The Museum（关于集邮馆），主要介绍集邮馆的历史和收藏品等相关信息；（3）Exhibition（展览），主要介绍何种类型的展览的相关情况；（4）Programmes & Services（项目和服务），主要介绍集邮馆相关项目以及集邮馆提供的服务，左上角的"Useful Links"（有用链接）项目中提供了相关的链接。

新加坡是一个多元化国家，种类繁多的邮票可以看作是新加坡多元化文化的缩影，通过浏览新加坡集邮馆网站，用户可以增进对新加坡各类邮票的了解，进一步认识新加坡的传统文化和民族文化。

4. 主要文化类网站

（1）新加坡歌德学院（Goethe Institut Singapore）：www.goethe.de；

（2）古迹保存局（Preservation of Monuments Board）：www.pmb.gov.sg；

（3）遗产保护中心（Heritage Conservation Centre）：www.hcc.sg；

（4）亚洲文明博物馆（Asian Civilisations Museum）：www.acm.org.sg；

（5）滨海艺术中心（Esplanade）：www.esplanade.com；

（6）新加坡国家图书馆（National Library Singapore, NLS）：www.nl.sg；

（7）公共图书馆（Public Libraries Singapore, PLS）：www.pl.sg；

（8）土生华人博物馆（Peranakan Museum）：www.peranakanmuseum.sg；

（9）出版商协会（Publishers Association of Singapore）：www.publishers-sbpa.org.sg。

10.2.10 印尼文化类网络信息检索

印尼有上百个部族，本土文化、中国文化、印度文化、西方文化等文化都对印尼文化产生着重要影响，文化的交织就构成了现在具有印尼特色的多元文化格局。印尼文化类的网络信息主要可以通过检索相关的文化机构、部门、团体和组织的网站来获得。

1. 政府文化机构信息检索

（1）旅游和文化部

印尼旅游和文化部是印尼政府的重要文化领导部门，主要职责是介绍和发展印尼旅游和文化资源，下设机构包括：电影、艺术和文化价值司（Dirjen Nilai Budaya, Seni dan Film），古代和历史司（Dirjen Sejarah dan Purbakala），市场司（Dirjen Pemasaran），旅游景点发展司（Dirjen Pengembangan Destinasi Parwisata），旅游和文化人力资源发展局（Badan Pengembangan Sumber Daya Budpar）。

通过印尼旅游和文化部官方网站可以检索到很多实用的信息，在主页右侧导航栏中清晰排列了可以检索的各个栏目，按从上到下的次序分别为："Berita&Press Release"（信息和出版物的发布），在该栏中可以查询有关印尼官方发布的文化旅游政策和文化旅游活动的信息；"Statistik"（统计数据），在该栏中可以查询印尼各个旅游景点、文化活动的具体数据、发展情况等，包括每年游客访问量、各种文化活动的获奖情况；"Kebijakan&Regulasi"（政策规定），在该栏中可以查询有关印尼旅游和文化的各种政策规定，以及印尼旅游、文化的战略发展规划；"Publikasi"（出版），在该栏中可以查询各种关于印尼旅游和文化的出版物的简介，另外还有各种评论文章；"Ruang Media"（媒体间），在该栏中发布各种媒体活动的信息，以及各种标志、宣传图片等；"Program"（规划），该栏中提供各种文化、旅游规划及报告；"Info Peluang"（信息），在该栏中公布职位的空缺，以及拍卖、投资的信息；"Profil Kementerian"（部门概况），在该栏中集中了有关法律法规、旅游和文化部的职能任务、机构组成、各机构领导、以及部门外其他有关旅游和文化的机构等信息。

（2）印尼宗教部

印尼宗教部是印尼政府管理宗教事务的职能部门。由于宗教在印尼具有非常重要的影响，早在荷兰殖民时期就有了主管宗教事务的部门，所以宗教部在印尼政府各部门中拥有至关重要的地位。现印尼宗教部下属的主要部门有：总秘书处（Sekretariat Jenderal, Setjen）、总监处（Inspektorat Jenderal, ITJEN）、伊斯兰教育司（Ditjen Pendidikan Islam,

Ditjen Pendis）、麦加朝拜管理司（Ditjen Penyelenggaraan Haji & Umrah）、伊斯兰教社会指导司（Ditjen Bimas Islam）、基督教社会指导司（Ditjen Bimas Kristen）、天主教社会指导司（Ditjen Bimas Katolik）、印度教社会指导司（Ditjen Bimas Hindu）、佛教社会指导司（Ditjen Bimas Buddha）、研究发展和教育训练局（Badan Litbang & Diklat）、省级事务办公室（Kantor Wilayah Provinsi）、县市事务办公室（Kantor Depag Kab/Kota）。通过访问印尼宗教部官方网站，可以获取宗教部下属各部门网站的链接，获得宗教新闻、社会服务信息、各种法律法规、部门数据、公开发布信息、麦加朝拜信息、出版物信息和图片集等各种具有重要价值的信息。

2. 重点网站推介——印尼文化网

网　　址：www.budaya-indonesia.org

网站语言：印尼文

网站简介：印尼多元的文化主要体现在文化要素的丰富上，了解印尼各种各样的文化形式和特征并不是一件很简单的事情，印尼文化网的创建正是基于广泛收集整理多样复杂的印尼文化的基础上，通过科技手段（互联网）让全印尼人参与到印尼文化的保护和发展中。印尼的全部文化要素无法通过单个人来完成整理和收集，印尼文化网建立的目的就是让全印尼各个地区和部族的人们都参与到其中，共同完善和丰富所有的印尼文化要素。因此，印尼文化网可以称作是印尼文化的"维基百科"。网站主页的内容主要分为两大版块。第一版块是Navigasi（导航），在导航版块中包括以下栏目标题：Halaman Utama（主页）、Peristiwa（事件）、Perubahan terbaru（最新进展）、Instruksi Tambah Data（添加数据引导）、Data（数据）、Jurnal（期刊）、Majalah（杂志）、Media Kreatif（创意媒体）、Klaim（声明）、Kotak Pasir（沙箱），通过导航版块可以迅速、全面地了解网站的情况和添加数据的方法，另外还可以了解到网站对印尼文化的见解。第二版块是elemen budaya（文化要素），在文化要素版块中包括以下栏目标题：Tarian（舞蹈）、Ornamen（装饰）、Motif Kain（布的图案）、Alat Musik（乐器）、Cerita Rakyat（民间故事）、Musik dan Lagu（音乐和歌曲）、Makanan Minuman（饮食）、Ritual（宗教仪式）、Seni Pertunjukan（表演艺术）、Produk Arsitektur（建

图10-9　印尼文化网主页

筑）、Pakaian Tradisional（传统服饰）、Permainan Tradisional（传统娱乐活动）、Senjata dan Alat Perang（武器）、Naskah Kuno dan Prasasti（古代记录）、Tata cara Pengobatan dan Pemeliharaan Kesehatan（保健和治疗方法），在这些标题下面还按照地区或类别分为各种具体的要素，各要素的解释非常清楚明了。在主页中还有Pencarian（搜索栏），可通过关键词检索的方式查询各种文化形式的解释。

　　正如在网站简介中说的那样，印尼丰富的文化形式不易了解清楚，而正是这些丰富的文化形式构成了印尼文化。通过浏览印尼文化网，可以具体查询到各种文化要素的信息，并增进对印尼文化的了解和掌握。

3. 主要文化类网站

（1）文化艺术（Art-Culture）：www.art-culture.or.id；

（2）印尼巴迪克（Batik Indonesia）：batikindonesia.com；

（3）印尼博物馆（Museum Indonesia）：www.museumindonesia.com；

（4）小说咖啡屋（Café Novel）：www.cafenovel.com；

（5）网络文学（Cyber Sastra）：cybersastra.net；

（6）食盟（Liga Makan）：www.ligamakan.com；

（7）我们的菜谱（Resep Kita）：www.resepkita.com；

（8）爱饮食（Doyan Makan）：www.doyanmakan.com；

（9）印尼旅游（Wisata Indonesia）：berwisata.com；

（10）旅游在印尼（Indonesia Wisata）：www.indonesiapariwisata.com；

（11）Mp3世界（Dunia Mp3）：www.duniamp3.com；

（12）歌仓（Gudang Lagu）：gudanglagu.com；

（13）歌词网（Lirik Lagu Musik）：www.liriklagumusik.com；

（14）国家电影（Film Nasional）：filmnasional.com；

4. 检索示例

【例10-7】通过印尼旅游和文化部网站检索有关印尼文化的统计数据。

具体步骤如下：

（1）登陆印尼旅游和文化部网站主页"http://www.budpar.go.id"。

（2）单击主页右侧导航栏"Statistik"栏目标题下方的"Kebudayaan"子栏目标题，网页链接至"Kebudayaan"页面。

（3）页面显示为印尼文化的各种数据标题列表，比如印尼的世界文化遗产目录、最近几年文化景点、设施的接待人数等，根据课题需要单击相应的标题。

（4）浏览并下载相关文本材料，结束本次课题检索。

附录　东南亚国家热门网站 *

1. 越南

排名	网站名称	网站地址	网站类别	网站语言
（1）	Google Vietnam	www.google.com.vn	搜索引擎	越、英
（2）	VnExpress	www.vnexpress.net	门户	越
（3）	Zing	www.zing.vn	娱乐	越
（4）	Bao Khuyen hoc & Dan tri Online	www.dantri.com.vn	新闻	越、英
（5）	24H	www.24h.com.vn	门户	越
（6）	Vatgia	www.vatgia.com	电子商务	越
（7）	VietnamNet	www.vietnamnet.vn	门户	越、英
（8）	Ngoisao	www.ngoisao.net	娱乐	越
（9）	kenh14	www.kenh14.vn	娱乐	越
（10）	NhacCuaTui	www.nhaccuatui.com	娱乐	越
（11）	VN-Zoom	www.vn-zoom.com	社区	越
（12）	5 giây	www.5giay.vn	电子商务	越
（13）	Baomoi	www.baomoi.com	新闻	越
（14）	Việt Báo Việt Nam	www.vietbao.vn	新闻	越
（15）	Tinh tế	www.tinhte.vn	新闻	越
（16）	Tuổi Trẻ Online	www.tuoitre.vn	新闻	越
（17）	Én Bạc	www.enbac.com	电子商务	越
（18）	Muare	www.muare.vn	社区	越
（19）	DienDanTinHoc	www.ddth.com	社区	越
（20）	vozForums	www.vozforums.com	社区	越
（21）	Rồng Bay	www.rongbay.com	电子商务	越
（22）	Báo điện tử VTC News	www.vtc.vn	新闻	越
（23）	Web trẻ thơ	www.webtretho.com	社区	越
（24）	Bóng đá	www.bongda.com.vn	体育	越
（25）	nhac vui	www.hn.nhac.vui.vn	娱乐	越

＊ 根据Alexa.com统计数据整理，收录网站属于越南、柬埔寨、泰国、菲律宾、马来西亚、文莱、新加坡、印尼等国排名前100名的顶级网站，服务器位于该国的网站。

排名	网站名称	网站地址	网站类别	网站语言
（26）	tin247	www.tin247.com	新闻	越
（27）	Thanh Niên	www.thanhnien.com.vn	新闻	越
（28）	Bongdaso	www.bongdaso.com	娱乐	越
（29）	Diễn đàn KST	www.krfilm.net	社区	越
（30）	yume	www.yume.vn	娱乐	越
（31）	Cây tre @ Việt Nam	www.baamboo.com	搜索引擎	越、英
（32）	ChoDienTu	www.chodientu.vn	电子商务	越
（33）	eva	www.eva.vn	生活	越
（34）	Thế giới trò chơi	www.gamevn.com	论坛	越
（35）	Việt Giải Trí	www.vietgiaitri.com	娱乐	越
（36）	Ngan Hang Ngoai Thuong Viet Nam	www.vietcombank.com.vn	银行	越、英
（37）	123mua	www.123mua.vn	电子商务	越
（38）	Mua may ban dat	www.muaban.net	电子商务	越
（39）	CafeF	www.cafef.vn	金融	越
（40）	genk	www.genk.vn	数码产品	越
（41）	VietnamWorks	www.vietnamworks.com	招聘	越、英
（42）	mua ban	www.toitim.net	电子商务	越
（43）	Xa lộ	www.xalo.vn	搜索引擎	越、英
（44）	Clip	www.clip.vn	娱乐	越
（45）	Vdict	www.vdict.com	在线词典	越、英
（46）	báo Xã Luận và diễn đàn Xã Luận	www.xaluan.com	新闻	越
（47）	cPanel	www.freecode.vn	社区	越
（48）	hdvietnam	www.hdvietnam.com	社区	越
（49）	vnsharing	www.vnsharing.net	社区	越
（50）	Trái tim Việt Nam	www.ttvnol.com	社区	越
（51）	Mạng Việt Nam Go	www.goonline.vn	社区	越
（52）	MegaFun	www.megafun.vn	娱乐	越
（53）	360kpop	www.360kpop.com	社区	越
（54）	LinkHay	www.linkhay.com	社区	越
（55）	Tinthethao	www.tinthethao.com.vn	体育	越
（56）	Tin Mới	www.tinmoi.vn	新闻	越
（57）	Làm cha me	www.lamchame.com	生活	越
（58）	GiaĐinh	www.giadinh.net.vn	新闻	越

（续上表）

排 名	网站名称	网站地址	网站类别	网站语言
（59）	TruongTon	www.truongton.net	社区	越
（60）	Lời Dịch	www.loidich.com	越语学习	越
（61）	Thế Giới Di Động	www.thegioididong.com	电子商务	越
（62）	Vbid	www.vbid.vn	电子商务	越
（63）	download	www.download.com.vn	软件下载	越
（64）	soha	www.soha.vn	娱乐	越
（65）	Phim Online	www.xuongphim.com	娱乐	越
（66）	TaiLieu	www.tailieu.vn	教育	越、英
（67）	MobiFone	www.mobifone.com.vn	手机	越、英

2. 柬埔寨

排 名	网站名称	网站地址	网站类别	网站语言
（1）	Dap-news	www.dap-news.com	新闻	柬、英
（2）	Koh Santepheap Daily Online	www.kohsantepheapdaily.com.kh	新闻	柬
（3）	Cambodia Express News	www.cen.com.kh	新闻	柬
（4）	AngkorOne	www.angkorone.com	门户	柬、英
（5）	Sabay	news.sabay.com.kh	新闻	柬
（6）	Bong Thom	www.bongthom.com	门户	柬、英
（7）	Ki-media	www.ki-media.blogspot.com	博客	英
（8）	Kampucheathmey	www.kampucheathmey.com	新闻	柬
（9）	Everyday	www.everyday.com.kh	门户	柬、英
（10）	Cam111	www.cam111.com	门户	柬、英
（11）	Cambodia Yellowpages	www.yellowpages-cambodia.com	黄页	柬、英
（12）	柬埔寨中文社区	www.7jpz.com	门户	中
（13）	Khmer24	www.Khmer24.com	商务	英
（14）	Fantbook	www.fantook.com	社区	柬、英
（15）	Camhr	www.camhr.com	招聘	柬、英、中
（16）	Abstract of New Technology	www.ant.com.kh	科技	柬
（17）	Nokorwat Media Center	www.nokorwatnews.com	新闻	柬、英
（18）	Kohthmey	www.kohthmey.com	新闻	柬
（19）	cambodia job page	www.cambodiajobpage.com	招聘	英
（20）	Khmer365 Community	www.khmer365.com	社区	英

（续上表）

排　名	网站名称	网站地址	网站类别	网站语言
（21）	Phnom Penh Post	www.phnompenhpost.com	新闻	柬、英
（22）	Job in Cambodia	www.pelprek.com	招聘	英

3. 泰国

排　名	网站名称	网站地址	网站类别	网站语言
（1）	Google Thailand	www.google.co.th	搜索引擎	泰、英
（2）	Sanook	www.sanook.com	门户	泰
（3）	Pantip	www.pantip.com	社区	泰
（4）	Mthai	www.mthai.com	门户	泰
（5）	Kapook	www.kapook.com	门户	泰
（6）	ASTVผู้จัดการ	www.manager.co.th	新闻	泰
（7）	Thaiseoboard	www.thaiseoboard.com	社区	泰
（8）	Dek-d	www.dek-d.com	娱乐	泰
（9）	Weloveshopping	www.weloveshopping.com	电子商务	泰
（10）	Bloggang	www.bloggang.com	社区	泰
（11）	Truelife	www.truelife.com	娱乐	泰
（12）	Exteen	www.exteen.com	社区	泰
（13）	Teenee	www.teenee.com	社区	泰
（14）	Siamsport	www.siamsport.co.th	体育	泰
（15）	Soccersuck	www.soccersuck.com	体育	泰
（16）	ไทยรัฐ	www.thairath.co.th	新闻	泰
（17）	Tarad	www.tarad.com	电子商务	泰
（18）	True Internet	www.trueinternet.co.th	科技	泰、英
（19）	Thai Visa	www.thaivisa.com	旅游	英
（20）	Clip Ruammid	clip.ruammid.com	娱乐	泰
（21）	Siamzone	www.siamzone.com	娱乐	泰
（22）	Thailand Bittorent Tracker	www.2bbit.com	社区	泰、英
（23）	Overclockzone	www.overclockzone.com	科技	泰
（24）	Postjung	www.postjung.com	娱乐	泰
（25）	Oknation	www.oknation.net	社区	泰

（续上表）

排 名	网站名称	网站地址	网站类别	网站语言
（26）	Gmember	www.gmember.com	娱乐	泰
（27）	Pantip Market	www.pantipmarket.com	电子商务	泰、英
（28）	Kasikorn Bank	www.kasikornbank.com	银行	泰、英、中、日
（29）	Longdo	www.longdo.com	应用服务	泰
（30）	Siamha	www.siamha.com	娱乐	泰
（31）	Scb Easy Net	www.scbeasy.com	银行	泰、英
（32）	Settrade	www.settrade.com	金融	泰、英
（33）	Bangkokpost	www.bangkokpost.com	新闻	英
（34）	Pantown	www.pantown.com	社区	泰
（35）	Clipmass	www.clipmass.com	娱乐	泰
（36）	Popcornfor2	www.popcornfor2.com	娱乐	泰
（37）	กรมสรรพากร	www.rd.go.th	政府机构	泰、英
（38）	Pramool	www.pramool.com	电子商务	泰
（39）	TLC	www.tlcthai.com	娱乐	泰
（40）	Matichon Online	www.matichon.co.th	新闻	泰
（41）	Bangkok Bank	www.bangkokbank.com	银行	泰、英
（42）	Truehits	truehits.net	互联网	泰
（43）	Thai Secondhand	www.thaisecondhand.com	电子商务	泰
（44）	Siambit	www.siambit.org	社区	泰、英
（45）	One2car	www.one2car.com	汽车	泰
（46）	Thaisem	www.thaisem.com	教育	泰

4. 菲律宾

排 名	网站名称	网站地址	网站类别	网站语言
（1）	Google Pilipinas	www.google.com.ph	搜索引擎	菲、英
（2）	Sulit	www.Sulit.com.ph	电子商务	英
（3）	Philippine Daily Inquirer	www.inquirer.net	新闻	英
（4）	Cebu Pacific Air	www.cebupacificair.com	航空	菲、英
（5）	Jobstreet	www.jobstreet.com.ph	招聘	英
（6）	eBay	www.ebay.ph	电子商务	英

（续上表）

排　名	网站名称	网站地址	网站类别	网站语言
（7）	AyosDito	www.ayosDito.ph	电子商务	英
（8）	philstar	www.phlistar.com	社区	英
（9）	ABS-CBSnews	www.abs-cbnnews.com	新闻	英
（10）	GMANnews	www.gmanews.tv	新闻	英
（11）	Pinoy Exchange	www.pinoyexchange.com	社区	英
（12）	Philippine Etertainment Portal	www.pep.ph	娱乐	英
（13）	UnionBank of the philippine	www.unionbankph.com	电子商务	英
（14）	olx	www.olx.com.ph	电子商务	英
（15）	Bpiexpressonline	www.bpiexpressonline.com	电子商务	英
（16）	iSTORY	www.istorya.net	新闻	英
（17）	TipidPC	www.tipidpc.com	电子商务	英
（18）	Smart	www.smart.com.ph	电子商务	英

5. 马来西亚

排　名	网站名称	网站地址	网站类别	网站语言
（1）	Google Malaysia	www.google.com.my	搜索引擎	马来、英
（2）	Maybank2u	www.maybank2u.com.my	银行	英
（3）	Mudah	www.mudah.my	电子商务	英
（4）	Malaysiakini	www.malaysiakini.com	门户	马来、英、中、泰米尔
（5）	Cari Malaysia	www.cari.com.my	社区	马来、英、中
（6）	Lowyat	www.lowyat.net	社区	英
（7）	The Star Online	www.thestar.com.my	新闻	英
（8）	Utusan Online	www.utusan.com.my	新闻	马来、英
（9）	myMetro	www.hmetro.com.my	新闻	马来
（10）	CIMB Clicks	www.cimbclicks.com.my	电子商务	英
（11）	AirAsia Berhad	www.airasia.com	航空	英、中
（12）	Berita Harian Malaysia	www.bharian.com.my	新闻	马来
（13）	KOSMO Online	www.kosmo.com.my	新闻	马来
（14）	Nuffnang Malaysia	www.nuffnang.com.my	社区	马来、英
（15）	Lelong	www.lelong.com.my	电子商务	马来、英、中
（16）	Jobstreet	www.jobstreet.com.my	招聘	英

（续上表）

排 名	网站名称	网站地址	网站类别	网站语言
（17）	CariGold	www.carigold.com	电子商务	英
（18）	The Malaysian Insider	www.themalaysianinsider.com	新闻	马来、英
（19）	Harakah Daily	www.harakahdaily.net	新闻	马来、英
（20）	MYLAUNCHPAD	www.mylaunchpad.com.my	门户	马来、英
（21）	iProperty	www.iproperty.com.my	房产	英
（22）	Beautifulnara	www.beautifulnara.com	娱乐	马来
（23）	WangCyber	www.wangcyber.com	社区	马来
（24）	eBay Malaysia	www.ebay.com.my	电子商务	英
（25）	Maxis Communications Bhd	www.maxis.com.my	手机	英
（26）	Golden Screen Cinemas	www.gsc.com.my	娱乐	英
（27）	Syok	www.syok.org	娱乐	马
（28）	Malaysia Today	www.malaysia-today.net	新闻	英

6. 文莱

排 名	网站名称	网站地址	网站类别	网站语言
（1）	Google Brunei	www.google.com.bn	搜索引擎	马来、英
（2）	BruneiDirect	www.brudirect.com	新闻	英
（3）	Bruneiclassified	www.bruneiclassified.com	门户	英
（4）	QQeStore	www.qqestore.com	电子商务	英
（5）	hsbc	www.hsbc.com.bn	银行	英
（6）	Ranoadidas	www.ranoadidas.com	门户	英
（7）	Bruclass	www.bruclass.com	门户	英
（8）	Wanwaihui	www.wanwaihui.com	电子商务	英
（9）	Online Shopping	www.emall.com.bn	电子商务	英
（10）	Shopping	www.shopping.com.bn	电子商务	英
（11）	Tigerlim	www.tigerlim.com	电子商务	英
（12）	Baiduri	www.baiduri.com.bn	银行	英
（13）	Uniersiti Brunei Darussalam	www.ubd.edu.bn	门户	英
（14）	Royal Brunei Airlines	www.bruneiair.com	航空	英
（15）	Cahaya Rumahku	www.cahayarumahku.com	社区	马来

7. 新加坡

排名	网站名称	网站地址	网站类别	网站语言
（1）	Google Singapore	www.google.com.sg	搜索引擎	英、中
（2）	Hardwarezone	www.hardwarezone.com.sg	科技	英
（3）	propertyguru	www.propertyguru.com.sg	电子商务	英
（4）	Ebay	www.ebay.com.sg	电子商务	英
（5）	Jobstreet	www.jobstreet.com.sg	招聘	英
（6）	Groupon	www.groupon.sg	电子商务	英
（7）	STOMP	www.stomp.com.sg	门户	英
（8）	InSing	www.insing.com	新闻	英
（9）	National University of Singapore	www.nus.edu.sg	教育	英
（10）	United Overseas Bank	www.uob.com.sg	电子商务	英
（11）	Gmarket Singapore	www.gmarket.com.sg	电子商务	英
（12）	Nanyang Technological University	www.ntu.edu.sg	教育	英、中
（13）	Golden Village Official website	www.gv.com.sg	门户	英
（14）	Central Provident Fund Board (CPF)	mycpf.cpf.gov.sg	门户	英

8. 印尼

排名	网站名称	网站地址	网站类别	网站语言
（1）	Google Indonesia	www.google.co.id	搜索引擎	印尼、英、爪哇
（2）	Kaskus	www.kaskus.us	社区	印尼
（3）	Detik	www.detik.com	门户	印尼
（4）	Kompas	www.kompas.com	门户	印尼
（5）	Vivanews	www.vivanews.com	门户	印尼
（6）	Bank Central Asia	www.klikbca.com	银行	印尼
（7）	Indonesian Publisher Community	www.adsense-id.com	社区	印尼
（8）	Okezone	www.okezone.com	新闻	印尼
（9）	Kapanlagi	www.kapanlagi.com	娱乐	印尼
（10）	Tokobagus	www.tokobagus.com	电子商务	印尼
（11）	Bank Mandiri	www.bankmandiri.co.id	银行	印尼
（12）	Travian	www.travian.co.id	娱乐	印尼
（13）	Lintasberita	www.lintasberita.com	新闻	印尼
（14）	Indowebster	www.indowebster.com	娱乐	印尼
（15）	Spil Games	www.games.co.id	娱乐	印尼

（续上表）

排 名	网站名称	网站地址	网站类别	网站语言
（16）	Idr-clickit	www.idr-clickit.com	PTC网站	印尼
（17）	Inilah	www.inilah.com	新闻	印尼
（18）	Stafaband	www.stafaband.info	娱乐	印尼
（19）	Tempo Interaktif	www.tempointeraktif.com	新闻	印尼
（20）	Indo Network	www.indonetwork.co.id	电子商务	印尼
（21）	Gudang Lagu	www.gudanglagu.com	娱乐	印尼
（22）	Tribunnews	www.tribunnews.com	新闻	印尼
（23）	Kompasiana	www.kompasiana.com	社区	印尼
（24）	Bhinneka	www.bhinneka.com	数码产品	印尼
（25）	Republika Online	www.republika.co.id	新闻	印尼
（26）	Yepp Yepp	id.yepp-yepp.asia	娱乐	印尼
（27）	Index of Mp3	www.Index-of-mp3.com	娱乐	印尼
（28）	Jobstreet	www.jobstreet.co.id	招聘	印尼、英
（29）	Cinema 21	www.21cineplex.com	娱乐	印尼、英
（30）	TELKOM	www.telkom.net.id	手机	印尼、英
（31）	Cinema3satu	cinema3satu.blogspot.com	娱乐	印尼、英
（32）	Kumpulblogger	www.kumpulblogger.com	社区	印尼

参 考 文 献

[1] 曾祥瑞. 互联网信息检索[M]. 武汉：华中科技大学出版社，2002.

[2] 陈燕平，赵罡. 大学计算机基础教程[M]. 北京：中国水利水电出版社，2009.

[3] 程娟. 信息检索[M]. 北京：水利水电出版社，2009.

[4] 邓发云，杨忠，吕先竞. 信息检索与利用[M]. 北京：科学出版社，2010.

[5] 范玉仙. 大学计算机基础[M]. 北京：中国水利水电出版社，2009.

[6] 付兴奎. 信息检索导论[M]. 吉林：吉林大学出版社，2008.

[7] 高润芝. 现代信息资源检索与利用[M]. 北京：经济管理出版社，2007.

[8] 黄如花. 信息检索[M]. 武汉：武汉大学出版社，2010.

[9] 克罗夫特. 搜索引擎：信息检索实践[M]. 刘挺，译. 北京：机械工业出版社，2010.

[10] 李云峰. 计算机导论－理论篇（第2版）[M]. 北京：电子工业出版社，2009.

[11] 刘霞，李漠. 网络信息检索[M]. 北京：清华大学出版社，2010.

[12] 陆建江. 智能检索技术[M]. 北京：科学出版社，2009.

[13] 秦殿启. 文献检索与信息素养教育[M]. 南京：南京大学出版社，2008.

[14] 史红改，方芳. 实用网络文献信息资源检索与利用[M]. 北京：清华大学出版社，北京交通大学出版社，2009.

[15] 隋莉萍. 网络信息检索与利用[M]. 北京：清华大学出版社，2008.

[16] 邰峻，刘文科. 网络信息检索实用教程[M]. 北京：电子工业出版社，2010.

[17] 王梦丽，杜慰纯. 信息检索与网络应用[M]. 北京：北京航空航天大学出版社，2009.

[18] 谢德体. 信息检索与分析利用[M]. 北京：清华大学出版社，2009.

[19] 许征尼. 信息素养与信息检索[M]. 北京：中国科学技术大学出版社，2010.

[20] 张帆. 信息存储与检索[M]. 北京：高等教育出版社，2007.

[21] 张厚生. 信息检索[M]. 南京：东南大学出版社，2002.

[22] 张炜. 全国计算机等级考试教程（网络技术三级）[M]. 北京：电子工业出版社，2004.

[23] 朱静芳. 现代信息检索实用教程[M]. 北京：清华大学出版社，2008.

[24] Lonely Planet公司. 东南亚[M]. 华风翻译社，译. 北京：三联书店，2009.

[25] 陈继章. 越南研究[M]. 北京：军事谊文出版社，2003.

[26] 陈志良，米良．越南经济法研究[M]．北京：中国社会科学出版社，2008．

[27] 古小松．越南国情报告（2009）[M]．北京：社会科学文献出版社，2009．

[28] 国家广播电影电视总局培训中心．东盟广播电视发展概况[M]．北京：中国广播电视出版社，2008．

[29] 贺圣达，李晨阳．列国志－缅甸[M]．北京：社会科学文献出版社，2009．

[30] 李晨阳．列国志－柬埔寨[M]．北京：社会科学文献出版社，2005．

[31] 李家禄，严琪玉．马来西亚[M]．重庆：重庆出版社，2004．

[32] 刘新生，潘正秀．列国志－文莱[M]．北京：社会科学文献出版社，2005．

[33] 鲁虎．列国志－新加坡[M]．北京：社会科学文献出版社，2004．

[34] 马树洪，方芸．列国志－老挝[M]．北京：社会科学文献出版社，2004．

[35] 马燕冰，黄莺．列国志－菲律宾[M]．北京：社会科学文献出版社，2007．

[36] 田禾，周方冶．列国志－泰国[M]．北京：社会科学文献出版社，2009．

[37] 徐绍丽，利国，张训常．列国志－越南[M]．北京：社会科学文献出版社，2009．

[38] 杨全喜，唐慧．印度尼西亚研究[M]．北京：军事谊文出版社，2009．

[39] 陈凯．印度尼西亚电信的发展 [J]．信息网络，2002，（6）．

[40] 黄勇．老挝网络发展的历史、现状和前景 [J]．东南亚纵横，2005，（5）．

[41] 刘才涌，王彬．东南亚地区信息与通信技术（ICT）：发展、特征与原因 [J]．东南亚纵横，2010，（6）．

[42] 石军，王雅芃．新世纪老挝、缅甸、柬埔寨电信市场备受瞩目[J]．世界电信，2004，（7）．

[43] 杨宁．柬埔寨 IT 业现状 [J]．东南亚纵横．2005，（3）．

[44] Alexa（http://www.alexa.com）

[45] APNIC（http//www.apnic.net）

[46] Digital Review of Asia Pacific（http://www.digital-review.org）

[47] Google（http://www.google.com）

[48] International Telecommunication Union（http://www.itu.int）

[49] Internet Stats Today（http://internetstatstoday.com）

[50] Internet Traffic Report（www.internettrafficreport.com）

[51] Internet Usage World Stats（http://www.internetworldstats.com）

[52] MBA智库百科（http://wiki.mbalib.com）

[53] Quantcast（http://www.quantcast.com）

[54] Statsaholic（http://www.statsaholic.com）

[55] Yahoo（http://www.yahoo.com）

[56] 百度（http://www.baidu.com）

[57] 互动百科（http://www.hudong.com）

[58] 通信百科（http://baike.c114.net）

[59] 新华网（http://www.xinhua.com）

[60] 中华人民共和国外交部网站（http://www.fmprc.gov.cn）